Verwaltungsführung

Herausgegeben von Andreas Remer

Verwaltungsführung

Beiträge zu Organisation, Kooperationsstil und Personalarbeit in der öffentlichen Verwaltung

Herausgegeben von
Andreas Remer

Walter de Gruyter · Berlin · New York 1982

CIP-Kurztitelaufnahme der Deutschen Bibliothek

Verwaltungsführung : Beitr. zu Organisation, Kooperationsstil u. Personalarbeit in d. öffentl. Verwaltung / hrsg. von Andreas Remer. – Berlin ; New York : de Gruyter, 1982.
ISBN 3-11-008501-1
NE: Remer, Andreas [Hrsg.]

Printed in Germany. – Satz und Druck: Georg Wagner, Nördlingen. – Bindearbeiten: Fa. Lüderitz & Bauer, Buchgewerbe GmbH, Berlin

Vorwort

Dieser Sammelband zum Thema „Verwaltungsführung" behandelt Fragen der Steuerung komplexer organisierter Sozialsysteme, speziell der sozialen Steuerung öffentlicher Verwaltungen. Organisation, Kooperation und Personalgestaltung als Instrumentalbereiche einer Verwaltungsführung sind in letzter Zeit Gegenstand zahlloser Abhandlungen gewesen. Zunehmend zeigen sich bei diesem Themenkreis in Praxis und Theorie aber auch deutliche Anzeichen von Resignation und Stagnation. Der großen Alltagsbedeutung der angesprochenen Probleme entspräche es, wenn gewisse Ermüdungserscheinungen mittels neuer Anregungen zum Problem- und Methodenbewußtsein auf dem Gebiet der Verwaltungsführung überwunden werden könnten.

Hierfür bietet sich vor allem die Form eines Sammelbandes an, die es – auch durch die Einbeziehung von erfahrenen Verwaltungspraktikern und durch die Berücksichtigung unterschiedlicher wissenschaftlicher Disziplinen – besonders gut ermöglicht, einen Einblick in die Komplexität der Problematik und die Vielfalt ihrer Handhabungsmöglichkeiten zu vermitteln. Der Eindruck, daß die hier zusammengestellten Beiträge nicht immer in die gleiche Richtung zielen, sollte nicht als Koordinationsmangel gewertet werden. Dem gegenwärtigen Stand der Diskussion und auch der Realität dürfte es vielmehr entsprechen, wenn man die Autoren eines solchen Bandes nicht in ein enges Schema zwängt, sondern Dynamik, Subjektivität und somit auch Überraschungen zuläßt – auch wenn dies die Arbeit als Herausgeber nicht gerade erleichtert.

Die Zusammenstellung erfolgte nun aber nicht lediglich in anregender Absicht. Es sollen darüber hinaus Probleme der Verwaltungsführung in einer Weise vorgeführt werden, die zugleich mit den sich heute abzeichnenden grundsätzlichen instrumentellen Schwierigkeiten und Grenzen auch Impulse und erste Hinweise für deren zukünftige Behandlung liefert.

Die einzelnen Instrumente der Organisation, Kooperation oder Personalgestaltung sind, auch in ihren modernen Varianten, offenbar nur sehr begrenzt geeignet, mit den komplexen Bedingungen und widersprüchlichen Kriterien rationaler Verwaltungsführung fertig zu werden. Die Diskussion, auch im vorliegenden Band, läßt erkennen, daß vor allem bei den Bediensteten in der öffentlichen Verwaltung bestimmte Voraussetzungen langfristig bestehen bzw. geschaffen werden müßten, wenn Reformen, die bei der Organisationsstruktur oder beim Kooperationsstil ansetzen wollen, zu befriedigenden Ergebnissen führen sollen. Andererseits drohen alle Bemühungen auf dem Sektor der Personalarbeit blockiert oder konterkariert zu werden, wenn sie nicht Rückhalt und Entsprechung bei den Organisations- und Kooperations-

strukturen sowie auch bei der Politik und letztlich bei den Bürgern finden. Letzteres gilt natürlich wiederum auch für die Organisation und Kooperation in der öffentlichen Verwaltung. So deutet sich als Konsequenz der verschiedenen Beiträge zur Weiterentwicklung, Variation oder Bedingtheit der einzelnen Steuerungsintrumente an, daß die zwischen den Instrumenten der Verwaltungsführung, zwischen Subjekten und Objekten sowie zwischen Verwaltung und Umwelt eingerichteten Grenzen sich in der bisherigen Form und Schärfe vermutlich nicht werden aufrechterhalten lassen und daß die Bereiche der Überlappung ein immer größeres Gewicht erhalten werden. Eine über diesen Band hinausweisende Frage wäre dann, wie sich ein solcher Neuformationsdruck zukünftig in der Führungspraxis berücksichtigen ließe und ob nicht am Ende die soziale Strukturierung des Verwaltungshandelns als instrumentelles „Führungsproblem" überhaupt zu eng, mechanisch und zentralistisch begriffen ist. Eine allgemeine Theorie des Sozialsystems öffentliche Verwaltung, die es ermöglichen würde, Führung und Führungsinstrumente in einen breiteren Erklärungszusammenhang des sozialen Geschehens zu stellen, um ihnen danach funktional äquivalente Möglichkeiten zur Gestaltung des öffentlichen Miteinanderlebens gegenüberzustellen, ließe vermutlich einiges, was heute als „Dilemma der öffentlichen Verwaltung" empfunden wird, in einem ganz anderen Licht erscheinen.
Allen, die in der einen oder anderen Weise beim Zustandekommen des Sammelbandes behilflich gewesen sind, möchte ich an dieser Stelle herzlich danken und als Herausgeber die persönliche Hoffnung äußern, daß Inhalt und Aufbau dieser Zusammenstellung dem Leser nicht nur Einzelinformationen, sondern auch Zusammenhänge und nicht zuletzt Motivation zur weiteren Beschäftigung mit der Thematik vermitteln mögen.

Bayreuth, Frühjahr 1982 Andreas Remer

Inhalt

II. Organisation und Kooperation in der öffentlichen Verwaltung

I. Strukturelle und instrumentelle Grundfragen der Verwaltungsführung

Öffentliche Verwaltung als soziales System*

Klaus König

1. Soziale Differenzierung und politisch-administratives System

Die soziale Differenzierung gehört zu den bevorzugten Kategorien der systemtheoretischen Forschung[1]. Sie ist bei uns für die öffentliche Verwaltung vor allem aus der Perspektive des universal-gesellschaftstheoretisch gemeinten Funktional-Strukturalismus NIKLAS LUHMANNS vorgetragen worden[2]. Die funktional-strukturelle Systemtheorie[3] bezieht sich auf die Erfahrungswelt des Wirklich-Seienden. Systeme werden als Identitäten begriffen, die sich teilweise auf Grund der eigenen Ordnung, teilweise auf Grund von Umweltbedingungen in einer komplexen und veränderlichen Umwelt erhalten. Es interessieren soziale Handlungen als sinnhaft orientiertes, außenwirksames menschliches Verhalten. Unter einem sozialen System wird ein Sinnzusammenhang von sozialen Handlungen verstanden, die aufeinander verweisen und sich von einer Umwelt nicht dazugehöriger Handlungen abgrenzen lassen. Es wird von einem Systembegriff ausgegangen, der in einer Differenzierung von Innen und Außen sein konstituierendes Prinzip hat. Als Leistung gesehen, wird die Systembildung begriffen als Reduktion von Komplexität und Veränderlichkeit der Umwelt auf Ausmaße, die sinnvolles menschliches Handeln erlauben: „Soziale Systeme haben die Funktion der Erfassung und Reduktion von Komplexität.“ Von den Beziehungen zwischen System und Umwelt wird danach gemeint, daß sie zwar Kausalprozesse, aber durch systeminterne Selektionsvorgänge informationell gesteuert seien, so daß das System nicht allein durch die Umwelt determiniert, sondern als begrenzt autonom gilt. Als Grundlage für die selektive Informationsverarbeitung und damit für das Invarianthalten der Systemgrenzen wird die Systemstruktur genommen, die mit „generalisierten Verhaltenserwartungen“ gleichgesetzt wird.

Wie in diesem Funktional-Strukturalismus die Differenzierung von Innen und Außen bestimmend wird, er System/Umwelt-Theorie ist, so werden Ausdifferenzierung, Systemdifferenzierung, Umweltdifferenzierung zum Thema. Von einem sozialen System kann man nur sprechen, wenn und soweit sich das System von seiner Umwelt unterscheiden läßt: In dem Maße, wie dies der Fall ist, ist ein System ausdifferenziert. Was in der Umwelt wirkt oder gilt, wirkt oder gilt dann nicht mehr ohne weiteres auch im System. Die Verwaltungswissenschaft braucht in diesem Zusammenhang der evolutionären Vorstellung gesellschaftlicher Ausdifferenzierungen bis zu einer Hypothese undifferenzierter Sozialstruktur nicht nachzugehen. Die moderne Verwaltung ist jedenfalls Ausdruck – wie wir gesehen haben – eines ausdifferenzierten Handlungsgefüges der Kompetenz-, Arbeits-, Machtverteilungen. Unter Entwicklungsgesichtspunkten interessiert uns die Umdifferenzierung alter Systeme in neue.

In der funktional-strukturellen Systemtheorie ist dann weiter die Systemdifferenzierung angelegt. Systemdifferenzierung soll heißen, daß in einem System die Systembildung wiederholt wird, daß das Systeminnere nochmals wie Umwelt behandelt und nochmaliger Selektion durch Systemgrenzen unterworfen wird. Innendifferenzierung des Systems gilt als eine Grundstrategie der Erfassung und Reduktion von Komplexität. Die Verwaltungswissenschaft kann hier die Verbindung herstellen zu klassischen Vorstellungen der segmentierenden und funktionalen Arbeitsteilung, d. h. der gleiche Einheiten abteilenden Differenzierung bzw. der die Teilsysteme spezialisierenden Differenzierung, wie sie z. B. im Hinblick auf die Organisation von Querschnittsaufgaben – Organisation, Haushalt, Personal – relevant ist. Schließlich ist die Umweltdifferenzierung aus funktionalstruktureller Perspektive zu sehen. Das System bildet zu jeweils verschiedenen Umweltausschnitten je besondere Grenzen, stabilisiert an diesen Grenzen je besondere Beziehungen und gründet seine Autonomie auf diese Unterschiedlichkeit. Die Differenzierung von Umweltbeziehungen gilt gerade für die formale Organisation als bedeutungsvoll: Die formale Organisation hat ihre Funktion als Struktur eines sozialen Systems darin, daß sie das System im Verhältnis zu mehreren Umwelten, die getrennt bleiben und sich getrennt entwickeln, invariant halten kann[4].

Wenden wir uns nach dieser generellen Skizze speziell der Interpretation der Staatsverwaltung durch die funktional-strukturelle Systemtheorie zu[5]. Die Verwaltung ist als Bestandteil des allgemeinen Prozesses sozialer Differenzierung zu sehen; sie ist ein besonderes Sozialsystem: System-in-einer-Umwelt. Ihre Funktion ist die Anfertigung bindender Entscheidungen. Die Verwaltung ist ein soziales System, das darauf spezialisiert ist, gesellschaftliche Komplexität durch verbindliche Entscheidungen zu reduzieren. Seine Umwelt differenziert sich vornehmlich in drei Sphären: das Publikum, dem die Verwaltung dient, die politischen Prozesse und ihre Organisationen, welche die Machtgrundlage und die Legitimität der verbindlichen Verwaltungsentscheidungen vorbereiten, und die Sphäre der in der Verwaltung tätigen Mitglieder, ihre Interessen und Motivationsstrukturen. Die Staatsverwaltung gilt als ein Handlungssystem, das sich in einer nach Politik, Publikum und Personal differenzierten Umwelt erhalten muß, und zwar

durch die Herstellung von Entscheidungen durch das Personal für das Publikum auf Grund von Informationen aus allen Umwelten mit einer besonderen Empfindlichkeit für politische Informationen.
Durch die strenge Theoretisierung der Funktion „Anfertigung verbindlicher Entscheidungen" unterscheidet sich solche Systemtheorie von den Machtdifferenzierungen der Gewaltenteilungslehren[6]. Verwaltung ist nicht nur die öffentliche Verwaltung, wie wir sie alltagssprachlich verstehen, sondern auch die Gesetzgebung und die Rechtsprechung in ihren „systemgebundenen Entscheidungsrollen". Das wird weiter und enger zugeschnitten. Einmal weiter: die Selbstprogrammierung im Verwaltungssystem, d. h.: die Positivität seines Rechts und seiner Aufgabenordnung, ermöglicht es dem System, angesichts einer äußerst komplexen und unbeherrschbar sich verändernden Umwelt eine differenzierte Strategie zu verfolgen. Das System tritt seiner Umwelt auf zwei verschiedenen Ebenen gegenüber. Es entscheidet generell über seine Entscheidungsprogramme und im Rahmen dieser Programme speziell über Einzelfälle. Diese Grundstruktur gilt als durch die Trennung von Politik und Verwaltung unterstützt, da die Beziehungen zur Politik primär auf der Ebene der Programmformulierung, die zum Publikum dagegen primär auf der Ebene des programmierten Entscheidens abgewickelt werden[7]. Zum anderen enger: die institutionelle Trennung von Politik und Verwaltung ermöglicht es, Prozesse des Aufbaus und der Verdichtung legitimer Macht und Prozesse der Verwendung legitimer Macht zu trennen und je für sich funktionsspezifisch zu ordnen. Die Transmission von einer Sphäre in die andere geschieht durch politische Planung und Programmierung der Verwaltung. Pläne und Programme sind der „output" der politischen Prozesse und der „input" des Verwaltungssystems von seiten der Politik. Die Politik setzt in ihrer Beziehung zur Verwaltung Entscheidungsprämissen. Schließlich bleibt es aber dabei: Die Politik entscheidet allenfalls über Entscheidungen, sie trifft die „verbindlichen Entscheidungen" nicht[8]. Die Politik ist, von einer funktionalen Begriffsbildung ausgehend, auf alle Kommunikationsprozesse im Vorfeld der Staatsbürokratie verwiesen, die dazu dienen, legitime Macht zu bilden, Interessen zu artikulieren und zu generalisieren, Konsens für bestimmte Personen oder Programme zu beschaffen, Führungstalente zu erproben, akzeptierbare Entscheidungen vorzutesten, Handlungsgrundlagen zusammenzubringen, die ein relativ sicheres, zumindest darstellbares und verteidigungsfähiges öffentliches Wirken erlauben.
Diese Interpretation der öffentlichen Verwaltung – der Staatsbürokratien, Behörden, Parlamente, Gerichte – und des Verhältnisses von Politik und Verwaltung ist auf Widerspruch aus der Staatsrechtslehre und insbesondere der Politischen Wissenschaft gestoßen, in der zur Systemanalyse ganz allgemein die Befürchtung geäußert wird, daß sie als Kontrolluntersuchung

der Gesellschaft im Hinblick auf die Erhaltung der Entscheidungsinstanzen auf eine wissenschaftlich verschleierte Herrschaftsspekulation hinauslaufen könne, die die Herrschaft, ihre Genese und ihre Wirkung selbst nicht mehr problematisiere[9]. Gerade vom Funktional-Strukturalismus meint man, daß er an den Herrschaftsaspekt gebunden sei und die Politik zu einer Funktion der Verwaltung, nicht aber die Verwaltung zu einer Funktion der Politik mache[10]. Nun muß jede Kritik zunächst einmal die unsere Alltagsanschauungen relativierende Theoretisierung durch den funktionalstrukturellen Ansatz berücksichtigen. Sie muß beachten, daß man in der Legislative und der Judikative längst Merkmale findet, durch die Verwaltungsbehörden geprägt sind: daß Parlament und Justiz eben zu einem guten Teil bürokratisiert sind. Kritik kann auch nicht an dem Umstand vorbeigehen, daß das politisch-administrative Gesamtgeschehen sich in verschiedene Sozialbereiche differenziert, die einmal mehr Machtbildung, Interessenartikulierung, Konsensbeschaffung besorgen, zum anderen mehr nach Maßgabe konditionaler und finaler Programmierungen Entscheidungen produzieren.

Aber genausowenig ist zu übersehen, daß sich das Ergebnis vieljähriger und scharfsinniger Auseinandersetzungen in der Staats- und Verwaltungsrechtslehre über Gesetz, Gesetzgebung und Verwaltung, Recht, Rechtsprechung und Verwaltung auf die einfache Formel bringen läßt, daß die Unbestimmtheit von Rechtsnormen – der eine wichtige Funktion für die Absorption von Umweltkomplexität zuzuschreiben ist – das politische Moment notwendig in die Rechtsverwirklichung durch Verwaltung hineinträgt[11]. Mancher Verwaltungsmann wird aus seiner praktischen Erfahrung die in der Politischen Wissenschaft vorgetragene These bestätigen, daß sich das Politische heute weniger in der Wahl zwischen allgemeinen und abstrakten Wertalternativen, mehr in den besonderen und konkreten Konfliktsfällen äußert[12]. Es gibt eben keine „saubere" Rollentrennung zwischen administrativem und politischem Bereich[13].

Der funktional-strukturelle Ansatz scheint in dem hier betrachteten Feld selbst einigen Akzentverschiebungen zu unterliegen. Politik, zuerst verwiesen auf die Kommunikationsprozesse im Vorfeld der staatsbürokratischen Entscheidungsinstanzen, scheint zur maßgeblichen Steuerung öffentlichen Handelns zu werden: Sie setzt in ihrer Beziehung zur Verwaltung Entscheidungsprämissen; sie entscheidet über Entscheidungen. Jedenfalls ist klargestellt, daß die Verwaltung ein Subsystem des allgemeinen politischen Systems ist und damit immer auch politische Verwaltung. Dem Ausdruck „Politisierung" wird sogar der Sinn beigemessen, Defizienz zu thematisieren[14]. Ob das für die Politik- und Verwaltungsforschung förderlich ist, mag man bezweifeln. Aus der nordamerikanischen Wissenschaftsgeschichte, in der die Dichotomie von Politik und Verwaltung ein klassischer Hauptgedanke ist[15], ist zu lernen, daß die einschlägigen Spannungslagen nicht nur aus den Erfahrungsgegenständen Politik und Verwaltung kommen, sondern auch darauf beruhen, daß wir es hier mit den konstitutiven Größen zweier Fachdisziplinen zu tun haben, nämlich Political Science und Public Administration[16]. Und da fließt einiges andere ein[17].

Indes, wenn wir die metatheoretischen Aspekte einer Festlegung von Politik implizierenden Begriffen auf Mangellagen einmal beiseite lassen, wird doch durch den Ausdruck „Politisierung" eine Fragestellung aufgeworfen, die uns gerade dann beschäftigen muß, wenn wir erkannt haben, daß die soziale Differenzierung eine Grundlage heutiger Politik und Verwaltung ist. Es müssen uns die Organisationen, Prozesse, Codes der Übersetzung aus dem einen ausdifferenzierten Sozialbereich in den anderen interessieren. Gerade die Probleme der Transmission zwischen Politik und Verwaltung gehören aus gutem Grund zu den bevorzugten Themen der Auseinandersetzung um die Verwaltungsreform. Greift man z. B. das vielbesprochene Thema öffentlicher Planung auf, dann kann man sich schon durch eine kurze Beobachtung der Planungspraxis davon überzeugen, wie sehr ein vollzugsgeeignetes Programm auf das Zusammenwirken von Machtbildung und kommunikativer Bearbeitung angewiesen ist, möglicherweise bis zur Verschränkung von politischen und administrativen Rollen. Da bestimmte professionale Fertigkeiten und Kenntnisse des Entscheidungsspezialisten nicht schlicht isolierbar sind, sondern in öffentlichen Angelegenheiten zugleich immer auch der Einfluß auf die politische Festlegung der Entscheidungsprämissen zur Diskussion steht, sollten wir uns die praktische Vernunft zum Vorbild nehmen und sehen, daß die Wissenschaft vom programmierenden Entscheiden Politik- und Verwaltungsforschung gleichermaßen meint.

Hier gehört es angesichts der deutschen Verwaltungstradition zu den Grunderkenntnissen, sich in einem funktionalen Systemvergleich über „Die politischen Kosten des Rechtsstaats" Rechenschaft zu geben[18]. Heute zeichnet sich immer klarer ab, daß das einfache politische Wirkungsmuster der parlamentarischen Steuerung einer exekutivischen Verwaltung durch positivgesetzliche Programme nicht ausschließlich begriffen werden darf. Schon die notwendigen Unbestimmtheiten solcher Entscheidungsprogramme bedeuten Handlungsspielräume, die anderen Formen sozialer Beeinflussung bis zur Selbststeuerung der Verwaltung offenstehen. Im Namen des Rechtsstaates sind bei uns Kriterien materieller Richtigkeit des Verwaltungshandelns entwickelt worden, die der Justiz insoweit beachtliche Machtchancen zuordnen. Gegenüber der administrativen Eigenmacht finden die autoritativen Möglichkeiten der Gerichtsbarkeit ihren deutlichsten Ausdruck in der Auseinandersetzung um Verwaltungsermessen, unbestimmten Rechtsbegriff, administrativen Beurteilungsspielraum, Vertretbarkeitskontrolle[19]. Aber die gerichtliche Richtigkeitskontrolle erfolgt nicht nur auf Kosten der Verwaltung. Dem Herrschaftsanspruch des parlamentarischen Gesetzgebers begegnet die Justiz insbesondere mit der „objektiven Interpretationsmethode", die die Absicht der legislativen Instanzen zurückstellt[20].

Mögen nach unserer juristischen Kultur solche Autoritätsgefüge noch eng zusammenhängen mit der kommunikativen Struktur der Arbeit am Recht, so tritt der Aspekt der Machtbildung unvermittelter hervor, wenn jetzt für die Emanzipation des Richters und für emanzipatorische Rechtsfindungsprozesse plädiert wird, da man die Staatsbürokratien ohnehin für reformfeindlich und die Parlamente überdies für unfähig hält, soziale Probleme materiell richtig zu lösen. Wir müssen uns um so mehr darauf hinweisen lassen, daß unsere „Synthese von Rechtsstaat und Demokratie" eine spezifische ist. Es gibt andere Formen der rechtsstaatlichen Sicherung: so im Falle Nordamerikas, wo die gerichtliche Kontrolle tendenziell weniger die materielle Richtigkeit der Verwaltungsentscheidung, tendenziell mehr die Fairneß des Verfahrens meint, in dem die Verwaltung ihre Entscheidung getroffen hat. Das setzt freilich voraus, daß der due process of law seinerseits in gewissem Umfange formalisiert ist, etwa in einem Verwaltungsverfahrensgesetz[21]. Informations- und Mitwirkungschancen der Beteiligten und Betroffenen müssen normiert sein. Nicht nur für die Einzelfallentscheidung, sondern auch für die Setzung allgemeiner Regeln durch Verwaltungsbehörden müssen Gelegenheiten vorgesehen sein, relevante Materialien und Stellungnahmen vorzulegen, Tatsachen, Argumente und Gegenvorschläge vorzutragen.

Wir brauchen an dieser Stelle den Bestimmungsgrößen des nordamerikanischen Systems öffentlicher Verwaltung und rechtsstaatlicher Verwaltungskontrolle nicht im einzelnen nachzugehen, also etwa: organisatorischer Dezentralisierung und aufgabenmäßiger Spezialisierung, finaler oder konditionaler Programmierung durch das Parlament, relativer Sachkunde der fachlich spezialisierten Verwaltungsbehörden und der Gerichte, intent of Congress oder objektiviertem Willen des Gesetzgebers[22]. Wenden wir uns aus der Perspektive der sozialen Differenzierung der oben aufgeworfenen Frage nach Organisationen, Prozessen und Codes der Übersetzung aus dem einen ausdifferenzierten Sozialbereich in den anderen zu, dann erhellt, daß das verfahrensrechtliche Schema des Verwaltungshandelns Möglichkeiten politischer Einflußnahme sichert und nachkontrollierbar macht. Diese Transmissionsform gewinnt an Bedeutung, wenn die an das subjektive öffentliche Recht gebundene materielle Richtigkeit problematisch wird, d. h. wenn der Sozialstaat Grundbedürfnisse seiner Bürger in einer Weise befriedigt, die die individuelle Zurechnung des öffentlichen Gutes auf den einzelnen nicht mehr zuläßt. Im Gesamtablauf politisch-administrativen Entscheidungshandelns ist das Prozeßmoment nicht nur im Bereich gesetzgeberischer und rechtsprechender Verfahren, sondern auch auf der Stufe administrativer Konkretisierungen für die Ausbildung von sozialen Interessen relevant.

Wir können hier sogleich die Fragen anschließen: Wessen Interessen? Haben andere als organisierte Interessen noch Einflußchancen und artikulieren sich in den Einflüssen der intermediären Organisationen sich ausgleichende Gruppeninteressen, Konkurrenzen pluraler Eliten oder oligarchische Führungsschichten[23]? Gerade die nordamerikanischen Tendenzen der Politikbildung in der Stufe unterhalb des Parlaments und unter Respektierung eines funktionellen Verwaltungsbereichs durch die Justiz sind nicht kostenfrei[24]. Darin beruht gerade die Aussagekraft des funktionalen Systemvergleichs, daß er nicht wie manche kritische Theorie auf ein hochideologisiertes Weltbild, sondern auf praktizierte und praktikable Handlungsalternativen abstellen und die jeweiligen Verluste einbeziehen kann. Entsprechend läßt sich, wenn angesichts des Ausmaßes gesetzgeberischer Aktivitäten vor einer Verschwörung der Ministerialbürokratie mit den Parlamenten gegen die Gerichte gewarnt wird[25], auf das verschiedene „Imperium" judikativer Kontrollen in der nordamerikanischen und der westdeutschen Verwaltung und den hieraus erwachsenden unterschiedlichen „Zwang zur Normierung", zur „gerichtsfesten« Programmierung der Verwaltungsvollzüge hinweisen und für die Übersetzungen zwischen den ausdifferenzierten Sozialbereichen von Politik und Verwaltung überlegen: Vermindert der Zwang zur vorwegnehmenden präzisen Normierung des Verwaltungsprogramms die Qualität und Quantität der für Entscheidungen verwertbaren Informationen? Führt er zu einer restriktiven Auswahl unter den Interessen und Gruppen, die das Entscheidungssystem politisch beeinflussen können? Wird durch die vorwegnehmende Normierung die Effektivität politischer Verwaltungskontrollen vermindert und der Spielraum für eine selbständige Politik der leitenden Verwaltung erweitert[26]? Wir wollen dem die Frage hinzufügen, ob man sich auf einer hohen Stufe programmierenden Entscheidens zu Präzisionsvorstellungen hat drängen lassen, die erst recht zu politischen Belastungen werden, wenn neben die Formen der konditionalen Programmierung immer stärker die der finalen Programmierung treten, etwa wenn nicht nur Rahmengesetzgebung, sondern auch Rahmenplanung zur Diskussion steht.

2. Politische Dedifferenzierung und administrative Identität

Mit der Erörterung der Übersetzungen zwischen Politik und Verwaltung begeben wir uns auf ein Forschungsgebiet, auf dem für manchen der Begriff des Politischen eine „universale Sensibilität" erhält und die Demokratietheorie einen allumfassenden Charakter bekommt[27]. Gerade wenn man sich indes von der vielseitigen Relevanz des Demokratischen für die öffentlichen Administrationen Rechenschaft gibt, muß man bedauern, daß solche weltumspannenden Doktrinen für die Verwaltungswissenschaft wie für die Verwaltungspraxis funktionslos zu werden drohen. Wenn alles, was im Sinne der weitesten Veröffentlichung des Menschen kritisierbar erscheint, als undemokratisch gilt und fast beliebig weitläufiger Suche nach demokratischen Alternativen ausgesetzt wird, dann scheint die theoretische Verarbeitungskapazität einer Demokratie- und Verwaltungsforschung überschätzt und allenfalls noch eine universal-kritische Attitüde durchhaltbar zu sein. Zum Beispiel ist es angesichts des in der Bundesrepublik Deutschland aufgespeicherten Wissens über Föderalismus und Selbstverwaltung und der bei uns insoweit bestehenden Demokratieprobleme nicht sonderlich hilfreich, wenn nach einer anspruchsvollen Erörterung ausländischer Literatur nicht viel mehr als das Bild von den Königen zentraler und den Zaunkönigen dezentraler politischer Systeme steht. Dabei läßt sich aus den ausländischen Erfahrungen durchaus lernen, etwa aus dem demokratischen Zentralismus der Sowjetunion[28], aus dem politisch ökonomischen System Jugoslawiens[29], insbesondere auch aus der Dezentralität des nordamerikanischen Pluralismus[30]. Nur bedarf es eben der Eintragung in wissenschaftlich vollziehbare Prüfraster. Sonst bleibt es bei jener Negativität, die dann weiter auch für das praktische Handeln gilt. Da sich ein Maximierungskonzept der Aufhebung der Herrschaft von Menschen über Menschen durch Emanzipation und Partizipation kaum als organisierbar erweist, heißt es schließlich, daß im „bestehenden Paradigma" zureichende Änderungen schwer vorstellbar seien, illusionäre Vorstellungen von demokratisch-politischer Elite blieben.

Für unser Thema müssen wir in diesem Zusammenhang auf eine demokratitheoretische Perspektive hinweisen, in der das an Maßgeblichkeit verliert, was hier als Grundvoraussetzung heutiger öffentlicher Verwaltung bezeichnet worden ist, nämlich die soziale Differenzierung. Das wird deutlich, wenn entgegen der oftmaligen Ablehnung, wissenschaftlich antizipierbare Voraussetzungen des Demokratischen zu bezeichnen oder Gegenmodelle zu den undemokratisch genannten Verhältnissen zu formulieren, der Systementwurf einer radikalen Demokratie versucht wird. Vergleichen wir das so konzipierte Rätemodell mit den aktuellen Handlungszusammenhängen von Demokratie und Verwaltung[31], so fällt gleich dessen geringer Grad an sozialer Differenzierung auf. Im Rätesystem gibt es die identitär demokratischen Basisgruppen mit totaler Kompetenz. Nur soweit Aufgaben von diesen direkt politischen Aktionseinheiten nicht erfüllt werden können, werden sie an Räte und gegebenenfalls stufenweise an übergeordnete Räte mittelbarer Wahl delegiert. Mandatsträger sind an Wähleraufträge gebunden und jederzeit abberufbar. Ehrenamtlichkeit, jedenfalls Festlegung des Einkommens auf den Durchschnitt der Urwählerschaft, vor allem Ämterrotation sind vorgesehen. Wir brauchen demgegenüber die sozialen Verhältnisse hochentwickelter Länder nicht zu skizzieren, um auf das ganz andere Ausmaß von Arbeitstei-

lung, Machtdifferenzierung und Kompetenzverteilung in unserem politisch-administrativen System hinzuweisen.
Aber auch dort, wo es bei imaginären Mustern demokratiefeindlicher Staatsbürokratien bleibt – der technokratische Plan, der Briefstil des Inspektors, die gewalttätige Polizei usw. –, deutet sich die Tendenz sozialer Dedifferenzierung an, etwa in Behauptungen wie: wäre das Prinzip der Sozialstaatlichkeit durchgeführt, wäre das Steuersystem demokratisiert, wären die Bildungs- und Arbeitssituationen mit ihrer Fülle von neurotisierenden und pathologisierenden Folgen demokratiegemäß verändert, dann würden einschlägige Organisationen funktionslos und die zugehörigen Berufe arbeitslos. Man mag sich dazu an den marxistischen Menschen erinnern, der heute dies, morgen jenes tut, morgens jagt, nachmittags fischt, abends Viehzucht treibt, nach dem Essen kritisiert, wie er gerade Lust hat, ohne je Jäger, Fischer, Hirt oder Kritiker zu werden, und jenem den professionellen, spezialisierten Verwaltungsmann entgegenstellen, wie er heute der beruflichen Arbeitsteilung unterliegt. Jedenfalls ist es gerade der mitgliedschaftliche Handlungsbereich der öffentlichen Verwaltung, der Anlaß bietet, den Zusammenhang von Demokratie und sozialer Differenzierung bzw. Dedifferenzierung noch weiter zu verfolgen. Es steht die These, daß die Emanzipation der Mitglieder des Verwaltungssystems kein mögliches Ziel politischer Reflexion sei, weil sie die Identität des Verwaltungssystems nicht reflektieren, sondern aufheben würde[32]. Wir wollen dazu erstens einige theoretische Überlegungen zur innerorganisatorischen Demokratisierung vorstellen und uns dann zweitens die Frage vorlegen, ob die heute beobachtbaren partizipatorischen Binnenkonstitutionalisierungen mitgliedschaftlichen Verhaltens in der öffentlichen Verwaltung auf eine soziale Dedifferenzierung oder gar die Aufhebung der Identität des Verwaltungssystems hinweisen.
Wissenschaftliche Untersuchungen zur innerorganisatorischen Demokratie hängen mit der Verbände- und Parteienforschung eng zusammen[33]. An ihrem Anfang steht die Einsicht, daß selbst bei Organisationen mit explizit demokratischem Wertesystem – wie eben demokratischen Parteien – dieses nicht ohne weiteres in den organisationalen Entscheidungsprozessen zum Ausdruck kommt, sondern durchaus eine oligarchische Führungsstruktur bestehen kann[34]. Dabei zeigt sich, daß gerade Formen repräsentativer Vertretung der Mitglieder die innerorganisatorische Oligarchisierung stützen können[35]. Hiernach wird eine Vielfalt von Erklärungsversuchen und Konzepten zum Demokratisierungspotential in Organisationen entwickelt: von der direkten organisationsinternen Demokratie bis zum demokratischen Zentralismus, in dem die Mitgliedschaft in der Einheit der Aktion an die Führungsgruppe gebunden ist. Als Beispiele sind neben dem Rätemodell etwa noch die Konzepte der organisationsinternen Öffentlichkeit und des innerorganisatorischen Parteienwettbewerbs zu nennen[36]. Allen einschlägi-

gen Untersuchungen ist im Grunde gemeinsam, daß sie Vorstellungen aufgreifen, die zunächst auf der gesamtgesellschaftlichen Ebene des politischen Systems gelten und die dann auch für die organisationsinternen Strukturen als maßgeblich angesehen werden.

Damit zeigt sich bereits die Fragwürdigkeit der These, daß das, was zu Parteien und Verbänden wissenschaftlich entwickelt worden ist, unter demokratie-theoretischer Perspektive auch auf andere Organisationstypen, und zwar auch auf die Verwaltungen im Hinblick auf Verwaltungsreformen, angewendet werden kann. Denn der Demokratiediskussion gesamtgesellschaftlicher Handlungszusammenhänge wird als Grundnorm das politische Selbstbestimmungsrecht der Bürger vorausgeschickt. Entsprechend selbstbestimmt durch die Mitgliedschaft gelten in der Regel die Handlungsweisen von Parteien und Verbänden. Aber Organisation ist nicht gleich Organisation[37]. Und so lautet die normative Prämisse der öffentlichen Verwaltung, daß diese zu den Typen fremdbestimmter Organisationen zu rechnen ist. Entsprechend geht es in der Staatslehre herkömmlicherweise darum, die Steuerketten von den demokratisch legitimierten Instanzen zur Administration zu sichern, mag man sich dabei der konditionalen Handlungsstrukturierung der parlamentarischen Gesetzgebung mit verwaltungsmäßigem Gesetzesvollzug[38] oder der finalen Handlungsstrukturierung der demokratisch-politischen Vorgabe von Zielen und Mittelrahmen mit dem administrativ exekutiven Willensvollzug durch ökonomische Kombination von Mitteln mit Zwecken bedienen[39]. Während aber früher das klassische Problem der Sozialtheorie das eigeninteressenbezogene Verhalten der Staatsbürokraten und damit der Einfluß der Verwaltungsmitglieder auf das administrative Geschehen war, werden heute einerseits und nach wie vor die „Selbststeuerungen“ der öffentlichen Administration kritisiert, andererseits jedoch Emanzipation und Partizipation im Hinblick auf die mitgliedschaftliche Basis der Verwaltung verlangt.

Wer angesichts der sozialen Grundkonstante einer Verteidigung angestammter Mitgliederinteressen in Bürokratien geneigt ist, auf die stringente Bestimmung der öffentlichen Verwaltung durch extern-demokratische Instanzen ausschließlich abzustellen, muß zweierlei berücksichtigen: Erstens gibt es fundamentaldemokratische Perspektiven die „Ausweitung des Alternativen-Raums unter dem Aspekt sozial ermöglichter Ich-Stärkung“[40], die jede persönliche Entfaltung des Organisationsmitglieds von der humanen Selbstbestimmung am Arbeitsplatz, wie sie sich heute in den öffentlichen Großbürokratien durchsetzt, bis zur Teilhabe an den Wertberücksichtigungen der Administration, wie sie sich bei der personalen Verwaltungsarbeit gar nicht ausschließen läßt, mit dem Namen des Demokratischen versehen. Man kann ein noch so feines Netzwerk politisch-demokratischer Kontrollen – parlamentarischer Gesetzgeber, demokratisch legitimierte Regierungsspitze, Verwaltungsgerichtsbarkeit, Ombudsman usw. – über die öffentliche Verwaltung errichten, solange menschlich-gesellschaftliche Kommunikation im Spiel ist, also die vollautomatisierten Verwaltungsvollzüge nicht erreicht sind, ist jede Determination der administrativen Tätigkeit begrenzt, sind „Selbststeuerungen" der öffentlichen Verwaltung – strenger: Steuerungen durch die Verwaltungsmitglieder – unvermeidbar. Und das bringt das Politische und damit auch das Demokratische in den mitgliedschaftlichen Handlungsbereich.

Die daraus erwachsenden Einflußprobleme müssen in der Politischen und der Verwaltungswissenschaft noch gründlicher diskutiert werden. Zwei relevante Erkenntnisinteressen deuten sich an, nämlich das „einer komplexen, auf eine Mehrzahl normativer Anforderungen reagierenden Demokratietheorie"[41] und das einer Formulierung der Konzepte innerorganisatorischer Demokratie aus der Sicht heutiger Entscheidungs- und Systemforschung: die Bezugnahme auf analytische Modelle der Organisation wie das „Systemzielmodell" und auf bestimmte Entscheidungsmuster wie Handlungsstrukturen der Routine mit „sekundären Elastizitäten"[42]. Was hiernach aber auch immer interessiert – die fundamentaldemokratische Kongruenz der Autoritätsmuster[43], die repräsentative Entsprechung der gesellschaftlichen Makrostruktur in der Personalzusammensetzung der Verwaltung[44], die menschliche Entfaltung am Arbeitsplatz[45], es muß die normative Asymmetrie der politisch-demokratischen Einflußbeziehungen von vornherein berücksichtigt werden. Wiederholen wir den Fall[46], daß in optimaler Partizipation von Verwaltungsspitze, mitgliedschaftlicher Basis, Personalrat und Berufsvertretung gegen die Einführung der elektronischen Datenverarbeitung in einem Verwaltungsbereich entschieden würde, und zwar etwa aus Rationalisierungs- und Maschinenangst und gegen die Bedürfnisse des auf schnelle Erledigung angewiesenen Publikums, dann bemerkt man, wie nach unserer politischen Verfassung die demokratischen Legitimationen prinzipiell verteilt sind.

Da jedoch im mitgliedschaftlichen Handlungsbereich der öffentlichen Verwaltung politisch-demokratische Aktivitäten relevant bleiben, bleibt es auch bei der weiteren Frage, ob mit den Selbstbestimmungen und Mitbestimmungen der Verwaltungsmitglieder zwangsläufig soziale Dedifferenzierungen verbunden sind. Wir lassen insoweit die Probleme der inneren Widersprüchlichkeit emanzipatorischer und partizipatorischer Konzepte und der Vereinbarkeit von Forderungen innerorganisatorischer Demokratisierung mit den geltenden Demokratienormen beiseite. Unter dem Aspekt von öffentlicher Verwaltung und sozialer Differenzierung interessieren die Identität des Verwaltungssystems und die Identifikationen verwaltungsmitgliedschaftlichen Handelns. Insoweit greifen wir zwei Anschauungsfälle aus der administrativen Erfahrungwelt auf. Sie kennzeichnen Schwerpunkte sozialer Entwicklungen, die in den wissenschaftlichen und praktischen Auseinandersetzungen mit dem Namen des Demokratischen versehen werden: einmal die Personalvertretung der Verwaltungsmitglieder in personellen und sozialen Angelegenheiten und zum anderen die Mitbestimmung in den kommunalen Unternehmen.

Die Personalvertretung der Verwaltungsmitglieder ist bei uns so eingeübt und formalisiert, daß die Grundstrukturen von Organisation, Entscheidungsprozessen und Mandatsbildungen leicht einsichtig sind[47]. Schon die organisatorische Nomenklatur macht die sozialen Aufgliederungen im Aufbau mitgliedschaftlicher Beteiligung deutlich. Es gibt die Personalversammlung aller Mitglieder einer Dienststelle und Teilversammlung, wenn die gemeinsame Versammlung nach den dienstlichen Verhältnissen nicht stattfinden kann. In allen Dienststellen, die in der Regel mindestens fünf Wahlberechtigte beschäftigen, von denen drei wählbar sind, werden Personalräte gebildet. Es besteht ein Gruppenprinzip, nach dem jede der verschiedenen Gruppen der Beamten, Angestellten und Arbeiter im Personalrat vertreten sein soll. Aus der Mitte des Personalrats wird der Vorstand gewählt, der wiederum gruppenspezifisch aufgebaut ist. Für den Geschäftsbereich mehrstufiger Verwaltungen werden bei den Behörden der Mittelstufe Bezirkspersonalräte, bei den obersten Dienstbehörden Hauptpersonalräte gebildet. Unter Umständen wird ein Gesamtpersonalrat eingerichtet. Korrespondierend zu diesen aufbaumäßigen Verteilungen besteht ein gegliedertes Muster der Handlungsabläufe, wobei hier insbesondere die Einflußgrenze zwischen Personalvertretung und Personalrat, vor allem das fehlende Weisungsrecht ersterer, zu vermerken ist. Im übrigen lassen sich Merkmale ausdifferenzierter Kommunikations- und Entscheidungsprozesse feststellen, wie: Geschäftsführung, Sitzungsleitung, Einberufung, Tagesordnung, Nichtöffentlichkeit, besondere Teilnahmerechte, Beschlußfähigkeit, Stimmenverhältnis, Gruppenentscheidungen, Nachprüfung und Aufhebung von Beschlüssen usw. Dem entsprechen wiederum gesonderte Handlungszusammenhänge der Mandatsbildung mit je eigenen Voraussetzungen des aktiven und passiven Wahlrechts, besonderem Wahlsystem, spezifischem Wahlvorgang, Amtszeiten, Beendigungsgründen, besonderen Formen der Besetzung von Leitungspositionen, eigenen Rechtsstellungen der Personalratsmitglieder usw. Wem einige dieser sozialen Unterscheidungen verzichtbar erscheinen – vielleicht die Trennung nach dem Gruppenprinzip –, der muß sich auf organisatorische Entwicklungen von Sonderinteressen aufmerksam machen lassen, wie: Jugendvertretung, Vertretung der nicht ständig Beschäftigten, Vertrauensmann der ausländischen Bediensteten usw. Für die ausdifferenzierten Anforderungen der mitgliedschaftlichen Beteiligung sei schließlich auf die mögliche Freistellung von der dienstlichen Tätigkeit verwiesen[48].

Betrifft die Personalvertretung die mitgliedschaftliche Beteiligung in sozialen, personellen und bestimmten weiteren organisatorischen Angelegenheiten, so meint die Mitbestimmung in kommunalen Unternehmen den „direktiven" Einfluß in der Sache selbst, also hier die „wirtschaftliche" Mitbestimmung. Insoweit sind zwar soziale Veränderungen zu beobachten, die eine neue Qualität öffentlicher Organisation und Entscheidungsprozesse darstellen können[49]. Aber in der uns interessierenden Frage geht es um Fortentwicklungen bestehender Strukturen, nämlich der ausdifferenzierten Handlungszusammenhänge im Unternehmensbereich. Es wird nicht bei der direkten Aktionseinheit der innerbetrieblichen Mitgliederbasis angesetzt, sondern man sucht die „institutionelle" Lösung. Die bestehenden Formen der Repräsentanz der Arbeitnehmerschaft in Entscheidungsgremien der kommunalen Unternehmen sollen ausgebaut werden. Durch „privat – autonome Regelungen", Stimmrechtsbindungsverträge, will man die Drittbeteiligung der Arbeitnehmervertreter in den Aufsichtsräten der privatwirtschaftlich organisierten Unternehmen ausdehnen. Hinsichtlich der Verwaltungsräte, Werksausschüsse, Betriebskommissionen der Eigenbetriebe, Zweckverbandsunternehmen, Sparkassen werden Modelle vorgelegt, die die bisher rechtlich vorgesehene Arbeitnehmervertretung ausweiten. In der Regel strebt man den paritätisch besetzten Aufsichtsrat bzw. Verwaltungsrat an. Dazu versucht man, ein für Personal- und Sozialangelegenheiten zuständiges Mitglied des Vorstandes bzw. der Geschäftsleitung, Betriebsleitung, Werksleitung einzurichten. Für unser Thema ist nicht nur dieser Ansatz bei bestimmten unternehmerischen Teilsystemen aufschlußreich, sondern auch, daß die gewerkschaftlichen Organisationen der Sonderinteressen, die die skizzierten Veränderungen fördern, Regeln vorschlagen, nach denen jedes dritte Mitglied in der Gruppe der Arbeitnehmervertreter ein außerbetrieblicher Vertreter sein muß.

Nach allem zeigt sich, daß eine die Identität des Verwaltungssystems aufhebende Identifikation der Verwaltungsmitglieder mit der öffentlichen Verwaltung nicht in Rede steht. Es mag mancherorts eine avantgardistische Variante der alten Verwechslung von verwaltungsmitgliedschaftlichem und politisch-administrativem Wertesystem geben. Neben anderen Formen der „Politisierung" mehr mögen Probleme jener Art von „Wohlfahrtsbürokratie" bestehen, die in erster Linie für ihre eigenen Bedürfnisse sorgt[50]. Aber gegen eine Beamtenschaft als den „allgemeinen Stand", der Staat und Verwaltung für sich selbst nimmt, steht der Grundtatbestand einer hochdifferenzierten, macht- und arbeitsteiligen Gesellschaft. Was man auch immer unter der Demokratisierung der öffentlichen Verwaltung verstehen mag, es läßt sich nicht als prinzipielle Aufhebung der Systemgrenze zwischen öffentlicher Verwaltung und verwaltungsmitgliedschaftlichem Handlungsbereich reflektieren, sondern bleibt auch im verwaltungsinternen, innerorganisatorischen, innerbetrieblichen Bereich auf differenzierende Subsystembildungen, spezielle Organisationsstrukturen, eigene Regelungsprozesse und Programmierungen von Entscheidungen, besondere Kaderbildungen usw. angewiesen[51], und zwar mit Einschluß der sich dann ergebenden Koordinationsprobleme[52].

3. Verwaltungswissenschaft und systemtheoretischer Ansatz

Damit ist die Verwaltungsforschung in die Lage versetzt, sich methodisch jener wissenschaftlichen Ansätze zu bedienen, die eng mit der Prämisse der Differenzierung zusammenhängen. Zuerst ist insoweit die Systemtheorie zu nennen. Wir haben bereits oben zu ihrer funktional-strukturellen Variante herausgestellt, wie sehr sie auf Ausdifferenzierung, Systemdifferenzierung, Umweltdifferenzierung bezogen ist. Überdies ist die öffentliche Verwaltung durch soziale Eigenschaften gekennzeichnet, die die heuristische Fruchtbarkeit systemtheoretischer Ansätze zu begünstigen scheinen. Nehmen wir zum Beispiel die Formalisierung als ein augenfälliges Merkmal der modernen Staatsbürokratien[53]. Aktivitäten öffentlicher Verwaltung sind durch eine Gleichförmigkeit der Handlungsmuster charakterisiert. Organisatorischer Aufbau, Kompetenzen, Entscheidungsprozesse sind durch eine Regelordnung von gewisser Beständigkeit festgelegt. Die Handlungszusammenhänge sind relativ gewährleistet, die Entscheidungsabläufe relativ vorhersehbar, die Reaktionsweisen relativ stabilisiert. Gegenüber Motivation und Mobilität der Mitglieder besteht abgrenzende Invarianz. Formalisierung findet ihren exemplarischen sprachlichen Ausdruck im Formularwesen[54]. Angesichts solcher Vorbedingungen greift der Systemgedanke ganz anders, als wenn wir es mit einem Sozialbereich vorzüglich der Subjektivität, der Spontaneität, der Improvisation, der Imagination und der informalen Kommunikationsweisen zu tun hätten.

Mit dem Systembegriff schließen sich die modernen systemtheoretischen Ansätze[55] an eine vielschichtige wissenschaftsphilosophische Tradition an. Denn Systembegriffe haben wohl in allen Wissenschaften und in den verschiedenen Phasen ihrer Entwicklung Bedeutung gehabt. Die heutigen systemtheoretischen Versuche bringen zudem vielfältige neue Konzeptionen ein, wie zum Beispiel das Input/Output-Modell, das systematisch nach den aufgenommenen und den abgegebenen Leistungen unterscheidet, oder das kybernetische Modell, dessen Systemstrukturen Rückkoppelungen aufweisen. Solche neue oder jedenfalls neu formulierte Vorstellungen haben sich in der Verwaltungsforschung auch bereits bewährt. Das gilt bei uns insbesondere von dem Forschungskonzept, das nicht auf das „Innenleben des Systems“, insbesondere die Untersuchung der Systemelemente und der internen

Systembeziehungen beschränkt ist, sondern das Augenmerk auf die „Systemgrenzen“ und die relativen Invarianzen zwischen System und Umwelt lenkt[56], womit soziale Differenzierung impliziert ist. Indes erweist sich, daß die jetzigen systemtheoretischen Ansätze – mögen sie noch so sehr die Distanz neuer Definitionen suchen – mit dem Systembegriff alte Probleme der Wissenschaftsphilosophie übernommen haben. So hängt der Systemgedanke herkömmlicherweise mit gewissen Ganzheitsideen zusammen, und er ist heute insoweit nicht weniger kritisch als früher zu betrachten. Wir wollen im Hinblick wiederum auf soziale Differenzierung noch auf zwei Spannungslagen der systemtheoretischen Erkenntnisinteressen hinweisen, um die integrierende Verwaltungswissenschaft von den Bereichen des strengen Theoretisierens und des kausalistischen Empirismus abzuheben.

In der Wissenschaftsgeschichte zeigt sich, daß der Systembegriff auf zwei verschiedene Bereiche bezogen wird, erstens auf den Bereich der theoretischen Erkenntnisse für sich und zweitens auf den Bereich der Gegenstände – Materialobjekte – der wissenschaftlichen Reflexion. Da der Wissenschaftsbegriff eng mit dem des Systematischen zusammenhängt, pflegt man den Systemanspruch in den verschiedensten wissenschaftsphilosophischen Schulen zu erheben. In den logisch-positivistischen Strömungen bevorzugt man die Kategorie des Aussagensystems; taxonomische Theoriebildungen sprechen von Begriffssystemen; auch das rational-wissenschaftliche Modelldenken intendiert Systematik. Will man in der Verwaltungswissenschaft den Grundtatbestand sozialer Differenzierung erreichen, dann darf man es nicht bei diesem theoretischen Selbstverständnis bewenden lassen, sondern muß den Systembegriff auf die Materialobjekte beziehen, d. h. hier auf die Erfahrungswelt öffentlicher Verwaltung. Es geht nicht oder nicht nur um begriffliche Vorstellungen, analytische Instrumentarien, theoretische Zusammenstellungen, sondern um „Handelnszusammenhänge, die von den Handelnden selbst bewußt oder unbewußt als abgrenzbare Einheiten behandelt werden“, also um Systeme praktischen Verwaltungshandelns[57].

Mit der Maßgeblichkeit des Systembegriffs für die Erfahrungsgegenstände bzw. seiner Doppelgeltung in Theorie und Praxis verbindet sich dann weiterer Methodenstreit[58]. Positivistische Isomorphievorstellungen einerseits[59] und der Systemgedanke in den dialektisch-historischen Lehrmeinungen andererseits[60] markieren Eckpunkte einschlägiger Diskussionen. Vielleicht kann man sich darüber verständigen, daß dem systemtheoretischen Ansatz ein seinen Prämissen entsprechendes systematisch-konstruktives Element eignet. Es tritt deutlich hervor, wenn der Systementwurf angestrebt wird: die Verwaltungswissenschaft ein administratives Stadt/Umland-Modell, einen Reformvorschlag zur Personalgliederung, ein neues Selbstverwaltungssystem usw. zu zeichnen versucht. Aber Finden und Entwerfen liegen nahe beieinander. Systemanalytische Bemühungen enthalten entspre-

chend ein Moment der Nachkonstruktion. Wir müssen darauf achten, daß es nicht zum „Realitätsersatz" wird.
Die neueren systemtheoretischen Ansätze beruhen oft auf einer kausal-empirischen Wissenschaftsphilosophie. Das liegt zum Teil an dem allgemeinen Ansehen einschlägiger Metatheorien in den modernen Sozialwissenschaften, zum Teil an der „General System"-Konzeption, etwa biologische Systemvorstellungen zu generalisieren und zu einer Allgemeinen Systemlehre zu gelangen. Nach dem, was wir aus der sozialanthropologischen Forschung von dem in der Gesellschaft nicht festgelegten Menschen wissen, muß eine solche Einheit von Natur- und Sozialwissenschaften zweifelhaft bleiben. Die Verengungen des Kausalitätsdenkens dann durch einen unbestimmten „behavioral approach" zu überwinden, erscheint unbefriedigend. Hiernach auf ein kausal-erfahrungswissenschaftliches Erklärungsschema zugunsten einer Ontologie zu verzichten, in der die Funktion nicht eine Sonderart der Kausalbeziehung, sondern die Kausalbeziehung ein Anwendungsfall funktionaler Ordnung ist und das Kausalschema der invarianten Beziehung von Ursache und Wirkung im Sinne des Äquivalenzfunktionalismus uminterpretiert wird, erscheint problematisch[61]. So bleibt eine kausal-erfahrungswissenschaftlich orientierte Verwaltungssoziologie in Rechnung zu stellen, mag diese dann ihr Anspruchsniveau wohl weniger am logischen Empirismus, mehr an der wahrscheinlichkeitstheoretischen Sozialforschung ausrichten.
Indes kennzeichnet die Kausalbeziehung nicht das einzig mögliche Erkenntnisinteresse der Verwaltungsforschung. Wir haben an anderer Stelle zu belegen versucht, daß die integrierende Verwaltungswissenschaft über die Wirkungszusammenhänge des administrativen Geschehens hinaus die Sinnzusammenhänge öffentlicher Verwaltung erfassen muß[62]. Hier wird nun wieder aus der Kategorie sozialer Differenzierung und den in Verbindung damit erörterten Fragen der Kompetenzverteilung, Machtdifferenzierung, Arbeitsteilung deutlich, daß es um mehr als um die empirischen Zustände in ihrer kausalen Bewirktheit geht. Wie die Intentionalität des an Zwecken und Mitteln orientierten Verhaltens dazu führt, dessen Sinn als rationales Handeln zu verstehen, so eignet der Verhaltensregulierung durch soziale Differenzierung ein Moment der Verständlickeit, das wiederum die Interpretation als sinnhafte Handlungsidentitäten nahelegt. Größen wie örtliche Zuständigkeit, Arbeitsbewertung, Besoldungsdienstalter, internationale Arbeitsteilung, Souveränität, Hierarchie, Oberbehörde, Abteilung, dezentralisierte Verwaltung, aufgabenmäßige Spezialisierung, konditionale Programmierung, politisch-demokratische Kontrolle, Delegation, mitgliedschaftliches Handeln, Personalvertretung, Position usw. meinen nicht einfach interdependente Kausalfaktoren, sondern sind eher als Limitierungen der möglichen Kausalketten unserer Wünsche, Motive, Erinnerungen, Anpassungen zu begreifen.

Solche Handlungsidentitäten deuten auf ein bestimmtes selektives Geschehen hin, das sinnvolles menschlich-gesellschaftliches Handeln erlaubt. Es geht nicht um bloße Auswirkungen der jeweiligen Kausalkonstellation, sondern – in relativer Unabhängigkeit von Kausalbeziehungen – um Selektionen von Handlungsmöglichkeiten, die Handlungsmuster nach Sinnzusammenhängen bilden. Unter Handlung ist entsprechend „jedes sinnhaft orientierte, außenwirksame menschliche Verhalten" zu verstehen. Handlungssysteme im allgemeinen und ein Verwaltungssystem im besonderen sind die „Identifikation eines Sinnzusammenhanges von Handlungen". Soziale Systeme sind Systeme, die Handlungen durch ihren Sinn miteinander verbinden und gegen eine Umwelt anderer Möglichkeiten abgrenzen[63]. Mit diesem systemtheoretischen Ansatz findet die Verwaltungswissenschaft Anschluß an die allgemeine sozialwissenschaftliche Diskussion der Sinnproblematik, die bei uns entgegen neopositivistischer Verkürzungen fortgeführt wird, ohne daß sie freilich weniger schwierig geworden ist[64].

Zusammen mit der Systemtheorie sind es dann entscheidungstheoretische Ansätze[65], die im Hinblick auf den Grundtatbestand der sozialen Verteilung von Arbeit, Macht, Zuständigkeit, Information usw. für die Verwaltungsforschung fruchtbar gemacht werden können. Die Möglichkeit der Herausbildung moderner Entscheidungstheorien beruht auf verschiedenen menschlich-gesellschaftlichen Voraussetzungen, etwa, daß der Mensch über grundsätzlich freie Verhaltensplastizität verfügt und sein Handeln dann nicht sogleich durch normative Überformungen gesellschaftlich determiniert ist. Eine gerade für die öffentliche Verwaltung maßgebliche weitere Prämisse ist die der sozialen Differenzierung. Selbst der von einer individuellen Krise Betroffene begegnet der Verwaltung nur in Handlungsausschnitten, die seine Ausnahmesituation relativ machen und der Verwaltung erlauben, seine Sorgen in regelförmigen Fertigkeiten zu erledigen. Substanzhafte Inhalte und Kräfte, wie sie der Dezisionismus bemüht, und die Existenz als Entscheidung, wie sie der Existentialismus interessiert, liegen jenseits der Geschäfte des Verwaltungsalltags. Entsprechend erweist sich der administrative Entscheidungsprozeß als in verschiedene Handlungsidentitäten zerlegt. Der Verwaltungsmann hat nicht die volle Last der Wahl einer Handlung aus einer Reihe von Handlungsalternativen zur Transformation von Handlungssituationen zu tragen. Der Gesamtzusammenhang der Verwaltungsentscheidung besteht aus hochdifferenzierten Teilzusammenhängen, wie sich an der signifikanten Unterscheidung zwischen programmierender und programmierter Entscheidung zeigt[66].

Die Geschäfte der Administration seien ihrer Natur nach entschieden. Diese Meinung ist konstitutiv für manchen Begriff von der öffentlichen Verwaltung schlechthin. Die Verwaltungsrechtslehre kleidet ihre einschlägigen Geltungsprobleme in dogmatische Größen wie Gesetz und Verwaltungsakt und erstreckt die Frage nach der Vorentscheidung mit der Formel von der „Selbstbindung der Verwaltung" auf die administrativen Vorschriften selbst. Wenn wir auch heute – entscheidungstheoretisch gesehen – dazu neigen, ein „Kontinuum" mit weitgehend programmierten Entscheidungen an dem einen Ende und weitgehend unprogrammierten an dem anderen anzunehmen, so spricht das nicht grundsätzlich gegen die Leistungsfähigkeit der Differenzierung zwischen programmierenden und programmierten Entscheidungen gerade für den öffentlichen Bereich. Entsprechende Funktionen werden bei uns durch die stärkere Finalisierung des Verwaltungshandelns und mithin durch das Planungsthema über die rechtlichen Verbindlichkeitsprobleme hinaus deutlich. Administrative Entscheidungsprozesse sind angewiesen auf die Ersetzung unmittelbarer durch vorgetane Arbeit und den politischen Vorgriff programmierender Entscheidungen. Subventionsentscheidungen etwa beruhen auf vielschichtigen Aktivitäten der Budgetplanung und des Budgetvollzugs mit arbeitsteiligen Organisationen, gesonderten Verantwortungen, verschiedenartigen Kenntnissen und Fertigkeiten. Zwischen Haushaltsvoranschlag und Kassenanweisung liegen die anderen Handlungssituationen, die anderen Problemkapazitäten, die anderen Entlastungen programmierenden und programmierten Entscheidens. Das Kabinett, in dem der Plafond ausgehandelt wird, unterliegt anderen Bedingungen als der Sachbearbeiter für Industrieansiedlung, das Finanzressort bei der Budgetierung anderen als das Wirtschaftsressort bei regionalen Förderungsmaßnahmen. Man kann sich kaum Situationen öffentlicher Verwaltung vorstellen, die so einfach sind, daß sie sich in der einmaligen Aktion erledigen. Im Gegenteil: der Programmaufwand wächst; der Rückhalt konkreter Maßnahmen in Programmen wird wichtiger; Spontaneitäten brauchen immer umfangreichere soziale Instandsetzungen.

Ungleich schärfer ausgeprägte soziale Differenzierungen als die zuletzt skizzierten müssen vorliegen oder eingerichtet werden, wenn sich die Verwaltungswissenschaft aus heuristisch-analytischen oder pragmatisch-sozialtechnologischen Interessen der „geschlossenen Modelle" der Entscheidungstheorie[67] bedienen will. Denn im Grunde wird bei ihnen vorausgesetzt, daß die relevanten Entscheidungsgrößen und Entscheidungskalküle sich so von ihrer sozialen Umgebung abheben oder abheben lassen, wie sie im Modell abgebildet werden. Es ist kein Zufall, daß unter den Modellarten von Operations Research[68] sich insbesondere die Netzplantechnik[69] als in der öffentlichen Verwaltung praktikabel erwiesen hat. Netzplantechnik ist vornehmlich ein Instrument zur Planung, Steuerung, Überwachung von Projekten in der Zeit. Mit dem Projektbegriff ist dabei ein bestimmtes Vorhaben – zum Beispiel die Errichtung einer regionalen Datenverarbeitungszentrale – gemeint, das von weiteren sozialen oder technischen Einwirkungen abgegrenzt ist. Nun gibt es in der öffentlichen Verwaltung keine im strengen

Sinne abgegrenzten Vorgänge. Terminberechnungen pflegen beim genannten Beispiel schon wegen der Grundsteinlegung durch den zuständigen Minister ihre Schwierigkeiten zu haben. Aber Projekte sind jedenfalls noch das, was sich relativ abgrenzbar einrichten läßt. Damit sind zugleich Erkenntnisinteressen einer entscheidungstheoretischen Verwaltungsforschung mitgekennzeichnet[70]. Weil eine Geschlossenheit des Verwaltungshandelns – von der Entscheidungsqualität, nicht der Quantität her: man denke an die Gesetzesanwendung durch automatisierte Datenverarbeitung – nur in marginalen Sozialbereichen in Betracht zu ziehen ist, benötigen wir „open decisions models": Entscheidungstheorien offener System-Umwelt-Bezüge. Genausowenig aber wie die integrierende Verwaltungswissenschaft im Rechtsstaat das Recht gleichsam zum Gegenbegriff – barrier of rationality – der Verwaltung machen darf, genausowenig dürfen in einem technisch-wissenschaftlichen Zeitalter die Verfahren von Operations Research übersehen werden. Wie dann immer wieder nach methodischen Wegen gesucht wird, den stringenten Dualismus von Sein und Sollen zu überwinden[71], so ist die Integration geschlossener Entscheidungsmuster in die Verwaltungswissenschaft zu versuchen und insbesondere die Frage zu beantworten, welche Reduktion von Komplexität die Abbildung im Modell jeweils bedeutet.

Von den systemtheoretischen und entscheidungstheoretischen Ansätzen ergibt sich ein unmittelbarer Übergang zur Kommunikationstheorie[72]. Kommunikation und die Ausdifferenzierung sozialer Einheiten gehören eng zusammen. Die arbeits- und machtteilige Gesellschaft ist durch ein Netzwerk der Verständigungen verknüpft und von diesem Kommunikationsnetz abhängig. Insbesondere das Handeln in Organisationen ist weitgehend von Kommunikationstechniken bestimmt[73], Verwalter und Verwaltete wirken zusammen durch den Empfang, die Speicherung, die Weiterleitung, die Verarbeitung, den Austausch von Informationen. Dadurch, daß Verwaltungsentscheidungen aus dem punktuellen Willensakt in die Kommunikation herausverlagert sind, daß der Verwaltungsaufbau durch Verfassungstexte, Organisationsgesetze, Geschäftsverteilungspläne usw. kommunikativ ermittelt ist, daß die Verwaltungspraxis Informationen zu ihrem Bearbeitungsgegenstand macht, wird Verwaltungshandeln als ein Prozeß sozialer Verständigung analysierbar. Angesichts des zentralen Platzes, den die Kommunikation hiernach in der Verwaltungsforschung einnimmt, ist an dieser Stelle ein grundlegender Hinweis erforderlich. Die integrierende Verwaltungswissenschaft darf die administrativen Kommunikationsprobleme nicht auf die formalpositive Perspektive einer mathematisch orientierten Informationstheorie verengen. Die praktische Reichweite der Kommunikation in der öffentlichen Verwaltung erfordert einen entsprechend dimensionierten theoretischen Ansatz, und das bedeutet die Einbeziehung von Syntax, Semantik und Pragmatik.

Freilich gewinnen syntaktische Fragestellungen in einer Zeit zunehmenden Einsatzes automatisierter Datenverarbeitungen in der öffentlichen Verwaltung eine neue Bedeutung. Aber gleichzeitig zeigen die Computer, was administrativ zu tun übrigbleibt. Deswegen ist es für die Verwaltungswissenschaft als Theorie der öffentlichen Verwaltung zweifelhaft, den Verwaltungsbegriff selbst mit engen Formen der Informationsverarbeitung gleichzusetzen. Wir begreifen hier Verwaltung als ein bestimmtes Sozialsystem, dessen positive Definition wie die vergleichbarer Sozialbereiche schwierig ist, das aber jedenfalls öffentliche Verwaltung ist[74]. Daneben müssen wir aber eine Ambivalenz des Verwaltungsbegriffes berücksichtigen, die wohl am besten in der Zusammenstellung von private–business – und public administration zum Ausdruck kommt. Auch die deutsche betriebswirtschaftliche Unternehmenstheorie bemüht sich entsprechend herkömmlicherweise um einen Verwaltungsbegriff[75]. Was daraus auch immer zu lernen ist: für die integrierende Theorie der öffentlichen Verwaltung ist eine Begrenzung unannehmbar, die als Verwaltung jenen Bereich bezeichnet, in dem Informationen manipuliert werden, wobei diese Be- und Verarbeitung programmiert oder programmierbar ist[76]. Denn im Sinne einer mathematischen Unternehmensforschung zu Ende gedacht, ist diese Vorstellung symbolischer Kommunikation kürzer, als es selbst die rein juristische Begriffsbestimmung der Verwaltung als Gesetzesvollzug ist. Letztere ist alltagssprachlich gemeint gewesen und eröffnet entsprechende Spielräume. Erstere würde Verwaltungsprobleme auf die Reichweite programmgesteuerter Rechenautomaten und die Verwaltungswissenschaft auf diesbezügliche Kalküle beschränken.

Zeitplanung durch Netzplantechnik und Gesetzesanwendung durch automatisierte Datenverarbeitung sind bereits bewährte Verwaltungshilfen. Sie unterliegen den Bauregeln geschlossener Operationsmuster und lassen so Systemgrenzen mit der Trennschärfe kunstsprachlicher Kommunikation entstehen. Diesen Tatbestand müssen wir zum Schluß wegen seiner theoretischen Signifikanz unterstreichen. Er belegt die Aktualität der sozialen Differenzierung auch in den wissenschaftlich-technisch fortentwickelten Gesellschaften. Er zeigt, daß Differenzierung eine allgemeine Grundvoraussetzung sozialer und administrativer Verhältnisse ist. Sicher hat die Einführung der automatisierten Datenverarbeitung in der öffentlichen Verwaltung gerade auf dem Gebiete personaler Arbeit vielfältige Schwierigkeiten entstehen lassen. Jedoch ist die Einrichtung einer gemeinsamen Datenverarbeitungszentrale für mehrere Gemeinden nicht nur eine Frage der Arbeit, sondern im Hinblick auf die kommunale Selbstverwaltung auch eine von Recht und Politik. Spätestens die hochzentralisierten Computeranlagen werden die Handlungsgefüge vermeintlicher Überparteilichkeit problematisch erscheinen lassen, die heute noch manchen Automationsfachmann bei

der Datenermittlung und -verarbeitung gegenüber anderen politisch-sozialen Einflüssen abschirmen.
Demgemäß stellen sich die Fragen der Arbeitsteilung, wie sie DURKHEIM – De la division du travail social[77] in die Kategorien von Solidarität und Anomie gekleidet hat, nicht nur als ökonomische, sondern als allgemein gesellschaftliche. Wie wir auch die Komplementärverhältnisse des jetzigen Wissenschaftspluralismus beurteilen mögen: Die sozialen Differenzierungen in der öffentlichen Verwaltung brauchen einen heute angemessenen theoretischen Ausdruck. Die Fortschreibung des marxistischen „Teilarbeiters" im Sinne ökonomistischer Letztdeutungen ist insoweit nicht die zureichende Antwort. Als Theorie sozialer Regelungen, Steuerungen, Selbstregulierungen hat die integrierende Verwaltungswissenschaft die Institutionalisierungen politisch-ökonomischer Grundmuster mit Einschluß der jetzt kritischen Aspekte – man denke an die Beschäftigung ausländischer Arbeitnehmer – im Blickfeld zu behalten. Es erscheint aber wenig hilfreich, sich im Streit um eherne Gesetze zu verbrauchen. Die Schwierigkeiten der Automation[78] oder zum Beispiel der Urbanisation[79] haben jedenfalls nicht an den Grenzen des jeweiligen Wirtschaftssystems Halt gemacht. Gerade angesichts solcher Entwicklung einer technisch-industriellen Zivilisation und ihrer Administrationen und weiter alter Vorurteile mancher Gesellschaftslehren gegenüber den Staatsbürokratien weisen systemtheoretische, entscheidungstheoretische, kommunikationstheoretische Ansätze und andere Theorien sozialer Steuerung auf einen verwaltungswissenschaftlichen Standort hin, der distanzierte Reflexion über Leistungen und Fehlleistungen der sozialen Differenzierungen öffentlicher Verwaltung ermöglicht.

Anmerkungen

* Vom Autor gekürzte Fassung des Aufsatzes „Öffentliche Verwaltung und soziale Differenzierung", abgedruckt aus: Verwaltungsarchiv, 1973, Bd. 64, Heft 1 (S. 11-25, 30-37).

1 Vgl. Claus Wagner, Funktionale Differenzierung und soziales System: Zur Systemtheorie von Niklas Luhmann, in: Soziale Welt 1970/71, S. 306 ff.; allgemein zur systemtheoretischen Sozialforschung K. H. Tjaden unter Mitarbeit von Armin Hebel (Hrsg.), Soziale Systeme: Materialien zur Dokumentation und Kritik soziologischer Ideologie, Neuwied/Berlin 1971.

2 Zur metatheoretischen Diskussion vgl. Jürgen Habermas/Niklas Luhmann, Theorie der Gesellschaft oder Sozialtechnologie – Was leistet die Systemforschung?, Frankfurt 1971.

3 Vgl. allgemein Niklas Luhmann, Zweckbegriff und Systemrationalität: Über die Funktion von Zwecken in sozialen Systemen, Tübingen 1968; ders. Soziologische Aufklärung: Aufsätze zur Theorie sozialer Systeme, Opladen 1971; ders., Politi-

sche Planung: Aufsätze zur Soziologie von Politik und Verwaltung, Opladen 1971, vgl. dort auch die ständige Thematisierung der sozialen Differenzierung, dazu insbesondere noch ders., Grundrechte als Institution: Ein Beitrag zur politischen Soziologie, Berlin 1945, S. 186 ff.

[4] Vgl. noch Niklas Luhmann, Funktionen und Folgen formaler Organisation, 2. Aufl., Berlin 1972, S. 132 ff.

[5] Vgl. noch Niklas Luhmann, Theorie der Verwaltungswissenschaft: Bestandsaufnahme und Entwurf, Köln und Berlin 1966; ders., Recht und Automation in der öffentlichen Verwaltung: Eine verwaltungswissenschaftliche Untersuchung, Berlin 1966.

[6] Vgl. dazu Felix Ermacora, Allgemeine Staatslehre, Vom Nationalstaat zum Weltstaat, erster und zweiter Teilband, Berlin 1970.

[7] Vgl. Niklas Luhmann, Theorie der Verwaltungswissenschaft, S. 86.

[8] Vgl. Niklas Luhmann, Politische Planung, in: ders., Politische Planung, S. 74 ff.

[9] Vgl. Wolf-Dieter Narr, Theoriebegriffe und Systemtheorie, S. 182.

[10] Vgl. Rolf-Richard Grauhan, Politikwissenschaftliche Forschung zur Verwaltung, in: Die Öffentliche Verwaltung 1970, S. 587 ff.; ders., Politische Verwaltung: Auswahl und Stellung der Oberbürgermeister als Verwaltungschefs deutscher Großstädte, Freiburg i. Br. 1970, S. 29; zur Auseinandersetzung mit Niklas Luhmanns Systemtheorie unter demokratietheoretischen Aspekten vgl. insbes. Frieder Naschold, Demokratie und Komplexität: Thesen und Illustrationen zur Theoriediskussion in der Politikwissenschaft, in: Politische Vierteljahresschrift 1968, S. 494 ff.; ders., Die systemtheoretische Analyse demokratischer politischer Systeme: Vorbemerkungen zu einer systemanalytischen Demokratietheorie als politische Wachstumstheorie mittlerer Reichweite, in: Politische Vierteljahresschrift, Sonderheft 2/1970 S. 3 ff.; vgl. allgemein noch Hans-Joachim Blank, Verwaltung und Verwaltungswissenschaft, in: Politikwissenschaft: Eine Einführung in ihre Probleme, hrsg. von Gisela Kress und Dieter Senghaas, Frankfurt a. M. 1969, S. 368 ff., bes. S. 400 f.

[11] Vgl. Peter Badura, Die Verwaltung als soziales System: Bemerkungen zu einer Theorie der Verwaltungswissenschaft von Niklas Luhmann, in: Die Öffentliche Verwaltung 1970, S. 18 ff.; ferner Walter Schmidt, Die Programmierung von Verwaltungsentscheidungen, in: Archiv des öffentlichen Rechts 1971, S. 321 ff.

[12] Vgl. Rolf-Richard Grauhan, Modelle politischer Verwaltungsführung, Konstanz 1969, S. 16 ff.

[13] Vgl. Günther Schmid, Niklas Luhmanns funktional-strukturelle Systemtheorie: Eine wissenschaftliche Revolution?, in: Politische Vierteljahresschrift 1970, S. 212 f.

[14] Vgl. Niklas Luhmann, Politikbegriffe und die „Politisierung" der Verwaltung, in: Demokratie und Verwaltung, Berlin 1972, S. 211 ff.

[15] Vgl. Frank J. Goodnow, Politics and Administration: A Study in Government (1900), New York 1967, bes. S. 22; Woodrow Wilson, The Study of Public Administration, in: Political Science Quarterly 1887 S. 197 ff.; ferner etwa Paul H. Appelby, Policy and Administration, Birmingham, Alabama 1949; Dwight Waldo. The Administrative State: A Study of the Political Theory of American Public Administration, New York 1948, S. 104 ff.

16 Vgl. einige Bemerkungen dazu in: Theory and Practice of Public Administration: Scope, Objectives, and Methods, hrsg. von James C. Charlesworth, Philadelphia 1968.

17 Vgl. hier noch die Besprechung von Niklas Luhmanns Theorie der Verwaltungswissenschaft durch Klaus *Dammann*, Vom „arbeitenden Staat“ zur „politischen Verwaltung“, in: Neue Politische Literatur, 1971, S. 190 ff.

18 Vgl. die vergleichende Studie der deutschen und amerikanischen Verwaltungskontrollen von Fritz Scharpf, Die politischen Kosten des Rechtsstaats.

19 Vgl. grundlegend Otto Bachof, Beurteilungsspielraum, Ermessen und unbestimmter Rechtsbegriff, in: Juristenzeitung 1955, S. 97 ff.; Carl Hermann Ule, Zur Anwendung unbestimmter Rechtsbegriffe im Verwaltungsrecht, in: Forschungen und Berichte aus dem öffentlichen Recht, Gedächtnisschrift für Walter Jellinek, München 1955, S. 309 ff.; jetzt Bundesverwaltungsgericht, Urteil vom 16. 12. 1971, in: Juristenzeitung 1972, S. 204 ff.; mit Anmerkung von Otto Bachof.

20 Vgl. z. B. Bundesverwaltungsgericht, Urteil vom 11. 7. 1962, in: Entscheidungen des Bundesverwaltungsgerichts Bd. 14 S. 307 ff., S. 310; ferner etwa Karl Larenz, Methodenlehre der Rechtswissenschaft, 2. neubearbeitete Aufl., Berlin/Heidelberg/New York 1969, S. 31 ff., S. 296 ff.

21 Zum amerikanischen Bundesverwaltungsverfahrensgesetz vgl. Text und Einführung von Fritz Morstein Marx, in: Verwaltungsverfahrensgesetze des Auslandes, herausgegeben in Verbindung mit Franz Becker und Klaus König von Carl Hermann Ule, Berlin 1967, Zweiter Teilband, S. 897 ff.; zur allgemeinen Lage vgl. Franz Becker und Klaus König, Allgemeine Einleitung a. a. O. 1. Teilband, S. 1 ff.

22 Vgl. die Herausarbeitung dieser Zusammenhänge durch Fritz Scharpf, Die politischen Kosten des Rechtsstaats, bes. S. 14 ff. und S. 46 ff.; zur Entwicklung der Verwaltung in den Vereinigten Staaten von Amerika allgemein vgl. Fritz Morstein Marx, Amerikanische Verwaltung: Hauptgesichtspunkte und Probleme, Berlin 1963; zu Verwaltungsrecht und Verwaltungskontrolle noch Robert A. Riegert, Das amerikanische Administrative Law, Berlin 1967; ferner Kenneth C. Davis, Administrative Law Treatise, St. Paul 1958; Louis L. Jaffe, Judicial Control of Administrative Action, Boston/Toronto 1965.

23 Vgl. Fritz Scharpf, Demokratietheorie zwischen Utopie und Anpassung, bes. S. 29 ff.; im Hinblick auf die öffentliche Verwaltung einführend John M. Pfiffner / Robert Presthus, Public Administration, 5. Aufl., New York 1967, S. 148 ff.; insbes. noch Pendleton Herring, Public Administration and the Public Interest (1936), New York 1967; Philipp Selznick, TVA and the Grass Roots: A Study in the Sociology of Formal Organization, Berkeley/Los Angeles 1963; zur Theorie der Verbände Frieder Naschold, in: Wolf-Dieter Narr/Frieder Naschold, Theorie der Demokratie, S. 204 ff.

24 Vgl. noch zum Verfahrensaspekt Peter Woll, Administrative Law: The Informal Process, Berkeley/Los Angeles 1963.

25 Vgl. Fritz Werner, Empfiehlt es sich, den allgemeinen Teil des Verwaltungsrechts zu kodifizieren?, Gutachten, in: Verhandlungen des 43. Deutschen Juristentages, Bd. 1, 2. Teil, B. Tübingen 1960, S. 27.

[26] Vgl. die Hypothesen von Fritz Scharpf, Die politischen Kosten des Rechtsstaats, S. 70 ff.

[27] Vgl. die Beiträge von Wolf-Dieter Narr, in: Wolf-Dieter Narr/Frieder Naschold, Theorie der Demokratie.

[28] Vgl. zugleich allgemein C. B. Macpherson, Drei Formen der Demokratie, Frankfurt/M. 1967.

[29] Vgl. Branko Horvart, Die jugoslawische Gesellschaft, Frankfurt/M. 1972.

[30] Vgl. Theodore J. Lowi, The End of Liberalism: Ideology, Policy, and the Crisis of Public Authority, New York 1969.

[31] Vgl. allgemein wie insbesondere zum Rätemodell Klaus König, Verwaltungsreform und Demokratiediskussion, in: Demokratie und Verwaltung, Berlin 1972, S. 271 ff.

[32] Vgl. Niklas Luhmann, Politikbegriffe und die „Politisierung" der Verwaltung, in: Demokratie und Verwaltung, Berlin 1972, S. 225.

[33] Vgl. Frieder Naschold, Organisation und Demokratie: Untersuchung zum Demokratisierungspotential in komplexen Organisationen.

[34] Vgl. Robert Michels, Zur Soziologie des Parteiwesens in der modernen Demokratie: Untersuchungen über die oligarchischen Tendenzen des Gruppenlebens, Neudruck der 2. Auflage, Stuttgart 1957.

[35] Vgl. etwa Maurice Duverger, Die politischen Parteien, Tübingen 1959, S. 149 ff.

[36] Vgl. zum letzten Seymour Martin Lipset/Martin Trow/James Coleman, Union Democracy: The Internal Politics of the International Typographical Union, New York 1962; im übrigen die Nachweise bei Frieder Naschold, Organisation und Demokratie.

[37] Wilhelm Hennis, Demokratisierung. Zur Problematik eines Begriffes, Köln und Opladen 1970, S. 34, bemerkt, die Behauptung, eine „Übertragung der im Bereich der Verbände und Parteien gewonnenen Ergebnisse auf andere Organisationen" (Betriebe, Verwaltungen, Universitäten) sei „relativ leicht zu erreichen", verkenne den fundamentaleren Unterschied von vereinsrechtlich, das heißt auf der Basis der rechtlichen Gleichheit begründeten Verbänden und gesellschaftlichen Sozialtatbeständen mit ihren natur- nicht bloß „gesellschafts"-gegebenen Ungleichheiten.

[38] Vgl. zu dieser europäischen Tradition insbes. Hans Kelsen, Demokratie, in: Demokratie und Sozialismus – Ausgewählte Aufsätze, hrsg. von Norbert Leser, Darmstadt 1967, S. 22 ff.; Adolf Merkl, Allgemeines Verwaltungsrecht, Nachdruck der Ausgabe 1927, Darmstadt 1969, S. 334 ff.; ferner ders., Demokratie und Verwaltung, Wien/Leipzig 1923.

[39] So die nordamerikanische Tradition; vgl. Frank J. Goodnow, Politics and Administration: A Study in Government (1900), New York 1967; Ludwig von Mises, Bureaucracy, New Haven 1944, S. 43.

[40] Vgl. Wolf-Dieter Narr, in: Wolf-Dieter Narr/Frieder Naschold, Theorie der Demokratie, S. 36; zum demokratischen Gedanken im politischen und sozialen Bereich vgl. die gleichnamige Studie von Hans Ryffel, in: Demokratie und Verwaltung, Berlin 1972, S. 191 ff.

[41] Vgl. Fritz Scharpf, Demokratietheorie zwischen Utopie und Anpassung, S. 66 ff.

[42] Vgl. Frieder Naschold, Organisation und Demokratie, S. 47 ff. und S. 56 ff.; dazu Dieter Oberndörfer, Demokratisierung von Organisationen? Eine kritische Aus-

einandersetzung mit Frieder Nascholds „Organisation und Demokratie“, in: ders., (Hrsg.), Systemtheorie, Systemanalyse und Entwicklungsländerforschung, Berlin 1971, S. 577 ff.

43 Vgl. Harry Eckstein, A Theory of Stable Democracy, in: ders., Division and Cohesion in Democracy: A Study of Norway, Princeton 1966, S. 225 ff.

44 Vgl. V. Subramaniam, Representative Bureaucracy: A Reassessment, in: American Political Science Review 1967, S. 1010 ff.

45 Eine in der Praxis der Berufsvertretungen oft erhobene Demokratieforderung.

46 Vgl. das Beispiel von Naschold, S. 87 f., weiter zur Systemgrenze mitgliedschaftlichen Handelns König, Verwaltungsreform und Demokratiediskussion, in: Demokratie und Verwaltung, Berlin 1972, S. 291 ff.; zu Möglichkeiten und Grenzen des Demokratieprinzips in der öffentlichen Verwaltung vgl. auch die gleichnamige Untersuchung von Roman Herzog, in: Demokratie und Verwaltung, Berlin 1972, S. 485 ff.

47 Vgl. zur jüngsten Entwicklung Entwurf eines Bundespersonalvertretungsgesetzes (Entwurf der Bundesregierung), Bundesrat Drucksache 306.72.

48 Die Bundesregierung veranschlagt die Kosten der Freistellung eines Personalratsmitgliedes mit durchschnittlich 36 000,– DM jährlich. Vgl. Vorblatt der o. a. Drucksache.

49 Vgl. zu einem Überblick Günter Püttner unter Mitwirkung von Peter Wössner, Die Mitbestimmung in kommunalen Unternehmen unter dem Grundgesetz, Hannover/Bremen/Frankfurt a. M. 1972, mit weiteren Nachweisen.

50 Vgl. Niklas Luhmann, Politikbegriffe und die „Politisierung“ der Verwaltung, in: Demokratie und Verwaltung, Berlin 1972, S. 213 f.; dazu Robert V. Presthus, Weberian v. Welfare Bureaucracy in Traditional Society, in: Administrative Science Quarterly 6, 1961, S. 1. ff.

51 Vgl. dazu Frieder Naschold, Organisation und Demokratie, S. 56 ff.

52 Vgl. Fritz Scharpf, Demokratietheorie zwischen Utopie und Anpassung, S. 69 f.

53 Vgl. grundlegend Max Weber, Wirtschaft und Gesellschaft, S. 124 ff. und S. 551 ff.; ferner Renate Mayntz, Soziologie der Organisation, S. 85 ff.; weiter die Begriffsbildung bei Niklas Luhmann, Funktionen und Folgen formaler Organisation, S. 38; zur gesellschaftstheoretischen Perspektive Bernhard Willms, Niklas Luhmanns Funktionalismus und das Problem der Demokratietheorie, in: ders., Funktion-Rolle-Institution: Zur politiktheoretischen Kritik soziologischer Kategorien, Düsseldorf 1971, S. 11 ff., bes. S. 30; zu Formalisierungsproblemen etwa Crozier, Bureaucratic Phenomenon, Chicago 1964.

54 Vgl. nach D. S. Pugh und D. J. Hickson, Eine dimensionale Analyse bürokratischer Strukturen, in: Renate Mayntz (Hrsg.), Bürokratische Organisation, S. 82 ff.

55 Vgl. zu einer kritischen Einführung Wolf-Dieter Narr, Theoriebegriffe und Systemtheorie; ferner mit Nachweisen Martin Irle, Soziale Systeme, in: Handwörterbuch der Organisation, Sp. 1505 ff.; Gertrud Wegner, Systemanalyse, in: Handwörterbuch der Organisation, Sp. 1605 ff.; Herbert Fuchs, Systemtheorie, in: Handwörterbuch der Organisation, Sp. 1618 ff.

56 Vgl. Niklas Luhmann, Funktionale Methode und Systemtheorie, in: Soziologische Aufklärung, S. 35 ff.; ferner etwa ders., Zweckbegriff und Systemrationalität, S. 134 f. und S. 181 f.

[57] Vgl. Niklas Luhmann, Theorie der Verwaltungswissenschaft, S. 64 ff.

[58] Vgl. hier z. B. Warnfried Dettling, Besprechung von: Niklas Luhmann, Soziologische Aufklärung. Niklas Luhmann, Legitimation durch Verfahren, Jürgen Habermas / Niklas Luhmann, Theorie der Gesellschaft oder Sozialtechnologie – Was leistet die Systemforschung?, in: Zeitschrift für Politik, 1972, S. 58 ff.

[59] Vgl. Klaus König, Erkenntnisinteressen der Verwaltungswissenschaft, S. 122 ff.

[60] Vgl. Wolf-Dieter Narr, Theoriebegriffe und Systemtheorie, S. 66 ff.

[61] Vgl. zu diesem Versuch Niklas Luhmann, Funktion und Kausalität, in: ders., Soziologische Aufklärung, S. 9 ff.; ders., Funktionale Methode und Systemtheorie, in: ders., Soziologische Aufklärung, S. 31 ff.

[62] Vgl. Klaus König, Erkenntnisinteressen der Verwaltungswissenschaft, insbes. zum Funktional-Strukturalismus, S. 277 ff.; zur Unterscheidung zwischen Wirkungszusammenhängen und Sinnzusammenhängen vgl. etwa Hans Albert, Traktat über kritische Vernunft, Tübingen 1968, bes. S. 131 ff.

[63] Vgl. Niklas Luhmann, Theorie der Verwaltungswissenschaft, S. 64 ff., ders., Zweckbegriff und Systemrationalität, bes. S. 1 und S. 121 ff.

[64] Vgl. Jürgen Habermas / Niklas Luhmann, Theorie der Gesellschaft oder Sozialtechnologie. Was leistet die Systemforschung?; ferner Franz Maciejewski, Sinn, Reflexion und System: Über die vergessene Dialektik bei Niklas Luhmann, in: Zeitschrift für Soziologie 1972, S. 139 ff.

[65] Vgl. zu einer kritischen Einführung Frieder Naschold, Systemsteuerung, S. 30 ff.; ferner mit Nachweisen Oskar Grün, Entscheidung, in: Handwörterbuch der Organisation, Sp. 474 ff.; Werner Dinkelbach, Entscheidungsmodelle, in: Handwörterbuch der Organisation, Sp. 485 ff.; Eberhard Witte, Entscheidungsprozesse, in: Handwörterbuch der Organisation, Sp. 497 ff.; ferner Werner Kirsch, Entscheidungsprozesse, I-III. Band, Wiesbaden 1970/1971.

[66] Vgl. Niklas Luhmann, Zweckbegriff und Systemrationalität, S. 203 ff.; ders., Reflexive Mechanismen, in: ders., Soziologische Aufklärung, S. 98 f.; ders., Politische Planung, in: ders., Politische Planung, S. 66 ff.; ferner Walter Schmidt, Die Programmierung von Verwaltungsentscheidungen, in: Archiv des öffentlichen Rechts 1971, S. 321 ff.; Herbert A. Simon, The New Science of Management Decision, New York 1960, S. 5 ff.

[67] Vgl. zu diesem Begriff Frieder Naschold, Systemsteuerung, S. 33 ff.

[68] Vgl. Werner Kern, Operations Research, in: Handwörterbuch der Organisation, Sp. 1073 ff.

[69] Vgl. Hasso von Falkenhausen, Netzplantechnik, in: Handwörterbuch der Organisation, Sp. 1025 ff.

[70] Vgl. Klaus König, Erkenntnisinteressen der Verwaltungswissenschaft, S. 247 ff.; ferner ders., Planung und Koordination im Regierungssystem, in: Verwaltungsarchiv 1971, S. 1 ff.

[71] Vgl. zum Versuch der Methode einer normativen Dialektik zur Erkenntnis von Staat und Recht Felix Ermacora, Allgemeine Staatslehre, 1. Teilband, S. 3 ff.

[72] Vgl. zu einer kritischen Einführung Frieder Naschold, Systemsteuerung, S. 78 ff.; ferner mit Nachweisen Herbert Hax, Kommunikation; Niklas Luhmann, Kommunikation, soziale; Friedrich Meller, Kommunikationsmittel; Herbert Hax, Kommunikationssysteme; alle in: Handwörterbuch der Organisation, Sp. 825 ff.;

Waldemar Wittmann, Information; Adolf Adam, Informationstheorie; Rolf Kramer, Informationswege; Horst Albach, Informationswert; Hans Blohm, Informationswesen; alle in: Handwörterbuch der Organisation, Sp. 699 ff.

73 Vgl. schon Chester I. Barnard, The Functions of the Executive, Cambridge (1938) 1960, S. 91.

74 Vgl. dazu Günther Winkler, Zum Verwaltungsbegriff: Die Problematik eines positiv formulierten dreifachen Verwaltungsbegriffes, in: Österreichische Zeitschrift für öffentliches Recht 1958/1959, S. 66 ff.

75 Vgl. die Darstellung von Herbert Kraus, Grundriß einer Theorie der Verwaltung: Betriebswirtschaftliche Merkmale der Verwaltungstätigkeit, S. 3 ff.

76 Vgl. Herbert Kraus, Grundriß einer Theorie der Verwaltung, S. 23.

77 Vgl. dazu Georges Friedmann, Grenzen der Arbeitsteilung, Frankfurt a. M. 1959, S. 82 ff.

78 Vgl. Pierre Naville, L'automation et le travail-humain, Paris 1961.

79 Vgl. Jack B. Gibbs/Walter T. Martin, Urbanization, Technology, and the Division of Labour: International Patterns, in: American Sociological Review 27, 1962, S. 667 ff.

Instrumente und instrumentelles Dilemma der Verwaltungsführung

Andreas Remer

1. Verwaltung und Verwaltungsführung

Öffentliche Verwaltung läßt sich begreifen als soziales System, d. h. als System von Handlungen, die durch einen gemeinsamen Bezugspunkt miteinander verbunden und nach außen abgegrenzt sind (Luhmann 1964, a; 1973, S. 175 ff.). Als Bezugspunkt des öffentlichen Verwaltungshandelns gilt gemeinhin die Verwirklichung (gesellschafts-) politischer Programme (Thieme 1977, S. 3; Presthus 1975, S. 3). Betrachtet man Verwaltung als ein Entscheidungen produzierendes System (Luhmann 1966, S. 63 ff.; Thieme 1977, S. 3), so bemißt sich die Leistung des Verwaltungshandelns danach, ob und inwieweit die in den politischen Programmen enthaltenen Werte, Normen, Bedürfnisse etc. in verbindliche und rationale Sachentscheidungen übersetzt werden. Politische Programme rufen aber anscheinend nicht aus „eigener Kraft“ ein entsprechendes Verwaltungshandeln hervor[1]. An diese Feststellung knüpft die gängige Vorstellung von Verwaltungsführung als Prozeß und Funktion an.

Verwaltungsführung umfaßt verschiedene Aktivitäten der gezielten Strukturierung von Verwaltungshandeln, was sich vom systematischen Entwurf des Verwaltungshandelns bis zur Gestaltung gewisser äußerer, das Entscheidungshandeln der Verwaltung determinierender Bedingungen oder Prämissen erstrecken kann. In diesem Sinne wird Verwaltungsführung als Transmissionsprozeß zwischen Politik und Verwaltung gesehen, dessen Funktion allgemein darin besteht, für politikgemäßes Verwaltungshandeln zu sorgen[2].

Verwaltungsführung kann ihrerseits als Handlungssystem aufgefaßt werden, das seine Probleme mit der Bildung von abgegrenzten Teilhandlungssystemen zu lösen versucht (Plamper 1979, S. 82 f.). Solche ausdifferenzierten Subsysteme begegnen uns heute in programmierter Form als „Instrumente“ der Verwaltungsführung[3], vor allem unter den Bezeichnungen „Organisation“, „Personalführung“ und „Personalwesen“. Diese Instrumente können unter bestimmten funktionalen Bezugspunkten weitgehend unabhängig voneinander programmiert werden, hängen aber über ihr gemeinsames Problem des politikgemäßen Verwaltungshandelns miteinander zusammen und verweisen aufeinander.

In den vergangenen Jahren ist eine Neuorientierung der Verwaltungsführung ebensooft gefordert wie als unrealisierbar hingestellt worden. Die Skeptiker haben nicht ganz zu unrecht auf gewisse Gegebenheiten wie Komplexität der öffentlichen Aufgaben und Größe des Verwaltungsapparates, Gesetze und Verordnungen, Dienstrecht und Lebenszeitprinzip etc. verwiesen. Fundamentaler und weiterführender jedoch ist jene Kritik, die sich nicht bei solch eher äußerlichen Hindernissen aufhält, sondern direkt bei den Führungsinstrumenten, ihren Funktionen und Problemen, ansetzt. Aus den unvermeidlichen Leistungsschwächen und Dysfunktionen der Führungsinstrumente nämlich und weniger aus den „besonderen" Umständen der öffentlichen Verwaltung schöpfen Abwehr und Verlangen „moderner" Führungsprinzipien gleichermaßen ihre eigentliche Kraft. Es soll hier das Dilemma der oben genannten Instrumente der Verwaltungsführung in einer Weise dargestellt werden, die begreiflich macht, daß Reformvorschläge, ja gezielte instrumentelle Verwaltungsführung generell, stets schon wegen der immanenten Probleme der jeweiligen Führungsinstrumente diskreditiert werden könnten. Damit würde dann allerdings nicht nur den Reformversuchen, sondern auch der Verteidigung der bestehenden Praxis die wissenschaftliche Begründung entzogen. Der Reformdruck bleibt erhalten, aber der Reformbegriff müßte sich wohl ändern.

Von „moderner" Verwaltungsführung wird heute vor allem zweierlei verlangt (Kube 1973, S. 869). Traditionsgemäß soll sie zunächst bewirken, daß das Verwaltungshandeln sich normativ an bestimmten vorgegebenen Inhalten orientiert. Als oberster Anknüpfungspunkt dient dabei der Wertgehalt spezifischer politischer Programme (Mayntz, 1978, S. 64), d. h. Verwaltungsführung soll letztlich die politische Konformität des Verwaltungshandelns, oder allgemeiner: die *Normenkonformität* des sozialen Verwaltungsgeschehens bzw. seiner Grundlagen garantieren.

Als zweiter funktionaler Bezugsgesichtspunkt der Verwaltungsführung nimmt heute im Bewußtsein der Öffentlichkeit die Leistungsrationalisierung des Verwaltungshandelns einen hohen Rang ein (Hüttl 1965, S. 282 f.; Laux 1978, S. 191 f.). Von Verwaltungsführung wird letztlich also auch die Bewirkung gesellschaftspolitischer Rationalität (Effizienz) des Verwaltungshandelns verlangt, oder allgemeiner: die *Problemrationalität* sozialen Verwaltungsgeschehens bzw. seiner Grundlagen.

Das in diesem Zusammenhang auftretende instrumentelle Dilemma soll hier in zweierlei Richtung dargestellt werden. Zum einen geht es um ein „Funktionalitätsdilemma", in das man bei dem Versuch gerät, das Verwaltungshandeln durch Instrumente gezielt zu steuern. Dieses Dilemma betrifft die unvermeidlichen Dysfunktionen jeder als instrumentell begriffenen Führungsmaßnahme (vgl. Luhmann 1960, S. 112 ff.) und tritt insbesondere dann in Erscheinung, wenn sowohl normenkonformes als auch problemrationales

Verwaltungshandeln bewirkt werden soll (Johnson 1978, S. 157 ff.; Becker 1978, S. 28, 45; Laux 1978, S. 190 f.; Mayntz 1978, S. 115 ff.). Zum anderen wird ein „Systemdilemma“ angesprochen, das sich aus dem Zwang zur Erhaltung und gleichzeitigen Überschreitung der Sinngrenzen des instrumentellen Führungssystems ergibt (vgl. z. B. Bosetzky, im vorl. Band, S. 219 ff.).

2. Funktionen und Probleme instrumenteller Verwaltungsführung

Unter „Funktionen“ eines Führungsinstrumentes wird hier zweierlei betrachtet. Zum einen geht es um die funktionalen *Bezugspunkte* des Verwaltungshandelns und zum anderen um die *Funktionsweisen* des jeweiligen Führungsinstrumentes. Die Sicht der Probleme konzentriert sich ebenfalls auf zwei Schwerpunkte. Der erste betrifft das „Funktionalitätsdilemma“, d. h. die Dysfunktionen und funktionalen Widersprüche bei ausgeprägter Anwendung von Instrumenten der Verwaltungsführung. Der zweite liegt beim „Systemdilemma“, d. h. dem Zwang, die instrumentell konstituierten Sinngrenzen des Führungssystems aufgeben zu müssen, um überhaupt Wirkungen beim Verwaltungshandeln zu erzielen.

2.1 Funktionen und Probleme der Organisation als Instrument der Verwaltungsführung

Funktionen der Organisation

Durch Organisation sollen Mitglieder der öffentlichen Verwaltung über politikgemäßes Handeln instruiert werden, ohne dabei den gesamten komplexen Wert- und Kausalkontext des Handelns dauernd vor Augen haben und ihr Einzelhandeln laufend daraus selbst „ableiten“ zu müssen. Eine Organisation wäre funktional, soweit sie „richtig“ über politikgemäßes Handeln instruiert. Bis heute dominiert dabei das Zweck-Modell der Organisation (Mäding, 1973, S. 266 ff.). Organisieren bedeutet danach die Konstruktion spezifischer und generalisierter formaler (Luhmann 1964, b, S. 27, 38) Rollenerwartungen durch Übersetzung eines politischen Zweck/Mittel-Programms des Handelns (Prozeßvorstellungen) in ein Rollensystem (vgl. Parsons 1956, S. 64 ff.; Hegner 1978, S. 75 ff.; Jacobson et al. 1951, S. 18 ff.; Hickson 1966, S. 224 ff.).

Hinsichtlich der *Rationalität* des Verwaltungshandelns ist die funktionale Bedeutung von Organisation darin zu sehen, daß Individuen im technischen Sinne über politikgemäßes Handeln instruiert werden, wenn und soweit sie ihr Handeln nicht jedes Mal aufs neue allein auf den gesamten prozeßlogischen Zusammenhang des Handelns einrichten können. Die als Mittel konzipierten Rollen verkürzen und vereinfachen die komplexen Ursache/Wirkungs-Zusammenhänge für den (gedachten) Rollenträger, damit er überhaupt technisch in der Lage ist, einen optimalen Beitrag zur Zweckerreichung zu leisten (Zweckrationalität statt politischer Rationalität).
Hinsichtlich der *Konformität* des Verwaltungshandelns liegt die funktionale Bedeutung von Organisation darin, Individuen in die Lage zu versetzen, jederzeit im normativen Sinne politikgemäß zu handeln, ohne dabei den wertmäßigen Zusammenhang des Geschehens dauernd vor Augen haben zu können und ihr Streben laufend selbst entsprechend einregulieren zu müssen. Auch hier liefert das Zweck-/Mittel-Schema die Grundlagen. Durch ihre als Mittel konzipierten Rollen sollen Individuen darüber instruiert werden, welche Werte sie bei ihrem Handeln (nicht) zu berücksichtigen haben, um politische Zweck-Programme normativ zu erfüllen (Zweckkonformität statt politischer Konformität).

Probleme der Organisation

Obige Darstellung der Organisationsfunktionen beinhaltet einige Hinweise auf Probleme, vor die man bei der Anwendung von Organisation als Führungsinstrument früher oder später gerät.
Das grundsätzliche Problem liegt in der zwangsläufig begrenzten Rationalität von Zweck/Mittel-Organisation, denn das Zweck/Mittel-Denkschema, zumal ein starres, vermag die komplexe und dynamische Wirklichkeit schon aus logischen Gründen nicht vollkommen einzufangen und als Grundlage politikgemäßer Handlungserwartungen zu dienen.[4] Kein Mensch ist in der Lage, in Form eines Zweck/Mittel-Programms des Handelns transitive, eindeutige, koordinierte, vollständige und allen Situationen entsprechende, d. h. jederzeit politikgemäße Handlungserwartungen zu formulieren. Da man die Diskrepanzen zwischen den Handlungsanforderungen der Politik und ihrer Auslegung durch das Zweck/Mittel-Schema als vorgelagertes Problem politischer Planung betrachten kann, bleibt als engeres Problem der Organisation vor allem die Instruktion über das Handeln als Mittel. Ein Verzicht auf ausgeprägte Rollenspezifikation und -generalisierung, d. h. auf Organisation, käme einem Verzicht auf gezielte Instruktion gleich und würde voraussetzen, daß das Personal aus eigener Erkenntnis und selbstverpflichtet zweckmäßiges Handeln an den Tag legt. Umgekehrt beschwört man mit zunehmender Organisation angesichts der Problematik des Zweck/Mittel-

Denkens die Gefahr herauf, sich bei der inhaltlichen Rollenfestlegung technisch wie normativ in Widersprüche zu verwickeln und durch die Rollengeneralisierung die Reaktion auf vielseitige und wechselnde Anforderungen politikgemäßen Handelns unzulässig einzuschränken. So bedeuten genaue und dauerhafte Rollendefinitionen nicht nur Instruktion, sondern ab einem gewissen Punkt und in späteren Situationen zugleich auch Lähmung bzw. Institutionalisierung von „Fehlverhalten“ (Merton 1971, S. 267 ff.; Luhmann 1972, S. 68, 71, 105, 162; Mayntz 1978, S. 115 ff.; Blau 1971, S. 320).

Organisationsmaßnahmen, die mit Blick auf die Rationalität getroffen werden, haben auch Folgen für das Verwaltungshandeln unter dem Bezugsgesichtspunkt der Konformität und umgekehrt. Ausgeprägte Rollenspezifikation und -generalisierung mögen zwar (unter dem Instruktionsaspekt) für die Zweckrationalität des Verwaltungshandelns sowie auch (unter dem Formalisierungs- und Kontrollaspekt) für die Zweckkonformität des Verwaltungshandelns sinnvoll erscheinen (Hickson 1966, S. 232 f.; Hill et al. 1976, S. 284 ff. 290 f.; Pfiffner/Sherwood 1960, S. 214 ff.), lassen aber eine evtl. unvollkommene Berücksichtigung der motivationalen (ganz zu schweigen von den situationalen) Bedingungen bei der Rollenfestlegung erst manifest werden und bewirken auf der Ebene der Mittel u. U. einen Verlust an Zuverlässigkeit und eine Steigerung des Verlangens, die Zwecke zu unterlaufen (Hickson 1966, S. 233; Hill et al. 1976, S. 284 ff., 292 f.). Andererseits beinhaltet ein weitgehender Verzicht auf ausgeprägte Organisation nicht nur gewisse Chancen für zweckmäßiges, situationsangepaßtes und eigenständiges Problemlösungsverhalten (Mayntz 1978, S. 118 ff.) sowie für Motivation und Identifikation mit den Zwecken (Luhmann 1972, S. 304; Bosetzky 1970, S. 177 ff.), sondern zugleich auch einen Verlust an Formalisierbarkeit, Kontrollierbarkeit und hierarchisch eindeutiger Dosierbarkeit der Einflußmöglichkeiten, d. h. Risiken für die Durchsetzung zweckkonformen Verwaltungshandelns im Falle des Widerstands.[5]

Darüber hinaus beraubt man die Rolleninstruktionen nicht nur ihrer Qualität, sondern überhaupt ihrer Wirksamkeit für das zweckbezogene Handeln, wenn man sie alleine vom Zweck her sieht, ohne bei ihrer inhaltlichen Definition und Artikulation zugleich schon die personalen Bedingungen der Rollenaufnahme zu berücksichtigen (Banner et al. 1978, S. 4 f). Umgekehrt besteht die Gefahr, daß man gerade durch diese Rücksichtnahme den Zweck aus den Augen verliert.

Unter dem Gesichtspunkt der *Rationalität* des Verwaltungshandelns muß man beim Organisieren die technischen Gegebenheiten (z. B. Vorverständnis) auf Seiten des Personals wenigstens teilweise gedanklich vorwegnehmen (z. B. bei der sprachlichen Abfassung der Stellenbeschreibung (Hackmann 1969, S. 97 ff.)), um den zukünftigen Rollenträgern überhaupt zweckrationa-

les Handeln „von sich aus" möglich zu machen[6]. Andernfalls stößt auch noch so ausgefeilte Instruktion (Organisation) ins Leere bzw. auf technische Widerstände und vermag kaum Handlungswirksamkeit im Dienste rationalen Verwaltungshandelns zu erzielen. Die personalbezogene Rollendefinition erhöht aber zugleich das Risiko einer Umdeutung der Zwecke und ihrer Entkräftung als feste Orientierungspunkte technisch-rationalen Verwaltungshandelns. Beide Standpunkte lassen sich nicht gleichzeitig einnehmen oder gar maximieren.
Unter dem Gesichtspunkt der *Konformität* des Verwaltungshandelns muß man sich beim Organisieren zumindest bis zu einem gewissen Grade auf die wertmäßigen Orientierungsmuster des Personals einlassen, um überhaupt verhaltenswirksam zu instruieren. Bereits die sprachliche Fassung und umso mehr der tatsächliche Wertgehalt der Rollennormen stellen eine wichtige Voraussetzung für die Möglichkeit des Rollenträgers dar, zweckkonformes Handeln „selbstverpflichtet" hervorzubringen. Versucht man aber bei der Rollendefinition diesbezüglich einerseits zu verhindern, daß man am Personal „vorbei" instruiert oder gar motivationale Widerstände in Kauf nehmen muß, so läuft man andererseits Gefahr, daß die Zwecke umgewertet werden und ihre Leistung als Fixpunkte normenkonformen Verwaltungshandelns verlorengeht.

2.2 Funktionen und Probleme der Personalführung als Instrument der Verwaltungsführung

Funktionen der Personalführung

Durch Personalführung soll das Handeln der Mitglieder (Personal) der öffentlichen Verwaltung rollenerwartungsgemäß beeinflußt werden. Dies kann verschiedenes bedeuten, wie sich anhand der Einteilung in Konformitäts- und Rationalitätsfunktion der Personalführung zeigen läßt (vgl. allg. auch Luhmann 1964, b, S. 206 ff.; Remer 1978, S. 387 ff.; Wunderer/Grunwald 1980, S. 52 ff.).
Hinsichtlich der politischen *Konformität* des Verwaltungshandelns bestünde die Funktionalität von Personalführung darin, zu verhindern, daß absichtlich von den Rollennormen abweichende Beweggründe das Rollenhandeln beherrschen bzw. darin, sicherzustellen, daß die offiziellen Rollenerwartungen von den Handelnden normativ akzeptiert werden (Rollenkonformität). Die Leistung der Personalführung wird danach beurteilt, inwieweit sie im Einzelnen Rollenkonformität hervorruft, ohne Verlust des (normativen) Rollenbezuges an anderen Stellen (z. B. in anderen Angelegenheiten) des gesamten Rollenhandelns.

Erbracht werden muß diese Leistung durch Vermittlung (Herbeiführung, Darstellung) bzw. Ersatz von motivationalen Voraussetzungen zu rollenkonformem Handeln, und zwar im Rahmen gegebener Rollen- und Personenmerkmale (vgl. LAUX 1975, S. 24 ff.). Dies läuft letztlich darauf hinaus, daß man als Personalführer versuchen muß, durch (personalorientierten, vgl. HOFSTÄTTER 1957, S. 135)) Einsatz der rollenmäßig und persönlich gegebenen Darstellungs- und Aktionsmöglichkeiten „selbstverpflichtete" Rollenkonformität zu bewirken bzw. Rollenkonformität auch gegen motivationale Widerstände durchzusetzen (z. B. durch Personalführungsmittel wie Rollenwerbung, Kontrollen, Ankündigung und Ergreifen von positiven oder negativen Sanktionen).[7]

Hinsichtlich der politischen *Rationalität* des Verwaltungshandelns besteht die Funktionalität von Personalführung darin, zu verhindern, daß beim Rollenhandeln irrtümlich von den offiziellen Rollenerwartungen abgewichen wird bzw. darin, sicherzustellen, daß die vorgegebenen Rollen technisch erfüllt werden (Rollenrationalität). Die Leistung der Personalführung wird hier danach beurteilt, inwieweit sie im einzelnen rollenrationales Handeln ohne Verlust des (kausal-technischen) Rollenbezuges an anderen Stellen (z. B. in anderen Situationen) des gesamten Rollenhandelns hervorruft.

Analog zu oben muß diese Leistung durch Vermittlung (Herbeiführung, Darstellung) von technischen Voraussetzungen zu rollenrationalem Verhalten erbracht werden und zwar ebenfalls im Rahmen der gegebenen Rollen- und Personenmerkmale. Demnach muß Personalführung letztlich versuchen, durch (personalorientierten) Einsatz von rollenmäßig und persönlich gegebenen Darstellungs- und Aktionsmöglichkeiten „selbständig" rollenrationales Handeln zu bewirken bzw. rollenrationales Handeln trotz vorhandener personaltechnischer Widerstände hervorzurufen (z. B. durch Personalführungsmittel wie Erläuterung der Rollenbedeutung, Ergebnisrückkopplung, Arbeitsanweisungen) (vgl. z. B. MORSTEIN MARX S. 114 ff.; LECHELER S. 98, 104 ff.; WIPFLER 1979, S. 157 f.; LUHMANN 1964, S. 210 f.).

Probleme der Personalführung

Grundsätzliche Probleme der Personalführung resultieren aus den (jeder Zweck/Mittel-Programmierung anhaftenden) Unverträglichkeiten von Politik, Rollen und Personal. Die Personalführungsrolle, an der Nahtstelle zwischen Rolle und Person, spiegelt diese Unverträglichkeiten wider und kein Personalführer ist in der Lage, gleichermaßen politikmäßige, rollenerwartungsgemäße und personalgerechte Einflußmaßnahmen zu ergreifen. Betrachtet man die grundsätzlichen Diskrepanzen zwischen Politik, Rollen und Personal als eine Angelegenheit von politischer Planung, Organisation und Personalgestaltung, so bleibt für die Personalführung insbesondere das

Problem der wirksamen Beeinflussung gegebenen Personals zu rollengemäßem Handeln.
Ein Verzicht auf intensive Personalführung würde bedeuten, daß keine Aktivitäten zur laufenden gezielten Beeinflussung des Rollenverhaltens ergriffen werden und daß andere Mechanismen (bzw. „geeignete" Rollen- und Rollenträger) für selbstverpflichtetes und selbständiges rollengemäßes Verhalten sorgen. Andererseits riskiert man mit zunehmender Personalführungsaktivität, daß die in den als „Mittel" konzipierten Rollen steckenden normativen und kausalen Ungereimtheiten immer manifester werden. So bedeutet intensive Rollenvermittlung nicht nur Einfluß, sondern nicht selten auch eine Aufforderung zu widersprüchlichem und inadäquatem Handeln.[8]
Des weiteren muß damit gerechnet werden, daß Personalführung im Dienste der Rationalität zumeist auch Folgen für die Konformität des Verwaltungshandelns hat und umgekehrt. Intensive Personalführung, etwa in Form ständiger Beobachtung und Korrektur (Lecheler 1972, S. 91 ff.), mag zwar (unter dem Aspekt der technischen Widerstandsüberwindung) der Rollenrationalität (und auch – unter dem Aspekt der Normierungsmöglichkeit – der Konformität) des Handelns dienen, begrenzt aber den Spielraum für „selbstverpflichtete" Rollenkonformität beim Handeln (Bamfield 1978, S. 136). Ein Verzicht auf intensive Rollenvermittlung in Form präziser und detaillierter Anweisungen, Erläuterungen, Vereinbarungen etc. kann es den Rollenträgern zwar erleichtern, sich mit ihren Rollen technisch zu arrangieren, entzieht aber letztlich der Durchsetzungsmöglichkeit von Rollen bei evtl. Rollenwiderstand die Grundlage. In diesem Zusammenhang sei nur auf die Diskussion „demokratischer", „partizipativer", „kooperativer" etc. Führungsstile im öffentlichen Dienst hingewiesen (Laux 1975, S. 20 ff., 29 ff., 39 ff.; Lecheler 1972, S. 74 ff.) sowie auf die widersprüchlichen Anforderungen an das Führungsverhalten wie sie in den nachfolgenden Beiträgen von H. Bosetzky (S. 219 ff.) und H. Steinbach (S. 181 ff.) zum Ausdruck kommen.
Einflußwirksamkeit entfaltet Personalführung nur, wenn sie bei der Rollenvermittlung von vornherein auch die Bedingungen des Rollenhandelns auf seiten der gegebenen Rollenträger mit einkalkuliert. Dabei läuft sie (wegen der Unverträglichkeiten von Rolle und Rollenträger) Gefahr, das offizielle Rollensystem aus den Augen zu verlieren, wenn sie nicht an den Rollenträgern scheitern will bzw. ihre Wirksamkeit für das Handeln zu verlieren, wenn sie allein vom Standpunkt der Rollen her betrieben wird.[9]
Hinsichtlich der *Rationalität* des Verwaltungshandelns beeinflußt intensive Personalführung das Rollenhandeln, indem etwa durch Erläuterung in der Sprache des jeweiligen Rollenträgers es diesem erst ermöglicht wird, überhaupt etwas mit seiner Rolle anzufangen und sein technisches Problemlösungspotential einzubringen. Die dadurch für das Verwaltungshandeln

gewonnene Rationalität wird aber erkauft durch eine teilweise Umdeutung der Rolle und dadurch zunehmende Gefahr ihrer technischen Entkräftung als Instrument zur programmatischen Instruktion. Demgegenüber blockiert aber intensive Personalführung das technische Problemlösungspotential, wenn sie stur an der offiziellen Rollenbeschreibung klebt.[10] Will man bei der Personalführung beides vermeiden, indem man es dem Personal selbst überläßt rollenrational zu handeln, so müßte man entsprechende Fähigkeiten entweder voraussetzen oder herstellen.

Ähnlich verhält es sich unter dem funktionalen Bezugspunkt der *Konformität* des Verwaltungshandelns. Wenn Personalführung auf die Bedürfnisse der Rollenträger eingeht, wächst die Chance, „intrinsische" Bereitschaft zur Rollenkonformität zu wecken (Wunderer/Grunwald 1980, S. 103 ff.). Dieser Gewinn für die Konformität des Verwaltungshandelns muß aber auf die Dauer mit Handlungszugeständnissen und einer teilweisen Umwertung der Rolle und ihrer normativen Entkräftung als Instruktionsinstrument bezahlt werden. Der Versuch, die Gehorsamspflicht mit intensiven Kontrollen und negativen Sanktionen durchzusetzen, vermeidet zwar letztere Konsequenz, weckt aber die in jeder Rolle schlummernden Kräfte des emotionalen Widerstandes. Verzichtet man hingegen überhaupt auf intensive Personalführung, um beide Dysfunktionen zu vermeiden, so muß man entsprechende Wertorientierungen auf seiten des Personals entweder voraussetzen oder schaffen.[11]

2.3 Funktionen und Probleme der Personalgestaltung als Instrument der Verwaltungsführung

Funktionen der Personalgestaltung

Durch personale Gestaltung (Personalwesen) sollen die personalen Handlungsvoraussetzungen dem zur Aufrechterhaltung eines Handlungssystems[12] notwendigen Handlungsbedarf, d. h. systemgemäß, angepaßt werden. Die Aufrechterhaltung des Handlungssystems wird hier als Existenzgrundlage der Verwaltung schlechthin angesehen und in der Regel besteht schon immer ein Handlungssystem, dessen Handlungsbedarf[13] von den jeweiligen Umweltgegebenheiten, insbesondere den sozialen Beständen abhängt. Auch hier können zwei funktionale Bezugspunkte getrennt voneinander betrachtet werden.

Funktional unter dem Gesichtspunkt der *Konformität* des Verwaltungshandelns ist Personalgestaltung, soweit sie sicherstellt, daß der Bestand an normativen Handlungsorientierungen (Emotionen, Motive, Standards etc.)

sich nach dem Systembedarf richtet (Systemkonformität) und nicht umgekehrt allein die individuellen Wünsche, Einstellungen, externen Bindungen etc. der jeweiligen Persönlichkeiten darüber entscheiden, für welche Erwartungsnormen Akzeptanzchancen bestehen. Die Leistung der Personalgestaltung bestünde dann darin, einen Systembedarf im einzelnen normativ zu decken, ohne Verlust des normativen Bezugs an anderen Stellen (z. B. in anderen Angelegenheiten) des Systemhandelns. Diese Leistung muß erbracht werden durch Einführung von normativen Regeln für systemkonforme Personalgestaltung, und zwar im Rahmen des systemgegebenen Handlungsbedarfs und eines feststehenden Angebots exogen vorgeprägter Persönlichkeiten. Für die Personalgestaltung läuft dies darauf hinaus, daß man versuchen muß, durch (angebotsorientierten) Einsatz der persönlichen und systembedingten Möglichkeiten zur Einführung normativer Gestaltungsregeln „Selbstgestaltung" systemkonformer normativer Handlungsorientierungen hervorzurufen bzw. systemkonforme Handlungsorientierungen auch gegen normative Widerstände herzustellen (z. B. durch Personalgestaltungsmaßnahmen wie Konstruktion, Promotion, Angebot, Anwendungskontrolle und Anwendung von *normativen* Personalauslese- und Personalentwicklungskriterien).[14]
Hinsichtlich der *Rationalität* des Verwaltungshandelns müßte Personalgestaltung erreichen, daß der Bestand an objektiven personalen Handlungsmöglichkeiten (Kapazität) technisch den Systembedarf abdeckt (Systemrationalität) und nicht irrtümlich etwa Handlungsmöglichkeiten entstehen bzw. existieren, die keine oder (ungewollt) „falsche" Handlungsweisen hervorrufen. Hier besteht die Leistung personaler Gestaltung darin, durch Bereitstellung objektiver personaler Handlungsmöglichkeiten einen Handlungsbedarf im einzelnen technisch zu decken, ohne Verlust des technischen Handlungsbezugs an anderen Stellen (z. B. in anderen Situationen) des Systemhandelns.
Analog zu oben muß diese Leistung erbracht werden durch Einführung von technischen Regeln zur systemrationalen Personalgestaltung, und zwar ebenfalls im Rahmen eines systemgegebenen Handlungsbedarfs und eines vorgegebenen Angebots an exogen geprägten Persönlichkeiten. Die Personalgestaltung muß letztlich versuchen, durch (angebotsorientierten) Einsatz der persönlichen und systembedingten Möglichkeiten zur Einführung technischer Regeln „Selbstgestaltung" systemrationaler Handlungsmöglichkeiten hervorzurufen bzw. systemrationale Handlungsmöglichkeiten auch gegen technische Widerstände bereitzustellen (z. B. durch Personalgestaltungsmittel wie Konstruktion, Promotion, Angebot, Anwendungskontrolle und Anwendung von technischen Personalauslese- und Personalentwicklungsregeln).[15]

Probleme der Personalgestaltung

Von grundlegender Bedeutung ist hier das Problem, daß die jedem zweckprogrammierten Rollenhandlungssystem anhaftenden Unverträglichkeiten von politischem Handlungsbedarf, systembedingtem Handlungsbedarf und vorgegebenem Angebot an Persönlichkeiten es unmöglich machen, gleichermaßen politikgemäße, systemgemäße und persönlichkeitsgerechte Anpassung der personalen Handlungsvoraussetzungen zu bewirken. Das engere Problem der Personalgestaltung besteht allerdings lediglich in der wirksamen Anpassung personaler Handlungsvoraussetzungen an den systembedingten Handlungsbedarf. Ein Verzicht auf ausgeprägte Personalgestaltung würde bedeuten, daß man die gezielte Anpassung aufgibt in der ungewissen Hoffnung, daß das Handlungssystem „von selbst" für bedarfsgemäße personale Handlungsvoraussetzungen sorgt. Andererseits vermag niemand präzise und allgemeingültig die zur Aufrechterhaltung eines Handlungssystems hinreichenden Handlungsvoraussetzungen zu definieren, geschweige denn gezielt herzustellen. Jede personale Gestaltungsmaßnahme ist mit ungewollten Folgen behaftet, so daß intensive Personalgestaltung ab einem gewissen Punkt zu spürbaren Widersprüchen in bezug auf den Systemhandlungsbedarf führt. Dies äußert sich z. B. darin, daß sehr spezifisch fortgebildete und ausgewählte Mitarbeiter nicht miteinander umgehen können, wenn sich ihre Rollen (unvorhergesehen, wie etwa bei bestimmten Arbeitsprojekten) berühren, daß die fachliche Kooperation unter mangelnder sozialer Kontaktfähigkeit leidet oder die Mitarbeiter „betriebsblind" sind, weil man bei der Personalgestaltung zu einseitig vorgegangen ist.[16]

Auch für die Personalgestaltung besteht das Problem, daß Maßnahmen unter dem funktionalen Bezugspunkt der Konformität in der Regel auch unerwünschte Auswirkungen für die Rationalität des Verwaltungshandelns haben und umgekehrt.[17] Ausgeprägte Personalgestaltung z. B. in Form restriktiver Anwendung und enger Kontrolle von normativen Entwicklungs- und Selektionskriterien mag zwar (unter dem Aspekt der Normierungsmöglichkeit) der Systemkonformität des Handelns dienen. Jedoch begrenzt man damit auch das Angebot an systemrationalen Handlungsmöglichkeiten, d. h. es dürfte schwerfallen, ebenso loyale bzw. kollegiale wie effiziente und mobile Mitarbeiter im öffentlichen Dienst zu bekommen. Umgekehrt würde zwar ein weitgehender Verzicht auf ausgeprägte normative Personalgestaltungskriterien die Herstellung von technischer Handlungskapazität erleichtern, jedoch ohne kontrollierte Bindung an die Konformitätsanforderungen des Handelns.

Wirksamkeit kann Personalgestaltung außerdem überhaupt nur entfalten, wenn die normativen und technischen Regeln systemgemäßer Beschaffung und Entwicklung von Personal zu einem gewissen Maß auch am Persönlich-

keitsangebot orientiert sind. Dabei läuft man (wegen der anzunehmenden Diskrepanz von Handlungsbedarf und Persönlichkeit) zunehmend Gefahr, die Anforderungen des Handlungssystems aus den Augen zu verlieren, wenn man nicht an den gegebenen Persönlichkeiten scheitern will bzw. wirklichkeitsfremd (z. B. Arbeitsmarkt) und dadurch wiederum unwirksam zu agieren, wenn man dem Handlungssystem perfekt gerecht werden will.[18]
Für die *Rationalität* des Verwaltungshandelns heißt dies, daß man sich das Problemlösungspotential (besonders auch für noch unbestimmte Handlungssituationen) des „Arbeitsmarktes" erst richtig erschließen kann, wenn man etwa bei der Personalselektion die dort vorhandenen und gebräuchlichen Qualifikationsbegriffe (oder nur ganz allgemeine Grundqualitäten) berücksichtigt und die Definition der personalen Handlungsmöglichkeiten nicht etwa völlig einseitig aus einem vorgestellten Handlungssystem „abzuleiten" versucht und damit bei den angebotenen Persönlichkeiten ins Leere bzw. auf technische Widerstände stößt (vgl. Remer 1978, S. 248 ff.). Die damit verbundene Annäherung an die Persönlichkeiten bringt aber die Gefahr mit sich, unbeabsichtigt den Handlungsbedarf umzudeuten und die Personalgestaltung als Instrument technisch zu entkräften. Umgekehrt verschließt man sich zu sehr gegenüber dem Leistungsangebot, wenn man z. B. bei der Festlegung von Ausbildungs- und Sozialisationsinhalten kategorisch im Rahmen des Handlungssystems verharrt.
Unter dem funktionalen Bezugspunkt der *Konformität* des Verwaltungshandelns wird ausgeprägte Personalgestaltung wirksamer, wenn man z. B. durch (zumindest sprachliche) Ausrichtung der Personalentwicklungsnormen an den Einstellungen der Betroffenen von vornherein mehr Bereitschaft zum Normenlernen erzeugt oder wenn man bei der Personalselektion durch Vermeidung unpopulärer Normen die Identifikation mit dem System erleichtert.[19] Hier nimmt aber das Risiko zu, den Handlungsbedarf persönlichkeitsbezogen umzuwerten und der Personalgestaltung ihre normative Instrumentalität zu nehmen. Pocht man hingegen etwa bei den Selektionsnormen restriktiv auf die qualitativen Anforderungen des vorgestellten Handlungssystems, so beraubt man sich zunehmend der Chance, daß diese Normen bereitwillig von selbst aufgegriffen werden.

3. Entwicklungsperspektiven der Verwaltungsführung

Obige Darstellung läßt bei jedem der behandelten Instrumente zwei Dimensionen des Dilemmas instrumenteller Verwaltungsführung erkennen, nämlich
(1) die begrenzte Möglichkeit der planmäßigen Umsetzung von unterschied-

lichen funktionalen Anforderungen in eine von Dysfunktionen freie Struktur des sozialen Systems Verwaltungsführung (Funktionalitätsdilemma) und
(2) die begrenzte Möglichkeit der Einrichtung eines Systems der Verwaltungsführung, das durch seinen instrumentellen Sinn von der Umwelt abgegrenzt sein soll und doch zugleich aus Wirksamkeitsgründen auf eben diese Umwelt eingehen muß (Systemdilemma).

Hieran können ganz verschiedene Konsequenzen geknüpft werden. Denkbar wäre z. B. der Standpunkt, daß sich eine prinzipielle Neuorientierung des einzelnen Führungsinstrumentes, die über (heute weitgehend ausgeschöpfte) marginale Verbesserungen deutlich hinausgeht, schon deshalb verbietet, weil dies (wegen des Funktionalitätsdilemmas) zu „Dammbrüchen" entweder unter Konformitäts- oder Rationalitätsgesichtspunkten führen würde. Für eine derartige Haltung scheint jedoch die Kritik am gegenwärtigen Verwaltungshandeln bereits zu manifest und zu einmütig. Eine andere Empfehlung könnte lauten, sich von der gezielten und planmäßigen Steuerung des Verwaltungshandelns durch (die bekannten) Instrumente überhaupt zu verabschieden und auf andere Mechanismen der „brauchbaren" (vgl. z. B. LUHMANN 1960) Systembildung zu setzen. Dies braucht letztlich, wenn es nicht zu harten Brüchen und Kurzschlüssen kommen soll, zumindest seine Zeit.

Den unter obigen Gesichtspunkten sich für die Zukunft anbietenden Möglichkeiten soll nun kurz in einer abschließenden Betrachtung nachgegangen werden, die freilich über einige Andeutungen und Anregungen nicht hinausgehen kann.

Es soll hier aber nicht der Frage nachgegangen werden, ob und wie sich das Dilemma der Verwaltungsführung völlig vermeiden läßt, weil dies einen Wandel voraussetzen würde, der zumindest mittelfristig nicht vollzogen werden kann bzw. in seinen Folgen weitgehend ungewiß ist. Statt dessen seien einige Anregungen gegeben, die den Rahmen der gegenwärtigen Diskussion nicht völlig sprengen und auf vorläufige Auswege bzw. mögliche Entwicklungen hinweisen.

Was das *Funktionalitätsdilemma* anbetrifft, läge evtl. ein Ausweg in der zukünftig stärkeren Berücksichtigung von Arbeitsteilungsmöglichkeiten im sozialen System der Verwaltungsführung. Zwischen den Instrumenten der Verwaltungsführung bestehen Leistungsbeziehungen, die bis zu einem gewissen Grade ausgenützt werden können, um eine multifunktionale Verwaltungsführung zu erleichtern, bei der nicht jedes einzelne Instrument uneingeschränkt mit seinen Funktionen konfrontiert und damit überlastet würde. Dies soll am Beispiel der Verwaltungsorganisation demonstriert werden.

Verschiedene empirische Untersuchungen legen nahe, daß die Problemrationalität des Handelns in organisierten Sozialsystemen (insbesondere bei komplexen Umweltverhältnissen) sehr dadurch gefördert werden kann, daß man bei der Rollengestaltung (speziell an Grenzstellen) mehr auf Selbständigkeit der Rolleninhaber statt auf Gängelung setzt (vgl. z. B. HILL et al. 1976, S. 186). Mit dieser Auflockerung im Interesse der Problemrationalität würde allerdings auch die Verwaltungsorganisation als Instrument der zentralen Durchsetzung von Normenkonformität weitgehend aufgegeben (vgl. LUHMANN 1964, S. 238). Dennoch müßte dies für den Bürger nicht zwangsläufig *insgesamt* eine Verschlechterung der Verwaltungsleistung nach sich ziehen. Zunächst einmal erleichtert eine solch großzügigere Organisation generell die normative Identifikation mit den Rollen sowie auch erfolgreiche Personalführung und Personalgestaltung unter dem Bezugspunkt der selbstverpflichteten Normenkonformität des Verwaltungshandelns. Das Verwaltungshandeln könnte hierdurch insgesamt an Engagement und Ethos gewinnen. Um diese Chance aber auch in technisch-politikgemäßes Handeln umzumünzen, muß freilich der fachliche Instruktionsverlust, der sich bei einer auf mehr Selbständigkeit setzenden Verwaltungsorganisation einstellt, irgendwie aufgefangen werden. Das Zurücknehmen der technischen Detailinstruktionen auf der zentralen Organisationsebene schafft nun aber Spielraum für problem- und situationsbezogenes dezentrales Organisieren und für unterstützende bzw. ergänzende Aktivitäten der Personalführung und Personalgestaltung unter dem Bezugspunkt selbständig rationalen Verwaltungshandelns, so daß die technischen Spezifikationsleistungen der zentralen Organisation zunehmend auf laufende dezentrale Rollengestaltung und -vermittlung, Selektion, Bildung und Sozialisation verlagert werden könnten. Das Funktionalitätsdilemma der Verwaltungsführung läßt sich so zwar nicht im strengen Sinne „lösen“, wird jedoch durch seine Aufteilung auf mehrere Instrumente und Personen verkleinert und besser handhabbar. Dahinter steht allerdings die Hoffnung, daß eine solche Neuorientierung auch mit motivational und technisch geeignetem Führungspersonal rechnen darf und vor allem in diesem Punkt scheinen die Meinungen zur Reform des Öffentlichen Dienstes letztlich auseinanderzugehen.

Auch das *Systemdilemma* der Verwaltungsführung läßt sich nicht „lösen“, ohne das Prinzip der instrumentellen Verwaltungsführung selbst aufzugeben. Hier käme als vorläufiger Ausweg die verstärkte Beteiligung der Systemumwelt an der Strukturierung des Führungssystems der öffentlichen Verwaltung in Frage. Bürger und Verwaltungspersonal hätten sich danach laufend über die Handhabung von Organisation, Personalführung und Personalgestaltung auseinanderzusetzen mit dem Ziel, zumindest zeitlich begrenzte, vorläufig als brauchbar empfundene Kompromisse bezüglich der Struktur des Führungshandelns zustande zu bringen. Soweit dies gelänge, würde sich der Gegensatz von Identitätserhaltung und Umweltwirksamkeit instrumenteller Verwaltungsführung immerhin zeitlich, sachlich und sozial in die Breite ziehen lassen. Für den Teilbereich der Personalgestaltung etwa hätte das zur Folge, daß nicht ein für allemal verbindliche Selektions- und Entwicklungskriterien formuliert werden müßten (die dann an den gegebenen Persönlichkeitsstrukturen zu scheitern drohen), sondern daß sich solche Kriterien unter gegenseitiger Abstimmung der Gegebenheiten auf seiten der Beteiligten und Betroffenen (und somit evtl. auch unter Abänderung der politischen Programme) laufend fortentwickeln.

Ein so konzipiertes System der Verwaltungsführung wäre um den Preis einer dynamischen Sinngrenze und des Verzichts auf die Festlegung absolut „richtigen" Verwaltungshandelns besser in der Lage, dem Verwaltungshandeln Kapazität und Bereitwilligkeit zu erschließen, weil es auf die personalen und sozialen Bestände einzugehen vermag. Es setzt allerdings Verwaltungspersonal und Bürger voraus, die zu tragfähigen Kompromissen fähig sind und eben diese Prämisse dürfte bei den meisten Verwaltungspolitikern heute auf Skepsis stoßen.

Die hier angedeuteten „Auswege" aus dem Dilemma der Verwaltungsführung liegen an der Grenze zur Auflösung von instrumenteller Verwaltungsführung überhaupt und dürften schon deshalb, soweit sie als Reformanregung gedacht sind, das Vertrauen des Verwaltungspraktikers arg strapazieren. Sie sollten aber zumindest vor die Erkenntnis führen, daß der Versuch einer Neuorientierung der Verwaltungsführung letztlich bei den Beteiligten und Betroffenen selbst ansetzen muß, weil deren Möglichkeiten und Interessen stets explizit oder implizit vorausgesetzt werden müssen. Das Dilemma der instrumentellen Verwaltungsführung müßte mithin seine „Auflösung" im Verwaltungspersonal bzw. im Bürger selbst finden.

Anmerkungen

1 Dies gilt besonders für die öffentliche Verwaltung, weil politische Programme dort noch viel komplexeren und widersprüchlicheren Anforderungen genügen sollen als beispielsweise (nach landläufiger Auffassung) in Industriebetrieben oder Verbänden; vgl. hier auch die Maßstäbe für das Verwaltungshandeln in Morstein Marx 1965, S. 227 ff.

2 Die Unterscheidung von Politik und Verwaltung (Administration) kann dabei allerdings nicht auf der Ebene des faktischen Handelns getroffen werden (Wipfler, 1979, S. 88), sodaß als Subjekt der Verwaltungsführung sowohl „Politiker" als auch „Administratoren" auftreten können, vgl. auch Mayntz 1978, S. 60-81.

3 Zum Begriff der Verwaltungsführung vgl. z. B. Böhret/Junkers 1976, S. 23 f.; Laux 1975, S. 14 ff. Der Instrumentenbegriff wird in diesem Zusammenhang unterschiedlich weit gefaßt, vgl. dazu etwa Erbach 1973, S. 12 f.; Becker 1969, S. 213 ff. 347 ff; Plamper 1979.

4 Vgl. hierzu die Bemerkungen zur begrenzten Rationalität bei March/Simon 1976,

6. Kapitel, sowie zum Zweck/Mittel-Schema bei Luhmann 1973, S. 55 ff., ferner Pfiffner/Sherwood 1960, S. 413. Deshalb ist es nur logisch, wenn von der zukünftigen Verwaltungsorganisation ein hohes Maß an Nichtfestgelegtheit erwartet wird und – Personen (z. B. der Referent) wieder anstelle von Regeln in den Mittelpunkt rücken, vgl. z. B. König 1977, S. 81 f., 89 f.

5 Vgl. hierzu die Prämissen bürokratischer Herrschaftsorganisation bei M. Weber 1964.

6 So wird trotz aller „Vorgegebenheit" der Aufgabenziele im öffentlichen Dienst gleichwohl eine Abstimmung mit den Mitarbeitern gefordert, um „wirtschaftsnahe und realisierbare Zielsetzungen zu erreichen", Lecheler 1972, S. 87 f.

7 Auch die Personalführungsrolle ist i.d.R. formal organisiert. Im engeren Sinne gehören zu ihr nur interaktionale Einflußhandlungen, d. h. nicht zwangsläufig auch andere Bestandteile einer „Vorgesetzten"-Rolle wie z. B. Organisations- und Personalauswahlhandlungen. In bürokratischen Verwaltungen sind die einzelnen Einflußnahmemöglichkeiten häufig besonders stark reglementiert und die Einflußnahme stützt sich formal im wesentlichen auf den Befehl und die Gehorsamspflicht.

8 Vorgesetzte müssen, um dieser Gefahr zu entgehen, z. T. auch Organisationsfunktionen übernehmen (vgl. Luhmann 1964, S. 207), d. h. die Rollenerwartungen den jeweiligen dinglichen und menschlichen Umständen anpassen. Diese Lösung des Problems liegt freilich außerhalb der Grenzen eines eng definierten (vgl. A. 7) Begriffs von Personalführung und läuft im übrigen auf das Opportunismusprinzip hinaus.

9 Die Diskussion des „optimalen" Führungsverhaltens hat sich bezeichnenderweise auf die Pole „Aufgabenorientierung" und „Mitarbeiterorientierung" zugespitzt (vgl. z. B. Neuberger 1976, S. 133 ff.; Wunderer/Grunwald 1980, S. 238 ff.; Staehle 1973, S. 55 ff., 97 ff.).

10 Diese Blockierung kann bereits rein motivationaler Art sein, wenn man mit der Erwartungs/Valenz-Theorie davon ausgeht, daß die Arbeitsmotivation auch davon abhängt, ob man in der Lage zu sein glaubt, seine Rolle überhaupt ausfüllen zu können, vgl. z. B. Neuberger, 1974, S. 88 f.

11 Das in diesem Abschnitt angesprochene Dilemma der Personalführung (vgl. auch Remer 1978, S. 393 f.) findet in der Literatur auf vielfältige Weise (z. B. als Rollenkonflikt des Vorgesetzten) Ausdruck (vgl. z. B. Pfiffner/Sherwood 1960, S. 366; Luhmann 1964, S. 214 f.; Neuberger 1976, S. 88 ff.; Wunderer/Grunwald 1980, S. 105). Es tritt im öffentlichen Dienst besonders kraß in Erscheinung, weil die bürokratische Vorgesetztenrolle weniger Führungsspielraum beinhaltet als etwa die einer privatwirtschaftlichen „Führungskraft".

12 Dieses meint keineswegs nur das „offizielle" Rollensystem, sondern umschließt auch die sog. „informale Organisation".

13 Man könnte in diesem Zusammenhang auch von Erwartungen sprechen, die erfüllt werden müssen, um den Fortbestand des sozialen Systems zu sichern, vgl. Luhmann 1960, S. 114.

14 Die normativen Gestaltungskriterien müßten dabei sehr verschiedene Erwartungen abdecken, die sicherlich nicht nur aus dem Bereich des politischen Zweckprogramms sondern (wie sich etwa im Team-Konzept andeutet) auch aus dem

elementareren Sozialbereich stammen, vgl. z. B. Presthus 1975, S. 237; ferner Bohle 1977, S. 30 ff.; Guilleaume 1971, S. 177 ff.; Lecheler 1972, S. 45 ff.; Thieme 1977, S. 230 ff.

[15] Auf die zahlreichen verfahrenstechnischen Fragen von Personalentwicklung und -auslese kann hier nicht näher eingegangen werden, vgl. dazu z. B. Remer 1978, S. 289 ff., 317 ff., 347 ff.; 450 ff. und Lit.angaben. Im öffentlichen Dienst bestehen u. a. wegen des Lebenszeitprinzips und der besonderen Konformitätskriterien (z. B. Betonung der Treuepflicht) z. T. von der Privatwirtschaft abweichende Gestaltungsregeln, vgl. z. B. Wipfler 1979, S. 125; Thieme 1977, S. 243 ff.; Loschelder 1965, S. 138.

[16] So gesehen hätte es auch Nachteile, wenn im öffentlichen Dienst bei der Personalgestaltung mehr als bisher der Spezialisierungsgedanke (Lecheler 1972, S. 49) Anwendung findet.

[17] Wenn z. B. heute beobachtet werden kann, daß fachliche Qualifikationskriterien bei der Personalauslese im öffentlichen Dienst immer stärkere Berücksichtigung finden (Mayntz 1978, S. 148), so trägt diese Entwicklung hauptsächlich speziellen Rationalisierungsnotwendigkeiten Rechnung, und der auf Konformität gerichtete „Beamtenethos" kann dabei auf der Strecke bleiben; vgl. auch Johnson 1978, S. 163 f; ein anderes Beispiel findet sich bei Guilleaume 1974, S. 418.

[18] In der Personalwerbung wird dieser doppelte Bezug in der Gegenüberstellung von Akquisitions- und Selektions-(Informations-)effekt sichtbar, vgl. Eckardstein/Schnellinger 1973, S. 235 ff.; Wunderer 1975, S. 1695 ff.; Remer 1978, S. 362 f.; in der öff. Verwaltung läßt sich dieses Dilemma offenbar nicht allein durch den Beamtenstatus lösen, vgl. Becker 1970, S. 409 f. sowie Czybulka 1976, S. 121.

[19] So zeigen bestimmte Mechanismen der Selbstselektion zum öffentlichen Dienst (vgl. Luhmann/Mayntz 1973, S. 26 ff.; Mayntz 1978, S. 159 ff.) an, daß bei den Bewerbern relativ deutliche Normenerwartungen bestehen, deren Berücksichtigung bei der Herstellung und Bewahrung von Konformität zweifellos von Wichtigkeit ist.

Literatur

Bamfield, C. [1978]: Neuere Entwicklungen im öffentlichen Dienst Großbritanniens – Stilwandel in der Personalverwaltung. In: Verwaltungswissenschaftliche Informationen, S. 131–137.

Banner, G., Ostermann, J., Siepmann, H. (1978): Die Arbeit der KGSt – heute und morgen. – Entwicklungslinien kommunaler Organisationsarbeit. In: KGSt-Mitteilungen, Sonderdruck, Oktober, S. 1–9.

Becker, U. [1969]: Das strukturelle Instrumentarium der Regierungs- und Verwaltungsführung der Freien und Hansestadt Hamburg. In: Die Verwaltung, S. 213–234 u. 347–364.

– [1970]: Zur Veränderung der Struktur der Verwaltung. In: Die Verwaltung, S. 389–420.

– [1978]: Der ständige öffentliche Dienst. Zur Veränderung der Leistungsbedingungen. In: Laux, S. 27–50.

Blau, P. M. [1971]: Die Dynamik bürokratischer Strukturen. In: Mayntz, [1971], S. 310–323.

Bohle, M. [1977]: Leistung, Erfolg und Leistungskonflikte in bürokratischen Organisationen. Meisenheim am Glahn.

Bosetzky, H. [1970]: Grundzüge einer Soziologie der Industrieverwaltung. Stuttgart.

Czybulka, D. [1976]: Multifunktionales Dienstrecht als Alternative zum Einheitsdienstrecht im öffentlichen Dienst. In: Die öffentliche Verwaltung, S. 117–121.

Erbach, K. F. [1973]: Instrumente der Verwaltungsführung. Bonn.

Eckardstein, D. v. und F. Schnellinger [1975]: Betriebliche Personalpolitik. München.

E. Gaugler, Hrsg. [1975]: Handwörterbuch des Personalwesens. Stuttgart.

Guilleaume, E. [1971]: Demokratisierung der Personalpolitik in der öffentlichen Verwaltung. In: Die Verwaltung, S. 126 ff.

– [1974]: Politische Entscheidungsfunktion und personelle Selektion. In: Die Verwaltung, S. 409–426.

Hackmann, J. R. [1969]: Toward Understanding the Role of Tasks in Behavioral Research. In: Acta Psychologia, S. 97 ff.

Hegner, F. [1978]: Das bürokratische Dilemma, Frankfurt a. M. – New York.

Hickson, D. J. [1966]: A Convergence in Organization Theory. In: Administr. Science Quarterly, S. 224-237.

Hill, W., R. Fehlbaum und P. Ulrich [1976]: Organisationslehre, Bd. 1, Bern–Stuttgart.

Hofstätter, P. R. [1957]: Gruppendynamik. Hamburg.

Hüttl, A. [1965]: Wirtschaftlichkeit (als Maßstab des Verwaltungshandelns). In: Morstein Marx, S. 282–296.

Jacobson, E., W. W. Charters and S. L. Liebermann [1951]: The Use of the Role Concept in the Study of Complex Organizations. In: Journal of Social Issues, S. 18–27.

Johnson, N. [1978]: Leistungsanspruch und Beamtenethos – Überlegungen zu einem Dilemma aus britischer Sicht. In: Laux, S. 157–183.

König, H. [1977]: Dynamische Verwaltung. Bürokratie zwischen Politik und Kosten. Stuttgart.

Kube, E. [1973]: Führungsmodelle, moderne Führungsgrundsätze und Managementtechniken in der Verwaltungspraxis. In: Deutsches Verwaltungsblatt, S. 869–876.

Laux, E. [1975]: Führung und Führungsorganisation in der öffentlichen Verwaltung. Stuttgart etc.

–, Hrsg. [1978]: Das Dilemma des öffentlichen Dienstes. Anspruch, Erwartungen, Realitäten. Bonn.

– [1978]: Abschließende Bemerkungen. In: Laux, S. 187-194.

Lecheler, H. [1972]: Personalpolitik und Personalführung in der öffentlichen Verwaltung. Bonn-Bad Godesberg.

Loschelder, W. [1965]: Personalverwaltung und Personalführung. In: Morstein Marx, S. 127–147.

Luhmann, N. [1960]: Kann die Verwaltung wirtschaftlich handeln? In: Verwaltungsarchiv, S. 97–115.

– [1964 a]: Funktionale Methode und Systemtheorie. In: Soziale Welt, S. 1–25.
– [1964 b]: Funktionen und Folgen formaler Organisation. Berlin.
– [1966]: Theorie der Verwaltungswissenschaft. Bestandsaufnahme und Entwurf. Köln–Berlin.
– [1973]: Zweckbegriff und Systemrationalität. Über die Funktion von Zwecken in sozialen Systemen. Frankfurt (Erste Auflage Tübingen 1968).
Luhmann, N. und R. Mayntz [1973]: Personal im öffentlichen Dienst. Eintritt und Karrieren. Baden-Baden.
Mäding, E. [1973]: Aufgaben der öffentlichen Verwaltung. In: Die Verwaltung, S. 257–282.
March, J. G. und H. A. Simon [1976]: Organisation und Individuum. Wiesbaden (Organizations 1958).
Mayntz, R., Hrsg. [1971]: Bürokratische Organisation. Köln–Berlin.
– [1978]: Soziologie der öffentlichen Verwaltung. Heidelberg–Karlsruhe.
Merton, R. K. [1971]: Bürokratische Struktur und Persönlichkeit. In: Mayntz, S. 265–276.
Morstein Marx, F., Hrsg. [1965]: Verwaltung. Eine einführende Darstellung. Berlin.
– [1965, a]: Hierarchie und Entscheidungsweg. In: Morstein Marx, S. 109–126.
Neuberger, O. [1974]: Theorien der Arbeitszufriedenheit. Stuttgart.
– [1976]: Führungsverhalten und Führungserfolg. Berlin.
Parsons, T. [1956]: Suggestions for a Sociological Approach to the Theory of Organizations. In: Administr. Science Quarterly, S. 63-85, 225-239.
Pfiffner, J. M. and F. P. Sherwood [1960]: Administrative Organization. Englewood Cliffs, N. J.
Plamper, H. [1979]: Führung in der öffentlichen Verwaltung. Versuch einer Bestandsaufnahme. In: Die Verwaltung, S. 71–90.
Presthus, R. [1975]: Public Administration. 6. Ed. New York.
Remer, A. [1978]: Personalmanagement. Berlin–New York.
Staehle, W. H. [1973]: Organisation und Führung sozio-technischer Systeme. Stuttgart.
Thieme, W. [1977]: Verwaltungslehre. 3. Aufl. Köln etc.
Weber, M. [1964]: Wirtschaft und Gesellschaft. Köln–Berlin.
Wipfler, J. [1979]: Leitfaden der Verwaltungslehre. Berlin.
Wunderer, R. [1975]: Personalwerbung. In: Gaugler, S. 1689–1708.
Wunderer, R. und W. Grunwald [1980]: Führungslehre. Bd. 1: Grundlagen der Führung. Berlin–New York.

Verwaltungsführung und Strukturreform – Ansätze zu einer Neuorientierung

Herbert König

1. Einführung

Geht man davon aus, daß man mit „Führung" die Strukturierung von Handlungssystemen bezeichnet, dann hat man einen weiten Strukturbegriff zu verwenden, der sowohl die klassische „Aufbauorganisation" als auch die „Ablauforganisation", also einerseits die institutionelle Struktur im Sinne einer Momentaufnahme und andererseits die Summe der in der Institution ablaufenden Prozesse und Verfahren umfaßt. Ein solcher weiter Strukturbegriff mag für die Verwaltung ungewöhnlich erscheinen, weil sie eigentlich nur in der Kategorie der – institutionellen – Organisationsstruktur zu denken gewohnt ist, aber eine Erweiterung auf den prozeduralen Aspekt entspricht nun einmal dem wissenschaftlichen Strukturbegriff, und den sollte man in einer zugleich verwaltungspraktischen wie -wissenschaftlichen Betrachtung nicht vernachlässigen.
Gibt man aber einer solch weiten Sicht Raum, dann kann man andererseits nicht umhin, auf der institutionell orientierten Seite des Strukturbegriffs, also der der „Momentaufnahme", eben nicht nur das Gefüge der Organisationsstruktur, sondern auch das der ihr vorgelagerten Programme und das der Ausgangspunkte hierfür – Aufgaben, Ziele, Zwecke, Probleme – zu sehen; und außerdem und nicht zuletzt geht es um die der Organisationsstruktur nachgelagerte Budgetklassifikation und obendrein um Personalstrukturen. Das soll den Rahmen der Gesamtbetrachtung zwar nicht sprengen, wohl aber anzeigen, daß die Welt der Verwaltung sehr viel vielfältiger ist, als sich dies die Wissenschaft gemeinhin träumen läßt, und daß diese eine Reihe der hier angeführten Phänomene und Kategorien bislang sträflich vernachlässigt hat.
Nun sollen Fragen der Programmierung und Budgetierung in einem späteren Sammelband besonders berücksichtigt werden; damit ist dieser Beitrag gehalten, sich auf Ansätze zur Neuorientierung bei der Gestaltung der organisationalen Strukturen zu beschränken. Das schließt nicht aus, sondern erfordert es geradezu, daß man der Organisationsstruktur im Gesamtgefüge von Regierung und Verwaltung den ihr zukommenden Platz zuweist und auch sagt, von woher sie sich ableitet und wohin sie zu verknüpfen ist. Um es vorweg zu sagen: Der Organisation kommt eine ausschließlich dienende Funktion

in der Erfüllung der politischen Handlungsaufträge zu, die sich ihrerseits – so war wenigstens der Eindruck aus der letzten Regierungserklärung des Herrn Bundeskanzlers – zu Unrecht aus sich selbst herzuleiten scheinen, und sie steht am Eingang der Bestimmung der Budgetinhalte, soweit es sich um personelle Ressourcen handelt. Was die Organisationsprozeduren angeht, erfüllen sie das Gefüge mit Leben, aber auch dies wiederum in einer dienenden Funktion gegenüber der Politik und in enger Verknüpfung mit dem Budgetverfahren. Insgesamt kommt es darauf an, daß weder die Organisation noch das Budget ein Eigenleben entfalten und damit in die Versuchung geraten, die politische Substanz des der Institution Aufgegebenen sozusagen ins Schlepptau zu nehmen und es damit zu beherrschen.
Andererseits ist bei allen Überlegungen zur „optimalen" Gestaltung organisatorischer Ordnung und Verfahren stets im Auge zu behalten, daß sich mit der Strukturierung im weitesten Sinne eine Institution nicht lenken läßt, wenn man nicht stets das Verhalten der Organisationsmitglieder im Auge behält. Das besagt wiederum nicht – und hier liegt manche Versuchung für die Protagonisten der sog. Organisationsentwicklung –, daß man von der Verhaltensseite allein her organisieren könne: Strukturen und Verhalten müssen zueinander im Gleichgewicht bleiben; die eine Seite ist mithin ohne die andere nicht denkbar.
Vielleicht sollte man aber zunächst einen Blick auf die „Reformlandschaft" im allgemeinen in unserem Lande werfen. Das Ergebnis ist: Von den methodischen Reformen im öffentlichen Sektor der Bundesrepublik Deutschland stellen die des Haushaltsrechts und des Dienstrechts Innovationen mit juristischem Schwerpunkt dar, ohne daß die systemare Seite der hier jeweils betriebenen Rechtsreform zuvor hinreichend exploriert worden wäre. Aber gehen wir chronologisch vor: Die *Finanzreform* hat nur zum Teil überzeugende Ergebnisse erbracht; problematisch bleiben vor allem die Gemeinschaftsaufgaben, die Kostenteilung auf bestimmten Sektoren (Finanzierung im kommunalen Verkehr, im Städtebau und im Krankenhauswesen) und nicht zuletzt die Finanzhilfen („Politik des goldenen Zügels"). Die *Haushaltsreform* ist die Budgetklassifikation lediglich unter konjunkturpolitischen, nicht aber unter politisch-programmatischen Gesichtspunkten angegangen. Die *Gebietsreform* mag zwar die Planungsfähigkeit der Gebietskörperschaften verstärkt haben; bei dem Versuch hingegen, deren Effizienz zu erhöhen, sind die sozialwissenschaftlichen Aspekte weitgehend vernachlässigt oder gar übersehen worden. Die *Funktionalreform in der Vertikalen* hat der sie tragenden Leitidee wie etwa des Subsidiaritätsprinzips entbehrt; statt dessen ist ein vertikales Kompetenzgefüge zustande gekommen, das die Frage offenläßt, ob hier nicht wiederum technische Aspekte gegenüber dem Begehren unserer Bürger obsiegt haben. Was heute jedenfalls unter Bürgernähe praktiziert wird, ist eher der Versuch, die wiedererstarrten Institutionen

auf artifiziellen Umwegen aus ihrer in vielen Dingen kaum veränderten Position heraus mit dem Bürger in Kontakt zu bringen, statt diese Position so zu verlagern, daß der Bürger wirklich das Gefühl erhält, daß „seine“ Verwaltung ihm so nahe wie möglich gerückt ist. Die Reform *in der Horizontalen* hat das Verhältnis von allgemeiner innerer und Sonderverwaltung kaum verändert. Die *sonstigen Strukturreformen* haben weitgehend der theoretischen Grundlegung entbehrt. Und die Durchforstung der *Gesetzgebung* ist bislang nur partiell geglückt. Kaum angegangen ist man die Verfahrens- und die Verhaltensseite der Bürokratie; einige die Gemeinsame Geschäftsordnung der Bundesministerien ergänzenden *Leitlinien* hängen theoretisch in der Luft und haben praktisch kaum Relevanz; demgegenüber erscheinen ähnliche Ansätze bei der Deutschen Bundespost schon gelungener; zum weiterführenden Vergleich ließen sich die in der Schweizer Bundesverwaltung wie im Kanton Thurgau eingeführten, zugleich planungstheoretisch angelegten Führungsleitlinien heranziehen[1].

2. Vom Organisations- zum Strukturbegriff

Gehen wir im Detail einmal aus von der wohl interessantesten methodischen Untersuchung der letzten Jahre in Regierung und Verwaltung auf Bundesebene, nämlich der Reform im Bundesministerium für Ernährung, Landwirtschaft und Forsten. Dieses Haus kann wohl als eines der innovationsfreudigsten Bundesressorts überhaupt gelten, nachdem es sich in den Jahren 1973 bis 1975 dem wohl spektakulärsten Teilvorhaben der Projektgruppe Regierungs- und Verwaltungsreform beim Bundesministerium des Innern zur Verfügung gestellt hatte. Die Früchte jenes Vorhabens waren reicher als erwartet, wenngleich seine Akteure nicht alle ihre Intentionen zu realisieren vermochten. Immerhin bleibt hervorzuheben, daß hier ein Ansatz aufscheint, der für die öffentliche Verwaltungspraxis erstmals eine Erweiterung des Organisationsbegriffs auf den Strukturbegriff mit sich brachte.

Denn es ging bei dem Projekt eben nicht nur um eine Reorganisation im engeren Sinne, sondern um die Präsentation eines Gesamtbildes aller Strukturaspekte eines Ministeriums unter Einbeziehung auch einer der Organisationsstruktur vorgelagerten Programmstruktur und obendrein einer Zielstruktur, von der sich wiederum erst das Programm und alsdann die Organisation ableiten – heute würde man an ihrer Stelle von einer Problemstruktur ausgehen. Obendrein zählte heute zu diesem Bild – als Derivat der institutionellen Organisation – eine sich daran anschließende, politisch-programmatisch ausgerichtete Budgetstruktur, an die sich wiederum die Strukturen der Personalbedarfs- und -entwicklungsplanung anlehnen.

Eine solche Sicht der in einem Ministerium obwaltenden Strukturen insgesamt hat auch Konsequenzen im Rollenverständnis der in ihm tätig werdenden Akteure: Hier wird es zunächst darum gehen, daß der Organisationsreferent seine Funktionen neu überdenkt und sich vielleicht als Strukturreferent zu begreifen sucht; es wird darüber hinaus aber auch um die Frage gehen, wie man politische Programmsteuerung in einem Ministerium organisiert. Dabei kommt zugleich das Zusammenspiel der fachlich-politischen Aspekte mit den „Querschnittsfunktionen" Organisation, Haushalt und Personal ins Bild; wünschenswert wäre hier sicherlich ein Zusammenwirken von Politik einerseits und Organisation/Budget/Personalwesen andererseits, bei dem nicht die letzteren dominieren, sondern die Politik deren „Servicefunktion" bestimmt.
Im Bundesministerium für Ernährung, Landwirtschaft und Forsten im besonderen konnte die Kongruenz von Organisation und politischem Programm hergestellt werden; dessen Einklang mit der Budgetstruktur hingegen bleibt eine Aufgabe der vor uns liegenden Zeit[2].

3. Ansatz von Reorganisationen

Schon am Beispiel dieses Hauses sollte deutlich werden, daß zur Reorganisation eines Ministeriums nicht mehr der konventionelle Ansatz ausreicht, der von einem mehr oder weniger unklaren Aufgabenbegriff ausgeht und versucht, von daher die „optimale" Organisation abzuleiten. Dies mag für Betriebe nach wie vor geeignet sein – zumindest für Regierung und Verwaltung liegt darin ein Kurzschluß, der seine Ursache im Aufgabenbegriff selbst hat. In der Wissenschaft definiert man heute Aufgaben als die letzten Elemente einer Zielstruktur bzw. die unterste Zielebene überhaupt; in der Praxis hingegen sieht man in den Aufgaben die offizielle Sanktion zum Handeln, also die Auslöser von Aktivitäten im Rahmen der Programmgestaltung; nicht mehr um die unterste Zielebene geht es hier, sondern um eine damit korrespondierende detaillierte Programmebene. Begreift man aber Aufgaben als normierte Aktionsauslöser, sind sie selbst Teil des „Was" öffentlichen Handelns und lassen den gesamten Prozeß der Aufgaben*findung* unter Einschluß öffentlicher Zwecke bzw. Probleme „draußen vor". Daß ein solcher Ausgangspunkt für organisatorische Veränderungen nur selten zu endgültigen Lösungen führt, haben jüngere Reorganisationsversuche – so im Bundesministerium für Verkehr[3] – bewiesen; das ähnlich ansetzende Bundesministerium für wirtschaftliche Zusammenarbeit[4] ist wenig später zu einer tiefgreifenden Reorganisation auf dieser Basis gar nicht erst gelangt, weil das

Gutachten, das zu einer solchen Neuorientierung hinführen sollte, von einem diffusen Gemisch von Aufgaben und Zielen ausging, von dem aus man Entwicklungshilfepolitik schlicht nicht zu konzipieren vermochte: Wer nicht nach den Zwecken der Entwicklungshilfe oder – besser – nach den Problemen fragt, die man mit ihr zu lösen sich vornimmt, wird mit dem Stock im Nebel herumstochern[5].

4. Zum Stand der Methodik in Regierung und Verwaltung

Wer über Methodik berichten will, kommt an der Methodologie nicht vorbei, weil Reden über Praxis ohne theoretischen Hintergrund unfruchtbar bleiben muß. Da es aber eine in sich geschlossene Methodologie der Organisation oder besser: Strukturierung in Regierung und Verwaltung noch nicht gibt, muß man sich mit Teilstücken begnügen. So sind wir in der Theorie nach wie vor unterwegs oder – genauer gesagt – noch ziemlich am Anfang unseres Weges. Hilfreich erscheinen hierbei Theorieansätze etwa der Systemtheorie, aber nicht nur dieser übergreifenden Sichtweise, sondern auch der Kybernetik als solcher, der Logik, der Entscheidungstheorie, der Handlungstheorie, der Verhaltenstheorie und vieler anderer. Was demgegenüber die „klassischen" Disziplinen wie etwa die Rechtswissenschaft und die Ökonomie betreiben, erscheint doch recht abgeschottet; so zeichnet sich immer mehr ab, daß die gegenständlich orientierten Wissenschaften wie Betriebswirtschaftslehre und Verwaltungslehre überwiegend von übergreifenden Theorien zehren; nur bedingt sind sie imstande, eine sich um ihren Gegenstand als solchen bemühende geschlossene Theorie zu erstellen. Das wird ein wenig deutlicher, wenn man das Zueinander von übergreifenden Theorien, „klassischen" Disziplinen und Theorieobjekten in dreidimensionaler Sicht – etwa in der Form eines Kubus angelegt – betrachtet. Eine solche Sicht erlaubt uns dann, von der Verwaltungslehre als einem objektbezogenen Lehrgefüge vor dem Hintergrund übergreifender, gelegentlich sich überlappender Theorien und „klassischer" Disziplinen zu sprechen, aus denen es sich mit unterschiedlicher Intensität und mit unterschiedlichem Gewinn speist[6].

Regierung und Verwaltung als Erkenntnisobjekt

Sicherlich ist die Diskussion um den Gegenstand einer sich als Verwaltungswissenschaft begreifenden Verwaltungslehre abhängig vom Standort des jeweiligen Betrachters. Prominente Verwaltungslehrer wie Frido Wagener

sehen die Verwaltung eher aus kommunaler Sicht und haben damit tendenziell vorwiegend die breite, exekutierende Seite der Verwaltung und damit das qualitativ bei weitem umfassendste Feld der Administration im Auge; andere – zu denen auch der Autor sich zählt – sehen kraft eigener Herkunft die Verwaltung vorwiegend aus ministerieller Sicht und sprechen daher sehr viel eher – und vielleicht auch kritischer – von der Funktionalität der Verwaltung, die in letzter Konsequenz „optimale" Flexibilität des „Apparats", ja dessen Dynamik bedinge[7].
Von wo man jedoch auch schaut, führt an einer gemeinsamen Sicht von Regierung und Verwaltung kein Weg vorbei. Dann aber bedarf es des Zugehens der Verwaltungslehre auf die Regierungslehre, soweit sie sich als Regierungssystemlehre begreift[8]. Ansätze dazu finden sich bereits in den schon konzipierten Teilen einer verwaltungswissenschaftlichen Theorie – so bei Niklas Luhmann[9]; wie sonst könnte man über Zweckprogrammierung reden, wenn man nicht Regierung und Verwaltung als Einheit sieht?

Problemfindung als Ausgangspunkt öffentlichen Handelns

Bislang hat in Regierung und Verwaltung die Problemfindung ein geradezu stiefmütterliches Dasein geführt; angestoßen wurde sie im wesentlichen von der politikwissenschaftlichen Theorie in einem Zeitpunkt, als auch die Betriebswirtschaftslehre von ihrer Entscheidungsorientierung zur Problemorientierung hin gefunden hat – die Arbeiten von Hans-Christian Pfohl[10] mögen hierfür exemplarisch sein.

- *Problemfindung vs. Problemlösung*
  Es bedürfte keiner besonderen Phantasie, einmal das Regierungs- und Verwaltungshandeln insgesamt in den beiden Gestaltungsfeldern der Problemfindung und der Problemlösung zusammenzufassen; allerdings würden dann alle uns geläufigen Bereiche – von der Programmgestaltung über die Organisation und das Budget bis hin zum Personalwesen – in das Feld der Problemlösung fallen, während die Problemfindung alledem vorgelagert wäre. Aber gleichwohl mag ein solches Bild den Ausgangspunkt für die weiteren Überlegungen bilden.
- *Ausdifferenzierung*
  Hat man sich einmal des mühsamen Geschäftes der Problemfindung angenommen, fragt es sich, wie sich die Probleme als solche überhaupt entdecken lassen, zum zweiten aber, wie man sie darzustellen, sprich: zu gruppieren vermag. Hier sollte man die Systemtheorie zu Rate ziehen und sich um eine reine Ausdifferenzierung bis hin zu Detailproblemen, den „sozialen Anliegen", bemühen. Hat man diese gefunden, so gewinnt man damit zugleich den Ausgangspunkt für die Frage, was denn auf der Problemlösungsseite zu tun verbleibt.

- *Kausalanalyse und Ursachenverknüpfung*
  Eine sich hierbei im besonderen stellende Frage ist die nach der Einbeziehung oder Auslagerung der Problemursachen; dies wiederum setzt eine Kausalanalyse voraus. Alle bisherigen Versuche einer sinnvollen Problemstrukturierung haben ohne eine Auslagerung von Ursachen zu nur verhaltenem Erfolg geführt; hier eröffnet sich ein weites Feld für eine Forschung, die alsbald in Angriff genommen werden sollte.
- *Interdependenzermittlung*
  Damit im Zusammenhang steht die Frage nach den Interdependenzen zwischen den „reinen" Problemen, aber auch nach den Beziehungen zwischen den Ursachen als solchen, ganz zu schweigen von den Interdependenzen zwischen Ursachen und Wirkungen.
- *Verhältnis zu den Indikatoren*
  Es erscheint in diesem Zusammenhang ferner sinnvoll, die sozialen Anliegen in Beziehung zu sozialen Indikatoren zu setzen – die öffentliche Reaktion auf die Arbeit an den Sozialindikatoren hat die dabei zutage getretenen Forschungsergebnisse gelegentlich ein wenig diskreditiert. Man sollte doch etwas genauer auf den Sinn dieser Bemühungen achten; sie mit sozialer Schwärmerei oder ähnlichen Prädikaten abzutun, hieße eine für die Methodik in Regierung und Verwaltung fruchtbare Entwicklung abzublocken.

Programmgestaltung

Auf der Problemlösungsseite stellt sich als erstes die Forderung nach der Gestaltung der öffentlichen Programme – ein Unterfangen, das allerdings nur dann Sinn gewinnt, wenn man diese Programme „flächendeckend" anlegt und sie nicht als unfreundliche Unterbrechung und Störung von Routinehandeln disqualifiziert. Insgesamt bietet sich auch hier ein weites Forschungsfeld, das von der Idealform der Regierungserklärung ausgehen und sich vor allem des politischen Berichtswesens in Staat und Kommunen annehmen sollte.

- *Die Maßnahme als Grundelement*
  Ein solcher Ansatz wird sich aber erst dann als brauchbar erweisen, wenn sein Grundelement – sagen wir: die Maßnahme – hinreichend herausgestellt ist. Sie erscheint nach dem derzeitigen Stand methodischer Erkenntnis als die kleinste, in sich homogene politische Aktionseinheit oberhalb der Ebene der reinen Aktivitäten, ja auch oberhalb der Ebene exekutierender Projektbescheide. Worum es hier geht, ist die Beschreibung der Handlungsformen sei es in Gestalt budgetärer Maßnahmen (Zuschüsse, Darlehen, Bürgschaften), sei es in Gestalt von Rechtsetzung und Rechtsausführung mit oder ohne budgetären Bezug. Aber auch Analyse und

Konzeption – beispielsweise der Entwurf eines neuen Gesetzes – gehören hierzu.

– *Problemorientierung als Bezugspunkt*
  Dies wiederum wird fruchtlos bleiben, wenn es sich auf die Aufzählung laufender Maßnahmen beschränkt. Wesentlich wird die Problemorientierung der Maßnahmen im einzelnen wie der Programme im ganzen sein, wobei das eine dem anderen vorgeht. Nur aus einer Verknüpfung zwischen Einzelproblemen einerseits und Maßnahmen andererseits läßt sich ermessen, welche Probleme noch nicht durch Maßnahmen abgedeckt sind und welche Maßnahmen wir fleißig betreiben, ohne uns der Probleme bewußt zu sein, die wir damit vom Tisch schaffen wollen.
– *Prioritätenfindung*
  Wir haben eine Fülle an Energie darauf verwandt, über Wirtschaftlichkeitsuntersuchungen hinaus zu Kosten-Nutzen-Überlegungen zu gelangen, und dies bis hin zur Relation von Kosten und Wirksamkeit und unter Einbeziehung von Nutzwerten. All dies sollte uns aber noch nicht zufriedenstellen – die zu Beginn der siebziger Jahre vom Bundesministerium für Forschung und Technologie eingeholten Gutachten von Battelle, Prognos, Zentrum Berlin für Zukunftsforschung und Studiengruppe für Systemforschung Heidelberg zur Frage der Prioritätsbestimmung[11] sollten uns unruhig bleiben und wieder ans Werk gehen lassen. Die Frage ist, welche Methoden jenseits von Kosten-Wirksamkeits- und Nutzwertanalyse man entwickeln müßte, um die wirklich gravierenden Prioritätsprobleme angehen zu können[12].
– *Strukturkongruenz zu Organisation und Budget*
  Zu Eingang wurde am Beispiel des Bundesministeriums für Ernährung, Landwirtschaft und Forsten auf das dort Erreichte, nämlich die Strukturkongruenz zwischen Programm einerseits und Organisation andererseits, aber auch auf das noch nicht Erreichte, nämlich die Kongruenz von Programm- und Budgetstruktur hingewiesen. Dieser letzte Gesichtspunkt ist wohl der entscheidende bei allen großen Versuchen der Vergangenheit, eine Brücke zwischen Politik und Budget zu schlagen – eine Entwicklung, die mit dem dubiosen PPBS in den USA ihren Anfang genommen hat. Läßt man das Erfordernis einer solchen Kongruenz zwischen allen drei Komponenten – Programm, Organisation und Budget – außer acht, gewährt man diesen zugleich die Chance zum Eigenleben. Und da all diese Strukturen mit Macht im „Apparat“ verbunden sind, legt man mit dem Verzicht auf die Herstellung der Kongruenz zugleich den Keim für das Scheitern des jeweiligen Reformansatzes. Dies gilt auch für derzeit noch im Gange befindliche Bemühungen wie etwa um das Zéro-base Budgeting in den USA.

Politische Programmsteuerung als Focus der Reorganisation

Es ist ebenfalls bereits angeklungen, daß Funktionalität von Regierung und Verwaltung gegenüber den ihnen gestellten Problemen ein hinreichendes Augenmerk auf die politische Programmsteuerung bedingt – eine Forderung, die für eine Regierungszentrale wie das Bundeskanzleramt und eine Staats- bzw. Senatskanzlei ebenso gilt wie für das Hauptamt in Gemeinde, Kreis oder Landschaftsverband. An dieser Stelle nämlich treffen politische und „Querschnittsfunktionen" hinsichtlich der Aktivitäten der jeweiligen öffentlichen Einheit zentral zusammen, und wenn man es versäumt, an diesem Punkt anzusetzen, sollte man jegliche Hoffnung auf eine sinnvolle Reorganisation fahren lassen. Dasselbe Problem stellt sich dann wieder im kleinen beim jeweiligen Einzelressort auf kommunaler wie auf staatlicher Ebene.
Stellt man aber politische Programmsteuerung als Focus der Reorganisation heraus, berührt man zugleich den Begriff der Planung überhaupt; vielleicht hätte man sich viele Widerstände gegen Planung in den sechziger und siebziger Jahren erspart, wenn man auf den *Planungsbegriff* von vornherein verzichtet und damit den Eindruck vermieden hätte, als stülpe man auf die „gewachsene" Struktur in Regierung und Verwaltung noch eine zusätzliche Funktion oben auf. Das spiegelt sich heute noch im Verhältnis zwischen „klassischer" Koordination in unseren Regierungszentralen einerseits zu den – zuweilen Planungsabteilungen genannten – Einheiten in denselben Zentralen, die sich mit übergreifenden Problemen herumschlagen sollen. Eines Tages wird man sich hier zu eindeutigen Lösungen durchringen müssen: Entweder wird jede Spiegeleinheit in der Zentrale gegenüber ihrem „Partnerressort" auf die Erkundung übergreifender Problemlagen und auf langfristige Analyse drängen und sie notfalls selbst besorgen müssen, oder aber man gibt die „klassische", ressortweise Koordination auf und begegnet der Ressortstruktur der Ministerialebene insgesamt mit einer Zentrale, die überhaupt nicht „kontaktscheibenorientiert", sondern problemorientiert gestaltet ist und damit ein sehr schwieriger Partner für die in ausgefahrenen Gleisen weiteragierenden Ressorts sein wird. Aber vielleicht haben diese es – gerade wegen ihrer oftmals sehr strapazierten Ressorthoheit – bis dahin geschafft, ihre eigene Problemorientierung mit Hilfe von abteilungsübergreifenden und auch die eigene Ressortkompetenz überschreitenden Problemfindungsmethoden zu entwickeln und damit die Arbeitsweise des jeweiligen Hauses in den Griff zu bekommen und auf die Regierungsverantwortung insgesamt hinzulenken. In der Bundesrepublik Deutschland jedenfalls sind derzeit die ressortinternen methodischen Bemühungen durchweg noch eindrucksvoller als das, was hier und dort an zentraler Stelle, so vor allem im Bundesministerium des Innern, sich erst – wenn auch Erwartungen weckend – andeutet.

Und schließlich zählt hierzu auch die Frage, wie eine Regierungszentrale oder die Programmsteuerungseinheit in einem Fachressort mit den *Zielgruppen* der von der jeweiligen Institution verfolgten Politik umgehen soll und wie man Aktivitäten auf den *anderen politischen Handlungsebenen* wahrzunehmen hat – es wären dies also etwa für den Bund die Ebenen der Europäischen Gemeinschaften und der internationalen Organisationen einerseits, aber auch der Länder und der Kommunen zum anderen. Hier stellen sich zentrale Fragen für die Reorganisation; so wäre beispielsweise zu prüfen, inwieweit man Zielgruppen jenseits der funktionalen Politiken gesondert angehen und dafür eigene Organisationseinheiten vorsehen sollte und wo die Ständigen Vertretungen bei den Organisationen auf den supra- und internationalen Handlungsebenen zweckmäßigerweise zu ressortieren haben.

Möglichkeiten und Chancen der Organisationsentwicklung

Etwa seit Beginn der siebziger Jahre steht die Organisationsentwicklung auch bei den öffentlichen Händen hoch im Kurs, ja sie erscheint heute weitgehend als der einzig mögliche Ansatz. Die Gefahr hierbei liegt lediglich darin, daß man meint, damit einen Zauberschlüssel gewonnen zu haben, der einerseits von umfassenden Konzeptionen entbindet, zum anderen ein Alibi dann liefert, wenn die Entwicklung in der einen oder anderen Hinsicht gescheitert ist – dann war eben die Situation daran schuld. Was andererseits an den Lehren von der Organisationsentwicklung einleuchtet, sind die Verhaltensorientierung des Ansatzes, d. h. die Suche nach den Leuten in der Organisation, die darin „das Sagen haben", ferner die Vermeidung des Aufdeckens von Konzept und womöglich Vision der Reorganisation zur Unzeit und schließlich die Einsicht von der Notwendigkeit, „Strukturalisten" in ihren methodischen Arbeiten von „Behaviouralisten" begleiten zu lassen[13]. Aber eine gewisse Balance zwischen strukturellen Überlegungen einerseits und praktisch orientierten Einführungsstrategien andererseits sollte schon gewahrt bleiben; sie ist unverzichtbar, denn mit Verhaltensorientierung allein hat man noch nirgendwo etwas zu reorganisieren vermocht.

5. Ausblick

Auch ein abschließender Ausblick sollte Theorie und Praxis miteinander verknüpfen. Nun denn:

Theorienvielfalt

Es wird noch eine ganze Weile dauern, bis für Regierung und Verwaltung, wenn nicht für das politisch-administrative System insgesamt eine breit angelegte und ebenso breit anwendbare Theorie entwickelt ist – was gleichermaßen für andere „Theorieobjekte" gilt. Damit hat es aber keine Eile, denn theoretische Vielfalt in sich bringt bereits reiche Frucht. Aber wünschenswert wäre es schon, wenn sich objektbezogene wissenschaftliche Ansätze in Regierung und Verwaltung ebenso wie im betrieblichen Bereich recht bald über das Niveau einer Kunstlehre hinaus zu einer geschlossenen Sicht hin gestalten würden, die ihrerseits nicht nur neue Erklärungsansätze bereitstellt, sondern zugleich zu einer „besseren Verwaltung" oder auch zu einem „besseren Betrieb" hinführt. Da wie dort wäre Abstraktion auf sicherer empirischer Basis gefragt.

Ordnung in der Begriffswelt

Damit verbindet sich der Wunsch nach einer Terminologie, mit der die Praxis zu arbeiten vermag. Um nur das Beispiel des Effektivitätsbegriffs zu nehmen: Der eine benutzt ihn als Terminus für Realisierung im Zeitablauf, der andere meint, es handele sich um das Verhältnis von Resultat und Wirkung. Solange hier in zwei verschiedenen Sprachen geredet wird, entstehen unnötige Reibungsverluste in der theoretischen Diskussion wie in der praktischen Anwendung.

Leitideen

Reformen im öffentlichen Sektor bedürfen der sie tragenden Leitideen.

- *Subsidiaritätsprinzip*
  Eine solche könnte das Subsidiaritätsprinzip sein. Es findet seinen wesentlichen Ursprung in der christlichen Soziallehre und ist im besonderen durch die Enzyklika „Mater et magistra" in die Diskussion über die Strukturen in Gesellschaft und Staat eingeführt worden. Eigentlich ist es schade, daß das Prinzip in der politischen Realität nur bedingt verwirklicht worden ist; als sie geschaffen wurde, stand es leider doch sehr im Hintergrund des öffentlichen Bewußtseins – vielleicht, weil man seinen Standort ausschließlich in der berufsständischen Begriffswelt sah. So konnte es nicht fruchtbar werden.
- *Zielgruppenorientierung*
  Ein weiterer Leitaspekt für öffentliche Innovationen könnte die Zielgrup-

penorientierung öffentlichen Handelns überhaupt sein. Sie würde heute besondere Relevanz in der Diskussion um die „*Gesetzesflut*“ erhalten, deren man nur Herr zu werden vermag, wenn man entweder die die Gesetze produzierenden Beamten von ihrer „Produktionsstätte“ wegnimmt oder aber – was in der Sache sinnvoller wäre – das Volumen der geltenden Rechtsnormen insgesamt auf die Perzeptionsfähigkeit ihrer Adressaten beschränkt. Im Hintergrund zu der letztgenannten Überlegung steht die Einsicht, daß jegliche von ihren Adressaten nicht „angenommene“ Rechtsnorm nicht nur unnütz ist, sondern obendrein auf die Vorstellungswelt des Adressaten destruktiv wirkt, weil ein solcher Zustand Unsicherheit erzeugt; außerdem unterhöhlt eine solche Situation die Steuerungssicherheit und -fähigkeit des politisch-administrativen Systems überhaupt. Am Beispiel der Bundeswehr im ganzen ließe sich dies in besonders deutlicher Weise veranschaulichen[14].

– *Primat der Politik*

Ferner wäre zu denken an die Leitidee des Primats der Politik gegenüber der Administration im allgemeinen und dem Budget im besonderen. Zum ersten Aspekt ließe sich die nach 1945 in der Bundesrepublik Deutschland fühlbar gewordene Tendenz zur Rückentwicklung der kommunalen Ebene auf das Niveau der reinen Administration anführen: Das Kommunalverfassungsrecht der Nachkriegszeit hat geradezu dafür gesorgt, daß die kommunalen Parlamente – Kreistag, Stadtrat/Gemeinderat, Stadtverordnetenversammlung – nicht mehr der Ort parlamentarischer Diskussion und nicht einmal mehr die Stätte des Regierens, sondern lediglich der Träger zuweilen höchst trivialer Verwaltungsentscheidungen anstelle des leitenden Verwaltungsorgans – Landrat/Oberkreisdirektor, Bürgermeister/Stadtdirektor pp. – geworden sind. Die Folge ist, daß diese Parlamente den Blick für Problembeziehungen insbesondere in den staatlichen Raum hinein weitgehend verloren haben und zunehmend unfähig werden, etwa über die Auswirkung staatlichen Handelns im kommunalen Raum zu diskutieren; wieviel Initiative könnte auf Kommunalabene etwa zur Bekämpfung der Arbeitslosigkeit freigesetzt werden, wenn für diese nicht das Arbeitsamt als zuständig gälte, dessen Ziele und Aktionen jenseits kommunaler Betrachtung zu bleiben haben. Ähnlich ist die Situation bei den Landtagen, deren parlamentarischer Funktionsverlust die Diskussion zuweilen in Bahnen lenkt, die ihnen wirklich nicht mehr angemessen sind. Gegengehalten werden könnte einer solchen Entpolitisierung beispielsweise durch einen *gemeinsamen Politikfeldzuschnitt* für Bund, Länder und Kommunen, der bei den Landtagen im besonderen auch dazu führen könnte, daß diese zugleich über kommunale Probleme im Lande wie über Einwirkungen des Bundes daselbst wenn auch nicht entscheidend, so doch sorgend und notfalls rügend zu beraten vermöchten[15].

– *Qualitatives statt quantitatives Denken*
Und schließlich wäre zu vertiefen die Problemorientierung der Politik, die es erfordern würde, den staatlichen wie den kommunalen Entscheidungsprozessen eine – vielleicht sogar streckenweise gemeinsame – Phase der Problemfindung vorzuschalten, deren wir heute bei der Gestaltung des öffentlichen Handelns durchweg entraten. Der Versuch, etwa in der kommunalen oder auch in der Landesentwicklungsplanung von sogenannten Zielstrukturen auszugehen, ist weithin gescheitert, weil man meinte, daß politische Ziele von politischen Instanzen zu erarbeiten seien, während dem „Apparat“ andererseits deren Exekution obliege. Aber selbst da, wo sich die Verwaltung solcher Strukturen angenommen hat, fürchtet man die Bindungswirkung von Zielsystemen, die weitgehend aus deren Zweck-/Mittelrelation als Aufbauprinzip für derartige Gruppierungen resultiert – eine Sackgasse, aus der man nur durch reine Ausdifferenzierung der Zielstrukturen herauskommt, die man dann zweckmäßigerweise gleich als Problemstrukturen anlegen sollte. Und schließlich sind Planungsansätze dieser Art vollends an der Praxis aufgelaufen, sobald man voreilig quantifizierende Methoden der Zielbewertung und -gewichtung anwandte, die im qualitativen Bereich – und hier wird Politik eigentlich erst interessant – scheitern mußten[16]. Hier tut sich verwaltungswissenschaftliches Neuland auf, das zu betreten aber zugleich breit angelegtes sozialwissenschaftliches Rüstzeug erfordert.

– *Wirksamkeit jenseits von Wirtschaftlichkeit*
Damit in engem Zusammenhang stände der Versuch, über die heute geläufige finanzwirtschaftliche Ebene unseres öffentlichen Handelns eine politisch-programmatisch angelegte Aktionsebene zu lagern und diese obendrein durch eine Ebene der Zweck- bzw. Problemorientierung zu überhöhen. Das würde bedeuten, daß man einen neuen Schritt, nämlich den von der Wirtschaftlichkeit zur Wirksamkeit öffentlichen Handelns zu gehen vermöchte, weil sich die Frage der Wirksamkeit eben nicht im Verhältnis zwischen der finanzwirtschaftlichen und der Aktionsebene stellt – hier regiert die Relation Input/Output bzw. Haushaltsrechnung/Resultat –, sondern im Verhältnis zwischen dem Ausweis der Resultate einerseits und der Darstellung der damit erfüllten Zwecke bzw. gelösten Probleme andererseits[17]. Dann antwortet die finanzwirtschaftlich orientierte Ressourcenebene auf dic Frage nach dem Womit öffentlichen Handelns, stellen auf der Aktionsebene Programme einschließlich ihrer Basiseinheiten, der Maßnahmen, das Was staatlicher bzw. kommunaler Tätigkeit dar und antworten die Zwecke bzw. deren Kehrseite, die Probleme, auf die Frage nach dem Wozu öffentlicher Analyse, öffentlichen Konzeptes und öffentlicher – normativer oder budgetärer – Aktion. Im Zeitablauf läßt sich hieran die Effektivität im Verhältnis von Soll und Ist

messen; zwischen den Ebenen hingegen könnte Effizienzprüfung im weitesten Sinne stattfinden[18].

– *Harmonisierung von Strukturen*
Schon in der Einführung zu diesem Beitrag ist sehr eindringlich auf einen außerordentlich gravierenden strukturellen Aspekt hingewiesen worden, der beispielsweise in den *building-blocks* des *PPBS* zur vollen Auswirkung kam: Dieses in seinem Kern durchaus sinnvolle, aber in vielerlei Hinsicht denaturierte und mißbrauchte System scheiterte letzten Endes am Widerstreit der genannten drei Strukturen, nämlich der Programm-, der Organisations- und der Budgetstruktur, die sämtlich in dem building block zur Darstellung gelangten – das *decision package* des heutigen *Zéro-base Budgeting* muß dieses Dilemma wieder aufgreifen, und es bedarf kaum der prophetischen Gabe, vorauszusagen, daß auch darin wiederum der Keim für das Scheitern dieses sehr viel weniger anspruchsvollen, sich im Grunde nur auf die Budgeterstellung beziehenden Systems liegen wird. Bei uns zulande ist, wie gesagt, dieses Problem erstmals bei der Reorganisation des Bundesministeriums für Ernährung, Landwirtschaft und Forsten akut geworden; dort hat man jedenfalls Strukturkongruenz zwischen Programm und Organisation erreicht, ohne auf die Budgetstruktur durchstoßen zu können. In Niedersachsen hat man inzwischen die gesamte Budgetmasse noch einmal, und zwar nach politisch-programmatischen Gliederungskategorien aufgearbeitet und damit die Programmebene voll dargestellt; die ersten Verknüpfungen dieser Ebene wiederum mit der der Zwecke/Probleme erlauben alsdann auch eine volle politische Erfolgskontrolle.

Methodologische Sensorien

Und vielleicht sollte man doch noch den Innovationsaspekt der vergleichenden Systembetrachtung und schließlich auch das ausleuchten, was internationale oder auch große nationale „Denkfabriken“ an Anstößen geben. Aber soviel dort auch produziert werden mag – es wird nur dann fruchtbar werden, wenn die Empfängerseite über entsprechende Sensorien verfügt. Seit Jahren fallen beispielsweise internationale Innovationsimpulse durch die Kästchen der Ressortstrukturen in den Empfängerländern – die durchweg Mitgliedsländer und damit finanzielle Träger der die Ideen produzierenden Institutionen sind – hindurch. Und dies ist auch nicht anders im Verhältnis der Linie zu den zentralen nationalen „think-thanks“, zumal wenn diese keinen unmittelbaren Zugang zur politischen Leitung eines Ressorts haben. Wenn man hierzu auf Abhilfe sinnt, verbleibt eigentlich nur der Versuch, die politisch verantwortlichen leitenden Akteure in Überlegungen zur methodischen Innovation einzubeziehen. Da sie dafür aber keine Zeit haben werden, bleibt als allerletzte Hoffnung die Schulung ihrer engsten Mitarbeiter – und dies nicht während ihres Einsatzes „vor Ort", sondern zuvor –, auf daß – und das ist nicht zuletzt ein Generationenproblem – Innovation wenigstens subversiv anzusetzen vermag.

Systemgestaltung durch die Vordertür

In den letzten Jahren haben wir ermutigende und größtenteils originelle Ansätze in der sogenannten *Evaluations*forschung, aber auch gelegentlich der Untersuchung der sogenannten *Implementation* von öffentlichen Programmen erlebt[19]. Nun, man mag die eine als Systemgestaltung durch die Hintertür, die andere als eine solche durch die Seitentür auffassen, weil die eine ex post bewertet, die andere sich auf die Betrachtung der Durchführung von Programmen konzentriert, die man eigentlich ab ovo, ex ante also angehen müßte. Es wäre zu fragen, ob nicht künftig mehr Gewicht auf eine „Systemgestaltung durch die Vordertür" gelegt werden sollte. Das bedeutete eine sicher lohnende *Programmforschung*.

Folgen für die Fortbildung

Damit ist zugleich die Bedeutung unserer Fortbildung angesprochen. Hier bedarf es der permanenten Mahnung in zweierlei Hinsicht, nämlich einmal was die Zielgruppenorientierung der Fortbildungsmaßnahmen angeht, und zum zweiten, was die Verknüpfung zwischen Fortbildung einerseits und materiellem Input andererseits anbelangt[20]. Nimmt man das eine ernst, ließe sich weitgehend vermeiden, daß nicht selten die Falschen, d. h. die gerade Verfügbaren und Entbehrlichen zu Fortbildungsveranstaltungen entsandt werden; mit dem zweiten hingegen entginge man der Gefahr, daß Fortbildungseinrichtungen zu eher pädagogisch-didaktisch orientierten Institutionen werden, die ihre spezielle Methodik pflegen, aber in der Sache an Auszehrung leiden.

Mut zum Neuen

Damit wiederum ist berührt die Forderung nach Mut zum Neuen – was zugleich Mut zum Risiko bedeutet sei es gegenüber der wissenschaftlichen Kollegenschaft, sei es im Verhältnis von Wissenschaft und Praxis – aber zumindest in dieser Beziehung sollten die Wissenschaftler von Furcht frei sein: Wirklich produktiv arbeitende Praktiker sind nämlich zugleich ebenso geduldige wie tolerante Menschen. Sie freuen sich schon, wenn überhaupt irgendwo jemand in der Theorie sich ans Werk macht, um ihnen – wenn auch zuweilen mit untauglichen Mitteln oder ohne sichtbaren Erfolg – ihre Probleme lösen zu helfen; so ist auch die Assistenz in der reinen Methodik ein willkommener Beitrag dazu.

Anmerkungen

1 Richtlinien für die Verwaltungsführung im Bunde (RVF), erlassen vom Schweizerischen Bundesrat, Bern 1974 (Vertrieb: Schweizerische Drucksachen- und Materialienzentrale, CH 3000 Bern), beruhend auf Vorarbeiten von Professor E. Rühli im besonderen; siehe dazu das Protokoll über die Arbeitstagung Januar/Februar 1975 in Bern: Orientierung über die Richtlinien für die Verwaltungsführung im Bunde für Direktoren der allgemeinen Bundesverwaltung (kann beim Verfasser angefordert werden). Für den Kanton Thurgau siehe die Führungsrichtlinien: Für die Verwaltung des Kantons Thurgau – Grundsätze der Zusammenarbeit, erlassen vom Regierungsrat am 27. Mai 1979, mit einer Einführung durch den Regierungspräsidenten Hanspeter Fischer (erhältlich bei der Staatskanzlei des Kantons Thurgau, CH 8500 Frauenfeld).

2 Siehe dazu den Leiter der Unterabteilung „Planung" im BML, Günther Wegge, Integrierte Aufgaben- und Finanzplanung im Bundesministerium für Ernährung, Landwirtschaft und Forsten, im Verwaltungsarchiv 70 (1979) S. 326 ff.; siehe ferner Helmut Scholz, Ein Organisationsmodell für Bundesministerien, in der DÖV 1979 S. 229 ff.; grundlegend: Managementsystem für ein Bundesministerium am Beispiel des Bundesministeriums für Ernährung, Landwirtschaft und Forsten, Gutachten der Unternehmensberatung McKinsey & Co., New York/Düsseldorf 1973.

3 Die im Bundesministerium für Verkehr eingesetzte Teilgruppe der Projektgruppe Regierungs- und Verwaltungsreform beim Bundesminister des Innern stand unter der wissenschaftlichen Leitung von Fritz W. Scharpf; sie lief parallel zu einer Teilgruppe zur Untersuchung des Beratungswesens im Bundesministerium für Familie, Jugend und Gesundheit unter wissenschaftlicher Leitung von Renate Mayntz sowie zu der in FN 13 zitierten Gruppe beim Bundesinstitut für Berufsbildung in Berlin; für das Bundesministerium für Verkehr siehe das von der Teilgruppe vorgelegte zweibändige Gutachten (maschinenschriftliches Manuskript), Bonn 1975.

4 Hierzu hatte das Bundesministerium für wirtschaftliche Zusammenarbeit einen Auftrag an eine der größten deutschen Unternehmensberatungen erteilt; das Gutachten ist nicht zugänglich. Das Beratungsunternehmen arbeitete seinerzeit mit dem früheren Organisationsreferenten des Bundesministeriums für Wirtschaft, Edgar Randel, zusammen; diese Kooperation wiederum wurde begleitet von einem Fortbildungsprogramm der Planergruppe „Konplan" der Technischen Universität Berlin im Rahmen eines Sonderforschungsprojektes. Das Gutachten datiert vom September 1976.

5 Siehe dazu den Verfasser: Dynamische Verwaltung – Bürokratie zwischen Politik und Kosten, 2. Aufl., Stuttgart 1979; siehe auch den Verfasser: Zur Effizienz

öffentlichen Handelns im Spiegel der nationalen und internationalen Diskussion, Die Verwaltung 13 (1980) S. 57 ff.

6 Dazu vgl. den Verfasser: Verwaltung und Systemansatz – Eine Einführung, in: Anwendungen der Systemtheorie und Kybernetik in Wirtschaft und Verwaltung. Beiträge zur Tagung der Gesellschaft für Wirtschafts- und Sozialkybernetik 1979, hrsg. von Harry Hauptmann und Karl-Ernst Schenk, Bd. 6 der Schriftenreihe „Wirtschaftskybernetik und Systemanalyse", Berlin 1980, S. 226 ff.

7 Dazu wiederum siehe den Verfasser in seinem bereits unter FN 5 zitierten Buch über eine „dynamische Verwaltung" – eine Studie zu einer Verwaltung, die es in dieser Form noch nicht gibt, wohl aber geben könnte; ergänzend dazu siehe Jochen Denso, Dieter Ewringmann, Karl-Heinrich Hansmeyer, Rainer Koch, Herbert König und Heinrich Siedentopf, Verwaltungseffizienz und Motivation – Anreize zur wirtschaftlichen Verwendung öffentlicher Mittel durch die Titelverwalter, Band 115 der Schriftenreihe der Kommission für wirtschaftlichen und sozialen Wandel, Göttingen 1976, sowie den Verfasser: Politisches Programm und Ressourcenallokation, in: Die Verwaltung 10 (1977) S. 235 ff., desgleichen den Sammelband des Vereins für Verwaltungsreform und Verwaltungsforschung e. V., Studien zur Reform von Regierung und Verwaltung, Heft 10 I und II der Schriftenreihe des Vereins, Bonn 1978 (mit einem Beitrag des Verfassers insbesondere zur Dienstrechtsreform) und schließlich den Verfasser: Managementkonzeptionen für Regierung und Verwaltung, in: Verwaltungsarchiv 67 (1976) S. 335 ff.

8 Im Vordergrund des Hinweises auf eine im Grunde noch gar nicht existierende, in sich geschlossene Regierungslehre sollte wohl der inzwischen erneut diskutierte Aufsatz von Wilhelm Hennis, Aufgaben einer modernen Regierungslehre, PVS 6 (1965) S. 422 ff., stehen; siehe dazu auch Emil Guilleaume, Regierungslehre, Der Staat 1965 S. 177 ff., sowie die inzwischen in der Politischen Vierteljahresschrift wieder entbrannte Diskussion, angestoßen von Heinrich Bußhoff, Die theoretische Stagnation der Regierungsebene – Kritik und Skizze eines Auswegs, PVS 1980 S. 284 ff., aufgenommen von Franz Lehner, Regierbarkeit – Krise der Politik oder der Politischen Wissenschaft?, PVS 1980 S. 296 ff., und weitergeführt durch eine Stellungnahme von Wilhelm Hennis in PVS 1980 S. 400 ff.

9 Siehe dazu Niklas Luhmann im besonderen in seinem Werk: Zweckbegriff und Systemrationalität, suhrkamp taschenbuch wissenschaft 12, 2. Aufl., Tübingen 1977.

10 Hier wäre in erster Linie zu nennen die Habilitationsschrift von Hans-Christian Pfohl, Problemorientierte Entscheidungsfindung in Organisationen, Berlin 1977.

11 Die drei erstgenannten Gutachten finden sich in der Schriftenreihe „Forschungsplanung" des BMFT; das zweibändige Gutachten der Studiengruppe (1973) läuft außerhalb der Reihe; vgl auch FN 28 in dem Buch des Verfassers über eine dynamische Verwaltung (FN 5).

12 Einen originellen Beitrag dazu liefert der Vortrag von Aaron Wildavsky, Survey Research Center, University of California, Berkeley: The Theory of Expenditure Limitation – Controlling Public Expenditure, vor der OECD – Public Management Activity – in Paris vom 28. bis 30. Mai 1980 (deutsche Übersetzung kann beim Verfasser angefordert werden).

13 Abgesehen von einer Organisationsuntersuchung beim DAAD ist als erstes

umfassendes, d. h. Budget und Programm einbeziehendes Strukturprojekt im weiteren Sinne mit verhaltenswissenschaftlicher Begleitung anzusehen das dritte Teilvorhaben gegen Ende der Arbeitsperiode der Projektgruppe Regierungs- und Verwaltungsreform beim damaligen Bundesinstitut für Berufsbildungsforschung in Berlin unter Begleitung durch das NPI (Nederlands Pedagogisch Instituut).

14 Man könnte fast das Stichwort „Zerwaltete Armee" über den Bericht der Kommission unter Vorsitz des früheren Generalinspekteurs der Bundeswehr, Ulrich de Maizière, über Führungsfähigkeit und Entscheidungsverantwortung in den Streitkräften setzen; siehe dazu auch Gerhard Laß, Gefahren bürokratischer Fehlentwicklungen, in der DÖV 1980 S. 211 ff.; Auszüge aus dem 134 Seiten umfassenden Gutachten sind in der WELT vom 2. November 1979 nachlesbar.

15 Siehe hierzu den Verfasser mit seinen Ausführungen über die Aufgabenfeldgliederung in: Von einer Reform des öffentlichen Dienstrechts zur Reform des öffentlichen Dienstes, Bd. 10 II der Schriftenreihe des Vereins für Verwaltungsreform und Verwaltungsforschung e. V., Bonn 1978: Studien zur Reform von Regierung und Verwaltung, S. 9 ff. (30 ff.) – bereits zitiert unter FN 7.

16 Siehe dazu den Verfasser: Zur Neuorientierung von Zielgruppierungen in der öffentlichen Verwaltung, in: Verwaltung und Fortbildung 1977 S. 71 ff.; zur Problemorientierung unter Ablösung von Zielstrukturen siehe den Verfasser: Problemfindung als Ausgangspunkt für öffentliches Handeln, in: Verwaltung und Fortbildung, Sonderheft 4: Ziel- und ergebnisorientiertes Verwaltungshandeln – Entwicklung und Perspektiven in Regierung und Verwaltung, Bonn 1979, S. 19 ff.

17 Siehe auch den Verfasser: Zur Typologie integrierter Planungs- und Budgetierungssysteme, in: Hans-Christian Pfohl und Bert Rürup (Hrsg.): Anwendungsprobleme moderner Planungs- und Entscheidungstechniken, Königstein/Ts. 1978, S. 219 ff.; hinführend dazu wiederum siehe Eberhard Bohne und Herbert König: Probleme der politischen Erfolgskontrolle, in: Die Verwaltung 9 (1976) S. 19 ff.

18 Siehe dazu das Schaubild in dem Beitrag des Verfassers: Ziel-Programm-Ressourcen-Dynamik, in: Reform kommunaler Aufgaben, Bd. 19 der Studien zur Kommunalpolitik, hrsg. vom Institut für Kommunalwissenschaften der Konrad-Adenauer-Stiftung, Bonn 1978, S. 229 ff.; daselbst findet sich auch eine eingehende Kritik an dem herrschenden Verfahren zur Budgeterstellung.

19 Zum Fortschritt unserer „klassischen" Wirtschaftlichkeitsprüfung zu einer politisch interessanten Wirksamkeitskontrolle siehe auch den vom Verfasser erstellten Länderbericht für die Bundesrepublik Deutschland zum XVII. Internationalen Verwaltungswissenschaftlichen Kongreß in Abidjan: Kritische Analyse des Managements finanzieller, personeller und materieller Ressourcen in der öffentlichen Verwaltung, Deutsche Sektion des Internationalen Instituts für Verwaltungswissenschaften, Sonderheft 3 der Verwaltungswissenschaftlichen Informationen, Bonn 1977. Was die Implementationsforschung angeht, zeichnet sich hier eine gewisse Hinwendung zu einer Programmforschung ex ante ab; siehe dazu jüngst Hellmut Wollmann (Hrsg.), Politik im Dickicht der Bürokratie – Beiträge zur Implementationsforschung, Leviathan Sonderheft 3, Opladen 1980; dazu wiederum siehe den Verfasser: Politikgestaltung durch die Seitentür, in: Das Parlament 1980 Nr. 45 vom 8. November 1980.

[20] Eine solche Mahnung hat bereits Carl Böhret ausgesprochen, und zwar in seinem Beitrag: Fortbildung als Mittel zur Verbesserung der Wandlungsfähigkeit der Verwaltung, Verwaltung und Fortbildung 1975 S. 119 ff.; siehe ferner dazu den Präsidenten der vor allem auch in Entwicklungsfragen dankenswert mutigen Bundesakademie für öffentliche Verwaltung, Karl-Heinz Mattern, Ziel- und ergebnisorientiertes Verwaltungshandeln (ZEV), in: Verwaltung und Fortbildung 1977 S. 3 ff., sowie dessen Vorwort zu dem von der Bundesakademie jüngst herausgegebenen, in vielerlei Beziehung lesenswerten Sammelband: Ziel- und ergebnisorientiertes Verwaltungshandeln – Entwicklung und Perspektiven in Regierung und Verwaltung, Bonn 1979, S. 5 f. (bereits zitiert unter FN 16).

Das „magische Viereck" der Verwaltungsführung: motivierte Mitarbeiter, gut funktionierende Organisation, abnahmefähige Leistungen, zufriedene Klienten

Friedhart Hegner

1. Führungsprobleme im Verwaltungsalltag – Ein Beispiel

Probleme der Führung in der Verwaltung stellen sich sowohl für die Verwaltungswissenschaft als auch für den Praktiker stets neu. Zwar mögen einige Prinzipien der Problembewältigung ‚zeitlos' sein, eine Umsetzung dieser abstrakten Prinzipien in Leitlinien für das Alltagshandeln muß jedoch die aktuellen organisatorischen und technischen Rahmenbedingungen der Arbeit in den Behörden, Anstalten und Betrieben berücksichtigen (Laux 1975).

Ein augenfälliges Symptom dieser gewandelten Arbeitsbedingungen ist der ‚*Kollege Computer*'. So hat beispielsweise der Einsatz der Elektronischen Datenverarbeitung (EDV) die Arbeitsabläufe in den Finanzämtern grundlegend verändert (vgl. Grunow/Hegner/Kaufmann 1978; Grunow 1978). Die Steuererklärungen und Anträge der Steuerzahler werden zwar noch immer von individuellen Bearbeitern entgegengenommen, auf ihre Vollständigkeit und Richtigkeit überprüft sowie vorläufig bearbeitet, die Berechnung und Festsetzung der Steuern erfolgt jedoch durch den Computer. Zu diesem Zweck werden die Angaben in den Vordrucken im ‚Rechenzentrum' des Finanzamts von Datentypistinnen oder Kontrollbucherinnen ‚abgelocht'. In den ersten 6 Monaten eines Jahres müssen möglichst viele Fälle bearbeitet bzw. in die Maschine übertragen werden, damit gemäß dem ausdrücklichen Wunsch des Ministeriums die Masse der Steuerüberzahlungen möglichst noch vor Beginn der Sommerferienzeit an die Steuerbürger rückerstattet werden kann.

Der Stellenleiter eines solchen Rechenzentrums berichtet anschaulich über *Führungsprobleme*, die sich einerseits aus der Mehrstufigkeit der amtsinternen Hierarchie und andererseits aus dem unterschiedlichen Verständnis von Vorgesetztenfunktionen ergeben (vgl. Hegner 1978, S. 33 ff.):

> „Bei meinem Vorgänger war die Arbeitsleistung nicht so gut, obwohl er immer hinter den Damen gestanden hat und auf die Einhaltung der Norm geachtet hat. Die Abgänge unter den Typistinnen sind sehr hoch gewe-

> sen. ... Von den Damen wird große Präzision beim Ablesen aus den Anträgen und Erklärungen und große manuelle Schnelligkeit beim Eintippen der Daten verlangt. ... Ich sehe meine Aufgabe *nicht* in der ständigen Kontrolle der Mädchen und in der Austeilung von Anweisungen. Es ist allerdings sehr bedauerlich, ... daß der Chef (= Amtsvorsteher) oft hier auftaucht, um die Damen anzutreiben, was nur die Arbeitsmoral verschlechtert."

Zu dem gleichen Sachverhalt nimmt der Amtsvorsteher zwei Jahre später folgendermaßen Stellung:

> „Anfangs dachte ich, man müsse die Mädchen immer an die Arbeitsnormen erinnern. Außerdem ist es ja nicht erlaubt, daß hier jemand gar nichts tut, wenn mal eine Pause entsteht, was besonders in der zweiten Jahreshälfte oft vorkommt. Wenn ich da in den Maschinenraum kam, zuckten die immer zusammen und ließen das Strickzeug rasch unterm Tisch verschwinden. ... Durch die Gespräche mit dem Leiter der VRZ (= Rechenzentrum) bin ich dann darauf gekommen, daß die möglicherweise nur deshalb so schlecht arbeiten, weil wir sie immer auf die Vorschriften hinweisen. Seitdem gehe ich nur noch relativ selten dahin oder rufe gleich, sie sollen ruhig die Zeitung oder das Strickzeug auf dem Tisch lassen. ... Wir sind jetzt eines der schnellsten Ämter ..." (Gesprächsnotizen während einer empirischen Untersuchung in Finanzämtern in den Jahren 1973 und 1975).

An diesem Beispiel werden verschiedene Aspekte von *Führungsschwierigkeiten* in der Verwaltung deutlich:

1) Von seiten der *politisch-administrativ Verantwortlichen* (hier: Finanzministerium) werden Anforderungen an die Verwaltungsbehörden formuliert (z. B. hinsichtlich der schnellen Fallbearbeitung), die zu einer starken Belastung oder gar Störung der amtsinternen Arbeitsorganisation führen können (z. B. Konzentration der Arbeitslast auf bestimmte Monate und tendenzielle Unterauslastung der Personalkapazität in anderen Monaten).
2) Die *Amtsleitung* (hier: Finanzamtsvorsteher) ist bemüht, die Auflagen der übergeordneten Stellen so gut wie möglich zu erfüllen, wozu auch die Aufforderung an die Belegschaft zu schnellem Arbeiten und die Kontrolle der Arbeitsleistungen gehören.
3) Die *nachgeordneten Führungskräfte* (hier: Dienststellenleiter, Leiter des Rechenzentrums) sind einerseits gehalten, gemäß den Auflagen übergeordneter Stellen innerhalb und außerhalb des Amtes (hier: Amtsvorsteher, Finanzministerium) zu arbeiten. Andererseits müssen sie darauf achten, daß ihre Mitarbeiter durch die vorgegebenen Anordnungen und durch die Anwendung der Vorschriften nicht so stark belastet werden, daß sie mit nachlassender Arbeitsleistung oder sogar mit Kündigung reagieren.
4) Finanzministerium, Behördenleiter und Beschäftigte auf den unterschied-

lichen Ebenen der Verwaltung stehen unterschiedlichen Erwartungen von seiten des *Publikums* (hier: Steuerzahler) gegenüber: einerseits dem Anspruch auf eine schnellstmögliche Fallbearbeitung (damit z. B. überzahlte Steuern rasch zurückerstattet werden); und andererseits dem Anspruch auf (zeitraubende) intensive Auskunftserteilung (damit z. B. Steuerüberzahlungen vermieden werden).

Die zitierten Äußerungen des Dienststellenleiters und des Amtsvorstehers lassen erkennen, wie auf unterschiedlichen Ebenen der Verwaltung die ‚Kunst der Führung‘ darin besteht, verschiedenartige Anforderungen von seiten politischer Instanzen, übergeordneter Stellen, etablierter Organisationsformen, zugeordneter Mitarbeiter und zu bedienender Klienten auszubalancieren.

2. Führung als Typus des Verwaltungshandelns

‚Führung‘ wird hier als eine Form administrativen Handelns begriffen (Barnard 1938/1948). Dieser Handlungstyp kann unterschiedliche Ausprägungen haben, die sich aus verschiedenen Aufgaben und Verhaltensstilen ergeben. Hierzu einige Beispiele aus dem Alltag:

- Der Leiter eines Sozialamts, der bei der Besichtigung eines Altenheimes mit dem Heimleiter die ‚Besuchsroute‘ festlegt und während des Rundgangs seine Mitarbeiter ‚anführt‘.
- Der Abteilungsleiter im Ministerium, der nach der ‚Montagsrunde‘ beim Minister in der Dienstbesprechung seinen Mitarbeitern ‚vorexerziert‘, was in der Angelegenheit in nächster Zeit getan werden muß.
- Der Sachgebietsleiter im Finanzamt, der mit den vom Computer ausgedruckten Steuerbescheiden durch seine Abteilung geht, um einige der – ebenfalls vom Computer festgestellten – Bearbeitungsfehler mit den Mitarbeitern zu besprechen.
- Der amtsärztliche Leiter eines Gesundheitsamts, der darauf hofft, daß sein Verwaltungsleiter die Arbeitsabläufe so gut organisiert hat, daß dem Amtsleiter möglichst wenige Beschwerden von Klienten oder Anfragen von Mitarbeitern zur Entscheidung vorgelegt werden müssen.

Mit diesen Beispielen werden verschiedenartige Funktionen und Aspekte eines bestimmten Typus administrativen Handelns umrissen:

1. Die *demonstrative* Wahrnehmung von *Leitungsaufgaben,* wobei der ‚Anführer‘ (Amtsleiter, Abteilungsleiter) zum einen die Richtung weist, zum zweiten ein bestimmtes Verhalten vorbildlich demonstriert (Aktivität; Sachkunde; fachliches Interesse) und zum dritten gegenüber Angehörigen

der besuchten Einrichtung oder des eigenen ‚Hauses' hierarchische Ordnung symbolisiert.

2. Die *sichtbare* Wahrnehmung von *Kontrollfunktionen* gegenüber Mitarbeitern (Untergebenen), wobei der Vorgesetzte zum einen Vorgaben bzw. Hinweise anderer Kontrollinstanzen weiterleitet, zum zweiten den Vorgaben einer anderen Instanz (z. B. Computer; Minister) durch sein persönliches ‚Dazwischentreten' Nachdruck verleiht und zum dritten fachliche Erläuterungen hinsichtlich der Handhabung dieser Vorgaben bzw. Hinweise gibt.
3. Die *unsichtbare* Koordination und Kontrolle des dienstlichen Verhaltens Untergebener, wobei der Vorgesetzte (hier: ärztliche Leiter eines Gesundheitsamts) zum einen seine Gestaltungs- und Entscheidungsbefugnisse delegiert (hier: an den Verwaltungsleiter) und zum zweiten darauf hofft, daß die gut funktionierende Amtsorganisation ihn von der Notwendigkeit persönlichen Entscheidenmüssens befreit.

Was die beispielhaft genannten Amtsträger (Sozialamtsleiter, Abteilungsleiter im Ministerium, Sachgebietsleiter im Finanzamt, leitender Amtsarzt) betrifft, so wird man in allen Fällen von *‚Führungskräften'* sprechen müssen. Mit dieser Bezeichnung wird zum Ausdruck gebracht, daß die Inhaber bestimmter Positionen einen – mehr oder weniger großen – Teil ihrer Arbeitskraft auf die Wahrnehmung von Führungsaufgaben verwenden (also „executives" im Sinne von Barnard 1938/1948 sind). Dies kann – wie die Beispiele zeigen – in unterschiedlichem Umfange und auf unterschiedliche Weise geschehen. Alle genannten Amtsträger nehmen gleichzeitig auch Aufgaben wahr, die denjenigen ihrer Mitarbeiter oder Untergebenen entsprechen: Der Sozialamtsleiter prüft in schwierigen Fällen Anträge auf Sozialhilfe oder spricht mit Klienten; der Abteilungsleiter im Ministerium macht sich durch Aktenstudium sachkundig oder überarbeitet eine Passage zu einem Gesetzesentwurf; der Sachgebietsleiter im Finanzamt studiert Gesetzesvorschriften oder betreibt ergänzende Sachverhaltsermittlung in schwierigen Fällen; und der leitende Amtsarzt nimmt während seiner Sprechstunden ärztliche Untersuchungen vor.

Neben der Wahrnehmung von Amtspflichten, die in gleicher oder ähnlicher Form auch von anderen Verwaltungsangehörigen wahrgenommen werden, obliegen den Inhabern von Leitungspositionen zusätzliche Aufgaben, die als Führungsaufgaben bezeichnet werden. Die *Funktion* dieses Typus von Verwaltungshandeln wird hier in folgendem gesehen: in der Bewältigung des ‚magischen Vierecks' aus den Postulaten: ‚motivierte Mitarbeiter', ‚gut funktionierende Organisation', ‚abnahmefähige Leistungen' und ‚zufriedene Klienten'.

3. Verwaltung ist nicht gleich Verwaltung

Die Ausbalancierung der Komponenten des ‚magischen Vierecks‘ muß auf die Besonderheiten der jeweiligen Aufgabenfelder und Verwaltungszweige abgestimmt sein. Das heißt: Führungsaufgaben beinhalten je nach Tätigkeitsfeld der Behörde oder Dienststelle spezifische Aktivitäten und Schwierigkeiten.

Im Falle der Steuerverwaltung liegt der Schwerpunkt administrativer Tätigkeiten in der *Bearbeitung von Informationen* (z. B. Ermittlung von Sachverhalten, Zuordnung der ermittelten Sachverhalte zu Rechtstatbeständen, Durchführung von Berechnungen, Festsetzung der Steuern) sowie in der Kommunikation von Entscheidungen an die Klienten (in Form von Auskünften, Steuerbescheiden, Widerspruchsbescheiden u. ä.). Der Prozeß der Informationsbearbeitung im Bereich der Lohnsteuer und der Einkommensteuer für unselbständig Beschäftigte und für kleine Selbständige verläuft relativ *schematisch.* Personalführung kann sich hier normalerweise auf die Kontrolle der Einhaltung von Vorschriften und auf die Beilegung von Konflikten zwischen Bearbeitern und Klienten konzentrieren (vgl. GRUNOW/HEGNER/KAUFMANN 1978).

Demgegenüber ist das Verwaltungshandeln im Bereich der Betriebsprüfung *komplizierter* (KÖRBER 1976). Die Sachverhaltsermittlung und Entscheidungsfindung setzt auf seiten der Betriebsprüfer sowohl ein höheres Maß an Rechts- und Fachkenntnissen als auch ein größeres Geschick bei der Bewirkung von Kooperationsbereitschaft auf seiten der Steuerpflichtigen (Betriebe und ihre professionellen Berater) voraus. Leitungsfunktionen in der Betriebsprüfung werden deshalb zumeist von akademisch vorgebildeten Beamten wahrgenommen, die durch rechts- und wirtschaftswissenschaftliche Fachkenntnisse sowie Berufserfahrung in der Lage sind, in schwierigen Fällen sowohl die eigenen Mitarbeiter zu überzeugen als auch den Steuer- oder Wirtschaftsberatern der Klienten Paroli zu bieten.

Kommt schon am Beispiel der Betriebsprüfung zum Ausdruck, daß Verwaltungshandeln sowie die Wahrnehmung von Führungsaufgaben neben Rechts- und Fachkenntnis auch Geschick im Umgang mit Menschen (Mitarbeitern, Klienten) erfordert, so gilt dies noch deutlicher in den Verwaltungsbereichen, wo der Schwerpunkt der Tätigkeit in der *Personenbearbeitung* („people processing“) liegt. Beispielhaft seien hier die Tätigkeiten des Lehrers in einer öffentlichen Schule, des Sozialarbeiters im Jugendamt oder des Psychiaters im Gesundheitsamt genannt. Angehörige dieser drei Berufsgruppen erbringen *personale Dienstleistungen* (also Erziehung, soziale Betreuung, psychiatrische Diagnose oder Beratung) für Personen und an Personen (HALMOS 1970). Die Wahrnehmung dieser Aufgaben findet im persönlichen Kontakt mit den Dienstleistungsadressaten (Klienten) statt und

erfordert, wenn sie erfolgreich sein soll, ein interpersonales Vertrauensverhältnis sowie die Fähigkeit des Verwaltungsangehörigen, den Klienten zur aktiven Mitarbeit zu bewegen (HASENFELD 1972).
Von den Vorgesetzten der ,Dienstleister', also beispielsweise vom Schulleiter, von der Leiterin des Allgemeinen Sozialdienstes oder vom Leiter des Gesundheitsamts, wird ein Überblick über organisatorische und rechtliche Rahmenbedingungen der Arbeit sowie ein Fundus an professionellem Knowhow erwartet. Sie verfügen jedoch in der Regel *nicht* über jene Kenntnis der Besonderheiten des Einzelfalles und über jenes Vertrauensverhältnis zum Klienten, die notwendig wären, um die Angemessenheit des Handelns ihrer Mitarbeiter vollumfänglich beurteilen und kontrollieren zu können (GRUNOW/HEGNER 1978; GRUNOW/HEGNER/SCHMIDT 1981). Nur in wenigen Fällen ist es ihnen möglich, sich so intensiv mit einem Einzelfall zu befassen, daß sowohl die Sachkunde als auch das Vertrauensverhältnis vorhanden sind, um direkt und sachdienlich in die Klientenbetreuung einzugreifen. Im Hinblick auf eine ,Kontrolle' der Arbeit von personalen Dienstleistern werden deshalb besondere Vorkehrungen getroffen, die sowohl verfahrenstechnisch als auch personell über die üblichen Techniken der Verwaltungsführung hinausgehen (z. B. Supervision).
Sachbearbeiter im Veranlagungsbezirk oder in der Betriebsprüfung eines Finanzamts, Sozialarbeiter und Ärzte im kommunalen Sozial- und Gesundheitsdienst oder Ingenieure, denen die Prüfung von Bauanträgen u. ä. obliegt, erbringen Verwaltungsleistungen (z. B. Entscheidungen über Vergünstigungen oder Belastungen), die zu einem großen Teil direkt an die Bürger adressiert sind oder sogar im *Kontakt mit den Bürgern* übermittelt werden. Verwaltungsfühung muß in diesen Bereichen nicht nur die Beachtung oder Durchsetzung von Vorschriften sowie die Erwartungen und Verhaltensweisen von Mitarbeitern und anderen Dienststellen berücksichtigen, sondern darüber hinaus auch die Erwartungen und Verhaltensweisen der Leistungsadressaten (Bürger) beachten (FRANCIS/STONE 1956; JANOWITZ/DELANY 1957).
Dies gilt keineswegs für alle Bereiche der Verwaltung in gleichem Maße. So haben es beispielsweise Dienststellen (Abteilungen o. ä.) in Ministerien und staatlichen Mittelbehörden, denen Aufgaben der *Rechtsaufsicht* und der Überprüfung der *Mittelverwendung* obliegen, in der Regel nicht mit Bürgern in ihrer Eigenschaft als Verwaltungsklienten zu tun, sondern mit anderen Verwaltungsstellen oder mit organisierten Interessenvertretern. Ähnliches gilt für Verwaltungsstellen, denen *Planungs-, Programmierungs- und Budgetierungsaufgaben* obliegen (vgl. MAYNTZ/SCHARPF (Hg.) 1973; GROTTIAN 1974). Dabei werden die Ergebnisse diesbezüglicher Tätigkeiten den Bürgern in der Regel erst auf dem Umweg (Dienstweg) über nachgeordnete Fachverwaltungen übermittelt. Auch die ,*Verwaltung der Verwaltung*', also jene

Abteilungen und Dienststellen, die die finanziellen, personellen, technischen und räumlichen Hilfsmittel beschaffen und bewirtschaften, die notwendig sind, um Eingriffs-, Leistungs- oder Betreuungsaufgaben im Interesse der Bürger wahrnehmen zu können, haben kaum Kontakt mit dem Publikum.
Die Wahrnehmung von Führungsaufgaben in diesen Bereichen beinhaltet zwei Komponenten: einerseits die – auch anderswo übliche – Konzipierung oder Durchsetzung von Vorschriften sowie die Anleitung, Kontrolle und Motivation von Mitarbeitern; andererseits die Schwierigkeit, auf Dienststellen eingehen zu müssen, die mit dem Anspruch auftreten, wegen ihrer größeren räumlichen oder sozialen Nähe zu den Bürgern auch die voraussichtlichen Auswirkungen bestimmter Entscheidungen vorgeordneter Verwaltungsstellen besser beurteilen zu können.
Diese bruchstückhaften Hinweise müssen genügen, um zu veranschaulichen, daß die Wahrnehmung von Führungsaufgaben in verschiedenartigen administrativen Bereichen unterschiedliche Probleme aufwirft.

4. Komponenten des „magischen Vierecks“

Nach den Anmerkungen zu unterschiedlichen Aspekten der Verwaltungsführung und zu verschiedenartigen Aufgabenbereichen der Verwaltung sollen nun die einzelnen Komponenten des „magischen Vierecks“ beschrieben werden.

Motivierte Mitarbeiter

In Form von Stellen-, Aufgaben- oder Organisationsplänen besteht Verwaltung bloß auf dem Papier. Demgegenüber setzt administrative Aufgabenerledigung das Vorhandensein von *handelnden Personen* voraus (Silvermann 1970; Bosetzky/Heinrich 1980). Diese Personen (Bedienstete, Beschäftigte, Mitarbeiter) müssen rekrutiert, durch Aus- und Fortbildung auf ihre Tätigkeit vorbereitet sowie gemäß ihrer fachlichen Qualifikation, ihrem Dienst- und Lebensalter honoriert (vergütet, besoldet) und an bestimmten Arbeitsplätzen eingesetzt werden. Darüber hinaus müssen sie veranlaßt werden, sich innerhalb des Dienstes auf eine bestimmte Weise zu verhalten, also bestimmte Tätigkeiten auszuüben bzw. bestimmte Leistungen zu erbringen.
Durch die Entscheidung, in ‚die‘ öffentliche Verwaltung oder in eine bestimmte Behörde einzutreten, erklärt jeder Beschäftigte implizit oder

explizit seine Bereitschaft, die ihm bei Vertragsabschluß mitgeteilten allgemeinen dienstlichen Anforderungen zu erfüllen. Insofern bedarf es nach der Eintrittsentscheidung neben der regelmäßigen Auszahlung eines Lohnes oder Gehaltes keiner zusätzlichen Motivation, damit die formellen Mindestanforderungen erfüllt werden. Bei Nichterfüllung dieser Mindestanforderungen stehen den Vorgesetzten negative Sanktionen (bis hin zur Entlassung) zur Verfügung (vgl. Luhmann 1964).

Wie Erfahrungen mit dem sog. Dienst nach Vorschrift (Bummelstreik) zeigen, genügt die Erfüllung der vertraglich vereinbarten Mindestanforderungen *nicht*, um eine Behörde oder Dienststelle funktionsfähig zu machen und zu erhalten. Vielmehr wird von den Beschäftigten erwartet, daß sie sich den besonderen Anforderungen wechselnder Arbeitssituationen anpassen (vgl. Argyris 1957/1970; Argyle 1972/1974). Um einen reibungslosen Arbeitsablauf sicherzustellen, müssen den Beschäftigten *Anreize* gegeben werden, die sie veranlassen, ihr Engagement und ihr Geschick gemäß den dienstlichen Anforderungen zu ‚dosieren' (Clark/Wilson 1961; Schein 1965; Weick 1969). Solche Anreize können teils pekuniärer Art (z. B. Leistungszuschläge), teils normativer Art (z. B. Möglichkeit der Identifikation mit einem als wertvoll angesehenen Verwaltungszweck) und teils sozialer Art sein (z. B. befriedigende Sozialkontakte innerhalb einer Kollegengruppe).

Eine der zentralen Aufgaben der Verwaltungsführung ist es, durch geschickte Dosierung und Kombination von Anreizen Beschäftigte (Mitarbeiter) dazu zu motivieren, den Einsatz ihrer Fähigkeiten, Kenntnisse und Fertigkeiten sowie ihres Arbeitsengagements den wechselnden Anforderungen des Arbeitsalltags möglichst optimal anzupassen.

Gut funktionierende Organisation

Im Bereich privatwirtschaftlicher Unternehmen und Betriebe wird häufig von *effektiver* und *effizienter* Organisation gesprochen (vgl. Kosiol 1959/1968). Gemeint ist damit eine Gestaltung der Aufbau- und Ablauforganisation, die es ermöglicht, einerseits mit den gegebenen Mitteln (Ressourcen) einen möglichst großen Ertrag zu erwirtschaften und andererseits die vorhandenen Ressourcen (also auch das Personal) so ‚schonend' und kostensparend wie möglich einzusetzen. Da öffentliche Behörden und Betriebe in der Mehrzahl ohne Gewinnabsicht und ausschließlich mit dem Ziel der Erhöhung des Gemeinwohls arbeiten, ist es wenig sinnvoll, hier von einer effektiven und effizienten Organisation im Sinne privatwirtschaftlicher Unternehmen zu sprechen (vgl. Kaufmann 1976). Hilfsweise wird stattdessen die Forderung erhoben, die Aufbau- und Ablauforganisation öffentlicher Betriebe und Behörden müsse darauf gerichtet sein, mit einem Mindestmaß an Mitteln (Steuern, Beiträgen, Abgaben) auszukommen. Gefordert wird also eine auf *Sparsamkeit* ausgerichtete Arbeitsorganisation. Auch diese Betrachtungsweise ist wenig hilfreich, da in vielen Fällen durch – kurzfristig gesehen – sparsamen Mitteleinsatz vorhandene Beeinträchtigungen des Gemeinwohls nicht wirksam beseitigt und zukünftige Gefahren für das Gemeinwohl nicht wirkungsvoll vermieden werden können (vgl. Thieme 1967/1972; Seidenfus 1977).

Vor diesem Hintergrund empfiehlt es sich, statt eine effektive, effiziente oder sparsame Verwaltung eher eine gut *funktionierende* und *wirkungsvolle* Organisation der Verwaltung zu fordern. Gemeint ist damit eine Gestaltung der Aufbau- und Ablauforganisation, die zur Erreichung folgender Ziele beiträgt: Vermeidung der Vergeudung öffentlicher Mittel; sachkundige fachliche Beratung der Politik bei der Planung und Entscheidungsfindung (Gesetzgebung); zügige und zuverlässige Ausführung politisch legitimierter Entscheidungen und administrativer Vorschriften; Sicherstellung der Wirksamkeit von Maßnahmen (Eingriffe, Leistungen, Hilfen, Einrichtungen).

Es gehört zu den zentralen Funktionen der Verwaltungs*führung*, eine gut funktionierende Organisation sicherzustellen. Dies geschieht durch Abstimmung der benötigten Regelungen und Regelhaftigkeiten programmbezogener Arbeit, behördlicher Kommunikation und Kontrolle sowie administrativer Personalgewinnung und -verwendung auf wechselnde Aufgaben und Umweltanforderungen (Luhmann 1966). Oder anders ausgedrückt: Herstellung eines möglichst hohen Grades an Übereinstimmung von Programm-, Kommunikations-, Kontroll- und Personalstrukturerfordernissen vor dem Hintergrund der Anforderungen von seiten der Politik, des Publikums und der Belegschaft. Diese Abstimmungsprozesse oder -bemühungen erfolgen zum einen situativ angesichts wechselnder Alltagsanforderungen und zum anderen strukturpolitisch im Rahmen der längerfristigen Programm-, Organisations- und Personalplanung (Luhmann 1970/71).

Abnahmefähige Leistungen

Motivierte und engagierte Mitarbeiter sowie eine gut funktionierende Organisation der Verwaltung sind kein Selbstzweck. Vielmehr dienen sie der Erstellung und Übermittlung abnahmefähiger Leistungen. Der Terminus *Leistungen* wird hier als Oberbegriff für eine Vielzahl von Verwaltungsaktivitäten verwandt (Kaufmann/Schäfer 1977). Die Planung, Implementation und Unterhaltung von Einrichtungen (z. B. Krankenhäuser, Kindergärten, Straßen) gehört ebenso zu den Verwaltungsleistungen wie die Kommunikation bindender Entscheidungen (Bescheide usw.) und die Erbringung personaler Dienste (z. B. im Bereich der Sozialarbeit oder der Gesundheitsaufklärung).

Leistungen werden von einem Bediensteten oder einer Dienststelle für bestimmte *Umweltsektoren* erbracht. Dabei lassen sich zwei Umweltbereiche unterscheiden (EASTON 1965): a) die *Binnenumwelt,* also andere Verwaltungsstellen (Behörden, öffentliche Betriebe oder Einrichtungen), die Adressaten von Leistungen sein können; und b) die Außenumwelt, also *außeradministrative* Leistungsadressaten wie „Politik“ und „Publikum“ (LUHMANN 1966).

Diese verschiedenen Umweltsektoren können unterschiedliche und teilweise widersprüchliche *Leistungsanforderungen* an den einzelnen Bearbeiter oder an die einzelne Dienststelle richten. Das in Abschnitt 1 beschriebene Beispiel der Rückerstattung zuviel gezahlter Steuern durch die Finanzämter veranschaulicht diesen Sachverhalt: Von seiten der Politik wird unter Bezug auf die Wünsche der Bürger eine möglichst rasche Erledigung der Anträge durch die Finanzämter gefordert, was einen erheblichen Zeit- und Arbeitsdruck für das Personal zur Folge hat. Von seiten der vorgeordneten Verwaltungsstellen und der innerbehördlichen Vorgesetzten, aber auch von seiten der Politik werden die einzelnen Bearbeiter mit der Forderung konfrontiert, gemäß den Gesetzen und den dazu ergangenen Verwaltungsvorschriften ‚sachlich richtig‘ zu entscheiden. Und schließlich wird von seiten der Bürger in ihrer Eigenschaft als Antragsteller die Forderung nach einer raschen Antragsbearbeitung mit der Erwartung verknüpft, Hinweise auf Sachverhalte, die sich steuerlich günstig auswirken können, zu erhalten und freundlich bedient zu werden (GRUNOW/HEGNER/KAUFMANN 1978).

Vor diesem Hintergrund wird deutlich, wie schwierig es ist, die *Abnahmefähigkeit* der Leistungen sicherzustellen. Unter juristischen Gesichtspunkten und in formaler Hinsicht sind Verwaltungsleistungen dann abnahmefähig, wenn sie den Erfordernissen rechtsstaatlichen Handelns genügen (MAYER 1970/1972). Unter politischen Aspekten und in materialer Hinsicht sind Verwaltungsleistungen dann abnahmefähig, wenn sie 1. zur Bearbeitung eines politisch definierten Problems beitragen und 2. bei den Leistungsadressaten – zumindest generell und langfristig – das Vertrauen in die Funktionsfähigkeit von Politik und Verwaltung erhalten oder festigen (EASTON 1965; LUHMANN 1966; SCHARPF 1972/75).

Aufgabe der *Verwaltungsführung* ist es, im Rahmen der politischen und gesetzlichen Vorgaben die Erbringung abnahmefähiger Leistungen sicherzustellen. Langfristig und mit Bezug auf strukturelle Rahmenbedingungen des Verwaltungshandelns geschieht dies durch Mitwirkung an der langfristigen *Programmplanung.* Hierbei werden die Grundsätze und Richtlinien der Ablauforganisation, also der Zuordnung von Arbeits- und Entscheidungsschritten formuliert. Zugleich werden die generellen Kriterien fixiert, mit deren Hilfe einzelne Arbeits- und Entscheidungsschritte daraufhin überprüft werden können, ob sie formal korrekt und der Problemlösung dienlich sind.

Auf der Grundlage der Programmstruktur ist es sodann Aufgabe der Verwaltungsführung, darauf hinzuwirken, daß die *alltäglichen* Arbeits- und Entscheidungsschritte der Bediensteten und der Dienststellen mit den formulierten Grundsätzen, Richtlinien und Beurteilungskriterien soweit wie möglich übereinstimmen.

Dabei können sich die Inhaber von Führungspositionen normalerweise auf Routinekontrollen beschränken (Luhmann 1964/1968 und 1964/1971). Besondere Schwierigkeiten bei der Wahrnehmung von Führungsaufgaben ergeben sich in zweierlei Hinsicht: zum einen dann, wenn die Bereitschaft zur Regelbefolgung nur teilweise gegeben ist und deshalb die Mitarbeiter ständig zur Beachtung der Arbeits- und Entscheidungsprogramme motiviert werden müssen; zum anderen dann, wenn die Rücksichtnahme auf Anforderungen unterschiedlicher Umweltsektoren zu gravierenden Unbestimmtheiten und Widersprüchen in den Arbeits- und Entscheidungsprogrammen geführt hat, so daß sich abnahmefähige Leistungen nur durch ein ständiges Ausbalancieren divergierender Umweltanforderungen erbringen lassen.

Zufriedene Klienten

Auch dann, wenn der Prozeß und das Ergebnis der Leistungserbringung ohne formale Mängel sind und wenn sich die Verwaltung erkennbar bemüht, die mit den Vorschriften intendierten Wirkungen tatsächlich zu erzielen, können die Leistungsadressaten unzufrieden sein oder bleiben (Thompson 1975).

Dies gilt zunächst in den Fällen, wo Verwaltungsentscheidungen für bestimmte Adressatengruppen *belastende Wirkungen* haben und wo bestimmte Gruppierungen innerhalb und außerhalb der Verwaltung von der Inanspruchnahme begünstigender Wirkungen (also beispielsweise von der Nutzung einer attraktiven Einrichtung) ausgeschlossen sind. Sodann kann Unzufriedenheit aber auch bei solchen Personen, Gruppen oder Organisationen entstehen und fortbestehen, die Adressaten *begünstigender Entscheidungen* sind. Dies kann vielfältige Ursachen haben (Kaufmann (Hg.) 1979; Hoffmann-Riem (Hg.) 1980; Voigt (Hg.) 1980): Zum einen können die Erwartungen, die mit der politisch-administrativen Ankündigung von begünstigenden Entscheidungen geweckt wurden, durch das unerwartet niedrige ‚Niveau‘ der tatsächlich gewährten Leistungen enttäuscht werden. Zum anderen kann der formal geregelte Prozeß der Erbringung und Übermittlung der Leistungen denjenigen, die als Nutznießer vorgesehen sind, so undurchsichtig und kompliziert erscheinen, daß sie ‚zähneknirschend‘ auf die Inanspruchnahme verzichten oder sich durch die Formalitäten der Inanspruchnahme belastet fühlen. Zum dritten kann das Verhalten des Personals in den Behörden und Einrichtungen, denen die Übermittlung der Leistungen obliegt, bei den Adressaten Unsicherheit, Angst, Minderwertigkeitsgefühle und Aggressivität auslösen. In allen Fällen wird Unzufriedenheit die Folge sein.

Trotz dieser Schwierigkeiten wird von der Verwaltung erwartet, *Zufriedenheit* der Klienten zu bewirken. Dies hat folgende Gründe: Die mit den administrativen Leistungen (Maßnahmen, Einrichtungen usw.) intendierten objektiven Verbesserungen der Situation einzelner Adressatengruppen sowie des Gemeinwohls sind solange unvollkommen, wie sie von den Betroffenen nicht als solche subjektiv perzipiert und bewertet werden (Janowitz/Delany/Wright 1958; Kaufmann 1970). Dabei kann die Verwaltung im Rahmen der politisch gesetzten Prämissen ihres Handelns sowie angesichts ihrer formalen und arbeitsteiligen Organisation immer nur ein begrenztes Ausmaß an Zufriedenheit der Klienten anstreben und erreichen (Thompson 1975). Beschwerden und Einsprüche lassen sich ebensowenig vermeiden wie Protest- und Initiativgruppen, – sie werden allerdings durch die Qualität der Leistungsinhalte und der Leistungsübermittlung tendenziell auf ein Maß beschränkt, das den Fortbestand des prinzipiellen Systemvertrauens sichert (Hegner 1977).

Soweit die Zufriedenheit der Klienten maßgeblich davon beeinflußt wird, wie sich die Verwaltungsangehörigen bei der Übermittlung der Leistungen verhalten, stellen sich für die *Verwaltungsführung* zwei Aufgaben: zum einen eine Gestaltung der Personalstruktur (also des Rekrutierungs-, Ausbildungs-, Fortbildungs- und Beförderungswesens), die sicherstellt, daß publikumsintensive Stellen mit entsprechend qualifiziertem Personal besetzt sind; zum anderen ein alltägliches Führungsverhalten, das die Mitarbeiter motiviert, nicht nur sach- und fachgerecht, sondern auch bedürfnis- und anliegensgerecht zu handeln (Hegner 1979). Darüber hinaus ist es Aufgabe der Verwaltungsführung, die Aufbau- und Ablauforganisation der Dienststellen so zu gestalten, daß Nutzungsbarrieren abgebaut und Entscheidungsprozesse für die Klienten transparent gemacht werden. Die ‚Kunst‘ der Führung besteht darin, das Verwaltungshandeln auf teilweise divergierende Interessen und Erwartungen unterschiedlicher Klientengruppen abzustimmen und gleichzeitig relevante politische Gremien und Mandatsträger ‚zufriedenzustellen‘ (Simon/Smithburg/Thompson 1950/70).

5. Struktur des „magischen Vierecks“

Vor dem Hintergrund der vier Komponenten des „magischen Vierecks“ lassen sich zwei zentrale Aufgaben der Verwaltung benennen: zum einen die

Erbringung und Übermittlung abnahmefähiger Leistungen (Maßnahmen, Einrichtungen, Entscheidungen, personale Dienste usw.); und zum anderen das Bemühen, die Leistungsadressaten (insbesondere „Politik“ und „Publikum“) zufriedenzustellen. Aufgabe der *Führung* ist es, innerhalb der politisch-rechtlichen Rahmenbedingungen des administrativen Handelns die Voraussetzungen dafür zu schaffen, daß abnahmefähige Leistungen erbracht und die Klienten zufriedengestellt werden. Dies geschieht auf zweierlei Weise: durch Personalführung mit dem Ziel, motivierte Mitarbeiter zu haben, sowie durch Gestaltung einer gut funktionierenden und wirkungsvollen Organisation.

Von einem *„magischen Viereck“* kann man in diesem Zusammenhang deshalb sprechen, weil das Postulat an die Verwaltung herangetragen wird, mit Bezug auf alle vier Komponenten ein Optimum anzustreben. Von der Verwaltungsführung wird erwartet, daß 1) die Organisation möglichst gut funktioniert, 2) die Mitarbeiter möglichst motiviert und engagiert ‚am Werk‘ sind, 3) die Leistungen formal korrekt und material wirkungsvoll erbracht und übermittelt werden sowie 4) die Leistungsadressaten (insbesondere Publikum und Politik) möglichst zufrieden sind. Im Zusammenhang mit der Skizzierung der vier Komponenten und der diesbezüglichen Führungsaufgaben ist deutlich geworden, daß es nahezu *unmöglich* ist, alle vier Komponenten gleichzeitig zu optimieren. Dies hat zwei Gründe: Zum einen sind bereits dem Bemühen um eine optimale Gestaltung jeder *einzelnen* Komponente deutliche Grenzen gesetzt. Sie resultieren teilweise aus vagen und unterschiedlich interpretierten Vorschriften sowie teilweise aus widersprüchlichen Beurteilungskriterien und Anforderungen der verschiedenen Akteure (zu führende Mitarbeiter; Bedienstete anderer Verwaltungsstellen und -ebenen; politische Gremien und Mandatsträger; individuelle und organisierte Publikumsangehörige). Zum zweiten stößt das Bemühen um eine *gleichzeitige* optimale Gestaltung aller vier Komponenten an prinzipiell-strukturelle Grenzen, die darin bestehen, daß eine Optimierung mit Bezug auf einzelne Komponenten negative Auswirkungen auf andere Komponenten hat. Erfolgreiche Verwaltungsführung kann sich deshalb *nicht* darauf beschränken, einseitig eine optimale Gestaltung einzelner Komponenten anzustreben; vielmehr muß sie bemüht sein, das „magische Viereck“ als Ganzes optimal zu gestalten.

Optimale Gestaltung des „Vierecks“ im Sinne eines Ausbalancierens der sub-optimalen Gestaltung aller vier Komponenten ist ein mühsamer und fortwährend zu Ungleichgewichten tendierender Prozeß. Die Ursachen dafür liegen in den prinzipiell unauflöslichen Widersprüchen, die sich bei dem Aufeinandertreffen von formal organisierten Sozialsystemen (Behörden und Einrichtungen der öffentlichen Verwaltung) einerseits und personalen Systemen (Verwaltungs- und Publikumsangehörigen) andererseits ergeben.

Diese prinzipiell unauflöslichen Widersprüche lassen sich zusammenfassend als *bürokratisches Dilemma* bezeichnen, das – bildhaft gesprochen – in bürokratischen Teufelskreisen und Zwickmühlen zum Ausdruck kommt (Hegner 1978).

Bezüglich der Relation zwischen gut funktionierender Organisation und motivierten Mitarbeitern befinden sich die Führungskräfte häufig in einem *bürokratischen Teufelskreis.* Die Struktur dieses Teufelskreises läßt sich – grob vereinfachend – folgendermaßen skizzieren (Gouldner 1954): Der Prozeß der Erbringung und Übermittlung von administrativen Leistungen im Rahmen arbeitsteiliger Kooperation setzt formale Organisationsregeln voraus, mit deren Hilfe ein tendenziell gleichförmiges aufgabengerechtes Verhalten der Mitarbeiter bewirkt werden soll. Diese Organisationsregeln, die von Vorgesetzten erlassen werden und deren Beachtung von Vorgesetzten kontrolliert wird, können im Alltag nur ‚auf dem Umweg' über die individuellen Perzeptionen und Interpretationen individueller Verwaltungsangehöriger zur Anwendung kommen (Silverman 1970). Dadurch können sich bearbeiter- und arbeitsgruppenspezifische Abweichungen vom ‚Buchstaben der Vorschriften' ergeben. Ein Teil dieser Abweichungen ist – angesichts situativer Besonderheiten der Arbeitserledigung – Voraussetzung für ein gutes Funktionieren der Organisation. Ein anderer Teil kann zu einer derartigen ‚Aufweichung' des Regelgefüges führen, daß in letzter Konsequenz die Erbringung abnahmefähiger Leistungen unmöglich gemacht wird. Um dem zu begegnen, werden neue Organisationsregeln erlassen, die ihrerseits individuell perzipiert und interpretiert werden und die wiederum Bestrebungen der Verwaltungsangehörigen hervorrufen, die Regeln zu umgehen. Zugleich kann die zunehmende Regelungsdichte zu Unbehagen, Unwillen und nachlassender Arbeitsmotivation führen, was negative Konsequenzen für die Qualität der Leistungen hat. Es werden neue Regeln erlassen usw. usw. Wenn diese verwaltungsinternen Tendenzen zusätzlich durch den Perfektionismus des Gesetzgebers verstärkt werden (zum Problem der „Verrechtlichung" vgl. Voigt (Hg.) 1980), kann der Teufelskreis kaum noch durchbrochen werden.

Probleme von ähnlicher Struktur ergeben sich, wenn man das Verhältnis zwischen *Verwaltungsorganisation und Publikum* analysiert (Neumeister 1962; D. M. 1963). Sowohl der Grundsatz, daß „alle vor dem Gesetz gleich sind", als auch die Tatsache, daß die Verwaltung angesichts ihrer arbeitsteiligen Organisation und einer ständig wachsenden Aufgabenfülle im Kontakt mit den Klienten auf eine Schematisierung ihrer Arbeitsprozesse angewiesen ist, führen zu einer Abstraktion von den Besonderheiten des Einzelfalles. Demgegenüber wird unter Hinweis auf die Vielgestaltigkeit und Dynamik sozialer, wirtschaftlicher und individueller Sachverhalte sowie aufgrund unliebsamer Erfahrungen mit der abstrakt-allgemeinen Form des Verwaltungshandelns immer wieder die Forderung erhoben, die Vorschriften und Entscheidungsprozesse an die Besonderheiten des Einzelfalles anzupassen. Dies führt zur Komplizierung und Undurchsichtigkeit des Gefüges der Verwaltungsvorschriften. Daraus wiederum resultiert sowohl auf seiten des Personals als auch auf seiten der Klienten erneuter Protest: Man fordert einfachere – also in letzter Konsequenz allgemeinere und damit weniger zahlreiche – Regelungen. Liegen diese vor, wird erneut Kritik gegen den vereinfachenden Schematismus des Verwaltungshandelns oder gegen die – angesichts der unbestimmt-allgemeinen Regeln – vermutete Willkür bei der Handhabung von Ermessensspielräumen erhoben. Politiker und Verwaltungspraktiker, die diese widersprüchlichen Tendenzen harmonisieren wollen, sehen sich einer *Zwickmühle* gegenüber (Hegner 1977): was sie auch beschließen, wird vermeintlich in die falsche Richtung gehen und auf Kritik treffen.

Wenn also dem Bemühen um eine optimale Gestaltung des magischen Vierecks strukturelle Grenzen in der Form des bürokratischen Dilemmas gesetzt sind, stellt sich die Frage, was Verwaltungsführung überhaupt bewirken kann und soll. Meine Antwort lautet: trotz aller Schwierigkeiten das Bemühen um eine Ausbalancierung des Vierecks durch sub-optimale Gestaltung seiner einzelnen Komponenten fortzusetzen. Dieses Bemühen wird um so erfolgreicher sein, je besser es gelingt, in verschiedenen Arbeitssituationen die Struktur und Dynamik des bürokratischen Teufelskreises und der Zwickmühle zu durchschauen und zumindest vorübergehend zu durchbrechen.

Literatur

Argyle, M. [1972/1974]:
The Social Psychology of Work. Harmondsworth (zuerst 1972).

Argyris, Ch. [1957/1970]:
Personality and Organization. The Conflict Between System and the Individual. New York (zuerst 1957).

Barnard, Ch. I. [1938/1948]:
The Functions of the Executive. Cambridge (2. Aufl. 1948).

Bosetzky, H., und P. Heinrich [1980]:
Mensch und Organisation, Köln-Stuttgart.

Clark, P. B., J. Q. Wilson [1961]:
Incentive Systems. A Theory of Organizations. In: Adm. Scie. Quart. 6, S. 129–166.

D. M. [1963]:
Reflexions sur l’impopularité de l’administration. In: Revue Administrative 16, S. 128–130.

Easton, D. [1965]:
A Systems Analysis of Political Life, New York.
Francis, R. G., and R. C. Stone [1956]:
Service and Procedure in Bureaucracy: A Case Study. Minneapolis.
Gouldner, A. [1954]:
Patterns of Industrial Bureaucracy. Glencoe, Ill.
Grottian, P. [1974]:
Strukturprobleme staatlicher Planung. Eine empirische Studie zum Planungsbewußtsein der Bonner Ministerialbürokratie. In: Grottian, P., u. A. Murswiek: Handlungsspielräume der Staatsadministration. Hamburg.
Grunow, D. [1978]:
Steuerzahler und Finanzamt. Bd. IV: Forschungsdesign und Ergebnisse. Frankfurt a. M. – New York.
Grunow, D., und F. Hegner [1978]:
Die Gewährung persönlicher und wirtschaftlicher Sozialhilfe. Bielefeld.
Grunow, D., F. Hegner und F. X. Kaufmann [1978]:
Steuerzahler und Finanzamt (Bürger und Verwaltung, Bd. I) Frankfurt a. M.
Grunow, D., F. Hegner und E. H. Schmidt [1981]:
Psychiatrische Versorgung durch kommunale Gesundheitsämter. Bielefeld.
Halmos, P. [1970]:
The Personal Service Society. London.
Hasenfeld, Y. [1972]:
People Processing Organizations: An Exchange Approach. In: Am. Soc. Rev. 37, S. 256–263.
Hegner, F. [1977]:
Entstehungsbedingungen von Bürgerinitiativen im Spannungsfeld von Bürger und Verwaltung. In: H. Matthöfer, und O. Rammstedt (Hg): Bürgerbeteiligung und Bürgerinitiativen. Villingen, S. 158–206.
– [1978]:
Das bürokratische Dilemma. Frankfurt a. M. – New York.
– [1979]:
Bürgernähe von Politik und Verwaltung als Anliegens- und Problemgerechtigkeit. In: Die Verwaltung 12, S. 187–202 sowie S. 311–335.
Hoffmann-Riem (Hg.) [1980]:
Bürgernahe Verwaltung? Analysen über das Verhältnis von Bürger und Verwaltung. Neuwied u. Darmstadt.
Janowitz, M. and W. Delany [1957]:
The Bureaucrat and the Public: A Study of Informational Perspectives. In: Adm. Sci. Quart. 2, S. 141–162.
Janowitz, M., W. Delany and D. Wright, [1958]:
Public Administration and the Public. Perspectives toward Government in a Metropolitan Community. Ann Arbor.
Kaufmann, F. X. [1970]:
Sicherheit als soziologisches und sozialpolitisches Problem: Untersuchungen zu einer Wertidee hochdifferenzierter Gesellschaften. Stuttgart.
– [1976]:

Zur Problematik der Effektivität und ihrer Erfassung im Bereich der sozialen Sicherung. In: Soziale Probleme der modernen Industriegesellschaft. Schriften des „Vereins für Socialpolitik" N.F.92. Berlin, S. 489–517.
– Hg. [1979]:
Bürgernahe Sozialpolitik. Frankfurt a. M. – New York.
Kaufmann, F. X. und P. Schäfer [1977]:
Bürgernahe Gestaltung der sozialen Umwelt. Ein Bezugsrahmen. In: Kaufmann, F. X. (Hg.): Bürgernahe Gestaltung der sozialen Umwelt. Meisenheim-Kronberg (Ts.), S.1–44.
Körber, K. [1976]:
Bericht über eine Untersuchung von Arbeitssituationen in der Steuerverwaltung am Beispiel des Finanzamts Friedberg (Hessen). Bonn.
Kosiol, E. [1959/1968]:
Grundlagen und Methoden der Organisationsforschung. Berlin (zuerst 1959).
Laux, E. [1975]:
Führung und Führungsorganisation in der öffentlichen Verwaltung. Stuttgart.
Luhmann, N. [1964/1968]:
Zweck, Herrschaft, System. Grundbegriffe und Prämissen Max Webers. In: Mayntz, R. (Hg.): Bürokratische Organisation. Köln-Berlin, S. 129–158.
– [1964/1971]:
Lob der Routine. In: Verw. Arch. 55, S. 1–33.
– [1966]:
Theorie der Verwaltungswissenschaft. Köln-Berlin.
– [1970/71]:
Reform und Information. In: Ders., Politische Planung. Köln-Opladen, S. 181–202.
Mayer, F. [1970/1972]:
Allgemeines Verwaltungsrecht. 3. Aufl. (zuerst 1970). Stuttgart-Hannover.
Mayntz, R.,und F. W. Scharpf, Hg. [1973]:
Planungsorganisation. München.
Neumeister, H. [1962]:
Organisierte Menschlichkeit? Grenzen des sozialen Fortschritts. Freiburg/Br.
Scharpf, F. W. [1972/1975]:
Demokratietheorie zwischen Utopie und Anpassung. Kronberg/Ts. (zuerst 1972).
Schein, E. [1965]:
Organizational Psychology. Englewood Cliffs, N.J.
Seidenfus, H. S. [1977]:
Wirtschaftlichkeits-Messung öffentlicher Aktivitäten. In: Volkswirtschaftliche Korrespondenz der Adolf-Weber-Stiftung 16. Nr. 7. Frankfurt a. M., S. 13–16.
Simon, H. A., D. W. Smithburg, and V. A. Thompson [1950/1970]:
Public Administration. 13. Aufl. New York (zuerst 1950)
Silverman, D. [1970]:
The Theory of Organisations. A Sociological Framework. London.
Thompson, V. A. [1975]:
Without Sympathy and Enthusiasm. Alabama.

Thieme, W. [1967/1972]:
Verwaltungslehre. 2. Aufl. 1967, 3. Aufl. 1972. Köln-Berlin.
Voigt, R., Hg. [1980]:
Verrechtlichung. Analysen zu Funktion und Wirkung von Parlamentarisierung, Bürokratisierung und Justizialisierung sozialer, politischer und ökonomischer Prozesse. Königstein (Ts.).
Weick, Karl E. [1969]:
The Social Psychology of Organizing. Reading, Mass.

Theoretische Probleme der Beurteilung organisatorischer Effizienz der öffentlichen Verwaltung*

Hans-Ulrich Derlien

1. Einführung

Obwohl die Leistungswirksamkeit oder Effizienz der öffentlichen Verwaltung in der gegenwärtigen Verwaltungsreformdiskussion implizit[1] und explizit[2] eine zentrale Rolle als Leitmaxime für Reformüberlegungen spielt, besteht weder in der Theorie noch in der Praxis ein allgemeiner Konsens darüber, was unter „Effizienz" in diesem Zusammenhang zu verstehen ist, geschweige denn, wie die Effizienz der Verwaltung oder einzelner Verwaltungseinheiten zu messen wäre. Andererseits setzen jedoch Entscheidungen darüber, ob Reformen durchgeführt und in welcher Form gegebenenfalls strukturelle Änderungen eingeführt werden sollen, die Existenz eines operationalen Effizienzkonzepts als Entscheidungsmaßstab voraus, aufgrund dessen sich die Leistungsfähigkeit bestimmter Verwaltungseinheiten oder der Beitrag beabsichtigter struktureller Änderungen zur Leistungssteigerung abschätzen ließe.

Die bis in jüngste Zeit vom juristischen Denken beherrschte deutsche Verwaltungswissenschaft hat infolge ihrer primären Orientierung am Prinzip der Rechtmäßigkeit das Effizienzproblem bisher noch nicht systematisch aufgegriffen und sich allenfalls unter dem Stichwort „Wirtschaftlichkeit und Sparsamkeit" mit dem Verwaltungshandeln, nicht aber mit der organisatorischen Effizienz der Verwaltung befaßt[3], dabei aber kaum mehr als formale Aspekte der Wirtschafts- und Rechnungsprüfung sowie ihrer Institutionen behandelt[4] oder die Frage zu klären versucht, ob sich „Effizienz als Rechtsprinzip" normativ deduzieren läßt[5].

Das weitgehende Fehlen einer derartigen Effizienzformel als Grundlage rationaler Organisationsgestaltung läßt sich in der Praxis an den häufig unerwarteten Folgeproblemen bei der Einführung organisatorischer Neuerungen[6] ablesen. Derartige unvorhergesehene Konsequenzen zweckrational intendierter Organisationsentscheidungen sind nur teilweise auf die beim gegenwärtigen Entwicklungsstand der Organisationstheorie noch relativ geringe Treffsicherheit von Erfolgsprognosen zurückzuführen, sondern eine wesentliche Ursache scheint auch darin zu liegen, daß die mit organisatorischen Neuerungen jeweils intendierten Ziele und die sich daraus ergebenden

Entscheidungskriterien – die „standards of desirability"[7], entweder nicht expliziert oder nicht umfassend genug gewählt sind, um eine möglichst breite Berücksichtigung von Erwartungen und die systematische Antizipation von Folgeproblemen zu gewährleisten. Aus ähnlichem Grunde hat Y. Dror kürzlich vor den Gefahren einer zu engen Betrachtungsweise des Effizienzproblems mit den Folgen der „Optimierung falscher Funktionen oder der Verbesserung der Operationsweise einer Organisation, die überhaupt abgeschafft werden müßte"[8], gewarnt.

Kann die Organisationstheorie zur Vermeidung derartiger dysfunktionaler Konsequenzen durch die Erarbeitung eines allgemeinen Effizienzkonzeptes und damit eines wissenschaftlich fundierten Entscheidungsmaßstabes beitragen? Ziel dieser Überlegungen ist es,

- zur Klärung des Effizienzkonzepts beizutragen (1) und
- die Möglichkeiten, vor allem aber auch die theoretischen (2) Voraussetzungen und damit die Grenzen aufzuzeigen, die einer effizienzorientierten Betrachtung gezogen sind (2).

2. Zum Effizienzbegriff

Das Attribut „effizient" wird sowohl einzelnen Handlungsweisen als auch Organisationen und bestimmten ihrer strukturellen Merkmale angeheftet. Während Effizienzstreben umgangssprachlich gelegentlich mit dem Beigeschmack des Rücksichtslosen, profitorientierten Kalkulierens verbunden und die Verwendung des Effizienzbegriffs im Zusammenhang mit der öffentlichen Verwaltung häufig abgelehnt wurde[9], ist dem Begriff „Effizienz" in den wissenschaftlichen Kunstsprachen seit einigen Jahrzehnten die Bedeutung einer allgemeinen interdisziplinären Kategorie zugekommen, die sich sowohl in den anwendungsorientierten Naturwissenschaften als auch in den Sozialwissenschaften – hier besonders in der Ökonomie und der Organisationstheorie – durchsetzt und das Rationalitätsprinzip zu ersetzen scheint. Besonders die Praxeologie, die „die Gesetzmäßigkeiten organisierten menschlichen Handelns untersuchen und die Handlungen mit Hilfe dieses Begriffes beurteilen" will[10], hat auf die Konvergenz zwischen physikalischer und technischer Leistungsfähigkeit, zwischen der ökonomischen Effektivität oder Wirtschaftlichkeit und der Entscheidungsrationalität hingewiesen. In all diesen Disziplinen wird „Effizienz" als relationaler Begriff verstanden, der das Verhältnis zwischen bestimmten inputs (Mitteln) und outputs (Zielen) als Differenz oder als Quotient zum Ausdruck bringt[11]. Das bedeutet jedoch, daß „Effizienz" zunächst eine formale Kategorie ist, die durch die inhaltliche

Definition der inputs und outputs spezifiziert werden muß, wenn der Begriff nicht bloße Leerformel bleiben soll, weil er im universellen Sinne jede praktische Valenz umfaßt, also Genauigkeit ebenso wie Ergiebigkeit und Einfachheit[12].

Andererseits dürfte im unspezifizierten Gebrauch des Begriffs eine Erklärung dafür liegen, daß „Effizienz" je nach den gewählten Valenzen oder positiv bewerteten Zielzuständen mit unterschiedlicher Bedeutung auftaucht und zu Mißverständnissen führt, wenn die als Relevanzkriterien für die Bewertung fungierenden Ziele nicht expliziert werden. „Effizienz" als allgemeine interdisziplinär verwendbare oder umgangssprachliche Kategorie deckt sich deshalb solange mit dem Weberschen Begriff der formalen Rationalität, wie die Zielvorstellungen oder allgemeiner: die Wertprämissen nicht expliziert sind. Die Gefahr, daß unterschiedliche Inhalte mit dem Begriff verbunden werden, zeigt sich sowohl in der Interpretation von „Effizienz" als handlungs- bzw. entscheidungsbezogener Kategorie einerseits und in ihrer Verwendung zur Organisationsbeurteilung andererseits sowie innerhalb der Organisationstheorie bei der sehr unterschiedlich beantworteten Frage, was als effizient anzusehen ist und folglich, was zur Effizienzsteigerung beiträgt.

2.1 Effizienz als entscheidungsbezogene Kategorie

Die Rationalität oder Effizienz einer Handlung bzw. Entscheidung ist dann gegeben, wenn sie ein bestimmtes Ziel mit geringerem Aufwand oder bei gegebenem Aufwand in höherem Maße verwirklicht als eine alternative Handlungsweise. Die Beurteilung der Effizienz von Handlungen setzt deshalb voraus, daß alle potentiellen Alternativen berücksichtigt und auf ihre Folgewirkungen hinsichtlich der Zielerreichung überprüft werden. Sie setzt ferner voraus, daß Alternativen und Folgen auch hinsichtlich anderer Ziele überprüft werden, und erfordert schließlich die Bewertung der Handlungsweisen mit ihren Vor- und Nachteilen, was deren Vergleichbarkeit und Kommensurabilität erforderlich macht.

Die behavioristische Entscheidungstheorie hat indessen nachgewiesen, daß das Rationalitätsprinzip – obschon als Handlungsmaxime proklamiert – nicht realisiert werden kann, da diese Prämissen aufgrund der Unvollkommenheit menschlicher Informationsverfügung (über Alternativen und Folgen) und des Fehlens einer transitiven und konstanten Ziel- und Werthierarchie im faktischen Entscheidungsverhalten nicht eingelöst werden[13].

Wir wollen hier nicht in eine allgemeine Diskussion über die Grenzen der Rationalität eintreten; für die weitere Behandlung des Themas sei jedoch festgehalten, daß eine Effizienzbeurteilung sowohl voraussetzt, daß von einer überschaubaren (und damit unweigerlich reduzierten) Zahl von Zielen ausgegangen wird, die relativ konstant über Zeit und untereinander hierarchisch nach Prioritäten geordnet sind, als auch, daß sich die einzelnen Ziele in gleichen Kategorien bewerten lassen[14].

Diese Bedingung reduzierter Entscheidungskomplexität ist noch am ehesten im privatwirtschaftlichen Bereich erfüllt. Die Ziele lassen sich in der Regel nach ihrer Profitträchtigkeit strukturieren und Mittel daraufhin selektieren, da diese wie die Ziele in Geld bewertet werden. Prämisse dieser konventionellen Wirtschaftlichkeitsbetrachtung ist jedoch, daß das Ziel tatsächlich im Profit selbst besteht und nicht – wie bürgerliche Ökonomie-Ideologen zu behaupten pflegen – in der optimalen Bedürfnisbefriedigung von Konsumenten. Die Ermittlung dieses Ziels würde nämlich voraussetzen, daß die Gebrauchswerte der produzierten Güter bestimmt werden, zumindest aber, daß diese sich in den Preisen ausdrücken, denn sonst wäre eine Vergleichbarkeit von alternativen Gütern hinsichtlich ihres Beitrages zur Bedürfnisbefriedigung nicht möglich[15]. Es bedarf nicht der Marxschen Unterscheidung von Gebrauchswert und Tauschwert, um zu zeigen, daß die Reduktion der potentiell unendlichen Wertkomplexität, der sich auch Wirtschaftsunternehmen konfrontiert sehen (können), darauf beruht, daß das Profitziel eine Selektion von Handlungsalternativen unter betriebsinternen Wertgesichtspunkten erlaubt und damit die Effizienzproblematik einschränkt, da externe Folgen, d. h. Auswirkungen auf andere Ziele oder die Ziele anderer neutralisiert werden, interne Folgen aber im hohen Maße einheitlich unter einer Valenz bewertet werden können.

In einer gänzlich anderen, weil der Totalität gesellschaftlichen Wertungen und Ziele ausgesetzten Situation befindet sich die öffentliche Verwaltung. Es ist allgemeine Auffassung, daß sich Verwaltungsleistungen nicht zu Marktpreisen bewerten ließen und deshalb die Wirtschaftlichkeit des Verwaltungshandelns nicht kalkulierbar sei[16]; richtiger wäre wohl die Aussage, daß es normativ nicht akzeptiert wird, Verwaltungsleistungen zu Marktpreisen – und sei es zu „Schattenpreisen" – zu handeln, da diese Preise entweder den Gebrauchswert nicht angemessen ausdrücken würden oder wenn, zu erheblichen Verteilungsgerechtigkeiten führen müßten, da hoch bewertete Güter von einkommensschwachen Bevölkerungsgruppen häufig nicht erworben werden könnten. Die Probleme der Übertragung des aus dem privatwirtschaftlichen Bereich entlehnten Wirtschaftlichkeitsprinzips auf das Verwaltungshandeln und -entscheiden zeigen sich dann auch exemplarisch an den Schwierigkeiten, die bei der Praktizierung der im nicht-staatlichen Bereich, abgesehen von einigen informationstechnischen Problemen, erprobten und bewährten Kosten-Nutzen-Analyse im öffentlichen Sektor[17] auftreten, deren Resultate beim Einsatz – unvermeidlich vorhandener – alternativer Wertprämissen auch permanent kritiserbar sind[18]. Das bedeutet, daß das Urteil

„effizient“ mit der Wahl der Wertprämissen oder Valenzen variiert. Trotz alledem kann man davon ausgehen, daß Individuen ihre Entscheidungen effizient zu gestalten suchen und die öffentliche Verwaltung effizient oder wirtschaftlich zu handeln versucht. Nur stellen sich die Folgen aus der Sicht übergeordneter oder externer Wertprämissen unausweichlich in Gestalt suboptimaler Lösungen oder der Externalisierung negativer Effekte ein, da nur durch eine Reduktion der Wertkomplexität überhaupt noch eine begrenzte Verwirklichung des Rationalitätsprinzips möglich ist. Das Wirtschaftlichkeitsprinzip als eine Form der Handlungseffizienz unterliegt deshalb in gleicher Weise sozialen und psychischen Mechanismen, die diese Entscheidungskomplexität entweder durch Abstraktion von Folgewirkungen, Eingrenzung der zulässigen oder gesehenen Alternativen und Beschränkung der Zielkomplexität reduzieren. Nicht zuletzt deshalb hat sich die Organisationstheorie zunehmend die Frage nach der organisatorischen Effizienz als einer vom individuellen Handeln und seinen Zielen losgelösten Kategorie gestellt[19].
Wenden wir uns nun diesen organisationstheoretischen Ansätzen zur Klärung des Effizienzproblems zu: Inwieweit können diese Ansätze beanspruchen, über das handlungsbezogene Effizienzkonzept hinauszugehen und – soweit es die Systemtheorie betrifft – sich von der Ziel-Mittel-Relation und der damit verbundenen Beurteilungskomplexität zu lösen und auf organisatorischer Ebene einen unstrittigen, über die Formaldefinition hinausgehenden Effizienzbegriff zu entwickeln?

2.2 Effizienzkonzepte in der Organisationstheorie

Auch die Organisationstheorie hat bisher keinen Konsens darüber erzielen können, was unter Effizienz zu verstehen ist; d. h. es lassen sich Unterschiede in der Festlegung der Valenzen und damit in der Bestimmung der als relevant zu betrachtenden input- und output-Kategorien feststellen. Der Effizienzbegriff ist dabei einerseits von der Wahl theoretischer Modelle abhängig (Ziel- oder System-Modell), andererseits lassen sich Auffassungsunterschiede daraus erklären, daß neben den divergierenden Modellprämissen auch von – meist implizit – unterschiedlichen Wertprämissen ausgegangen wird, deren Selektivität sich aus der jeweiligen Wahl des Wert-Bezugssystems (Organisation, Mitglieder, Umwelt) erklären läßt. Die Wahl der Beurteilungsperspektive ist jedoch u. E. einer wissenschaftlichen Diskussion ebenso entzogen wie das Urteil über unterschiedliche Valenzen der Handlungseffizienz.
Die klassische Organisationstheorie hat zunächst das Schema der Handlungsrationalität als Ziel-Mittel-Optimierung auf die Gestaltung und Beurteilung von Organisationen übertragen. Organisationen und Organisationsmodelle

wurden dann als effizient bezeichnet, wenn die strukturellen Merkmale die Verwirklichung der oder des Organisationsziele(s) zu gewährleisten schienen. Die gesamte Organisation wurde also als ein Mittel angesehen, um diese Ziele zu realisieren. Bezeichnenderweise wird diese Effizienzrelation auch mit handlungsbezogenen Konzepten umschrieben wie „organizational sucess" oder „organizational performance"[20]. Sowohl in den Organisationsmodellen, die sich auf Wirtschaftsorganisationen beziehen, als auch im Weberschen Bürokratiemodell werden die inhaltlichen Ziele der Organisationen von der Theorie zunächst weder einer theoretischen Kritik in ihrem Wert als Erklärungsfaktor noch einer normativen Problematisierung unterzogen. Sie gelten als unstrittig im theoretisch-methodischen und im normativ-moralischen Sinne. Während Max Weber sich dieser Reflexion, dem Werturteilsfreitheits-Postulat folgend, durch den Rückgriff auf die von konkreten Zielsetzungen und Wertungen abstrahierende Kategorie der formalen Rationalität entzog, übernahmen die Theoretiker, die ihre Modelle auf Wirtschaftsunternehmen bezogen, mehr oder weniger ausdrücklich die faktisch vorherrschenden Unternehmensziele und damit i. d. R. Kategorien wie Profit, Rentabilität oder Umsatz als Bewertungskriterien. Die mit der Human-Relations-Schule einsetzende Kritik der empirischen Organisationsforschung richtet sich zunächst im wesentlichen auf die faktischen Prämissen der klassischen Theorie der „Maschinen"- und „Befehlsmodelle"[21], ohne dabei jedoch prinzipiell das Verständnis von Effizienz als optimaler Struktur-(Unternehmens-)Ziel-Relation aufzugeben; auch die Entwicklung „effizienterer" Strukturformen wie der „professionellen" oder der „organischen" Modelle[22] leitet den Anspruch auf größere Effizienz aus dem Bezug zur Zielverwirklichung des Systems ab.

Während als Ziele für Wirtschaftsorganisationen von der Theorie – meist unausgesprochen – die Produktivitätserhöhung oder die Profitmaximierung[23] unterstellt bzw. akzeptiert wurden, galt als Bezugspunkt der Analyse von Verwaltungsbürokratien die Erfüllung vorgegebener – man wird sagen dürfen: Ordnungsaufgaben[24].

Diese Ausrichtung von Organisation an formalen Oberzielen, die als relativ konstant und autonom gesetzt interpretiert wurden, mußte jedoch in einer sich zunehmend dynamisierenden Umwelt zur Bedrohung durch Existenzkrisen (bei Unternehmen) bzw. Loyalitäts- und Systemkrisen (bei staatlichen Bürokratien) führen. Die Neuorientierung eines Teils der Organisationstheorie in Gestalt systemtheoretischer Ansätze, die sowohl die Beziehung der Organisation zu ihrer jeweiligen Umwelt in die Analyse aufnimmt als auch folglich die Zielsetzungen der Organisation als variabel und heteronom begreift, spiegelt deshalb „bis zu einem gewissen Grade einen konkreten historischen Wandel wider"[25], da auch in der Theorie der Zielbereich hinterfragt wird.

Mit dem Vordringen systemtheoretischer Modelle in der modernen Organisationstheorie und ihrer theoretischen und methodischen Kritik an dem von formalen und fixen Zielen ausgehenden Ziel-Modell ändert sich auch die Einstellung zum Effizienzkonzept, das man – historisch zu Recht – eng mit dem Ziel-Modell verbunden sah, da sowohl Effizienzkonzept als auch Ziel-Modell von der Zweck-Mittel-Relation ausgehen. Hierin kommt sowohl die Einsicht zum Ausdruck, daß Ziele wie „Profitmaximierung“ usw. das jetzt als vordringliches Problem definierte „Überleben“ (gleichgültig mit welchen Zielverwirklichungen) nicht sichern können und darüber hinaus mit der zunehmenden Tendenz zu „market share“ Strategien von Großkonzernen auch empirisch nicht mehr zutreffen[26]; andererseits kommt in der Abkehr vom Effizienzdenken auch der Versuch zur Entwicklung einer allgemeinen System- und Organisationstheorie zum Ausdruck, die sich mit ihren Begriffen und Fragestellungen nicht mehr ausschließlich auf bestimmte Organisationstypen – was den Begriff „Effizienz“ betrifft: auf Wirtschaftsunternehmen – beziehen kann. Scheinbar wird deshalb in der eher analytisch-deskriptiven als normativ-präskriptiven Systemtheorie zunächst mit der Abkehr vom *Begriff* „Effizienz“ auch das Konzept und die schon immer Wertungen implizierende Frage nach der Effizienz aufgegeben. Stattdessen wird jetzt – in hilflos anthropomorpher Begrifflichkeit – das „Überleben“, die „Systemerhaltung“[27] und die „Grenzerhaltung“[28] der Organisation Bezugspunkt der Analyse, spricht man von „organizational health“[29] und „organizational growth“[30]. Ist das Effizienzkonzept in dem von uns definierten praxeologischen Sinne wirklich so eng an das Ziel-Modell der Organisation gebunden und daher bei einer Organisationsbetrachtung, die davon ausgeht, daß Systeme nicht nur eine konstante Zielfunktion maximieren, sondern danach streben zu überleben, aufzugeben? Dies ist u. E. nicht erforderlich. Denn wenn – zumindest von der präskriptiv orientierten Organisationstheorie – versucht wird, für das durchaus beobachtbare faktische Überlebensstreben funktionale Bestandsvoraussetzungen der Organisation zu ermitteln, erhält das „system-survival model“[31] nicht nur eine normative Wendung, weil der Theoretiker eine neue Valenz – nämlich das Überleben als Zweck – als Effizienzkriterium einführt, sondern es wird das bekannte Zweck-Mittel-Schema auf theoretischer (nicht unbedingt auch empirischer) Ebene wieder aufgenommen, indem bestimmte Funktionsvoraussetzungen zum Überlebenszweck in Beziehung gesetzt werden.
Für den Organisationspraktiker kann der Systembestand häufig jedoch keine operative Zielgröße abgeben; für den Analytiker ist das Bestandsziel normativ nicht immer akzeptabel. Etzioni hat – vermutlich deshalb – als Kompromiß ein System-Ziel-Modell (system effectiveness-modell) angeboten[32], vermutlich um die präskriptive Wertlosigkeit des „reinen“ System-Modells auszugleichen[33]: es besagt nicht mehr, als daß Organisationen sich in ihren

Strukturen und Prozessen nicht nur wie im Zielmodell an der formalen Zielfunktion ausrichten, sondern dabei die funktionalen Voraussetzungen für die Bestandssicherung beachten (sollen). Durch die Betonung der Anpassungsfähigkeit und Flexibilität wird dabei ins Bewußtsein gerufen, daß Organisationsstrukturen und Organisationsziele variabel zu halten sind, da durch letztere Tauschprozesse mit der Umwelt ermöglicht und durch Zieländerungen Reaktionen auf veränderliche Anforderungen vermittelt werden.

Zielerreichung ist damit nicht mehr das einzige, sondern neben der Erfüllung anderer funktionaler Voraussetzungen eines unter anderen Kriterien des auf Organisationen bezogenen Effizienzkonzeptes des systemtheoretischen Ansatzes. Diese zusätzlichen funktionalen Voraussetzungen müssen nach Ansicht der diesen Ansatz vertretenden Autoren erfüllt sein und als Kriterien bei der Effizienzbeurteilung berücksichtigt werden, auch wenn sie außerhalb des Bewußtseins und der Intention der Organisationsmitglieder liegen. So unterschied schon Ch. Barnard zwischen „effectiveness" und „efficiency", zwischen der Erfüllung der formalen Organisationsziele und der als Funktionsvoraussetzung längerfristiger Systemerhaltung interpretierbaren Erhaltung der Arbeitszufriedenheit und Leistungsmotivation der Organisationsmitglieder[34]. Georgopoulos und Tannenbaum erweitern den Effizienzbegriff um die Systemmerkmale „psychische Belastung der Mitglieder", „organisationsinternes Konfliktniveau" und „organisatorische Flexibilität"[35]. Von Ansoff und Brandenburg wird die organisatorische Flexibilität wiederum nur als eine von verschiedenen Stufen des Effizienzmerkmals „Umweltreagibilität" angesehen[36]. Schließlich führen Katz und Kahn die Verhandlungsmöglichkeiten der Organisation gegenüber ihrer Umwelt als ein „politisches" Merkmal in die Effizienzformel ein[37]. Bei diesen komplexeren Effizienzbegriffen wird jedoch nicht immer deutlich, ob die Systemmerkmale als Mittel zur Erreichung der Organisationsziele bei gleichzeitiger Bestandssicherung interpretiert werden oder ob sie als eigenständige Ziele in den output-Komplex aufgenommen werden.

Dies mag wiederum daran liegen, daß Autoren, die diese Kriterien verwenden und sie als Mittel bzw. Voraussetzungen für bestimmte Zielzustände interpretieren, in der Regel den Bezug zu diesen Zielzuständen unausgesprochen lassen, äußerlich von einer Zweck-Mittel-Interpretation abrücken und nur noch das Vorhandensein der „Mittel" überprüfen, die sie als Indikatoren organisatorischer Effizienz gewählt haben[38]. Die Validität solcher „sekundärer" Kriterien setzt aber voraus, daß ihr Zusammenhang mit Systemerfordernissen der Überprüfung zugänglich ist.

Wir können hier zunächst als Ergebnis des Vergleichs von Effizienzkonzepten im Ziel- und im System-Modell der Organisationstheorie festhalten, daß auch im System-Modell Effizienz nicht außerhalb der Ziel-Mittel-Relation

gedacht werden kann. Unterschiede in den Ansätzen ergeben sich nur insofern, als sich die Auffassungen von dem, was als Ziel zu betrachten ist, also der Valenzen, geändert haben.
Ein weiterer Aspekt ist von Bedeutung für die Übertragung des Effizienzbegriffs auf die öffentliche Verwaltung, der in der theoretischen Diskussion des Effizienzkonzeptes bisher zu wenig hervorgehoben wurde und dennoch eine nicht unbedeutende Rolle spielt: die normativen Prämissen, die in die Effizienzbeurteilung notwendigerweise eingehen.

2.3 Normative Prämissen der Effizienzbegriffe

Es hatte sich gezeigt, daß eine Effizienzbeurteilung von Handlungen und von Organisationen nur hinsichtlich gewisser Zielbezüge möglich ist. In der Organisationstheorie werden, besonders im Zielmodell, als Bezugspunkte der Beurteilung die in der Organisation und hier zumeist die von der Organisationsspitze vertretenen Ziele gewählt. Die Orientierung der Theorie an den Valenzen der Organisation, die sie untersucht, ist jedoch eine willkürliche, wissenschaftlich nicht mehr zu begründende Wertentscheidung des Theoretikers und damit nur eine unter anderen Möglichkeiten zur Wahl von relevanten Ziel- und Wertkriterien. Die Erkenntnisse der Human-Relations-Schule mündeten nicht nur in eine Revision der faktischen Prämissen für die Stimulierung individueller Leistungsmotivation, wurden nicht nur vom Management instrumental, im Weberschen Sinne zweckrational, als Grundlage von Manipulationstechniken verwendet, sondern in der Folgezeit wurde die individuelle Arbeitszufriedenheit und Selbstverwirklichung der Organisationsmitglieder in der Theorie zum Teil auch als eigenständiges Ziel – wertrational – verfolgt. Die immer wieder auftauchenden Widersprüche zwischen Individuum und Organisation[39], zwischen Effizienz und Selbstverwirklichung oder jüngst zwischen Effizienz und Demokratie[40] sowie zwischen Effektivität und Integrationswert[41] deuten auf diesen Zielkonflikt in Organisationen hin, mit dem sich auch die Organisationstheorie auseinandersetzen muß. Allerdings erhält der Begriff „Effizienz“ in dieser Kontroverse eine eingeschränkte normative Bedeutung als Relation zwischen Mitteln und Unternehmenszielen, denen andere Ziele, die sich aus einem gesellschaftlichen Bezugssystem ableiten, gegenübergestellt und somit terminologisch aus der Effizienzformel ausgesondert werden, wenn sie sich nicht unter die Organisationsziele subsumieren und als Mittel interpretieren lassen[42]. Diese theoriegeschichtlich bedingte Einschränkung in der Verwendung des Effizienzbegriffs auf bestimmte Organisationstypen und hierbei auf spezielle Valenzen ist angesichts des Formal-Charakters dieses Begriffs logisch und systematisch wohl kaum zu rechtfertigen. Konsequent zu Ende geführt wird die normative Einschränkung des Effizienzkonzepts als Optimierung von Unternehmerzielen durch die Organisationstypologie von Blau und Scott, die Effizienz nur noch als Problem von Wirtschaftsunternehmen betrachten, während sie für „mutual benefit organizations" in erster Linie die Aufrechterhaltung interner demokratischer Prozesse als Beurteilungsproblem ansehen[43]. Damit okkupieren sie das Effizienzkonzept nicht nur für eine bestimmte unter möglichen alternativen Valenzen, nämlich Profit, sondern schließen den Begriff auch durch die exklusive Verwendung für einen Organisationstyp als allgemeine theoretische Kategorie aus.

Friedländer und Pickle berücksichtigen dagegen in ihrem Effizienzkonzept, ohne selbst explizit normativ Stellung zu beziehen, nicht nur die Organisationsziele, sondern auch die Erfüllung bestimmter normativer Erwartungen der sozialen Umwelt, zu der sie die Organisationsmitglieder als eine und die Konsumenten, Gläubiger usw. als andere Bezugsgruppe zählen, da ihrer Ansicht nach nur unter dieser Bedingung die Anpassungsfähigkeit der Organisation gewährleistet sei[44]. Damit beziehen sie eine Gegenposition zu Seashore und Yuchtman, die dekretiert hatten: „conceptual schemes that link organizational effectiveness solely to the value of some element in the environment must be rejected. Instead the standards of effectiveness are to be sought with reference to the organization itself"[45]. Offenbar bewegen wir uns hier nicht mehr in einer Kontroverse, die rein wissenschaftlich zu entscheiden ist; vielmehr werden hier Werturteile erforderlich – eine Entwicklung, die nicht zuletzt durch die Problematisierung des Zielkonzeptes der klassischen Theorie durch die Systemtheorie eingeleitet wurde. Andererseits ist damit jedoch die Effizienzbeurteilung von Wirtschaftsunternehmen nicht mehr von der auf Verwaltungseinheiten bezogenen Effizienzbeurteilung prinzipiell verschieden, denn beschließt man einmal, auch den Output von Unternehmen hinsichtlich seiner externen sozialen Kosten oder die Arbeitsbedingungen hinsichtlich der Zufriedenheit der Organisationsmitglieder zu bewerten, Forderungen, denen sich die öffentliche Verwaltung konfrontiert sieht, dann läßt sich auch die Effizienz von Unternehmen nicht mehr unter Bezug auf interne Ziele in Geld kalkulieren[46]. Weitet man den Wert- und Zielhorizont der Effizienzbeurteilung derartig aus, so ergeben sich logisch identische Probleme bei der Beurteilung organisatorischer wie der entscheidungsbezogenen Effizienz.

3. Aspekte eines Effizienzbegriffs für die öffentliche Verwaltung

Bei der Übertragung des Konzepts organisatorischer Effizienz auf Einheiten der öffentlichen Verwaltung stellen sich nach den vorangegangenen Ausführungen zwei zentrale Fragen: zum einen ist zu entscheiden, welchen der möglichen Modellansätze man zugrundelegt; zum anderen wird man sowohl die Wertimplikationen dieser Ansätze als auch explizite normative Forderungen, denen die Verwaltung genügen soll, bei der Bestimmung eines Effizienzbegriffs zu berücksichtigen haben.

Was den Modell-Ansatz betrifft, ist es offenbar wenig sinnvoll, die Effizienz der öffentlichen Verwaltung im Rahmen eines System-Überlebens-Modells beurteilen zu wollen, besteht doch gerade ein nicht seltenes Problem darin, einmal geschaffene Einheiten wieder aufzulösen, sobald sie ihre Aufgaben erfüllt haben und ihnen keine neuen Aufgaben übertragen werden. Das Bestandskriterium dürfte deshalb für einzelne Einheiten der öffentlichen Verwaltung normativ nicht akzeptabel sein, da es gerade der Rationalität des Gesamtsystems entsprechen könnte, diese Verwaltungseinheiten aufzulösen.

Einen adäquaten Ansatz liefert dagegen das System-Ziel-Modell der Organisation, in dem sich die Effizienz danach entscheidet, inwieweit bestimmte Aufgaben (als Ziele) relativ zum Ressourceneinsatz erfüllt werden, ohne daß bestimmte Funktionsvoraussetzungen vernachlässigt werden. Zugleich bringt der Systemaspekt zum Ausdruck, daß die Verwaltung als umweltoffenes System eine Vielzahl von Zwecken und Aufgaben zu erfüllen hat, die nicht immer in ihrer formalen Aufgabenstellung enthalten sind. Hier sei nur an sozialpolitische Funktionen erinnert, die die Verwaltung etwa durch die Beschäftigung von Rehabilitanden zu erfüllen hat, ohne daß diese in der Praxis zu berücksichtigenden Interessengesichtspunkte in der formalen Aufgabenbeschreibung ausgewiesen sind. Hinzu treten Funktionen, die nicht einzelne Verwaltungseinheiten allein erfüllen, sondern die nur als Leistungen des Gesamtsystems erbracht werden können, wie etwa ein bestimmtes Maß an sozialer und politischer Integration. Diese letztlich normativ begründeten Anforderungen neben der offiziellen Zieldefinition lassen sich als Restriktionen interpretieren, die bei der Aufgabenerfüllung zu berücksichtigen sind.

Umweltoffenheit bedeutet aber auch, daß sich die Zwecksetzungen der Verwaltung im Zeitablauf wandeln, sich die Prioritäten verschieben und Ziele nicht immer konfliktfrei sind, sondern bei ihrer Verwirklichung in der Regel um knappe Ressourcen gerungen wird. Wenn Verwaltungseinheiten in der Regel auch mehrere operative Ziele simultan erfüllen können, so ist damit nicht gesagt, daß eine Effizienzbeurteilung, die die Systemaspekte berücksichtigt, auf die Überprüfung der Zielerreichung verzichten könnte. „Any evaluation which uses the system model must also include several goal model assessments[47].“ Denn Verwaltungshandeln und die Existenz von Verwaltungseinheiten legitimieren sich nicht zuletzt durch die Realisierung der ihnen übertragenen Aufgaben.

Die Bestimmung der Aufgaben wird dabei im Bereich der Vollzugsverwaltung unproblematischer sein als im Bereich der planenden Verwaltung. Selbst wenn man davon ausgeht, daß auch im Vollzugsbereich eine wesentliche Aufgabe von Effizienzuntersuchungen zunächst darin bestehen wird, die Zielstrukturen zu ermitteln und diese sowohl auf ihre interne Konsistenz als auch auf Übereinstimmung mit übergeordneten Zielen zu überprüfen, um ein suboptimales Verhalten zu erkennen, sind „in diesem Bereich den Organisationsüberlegungen der öffentlichen Hand durch die Indisponibilität ihrer Entscheidungsprogramme – genauer: durch die Trennung der Kompetenzen zur Änderung der organisatorischen und programmatischen Entscheidungsprämissen – Grenzen gesetzt“[48].

Anders jedoch im Bereich der planenden bzw. programmierenden Verwaltung: die Ziele sind hier kaum in Form vorgegebener Aufgaben auszumachen, ihre Verwirklichung besteht nicht in der Erstellung konkreter an die Umwelt abgegebener Leistungen. Hier wird man im wesentlichen die Programmqualität zu überprüfen haben, wenn man von der Zweckerfüllung ausgeht. Dabei ist allerdings zu berücksichtigen, daß besonders die programmierende Verwaltung faktisch und verfassungsmäßig bei der Programmgestaltung nicht autonom ist, so daß Mängel der Programmerstellung sich nicht eindeutig der Bürokratie anlasten lassen. Insofern würden Effizienzuntersuchungen z. B. im Bereich der Ministerialverwaltung des Bundes auch zur Beantwortung der Frage beitragen können, inwieweit sich durch organisatorische und technische Neuerungen, die darauf abzielen, den Verwaltungsapparat „intelligenter“ zu machen, Verbesserungen der Programmqualität überhaupt erreichen lassen oder ob hierfür nicht Grenzen gesetzt sind durch die „Irrationalität politischer Input-Strukturen“[49]

Dieses interne Zurechnungsproblem stellt sich auch bei der Beurteilung der eher vollziehenden Verwaltungseinheiten, wenn man die Aufgabenerfüllung entsprechend ihrer umweltverändernden Intentionen von ihren sozialen und ökonomischen Auswirkungen (impact) her beurteilt. Denn es wäre offenbar verfehlt, die Effizienz der Verwaltung als ganzer nach bestimmten Fallzahlen oder Transfer-Zahlungen an die Bürger zu beurteilen[50], obwohl die Höhe des output sehr wohl von Bedeutung für die Zielerreichung des Programms sein kann. So ist einerseits die Wirksamkeit des Verwaltungshandelns der vollziehenden Instanzen durch die Programmqualität weitgehend begrenzt. Andererseits ist allerdings nicht auszuschließen, daß die Wirksamkeit von Programmen nicht nur durch ihre Qualität, sondern auch durch die Art des Vollzugs beeinträchtigt wird. Dies würde wiederum bei der Leistungsbeurteilung der programmierenden Instanzen zu beachten sein.

Die Beurteilung der Programmqualität wird sich darüber hinaus kaum darauf beschränken können, nur diejenigen Wirkungen zu registrieren, die sich auf das oder die mit dem Programm intendierten gesellschaftlichen Veränderungen beziehen. Vielmehr wird die Messung des impact über eine an selektiven politischen Zielen orientierte Erfolgskontrolle hinausgehen müssen und auch Nebenwirkungen hinsichtlich anderer Ziele und Interessen Aufmerksamkeit zu schenken haben.

Abgesehen von den methodischen Problemen einer impact-Messung, auf die im folgenden Abschnitt einzugehen sein wird, stellen sich hierbei Bewertungsprobleme, auf die schon im Zusammenhang mit der Beurteilung der Handlungseffizienz oder -rationalität hingewiesen wurde. Eine Beurteilung der Programmqualität in sozialen Kosten und Nutzen, also nicht nur die Überprüfung der Verwirklichung einer begrenzten Anzahl von Zielen, geht dabei letztlich über eine reine Maßnahmen- oder Programmkritik hinaus und wird zur Zielkritik[51].

Eine derartige Ziel- und Programmkritik ist dabei prinzipiell offen für alle möglichen Wert- und Interessengesichtspunkte, nicht nur die, die im parlamentarisch-repräsentativen Legitimationszusammenhang zum Tragen kommen. Normative Zielkritik, die außerhalb gängiger Legitimationszusammenhänge gründet, und wertende impact-Untersuchung sind deshalb in ihrem Ergebnis weitgehend nur Kehrseiten derselben theoretischen Medaille und stoßen letztlich auf die Frage nach der gesellschaftlichen Wohlfahrtsfunktion[52].

Theoretisch nicht lösbare normative Fragen stellen sich jedoch nicht nur im Zusammenhang mit der ziel- und aufgabenbezogenen Betrachtung der öffentlichen Verwaltung, sondern auch hinsichtlich der darüber hinausgehenden, als Restriktionen für die Zieltätigkeit interpretierbaren „standards of desirability" wie z. B. „Bürgernähe", „Partizipation der Betroffenen" usw., soweit diese noch nicht in die Beurteilung der sozialen Kosten und Nutzen eingegangen sind.

Ebenso wie die Frage nach den zu berücksichtigenden Auswirkungen der Verwaltungstätigkeit und ihrer Bewertung ist auch die Bestimmung weiterer normativer Randbedingungen für eine verwaltungsbezogene Effizienzformel nicht vorab theoretisch zu lösen[53], wenn man sich nicht dem Vorwurf der Willkürlichkeit aussetzen und die Irrelevanz der Ergebnisse hinnehmen will. Es müßte vielmehr versucht werden, einen Konsensus über die standards der Effizienzbeurteilung bei allen relevanten Bezugsgruppen (in der sozialen Umwelt, aber auch bei den Verwaltungsmitgliedern) herzustellen. Es wird jedoch kaum davon auszugehen sein, daß sich dabei ein praktikabler, auf *alle*

Verwaltungseinheiten gleichermaßen anwendbarer Effizienzbegriff ergeben wird, der mehr als eine deklamatorische Leerformel oder eine Formaldefinition wäre, da sowohl die Aufgaben einzelner Verwaltungseinheiten qualitativ verschieden sind als auch die normativ einzuführenden zusätzlichen Restriktionen nicht generell festgelegt werden können. Jeder empirisch benutzbare Effizienzbegriff verlangt vielmehr eine doppelte Reduktion. Diese Reduktion betrifft einmal die Zahl der input-, output- und impact-Komponenten, die berücksichtigt werden; dabei können nur Variable berücksichtigt werden, die – wie grob auch immer – meßbar sind. Zweitens ist eine Reduktion im beanspruchten Geltungsbereich erforderlich: praktikable Effizienzbegriffe werden sich immer nur für Kategorien ähnlicher Verwaltungseinheiten formulieren lassen, da die Reduktion qualitativ unterschiedlicher Ziele, wie sie z. B. ein Ministerium und ein örtliches Sozialamt kennzeichnen, auf eine gemeinsame Nutzenskala nicht möglich ist. Im übrigen bleiben die Operationalisierungsprobleme selbst für einen in zweifacher Hinsicht reduzierten Effizienzbegriff erheblich.

Anmerkungen

* Gekürzte Fassung des Aufsatzes „Theoretische und methodische Probleme der Beurteilung organisatorischer Effizienz der öffentlichen Verwaltung", abgedruckt aus: Die Verwaltung, 1974, 1, S. 1–16.
Der Aufsatz faßt Überlegungen zusammen, die im Rahmen der von der Stiftung Volkswagenwerk geförderten Vorarbeiten zu einem Forschungsprogramm „Effizienz der öffentlichen Verwaltung" am Forschungsinstitut der Hochschule für Verwaltungswissenschaften Speyer unter der Leitung von Professor Dr. R. Mayntz-Trier erarbeitet wurden. Der Verfasser verdankt Professor Mayntz-Trier wesentliche Anregungen.

1 Dies läßt sich sowohl aus den Zielvorstellungen der „Projektgruppe Regierungs- und Verwaltungsreform beim Bundesminister des Inneren" als auch aus denen der „Studienkommission für die Reform des öffentlichen Dienstrechts" belegen.

2 So bei Frido Wagener, Neubau der Verwaltung – Gliederung der öffentlichen Aufgaben und ihrer Träger nach Effektivität und Integrationswert, Berlin 1969, der die Bedeutung der Effektivität als Reformmaßstab nachweist und sie zur Grundlage seines Maßstabsystems wählt.

3 Hieran ändert auch die Übernahme des Begriffs „Effizienz" nichts. W. B. Stolber, Effizienz der öffentlichen Wirtschaft, Jb. f. Sozwiss. 19 (1968), S. 363 bis 388, und G. Gröbner, Effizienzanalysen im Staatssektor, Die Verwaltung 3 (1970), S. 297–316, befassen sich mit der Kosten-Nutzen-Analyse.

4 H. Siedentopf, Wirtschaftlichkeit in der öffentlichen Verwaltung, Baden-Baden 1969.

5 W. Leisner, Effizienz als Rechtsprinzip, Tübingen 1971.

[6] Als wohl spektakulärster Fall eines zumindest partiellen Mißerfolgs sei hier auf das PPB-System verwiesen; vgl. T. O'Coffaigh, New Integrated Systems for Planning und Budgeting, Bericht des XV. Int. Kongreß d. Int. Institute of Adm. Science, Rom 1971, sowie H. Reinermann, Zehn Jahre Systembudgetierung in der US-Bundesregierung, in: Kaiser (Hrsg.), Planung VI, Baden-Baden 1972, bes. S. 318–342.

[7] J. D. Thompson, Organizations in Action, New York usw. 1967, S. 84 ff.

[8] Y. Dror, Die Effizienz der Regierungstechnik, Die Verwaltung 5 (1972), S. 385–402; ähnlich F. Naschold, Vernachlässigte Aspekte der Regierungs- und Verwaltungsreform in der BRD, Kommunikation 5 (1969), S. 191–200, der auf eine Tendenz zur technokratischen Verkürzung effizienzorientierter Reformansätze hinweist.

[9] H. A. Simon, Administrative Behavior, New York 1968 (1st paperback ed.), S. 180–186, gibt einen historischen Abriß des Begriffs und setzt sich mit den Vorurteilen gegen seine Verwendung auseinander.

[10] Zum Effizienzbegriff der Praxeologie s. W. Gasparski, Zum Effizienzbegriff, Kommunikation 5 (1969), S. 81–99.

[11] Eine andere Version, die vom „scientific management" benutzt wurde, definiert Effizienz als Verhältnis zwischen aktuellen und erwartetem oder potentiellem Leistungsniveau. Siehe H. A. Simon, a. a. O., S. 181.

[12] T. Kotarbinski, Traktat über die gute Arbeit, Warschau 1965, S. 127 (zitiert nach Gasparski, a. a. O.).

[13] s. die Arbeiten der Carnegie School, insbes. March/Simon, Organizations, New York 1958; Cyert/March, A Behavioral Theory of the Film, Englewood Cliffs 1963.

[14] Um einzelne Ziel-Mittel-Relationen auszudrücken, ist es dagegen nicht erforderlich, daß input und output auf gleichen Dimensionen liegen.

[15] Vgl. K. Grenzdörfer, Probleme der Produktivitätsmessung in der empirischen Wirtschaftsforschung, Das Argument 1972, S. 408–443.

[16] s. N. Luhmann, Kann die Verwaltung wirtschaftlich handeln? Verwaltungsarchiv 51 (1960), S. 97–115.

[15] Vgl. H. Karehnke, Zur Wirtschaftlichkeitsmessung im staatlichen Bereich, DVBl. 85 (1970), S. 949–960.

[18] Hier sei nur auf die gegenteiligen Schlußfolgerungen der Kosten-Nutzen-Analysen bei der Entscheidung über den Bau des Saar-Pfalz-Kanals verwiesen.

[19] N. Luhmann, Zweckbegriff und Systemrationalität, Tübingen 1968.

[20] Theodore Caplow, The Criteria of Organizational Success, in: K. Davis/ W. F. Scott (eds.), Readings in Human Relations, New York 1959, S. 92–106; Rensis Likert, Measuring Organizational Performance, Harvard Business Review 36 (1958), S. 41–50.

[21] March/Simon, Organizations, a. a. O., S. 12–33.

[22] P. M. Blau, The Dynamics of Bureaucracy, Chicago 1955, und Burns/Stalker, The Management of Innovation, London 1961.

[23] H.-G. Stratmann, Die Kriterien der Leistungswirksamkeit im Rahmen der Gestaltung betriebswirtschaftlicher Organisationen, Diss. München 1968, kommt zu diesem Schluß als Ergebnis einer Literaturanalyse, S. 72 ff.

[24] Vgl. N. Luhmann, Zweck, Herrschaft, System. Grundbegriffe und Prämissen Max Webers, Der Staat (3) 1964, S. 129–158.

[25] R. Mayntz/R. Ziegler, Soziologie der Organisation, in: Handbuch der empirischen Sozialforschung, Bd. II, hrsg. von R. König, Stuttgart 1969, S. 156.

[26] A. D. H. Kaplan, Big Enterprise in a Competitive System, Washington, D. C. 1964.

[27] T. Parsons, The Analysis of Formal Organizations, in: id., Structure and Process in Modern Society, Glencoe 1960, S. 16-98.

[28] N. Luhmann, Funktionen und Folgen formaler Organisation, Berlin 1964.

[29] W. G. Bennis, Toward a „truly" scientific management: organization health, in: ders., Changing Organizations, Essays on the Development and Evolution of Human Organization. New York 1966, S. 34-63.

[30] W. Starbuck, Organizational Growth and Development, in: J. March (ed.), Handbook of Organizations, New York 1965.

[31] A. Etzioni, Two Approaches to Organizational Analysis: A Critique and a Suggestion, ASQ 5 (1960), S. 257–278.

[32] Ibid., Der Zusammenhang zwischen System-Überlebens-Modell und System-Ziel-Modell bleibt bei ihm jedoch unklar. F. Naschold, Organisation und Demokratie, Stuttgart 1972, S. 10, spricht von System-Ziel-Modell, um die Einführung einer fundamental-demokratischen Zielfunktion auszudrücken.

[33] L. B. Mohr, The Concept of Organizational Goal, APSR 1973, S. 470–481.

[34] Ch. I. Barnard, The Functions of the Executive, Cambridge, Mass. 1938, 55 bis 59.

[35] B. S. Georgopoulos/A. S. Tannenbaum, A Study of Organizational Effectiveness, ASR 22 (1957), S. 534–540.

[36] H. I. Ansoff/R. G. Brandenburg, A Language for Organization Design, in: E. Jantsch (ed.), Perspectives of Planning, Paris 1969, S. 351–395.

[37] Katz/Kahn, The Social Psychology of Organizations, New York 1966, S. 164 ff., sowie darauf aufbauend E. Yuchtman/Stanley E. Seashore, A System Ressource Approach to Organizational Effectiveness, ASR 32 (1967), S. 891–903.

[38] Am deutlichsten bei Yuchtman/Seashore, a. a. O., die nur noch die Ressourcen-Seite als Indikatoren wählen.

[39] Ch. Argyris, Personality and Organisation, New York 1957.

[40] Böhret, Effizienz der Exekutive als Argument gegen Demokratisierung?, PVS 1970 (Sonderheft 2), S. 243–273; F. Naschold, Organisation und Demokratie, a. a. O.

[41] F. Wagener, Neubau der Verwaltung, a. a. O.

[42] R.-R. Grauhan, Politikwissenschaftliche Forschung zur Verwaltung, DÖV 1970, S. 588, weist darauf hin, daß der Gegensatz zwischen Demokratie und Effizienz sich aus einem „restriktiv im Sinne technologischer Effizienz" interpretierten Rationalitätsbegriff ergibt.

[43] P. M. Blau/W. R. Scott, Formal Organisations, London 1963, S. 43.

[44] F. Friedländer/H. Pickle, Components of Effectiveness in Small Organizations, ASQ 13 (1968), S. 289–304.

[45] Stanley Seashore/E. Yuchtman, Factorial Analysis of Organizational Performance, ASQ 12 (1967), S. 395.

[46] So unterscheidet P. Eichhorn, Grundsätzliche Bemerkungen zur Kosten-Nutzen-

Analyse, WIBERA-Sonderdruck Nr. 34, 1972, zwischen einzelwirtschaftlicher und gesamtwirtschaftlicher Effizienz.

[47] P. Levinson, Goal-Model und System-Model Criteria of Effectiveness, in: Lyden/Miller (eds.), Planning, Programming, Budgeting. A System Approach to Management, Chicago 1972, S. 295.

[48] N. Luhmann, Die Grenzen einer betriebswirtschaftlichen Verwaltungslehre, Verw. Arch. 56 (1965), S. 311.

[49] F. Naschold, Vernachlässigte Aspekte . . ., a. a. O.

[50] Vgl. die Kritik an der sog. „output-Forschung" der amerikanischen policy science durch I. Sharkansky, Environment, Policy, Output, and Impact, in: ders. (ed.), Policy Analysis in Political Science, Chicago 1970, S. 61–79, der insbesondere darauf verweist, daß es kaum reichen kann, den policy-output an der Ausgabenhöhe zu messen.

[51] Diese Aussage ist auch einsichtig, wenn man bedenkt, daß planungslogisch ein Ziel durch die Bestimmung von Maßnahmen (ex ante) operationalisiert wird.

[52] Einen Überblick über die ökonomischen Ansätze zur Bestimmung einer gesamtgesellschaftlichen Nutzenfunktion gibt E. J. Mishan, A Survey of Welfare Economics, 1939–59, Econ. Journ. 1960, S. 197–265.

[53] Eine normativ fundierte Politikanalyse fordern dagegen Grauhan/Green/Linder/Strubelt, Politikanalyse am Beispiel des Verstädterungsproblems, PVS 12 (1971), S. 417 f.

II. Organisation und Kooperation in der öffentlichen Verwaltung

A. Bestandsaufnahme und Probleme

Organisationsprinzipien und Führungsgrundsätze in der öffentlichen Verwaltung

Armin Töpfer

1. Problemstellung

Organisation und Führung sind auch in der öffentlichen Verwaltung zwei zentrale Problembereiche, die einer umfassenden Gestaltung und Regelung bedürfen. In diesem Beitrag werden hierzu spezifische Ansatzpunkte aufgezeigt. Sie basieren auf dem allgemeinen organisations- sowie führungstheoretischen Rahmen und werden durch konkrete Umsetzungsmöglichkeiten ergänzt.

Zunächst werden Ziele der Verwaltungsorganisation und -führung erläutert. Danach wird der Zusammenhang zwischen Organisationsprinzipien und Führungsgrundsätzen analysiert, die sich aus diesen Zielsetzungen ableiten lassen. Einzelne praktikable Organisationsprinzipien und relevante Führungsgrundsätze als Gestaltungs- und Steuerungsmaximen werden im Anschluß hieran untersucht. Abschließend und zusammenfassend werden Schlußfolgerungen für die Verwaltungsorganisation und -führung angesprochen.

Unter dem Begriff *Organisation*[1] wird hierbei – im Sinne der instrumentalen Definition – die Summe aller zweckgerichteten aufbau- und ablauforganisatorischen Regelungen verstanden, die auf die Analyse und Zuordnung von Aufgabeninhalten zu einzelnen Stellen, deren Zusammenfassung zu einer hierarchisch mehrstufigen Struktur sowie auf die Beziehungen zwischen verschiedenen Stellen und Ebenen ausgerichtet sind. Der Begriff *Führung*[2] wird primär nicht in seiner weiteren Fassung verwendet, unter die auch organisatorische Gestaltungsmaßnahmen subsumiert sind, sondern er wird hier vornehmlich als Führung i. e. S. zur Kennzeichnung einer zielgerichteten Steuerung und damit Beeinflussung menschlichen Verhaltens gebraucht im Sinne einer Interaktion bzw. Zusammenarbeit zwischen Vorgesetzten und Mitarbeitern.

2. Ziele der Verwaltungsorganisation und -führung

Auch für die öffentliche Verwaltung gilt unzweifelhaft das Ziel einer möglichst hohen *Effizienz*. Dieser allgemeine Begriff ist jedoch inhaltlich zu präzisieren[3]. Im engeren Sinne kennzeichnet er durch das Verhältnis zwischen dem erreichten Ergebnis und dem dafür erforderlichen Einsatz die *Wirtschaftlichkeit* bzw. *Produktivität*. Ein in solcher Weise – durch die Relation größer eins – wirtschaftlicher Mitteleinsatz ist ein seit langem gültiger Grundsatz des Verwaltungshandelns. Hinzukommen muß aber als Effizienz i. w. S. die *Effektivität*, die aus dem Verhältnis zwischen dem erreichten Ergebnis und dem angestrebten Ziel und damit aus einem möglichst hohen *Zielerreichungsgrad* erkennbar wird.

Diese Effizienzziele haben ihre Gültigkeit sowohl in bezug auf die formalen Ziele als auch auf die inhaltlichen Ziele des Verwaltungshandelns, wie sie in Abb. 1 schematisch vereinfacht dargestellt sind. Die formalen Ziele beziehen sich auf die hier interessierenden *Organisations-* und *Führungsziele*. Die inhaltlichen Ziele erstrecken sich auf die *Verwaltungsziele* als eigentliche Zwecke des Verwaltungshandelns[4]. Zwischen diesen verschiedenen Zielkategorien bestehen mehrstufige Zusammenhänge im Sinne von Zweck-Mittel-Hierarchien. Die organisationsbezogenen Gestaltungsziele sind die Grundlage für die führungsbezogenen Steuerungsziele. Da die Organisation und Führung kein Selbstzweck sind, erfolgt ihr instrumentaler Einsatz zur Erreichung der inhaltlichen Handlungsziele[5].

Gestaltungs- und Steuerungsziele sind dabei in der Regel längerfristig ausgerichtet. Die Handlungsziele können sowohl kurzfristig als auch längerfristig gültige Verwaltungsziele sein, die durch die jeweilige Art und Aufgabenstellung einzelner Verwaltungen determiniert werden. Aus diesen Aktionszielen ergeben sich wiederum Auswirkungen auf die ziel- und ergebnisorientierte Organisation und Führung der öffentlichen Verwaltung.

Im Hinblick auf die Gestaltungs- und Steuerungsziele lassen sich als abgeleitete Ziele einerseits struktur- und prozeßbezogene Ziele sowie andererseits verhaltensbezogene Ziele unterscheiden. Aufgrund des aufgezeigten Zusammenhangs ist jedoch keine strenge Trennung möglich, sondern lediglich eine graduell differenzierte Zuordnung zu den Organisations- und Führungszielen, da eine wechselseitige Abhängigkeit zwischen den abgeleiteten Zielen besteht.

Deshalb gelten die in Abb. 1 aufgeführten konkretisierten Teilziele sowohl für die Organisation als auch für die Führung der öffentlichen Verwaltung. Die Aufzählung erstreckt sich auf einige wesentliche Teilziele, ohne daß mit der Reihenfolge eine Aussage über ihre Priorität verbunden ist. In bezug auf

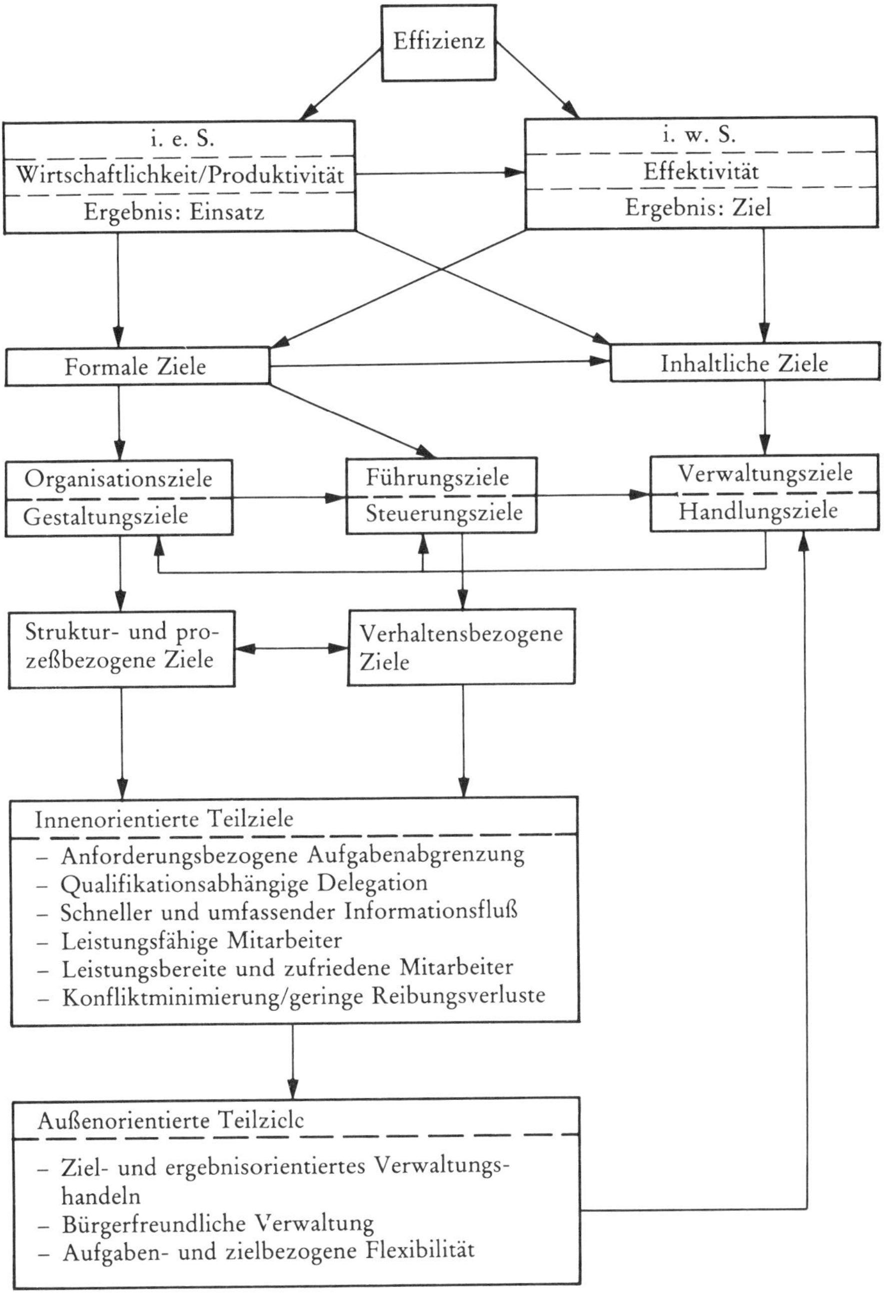

Abb. 1: Ziele der Verwaltungsorganisation und -führung

die Unterscheidung nach ihrer *Innen-* und *Außenorientierung* lassen sich folgende Wirkungsbeziehungen skizzieren: Die nach innen, also auf die Verwaltung selbst ausgerichteten Gestaltungs- und Steuerungsziele sind die Voraussetzung für die nach außen orientierten Ziele. Diese bilden zusätzlich die Grundlage für die Erreichung der inhaltlichen Verwaltungsziele.
Die *Ziel- und Ergebnisorientierung des Verwaltungshandelns*[6] ist bereits oben beim allgemeinen Effizienzziel angesprochen worden. Sie bedingt strukturbezogen eine an den Anforderungen ausgerichtete *Aufgabenabgrenzung*, um über eindeutige Zielabsprachen die angestrebten Ergebnisse erreichen und zurechnen zu können. Dies führt in der Regel zu einer Dezentralisation und damit zu einer von der Qualifikation abhängigen *Delegation* von (Teil-)Aufgaben, Kompetenzen und Verantwortung[7]. Damit eine derartige mehrstufige Arbeitsteilung funktionieren kann, ist eine verstärkte Kooperation und Koordination zwischen den betreffenden Organisationseinheiten erforderlich. Dies setzt zum einen prozeßbezogenen einen wechselseitigen schnellen und umfassenden *Informationsfluß* voraus. Das in einzelnen Verwaltungen oftmals noch praktizierte strenge Dienstwegprinzip ist dabei einem direkten Informationsaustausch hinderlich.
Die Bedingung für eine erfolgreiche Delegation ist zum anderen eine dem übertragenen Aufgabenbereich entsprechende *Leistungsfähigkeit* der Mitarbeiter, die teilweise bereits durch die Qualifikationsanforderungen gesichert wird. Verhaltensbezogen erfordert dies zusätzlich neben der Bereitschaft der Vorgesetzten zur Delegation *leistungsbereite Mitarbeiter* und also auch die Bereitschaft zur Übernahme von Verantwortung bei den Mitarbeitern. Derartige Motivationsaspekte gewinnen dadurch eine noch größere Bedeutung in der öffentlichen Verwaltung, da die Möglichkeiten finanzieller Anreize aufgrund der relativ starren Laufbahn- und Besoldungsordnung im Vergleich zur Industrie sehr beschränkt bzw. nicht vorhanden sind. Nach den bekannten wissenschaftlichen Untersuchungsergebnissen[8] kommt neben akzeptablen Arbeitsbedingungen und -umständen der Ausgestaltung der Arbeitsinhalte ein hoher Stellenwert für die *Arbeitszufriedenheit* zu. Eine Delegation, verbunden mit einer ausreichenden Information, Ergebnisrückkopplung und Anerkennung liefert hierzu die Ansatzpunkte, um höherwertige Motive befriedigen zu können und um die Verwaltungs(teil)ziele mit den tätigkeitsbezogenen Mitarbeiter-Zielen, soweit dies möglich ist, in Einklang zu bringen.
Durch die struktur-, prozeß- und verhaltensbezogenen Regelungen soll – abgesehen von gewollten konstruktiven sachbezogenen Konflikten – eine *Konfliktminimierung* und damit auch eine *Verringerung möglicher Reibungsverluste* erreicht werden[9]. Außenorientiert wird hiermit zugleich eine *bürgerfreundliche Verwaltung*[10] angestrebt, die auch die erforderliche *aufgaben- und zielbezogene Flexibilität* aufweist. Sie muß ihre Entspre-

chung in der Anpassungsfähigkeit der Organisation und Führung finden.
Die Verfolgung dieser auf die Gestaltung und Steuerung bezogenen Teilziele wird um so wichtiger, da im allgemeinen die verfügbaren Mittel und insgesamt das Ressourcenpotential nicht in gleichem Maße wie die Aufgaben und Ziele der öffentlichen Verwaltung in bezug auf Komplexität und Spezialisierung zunehmen. Zu diesen höheren sachbezogenen Anforderungen kommen in der Regel auch noch gestiegene verhaltensbezogene Ansprüche und Erwartungen der Mitarbeiter hinzu, die sich in der Forderung nach mehr Information, mehr Mitwirkungsmöglichkeiten und insgesamt mehr Partizipation ausdrücken[11]. Wenn dieser Entwicklung durch notwendige und praktikable Rationalisierungsmaßnahmen[12], durch eine verstärkte Delegation, durch den Einsatz spezifischer Führungsinstrumente und durch ein entsprechendes Führungsverhalten Rechnung getragen werden soll, dann wachsen hierdurch die Anforderungen an die Organisation und Führung in der öffentlichen Verwaltung erheblich[13].

3. Zusammenhang zwischen Organisationsprinzipien und Führungsgrundsätzen

Um diese Anforderungen eher erfüllen zu können, lassen sich auf die Gestaltung und Steuerung bezogene Richtlinien in Form von Organisationsprinzipien und Führungsgrundsätzen formulieren[14]. Sie leiten sich direkt aus den entsprechenden Organisations- und Führungszielen ab. Da sie lediglich Handlungsmaximen sind, können sie nur die Grundlage für eine bessere Erreichung der geforderten Verwaltungsziele bilden. Die Organisationsprinzipien umfassen struktur- und prozeßbezogene Gestaltungsregeln und beziehen sich somit auf die Makroebene der Organisation und Führung. Die Führungsgrundsätze enthalten prozeß- und vor allem verhaltensbezogene Steuerungsregeln und sind dadurch auf die Mikroebene der Organisation und Führung ausgerichtet.
Aus den vorstehend dargelegten Gründen ist eine strenge Trennung und Unterscheidung wegen der gegenseitigen Beeinflussung und Abhängigkeit ebenfalls schwierig. So gehen von Gestaltungsregelungen auch direkt Verhaltenswirkungen aus; Steuerungs- und Verhaltensnormen setzen wiederum bestimmte organisatorische Gestaltungsmaßnahmen voraus. Die Einhaltung der Führungsgrundsätze hängt zusätzlich von der Art und Qualität der verfügbaren Führungsinstrumente ab.
Organisationsprinzipien stellen aber generell den Rahmen und die Grundlage

für Führungsgrundsätze dar. Dies besagt mit anderen Worten, daß die Gestaltungsmaximen umzusetzen und zu präzisieren sind, wie dies in Abb. 2 visualisiert ist.

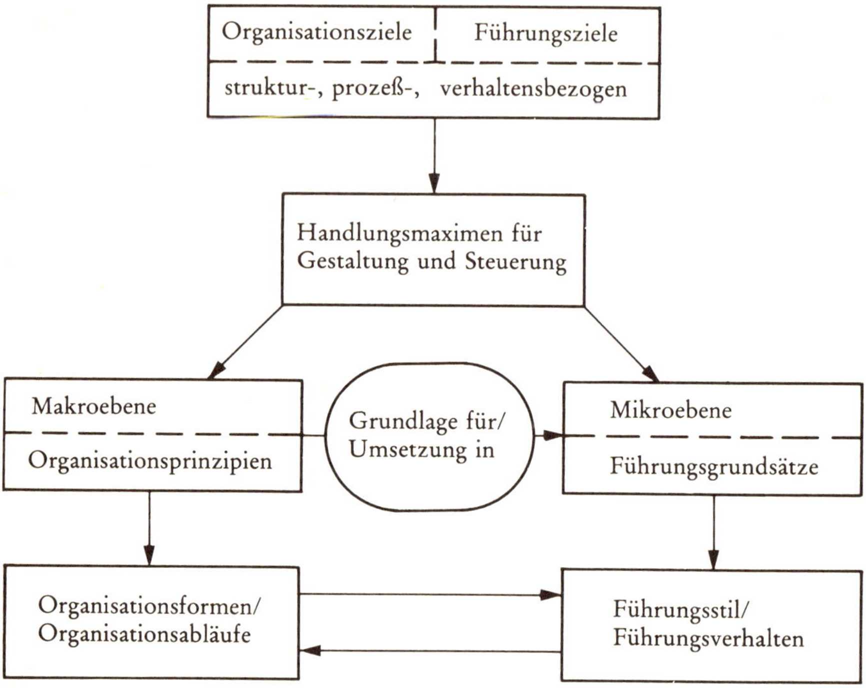

Abb. 2: Zusammenhang zwischen Organisationsprinzipien und Führungsgrundsätzen

In entsprechender Weise ist aufgrund des Zusammenhangs von Gestaltungs- und Steuerungsmaßnahmen eine Differenzierung und Zuordnung der Ursachen schwierig, wenn Organisations- und Führungsprobleme in der öffentlichen Verwaltung auftreten. Erst eine detaillierte und tiefergehende Ursachenanalyse ermöglicht das Erkennen von struktur-, prozeß- und/oder verhaltensbezogenen Mängeln sowie ihrer Wechselwirkungen.
In Abb. 3 ist ein Schwachstellen-Katalog mit exemplarischen Organisations- und Führungsproblemen wiedergegeben[15]. Er basiert auf zahlreichen Ist-Analysen verschiedener Verwaltungen auf Bundes- und Länderebene, bei denen Mitarbeiter mehrerer Hierarchieebenen befragt wurden. Allgemeine Funktionsmängel, die z. B. im geltenden öffentlichen Dienstrecht[16] begründet sind, werden hierbei nicht gesondert berücksichtigt. Hinzukommen als weitere Ursachen zweifelsohne auch externe und damit durch organisations-

und führungsbezogene Maßnahmen kaum bzw. nicht beeinflußbare Größen, wie z. B. die politische Einflußnahme auf Sachprobleme.
In einzelnen Verwaltungen und dabei vor allem auch in Planungs- oder Vollzugsverwaltungen können Schwachstellen in unterschiedlicher Art und

Struktur-, prozeß- und verhaltensbezogener Schwachstellen-Katalog
– unklare Zuständigkeiten und Verantwortlichkeiten – Aufgaben- und Kompetenzüberschneidungen – mangelnde sachliche/personelle/finanzielle Ausstattung – wenig praktikable Dienstpostenbewertung – mangelnde Delegationsbereitschaft – zu wenig Zeichnungsbefugnis – Mitzeichnungsunwesen – fehlende Bereitschaft zur Übernahme von Verantwortung – unbekannte bzw. unklare (generelle und/oder abgeleitete) Zielsetzungen – mangelndes Zielbewußtsein – zu wenig Abstimmung mit der Verwaltungsbasis – zu geringe Beteiligung der Betroffenen – ungleiche Arbeitsbelastung – zuviel Routinearbeit/zuwenig Konzentration auf das Wesentliche – Führungsstil/-verhalten von Vorgesetzten – zu wenig wichtige (Hintergrund-)Informationen – zu viel allgemeine Informationen – zu wenig Dienstbesprechungen und Mitarbeiter-Gespräche – Besprechungen zu lang/zu wenig vorbereitet – mangelnder Informationsfluß – starres Festhalten am Dienstwegprinzip – zu wenig Erfolgskontrolle – Unsicherheit/Frustration bei der Kontrolle – zu wenig Anerkennung guter Arbeitsleistungen – wenig praktikables Beurteilungsverfahren – schwerfällige Verwirklichung von Verbesserungen – mangelnde Leistungsmotivation/fehlende Leistungsanreize – Job-Denken – Spannungen zwischen Mitarbeitern – zu wenig Offenheit/zu viel Mißtrauen – keine transparente (längerfristige) Personalplanung – zu wenig (leistungsorientierte) Förderungsmaßnahmen – mangelndes Fortbildungsverständnis (bei Führungskräften)

Abb. 3: Exemplarische Organisations- und Führungsprobleme in der öffentlichen Verwaltung

Bedeutung auftreten. Die hier beispielhaft skizzierten Organisations- und Führungsprobleme zeigen jedoch vordringliche Ansatzpunkte für Verbesserungsmaßnahmen, die dann häufig auch ihren Ausdruck in der Aufstellung von Organisationsprinzipien und Führungsgrundsätzen finden. Sie dienen damit zugleich als illustrierende Ausgangsbasis für die weitere Themenbehandlung.

Die Formulierung und Einhaltung von Organisationsprinzipien als Gestaltungskriterien ermöglicht es, typische Organisationsfehler von vornherein zu vermeiden. Damit ist aber noch keine automatische Erreichung der Organisations- und Verwaltungsziele garantiert. Hinzukommen muß außerdem die inhaltliche Ausfüllung der Organisationsprinzipien durch konkrete organisatorische Gestaltungsformen. Entsprechend müssen die aufgestellten Führungsgrundsätze in die tägliche Verwaltungspraxis und damit in das Verhalten von Vorgesetzten und Mitarbeitern umgesetzt werden, um die angestrebten Wirkungen und Ergebnisse sicherzustellen. Das Ziel einer formalen Effizienz i. e. u. w. S. läßt sich hierdurch jedoch eher erreichen, die Gefahr einer mangelnden Aufgabenerfüllung sowie eines geringen Erreichungsgrades der Handlungsziele und damit einer insgesamt geringen inhaltlichen Effizienz des Verwaltungshandelns eher reduzieren.

Anschließend werden praktikable Organisationsprinzipien und relevante Führungsgrundsätze näher untersucht.

4. Organisationsprinzipien als struktur- und prozeßbezogene Gestaltungsmaximen

In der Literatur wird eine Vielzahl von Organisationsprinzipien genannt[17]. Dies liegt zum einen daran, daß häufig nicht – soweit dies möglich ist – zwischen Organisationszielen als übergeordneten Soll-Größen und Organisationsprinzipien als konkreten Gestaltungsanweisungen getrennt wird. Zum anderen ist dies darin begründet, daß einzelne organisatorische Handlungsaspekte bereits zum Organisationsprinzip erklärt werden. Deshalb sind einige dieser präskripitven Handlungsempfehlungen auch nur Leerformeln ohne konkrete Realisierungsmöglichkeiten bei der organisatorischen Gestaltung. Da bei den Organisationsprinzipien situative Bedingungen als Kontextvariablen oftmals nicht genannt oder unterschiedlich angenommen werden, widersprechen sie sich außerdem teilweise. Dies hat dazu geführt, daß in der Literatur nicht selten die Zweckmäßigkeit von Organisationsprinzipien in Frage gestellt oder verneint wird[18].

Im folgenden wird diese berechtigte Diskussion über die Aussage- und

Leistungsfähigkeit bekannter Organisationsprinzipien nicht weiter fortgeführt, sondern – als technologische Grundlage für effiziente Organisationsformen und -abläufe – wird lediglich eine beschränkte Anzahl von aufbau- und ablauforganisatorischen Gestaltungsmaximen analysiert, die als wesentlich erachtete struktur- und prozeßbezogene Regelungen enthalten. Im einzelnen sind dies das Subsidiaritätsprinzip, das Kongruenzprinzip, das Operationalitätsprinzip, das Minimalebenenprinzip, das Leitungsspannenprinzip und das Doppelkontrollprinzip[19].

In dieser Reihenfolge bestehen zwischen ihnen inhaltliche Zusammenhänge, die auch in den daraus jeweils abgeleiteten organisatorischen Gestaltungsmaßnahmen zum Ausdruck kommen. Die einzelnen Organisationsprinzipien und ihre organisatorischen Konsequenzen sind in Abb. 4 aufgelistet (vgl. hierzu auch Abbildung 6). Zusätzlich werden – aufgrund der existierenden inhaltlichen Interdependenzen – erforderliche Führungskonsequenzen eben-

Organisationsprinzipien	Abgeleitete organisatorische Gestaltungsmaßnahmen
(1) Subsidiaritätsprinzip	Qualifikationsabhängige Aufgabendelegation mit Übertragung von Teilfunktionen
(2) Kongruenzprinzip	Stellenbezogene Deckungsgleichheit bzw. Übereinstimmung von übertragenen Aufgaben, (Teil-)Zielen, (Einzel- und Teil-)Kompetenzen, Verantwortung (Trennung in Führungs- und Handlungsverantwortung) sowie Informationspotential
(3) Operationalitätsprinzip	Inhaltlich eindeutige und widerspruchsfreie Festlegung der stellenbezogenen Steuerungsgrößen und übrigen Komponenten des Kongruenzprinzips
(4) Minimalebenenprinzip	Regelung der Kompetenzverteilung über die Hierarchieebenen zur besseren und schnelleren Aufgaben- und Zielkoordination sowie Konfliktlösung; Formulierung von Ausnahmeregelungen
(5) Leitungsspannenprinzip	Umfang der einer Stelle übertragenen (Sach- und Führungs-)Aufgaben, Kompetenzen und Verantwortung; Anzahl der unterstellten Mitarbeiter
(6) Doppelkontrollprinzip	Kombination von ständiger Eigenkontrolle durch den Mitarbeiter und periodischer Fremdkontrolle durch den Vorgesetzten

Abb. 4: Organisationsprinzipien und ihre organisatorischen Konsequenzen

falls bereits angesprochen. Wirkungen auf die exemplarisch aufgeführten Schwachstellen werden dabei erkennbar, ohne daß hierauf jeweils ausführlich Bezug genommen wird.

(1) *Das Subsidiaritätsprinzip*

Dieses Organisationsprinzip besagt, daß – entsprechend den an früherer Stelle skizzierten Voraussetzungen – eine *Aufgabendelegation* auf nachgelagerte Ebenen erfolgt, die *von der Qualifikation* des jeweiligen Stelleninhabers *abhängig* ist und die mit einer *Übertragung von bestimmten Teilfunktionen,* im weitestgehenden Fall der (Teil-)Entscheidungskompetenz, verbunden ist[20]. Das Prinzip ist also vertikal auf mindestens zwei Hierarchieebenen ausgerichtet und bringt eine verstärkte Arbeitsteilung und somit auch eine Aufgaben- und Entscheidungsdezentralisation[21] mit sich.

Dieser Gestaltungsmaxime liegt die Überlegung zugrunde, daß Aufgabeninhalte und die damit verbundenen Teilfunktionen auf der Ebene wahrgenommen werden sollen, die über den größten Sachverstand und besten Informationsstand verfügt[22]. Für den Vorgesetzten, der eine Delegation von in sich abgeschlossenen (Teil-)Aufgaben auf seine Mitarbeiter praktiziert, bedeutet dies, daß er von bestimmten Tätigkeiten entlastet wird, die für ihn zumindest teilweise Routineaufgaben sind, für den entsprechenden Mitarbeiter aber einen höheren Stellenwert besitzen. Für den Mitarbeiter gehen von dieser Erweiterung seiner Aufgabeninhalte und Teilfunktionen – im Sinne eines job enlargement und job enrichment[23] – in der Regel die bereits angesprochenen positiven Motivationswirkungen aus, die das erreichbare Maß an Arbeitszufriedenheit beeinflussen. Der Vorgesetzte hat durch diese Entlastung von Routineaufgaben die Möglichkeit, wichtige Sach- und Führungsaufgaben besser wahrnehmen und erfüllen zu können.

Gleichzeitig nehmen aber mit dieser Führung durch Aufgabendelegation auch die Anforderungen an den Führungsstil des Vorgesetzten zu in Richtung auf einen verstärkt kooperativen Führungsstil, wie im folgenden noch näher auszuführen ist. Unter diesem Aspekt ist das Subsidiaritätsprinzip nicht statisch zu sehen, sondern in dynamischer Sicht gehört zu den wesentlichen Führungsaufgaben des Vorgesetzten, das Fähigkeitspotential seiner Mitarbeiter im Rahmen des Möglichen zu fördern und zu entwikkeln.

(2) *Das Kongruenzprinzip*

Mit einer derartigen Aufgabendelegation stellt sich – abgesehen von einer grundsätzlich möglichen Beeinflußbarkeit der übertragenen Aufgabeninhalte – unmittelbar das Problem, daß der Stelleninhaber die notwendigen Teilfunktionen ausüben können muß, um die übertragenen Aufgaben erfüllen zu können. Das Kongruenzprinzip läuft also auf eine *stellenbezogene Deckungsgleichheit bzw. Übereinstimmung von Aufgaben, Zielen, Kompetenzen, Verantwortung und Informationspotential* hinaus[24].

Erforderlich wird damit eine klare Aufgaben-, Kompetenz- und Verantwortungsabgrenzung, die in – vom Umfang praktikablen und vom Inhalt flexiblen – Stellenbeschreibungen[25] vollzogen werden kann, sowie eine Ableitung von (Teil-)Zielen. Die Aufgaben geben dabei das delegierte generelle Tätigkeitsgebiet an, die Ziele die periodisch zu erreichenden Soll-Ergebnisse. In bezug auf die Kompetenzen als Einwirkungsmöglichkeiten zur Zielerreichung ist eine aufgaben- und zielbezogene Aufteilung und Übertragung von Einzel- und Teilkompetenzen vorzunehmen, die zusätzlich von der Qualifikation des jeweiligen Mitarbeiters und dem Führungsstil des Vorgesetzten bestimmt werden. Grundsätzlich werden in der Verwaltungspraxis Aufgaben eher delegiert als Kompetenzen[26] und Teilkompetenzen der Entscheidungsvorbereitung eher als das Entscheidungs- bzw. Genehmigungsrecht – und damit auch das Zeichnungsrecht, das sich der Vorgesetzte häufig vorbehält.

In Entsprechung zu einer Delegation von Kompetenzen ist die Verantwortung aufzuteilen in die Handlungs- und Teilergebnisverantwortung des Mitarbeiters sowie in die Führungs- und Gesamtergebnisverantwortung des Vorgesetzten. Um die übertragenen Ziele erreichen zu können, muß der Mitarbeiter über ein korrespondierendes Informationspotential bzw. über die entsprechenden Informationsrechte verfügen. Insgesamt wird bei einer derartigen Führung durch Aufgabendelegation und Führung durch Zielsetzung oder Zielvereinbarung der wechselseitige Informationsaustausch zwischen Vorgesetzten und Mitarbeitern zunehmen. Damit vergrößert sich auch die Notwendigkeit einer Kooperation und Koordination.

(3) *Das Operationalitätsprinzip*

In Konsequenz hierzu besagt das Operationalitätsprinzip, daß die zu erreichenden Soll-Ergebnisse als *stellenbezogene Steuerungsgrößen* und die *übrigen Komponenten des Kongruenzprinzips inhaltlich eindeutig und widerspruchsfrei* festzulegen sind. Dies liefert die operationale Basis, um den Grad der Aufgabenerfüllung sowie Zielerreichung und damit auch das Tragen der Verantwortung tatsächlich feststellen und beurteilen zu können. Die Einhaltung des Prinzips darf jedoch nicht darauf hinauslaufen, daß sich die Zielsetzung nur auf quantitativ meßbare Größen beschränkt. In Abhängigkeit von der Art und dem Inhalt der Ziele sind auch operationale qualitative Soll-Größen, im Extremfall sogar nur zu ergreifende Maßnahmen zu formulieren. Grundsätzlich bedingt die Aufstellung operationaler Ziele eine vorherige Planung im Gegenstromverfahren[27].

(4) *Das Minimalebenenprinzip*

Wenn eine Aufgabendelegation auf nachgeordnete Ebenen, verbunden mit der Formulierung operationaler Steuerungsgrößen, durchgeführt wird, dann sollen vor allem die Kompetenzen so auf die Organisationsebenen verteilt und zugeordnet werden, daß *möglichst wenig Führungsebenen zur Koopera-*

tion und Koordination der Aufgaben- und Zielinhalte sowie zur *Lösung auftretender Konflikte* benötigt werden. Diese Gestaltungsmaxime wirkt also vertikal mit dem Ziel minimaler Gesamtdurchlaufzeiten, unterstützt das Subsidiaritäts- und Kongruenzprinzip und führt eher zu einer verstärkten Delegation von Kompetenzen auf nachgeordnete Organisationsebenen. Voraussetzung hierfür ist wiederum ein kooperativer Führungsstil.

In der öffentlichen Verwaltung kommt der Realisierung dieses Organisationsprinzips, wie auch der Schwachstellen-Katalog zeigt, besondere Bedeutung zu. Die Zielsetzung besteht dabei insbesondere darin, höhere Führungsebenen von Routineaufgaben zu entlasten, Entscheidungsprozesse und Konfliktlösungen zu beschleunigen, Kompetenzen straffer zu bündeln, Informationsfilterungen abzubauen und nicht zuletzt auch Verantwortungen eindeutiger abgrenzbar zu machen.

Hierdurch soll – im Interesse einer hohen formalen und inhaltlichen Effizienz – die Gefahr einer permanenten „Selbstbeschäftigung" der öffentlichen Verwaltung mit den eigenen Organisations- und Führungsproblemen abgebaut werden und damit auch die Gefahr, daß die Erfüllung der übertragenen Aufgaben erschwert oder gar blockiert wird. Umläufe, das Prinzip des Mitzeichnens und Zeichnungsvorbehalte sind dann beispielsweise auf das sachlich notwendige Ausmaß zu reduzieren. Für eine positive Koordination[28] und direkte Information sind Dienstbesprechungen und, soweit dies zweckmäßig ist, Arbeits- oder Projektgruppen als spezielle, hierzu geeignete Organisationsformen einzusetzen.

In Zusammenhang mit dem Operationalitätsprinzip schließt dies auch die *Formulierung von Ausnahmeregelungen* ein. Das heißt mit anderen Worten, daß sich Kompetenzvorbehalte des Vorgesetzten – in Abhängigkeit von der Qualifikation des jeweiligen Mitarbeiters – nur auf die Ausnahmefälle erstrecken, die dies von ihrer inhaltlichen und zeitlichen Bedeutung sowie Priorität als notwendig und gerechtfertigt erscheinen lassen. Erst wenn auf dieser Grundlage die Ausnahmefälle und damit die Eingriffe in den übertragenen Delegationsbereich zwischen Vorgesetzten und Mitarbeitern abgesprochen und vereinbart werden und wenn der dann verstärkt notwendige wechselseitige Informationsaustausch funktioniert, resultiert hieraus eine sinnvolle Führung durch Ausnahmeeingriff und keine unfreiwillige Rückdelegation mit Eingriffen im Sinne eines „Durchregierens" des Vorgesetzten.

(5) *Das Leitungsspannenprinzip*

Diese Gestaltungsmaxime besagt, daß jeder Vorgesetzte nur eine bestimmte *Anzahl von Mitarbeitern* effizient führen kann. Einer Instanz als Organisationseinheit mit Anweisungs- bzw. Leitungsbefugnis sollen also nur soviel (Sach- und Führungs-)Aufgaben, Kompetenzen und Verantwortung übertragen werden, wie sie tatsächlich bewältigen kann. Für Stellen ohne Führungs-

verantwortung gilt dies entsprechend lediglich in bezug auf den *Umfang der übertragenen Sachaufgaben.*
Dieses Organisationsprinzip steht einerseits in Beziehung zum Minimalebenenprinzip, es wirkt aber horizontal durch die Forderung nach der sogenannten „optimalen" Leitungs- bzw. Kontrollspanne bezüglich der Anzahl der Mitarbeiter[29]. Andererseits ist als Voraussetzung auch das Operationalitätsprinzip maßgeblich im Sinne der Formulierung eindeutiger und akzeptabler Steuerungsgrößen.
Wie groß die Anzahl der unterstellten Mitarbeiter sein kann, hängt von einer Reihe situativer Faktoren ab, und zwar u. a. auch von der Aufgabenart sowie vor allem wiederum vom Führungsstil des Vorgesetzten. Dabei lassen sich Unterschiede zwischen einem autoritativen und einem kooperativen Führungsstil[30] ausmachen, um mit diesen plakativen Begriffen zu argumentieren. Bei einem autoritativen Führungsstil und damit einer Führung durch Einzelauftrag wird die mögliche Leitungsspanne aufgrund der vielfältigen Anweisungs-, Informations- und Kontrollbeziehungen eher kleiner sein als bei einer kooperativen Führung, die das Schwergewicht auf einen eigenständigen Aufgaben- und Handlungsbereich der Mitarbeiter legt. Durch die im zweiten Falle neben den Sachaufgaben in verstärktem Maße notwendige Wahrnehmung von Führungsaufgaben – wie z. B. der Ableitung von Teilzielen, der Zusammenarbeit mit dem Ziel eines wechselseitigen Informationsaustauschs und einer inhaltlichen Abstimmung, der Erfolgskontrolle[31] erreichter Arbeitsergebnisse sowie der Mitarbeiter-Gespräche zum Zwecke der Ergebnisrückkopplung, Mitarbeiter-Beurteilung, -Fortbildung und -Förderung – sind der möglichen Leitungsspanne jedoch ebenfalls Grenzen gesetzt.
Wird dieser Gestaltungsgrundsatz nicht eingehalten, dann resultiert hieraus häufig die bereits angesprochene Überforderung und Überlastung einzelner Stellen. In der Regel werden dann, um zumindest die Sachaufgaben zu erfüllen, die oben aufgeführten Führungsaufgaben zu kurz kommen. Dies unterstreicht zugleich aber auch noch einmal die Bedeutung und Notwendigkeit eines kooperativen Führungsstils.

(6) *Das Doppelkontrollprinzip*

Direkt mit dem vorstehend genannten Organisationsprinzip ist das Doppelkontrollprinzip verbunden. Es kennzeichnet die *Kombination einer Eigenkontrolle des Mitarbeiters*[32] *mit der Fremdkontrolle durch den Vorgesetzten* und ist damit typisch für einen kooperativen Führungsstil. Der Grundgedanke ist dabei der, daß der Mitarbeiter eine ständige Selbstkontrolle der Aufgabenerfüllung und Zielerreichung durchführt und diese durch eine periodische, d. h. in bestimmten – in der Regel vereinbarten – Zeitabständen vorgenommene Fremdkontrolle des Vorgesetzten ergänzt wird. Der zeitliche Spielraum für die Einleitung von Korrekturmaßnahmen bei erkennbaren Ergebnisabweichungen soll hierdurch vergrößert werden. Notwendige Vor-

aussetzung ist hierfür offensichtlich wiederum die Vereinbarung operationaler Steuerungsgrößen und Kontrollstandards, die Formulierung von Ausnahmeregelungen und ein tatsächlich erfolgender wechselseitiger Informationsaustausch über erkannte Störgrößen. Wie bereits erkennbar wurde, existieren in der öffentlichen Verwaltung gerade in bezug auf diese Faktoren nicht unerhebliche Realisierungsprobleme[33].
Durch diesen Gestaltungsgrundsatz wird das traditionelle Prinzip einer Trennung von Ausführung und Kontrolle modifiziert. Der Vorgesetzte wird hierdurch entlastet, ohne – beim Funktionieren in der skizzierten Art – von wichtigen Informationen abgeschnitten zu sein. Für den Mitarbeiter bringt diese Form der Eigenkontrolle in der Regel auch eine positive Motivationswirkung mit sich. Zugleich nehmen hierdurch aber ebenfalls die Anforderungen an den Mitarbeiter zu. Bei einer entsprechenden Qualifikation und Führung läßt sich auf diese Weise zusätzlich die Leistungsfähigkeit der Mitarbeiter verbessern.
Diese Kombination aus Eigen- und Fremdkontrolle ist zweckmäßige Grundlage für ein Mitarbeiter-Gespräch[34] über erreichte Arbeitsergebnisse. Die Ergebnisrückkopplung muß sich – entsprechend bekannter Zusammenhänge in Leistungs-Verhaltens-Modellen[35] – zum einen auf die Anerkennung positiver Leistungen beziehen. Zum anderen wird hierdurch auch die Basis für eine Analyse, Besprechung und zukünftige Vermeidung von Ergebnisabweichungen verbessert. Wenn im Rahmen der Eigenkontrolle Ergebnisabweichungen bereits konstatiert wurden, dann vergrößert sich im allgemeinen die Bereitschaft, Kritik anzunehmen und zu akzeptieren. Außerdem wird die Kritik bei dieser Vorgehensweise in Zusammenhang mit dem Operationalitätsprinzip in der Regel eher versachlicht. Dies gilt um so mehr, wenn sie sich nicht nur auf die Suche nach Schuldigen konzentriert, sondern wenn sie als sachlich-konstruktive Kritik darauf gerichtet ist, positive Konsequenzen für zukünftige Fälle zu ziehen. Dies schließt sachbezogen inhaltliche und organisatorische Maßnahmen ein sowie personenbezogen Fort- und Weiterbildungsmaßnahmen, die direkt auf die tätigkeitsorientierten Mitarbeiter-Belange ausgerichtet sind.

5. Möglichkeiten der praktischen Anwendung

Diese Organisationsprinzipien besitzen – mit teilweise unterschiedlichen Schwerpunkten – ihre grundsätzliche Gültigkeit in ein- und mehrdimensionalen Organisationsformen, wie z. B. der Stab/Linien-Organisation oder Projektgruppen[36]. In der praktischen Anwendung und konkreten Ausgestaltung treten diese „theoretischen“ und idealtypischen Gestaltungsmaximen häufig in Abhängigkeit von den spezifischen Sacherfordernissen und Gestaltungsmöglichkeiten in teilweise modifizierter und kombinierter Form auf. Grenzen der Anwendbarkeit und Gestaltbarkeit legt vor allem das gültige öffentliche Dienstrecht auf. So sind bei einer möglichen Aufgabendelegation auf Mitarbeiter nach dem Subsidiaritäts- und Kongruenzprinzip jeweils auch die Auswirkungen in bezug auf die Dienstpostenbewertung[37] und damit auch im Hinblick auf mögliche Besoldungskonsequenzen zu berücksichtigen. Wenn sich dabei wesentliche Tätigkeitsmerkmale einer Stellenbeschreibung bzw. Dienstpostenbewertung ändern und eine Höhergruppierung eines Mitarbeiters generell oder augenblicklich nicht möglich ist, dann resultiert hieraus beispielsweise das Problem, daß als sinnvoll und zweckmäßig erachtete Organisationsprinzipien nicht oder nur teilweise realisiert werden können.

Die Frage, die sich hieran anschließen muß, ist, ob die öffentliche Verwaltung in organisatorischer Hinsicht flexibel genug ist. Dies führt zu der Überlegung, ob die direkte Koppelung zwischen einer bestimmten organisatorischen Gestaltung und tarifrechtlichen Konsequenzen immer zweckmäßig ist. Denn dadurch kann offensichtlich der Gestaltungsspielraum erheblich eingeschränkt werden. Nicht nur für die Verwaltung als Institution erzielbare positive Wirkungen, sondern auch für die einzelnen Mitarbeiter vorteilhafte – und zwar hier im oben ausgeführten Sinne gemeinte nicht-monetäre – Konsequenzen werden hierdurch in Frage gestellt und häufig nicht erreicht. Maßgeblich kann dafür ebenfalls die Argumentation der entsprechenden Interessenvertretungen sowie manchmal ferner die Einstellung der Betroffenen sein.

Ihren Niederschlag finden die Organisationsprinzipien in diesem möglichen Rahmen beispielsweise in Organisations- und Geschäftsverteilungsplänen, Dienst- und Geschäftsanweisungen sowie Dienstordnungen[38].

So sieht die AGÄfA entsprechend dem Subsidiaritäts- und Kongruenzprinzip den Grundsatz der Delegation vor: „Verantwortung und Zuständigkeit sind zur Erleichterung und Beschleunigung des Geschäftsablaufs so weit auf nachgeordnete Mitarbeiter zu verlagern, wie es die Aufgaben erlauben und die tarifrechtlichen Regelungen zulassen.«[39] Eine formelle Delegation von bestimmten, genau abzugrenzenden Aufgaben auf qualifizierte Sachbearbeiter zur alleinverantwortlichen Erledigung und abschließenden Entscheidung, verbunden mit dem entsprechenden Zeichnungsrecht, erfolgt auf Anregung des jeweiligen Vorgesetzten. In Konsequenz werden außerdem die Zielsetzung und -ableitung, Information, Abstimmung, mögliche Ausnahmeregelungen, die Erfolgskontrolle, Fortbildung und weitere Führungsfunktionen angesprochen und geregelt. Zum Teil sind dies jedoch nicht näher präzisierte Handlungsempfehlungen.

Ein Beispiel für die Realisierung verschiedener Organisationsprinzipien liefert auch die Neuordnung des Zeichnungsrechtes in Hamburg[40] aus dem Jahre 1972. Diese Regelung sieht – ohne sie hier ausführlich darstellen zu wollen – inhaltlich vor, daß schlußzeichnungsberechtigt ist, wer einen Geschäftsvorfall abschließend und eigenständig bearbeitet. Nach dem Grundsatz des Subsidiaritätsprinzips wird hier also unter der Voraussetzung der Mitarbeiter-Qualifikation eine Aufgabendelegation auf Sachbearbeiter durchgeführt, die dann auch gemäß dem Kongruenzprinzip mit der Schlußzeichnungskompetenz und der entsprechenden Verantwortung verbunden ist. Die Besonderheit liegt hierbei darin, daß eine derartige Delegation bei Gültigkeit der entsprechenden Voraussetzungen grundsätzlich und automatisch vorgesehen ist. Durch diese Umkehrung des früheren Prinzips bedarf es demnach keiner expliziten, auf den jeweiligen Mitarbeiter bezogenen Delegation und Zeichnungsbefugnis.
Nach dem Operationalitäts- und Minimalebenenprinzip ist hierzu u. a. die Formulierung von Ausnahmeregelungen erforderlich. Wie sich am Hamburger Beispiel zeigte, wurde diese formelle Delegation häufig dadurch erschwert, daß bei den Vorgesetzten die Bereitschaft hierzu fehlte und in der Konsequenz sehr umfangreiche Ausnahmekataloge mit den beim Vorgesetzten verbleibenden Kompetenzen aufgestellt wurden. Man beabsichtigte dieses Problem dadurch in den Griff zu bekommen, daß an der Aufstellung der schriftlich festzulegenden Ausnahmeregelungen der jeweils nächsthöhere Vorgesetzte federführend beteiligt werden sollte. Hier wurde also bei der organisatorischen Gestaltung das Minimalebenenprinzip bewußt weit gefaßt, um es dann anschließend bei der inhaltlichen Aufgabenerfüllung strenger anlegen und praktizieren zu können. Trotz der in Hamburg erfolgten umfangreichen Vorbereitung zeigt diese Schwierigkeit das generelle Umsetzungsproblem organisatorisch neuer Maßnahmen.
In bezug auf tarifrechtliche Konsequenzen aus einer Veränderung der Stellen- bzw. Dienstpostenbewertung wurde eine Fortschreibung der entsprechenden Tätigkeitsmerkmale in Betracht gezogen. Eine im Einzelfall mögliche Stellenhebung wäre eine deutliche Konsequenz des Leistungsprinzips[41]. Als Folgemaßnahmen waren u. a. einerseits ein teilweise veränderter Informationsaustausch, z. B. durch regelmäßige Dienstbesprechungen, notwendig, die dann auch einer Kontrolle des Arbeitserfolges dienten, sowie andererseits eine verstärkte Eigenkontrolle der Sachbearbeiter neben der Fremdkontrolle durch den Vorgesetzten entsprechend dem Doppelkontrollprinzip. Insgesamt haben aber – wie konstatiert wurde – Änderungen im Führungsverhalten und im Stil der Zusammenarbeit mit den organisatorischen Veränderungen nicht Schritt gehalten.
Das Ziel, die Übertragung und Anwendung von Organisationsprinzipien in der Verwaltungspraxis zu fördern, soll durch die Aufstellung von Führungs-

grundsätzen besser erreicht werden, die auf eine inhaltliche Konkretisierung im instrumentellen und vor allem im Verhaltensbereich ausgerichtet sind.

6. Führungsgrundsätze als verhaltensbezogene Steuerungsmaximen

Führungsgrundsätze machen Aussagen über das angestrebte Führungsverhalten von Vorgesetzten und den Einsatz von in der öffentlichen Verwaltung verfügbaren Führungsinstrumenten[42]. Die Zielsetzung ist dabei ein – trotz des bestehenden individuellen Verhaltensspielraums – in der Grundtendenz und -einstellung einheitliches Führungsverhalten in verschiedenen Bereichen und auf mehreren Ebenen einer öffentlichen Verwaltung. Da Führung eine soziale Interaktion ist, erfordern einzelne Aspekte eines kooperativen Führungsstils ein korrespondierendes Verhalten bei den Mitarbeitern und damit die Einhaltung des Prinzips der Gegenseitigkeit. Derartige Führungskonsequenzen aus der Anwendung und Einhaltung von Organisationsprinzipien gewinnen auch in der öffentlichen Verwaltung zunehmend an Bedeutung[43]. Die Gefahr besteht hier jedoch ebenfalls darin, daß Führungsgrundsätze nur Leerformeln sind, wenn sie keine inhaltlich konkreten Aussagen enthalten und nicht den Einsatz praktikabler Führungsinstrumente regeln.
Der Grund für den gestiegenen Stellenwert von Führungsleitlinien ist u. a. darin zu sehen, daß die Versuche in den 70er Jahren, umfassende Führungsmodelle wie das Management by Objectives in öffentliche Verwaltungen einzuführen[44], nur begrenzte Realisierungs- und Erfolgschancen besaßen. Dies war darauf zurückzuführen, daß die aus der Wirtschaft bekannten Management-by-Techniken

- teilweise zu modellhaft und zu abstrakt sind,
- zu wenig die Besonderheiten der öffentlichen Verwaltung, z. B. in bezug auf die Abhängigkeit von politischen Prozessen, das öffentliche Dienstrecht und sonstige Verwaltungsverordnungen, berücksichtigen,
- auch wenn die grundsätzliche Einführungsmöglichkeit gegeben ist[45], nicht direkt und vollständig mit jeder Konsequenz auf die öffentliche Verwaltung übertragbar sind und
- eine zu starke Betonung einzelner Führungsaspekte oder zu umfassende Regelungen vorsehen, so daß der erforderliche Aufwand in der öffentlichen Verwaltung und die zu erwartenden bzw. zutage getretenen Einführungswiderstände insgesamt zu groß sind[46]. Zu berücksichtigen sind dabei außerdem unterschiedliche Realisierungsmöglichkeiten in der Planungs- und Vollzugsverwaltung.

In der Industrie ist der individuelle Gestaltungsspielraum für Führungskonzeptionen zweifelsohne größer als in der öffentlichen Verwaltung. Dort werden die Führungsmodelle in der Regel jedoch auch nur als konzeptionelle Grundlage verwendet und auf unternehmungsspezifische Anforderungen und Belange modifiziert und angepaßt. Wesentliche Ausgangsbasis und wichtiger Bestandteil ist hier ebenfalls die Aufstellung von Leitlinien für die Führung und Zusammenarbeit[47], wenn auch aufgrund anderer Aufgaben, Zielsetzungen und Rahmenbedingungen mit teilweise differierendem Inhalt.

Im Vergleich zu Führungs*konzeptionen,* die alle Elemente und Regelungen eines praxisbezogenen Führungssystems enthalten und damit die „große Lösung" darstellen, sind Führungs*grundsätze* als Verhaltensnormen lediglich die „kleine Lösung". Nachdem inzwischen in der öffentlichen Verwaltung ein in dieser Hinsicht „aufgeklärtes" Stadium mit dem Blick für das Machbare erreicht wurde, sollte aber auch bei der Aufstellung von Führungsgrundsätzen eine gedanklich geschlossene Konzeption dahinterstehen. Direkt damit verbunden ist das Problem, daß ein Unterschied existiert zwischen dem Formulieren und Praktizieren von Führungsgrundsätzen. Nachdem im folgenden die Leitlinien für das Führungsverhalten inhaltlich analysiert und vorhandene Ansätze in der öffentlichen Verwaltung angesprochen wurden, ist auf diese Schwierigkeit einer Umsetzung in die Führungspraxis einzugehen.

Eine als Führungsmodell in unterschiedlichem Maße aussagefähige konzeptionelle Grundlage können das Harzburger Modell als Führung durch Aufgabendelegation bzw. im Mitarbeiterverhältnis, das Management by Exception als Führung durch Ausnahmeeingriff und das Management by Objectives als Führung durch Zielvereinbarung sein[48]. Die generell auch für die öffentliche Verwaltung geltenden Prinzipien dieser Führungsmodelle sind dann ebenfalls in die Führungsgrundsätze aufzunehmen. Inwieweit und in welcher Art dies geschieht, hängt stark von der gewählten konzeptionellen Basis ab. In der Industrie geht mit zunehmender Unternehmensgröße die Tendenz eindeutig zum Management by Objectives[49]. In der öffentlichen Verwaltung wird die Entwicklung einer verstärkten Ziel- und Ergebnisorientierung – unter Berücksichtigung der existierenden Probleme und Möglichkeiten einer Operationalisierung und Quantifizierung – zum Teil (noch) nicht in gleichem Maße nachvollzogen.

Wesentliche Inhaltsbereiche von Führungsgrundsätzen sind bei der Darstellung der Organisationsprinzipien in Zusammenhang mit den hieraus sich ergebenden Führungskonsequenzen bereits erläutert worden. In Abb. 5 sind sie noch einmal zusammengefaßt. Das häufig am Anfang formulierte Bekenntnis zum *kooperativen Führungsstil* wird durch die nachfolgenden Verhaltensrichtlinien präzisiert. Gedanklich läßt sich dabei zwischen aufgabenbezogenen Sachfunktionen und mitarbeiterbezogenen Personalfunktio-

nen der Führung trennen, zwischen denen die an früherer Stelle angedeuteten wechselseitigen Zusammenhänge bestehen. Durch die Organisationsprinzipien werden primär die Sachfunktionen der Führung geregelt. Deshalb sind in den Führungsgrundsätzen zusätzlich vor allem auch die Personalfunktionen auszuformulieren. Hinzu kommt der Einsatz bestimmter Führungsinstrumente, wie z. B. Mitarbeiter-Gespräche, Besprechungen, Gruppenarbeit oder Beurteilungsrichtlinien.
In der öffentlichen Verwaltung sind Führungsgrundsätze beispielsweise in den „Leitlinien für die Führung und Zusammenarbeit in der Verwaltung des Landes Baden-Württemberg"[50], in den „Richtlinien für die Organisation, Zusammenarbeit und den Personaleinsatz im Bundesministerium des Innern"[51] und in der „Leitlinie für die Zusammenarbeit und Führung bei der

- Kooperativer Führungsstil
  * Pflichten sowie Rechte von Vorgesetzten und Mitarbeitern
- Individuelle Verhaltensweisen (Initiative, Leistungs- und Verantwortungsbereitschaft, Zivilcourage)
- Zwischenmenschliche Beziehungen (z. B. Vertrauen, Toleranz, Konfliktregelung, (Führungs-)Verhalten, Anerkennung, Kritik)
- Delegation von Aufgaben, Kompetenzen und Verantwortung
- Selbständiges und eigenverantwortliches Handeln der Mitarbeiter
- Zeichnungsrecht
- Ausnahmeregelungen
- Stellvertretung
- Mitwirkung an der
  * Zielsetzung (-vorgabe, -vereinbarung)
  * Planung
  * Entscheidungsfindung
  * Kontrolle (Eigenkontrolle)
- Informationsfluß und -austausch
- Möglichkeit zu Verbesserungsvorschlägen
- Besprechungen
- Gruppenarbeit (Arbeits-, Projekt-, Koordinationsgruppen)
- Mitarbeiter-Gespräche
- Erfolgskontrolle der Arbeitsergebnisse
- Mitarbeiter-Beurteilung
- Mitarbeiter-Fortbildung
- Mitarbeiter-Förderung
- Mitarbeiter-Qualifikation bzw. -Leistungsfähigkeit
- Mitarbeiter-Motivation bzw. -Leistungsbereitschaft

Abb. 5: Wesentliche Inhaltsbereiche von Führungsgrundsätzen in der öffentlichen Verwaltung

Deutschen Bundespost"[52] aufgestellt und eingeführt worden. Ähnliche Richtlinien gibt es z. B. auch in der Schweiz als „Richtlinien für die Verwaltungsführung im Bunde (RVF)"[53]. Sie enthalten jeweils Normen für das Führungsverhalten nicht nur in unterschiedlicher Formulierung und Reihenfolge, sondern teilweise auch in unterschiedlicher Art[54]. Die überarbeiteten Richtlinien im Bundesministerium des Innern regeln so vor allem auch aufbau- und ablauforganisatorische Aspekte, wie sie bei den Organisationsprinzipien erörtert wurden[55].

In bezug auf die Reihenfolge gibt es aufgrund der inhaltlichen Interdependenz der einzelnen Führungsaufgaben und -funktionen sicherlich keine eindeutige Abfolge. Grundlage sind hierfür die einzelnen sach- und personenbezogenen Phasen des Führungsprozesses. Im Hinblick auf die Formulierung stehen sich als generelle Alternativen einerseits knappe, dann aber häufig zu wenig operationale Aussagen und andererseits sehr ausführliche Ausformulierungen gegenüber, die Verhaltensvorschriften bis ins Detail geben und dadurch allein vom Umfang her einer Umsetzung in die Führungspraxis eher hinderlich sind. Der zu findende Kompromiß wird sicherlich auch davon abhängen, wie die Führungsgrundsätze konzeptioniert und implementiert werden. In bezug auf den Inhalt gilt prinzipiell die Forderung, daß alle wesentlichen Aufgaben und Phasen der Führung und Zusammenarbeit angesprochen werden müssen.

Wichtig und zu beachten ist hierbei, wie bereits ausgeführt wurde, daß durch den kooperativen Führungsstil höhere Anforderungen sowohl an Vorgesetzte als auch an Mitarbeiter gestellt werden. Deshalb sind die *Pflichten und Rechte von Vorgesetzten und Mitarbeitern* zu präzisieren, die sich wechselseitig gegenüberstehen. Voraussetzungen für das Funktionieren des kooperativen Führungsstils sind sowohl bestimmte *individuelle Verhaltensweisen* als auch bestimmte *Formen zwischenmenschlicher Beziehungen,* die häufig in den Führungsgrundsätzen genannt werden. Die bei den Organisationsprinzipien bereits ausführlich erörterte *Delegation von Aufgaben, Kompetenzen und Verantwortung* ist zentraler Bestandteil des kooperativen Führungsstils und damit auch jedes entsprechenden Führungskonzepts. Hieraus bestimmt sich der Einsatz der Mitarbeiter. In der Konsequenz ergibt sich hieraus auch die *Regelung des Zeichnungsrechts.* Entsprechend dem Harzburger Modell als Führung durch Aufgabendelegation ist dabei die Trennung in die Führungs- und Handlungsverantwortung vorzunehmen. *Ausnahmeregelungen* sind in bezug auf generalisierbare Einzelfälle und besondere Situationen zu formulieren. So wird beispielsweise bei neuen Mitarbeitern eher eine Einschränkung der Delegation erfolgen. Hier tritt die wichtige Führungsaufgabe der Einführung dieser Mitarbeiter in den Vordergrund. Daneben wird in den Führungsgrundsätzen häufig die auch in organisatorischer Hinsicht wichtige Frage der *Stellvertretung* geregelt.

Ein weiterer zentraler Bereich ist, inwieweit die Mitarbeiter über die Zusammenarbeit bzw. Kooperation hinausgehende Möglichkeiten der Mitwirkung und damit *Partizipation an der Zielsetzung, Planung, Entscheidungsfindung und Kontrolle* hinsichtlich ihres Aufgabenbereichs als wesentlichen Führungsaufgaben des Vorgesetzten besitzen. Die Ausgestaltung dieser Führungsgrundsätze ist, wie bereits betont, von dem zugrundeliegenden Führungskonzept als Leitidee abhängig. Die Zielorientierung ist der Grundgedanke des Management by Objectives als Führung durch Zielvorgabe in seiner „autoritären" Variante oder als Führung durch Zielvereinbarung in seiner kooperativen bzw. genauer partizipativen Variante. Da – wie auch die Leitlinien des Landes Baden-Württemberg ausführen[56] – eine Zielvorgabe nur z. T. durch Gesetze, Verordnungen und Erlasse bedingt ist, sind soweit als möglich auf der Basis gemeinsamer Erarbeitung und Planung Zielvereinbarungen zwischen Vorgesetzten und Mitarbeitern über die von den Mitarbeitern inhaltlich und zeitlich zu erreichenden Soll-Ergebnisse durchzuführen. Auf diese Weise lassen sich eher realistische, im Sinne von realisierbaren Zielsetzungen mit dem analysierten, hierzu notwendigen Maßnahmen- und Mitteleinsatz und mit einem höheren Grad an Motivation erreichen. In der Regel ist eine derartige Zielvereinbarung in den Führungsgrundsätzen lediglich als Forderung formuliert, ohne aber weitere praktikable Führungshilfen hierzu anzubieten, die für eine Umsetzung dieser Verhaltensmaxime in die Verwaltungspraxis genau so notwendig sind wie in der Wirtschaft. Die Art und Anwendung eines solchen Führungsinstrumentariums auf den verschiedenen Organisationsebenen einer Verwaltung muß sich nach der Bedeutung und Priorität der zu erreichenden Ziele richten. Die Richtlinien im Bundesministerium des Innern machen beispielsweise zu einer Mitwirkung der Mitarbeiter an diesen Führungsfunktionen keine oder nur sehr allgemeine und damit wenig operationale Aussagen[57].

Zusätzlich wird der bei den Organisationsprinzipien bereits behandelte *Informationsfluß* und *-austausch* geregelt, bei dem sich wiederum Rechte und Pflichten von Vorgesetzten und Mitarbeitern wechselseitig gegenüberstehen. In Zusammenhang hiermit stehen *Besprechungen, Gruppenarbeit* und *Mitarbeiter-Gespräche*. In bezug auf die *Erfolgskontrolle der Arbeitsergebnisse* ist u. a. zum einen das bereits ausführlich erörterte Maß an Eigenkontrolle des Mitarbeiters festzulegen sowie zum anderen auch die sich aus der Kontrolle ergebenden Konsequenzen. Die bei einem kooperativen Führungsstil gleichermaßen notwendige Fremdkontrolle durch den Vorgesetzten dient der ergebnisbezogenen Bestätigung und ggf. erforderlichen Korrektur. Im Vordergrund hat deshalb die gemeinsame Erarbeitung und Festlegung von Verbesserungsmöglichkeiten für die Zukunft zu stehen. Die vorhandenen Führungsgrundsätze erweisen sich in dieser Hinsicht als unterschiedlich fortschrittlich.

In den Leitlinien des Landes Baden-Württemberg erfolgt – wohl auf der konzeptionellen Grundlage des Harzburger Modells – eine starke Betonung formaler und inhaltlicher Aspekte der Kontrolle durch den Vorgesetzten. Eine Partizipation an der Kontrolle im Sinne einer Eigenkontrolle durch den Mitarbeiter wird hier nicht angesprochen und geregelt[58]. In der Leitlinie der Deutschen Bundespost[59] wird hingegen in bezug auf das eigene Handeln eine Selbstkontrolle der Mitarbeiter auf der Basis ihnen bekannter Ziele, Maßstäbe und Bedingungen explizit gefordert.
Eine hierauf basierende *Mitarbeiter-Beurteilung* macht durch die Zugrundelegung von eher objektiv meßbaren Größen eine Leistungs- und Ergebnisbeurteilung erst möglich. Dabei besteht jedoch – abgesehen von einer unterschiedlichen Regelung für Beamte und Angestellte im öffentlichen Dienst – das Problem darin, daß die in der öffentlichen Verwaltung verwendeten Beurteilungssysteme oftmals weder theoretischen noch praktischen Anforderungen genügen[60]. Die Wahrnehmung dieser Führungsaufgabe wird also ohne ein entsprechend geeignetes Führungsinstrument ebenfalls erschwert. Dies gilt in ähnlicher Weise auch für die *Mitarbeiter-Fortbildung*[61] *und -Förderung*, da eine längerfristige koordinierte Personalplanung in der öffentlichen Verwaltung eher noch die Ausnahme als die Regel ist[62]. Wie bereits ausgeführt wurde, sind diese beiden Führungsfunktionen eine wichtige Voraussetzung, um die *Mitarbeiter-Qualifikation bzw. -Leistungsfähigkeit* und die *Mitarbeiter-Motivation bzw. -Leistungsbereitschaft* zu erhöhen. Erst wenn durch die Ausgestaltung des kooperativen Führungsstils hierzu die Voraussetzung geschaffen wird, stehen sie in einer sich fördernden Wechselbeziehung.

7. Probleme der Umsetzung und Einführung

Insgesamt verbleibt auch bei der Einführung von Führungsgrundsätzen für den individuellen Führungsstil ein relativ großer Spielraum, der vom einzelnen Vorgesetzten auszufüllen ist. Sie können deshalb nur eine Orientierungshilfe sein. Dies ist grundsätzlich positiv zu beurteilen, da das Führungsverhalten situativ anzupassen ist und Verhaltensnormen deshalb nicht das gesamte Führungsspektrum präskriptiv festlegen können. Ein sehr umfassender Katalog von situativen Verhaltensregeln wäre deshalb letztlich doch immer unvollständig und außerdem kaum praktikabel.
Die Voraussetzung ist dann aber, daß das Führungsverhalten der Vorgesetzten in seiner Grundtendenz kooperativ und damit einheitlich auf die Einhaltung der Führungsgrundsätze ausgerichtet ist. Dies hängt, wie bereits

angesprochen, davon ab, inwieweit die formulierten Führungsrichtlinien in die Verwaltungspraxis umgesetzt werden können. Weil oftmals notwendige Verhaltensänderungen bei Vorgesetzten und Mitarbeitern nicht nur eine Frage des Wissens und Könnens, sondern vor allem auch des Wollens sind, werden sich entsprechende Ergebnisse eher nur längerfristig einstellen. Dies gilt in der Regel auch dann, wenn vorher flankierende organisatorische Veränderungen vorgenommen wurden.

Die *formale Art der Einführung*, ob es sich nämlich um eine verbindliche Dienstanweisung oder um eine unverbindliche Empfehlung handelt, ist dabei nur von sekundärer Bedeutung und löst dieses grundsätzliche Implementierungsproblem[63] nicht. Da lediglich ein Teil der sachbezogenen Führungsfunktionen durch die Einhaltung der Organisationsprinzipien und durch den Einsatz entsprechender Führungsinstrumente strukturell und prozessual eindeutig sowie verbindlich geregelt werden kann, der gesamte Rest und hierbei insbesondere die personenbezogenen Führungsfunktionen aber verhaltensabhängig sind, ist eine Kontrolle der Einhaltung schwierig und aufwendig, wenn nicht gar unmöglich. Dies gilt um so mehr, da z. B. Mitarbeiter-Befragungen über die Führungs- und Arbeitssituation bzw. das Führungsverhalten von Vorgesetzten in der öffentlichen Verwaltung bisher kaum eingesetzt werden[64], um auf diese Weise als Rückkopplung den spezifischen Informationsfluß von unten nach oben zu verbessern.

Das Umsetzungsproblem kann deshalb nur zufriedenstellend gelöst werden, wenn die formale Einführung mit einer *inhaltlichen Implementierung* verbunden ist. Konkret bedeutet dies, daß eine auf die Inhaltsbereiche der Führungsgrundsätze ausgerichtete Information und Fortbildung von Vorgesetzten und auch Mitarbeitern einsetzen muß. Wenn eine derartige Schulung bzw. ein Training der Anwendung anhand von Beispielen und Fallstudien erfolgt, kann eher mit einer Internalisierung der Verhaltensnormen und einem in der Grundtendenz einheitlichen Verhalten von Vorgesetzten und Mitarbeitern gerechnet werden. Einfach wäre die Situation nur dann, wenn die Einführung von Führungsgrundsätzen das Festschreiben eines bereits praktizierten Führungsstils bedeuten würde und nicht nur von Wunschvorstellungen, von denen die Führungspraxis mehr oder weniger stark abweicht. Hiervon kann nicht in der öffentlichen Verwaltung und auch nicht in der Industrie[65] generell ausgegangen werden.

Bei der vorstehend skizzierten Vorgehensweise ist dann auch der Zeitpunkt der verbindlichen Einführung zu überdenken und zweckmäßig festzulegen, ob der „förmliche Erlaß" also der Anstoß oder – im anderen Extremfall – der Endpunkt ist. Vom Umfang und der Ausformulierung her können die Führungsgrundsätze bei einer flankierenden Anwendungsschulung eher knapper gehalten werden. Der Aufwand ist durch diese inhaltliche Implementierung sicherlich erheblich größer, die Erreichung der angestrebten

Organisations-, Führungs- und Verwaltungsziele und damit der Erfolg aber auch wahrscheinlicher.
Unterstützt werden kann diese Implementierung nach den Grundsätzen der Organisationsentwicklung[66] zusätzlich durch eine *Konzeptionierung* nach den Grundsätzen des kooperativen Führungsstils, um hierdurch insgesamt die Akzeptanz der beabsichtigten Regelungen zu verbessern. Dies besagt, daß an der Aufstellung der Führungsrichtlinien alle betroffenen Ebenen und Gruppen – selbstredend einschließlich des Personalrats – mit einem vertretbaren und praktikablen Maß an Repräsentativität beteiligt werden und mitwirken. Hierdurch wird eher sichergestellt, daß alle wesentlichen Inhaltsbereiche der Führungsgrundsätze angesprochen und verständlich geregelt werden. Da es um die Ausformulierung des kooperativen Führungsstils geht, sollte nach den entsprechenden Grundsätzen verfahren werden, auch wenn in Abhängigkeit von der Größe der jeweiligen öffentlichen Verwaltung dieser Partizipation Grenzen gesetzt sind.

8. Zusammenfassung und Schlußfolgerungen

In Abb. 6 sind die inhaltlichen Beziehungen zwischen Organisationsprinzipien und Führungsgrundsätzen in einer Übersicht zusammengefaßt. Obwohl nur primäre Beziehungen wiedergegeben sind, wird die Grafik schon fast unübersichtlich. Dies kennzeichnet die komplexen inhaltlichen Zusammenhänge: Von jedem Organisationsprinzip und jedem Führungsgrundsatz gehen in der Regel mehrere Wirkungen aus. Bei der organisationsbezogenen Gestaltung und führungsbezogenen Regelung sind diese Interdependenzen zu berücksichtigen, um die an früherer Stelle skizzierten Schwachstellen zu beseitigen oder zumindest in ihrer negativen Auswirkung zu reduzieren.
Um die Funktionsfähigkeit der Organisation und Führung sowie die Leistungsfähigkeit der öffentlichen Verwaltung zu verbessern, ist das dargelegte mehrfache Umsetzungsproblem zwischen den zugrundeliegenden Zielen, den Organisationsprinzipien, den Führungsgrundsätzen und der Verwaltungspraxis zu lösen. Wenn die Umsetzung sich nur auf die Einhaltung der Organisationsprinzipien sowie auf die Aufstellung von Führungsgrundsätzen und damit auf die inhaltliche Korrespondenz zwischen organisatorischen Gestaltungsmaßnahmen und führungsbezogenen Verhaltensrichtlinien beschränkt, der Schritt einer Implementierung des angestrebten Führungsverhaltens in die Verwaltungspraxis durch geeignete Fortbildungsmaßnahmen jedoch nicht vollzogen wird, dann bleiben Führungsgrundsätze „theoretische“ und idealtypische Verhaltensnormen.

Abb. 6: Inhaltliche Beziehungen zwischen Organisationsprinzipien und Führungsgrundsätzen

Sie sind bei einer Festschreibung ohne weitergehende Konsequenzen in ihrer Anwendung ausschließlich vom individuellen Führungsstil des einzelnen Vorgesetzten abhängig. Der Vorgesetzte, der bereits kooperativ führt, braucht sie nicht unbedingt. Der Vorgesetzte, der hierzu nicht in der Lage oder bereit ist, wird sie nicht anwenden. Sie haben so – gewollt oder ungewollt – lediglich eine Alibifunktion, um einen fortschrittlichen und zeitgemäßen Führungsstil einer öffentlichen Verwaltung nach innen und außen zu dokumentieren. Gültigkeit besitzen sie in diesem Falle nur auf dem Papier. Und Papier wird dann aber leicht zu Makulatur.

Anmerkungen

[1] Vgl. z. B.: Grochla, E., Unternehmensorganisation, Reinbek 1972, S. 18 ff.; Hill, W. / Fehlbaum, R. / Ulrich, P., Organisationslehre, Bern/Stuttgart 1974, S. 17 ff.; Hoffmann, F., Entwicklung der Organisationsforschung, 2. Aufl., Wiesbaden 1976, S. 58 ff.; Kieser, A. / Kubicek, H., Organisation, Berlin/New York 1977, S. 1 ff.

[2] Vgl. z. B.: Bleicher, K. / Meyer, E., Führung in der Unternehmung, Reinbek 1976, S. 29 ff.; Steinle, C., Führung, Stuttgart 1978, S. 13 ff.; Staehle, W. H., Management, München 1980, S. 32 ff.; Wunderer, R. / Grunwald, W., Führungslehre, Bd. 1, Grundlagen der Führung, Berlin/New York 1980, S. 52 ff.

[3] Vgl. hierzu: Eichhorn, P., Verwaltungshandeln und Verwaltungskosten, Baden-Baden 1979, S. 14 ff.; Grabatin G., Effizienz von Organisationen, Berlin/New York 1981; Welge, M. K. / Fessmann, K.-D., Organisatorische Effizienz, in: Grochla, E. (Hrsg.), Handwörterbuch der Organisation, 2. Aufl., Stuttgart 1980, Sp. 577 ff.; Staehle, W. H., Management, a. a. O., S. 125 ff.; Staehle, W. H. / Grabatin, G., Effizienz von Organisationen, in: Die Betriebswirtschaft, 39. Jg., 1979, S. 89–102; Gzuk, R., Messung der Effizienz von Entscheidungen, Tübingen 1975, S. 100 ff.; Macharzina, K. / Oechsler, W. A., Empirische Untersuchungen zur organisatorischen Effizienz, Institut für Betriebswirtschaftslehre der Universität Hohenheim, Nr. 4/1979; Budäus, D. / Dobler, C., Theoretische Konzepte und Kriterien zur Beurteilung der Effektivität von Organisationen, in: Management International Review, Vol. 17, 1977, Nr. 3, S. 61–75; Mäding, E. / Knöpfle, F. (Hrsg.), Organisation und Effizienz der öffentlichen Verwaltung, Köln/Augsburg 1974; Joosten, P. / Kaldenkerken, K.-H. v. (Hrsg.), Organisation und Effizienz der öffentlichen Verwaltung II, Eindhoven/Köln 1976 sowie ferner Hoefert, H.-W. / Reichard, C. (Hrsg.), Leistungsprinzip und Leistungsverhalten im öffentlichen Dienst, Stuttgart et al. 1979; Michalski, W. (Hrsg.), Leistungsfähigkeit und Wirtschaftlichkeit in der öffentlichen Verwaltung, Hamburg 1970.

[4] Vgl. z. B.: Eichhorn, P. / Friedrich, P., Verwaltungsökonomie I, Baden-Baden 1976, S. 104 ff.

[5] Vgl. zum Unterschied zwischen instrumentalen und institutionalen Organisationszielen: Hill, W., Organisationsziele, in: Grochla, E. (Hrsg.), Handwörterbuch . . ., a. a. O., Sp. 1814 ff.

[6] Vgl.: Mattern, K.-H., Ziel- und ergebnisorientiertes Verwaltungshandeln (ZEV), in: Verwaltung und Fortbildung, 5. Jg., 1977, Heft 1, S. 3–10.

[7] Vgl.: Meyer, E., Delegation, in: Grochla, E. (Hrsg.), Handwörterbuch . . ., a. a. O., Sp. 546 ff.

[8] Vgl. z. B.: Neuberger, O., Theorien der Arbeitszufriedenheit, Stuttgart et al. 1974; Lawler, E. E., Motivierung in Organisationen, Bern/Stuttgart 1977; Staehle, W. H., Management, a. a. O., S. 170 ff.

[9] Vgl.: Krüger, W., Grundlagen, Probleme und Instrumente der Konflikthandhabung in der Unternehmung, Berlin 1972, S. 114 ff.

[10] Vgl. z. B.: Bericht der Arbeitsgruppe Innere Verwaltungsreform, Vorschläge für eine bürgerfreundliche und effektive Verwaltung, hrsg. v. Innenministerium Baden-Württemberg, Stuttgart 1974; Richtlinien „Bürger und Verwaltung“, in:

Niedersächsisches Ministerialblatt, Nr. 8/1981, S. 225–228; Senatsamt für den Verwaltungsdienst (Hrsg.), Beitrag zur Bürgerfreundlichkeit in der Verwaltung, Hamburg 1980.

[11] Vgl. z. B.: Becker, U., Zur Veränderung der Struktur der Verwaltung, in: Die Verwaltung, 3. Bd., 1970, S. 389–420; Laux, E. (Hrsg.), Das Dilemma des öffentlichen Dienstes, Bonn 1978.

[12] Vgl. hierzu: Lepper, M., Rationalisierung in der öffentlichen Verwaltung, in: Bürotechnik, 24. Jg., 1976, Heft 3, S. 64–69.

[13] Siehe allgemein hierzu auch: KGSt, Probleme der Mitarbeiterführung in der öffentlichen Verwaltung, Bericht Nr. 6, Köln 1976; KGSt, Grundlagen der Verwaltungsorganisation, Köln 1978; Senatsamt für den Verwaltungsdienst (Hrsg.), Management Systeme, Hamburg 1973; Klages, H., Grenzen der Organisierbarkeit von Verwaltungsorganisationen, in: Die Verwaltung, 10. Bd., 1977, S. 31 ff.

[14] Vgl. auch: Berthel, J., Managementprinzipien, in: Grochla, E. (Hrsg.), Handwörterbuch . . ., a. a. O., Sp. 1265 ff.; Wunderer, R. / Grunwald, W., Führungslehre, Bd. 1, a. a. O., S. 403 ff., 424 ff.; dies., Führungslehre, Bd. 2, Kooperative Führung, Berlin/New York 1980, S. 72; Ulrich, P. / Fluri, E., Mangement, Bern/Stuttgart 1975, S. 131 ff., 204 ff. sowie ferner Oechsler, W. A., Der organisatorisch-strukturelle Kontext partizipativer Führung, in: Grunwald, W. / Lilge, H.-G. (Hrsg.), Partizipative Führung, Bern/Stuttgart 1980, S. 232 ff.; Bleicher, K. / Meyer, E., a. a. O., S. 123 ff.

[15] Vgl. hierzu z. B. auch: Bericht der Arbeitsgruppe Innere Verwaltungsreform, a. a. O.; Laux, E., Führung und Führungsorganisation in der öffentlichen Verwaltung, Stuttgart et al. 1975, S. 82 f.

[16] Vgl. zu den Reformvorschlägen: Kroppenstedt, F., Der Bericht der Studienkommission für die Reform des öffentlichen Dienstrechts, in: Verwaltung und Fortbildung, 1. Jg., 1973, Heft 2, S. 63 ff.

[17] Vgl. z. B.: Nordsieck, F., Organisationsprinzipien, in: Seischab, H. / Schwantag, K. (Hrsg.), Handwörterbuch des Betriebswirtschaft, 3. Aufl., Stuttgart 1960, Sp. 4253 ff.; Bleicher, K., Grundsätze der Organisation, in: Schnaufer, E. / Agthe, K. (Hrsg.), Organisation, Berlin/Baden-Baden 1961, S. 149 ff.; Beensen, R., Organisationsprinzipien, Berlin 1969; Fuchs-Wegner, G., Organisationsprinzipien, in: Grochla, E. (Hrsg.), Handwörterbuch . . ., a. a. O., Sp. 1740–1748; Kosiol, E., Organisation der Unternehmung, Wiesbaden 1962, S. 23 ff., 101 ff., 181, 240 f.; Grochla, E., Unternehmungsorganisation, a. a. O., S. 56 ff.; ders., Einführung in die Organisationstheorie, Stuttgart 1978, S. 113 f., 118 ff., 125 f.; Hill, W. / Fehlbaum, R. / Ulrich, P., a. a. O., S. 124 ff., 192 ff., 219 ff., 320, 455 ff.; Reichard, C., Betriebswirtschaftslehre der öffentlichen Verwaltung, Berlin/New York 1977, S. 116 f.; Hoffmann, F., a. a. O., S. 79 ff.; Simon, H. A., Entscheidungsverhalten in Organisationen, 3. Aufl., Landsberg 1981, S. 63 ff.; Picot, A., Organisationsprinzipien, in: Wirtschaftswissenschaftliches Studium, 8. Jg., 1979, S. 480–485; Blohm, H., Wie beeinflussen neue Techniken, Entwicklungen und Erkenntnisse der Organisationslehre bisher geltende Organisationsgrundsätze?, in: Grochla, E. (Hrsg.), Elemente der organisatorischen Gestaltung, Reinbek 1978, S. 85 ff.; Neuberger, O., Organisation und Führung, Stuttgart et al. 1977, S. 49 ff.; Seidel,

N., Eine Systematik der organisatorischen Grundsätze und ihre praktische Anwendung in der Betriebsorganisation, in: Zeitschrift für Organisation, 40. Jg., 1971, S. 127 ff.; Lohmann, E., Organisationsprinzipien, in: Zeitschrift für Organisation, 41. Jg., 1972, S. 313 ff.

[18] Vgl. ferner exemplarisch: Schweitzer, M., Anforderungen an die betriebswirtschaftliche Organisationstheorie, in: Zeitschrift für Organisation, 36. Jg., 1967, S. 281 ff.; Ruffner, A., Prinzipien der Organisation, in: Grochla, E. (Hrsg.), Handwörterbuch der Organisation, Stuttgart 1969, Sp. 1330 ff.; Bonk, W.-R., Sind Organisationsgrundsätze überholt?, in: Bürotechnik, 23. Jg., 1975, S. 1238 ff.

[19] Vgl.: Töpfer, A., Führungsorganisation in der öffentlichen Verwaltung, in: Kehr, W. / Neubauer, K. W. / Stoltzenburg, J. (Hrsg.), Zur Theorie und Praxis des modernen Bibliothekswesens, Bd. 3, Betriebswirtschaftliche Aspekte, München 1976, S. 139 ff.; ders., Organisationsstrukturen in der öffentlichen Verwaltung, in: Bierfelder, W. (Hrsg.), Handwörterbuch des öffentlichen Dienstes, Das Personalwesen, Berlin 1976, Sp. 1116 f.; Kübler, H., Organisation und Führung in Behörden, Bd. 1, Organisatorische Grundlagen, 3. Aufl., Stuttgart 1978, S. 21 ff., 72 ff.

[20] Vgl.: Staehle, W. H., Organisation und Führung sozio-technischer Systeme, Stuttgart 1973, S. 23.

[21] Vgl.: Bleicher, K., Zentralisation und Dezentralisation, in: Grochla, E. (Hrsg.), Handwörterbuch . . ., a. a. O., Sp. 2405 ff.

[22] Vgl.: Wunderer, R. / Grunwald, W., Führungslehre, Bd. 2, a. a. O., S. 89 f.

[23] Vgl. z. B.: Staehle, W. H., Management, a. a. O., S. 420; Wunderer, R. / Grunwald, W., Führungslehre, Bd. 2, a. a. O., S. 385 ff.; Rosenstiel, L. v., Grundlagen der Organisationspsychologie, Stuttgart 1980, S. 247 f.

[24] Vgl.: Bleicher, K., Kompetenz in: Grochla, E. (Hrsg.), Handwörterbuch . . ., a. a. O., Sp. 1056 ff.

[25] Vgl.: Schwarz, H., Arbeitsplatz-Beschreibungen, 7. Aufl., Freiburg 1979; Kübler, H., Organisation und Führung in Behörden, Bd. 2, Personalwesen, 3. Aufl., Stuttgart 1978, S. 70 ff.

[26] Vgl.: Sadler, G., Neuordnung des Zeichnungsrechts in Hamburg, in: Staats- und Kommunalverwaltung, 1972, S. 29 sowie ferner KGSt, Funktionelle Organisation; Delegation von Entscheidungsbefugnissen, 1971, Bericht 3.

[27] Vgl.: Wild, J., Grundlagen der Unternehmensplanung, Reinbek 1974, S. 188 ff.

[28] Vgl. hierzu: Mayntz, R. / Scharpf, F. W., Kriterien, Voraussetzungen und Einschränkungen aktiver Politik, in: Mayntz, R. / Scharpf, F. W. (Hrsg.), Planungsorganisation, München 1973, S. 136.

[29] Vgl. ausführlich: Müller, W., Leitungsspanne, in: Grochla, E. (Hrsg.), Handwörterbuch . . ., a. a. O., Sp. 1199 ff.; Hill, W. / Fehlbaum, R. / Ulrich, P., a. a. O., S. 219 ff.; Kossbiel, H., Kontrollspanne und Führungskräfteplanung, in: Braun, W., Kossbiel, H., Reber, G. (Hrsg.), Grundfragen der betrieblichen Personalpolitik, Wiesbaden 1972, S. 89 ff.; Gutenberg, E., Unternehmensführung, Wiesbaden 1962, S. 114 ff.

[30] Vgl.: Töpfer, A., Zum Problem des optimalen Führungsstils, in: Tägliche Betriebspraxis, Personalführung/Betriebspsychologie, 4. Jg., 1979, S. 8 ff.; Wunderer, R. / Grunwald, W., Führungslehre, Bd. 2, a. a. O., S. 21 ff.

31 Vgl. zu diesem gerade in der öffentlichen Verwaltung schwierigen Problemkreis: Bohne, E. / König, H., Probleme der politischen Erfolgskontrolle, in: Die Verwaltung, 9. Bd., 1976, S. 19 ff.

32 Vgl.: Frese, E., Ziele als Führungsinstrumente, in: Zeitschrift für Organisation, 40. Jg., 1971, S. 230 f.

33 Vgl. auch: Kübler, H., Organisation . . ., Bd. 2, a. a. O., S. 167 ff.

34 Vgl.: Neuberger, O., Das Mitarbeitergespräch, Goch 1980.

35 Vgl.: Neuberger, O., Führungsverhalten und Führungserfolg, Berlin 1976, S. 96 ff.; Staehle, W. H., Management, a. a. O., S. 241 ff., 399 ff.; Nieder, P. / Naase, C., Führungsverhalten und Leistung, Bern/Haupt 1977.

36 Vgl.: Töpfer, A., Führungsorganisation . . ., a. a. O., S. 143 ff.

37 Vgl. z. B.: Senatsamt für den Verwaltungsdienst (Hrsg.), Arbeitsbewertung im System des öffentlichen Dienstes, Hamburg 1974; Siedentopf, H. (Hrsg.), Bewertungssysteme für den öffentlichen Dienst, Baden-Baden 1978.

38 Vgl. hierzu z. B.: Allgemeine Dienst- und Geschäftsanweisung der Ämter für Agrarstruktur (AGÄfA) in: Niedersächsisches Ministerialblatt, 24. Jg., 1974, Nr. 1, S. 13–22; Dienstordnung für die Landesbehörden in Baden-Württemberg (DO), in: Gemeinsames Amtsblatt, 24. Jg., 1976, Nr. 6, S. 194–220, insbes. S. 196–200.

39 AGÄfA: a. a. O., S.14.

40 Vgl.: Neuordnung des Zeichnungsrechts, in: Mitteilungen für die Verwaltung der Freien und Hansestadt Hamburg, 1970, S. 269; Informationen zur Neuordnung des Zeichnungsrechts, Hamburg 1971; Mitteilungen für die Verwaltung der Freien u. Hansestadt Hamburg, 1973, S. 135 sowie ferner die vergleichbare Regelung seit 1964 in Berlin (Gemeinsame Geschäftsordnung für die Berliner Verwaltung, § 29).

41 Vgl. ausführlich: Sadler, G., a. a. O., S. 29–33, 63–66.

42 Vgl. allgemein: Kübler, H., Organisation . . ., Bd. 2, a. a. O., S. 130 ff. sowie Bleicher, K. / Meyer, E., a. a. O., S. 201 f.

43 Vgl.: Eichhorn, P., Führungsrichtlinien in der Verwaltungspraxis, in: Die Fortbildung, 26. Jg., 1981, Heft 1, S. 9–12.

44 Vgl. z. B.: Wild, J., MbO als Führungsmodell für die öffentliche Verwaltung, in: Die Verwaltung, 6. Bd., 1973, S. 283–316; Banner, G., Ziel- und ergebnisorientierte Führung in der Kommunalverwaltung, in: Archiv für Kommunalwissenschaften, 14. Jg., 1975, S. 22–40; Böttcher, S., „Führung durch Ziele" und die öffentliche Verwaltung, in: Verwaltung und Fortbildung, 2. Jg., 1974, S. 3–14; Albert, W., Ziel- und ergebnisorientierte Planung – am Beispiel der regionalen Wirtschaftspolitik dargestellt, in: Verwaltung und Fortbildung, 3. Jg., 1975, S. 51–61; Kube, E., Management durch Zielsetzung – Ein empfehlenswertes Managementkonzept für die Polizei?, in: Die Polizei, 65. Jg., 1974, Heft 8, S. 238–245.

45 Vgl.: Lepper, M. / Reichmann, G. / Reinermann, H., Die Gemeinsame Geschäftsordnung der Bundesministerien (GGO) im Lichte neuer Führungskonzeptionen, in: Zeitschrift für Organisation, 46. Jg., 1977, S. 144–154.

46 Vgl. auch: Mattern, K.-H., a. a. O., S. 4 f.; Kübler, H., Organisation . . ., Bd. 2, a. a. O., S. 152 ff.; Becker, U., Stabilität und Neuerung, in: Die Verwaltung, 13. Bd., 1980, S. 21–35; König, H., Managementkonzeptionen für Regierung und Verwaltung, in: Verwaltungsarchiv, 67. Bd., 1976, S. 335–368.

[47] Vgl. z. B.: Zander, E. / Grabner, G. / Knebel, H. / Pillat, R., Führungssysteme in der Praxis, Heidelberg 1972, S. 50 ff., 145 f.; Fiedler, H., Unternehmensgrundsätze und Führungsleitlinien, in: Fortschrittliche Betriebsführung/Industrial Engineering, 29. Jg., 1980, S. 122–129; Lattmann, C., Führungsstil und Führungsrichtlinien, Bern/Stuttgart 1975; Knebel, H., Einführung von Führungsgrundsätzen, in: Töpfer, A. / Zander, E. (Hrsg.), Führungsgrundsätze und Führungsinstrumente, Kooperative Führungskonzepte in der Unternehmenspraxis (im Druck).

[48] Vgl.: Wild, J., Management-Konzeption und Unternehmungsverfassung, in: Schmidt, R.-B. (Hrsg.), Probleme der Unternehmungsverfassung, Tübingen 1971, S. 57–95; Baugut, G. / Krüger, S., Unternehmensführung, Opladen 1976, S. 58 ff.; Staehle, W. H., Management, a. a. O., S. 387 ff.; Steinle, C., Führung, a. a. O., S. 200 ff.; Höhn, R., Verwaltung heute, Bad Harzburg 1970; Höhn, R. / Böhme, G., Die Verwirklichung der Führung im Mitarbeiterverhältnis in der Verwaltung, Bad Harzburg 1971; Reinermann, H. / Reichmann, G., Verwaltung und Führungskonzepte, Berlin 1978; Böhret, C. / Junkers, M. T., Führungskonzepte für die öffentliche Verwaltung, Stuttgart et al. 1976 sowie ferner Reichard, C., Managementkonzeption des öffentlichen Verwaltungsbetriebs, Berlin 1973.

[49] Vgl.: Töpfer, A., Unternehmensführung: Erhebliche Entwicklungsreserven, in: Wirtschaftswoche, 33. Jg., 1979, Nr. 29, S. 66–74; ders., Managementprobleme mittelständischer Unternehmen, Teil 1: Die Wahl des generellen Führungssystems, in: Fortschrittliche Betriebsführung/Industrial Engineering, 29. Jg., 1980, S. 379–385.

[50] Vgl.: Leitlinien für die Führung und Zusammenarbeit in der Verwaltung des Landes Baden-Württemberg, in: Gemeinsames Amtsblatt, 28. Jg., 1980, Nr. 5, S. 97–111.

[51] Vgl.: Richtlinien für die Organisation, Zusammenarbeit und den Personaleinsatz im Bundesministerium des Innern, hrsg. vom Bundesminister des Innern, Bonn, 14. Juli 1978 (Überarbeitete Fassung), 36 S.

[52] Vgl.: Leitlinie für die Zusammenarbeit und Führung bei der Deutschen Bundespost, in: Amtsblatt 1976, Nr. 129, S. 1536–1543.

[53] Vgl.: Richtlinien für die Verwaltungsführung im Bunde (RVF), erlassen vom Schweizerischen Bundesrat, Bern 1974, 43 S. sowie ferner Die Unternehmungspolitischen Grundsätze und Richtlinien der PTT, Bern 1977, insb. S. 14 ff.

[54] Vgl. hierzu auch: Führungsgrundsätze als Arbeitshilfe für Personalführungsseminare der am Kontaktgespräch beteiligten Fortbildungsinstitutionen des Bundes, in: Verwaltung und Fortbildung, 5. Jg., 1977, S. 54–56 sowie ferner für den militärischen Bereich die vergleichbaren Leitsätze der Inneren Führung in ZDv 10/1, Hilfen für die Innere Führung, S. 31–36.

[55] Vgl.: Richtlinien . . ., a. a. O., S. 5 ff.

[56] Vgl.: Leitlinien . . ., a. a. O., S. 100.

[57] Vgl.: Richtlinien . . ., a. a. O., S. 2 f., 16 f.

[58] Vgl.: Leitlinien . . ., a. a. O., S. 106 f.

[59] Vgl.: Leitlinie . . ., a. a. O., S. 1539.

[60] Vgl. allgemein: Knebel, H. (Hrsg.), Stand der Leistungsbeurteilung und Leistungszulagen in der Bundesrepublik Deutschland, Frankfurt 1981; Neuberger, O., Rituelle (Selbst-)Täuschung, in: Die Betriebswirtschaft, 40. Jg., 1980, S. 27 ff.

[61] Vgl. hierzu: Touppen, H., DGB für bessere Fortbildung im öffentlichen Dienst, in: Verwaltung und Fortbildung, 3. Jg., 1975, S. 62–71.

[62] Vgl. auch: Laux, E., Personalplanung im öffentlichen Dienst, in: Die Verwaltung, 9. Bd., 1976, S. 137 ff.

[63] Vgl.: Reinermann, H., Interessenkonflikte bei der Systemplanung, in: Zeitschrift für Organisation, 47. Jg., 1978, S. 15–25.

[64] Vgl.: Bebermeyer, H., Vorgesetztenbeurteilung als Korrektiv des Führungsverhaltens, in: Verwaltung und Fortbildung, 7. Jg., 1979, S. 57–70; Töpfer, A. / Lange, V., Bestandsaufnahme der Führungs- und Arbeitssituation in einer Behörde – Ein Erfahrungsbericht (im Druck).

[65] Vgl.: Gottschall, D., Führungsrichtlinien: Am Menschen vorbeigeschrieben?, in: Manager Magazin, 1975, Nr. 2, S. 76 ff.

[66] Vgl. hierzu: Kirsch, W. / Esser, W.-M. / Gabele, E., Das Management des geplanten Wandels von Organisationen, Stuttgart 1979, S. 298 ff.; Wunderer, R. / Grunwald, W., Führungslehre, Bd. 1, a. a. O., S. 433 ff.; Klages, H. / Schmidt, R. W., Methodik der Organisationsänderung, Baden-Baden 1978, insb. S. 48 ff. sowie ferner Steinle, C., Zur Implementierung partizipativer Führungsmodelle, in: Grunwald, W. / Lilg,e H.-G. (Hrsg.), a. a. O., S. 291 ff.

Aufgabentyp und Organisationsstruktur von Verwaltungsbehörden*

Strukturfolgen programmierter und nicht-programmierter Verwaltungsaufgaben

Bernd Becker

1. Vorbemerkungen

Eine Reihe älterer und neuerer Vorschläge zur Reform von Organisationsstrukturen von Verwaltungsbehörden geht in wesentlichen Teilen von der Art der zur Erfüllung anstehenden Verwaltungsaufgaben aus. Der „Einfluß" planender, neuerdings: programmentwickelnder Verwaltungsaufgaben auf die Struktur steht dabei im Vordergrund[1]. Theoretische und praktische Bedeutung erlangte die Frage nach Richtung und Betrag des „Einflusses" dieser Aufgabenart auf die Struktur von Verwaltungsbehörden mit dem Einsetzen intensiver, staatlicher Planung und Programmentwicklung: Die daraus entstehenden Aufgaben waren und sind nicht ohne größere Schwierigkeiten in die bestehenden, herkömmlichen Strukturen einfügbar[2].
Im folgenden soll der Frage nachgegangen werden, ob überhaupt aus dem Vorliegen einer bestimmten, empirisch vorgegebenen Aufgabenart auf bestimmte Strukturfolgen mit hinreichender Sicherheit geschlossen werden kann, und wie gegebenenfalls diese Strukturfolgen im einzelnen zu bezeichnen sind. Wenn auch die hier vorgelegte Untersuchung dieser Frage die „Aufgabenart" in den Mittelpunkt der Betrachtung stellt, so soll doch nicht der „Fehler" der klassischen Organisationslehren hier wiederholt werden[3], nur die „Aufgabe" zum „zentralen Bestimmungsfaktor für die organisatorische Strukturierung" (Grochla)[4] zu erheben. Zum einen wird hier die „Aufgaben*art*" betrachtet und zum anderen davon ausgegangen, daß diese nicht die einzige, unabhängige Variable ist, welche unter Umständen die Organisationsstruktur von Verwaltungsbehörden bestimmend beeinflussen kann[5]. Damit wird das grundsätzlich zu wählende Aussagenformat deutlich: Es wird davon ausgegangen, daß die „Aufgabenart" eine unabhängige Variable und die Struktur eine davon abhängige Variable ist.
Ein naturgesetzlicher Zusammenhang kann zwischen diesen beiden Variablen nicht bestehen. Die Suche nach Verknüpfungsvorschriften muß dies berücksichtigen. Nur diejenigen Strukturfolgen sollen als von Aufgabentypen bedingt angesehen werden, die aus dem Kreise jeweils denkbarer oder empirisch feststellbarer Strukturfolgen den „höchsten" Beitrag zur Effektivi-

tät[6] des Verwaltungshandelns beisteuern. Dabei sollen folgende Kriterien besonders beachtet werden: 1. Das Verhältnis zum Ressourcen-Aufwand („Wirtschaftlichkeits- oder Effizienzprinzip")[7], 2. das Verhältnis zur Motivation der Organisationsmitglieder, gute Aufgabenerfüllung auch auf Dauer zu leisten („sozialpsychologische Effizienz")[8] und 3. das Verhältnis zur verfassungsmäßig vorgegebenen legalen und legitimen Beherrschbarkeit und Sicherung des strukturierten Behördenkomplexes[9]. Die Methode dieser Untersuchung kann und will in erster Linie eine Art analysierende Inventur bestehender Aussagen zum Untersuchungsgegenstand sein. Es werden aber auch empirische Ergebnisse einer Studie im Bundesministerium der Verteidigung vor allem im Teil 2, Ziffer 3, eingefügt.

2. Aufgabentyp und Struktur

2.1 Allgemeine Aussagen

Die hier zur Untersuchung anstehenden Fragen nach Zusammenhängen zwischen Aufgabenart/Aufgabentyp sind verhältnismäßig spät in das Blickfeld organisationswissenschaftlicher Diskussion geraten. Die klassischen Organisationslehren trafen hierzu keine Aussagen; sie gingen jedoch im wesentlichen vom Vorliegen eines bestimmten Aufgabentypus aus. Dieser wird durch die routinisierten, repetitiven Aufgaben der Massen- und Serienfertigung industrieller Produktionsprozesse dargestellt[10]. Eine Verknüpfung von Aufgabentyp und Strukturfolge fehlt auch im geschichtlichen Idealtypus der bürokratisierten Organisation von Max Weber[11]. Der Aufgabentyp wurde erstmals in Teilen der neoklassischen Organisationslehren[12] insofern relevant, als Strukturfolgen vor allem für die nicht routinisierten, nicht repetitiven Aufgaben vorgeschlagen wurden; Leavitt[13] hat in seiner bekannten Kritik der „Macht-Ausgleich-Ansätze", die heute noch im Bereich der öffentlichen Verwaltung diskutiert werden[14], darauf hingewiesen: „In those areas (sc. task areas in which the criteria of creativity, flexibility and capacity to deal with novel unprogrammed problems will remain critically important) the Power-Equalization-Models are a feasible alternative. In other, more highly programmed, task areas, in more constrained environments, the criteria of effectiveness are often different." (S. 1166). Dies bedeutet nun nicht etwa die „Wertlosigkeit" der dort entwickelten Modelle, deren bekanntestes Modell das der „vermaschten Arbeitsgruppen" von Likert ist[15]. Möglicherweise können nämlich daraus Strukturfolgen entwickelt werden, soweit aus dem Aufgabentyp hinreichend zwingende Schlüsse gezogen werden können. Erst in neuerer Zeit sind allgemeine Aussagen über Struk-

turfolgen auf das Vorliegen bestimmter Aufgabentypen gestützt worden. Von Bedeutung sind dabei die Aussagen von LITWAK[16] und BOSETZKY[17]. E. LITWAK geht vom historisch vorgegebenen Aufgabentyp des Idealtypus von MAX WEBER aus: Dem der sich wiederholenden „gleichförmigen" Aufgaben (a. a. O., S. 118). Bei Vorliegen von „ungleichförmigen" Aufgaben/Vorgängen wird von LITWAK eine entscheidende Veränderung des bürokratisierten Strukturzustandes vorgeschlagen. Er empfiehlt, *um höhere „Effizienz" zu erreichen,* für diese Situationen das „Human-Relations-Modell". Entscheidend ist die Aussage: „Es gibt verschiedene Organisationsmodelle, deren jeweilige Effizienz von der Natur der Arbeit und den jeweiligen Aufgaben, die auszuführen sind, abhängt" (S. 121). Insgesamt meint LITWAK drei Strukturmodelle in Abhängigkeit vom Aufgabentyp vorschlagen zu können: Die beiden zitierten (Bürokratie-, Human-Relations-Modell) und eines für Misch-/Gemengelagen: Das „Professional-Modell". Das letztere Modell ist unter vielen Aspekten interessant, vor allem aber für diejenigen Fälle, in denen, aus welchen Gründen auch immer, Mischungen von „gleichförmigen" und „ungleichförmigen" Aufgaben in abgeschlossenen Organisationskomplexen bestehen.
Ein ähnliches Modell hat ARGYRIS[18] vorgelegt. Dabei wird zwar nicht explizit auf den Aufgabentyp, sondern auf den Entscheidungstyp abgestellt, gemeint ist aber der gleiche Sachverhalt. ARGYRIS stellt insbesondere die Abhängigkeiten des hierarchischen Strukturprinzips dar. Dieser Typ ist vor allem durch Entscheidungszentralisation, „Ressortdenken", „Ressortzielsetzung" und durch eine „reaktive Anpassung"[19] an die Umwelt geprägt. ARGYRIS läßt diesen traditionellen Strukturtyp vor allem vom Vorhandensein von Routineentscheidungen abhängen. Die anderen vorgestellten Strukturtypen (Modell der „vermaschten Arbeitsgruppen", Projektorganisation und das „Macht-Ausgleichs-Konzept") werden in eine Abhängigkeit von Entscheidungen mit fortschreitender Ungleichförmigkeit und Komplexität gestellt.

2.2 Die Aufgabentypen

Eine nicht unwichtige Vorfrage zielt auf die Ermittlung dessen ab, was unter „Aufgabe" und „Aufgabentyp" zu verstehen ist.

Aufgabenbegriff

Die bisher dazu gebildeten Begriffsinhalte variieren. Dies gilt besonders für den Begriff „Aufgabe", der von hohem umgangs- und fachsprachlichen Vereinfachungswert ist; folgende Begriffselemente werden insgesamt gesehen genannt[20]:

- die Verrichtung (Art der Leistung), die Handlung, die Aktivität o. ä.,
- das Objekt, der Gegenstand, das Sachgebiet, o. ä. an bzw. auf welchen die Verrichtung vollzogen wird,
- der damit verfolgte Zweck,
- das damit verfolgte Ziel,
- die Zeitspanne, in welcher die Verrichtung etc. vollbracht wird,
- der Raum/Ort der Aufgabenerfüllung,
- die technischen Hilfsmittel der Aufgabenerfüllung,
- der Mensch als Aufgabenträger und
- die Pflicht, die Obliegenheit o. ä., die Aufgabe zu erfüllen.

Diese Begriffselemente bezeichnen reale Zustände, die in der einen oder anderen Form und Ausprägung für sich gesehen bestimmende Einflüsse auf die Organisationsstruktur ausüben können. Einige von ihnen haben nach überwiegender Meinung sogar den Rang von unabhängigen Variablen; dies gilt auch im Bereich der öffentlichen Verwaltung für[21] 1. den Menschen als Aufgabenträger, der als unabhängige Variable aufzufassen ist, 2. das Objekt, den Raum o. ä., d. h. die Umwelt der Verwaltung, die gleichfalls als unabhängige Variable betrachtet werden kann, 3. die zur Erfüllung der Aufgaben verwendeten Hilfsmittel. Diesen werden als unabhängige „Technologie-Variable“ selbständige „Einflüsse“ auf die Organisationsstruktur zugemessen[22]. Diese Begriffselemente sollten demnach nicht in einen zu bildenden Aufgabenbegriff einbezogen werden. Gleiches gilt – wenn auch aus anderen Gründen – hinsichtlich der „Verpflichtung/Berechtigung“, eine Aufgabe wahrzunehmen sowie für die „Zwecke“ und „Ziele“ der Aufgaben oder der aufgabenerfüllenden Systeme. Die Verpflichtung oder auch Berechtigung, eine Aufgabe wahrzunehmen, wird im Verwaltungsbereich den Begriffen „Zuständigkeit/Befugnis“ zuzuordnen sein[23]. Die begriffliche Abgrenzung zwischen „Aufgabe“ und den mit ihr erfüllten „Zwecken“ und „Zielen“ ist relativ problematisch. Die „Aufgabe“ muß jedoch begrifflich außerhalb der mit ihrer Erfüllung verfolgten „Zwecke“ und „Ziele“ gesehen werden. *Das Ergebnis* dieser kurzen Diskussion der am häufigsten genannten Begriffselemente des Begriffes „Aufgabe“ *besteht in der Beschränkung des Begriffsinhaltes auf die Elemente: Verrichtung, Handlung o. ä. und Zeitspanne.* Eine Beschränkung, die häufig vorgenommen wird[24]. Das bisher nicht diskutierte Begriffselement „Zeitspanne“ der Aufgabenerfüllung hat unter verschiedenen Gesichtspunkten, z. B. Organisation des Aufgabenerfüllungsprozesses, Rationalisierung, Bemessung der Arbeitsfülle, Streß, Wahl von besonderen Strukturmustern, wie z. B. Projektmanagement bei befristeten Aufgaben o. ä. Bedeutung. Im folgenden wird noch zu zeigen sein, daß es aber im Hinblick auf den Untersuchungsgegenstand in der Tat schwergewichtig auf das Begriffselement: Verrichtung, Handlung, Aktivität o. ä. ankommt.

Aufgabentypen

Jede aufgabenerfüllende Verrichtung, Handlung oder Aktivität zerfällt in den voluntativen Akt: die Entscheidung und das reale Handeln oder Unterlassen; in der Aufgabenerfüllung und für sie werden ständig Entscheidungen zum Handeln/Unterlassen produziert. Für die Qualität der zu produzierenden Entscheidungen und Handlungen sind aber aus entscheidungstheoretischer Sicht[25]

- die Existenz, das Gewicht und der Konkretisierungsgrad (Operationalität) der Zwecke und Ziele der Aufgabe,
- die Existenz, Qualität, der Verbindlichkeitsgrad und Konkretisierungsgrad aufgabenauslösender, vorgegebener stimuli[26],
- die Existenz, Komplexität, der Grad der Verbindlichkeit und der Konkretisierungsgrad *vorgegebener* Alternativen der aufgabenerfüllenden Problemlösung[27] und
- die Existenz, Schwierigkeit, der Verbindlichkeitsgrad und die Eindeutigkeit der Entscheidungsregeln, welche für die Auswahl der aufgabenerfüllenden, problemlösenden Alternative angewendet werden müssen[28]

maßgebend.

Entscheidungen zur Aufgabenerfüllung können soweit vorgeformt sein, daß der Aufgabenträger keine sachbezogene Entscheidung mehr trifft, sondern nur noch entscheidet, ob er die vorgeformte Entscheidung durch reales Handeln vollziehen *will* (z. B. die extreme Fließbandarbeit). Die *Vorformung* von Entscheidungen, die innerhalb der Aufgabenerfüllung getroffen werden muß, geschieht mittels einer mehr oder minder dauerhaften Regelung. Da die vorformende *Regelung* in „Programmen"[29] festgelegt wird, kommt es bei Fixierung aller möglichen Entscheidungselemente zu *programmierten Entscheidungen,* und falls keine Regelungen getroffen wären, zu *nicht-programmierten Entscheidungen*[30]. Erst durch das Moment der *Dauerhaftigkeit verbindlicher Programmierungen aller zur Aufgabenerfüllung zu tätigenden Entscheidungen* kommt es zu bestimmten Aufgabenzuständen, nämlich zu *programmierten Aufgaben* und *nicht-programmierten Aufgaben.* Beide sind denkbare Grenztypen. Auf den Prozeß der vorgängigen Aufgabenprogrammierung soll an dieser Stelle nicht eingegangen werden; zunächst auch nicht auf deren Funktionen. Wohl aber sollen zunächst die wichtigsten „Programmarten" der Aufgabenprogrammierung aufgeführt werden: durch sie ist eine Operationalisierung des „Aufgabentyps" möglich.

Arbeitsprogramme

Arbeitsprogramme regeln auf Dauer die Aufgabenerfüllung in folgenden Einzelheiten: Zwecke und Ziele, aufgabenauslösende stimuli, Alternativen oder Handlungen und soweit Alternativen programmiert sind: Entscheidungsregeln. Insoweit enthält das Arbeitsprogramm die Angabe des Arbeitsproduktes und die Mittel der Erstellung, Veränderung o. ä.[31]. Diese Art von Programmen findet sich in der „routinisierten“, ausführenden Verwaltung und verwendet ähnlich der EDV-Programmvorgaben obendrein Angaben über die notwendigen Arbeitsschritte im aufgabenerfüllenden Arbeitsprozeß und die notwendigen Verknüpfungen und Verzweigungen verschiedener Arbeitsschritte.

Die Auslöser der Arbeit sind bei dieser Programmart meist erschöpfend – ohne Interpretationsspielraum – standardisiert. Arbeitsprogramme stellen daher den hochprogrammierten, meist bereits teilweise automatisierten/mechanisierten Aufgabentyp her; über das Programm – dessen Rechtsnatur nicht wichtig ist – ist eine empirisch festgestellte Aufgabe als ein solcher Typ identifizierbar. Sie sind diejenigen Aufgaben, die häufig[32] als „standardisierte“, „mechanisierte“, „routinisierte“, „strukturierte“ oder „spezialisierte“ Aufgaben bezeichnet werden.

Nicht alle „Arbeitsprogramme“ stellen allerdings etwa Aufgaben des „Fließbandtypus“ her. Eine hohe Anzahl von „Arbeitsprogrammen“ beinhalten Schwierigkeiten der Anwendung und erfordern erhöhte Fähigkeiten des Aufgabenträgers. „Anwendungsschwierigkeiten“ ergeben sich bei dieser Programmart, wenn überhaupt, nur im Bereich der Suche nach realen Zuständen und der Identifikation gefundener, realer Zustände als aufgabenauslösende stimuli sowie der Anwendung komplizierter (aber definierter) Entscheidungsregeln. Soweit die Programmierung der Aufgabe diese „Anwendungsschwierigkeiten“ nicht in Kauf nehmen will, besteht die Möglichkeit ergänzende Programmierungen, gesondert oder im eigentlichen Arbeitsprogramm, zu schaffen.

Auswahlprogramme

Eine in der Verwaltung häufig verwendete Programmart programmiert die Zwecke und Ziele *und* die aufgabenauslösenden stimuli *und* die generellen Alternativen der problemlösenden Aufgabenerfüllung.

Diese, hier als „Auswahlprogramm“ bezeichnete Programmart, schafft eine bestimmte Art von „Ermessen“ – nämlich das verwaltungsrechtlich definierte „Auswahlermessen“[33]. Die Verknüpfung von „Tatbestand“, also aufgabenauslösenden stimuli, und „Rechtsfolge“, also den Alternativen, wird dabei *nicht* zur Disposition gestellt. Der Spielraum bei auswahlprogrammierten Aufgaben besteht im wesentlichen in der Entwicklung von konkreten Präferenzordnungen[34] hinsichtlich der vorprogrammierten Alternativen im Hinblick auf deren Folgen im zu bearbeitenden Einzelfall. Die Entscheidungsproblematik ist in der Regel groß: Sie umfaßt *zumindest* die Bestimmung der Alternativenfolgen für den Einzelfall und damit die Suche nach Informationen über die Handlungsfolgen, die in der Regel in der Herstellung von Prognosedaten münden wird, und die Bewertung der Alternativenfolgen im Hinblick auf Aufgabenzwecke und Aufgabenziele und der tatsächlichen Situation.

Ebenso wie „Arbeitsprogramme" gehören auch „Auswahlprogramme" zum Typ der „Konditionalprogramme"[35]. Eine weitere Spielart dieses Typs liegt dann vor, wenn zwar die aufgabenauslösenden stimuli (unter der Existenz programmierter Zwecke und Ziele) programmierbar und auch programmiert sind, dies aber nicht hinsichtlich der Alternativen und generalisierten Alternativenfolgen geschieht. Die Programmart wird hier wegen der Tätigkeitsart, die durch sie ausgelöst wird, „Suchprogramm" genannt.

Suchprogramme

Suchprogramme enthalten neben den Zwecken und Zielen sowie den Aufgabenauslösern auch die wesentlichen Aufgabenwirkungen (outcomes, ends). Sie haben die Funktion der Sicherung erhöhter Flexibilität[36] der Verwaltung (in der Regel der leistenden Verwaltung) und der Stabilisierung planender Organisationseinheiten mit vornehmlich nach innen auf Vorbereitung von Planung gerichtetem Charakter: eben meist der auf *Alternativengenerierung spezialisierten Organisationseinheiten.*

Zweck- und Zielprogramme

Aufgabenerfüllung ist auch auf Dauer lediglich über die Programmierung der Zwecke und Ziele steuerbar[37]. Ziele werden hier wie folgt verstanden: Es sind operationale Angaben über Richtung und Betrag der Aufgabenerfüllung. „Betrag" ist vor allem zeitlich zu verstehen („wann") und aber auch als Definition des Leistungsaufkommens („wieviel"). Über die Aufgabe wird die Art der zu erbringenden Leistungen (Verrichtungen i. e. S.) signalisiert.

Zielprogrammierung ist im Grunde über die obigen Größen operationalisierte Zweckprogrammierung. Vom Typus unterscheiden sich jedoch beide Programmarten voneinander beträchtlich: Zielprogramme werden von Zweckprogrammen unabhängig programmiert – obgleich zwischen ihnen ein logisches Abhängigkeitsverhältnis besteht. Die Unterschiedlichkeit von grundlegenden Entscheidungszuständigkeiten beruht obendrein auf der Unterscheidung von Zweck- und Zielprogrammen; Zwecke werden ‚politisch' gesetzt.

Die *alleinige* Zweck- und möglicherweise auch Zielprogrammierung für die Aufgabenerfüllung, schafft weiten Spielraum für die Aufgabenträger. Er ist sogar darin frei zu bestimmen, welche Umweltstimuli/Informationen aufgabenauslösenden Charakter haben sollen. Der „Tatbestand" wird vom Aufgabenträger hergestellt – ebenso die „Rechtsfolge", d. h. die Alternativen und Alternativenauswahl. Die *alleinige* Zweck- und Zielprogrammierung findet sich vor allem in der leistenden Verwaltung, bei Aufgaben der vorbereitenden Programmentwicklung und der behördeninternen, innengerichteten Programmierung[38].

Aufgaben, die nur über Zweck- und Zielprogrammierung gesteuert und erfüllt werden, sind gemeint, wenn in der Literatur hinsichtlich der Zusammenhänge von Aufgabentyp und Organisationsstruktur von „unstrukturierten", „komplexen", „schwierigen", „neuartigen" o. ä.[39] Aufgaben die Rede ist.

Zusammenfassung

Aus diesen einfachen Beispielen wird deutlich, *daß der Zustand der Programmiertheit einer Aufgabe und damit der Grad der Routinisierung der Arbeit vom Typ des die Aufgabenerfüllung beherrschenden Programms abhängt.* Die Identifikation einer empirisch gegebenen Aufgabe als programmiert/ routinisiert oder nicht programmiert oder als ein Zwischentyp, kann somit über die Zuordnung zum beherrschenden Programmtyp hergestellt werden. Analog zu den Programmtypen lassen sich zwischen den polaren Grenztypen, programmierte Aufgaben und nicht programmierte Aufgaben, nunmehr mindestens zwei Zwischentypen bilden. *Insgesamt ergeben sich folgende Aufgabentypen:* 1. arbeitsprogrammierte Aufgaben, 2. auswahlprogrammierte Aufgaben, 3. suchprogrammierte Aufgaben und 4. zweck- und zielprogrammierte Aufgaben. Eine weitere Verfeinerung der Typenbildung ist unschwer möglich, soll aber hier im Hinblick auf methodisch bedingte Schwierigkeiten der Differenzierung tatsächlichen Geschehens zunächst unterbleiben.

2.3 Aufgabentyp und einzelne Strukturvariablen

Wenn auch der Untersuchungsgegenstand einen Versuch beinhaltet, zur „Struktur" Aussagen zu bilden, so soll doch der Übersichtlichkeit und des Umfanges wegen zunächst nur anhand einiger ausgewählter Strukturvariablen eine Analyse gefertigt werden. Der Strukturbegriff[40] soll hier nicht abschließend definiert werden; die Analyse bezieht sich daher auf die „wichtigsten"[41] Strukturvariablen, und zwar auf: Hierarchie, Kommunikation und Formalisierung.

Hierarchie und Aufgabentyp

Mit dem Begriff „Hierarchie"[42] werden hier folgende Sachverhalte verbunden: die Zahl und die Vielfalt der Stelleninhalte[43], die horizontale und vertikale Differenzierung des Stellengeflechtes[44] und die Ausprägung der Zentralität bzw. Dezentralität der Entscheidungszuständigkeiten[45].
Der Grad der Ausprägung dieser Merkmale bestimmt den Hierarchisierungsgrad einer Organisationsstruktur. Das Überschreiten gewisser Schwellen-

werte des Hierarchisierungsgrads trägt beispielsweise zur „Bürokratisierung" einer Organisation bei. So gesehen ist „Hierarchie" oder „Hierarchisierung" eine Struktur*variable* und „Bürokratie" oder „Bürokratisierung" ein bestimmter Struktur*zustand*[46]. Sie ist ein natürliches Korrelat der *vorgängigen* Arbeits- und Aufgabenteilung. Im folgenden soll untersucht werden, ob ein Zusammenhang von Hierarchisierungsgrad und empirisch vorgegebenem Aufgabentyp hergestellt werden kann. Dabei sind drei empirische Arbeiten hervorzuheben.

Die experimentellen Untersuchungen von S. W. Becker und N. Baloff[47] beschäftigen sich im wesentlichen mit der Frage, ob der Grad der „Hierarchisierung", und zwar in erster Linie die Zentralität der Entscheidungszuständigkeiten, eine Funktion des Aufgabentyps ist. Es werden drei Hierarchietypen dem Text unterworfen: Die „hierarchisierte" Organisation, die „Committee"-Organisation und die „Division-of-Labor"-Organisation. Die „hierarchisierte" Organisation ist ein Strukturtyp mit vollständig zentrierter Entscheidungszuständigkeit. Nur der Vorgesetzte ist für verbindliche Entscheidungen zuständig und befugt (a. a. O., S. 263, 264). Partizipation der „Untergebenen" bei der Entscheidung (dem „Auswahlakt") wurde verhindert. Die „Committee-Organisation" ähnelt den „vermaschten Arbeitsgruppen" von Likert[48]. Die Organisationsmitglieder/Gruppenmitglieder treffen gemeinsam die notwendigen Entscheidungen; gesonderte Entscheidungszuständigkeiten sind nicht vorgesehen (a. a. O., S. 263, 264). Demgegenüber enthält die „Division-of-Labor-Organisation" eine Verteilung von Entscheidungszuständigkeiten. Jeder der auf eine Produktgruppe hin gegliederten Aufgabenbereiche (= divisions oder Sparten) ist für Entscheidungen im eigenen Produktbereich zuständig; sie enthalten eine dezentralisierte Hierarchie (a. a. O., S. 263, 264). Der experimentelle Aufgabentyp enthält der Absicht nach die Lösung komplexer Probleme durch Alternativengewinnung und Alternativenauswahl im Hinblick auf ein unternehmerisches Ziel und unternehmerische Situationen (a. a. O., S. 261, 262), insgesamt gesehen also mehr such- als auswahlprogrammierte Aufgaben. Die methodisch hinreichend sorgfältig erarbeiteten Ergebnisse sind wie folgt knapp zu skizzieren. Die dezentralisierte Hierarchie zeigt im Hinblick auf Entscheidungsgüte und Entscheidungszeit signifikant bessere Ergebnisse. Die „Committee-Organisation" rangiert an „2. Stelle"; sie scheint der „hierarchisierten" Organisation überlegen zu sein.

Becker/Baloff machen in der Analyse auf eine Vermutung aufmerksam, die nicht unmittelbar Gegenstand der experimentellen Prüfung war. Sie deuten an, daß nach dem Erlernen der Problematiken der experimentellen Aufgaben, also nach den Phasen der eigentlichen Problemlösung, eine andere als die ausgewiesene Reihenfolge der getesteten Strukturen bestehen müßte. Sie verweisen auf das Beispiel von Shepard[49].

Auf den „Einfluß“ routinisierter, repetitiver Aufgaben, also den Einfluß arbeitsprogrammierter Aufgaben, auf die Ausprägung der Hierarchie einer Organisation gehen HAGE/AIKEN[50] ein. „Routine-Aufgaben“ sind nach ihnen durch folgende Kriterien gekennzeichnet (a. a. O., S. 368): Wiederholung der Arbeit, Wiederholung der Situationen, Wiederholung der Tätigkeiten. Das für die Strukturvariable „Hierarchisierung“ bedeutsame Ergebnis ist: Je höher die Routinisierung der Aufgaben, desto höher die Zentralität der Entscheidungszuständigkeit.

Diese beiden als exemplarisch anzusehenden Untersuchungen geben den Eindruck – jedenfalls für das Merkmal der „Zentralität/Dezentralität der Entscheidungszuständigkeiten“ – wieder, den die zuerst genannten Modelle vermittelten. PERROW[51] hat darauf zusammenfassend hingewiesen: *Je höher die Aufgaben routinisiert sind, desto mehr spricht für die Zentralität der Entscheidungszuständigkeiten* (a. a. O., S. 274, 275, 276, 279 f.) *und je weniger der Aufgabentyp der der Routine ist, desto mehr spricht für dezentralisierte Entscheidungszuständigkeiten.*

Zur horizontalen und vertikalen Differenzierung des Stellengeflechtes liegt eine wichtige, experimentelle Untersuchung von CARZO/YANOUZAS[52] vor. In dieser Untersuchung werden bei konstantem Kommunikationsgefüge und Aufgabentyp zwei Hierarchietypen – des hier in Frage stehenden Merkmals – getestet: die „flache“, in der Horizontalen ausdifferenzierte und die „tiefe“, in der Vertikalen ausgebildete Hierarchie. Die „flache“ Hierarchie enthält bei 15 Stellen 2 Ebenen (Leitungsspanne = 14), die „tiefe“ Hierarchie weist bei 15 Stellen 4 Ebenen (Leitungsspanne = 2) auf. Der experimentelle Aufgabentyp ist wie folgt zu charakterisieren. Es werden Beschaffungsentscheidungen verlangt. Diese sind nur dann „profitabel“, wenn die Nachfrage und die Lieferkapazitäten „richtig“ geschätzt werden. Die Aufgabenbeschreibung läßt den Schluß zu, daß nur für die Anfangsversuche des Experiments Komplexität der Problemlösung bestand; danach mündet die Aufgabenerfüllung meines Erachtens in Routine – weil das Erlernen der Zusammenhänge eine gewisse Routinisierung gestattete; insofern liegen dem Experiment mehr arbeitsprogrammierte Aufgaben zugrunde. Die hier relevanten Ergebnisse des Experiments sind wie folgt darstellbar:

1. Die beiden Strukturtypen unterscheiden sich in der „Schnelligkeit“ der Entscheidungen nicht („Entscheidungszeit“) (a. a. O., S. 187, 189); die beiden Strukturtypen weisen signifikante Unterschiede hinsichtlich der Erzielung von Gewinn gemessen über alle Versuche auf: die „tiefe“ Hierarchie ist der „flachen“ Hierarchie überlegen (a. a. O., S. 187). Dies gilt aber nicht für die ersten 20 Versuche.

Die hier aufgeführten Ergebnisse sind exemplarisch; aus neueren Untersuchungen[53] können weitere Anhaltspunkte für den Zusammenhang zwischen „Hierarchisierung“ und Aufgabentyp entnommen werden. Zwei Merkmalgruppen der „Hierarchisierung" müssen dabei voneinander unterschieden werden: die „technische" Dimension (Zahl, Vielfalt, Inhalte der Stellen sowie die horizontale und vertikale Differenzierung des Stellengeflechtes) einerseits und die Zentralität/Dezentralität der Entscheidungsstruktur andererseits.

„Technische" Hierarchisierung

Die technische Dimension ist wohl mit Sicherheit vom Aufgabentyp abhängig; jedenfalls soweit der Typ der programmierten Aufgaben empirisch gegeben ist. Dies gilt nicht nur für privatwirtschaftliche Betriebe, sondern auch für die Verwaltung. Dies kann schon durch Augenschein in Mittel- und Unterbehörden ersehen werden: je höher der Bestand an – durch Arbeitsprogramme – programmierten Verwaltungsaufgaben, desto spezialisierter sind die Stelleninhalte. Die Vielfalt der Inhalte nimmt ab. Je „tiefer" die Hierarchie gestaltet ist, desto weniger werden horizontale Stellen- und Instanzenverbindungen betont.

Dieser Abhängigkeit wohnt eine gewisse Zwangsläufigkeit inne. Die „technische" Dimension der Hierarchisierung folgt der vorgängigen, analytischen Arbeits- und Aufgabenteilung. Über sie wird die Verteilung der Aufgaben-„pakete" auf Stellen und der Zusammenhalt in der Aufgabenerfüllung – der trotz Arbeitsteilung notwendig ist – verankert. Das horizontal und vertikal fixierte Stellengeflecht sichert daher die aufgabenteilige Organisation[54] nicht nur hinsichtlich der Aufgabenteilung, sondern auch hinsichtlich des integrativen Zusammenhalts. Programmierte Aufgaben und Arbeitsteilung einerseits und „technische" Hierarchisierung andererseits ermöglichen von der Struktur her höhere Wirtschaftlichkeit der Aufgabenerfüllung: die Organisations-„kunst" der klassischen Organisationslehren ist ein klassisches Beispiel hierfür. Im Verwaltungsbereich trägt die arbeitsteilige, auf Aufgabenprogrammierung beruhende „Hierarchisierung" einen weiteren Teilnutzen bei. Sie sichert strukturell – im alten Sinne: aufbauorganisatorisch – die Beherrschbarkeit des Verwaltungsapparates. Diesen beiden Teilnutzen stehen jedoch – jedenfalls hinsichtlich extremer Arbeitsteilung und darauf aufbauender Hierarchisierung – Nachteile entgegen, wenn der „Mensch in der Organisation" innerhalb extrem routinisierter Arbeit betrachtet wird. Vorteile werden offenbar durch Leistungsverluste infolge sinkender Motivation vertan[55]. Hierin liegen echte Grenzen noch effizienter Arbeits- und Aufgabenteilung und der Hierarchisierung.

Von besonderem Interesse ist die Frage nach den Folgen nicht-programmierter Aufgaben. Eine gewisse Logik berechtigt an sich zum Schluß: wo Programmierung nicht möglich ist oder auch nicht gewollt ist, kann Arbeitsteilung nicht – wenigstens nicht detailliert – stattfinden. Beispiele der industriellen Praxis belegen diese Logik auch empirisch. In der Verwaltungsorganisation scheint nach ersten empirischen Eindrücken etwas anderes zu gelten. Das beobachtete Phänomen[56] ist einfach zu beschreiben: obgleich beispielsweise im ministeriellen Bereich nicht-programmierte – programmentwickelnde – Aufgaben erfüllt werden, ist die „technische" Hierarchisierung hoch[57]. Zwei Ursachen sind auszumachen, die diesen Sachverhalt erklären können. Zum einen die bereits angesprochene Gemengelage von nicht-programmierten und programmierten Aufgaben. Daran scheint es jedoch überwiegend nicht zu liegen, denn auch dort, wo überwiegend nicht-programmierte Aufgaben erfüllt werden, können ausgeprägt technisch hierarchisierte Organisationseinheiten beobachtet werden. Der Einfluß der beigemengten Aufgabenart ist nicht – jedenfalls wenn sein quantitativer Anteil in Grenzen bleibt – entscheidend. Die andere Ursache könnte in einer gewissen *fiktiven* Arbeitsteilung und Programmierung erblickt werden, die dann vorgenommen wird, wenn und obgleich eine materiell und formell richtige Programmierung – gemessen am Wissen über Aufgabensituation, Aufgabenalternativen u. ä. – *nicht wirklich* möglich ist. Diese wird weitgehend nur vorgenommen, um die Beherrschbarkeit des Apparates trotz der Unsicherheit in der Aufgabenerfüllung zu ermöglichen.

Zentralität/Dezentralität der Entscheidungszuständigkeiten

Die oben ausgeführten Aussagen zum Einfluß des Aufgabentyps auf die Zentralität bzw. Dezentralität der Entscheidungszuständigkeiten sind im wesentlichen im Verwaltungsbereich nur hinsichtlich der programmierten Aufgaben einschlägig. Unter- und Mittelbehörden sind Beispiele hierfür: bei hohen Beständen an programmierten Verwaltungsaufgaben, sind die Entscheidungszuständigkeiten in der Regel auf den Behördenleiter zentriert. Für den Typ der durch „Arbeitsprogramme" programmierten Aufgaben, erscheint eine zentrierte Entscheidungszuständigkeit zumindest logisch. Am Arbeitsplatz sind ohnehin keine Sachentscheidungen zu treffen. Bei den anderen programmierten Aufgabenarten, vor allem bei durch „Auswahlprogramme" programmierten Aufgaben, erscheint zumindest der *formale* Koordinationsaufwand durch zentrierte Entscheidungszuständigkeiten gemindert. Letzterer Nutzen ist jedoch angesichts der Minderung sozialpsychologischer Effizienz marginal.

Überwiegend positiv wirkt die Zentralität der Entscheidungszuständigkeit bei programmierten Verwaltungsaufgaben im Hinblick auf die „Beherrschbarkeit" des programmierten, meist auf die Erledigung von Massenvorgängen eingerichteten Verwaltungsapparates. Außerdem leistet die Zentralität der Entscheidungszuständigkeit eine „elegantere" Sicherung der Gleichmäßigkeit des Verwaltungsvollzugs.

Die plausiblen Aussagen von Becker/Baloff (S. 22 f.) und anderen (z. B. Litwak, S. 6 f., Argyris, S. 7 f.) zur *Effizienz dezentrierter Entscheidungszuständigkeiten beim Vorliegen nicht-programmierter Aufgaben sind auf den Bereich der Verwaltungsorganisation nicht ohne weiteres übertragbar.* Zunächst kann festgestellt werden, daß die neuere verwaltungsorganisatori-

sche Diskussion eine Reihe von Strukturmustern zum Transfer vorgeschlagen hat, die dezentrierend wirken[58]. Von Bedeutung hierbei sind alle Formen der *auf Dauer* und *auf Zeit* eingerichteten „Kollegien-Organisation“[59] insbesondere aber „Ausschüsse“, „Arbeitsgruppen“.
Diese Formen wirken nicht etwa nur deshalb dezentrierend, weil sie kollegial organisiert sind; auch Kollegien können Objekte zentrierter Entscheidungszuständigkeit sein. Durch den Gebrauch von „Ausschüssen“ in der nichtprogrammierten Verwaltung werden zumindest faktisch auf einer neuen Ebene nach Aufgaben-/Programmbereichen dezentrale Entscheidungszentren geschaffen, die keine Einzelfallentscheidungen, sondern „Entscheidungen über Entscheidungen“ (Programmentwicklung i. e. S.) produzieren. Die Praxis zeigt die Quasi-Verbindlichkeit von Beschlüssen solcher Ausschüsse. Der Teilnutzen solcher Organisationsformen mag in Einzelfällen beträchtlich sein. Die Erweiterung der Analyse- und Prognosekapazität[60] und die Partizipation am Entscheidungsprozeß – wie dies auch von R. Likert (vgl. oben) in seinen ganz ähnlichen, vermaschten Arbeitsgruppen vorausgesetzt wird – führt unter günstigen Bedingungen zur qualitativ besseren Innovation als dies bei zentrierten Systemen der Fall ist. Hinsichtlich der „Beherrschbarkeit“ sind jedoch auch empirisch begründete Zweifel angebracht. In großen Behörden mit sehr vielen Ausschüssen wird zumindest eine latente Gefahr solcher Gebilde virulent. Enge und häufige Zusammenarbeit unter hoher Gruppenkohäsion kann zu *verschleierter, zielabweichender* Aufgabenerfüllung führen[61].

Kommunikation und Aufgabentyp

Die Strukturvariable „Kommunikation“[62] wird im wesentlichen durch die folgenden Merkmale gekennzeichnet: die Richtung (horizontal und/oder vertikal) und Wechselbezüglichkeit der Informationseinflüsse; die Zentralität bzw. Dezentralität der Sender/Empfänger-Beziehungen, Transportart und Medium der Kommunikation. Die Art der Merkmalsausprägungen hat entscheidenden Einfluß auf den Zustand der Organisationsstruktur, d. h. den Strukturtyp. Erinnert sei hier nur an die entscheidende Bedeutung der überwiegend vertikal orientierten Kommunikationsbeziehungen für den Bürokratie-Typ. Die empirisch fundierten Untersuchungsergebnisse zum Einfluß des Aufgabentyps auf die Struktur der Kommunikation einer Organisation sind ebenso zahlreich und vielfältig wie methodisch nicht immer zu verallgemeinern. Zum Teil enthalten sie widersprüchliche Befunde. Bezeichnend für die hier verfolgte Thematik ist jedoch die Formulierung von Glanzer/Glaser[63]: „no one network is best in all situations. The efficiency of a structure depends on the characteristics of the task“. Etliche Autoren haben die Befunde zu diesem Thema zitiert, analysiert, interpretiert und teilweise zur Grundlage neuer Experimente oder weiterführender Aussagen gemacht. Im folgenden sollen die experimentellen Aufgaben der wichtigsten Versuche dem hier gegebenen System von Aufgabentypen zugeordnet und dann die wichtigsten Ergebnisse der Strukturfolgen dargestellt werden.

Eine Reihe von Experimenten zur Erforschung von Abhängigkeiten der Kommunikationsstruktur verwendet so triviale experimentelle Aufgaben, daß eine Ähnlichkeit mit der Realität schwer herzustellen ist. Das gilt insbesondere für die Versuche von H. J. Leavitt (1951), M. E. Shaw, G. A. Heise/G. A. Miller/L. S. Christie u. a.[64]. Die experimentellen Ergebnisse verleiteten dann auch zu an sich nicht verallgemeinerungsfähigen Aussagen, etwa der folgenden Art: einfache, bestimmte, routinisierte Aufgaben bedingen – d. h. sofern schnellere und fehlerlosere Ergebnisse angestrebt sind – zentrierte Kommunikationsnetze. Komplexe, schlecht strukturierte Aufgaben verlangen unter gleicher Bedingung ungebundene, offene Kommunikationsnetze.

Zum großen Teil erlauben jedoch die tatsächlichen Unterschiede in den experimentellen Aufgaben keine derartigen Aussagendifferenzierungen. R. Ziegler hat darauf hingewiesen. Die Unterschiede der experimentellen Aufgaben sind häufig in der Tat marginal (z. B. bei M. E. Shaw bedeuten „einfache" Aufgaben die Identifikation von Buchstabensymbolen und „komplexe" Aufgaben die Anwendung von Grundrechenarten). Verschiedene Unklarheiten und widersprüchliche Ergebnisse in der Kommunikationsforschung über den hier bedeutsamen Untersuchungsgegenstand führten zu detaillierteren, empirischen Untersuchungen und im wesentlichen zu folgenden *Vermutungen*[65]: 1. Der Aufgabentyp hat einen Einfluß auf die Ausprägung der Kommunikation, sofern Schnelligkeit und Fehlerlosigkeit angestrebt werden; 2. Offensichtlich fördern ungebundene, d. h. in der Richtung nicht fixierende und dezentrierte Kommunikationsnetze die Erfüllung von komplexen, schlecht strukturierten, innovativ zu lösenden Aufgaben und umgekehrt.

Kommunikation und programmierte Verwaltungsaufgaben

Das gezeichnete Bild entspricht auch der Verwaltungswirklichkeit. In vielen Unter- und Mittelbehörden ist auch heute noch das – deckungsgleich mit der Zentrierung der Entscheidungszuständigkeiten – zentrierte Kommunikationsnetz (der vertikale „Dienstweg") die häufigere Kommunikationsstruktur. Die Programmierung der Aufgaben senkt den Informationsbedarf sowohl hinsichtlich der Suche und der Identifikation des Aufgabenauslösers als auch der Alternativengewinnung etc. Dies wirkt sich auch auf die Verringerung des horizontalen Informationsbedarfs aus: die Arbeitsteilung folgt ja – soweit sie technisch exakt ist – der Aufgabenprogrammierung.

Die Teilnutzen dieser Strukturstrategie im programmierten Aufgabenbereich liegen daher auf der Hand. Sie trägt durch Begünstigung der Arbeits- und Aufgabenteilung zur Wirtschaftlichkeit bei und ermöglicht obendrein natürlich eine insgesamte gute „Beherrschbarkeit" des programmierten Apparats. Die Verdünnung der Informationslage kann jedoch für den Einzelnen unerträglich werden. Sozialpsychologische Ineffizienzen können die Folgen sein. Insofern wird schon von hier aus eine wichtige Grenze für die Programmierungstiefe und die darauf zu legende Kommunikationsstruktur gesetzt. Eine weitere Grenze steckt an sich der Bürger: die Programmierung kann und darf nicht soweit getrieben werden, daß nur auf die Nennung ganz bestimmter, technisch formulierter aufgabenauslösender stimuli hin gehandelt wird, d. h. das Programm gestartet wird.

Kommunikation und nicht-programmierte Verwaltungsaufgaben

Die oben zitierten Ergebnisse gelten grundsätzlich – unter noch zu behandelnden Einschränkungen[66] – auch für die Behördenorganisation. Die Erkenntnisse sind im Verwaltungsbereich vor allem über zwei miteinander verwandte Strukturmuster transferiert worden: durch das gruppenartige Zusammenarbeiten mehrerer Aufgabenträger („Teams") und die organisierte „Projektorganisation"[67], sofern diese beiden Muster *schwergewichtig* als Muster zur Verbesserung der Informationsverarbeitung betrachtet werden. Der „Witz" beider Formen liegt in der Herstellung der Variabilität der Richtung des Informationsflusses, der Einbeziehung der horizontalen Dimension, der Dezentralität der Sender-Empfänger-Beziehungen, der Entschriftlichung der Kommunikations und der Ungebundenheit der Kommunikation. Ihr Hauptnutzen wird in der enormen Verstärkung der sozialpsychologischen Effizienz liegen. Dies bestätigt die Praxis jedoch nicht immer. Im Bereich der gruppenartigen Zusammenarbeit sind auch bei nicht-programmierten Aufgaben Beschränkungen der Gesamteffizienz dieses Strukturmusters sichtbar[68] durch Zeitdruck, fehlende Qualifikation der Aufgabenträger, Frustration durch Gruppenzwang, Überforderung durch zu weitgehende Aufhebung der Arbeitsteilung und zielabweichende Konsensbildung auf unteren Ebenen.

Formalisierung und Aufgabentyp

Die bisher genannten Strukturvariablen werden in ihren *einzelnen Zuständen* durch formale Regeln verbindlich festgeschrieben. Der Grad der daraus entstehenden „Formalisierung"[69] der Struktur ist variabel. Im einzelnen enthält das „Formalisierungs-Konzept" folgende Merkmale: a) das Ausmaß der sachlichen Festlegung der Stelleninhalte: Aufgaben, Zuständigkeiten und Befugnisse, b) das Ausmaß der sachlichen Festlegung der „Hierarchie", des „Kommunikationsgefüges" und des „Führungsstils" und c) das Ausmaß der

sachlichen Festlegung der Arbeitsregeln und Verhaltensregeln im Verlaufe des Arbeitsprozesses.
Die Strukturvariable „Formalisierung“ hat eine große Bedeutung gerade für die Strukturierung von Verwaltungsbehörden. Sie erlaubt im Grunde die Sicherung der „formal rationalsten Form der Herrschaftsausübung“ (M. WEBER) – der „Bürokratie“ und ist daher im Zustand hoher Ausprägung essentieller Teil dieses Strukturtyps[70]. *Der Grad der Formalisierung hängt sicherlich auch vom Aufgabentyp ab*[71]. Auf diese Konsequenz weisen auch indirekt die gesamten Aussagen der frühen, klassischen Organisationslehren und die der neoklassischen Lehren hin. Die Gründe scheinen auf der einen Seite einfach genug zu sein: Routine verlangt nach Sicherung des Regelbestandes[72]. Hinzu kommt, daß die Wirtschaftlichkeit der Aufgabenerfüllung innerhalb der routinemäßig zu erfüllenden/erfüllten Aufgaben durch die *formalisierte* Routinisierung ermöglicht und gesichert wird[73]. Der Umkehrschluß auf den Grad der Formalisierung beim Vorliegen nicht-programmierter Aufgaben ist auch aus empirischer Sicht zulässig – jedenfalls für den Bereich industrieller Organisationen.
Im Verwaltungsbereich ist vor allem eine Frage zu beantworten: Wieviel Formalisierung ist trotz Vorliegen nicht-programmierter Verwaltungsaufgaben angesichts der Forderung nach „Beherrschbarkeit“ gerade nötig? Das empirische Bild ist hier – an der Oberfläche jedenfalls – deutlich. Der nicht-programmierte, ministerielle Bereich ist sehr formalisiert: die Zustände der anderen und anderer Strukturvariablen sind festgeschrieben. Dies muß allerdings nicht von vornherein die Verhinderung adäquater Lösungen bestehender oder künftiger Probleme[74] bedeuten. Wohl aber eine Einbuße in der „Unbestimmtheit der Struktur“[75], d. h. starke Formalisierung betrifft – *auch bei sonstiger Anpassung der anderen Strukturvariablen an den Aufgabentyp* – den Strukturwandel schlechthin. Die Anpassung der gesamten Struktur an Umweltveränderungen wird erschwert[76].

3. Schlußfolgerungen

Die Untersuchung hat folgendes gezeigt:
1. Offensichtlich ist eine Abhängigkeit zumindest einzelner Strukturvariablen vom Typ der empirisch vorgegebenen Aufgaben feststellbar.
a) Je höher der Bestand an vor allem durch Arbeitsprogramme programmierten Aufgaben ist, desto „effizienter“, insbesondere hinsichtlich der „Wirtschaftlichkeit“, sind hierarchisierte Organisationsstrukturen, zentrierte, in der Vertikalen ausgerichtete und gebundene Kommunikationsnetze und formalisierte Organisationsstrukturen.

b) Je höher der Bestand an nicht-programmierten, also nur unter Zweck- und Zielprogrammen zu erfüllenden Aufgaben ist, desto „effizienter", und zwar hinsichtlich „Wirtschaftlichkeit" und „Leistungsmotivation", sind: flache Hierarchien, dezentrale Entscheidungszuständigkeiten, dezentrierte, auch in die Horizontale gerichtete und ungebundene Kommunikationsnetze und gering formalisierte Organisationsstrukturen.

2. Im Verwaltungsbereich weist das Effizienzkriterium „Beherrschbarkeit und Sicherung des strukturierten Behördenkomplexes" eine erheblich höhere Bedeutung auf als in anderen sozio-technischen Systemen, in welchen die obigen Aussagen Gültigkeit besitzen. Wesentliche Veränderungen werden von daher offensichtlich vor allem an den Strukturfolgen des nicht-programmierten programmentwickelnden Typus von Verwaltungsaufgaben vorgenommen. Dies scheint schlüssig zu sein, wenn eine Gesamteffizienz über die genannten Kriterien „Wirtschaftlichkeit", „Leistungsmotivation" und „Beherrschbarkeit und Sicherung des strukturierten Behördenkomplexes" angestrebt wird.

3. Die bisherigen Analysen zeigen, daß in Verwaltungsorganisationen *Anpassungen* an die Strukturfolgen nicht-programmierter Aufgaben *auf der Basis einer generellen Grundstruktur der Verwaltungsorganisation* vorgenommen werden. Die Grundstruktur weist deutlich viele Züge der Strukturfolgen programmierter Aufgaben auf. Die *Anpassungsstrategien* sind im wesentlichen behelfende Strukturmuster, wie „Ausschüsse", „Arbeitsgruppen", „Teams", „Projektgruppen" u. ä. Diese Strukturmuster haben jedoch offenbar deutliche Grenzen der Anwendung: bei quantitativ zahlreicher Verwendung wird die Steuerbarkeit in formeller und materieller Hinsicht beeinträchtigt. Vielfach werden außerdem die Aufgabenträger infolge der horizontalen Breite solcher „überlappter" Gruppierungen durch eintretende Überdehnung der Stelleninhalte überfordert.

Anmerkungen

* Vom Autor gekürzte Fassung des Aufsatzes „Aufgabentyp und Organisationsstruktur von Verwaltungsbehörden", aus: Die Verwaltung 1976, 3 (S. 273–296), abgedruckt mit freundlicher Genehmigung des Verlages.

1 Vgl. z. B. R. R. Grauhan, Modelle politischer Verwaltungsführung, PVS 1969, S. 269 ff.; Th. Ellwein, Regierung und Verwaltung, 1 Teil: Regierung als politische Führung, Stuttgart 1970, S. 200 ff.; E Laux, Verwaltungsführung und betriebliches Management, in: Demokratie und Verwaltung, Berlin 1972, S. 537 ff.; ders., Eignung der herkömmlichen Organisation der Ministerien zur Erfüllung ihrer Aufgaben, in: Organisation der Ministerien des Bundes und der Länder, Berlin 1973, S. 19 ff. (31 f.); insbesondere: R. Mayntz und F. W. Scharpf, Vorschläge zur

Reform der Ministerialorganisation, in: Planungsorganisation, hrsg. von R. Mayntz und F. W. Scharpf, München 1973, S. 201 ff. (208).

[2] Vgl. H. Schatz, Auf der Suche nach neuen Problemlösungsstrategien: Die Entwicklung der politischen Planung auf Bundesebene, in: Planungsorganisation, a. a. O. S. 9 ff.

[3] Gute, analysierende Darstellungen der klassischen Organisationslehren (wichtigste Vertreter: F. W. Taylor, H. Fayol, F. B. Gilbreth, L. Gulick, L. F. Urwick, J. D. Mooney, E. Kosiol und im Grunde auch: M. Weber, R. K. Merton, A. W. Gouldner, P. Selznick u. a.) bei W. H. Staehle, Organisation und Führung sozio-technischer Systeme, Stuttgart 1973, S. 27 ff.; March/Simon, Organizations, New York 1958; zum „Fehler" der klassischen Organisationslehren N. Luhmann, Zweckbegriff und Systemrationalität, Frankfurt 1973, S. 55 ff.

[4] E. Grochla, Unternehmungsorganisation. Neue Ansätze und Konzeptionen, Hamburg-Reinbek, 1972, S. 39.

[5] Es wird hier der Ansicht einer Reihe systembezogener Organisationslehren gefolgt: „Umwelt", „Aufgabentyp", „Technologie" und „Organisationsmitglied" scheinen den bedeutsamsten Kranz unabhängiger Variablen darzustellen. Statt vieler die Analyse von Staehle, Organisation und Führung sozio-technischer Systeme, a. a. O.

[6] „Effektivität" ist hier sehr umfassend definiert. Sie ist der Grad der Zweck-/Zielerreichung. Vgl. J. L. Price, Organizational Effectiveness, Homewood 1968, S. 2, 3, 5 f., und A. Etzioni, Soziologie der Organisationen (dt. Übersetzung von „Modern Organizations"), München 1967, S. 20 f. Zur Problematik insgesamt die exemplarischen Darstellungen von H. A. Simon, Administrative Behavior. A Study of Decision-Making-Process. 2. Aufl., 16. Nachdruck, New York 1971, S. 172 ff.; neuerdings: U. Derlien, Theoretische und methodische Probleme der Beurteilung organisatorischer Effizienz der öffentlichen Verwaltung, Die Verwaltung 1974, S. 1 ff. m. w. N.

[7] Wie hier J. L. Price, Organizational Effectiveness, H. A. Simon / D. W. Smithburg / V. A. Thompson, Public Administration, 15. Nachdruck New York 1973, S. 493 (H. A. Simon); H. Reinermann, Wirtschaftlichkeitsanalysen, in: Handbuch der Verwaltung, hrsg. v. U. Becker und W. Thieme, Köln, Heft 4.6 (1974) m. w. N.

[8] Zum gesamten Syndrom „Motivation" die in Anm. 13 angegebene Literatur der sog. neoklassischen Organisationslehren; hier aber vor allem: V. H. Vroom, Work and Motivation, New York 1964; A. S. Tannenbaum, Social Psychology on the Work Organization, London 1966, und das in Anm. 15 zitierte Werk von Likert.

[9] Vgl.: Art. 20 II, III GG; M. Weber, Wirtschaft und Gesellschaft, Grundriß der verstehenden Soziologie, Köln 1964, 1. Band, S. 160 ff., 2. Band, S. 703 ff.; W. Thieme, Verwaltungslehre, Köln 1967 (2. Aufl.), S. 43 ff. (14).

[10] Beispielhaft F. W. Taylor, Die Grundsätze wissenschaftlicher Betriebsführung, München 1969.

[11] Max Weber, Wirtschaft und Gesellschaft. Grundriß der verstehenden Soziologie; auch R. Mayntz, Max Webers Idealtypus der Bürokratie und die Organisationssoziologie, in: Bürokratische Organisation, hrsg. von R. Mayntz, Köln 1968, S. 27 ff.

[12] Gute, analysierende Darstellungen der neoklassischen Organisationslehren (wichtigste Vertreter: A. H. Maslow, D. McGregor, P. E. Miles, K. Lewin, F. Herzberg, R. Likert, Chr. Argyris, T. Burns und G. M. Stalker, E. Litwak, W. Bennis, R. R. Blake und J. S. Mouton), die vor allem den Menschen in den „Mittelpunkt der Organisationsproblematik" stellen.

[13] H. J. Leavitt, Applied Organizational Change in Industry: Structural, Technological and Humanistic Approaches, in: Handbook of Organizations, J. G. March (ed) Chicago 1965, S. 1144 ff. (1167).

[14] Z. B. B. A. Baars, Strukturmodelle für die öffentliche Verwaltung, Köln 1973.

[15] R. Likert, The Human Organization: Its Management and Value, New York 1967, S. 156 ff.

[16] E. Litwak, Models of Bureaucracy which Permit Conflict, American Journal of Sociology 1961, S. 177 ff. (dt. Übersetzung: Drei alternative Bürokratiemodelle, in: Bürokratische Organisation hrsg. von R. Mayntz, a. a. O. S. 117).

[17] H. Bosetzky, Grundzüge einer Soziologie der Industrieverwaltung. Möglichkeiten und Grenzen der Betrachtung des industriellen Großbetriebes als bürokratische Organisation, Stuttgart, 1970, und seine empirische Studie: Das Verdrängen bürokratischer Elemente als Organisationsnotwendigkeit, Die Verwaltung 1974, S. 23 ff.

[18] Chr. Argyris, Integrating the Individual and the Organization, New York 1964.

[19] Vgl. diese Aussagen mit den neueren Aussagen zum Ursprung und den Folgen meist reaktiver Politik: Mayntz / Scharpf, Kriterien, Voraussetzung und Einschränkungen aktiver Politik, in: Planungsorganisation hrsg. R. Mayntz-F. W. Scharpf, a. a. O., von S. 115 ff., und: Vorschläge zur Reform der Ministerialorganisation, in: Planungsorganisation, S. 201 ff.; Scharpf, Komplexität als Schranke der politischen Planung, in: Planung als politischer Prozeß hrsg. von F. W. Scharpf, Frankfurt 1973, S. 73 ff.

[20] Zu verwaltungswissenschaftlichen und verwaltungsrechtlichen Definitionen vgl. vor allem E. Mäding, Aufgaben der öffentlichen Verwaltung, Die Verwaltung 1973, S. 257 ff. m. w. N.; H. P. Bull, Die Staatsaufgaben nach dem Grundgesetz, Frankfurt 1973, S. 43 ff. m. w. N.; H. J. Wolff, Verwaltungsrecht II (Organisations- und Dienstrecht), 3. Aufl. München 1970, § 72, II, S. 14; und die allgemeine Kritik von Luhmann, Zweckbegriff, S. 99 ff. m. w. N.; zur betriebswirtschaftlichen Definition: F. Nordsiek, Betriebsorganisation, 4. Aufl. Stuttgart 1972, S. 8 ff.; E. Kosiol, Organisation der Unternehmung, Wiesbaden 1962, S. 42 f.; Grochla, Unternehmungsorganisation, S. 38 ff.; zur angelsächsischen Auffassung: K. E. Weick, Laboratory Experiments, in: Handbook of Organizations, S. 222 ff.; March / Simon, Organizations, S. 23.

[21] Statt vieler Leavitt, Applied Organizational Change in Industry, S. 1151 ff.; Staehle, Organisation und Führung, S. 31 ff., S. 63 ff., S. 96 ff.; P. R. Lawrence / J. W. Lorsch, Organization and Environment, Homewood 1967; Bosetzky, a. a. O., S. 45 ff., S. 156 ff.; F. Morstein Marx, Das Dilemma des Verwaltungsmannes, Berlin 1965, S. 34 ff., vgl. auch Baars, Strukturmodelle, S. 83 ff. m. w. N.

[22] Übersicht über das „Technologiekonzept" der Aston-Group u. a.: D. J. Hickson / D. S. Pugh / D. C. Pheysey, Operations Technology and Organization Structure: An Empirical Reappraisal, ASQ 1969, S. 378 ff.

[23] H. M. in der verwaltungsrechtlichen und offensichtlich auch der verfassungsrechtlichen Literatur; z. B. Wolff, Verwaltungsrecht II, § 72, S. 12 ff.; Bull, Staatsaufgaben, S. 53/54.

[24] So z. B. March / Simon, Organizations, S. 23.

[25] Die Aufführung der Elemente des Entscheidungsprozesses hält sich sehr an March / Simon, Organizations, S. 34 ff., 112 ff., 136 ff.; vgl. auch H. A. Simon, Perspektiven der Automation für Entscheider, Quickborn 1966, S. 69 ff. und Simon, Administrative Behavior, S. XXIV ff., 79 ff.

[26] In Anlehnung an: March / Simon, Organizations, S. 136 ff. (139/140, 142, 146 ff.); bei Luhmann, Zweckbegriff, ist der aufgabenauslösende stimulus der „Systemeingang" (S. 101 f.). „Stimulus" wird hier begriffen als derjenige reale Umweltzustand, der den „Tatbestand" der Aufgabennorm erfüllt: wenn x, dann . . ." bei Luhmann, Opportunismus und Programmatik in der öffentlichen Verwaltung, in: N. Luhmann, Politische Planung, Opladen 1971, S. 165 ff. (S. 172), „Auslösebedingungen" genannt.

[27] Zum Alternativenproblem im Entscheidungsprozeß des aufgabenlösenden Aufgabenträgers, vgl. March / Simon, Organizations, S. 136 ff.

[28] Eine Entscheidungsregel i. w. S. gibt an, welche Alternative im Hinblick auf die verfolgten Ziele und Zwecke der betrachteten Aufgaben-Umwelt auszuwählen ist, vgl. dazu: March / Simon, Organizations, S. 136 f., und statt vieler G. Gäfgen, Theorie der wirtschaftlichen Entscheidung, 2. Aufl. 1968, Tübingen, S. 240 ff.

[29] „Programm" ist hier weit verstanden: es sind Sätze von Handlungsweisungen, vgl. z. B. March / Simon, Organizations, S. 141, und enger: H. A. Simon, The new Science of Management Decision, New York 1960, S. 6: „is a detailed prescription or strategy that governs the sequence of responses of a system to a complex task environment".

[30] Zu beiden Entscheidungsarten: Simon, The new Science, S. 5 f., mit einer etwas allgemeineren Definition, z. B.: „Decisions are nonprogrammed to the extent that they are novel, unstructured and consequential" (S. 6).

[31] Ebenso: A. H. Van de Ven / A. L. Delbecg, A Task Contingent Model of Work – Unit Structure, ASQ 1974, S. 183 ff. (104), von diesen „systematized program" bezeichnet, vgl. Die dortigen, weiteren Nachweise; March / Simon, Organizations, S. 141 f., ein „performance program" in der routinisierten Form; vgl. Luhmann, Opportunismus und Programmatik in der öffentlichen Verwaltung, in: Luhmann, Politische Planung, S. 165 ff. (172 der erste Typ, den Luhmann in anderen Zusammenhängen hinsichtlich verschiedenartiger Konditionalprogramme darstellt.)

[32] Charles Perrow, A. Framework for the Comparative Analysis of Organizations, in: W. E. Scott / L. L. Cummings, ed., Readings in Organizational Behavior and Human Performance, 2. Aufl. (1973), Homewood (Ill.), S. 271 (Abdruck aus: Am. Soc. Rev. 1967, S. 94 ff.) – „routiness of work" –; Litwak, Models, „uniformity of task"; J. Hage / M. Aiken, Routine Technology, Social Structure and Organizational Goals, ASQ 1969, S. 366 ff. (368), „routiness"; F. E. Fiedler, A Theory of Leadership Effectiveness, New York 1967; V. A. Thompson, Modern Organization, New York 1961, S. 25 ff. (33).

[33] Vgl. statt vieler Wolff / Bachof, Verwaltungsrecht I, 9. Aufl. München 1974, § 31 II, S. 194 f. (197).

[34] Vgl. March / Simon, Organizations, S. 138 f.; W. Kirsch, Entscheidungsprozesse, I. Band: Verhaltenswissenschaftliche Ansätze der Entscheidungstheorie, Wiesbaden 1970, S. 30 f., 40 f.; Gäfgen, Theorie, S. 106 f., S. 137 f.

[35] Luhmann, Zweckbegriff, S. 101 f., und an anderen Stellen sowie in weiteren Veröffentlichungen (z. B. Politische Planung. Lob der Routine, Opportunismus und Programmatik in der öffentlichen Verwaltung, alle in: Politische Planung), hat sich mit den Funktionen und Folgen „konditionaler Programmierung" vor allem in der öffentlichen Verwaltung auseinandergesetzt. Es wird darauf verwiesen. „Auswahlprogramme" erkennt Luhmann zwar nicht unter diesem Begriff, aber doch dem Sinne nach an, vgl. Luhmann, Opportunismus, S. 172. Der Begriffsinhalt „discretionary program" von Van de Ven / Delbecq, A Task Contingent Model, S. 185, deckt sich nicht mit dem hier gewählten Begriffsinhalt.

[36] Luhmann, Lob der Routine, in: Luhmann, Politische Planung, S. 113 ff. (118 f., 122 f.); von L. für Zweckprogramme ausgeführt; ähnliches gilt für Suchprogramme; denn diese sind nicht mehr konditionale Routineprogramme des Typus „Arbeitsprogramm"; vgl. Luhmann, Zweckbegriff, S. 186 f. u. direkt: S. 245 f., wo offensichtlich konditionale Suchprogramme gemeint sind.

[37] Zur Zweckprogrammierung überhaupt Luhmann, Zweckbegriff S. 101 f., S. 257 ff., m. w. N.

[38] Klassische Beispiele finden sich in Organisationsreferaten, -abteilungen, -stäben und -ämtern, die eben Strukturprogramme in der Regel nur unter Zweck- und Zielprogrammen entwickeln; vieles geschieht natürlich auch unter „Suchprogrammen": aufgrund bestimmter aufgabenauslösender stimuli (Personalbedarfsmeldungen) wird und muß organisiert werden; vgl. B. Becker, Die Organisation als Fachaufgabe und Probleme der Organisation, in: Organisation der Ministerien des Bundes und der Länder, S. 77 ff.

[39] Vgl. z. B. die Anm. 36; typisch: Simon, Perspektiven, S. 75.

[40] Zum Strukturbegriff vgl. die grundsätzlichen Definitionen, denen hier im wesentlichen gefolgt wird: Bosetzky, Grundzüge, S. 26; R. Mayntz, Soziologie der Organisation, Reinbek 1967, S. 81 f.; Argyris, Integrating the Individual and the Organization, S. 119 ff.; 149 ff.; vgl. auch die ausführlichen Strukturvariablenkonzepte von J. C. Wofford, Managerial Behavior, Situational Factors and Productivity and Morale, ASQ 1971, S. 10 ff. (15); D. S. Pugh / D. J. Hickson / C. R. Hinings / C. Turner, The Context of Organization Structures, ASQ 1969, S. 91 ff.

[41] Eine ähnliche Auswahl von Strukturvariablen wie hier wird auch von D. S. Pugh / D. J. Hickson / C. R. Hinings, An Empirical Taxonomy of Structure of Work Organizations, ASQ 1969, S. 115 ff. (116) vorgenommen.

[42] Zum Hierarchiekonzept vgl. statt vieler Luhmann, Zweckbegriff, S. 70 ff. (m .w. N.), F. Morstein Marx, Hierarchie und Entscheidungsweg, in: Verwaltung. Eine einführende Darstellung, Berlin, 1965, S. 107 ff.; Baars, Strukturmodelle, S. 21 ff.

[43] „Stelle" wird hier im Sinne von Kosiol, Organisation, S. 89 f., gebraucht: Der personenbezogene, aber von einzelnen Personen unabhängige, institutionell bestimmte, konkrete und kleinste Aufgaben- und Pflichtenkomplex in einer

Organisationsstruktur. Wolff, Verwaltungsrecht II, S. 27 (§ 73), bezeichnet dies als „Amtsstelle".

[44] Eine exemplarische Darstellung dieses Komplexes ist in Simon / Smithburg / Thomson, Public Administration, S. 130 ff. (Chapter 6) und S. 150 ff. (Chapter 7) gegeben; vgl. auch speziell zu diesem Merkmal den Bericht von K. W. Weick, Laboratory Experiments, in: Handbook of Organizations, S. 212 ff., und R. Carzo / J. N. Yanouzas, Effects of Flat and Tall Organization Structure, ASQ 1969, S. 178 ff. m. w. N.

[45] Dieses Merkmal ist für die Ausprägung des Strukturzustandes weitgehend dominant. Vgl. R. H. Hall, Die dimensionale Natur bürokratischer Strukturen, in: Bürokratische Organisation, S. 69 ff. m. w. N.; Mayntz, Soziologie der Organisation, S. 97 ff.; J. Wild, Organisation und Hierarchie, ZfO 1973, S. 45 ff.

[46] Vgl. damit übereinstimmend z. B. Bosetzky, Grundzüge, S. 39 ff.; Hall, Die dimensionale Natur bürokratischer Strukturen, S. 69 ff.; J. Hage / M. Aiken, Routine Technology, Social Structure, and Organizational Goals, ASQ 1969, S. 366 ff.; Hoffmann, Entwicklung der Organisationsforschung, S. 233 f.

[47] S. W. Becker / N. Baloff, Organization Structure and Complex Problem Solving, ASQ 1969, S. 260 ff.

[48] Vgl. die Anm. 15.

[49] H. Shepard, Innovation-Resisting and Innovation-Producing Organizations, Journal of Business 1967, S. 470 ff. Das Beispiel zeigt den Anpassungswandel an verschiedene Aufgabensituationen (S. 479).

[50] Hage / Aiken, Routine Technology, a. a. O.

[51] Perrow, A Framework, S. 271.

[52] R. Carzo / J. N. Yanouzas, Effects of Flat and Tall Organization Structure, ASQ 1969, S. 178 ff.

[53] Vgl. die empirisch fundierten Aussagen von Van de Ven / Delbecq, A Task-contingent, die in US-amerikanischen Behörden gewonnen wurden.

[54] Thompson, Modern Organization, S. 25 f., „task specialization"; Price, Organizational Effectiveness, S. 16 ff., m. w. N.; March / Simon, Organizations, S. 22 f., m. w. N.

[55] Die neoklassischen Organisationslehren haben sich um die entsprechenden Erkenntnisse bemüht, vgl. die Nachweise in Anm. 14; auch Thompson, Modern Organization, S. 31, 53 f., m. w. N.

[56] Vgl. Bosetzky, Das Verdrängen bürokratischer Elemente, Mayntz/Scharpf, Programmentwicklung in der Ministerialorganisation, Projektbericht, dies.; Vorschläge zur Reform der Ministerialorganisation, in: Planungsorganisation, a. a. O.; und eigene, erste empirische Erkenntnisse.

[57] In der Bundesverwaltung ist die vertikale Hierarchisierung nicht eben gering: Hilfssachbearbeiter, Sachbearbeiter, Hilfsreferent. Referent, Unterabteilungsleiter, Abteilungsleiter, Staatssekretär/Parl. Staatssekretär, Minister; im BMin der Verteidigung bestehen z. B. ca. 370 Referate.

[58] Vgl. statt vieler E. Laux, Nicht-hierarchische Organisationsformen in Ministerien, in: Aktuelle Probleme der Ministerialorganisation, Berlin 1971, S. 347 ff.; R. Schnur, Über Team und Hierarchie, in: Demokratie und Verwaltung, Berlin

1972, S. 557 ff.; Mayntz, Probleme der inneren Kontrolle in der planenden Verwaltung, in: Planungsorganisation, S. 98 f.

[59] Vgl. Kosiol, Organisation der Unternehmung, S. 157 f.; P. Dagtoglou, Kollegialorgane und Kollegialakte der Verwaltung, Stuttgart 1960.

[60] Vgl. Scharpf, Planung als politischer Prozeß, in: Scharpf, Planung als politischer Prozeß, S. 33 ff.; ders., Komplexität als Schranke politischer Planung, S. 73 ff., m. w. N. in F. W. Scharpf, Planung als politischer Prozeß, a. a. O.

[61] Darauf hat G. Strauss, Some Notes on Power-Equalization, in: H. J. Leavitt, ed., Englewood Cliffs, 1963, S. 40 ff., S. 70, unter allgemeinen Aspekten aufmerksam gemacht.

[62] Zum nachfolgenden H. Guetzkow, Communications in Organizations, in: Handbook of Organizations, S. 534 ff.; R. Carzo, Some Effects of Organization Structure on Group Effectiveness, ASQ 1962/63, S. 383 ff.; A. G. Coenenberg, Die Kommunikation in der Unternehmung, Wiesbaden, 1966, R. Ziegler, Kommunikationsstruktur und Leistung sozialer Systeme, Meisenheim 1968; Luhmann, Funktion und Folgen formaler Organisation, 2. Aufl. Berlin 1972, S. 191 f.; Grochla, Unternehmungsorganisation, S. 76 ff.

[63] M. Glanzer / R. Glaser, Techniques for the Study of Group Structure and Behavior: II. Empirical Studies of the Effects of Structure in Small Groups, Psychological Bulletin 1961, S. 1 ff. (S. 6).

[64] Die wichtigsten Versuchsanordnungen werden bei Ziegler, Kommunikationsstruktur, dargestellt.

[65] Vor allem Glanzer / Glaser, Techniques for the Study of Group Structure and Behavior, und H. J. Leavitt, Unhuman Organizations, Harvard Business Review 1962, S. 90 ff.; Guetzkow, Communications, S. 568; vgl. den Überblick von Staehle, Organisation und Führung, S. 85 ff.

[66] Das veränderte Kommunikationsverhalten in nicht-programmierter Verwaltung schildert sehr anschaulich: Bosetzky, Das Verdrängen bürokratischer Elemente, S. 31 ff.

[67] Vgl. Baars, Strukturmodelle, S. 50 ff., m. w. N.; Mayntz / Scharpf, Vorschläge zur Reform der Ministerialorganisation, in: Planungsorganisation, S. 208 f.; Lepper, Teams in der öffentlichen Verwaltung, Die Verwaltung 1972, S. 141 ff. (152); Arbeits- und Projektgruppen, KGSt-Bericht, 3/1973, Köln; Baars, Strukturmodelle, S. 55 f., m. w. N., mit einer trefflichen Analyse des Bestandes, der Verwendung und Arbeitsweise von Projektgruppen; R. R. Grauhan, Zur Struktur der planenden Verwaltung, Stadtbauwelt 1969, S. 136/137; zum Instrumentarium: E. Laux, B. Becker u. a., Projektleitung in der öffentlichen Verwaltung, AWV-Fachinformation, Frankfurt, 1974 m. w. N.

[68] Vgl. A. S. Tannenbaum, Social Psychology of the Work Organization, London 1966 (1973), S. 57 ff., S. 84 ff.; Strauss, Some Notes.

[69] Vgl. Mayntz, Soziologie der Organisation, S. 86 ff.; Luhmann, Funktion und Folgen, S. 61 ff., und die in Anm. 40 erwähnte Literatur.

[70] Vgl. Weber, Wirtschaft und Gesellschaft I, S. 164; II, S. 716 f., 726 f.

[71] Vgl. Litwak, Drei alternative Bürokratiemodelle, S. 119/120; Carzo, Some Effects of Organization Structure on Group Effectiveness, ASQ 1962/63, S. 393 ff., („formalisierte Kommunikationsnetze"); Perrow, A. Framework, S. 274 f. Bosetz-

ky, Grundzüge, S. 91 f., S. 158 ff.; V. A. Thompson, Bureaucracy and Innovation, ASQ 1966, S. 1 ff. (13 f.), („Nicht-Formalisierung für Innovation"); tendenziell: Hall, Die dimensionale Natur bürokratischer Strukturen, Bürokratische Organisation, S. 69 ff.; Hage / Aiken, Routine Technology, S. 371.

[72] Vgl. Bosetzky, Grundzüge, S. 161, und das schöne Beispiel aus dem BPA: H. Bosetzky, Das Verdrängen bürokratischer Elemente als Organisationsnotwendigkeit, Die Verwaltung 1974, S. 23 ff.; Luhmann, Lob der Routine, in: Luhmann, Politische Planung, S. 113 ff.

[73] Das ist der Grundgedanke der intensiven Arbeitsregeln in Produktionsbetrieben der Massen- und Groß-Serienfertigung und neuerdings der Verwendung von EDV-Anlagen.

[74] Vgl. oben die Anm. 66 und Mayntz / Scharpf, Kriterien, Voraussetzungen und Einschränkungen aktiver Politik, in: Planungsorganisation, S. 115 ff.

[75] Luhmann, Zweckbegriff, S. 219 f., S. 245 f.

[76] Zum geplanten Wandel vgl. zur Einführung: W. G. Bennis / K. D. Benne / P. Chin, The Planning of Change, 2. Aufl., London 1970.

Information als Entscheidungsgrundlage und als Führungsmittel

Frieder Lauxmann

1. Das Informationswesen im Wandel

Die Menge des beschriebenen und bedruckten Papiers sagt genausowenig über den Erfolg der Verwaltungstätigkeit aus wie die Länge der Sitzungen oder die Höhe der Telefonrechnung. Diese Erkenntnis dürfte eigentlich nicht neu sein. Sieht man aber den Alltag vieler Behörden unter diesem Gesichtspunkt, dann sind Zweifel angebracht, ob man das denn wirklich weiß und, falls man es zu wissen vorgibt, ob man danach handelt. Die Verwaltung ist in erster Linie ein System, in dem Informationen verarbeitet werden. Natürlich gibt es eine große Menge von Grund- oder Vollzugstätigkeiten, die unmittelbar für den Verwaltungserfolg erbracht werden: es werden Straßen geplant, Mülltonnen geleert, Kinder unterrichtet, Briefe befördert usw. Über diesen Tätigkeiten steht auf höchster Ebene die politische Führung. Aber zwischen ihr und den Organen, die die Grundtätigkeiten wahrnehmen, liegt der weite Bereich der öffentlichen Verwaltung, der hauptsächlich der Informationserarbeitung und -verarbeitung dient, teilweise ohne es zu wissen.
Ausgehend von der in den letzten Jahren immer hektischer ablaufenden Entwicklung der technischen Kommunikationshilfsmittel können folgende Trends festgestellt werden:

- Der organisatorische Abstand zwischen Willenssetzung und -vollzug wird größer.
- Die zu bewältigende Informationsmenge und die dafür aufzuwendenen Kosten stiegen überproportional. Nur genormte Massenentscheidungen werden billiger.
- Die Informationsverarbeitung wird zunehmend formalisiert.

Solche Folgen haben sich ohne, teilweise sogar gegen den Willen derer ergeben, die Reformmaßnahmen in der öffentlichen Verwaltung in Gang gesetzt haben. Eine der Ursachen hierfür liegt darin, daß man Informationsprobleme in letzter Zeit zu häufig von der technischen und zu wenig von der menschlichen Seite her gesehen hat. Der Weg von der „Rohinformation“ bis zur Einzelentscheidung ist außerhalb von Serienfällen keineswegs so eindeutig programmierbar wie das immer wieder behauptet wird. Die Qualität einer Entscheidung hängt daher nicht *nur* von den Informationen und Programmen ab, sondern weitgehend auch von der Art und Weise ihrer Verarbeitung.

Einflüsse auf die Verwaltung in dieser Hinsicht können an der folgenden Darstellung erkannt werden, wobei allerdings zu bedenken ist, daß sich die einzelnen Stadien zeitlich und gedanklich überschneiden können.

	Stichworte
Rohinformation	Anträge, Meldungen, Berichte, Beobachtungen
↓ Formalisierung	Gesetze, Formulare, Belege, Daten, Statistik, Aufbereitung
↓ Verarbeitung	Informationssystem, Informationsbewertung, Informationsverbindung, Kommunikationsnetz, Programme, Entscheidungssystem
↓ Entscheidung	Verwaltungsakte, „Maßnahmen"

Es hat sich in den letzten Jahren immer stärker gezeigt, daß – trotz vieler gegenteiliger Bekundungen – Informationserarbeitung und -Verarbeitung eben doch nicht nur ein mehr oder weniger mechanisches oder mechanisch darstellbares Problem sind, sondern daß hier der einzelne Mensch mit seinem ganzen Widerspruch und seinem vielfach irrationalen Verhalten zu berücksichtigen ist. Eine Darstellung von Informationsvorgängen, die die psychologische Seite ausklammert, hat zwar den großen Vorteil, daß sie leicht schematisch mathematisch erfaßbar und schließlich auch durch die EDV nachvollziehbar ist. Der Nachteil einer solchen Darstellung besteht aber darin, daß sie wertlos ist, soweit es um die Verarbeitung nicht meßbarer Fakten geht. Es bleibt daher stets die Frage, wo die Grenze zwischen meßbaren und nichtmeßbaren Fakten liegt, falls man eine solche Grenzziehung überhaupt für feststellbar hält. Inwieweit gilt für die öffentliche Verwaltung der Galilei'sche Grundsatz „man muß das Unmeßbare meßbar machen", der zu einer Grundlage der modernen Naturwissenschaft geworden ist? Soweit in Richtung Meßbarkeit weitere Fortschritte erzielt werden, läßt sich auch die Verwaltungstätigkeit noch stärker als bisher formalisieren. Hält man aber andererseits die Grenze des Quantifizierbaren auf vielen

Gebieten für erreicht, bzw. gar für überschritten, so wird man subjektive Faktoren bei der Entscheidungsfindung mehr als bisher zu berücksichtigen haben. Es zeigt sich also, daß die künftige Entwicklung der öffentlichen Verwaltung im Umgang mit Informationen weitgehend von der geradezu weltanschaulichen Frage abhängt, ob man das von Männern wie Descartes, Kant und Wittgenstein geschaffene Weltbild heute noch fortentwickeln kann und will, oder ob man mehr der Denkungsweise von Leuten wie Pascal, Rousseau, Goethe, Hesse und Fromm zuneigt. Es hat den Anschein, als ob sich in den letzten Jahren hier ein Wandel vollziehen würde, der die von der Informationsindustrie immer wieder angepriesene These, Informationsverarbeitung sei bald *nur* noch ein technisches Problem, gegenstandslos macht.
Wenn es also nicht gelingt, das menschliche Denken und Handeln in rational erfaßbare und verwendbare Bausteine zu zerlegen (und es besteht Anlaß anzunehmen, daß es *nicht* gelingen wird), dann wird auch die öffentliche Verwaltung nie dahin kommen, daß ihr Verhalten völlig berechenbar wird. Ihre Informationsaufnahme – und Verarbeitung wird dann also auch in Zukunft in weiten Bereichen von subjektiven Faktoren abhängen. Es kommt darauf an, dies nicht als ein überwindbares Übel zu sehen, sondern es als Gegebenheit zu erkennen, die man im Interesse der Menschen bejahen muß.
Sollte sich die Denkweise, die die von Natur aus *begrenzte* Fähigkeit des Menschen zu wirklich rationalem Denken bejaht, durchsetzen und sollte man anerkennen, daß *menschliches* Verhalten nur zu einem Teil durch Maschinen ersetzbar ist, dann könnte sich schon in naher Zukunft eine Gegenreaktion anbahnen, die die Weiterentwicklung der EDV in eine andere Richtung lenkt als bisher.
Bei der Informationsaufnahme und verarbeitung muß demnach die Verwaltung mit dem Dilemma leben, daß von ihr jederzeit nachvollziehbare, gleichartige Entscheidungen verlangt werden, daß sie es aber andererseits sowohl innerhalb ihres Systems als auch dem Bürger gegenüber mit Menschen und deren Problemen zu tun hat, die sich nur in begrenztem Umfang rationalisieren lassen. Die folgende Darstellung klammert das Verhältnis Verwaltung–Bürger aus und befaßt sich mit Informationen nur im Rahmen der Kooperation innerhalb der Verwaltung.

2. Informationsaufwand

Zwar läßt sich der Personalaufwand für eine bestimmte Tätigkeit dank personalwirtschaftlicher Erkenntnisse zunehmend auch für die öffentliche Verwaltung errechnen. Die Frage, wie man die Informationskosten ermittelt,

ist hingegen noch weitgehend unbeantwortet. Ob dies mit einiger Aussagekraft jemals der Fall sein wird, steht dahin. Denn schließlich müßte dann jedes Telefongespräch, jede Aktennotiz und jede Besichtigung usw. mit ihren Kosten erfaßt werden. Diese Erfassung ist nur insoweit möglich, als man unterstellen kann, gewisse Behörden beschäftigen sich *nur* mit Informationsaufnahme und -verarbeitung. Diese Annahme ist nicht nur für viele Bereiche der öffentlichen Verwaltung sondern auch für verschiedene Wirtschaftszweige berechtigt. Die Entwicklung geht immer mehr in Richtung auf die Information als Selbstzweck, ohne daß dies hier im negativen Sinne verstanden sein will. So hat sich z. B. das Bankenwesen vom unmittelbaren Umgang mit (Bar-) Geld immer mehr zum Umgang mit Informationen über Geld und geldwerte Objekte gewandelt. Geld und Aktien gehen nicht mehr von Hand zu Hand, sondern es werden die entsprechenden Angaben gutgeschrieben (gespeichert). Ähnliches gilt für die öffentliche Verwaltung. Sie interessiert sich immer weniger für die einzelnen Bürger als Mensch, sondern für seine Daten als Steuerzahler, Rentenberechtigter, Kfz-Halter, Studienplatzbewerber usw. Dementsprechend mußte dem Personenschutz der Datenschutz zugefügt werden. Noch ist diese Entwicklung nicht abgeschlossen, wenn auch, wie bereits angedeutet, sich eine Trendwende abzeichnet.
Unabhängig davon nehmen die Kosten der Informationsverarbeitung zu. Schon für das Jahr 1963 wurden die Informationskosten an den Gesamtkosten der Wirtschaft in den USA auf über 50% geschätzt. Bei manchen Betrieben liegen sie bei 100%. Pro Jahr, so wird geschätzt, nimmt das Informationsvolumen um 10% zu. Das entspricht einer Verdoppelung des Informationssatzes in etwa 6 Jahren (Witte: Die Fünf-Milliarden-Verschwendung. Wirtschaftswoche 5/73). In der Verwaltung entstehen die Informationskosten natürlich nicht nur durch die EDV und deren weiteren Ausbau, sondern in erster Linie durch Kontakte mit dem Publikum, Besichtigungen, Konferenzen einschl. der dazu erforderlichen Dienstreisen, Lesen und Verfassen von Schriftsätzen, Telefongesprächen usw. Für einen Großteil der Beamten wird, wenn sie diese der Informationsaufnahme und -verteilung dienenden Tätigkeiten abziehen, nichts anderes mehr übrigbleiben. Einsparungen beim Informationsaufwand schlagen also voll durch. Die Frage ist nur, auf welche Weise hier gespart werden kann. Die Ansicht von F. Vester, man könnte im Prinzip jede Bewegung zwischen zwei Orten, die nur der Informationsübermittlung diene, künftig streichen und damit einen Großteil der Verkehrsprobleme lösen, ist extrem. Sie verkennt die Bedeutung des unmittelbaren menschlichen Kontakts.
Die Maßnahmen der siebziger Jahre, die Verwaltung zu zentralisieren und größere Einheiten zu schaffen, haben, wenn überhaupt, nur in sehr begrenztem Umfang den gewünschten Erfolg gebracht. Der Vorteil dieser Maßnahmen besteht darin, daß dadurch die Informationsverarbeitung an zentraler

Stelle zusammengefaßt und rationalisiert werden kann, insb. daß Spezialisten und ggf. Computer sinnvoller eingesetzt werden können. Der Nachteil zeigt sich darin, daß die eigentlichen Vollzugstätigkeiten und ihre Steuerung organisatorisch und meist auch räumlich so weit auseinandergezogen werden, daß allein dadurch ein zusätzlicher Informations- und Kommunikationsaufwand entsteht. Es ist inzwischen eine allgemeine Erfahrungstatsache, daß dort, wo man auf die Selbstregelung eines Systems verzichtet, seine Störungsanfälligkeit wächst. Leider werden aus dieser Erkenntnis noch immer nicht die notwendigen Schlußfolgerungen gezogen.
Ganz allgemein läßt sich sagen, daß der Kommunikationsaufwand mit der Zahl der jeweils am Entscheidungsvorgang Beteiligten überproportional ansteigt.

Zahl der Beteiligten	1	2	3	4	5	10	20
Kommunikationsbeziehungen	0	1	3	6	15	45	190

Wer am Informationsaufwand sparen will, muß dafür sorgen, daß die Zahl der an einer Entscheidung Beteiligten möglichst gering ist. Daß diese Entwicklung durch weitere Zentralisierung der Verwaltungsarbeit gerade *nicht* erreicht wird, müßte allmählich erkannt werden. Man kann also annehmen, daß die Informationskosten nicht *trotz* weiterer Zentralisierung und Spezialisierung wachsen, sondern u. a. gerade *wegen* dieser Entwicklung.
Darüberhinaus hat es Untersuchungen gegeben, die Beziehungen zwischen der Informationsstruktur und den Informationskosten zu ermitteln. Es ist zwar einleuchtend, daß hier Zusammenhänge bestehen, aber es ist nicht möglich gewesen, hierfür allgemeingültige Modelle zu entwickeln, da als Einflußgrößen nicht nur die Organisationsstrukturen selbst, sondern auch die Art der zu verarbeitenden Informationen in Frage kommen. Jede einzelne Information verlangt nach ihrem eigenen optimalen Informationssystem. Weil das so ist, müssen mathematische Modelle an der Wirklichkeit scheitern.

3. Informationsverarbeitung in der öffentlichen Verwaltung

Die öffentliche Verwaltung ist spezifisch dadurch geprägt, daß ihr Entscheidungsrahmen weitgehend durch Gesetze vorgegeben ist. Dementsprechend ergeben sich aus der Sprache der Gesetze zahlreiche Begriffe, die ganz oder teilweise Synonyme für den Begriff Information, bzw. informieren sind. Wenn also hier der ziemlich abstrakte Begriff „Information" für eine weitergegebene Nachricht verwendet wird, so steht dieser im Einzelfall meist für eines der im folgenden aufgeführten Wörter, wobei neben der vorwiegend verbalen Form jeweils häufig auch die Substantivierung steht (z. B. abmelden – Abmeldung usw.)

abmelden, abzeichnen, anfragen, anhören, anmelden, anrufen, antworten, anzeigen, aufklären, auflisten, ausdrucken, ausspeichern, beantragen, beitragen, bekanntgeben, bekanntmachen, benachrichtigen, berichten, berücksichtigen, beteiligen, einschalten, einspeichern, eintragen, einvernehmen (E. herstellen), erklären, ermitteln, fernschreiben, fernsprechen, konsultieren, Kontakt aufnehmen, melden, mitteilen, Nachricht, niederschreiben, protokollieren, schreiben, senden, telefonieren, telegrafieren, übermitteln, ummelden, umfragen, unterbreiten, unterrichten, untersuchen, verkünden, verlesen, vernehmen, verständigen, vorbringen, weiterleiten, Zeichen geben, zuleiten, zustellen, zustimmen.

Synonyme für Information und Begriffe, die sich mit Information bzw. informieren überschneiden.

Die „klassische" Art der Informationsaufnahme und -verarbeitung in der öffentlichen Verwaltung ist die an der richterlichen Tätigkeit orientierte. Das rührt einerseits daher, daß vor der Anerkennung des Grundsatzes der Gewaltenteilung richterliche und verwaltende Tätigkeit meist nicht voneinander getrennt werden konnten, andererseits ist auch heute noch aufgrund der Ausbildung vieler höherer Beamter als Juristen die Verwaltung auf die juristische Denkweise eingestellt. Die Art der anzuwendenden Vorschriften und der Bürger, der das Recht hat, wegen jeder behaupteten Verletzung einer Norm die (Verwaltungs-) Gerichte anzurufen, verlangen für viele Bereiche der öffentlichen Verwaltung dieses Denken. Gerade hierin unterscheidet sie sich grundsätzlich von der Wirtschaft. Wer der Verwaltung ihre „Verrechtlichung" und das hieraus für die Beamten folgende Denken vorwirft, muß sich fragen lassen, was er stattdessen haben möchte.

Soweit die Verwaltung gesetzliche und aufgrund von Gesetzen ergangene bindende Normen ausführt, besteht ihre Tätigkeit darin, die ihr zugehenden Informationen gesetzlichen Tatbeständen unterzuordnen und zu Entscheidungen zu verarbeiten. Wenn auch der Anteil dieser „juristischen" Tätigkeit in den letzten Jahrzehnten zurückgegangen sein mag, so prägt er dennoch die Verwaltungen in weiten Bereichen. Im Extremfall kann dies zur „Informationspassivität" führen, was bedeutet, daß eine Behörde (ähnlich wie der Richter im Zivilprozeß) nur auf die Sachverhalte reagiert, die ihr vorgetragen

werden. Sie greift also nichts selbst auf, sondern handelt nur auf Anträge, Meldungen usw. Ihr Einfluß auf die Gestaltung der Gesellschaft beschränkt sich insofern auf die an sie herangetragenen Fälle. Auch hierin muß sie nach einem bindend vorgetragenen Programm entscheiden, nämlich nach den Gesetzen usw. Soweit man diese eingeengte Informationsverarbeitung als für die öffentliche Verwaltung typisch ansieht, erklärt sie die ihr gelegentlich gemachten Vorwürfe in bezug auf die Mentalität ihrer Beamten.
Darüberhinaus gibt es in der Verwaltung zunehmend große Bereiche, die sich in der Informationsverarbeitung nicht, zumindest nicht grundsätzlich, von der Wirtschaft unterscheiden. Hier kann man sich nicht auf zugetragene Informationen und feste Programme beschränken, sondern muß aktiv die Informationen heranziehen. Die Unterscheidung zwischen aktiver und passiver Informationsaufnahme spielt auch in der innerdienstlichen Zusammenarbeit eine große Rolle, insb. bei der Informationsverantwortung (s. u. 6.).

4. Formalisierung der Information

Der zunehmende Rationalisierungsdruck, dem auch die öffentliche Verwaltung ausgesetzt ist, hat auf weiten Gebieten zu Maßnahmen der Normierung von Entscheidungsprozessen geführt. Es ist eine Entwicklung in Gang gekommen, deren Höhepunkt möglicherweise noch nicht erreicht ist.
Auf dem Weg zu der von manchen für erstrebenswert gehaltenen völligen Formalisierung der Verwaltungsarbeit werden folgende Schritte unternommen, wobei hier im folgenden weder zeitliche noch logische Reihenfolge unterstellt wird:

- Die Informationsströme werden kanalisiert und auf möglichst zentrale Punkte ausgerichtet.
- Die Steuerung wird zentralisiert, wodurch sich eine größere Zahl von Vorgängen an einer Stelle bearbeiten bzw. beeinflussen läßt.
- Die für die Entscheidungen jeweils relevanten Informationsbedürfnisse werden typisiert und genormt, sodaß sie sich formblattmäßig erfassen lassen.
- Der nächste Schritt: die Angabe der Informationen geschieht in der Weise, daß die entsprechenden Unterlagen unmittelbar automatisch ausgewertet werden können.
- Die Entscheidungsregeln werden so gefaßt, daß dialektische Erkenntnisse vermieden werden: Die Normen werden auf logische „Wenn-dann-Regelungen" reduziert, sodaß sie programmierbar sind.

Soweit dies alles gelingt, wird die Funktion des einzelnen Bediensteten auf die eines Hilfsdienstes der Datenerfassung reduziert. Er nimmt die Informationen entgegen, die im Programm vorgesehen sind. Für zusätzliche Informationen ist das System taub. Im Jahre 1978 wurde in einer Untersuchung „Büro 1990" (Spiegel 16/78) ermittelt, daß sich bei staatlichen Stellen im Durchschnitt 72 Prozent aller Büroarbeiten formalisieren und 38 Prozent automatisieren lassen.

Ob diese Entwicklung außer der EDV-Industrie auch der Verwaltung und gar dem Bürger dient, wird von vielen bezweifelt. Das Selbstbewußtsein der Verwaltung gegenüber den privaten Anbietern derartiger Leistungen scheint in manchen Bereichen noch nicht genügend entwickelt zu sein.

Unabhängig von dieser Massenentwicklung im Interesse der weiteren Verbreitung der Mikroprozessorentechnik werden auch schwierige Einzelentscheidungen in zunehmendem Maße für normierbar gehalten. Soweit die richtigen mathematischen Modelle vorhanden, alle Einflußgrößen erfaßt, die erforderlichen Informationen bekannt und richtig bewertet sind, müßte die dann mögliche Entscheidung, und sei sie noch so kompliziert, optimal sein. Dabei scheint gelegentlich die Faszination, die von mathematischen Modellen ausgeht, so groß zu sein, daß man das Problem der Bewertung der Einflußgrößen und Informationen übersieht. Wenn in solche Entscheidungen beispielsweise Informationen über zu erwartende Reaktionen der Presse, künftige Entwicklung der Rohstoffpreise, Nutzen für die Urbanität eines Stadtteils usw. in quantifizierter Form einfließen, dann sollte man offen zugeben, daß ähnlich zuverlässige Ergebnisse auch mittels astrologischer Methoden oder durch Würfeln zu erzielen wären. Andererseits werden mit Hilfe der EDV dort zuverlässige Ergebnisse möglich sein, wo innerhalb eines geschlossenen Systems sämtliche Einflußgrößen bekannt und quantifizierbar sind. Soweit aber die öffentliche Verwaltung mit dem subjektiven und irrationalen Verhalten der Bürger „rechnen" muß, werden sich Fortschritte in dieser Hinsicht in engen Grenzen halten müssen. Sollten derartige Fortschritte zu stark forciert werden, so kann dies nur auf Kosten der bürgerlichen Freiheiten geschehen. Es würde dann nämlich die (schon in Gang gekommene) Entwicklung fortgesetzt werden, nicht die Maschinen den Menschen, sondern die Menschen den Maschinen anzupassen. Die Sensibilisierung leitender Beamter auf dieses Problem steckt immer noch in den Anfängen.

Ein weiterer Versuch, die Informationskosten zu senken, besteht in der Möglichkeit der Schaffung zentraler Stellen für Informationsspeicherung und -verarbeitung. Folgende Beispiele sind zu nennen:

- Rechenzentren
- Datenbanken
- zentrale Archive, Bibliotheken und Dokumentationsstellen
- periodisches Informationsmaterial, Literaturdienste usw.

Diese Stellen beschaffen und verwalten die Informationen außerhalb der üblichen hierarchischen Verwaltungsorganisation, sie stellen ihre Leistungen routinemäßig bzw. auf Anforderung als besondere Dienstleistung zur Verfügung. Der Vorteil derartiger Einrichtungen besteht darin, daß sie verhältnismäßig große Informationsmengen bewältigen können. Man muß aber andererseits hierbei bedenken, daß dadurch für viele Ämter gleichzeitg eine Abhängigkeit von den Informationszentralen geschaffen wird, die es ihnen oft unmöglich macht, schnell und dynamisch zu reagieren. Der gelegentlich in und über Behörden zu hörende Stoßseufzer, die eigentliche Bürokratie sei erst nach Anschluß an das Rechenzentrum ausgebrochen, kommt sicher nicht von ungefähr. Seine Ursache ist darin zu sehen, daß zumindest in Routinevorgängen die Informationszentrale nur in bestimmten Programmen reagieren kann, für alles darüber hinausgehende aber unansprechbar bleiben muß. Die Wege der herkömmlichen Informationsbeschaffung wachsen nach einiger Zeit zu, so daß sich die einzelnen Ämter oft nicht mehr selbst helfen können, wenn die Informationszentrale einmal die Antwort schuldig bleibt.
Sollten Formalisierung und Zentralisierung der Informationsverarbeitung noch weiter fortschreiten, dann besteht die Gefahr, daß der einzelne Bearbeiter so abhängig von der genormten Informationszufuhr wird, daß er überhaupt nicht mehr beurteilen kann, worüber und wie er eigentlich entscheidet. Mitarbeiter könnten auf diese Weise fast unmerklich manipuliert und/oder kaltgestellt werden. Der Eingriff auf die ihnen zur Verfügung stehenden Informationen und Programme würde ihren Entscheidungsinhalt ändern, ohne daß sie noch die Macht hätten, gegenzusteuern. Solche Probleme sind in unserer Verwaltung allerdings noch kaum zu erkennen. Auf die Gefahr, die hierin für die Zukunft liegt, wird aber teilweise schon hingewiesen (Kieser/Kubicek). Die Verwaltung müßte vor weiteren Rationalisierungsmaßnahmen anfangen, das Problem der Datenmanipulation ernst zu nehmen. Ob es ernst genommen wird, das zeigt sich nicht in Ministerreden, sondern darin, wie tief die Verbeugung vor den Vertretern der mikroprozessorenverarbeitenden Industrie ist.

5. Informationswege und -systeme

Im herkömmlichen Verwaltungsbetrieb ist durch die Organisation des Geschäftsgangs, durch Dienstanweisungen oder Überlieferung festgelegt, wer wem welche Informationen zuleitet. Natürlich sind derartige Strukturen meist nicht starr und bindend, aber zumindest dort, wo Informationen zugleich eine bindende Anweisung enthalten, müssen sie „auf dem Dienstweg" entlang der Strukturlinien der Organisation geleitet werden. Dementsprechend lautet der § 12 der „Gemeinsamen Geschäftsordnung der Bundesministerien"

(1) Im gesamten mündlichen und schriftlichen Dienstverkehr ist zum Zwecke eines geordneten und flüssigen Verwaltungsablaufs grundsätzlich der Dienstweg einzuhalten.
(2) Entwürfe, Berichte, Vorlagen, Meinungsänderungen u. ä. sind dem nächsten Vorgesetzten zuzuleiten oder vorzutragen, wenn der Weitergebende nicht selbst entscheidet.

Umgekehrt muß der Vorgesetzte in der Weitergabe von Informationen sich an den ihm unmittelbar Nachgeordneten wenden, es dürfen also weder auf dem Weg von oben nach unten noch von unten nach oben die Stufen der Hierarchie übersprungen werden.

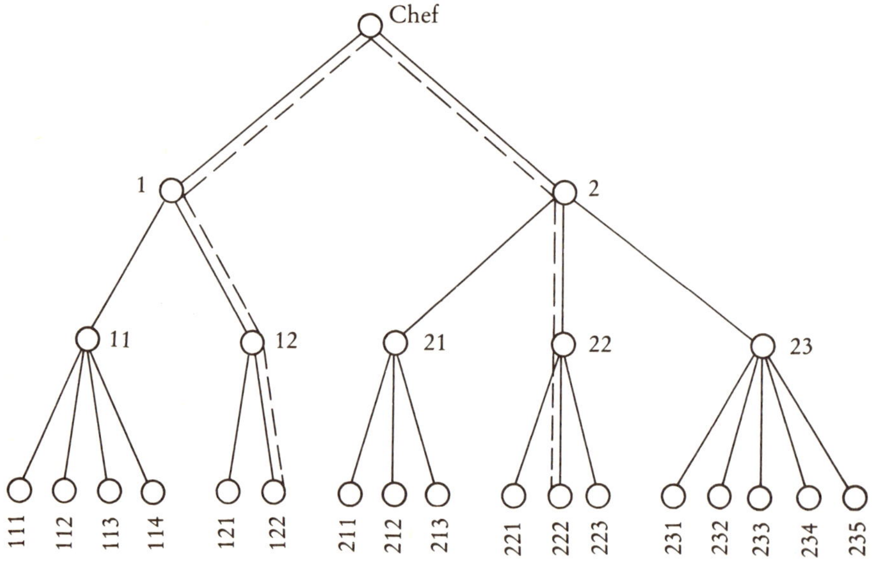

Kommunikationsstrukturen in einem hierarchischen Einliniensystem. Bei strenger Einhaltung des Dienstwegs müßte eine Information von 122 zu 222 diesen Weg durchlaufen: 122–12–1–Chef–2–22–222– (gestrichelte Linie).

Dieses starre Dienstwegprinzip wird jedoch in zunehmendem Maße gelokkert. Dem entsprechen auch die von den Verwaltungen selbst herausgegebenen amtlichen Texte.

So enthält zum Beispiel die „Leitlinie für die Zusammenarbeit und Führung bei der Deutschen Bundespost“ (Leitlinie Post) unter 2.2 folgenden Satz:

> Für den Informationsaustausch ist stets der Weg zu wählen, der dem Zweck der Information am besten entspricht.

Eine entsprechende Formulierung bringen die „Richtlinien für die Verwaltungsführung im Bunde (RVF)“, die 1974 vom Schweizerischen Bundesrat erlassen wurden (533).

> Die gegenseitige Information einander nebengeordneter Instanzen ist angesichts des engen Zusammenhangs aller Aufgaben von größter Wichtigkeit. Alle Vorgesetzten müssen wissen, was in den benachbarten Bereichen geschieht, soweit dies für die Erfüllung ihrer Funktionen bedeutsam ist . . .

Trotz der seit jeher gesicherten Erkenntnis, daß es unergiebig und meist auch hinderlich ist, den Weg der Informationen *bindend* vorzuschreiben, daß dies allenfalls für fest eingespielte Routinevorgänge erfolgreich sein kann, wurden in den sechziger und siebziger Jahren immer wieder Versuche unternommen, mehr oder weniger starre „Management-Informationssysteme“ zu erarbeiten. Soweit es dabei nur darum ging, wissenschaftlichen Ruhm zu erlangen, mögen solche Systeme zunächst noch harmlos sein. Gefährlich für den Betrieb und die in ihm arbeitenden Menschen können sie aber dann werden, wenn Firmenleitungen und Verwaltungschefs auf die Idee kommen, derartige Geistesprodukte in die Praxis umzusetzen. Es mag zwar zutreffen, daß viele Firmen trotz dieser Systeme noch immer existieren – Verwaltungen leben sowieso unter Existenzgarantie – aber es ist sicher, daß zumindest die wirklich wesentlichen Informationen systematisch weder erfaßt noch weitergeleitet werden können. Solche Informationen sind häufig ein scheinbares Zufallsprodukt. In Wirklichkeit ist es natürlich auf die Dauer kein Zufall wer was erfährt, sondern ein Ergebnis aus Persönlichkeit und Konstellationen im Alltag. Informieren und Informiertwerden mag zu einem Teil ein mehr oder weniger technischer Vorgang sein, es ist aber vor allem auch eine Kunst. Der Satz „Wissen ist Macht“ verleitet zu vielen Mißverständnissen. Er trifft nur insoweit zu, als es hier nicht um die Quantität sondern um Qualität des Wissens geht. Zu viel Wissen kann zu erdrückender Ohnmacht führen. Vorgesetzte, die sich ein zu kompliziertes Informationssystem verpassen lassen, vergeben sich gerade dadurch eines ihrer wichtigsten Steuerungsinstrumente.

6. Informationsverantwortung

Informationen fließen normalerweise nicht von selbst, zumindest nicht bergauf. Sie können zwar kanalisiert werden, dabei ist aber darauf zu achten, daß darüber hinaus genügend Spielraum für Unkanalisiertes bestehen bleibt. Selbst bei gut eingespielten Systemen bleibt für jede Führungskraft die Informationsverantwortung. Sie ist unter drei Gesichtspunkten zu sehen:

- Welche Informationen muß ich mir beschaffen? (Beschaffungsverantwortung) (a)
- Welche Informationen muß ich weitergeben? (Weiterleitungsverantwortung) (b)
- Welchen Informationsaustausch muß ich organisieren? (Organisationsverantwortung) (c)

a) *Die Beschaffungsverantwortung* wird in vielen Verwaltungen nicht deutlich gesehen. Es mag sein, daß hier die zivilrichterliche „Verhandlungsmaxime" eine Rolle spielt: „Was nicht vorgetragen ist, darüber kann nicht entschieden werden." Ein Beamter, der also nur das verwerten wollte, was ihm zugetragen wird, kann auf die Dauer nicht erfolgreich sein. Soweit ihm eine Entscheidung abverlangt wird, muß er sich ständig fragen, welche Informationen er dafür braucht. Diese Aktivität wird insoweit übrigens auch vom Zivilrichter verlangt, auch er muß auf Aufklärung drängen. Wer sich so verhält, dem kann es nicht passieren, daß er ziellos auf weitere Informationen wartet und dadurch Entscheidungen unnötigerweise verzögert. Schließlich kann eine „Entscheidung" auch darin bestehen, daß man sich nicht entscheidet. Das Ergebnis einer solchen Haltung gleicht der „Entscheidung", nichts zu tun. Anhand eines einfachen Flußdiagramms kann diese Art der Informationsverantwortung dargestellt werden. Insbes. wird daraus auch ersichtlich, an welcher Stelle bewußt ein Risiko einkalkuliert werden muß. (s. Abb.)

Auf allen Ebenen beklagen sich Vorgesetzte und Mitarbeiter darüber, sie würden unzureichend informiert. In einer Zeit, in der alle mit Informationen geradezu überschwemmt werden, ist dies zunächst kaum verständlich. In Wirklichkeit geht es hier nicht um die Quantität. Wer behauptet, er werde nicht richtig informiert, der ist zu fragen, auf welche Weise er sich denn selbst um Informationen bemüht. Wenn man davon ausgeht, daß es eine Kunst ist, sich selbst richtig zu informieren, dann ist die Klage, man werde von anderen nicht richtig informiert, oft das Eingeständnis einer Schwäche. Trotzdem besteht eine Mitverantwortung der anderen für die Weiterleitung.

b) *Die Weiterleitungsverantwortung* besteht in horizontaler und in vertikaler Richtung. Die Leitlinie Post drückt diese Verantwortung deutlich aus (2.2).

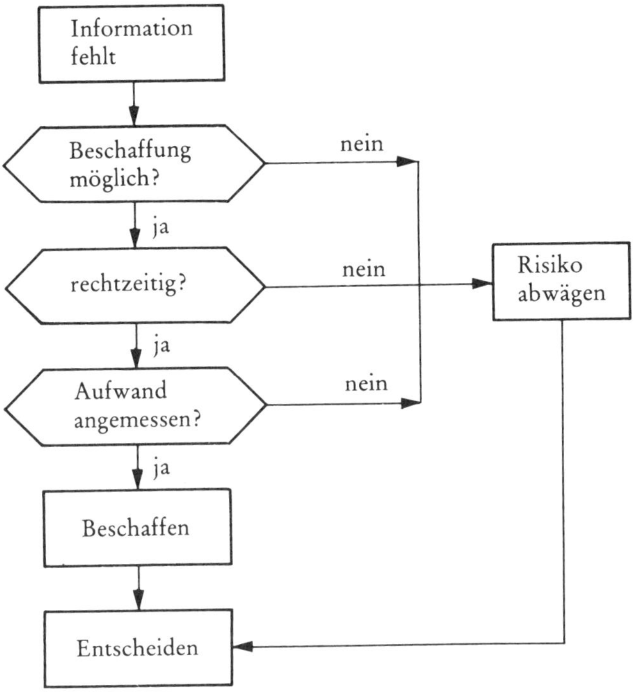

„Flußdiagramm: Entscheidung und Risiko."

> Alle Mitarbeiter haben das Recht und die Pflicht, sich die Informationen zu beschaffen, die sie zur Erfüllung ihrer Aufgaben benötigen. Daneben müssen sie sich auch unaufgefordert gegenseitig informieren, soweit dies nicht durch besondere Vorschriften verwehrt ist.
>
> ...
>
> Wer für den anderen notwendige Informationen zurückhält, verstößt gegen eine Grundregel guter Zusammenarbeit.

Ähnliches fordern die Schweizerischen Richtlinien (53).

> Ausreichende, sinnvolle Information *aller* Beteiligten ist unerläßlich. Auf ihr beruhen in hohem Maße das gegenseitige Vertrauen und das Interesse an der zu erfüllenden Aufgabe. Die interne Information bedarf der bewußten Förderung und der Kontinuität.
>
> Information muß nach drei Richtungen hin gewährleistet sein ...

Diese Hinweise, so selbstverständlich sie klingen mögen, sind dringend notwendig. Insbesondere die Information von oben nach unten, die über das unmittelbar dienstlich zu bearbeitende Feld hinausgeht, wird von vielen Vorgesetzten mißachtet. Umgekehrt legen manche Mitarbeiter Wert darauf, ihren Vorgesetzten ebenfalls nur das Allernötigste zu berichten.

c) *Die Organisationsverantwortung* in bezug auf die Informationen besteht darin, daß Vorgesetzte in ihrem Bereich dafür verantwortlich sind, daß Informationen rationell, zielgerichtet und kollegial ausgetauscht werden. Das bedeutet nicht, daß sie selbst in jeder Phase mit eingeschaltet werden müßten. Wesentlich ist, daß sie dafür sorgen, daß den Mitarbeitern ein entsprechendes Kommunikationsnetz und Kommunikationsforum zur Verfügung stehen. Entscheidend ist in diesem Zusammenhang also nicht, *was* in Besprechungen gesagt wird, sondern *daß* sie überhaupt stattfinden. Gerade auf diesem Gebiet werden noch viele Führungsfehler begangen, weil sich manche Chefs einbilden, es komme speziell auf ihren Rat an, dafür wären sie oft viel mehr dafür verantwortlich, daß ein Arbeitsklima besteht, in dem die Mitarbeiter sich gegenseitig freimütig mit Informationen und Ratschlägen dienen.

Informationsströme können und müssen teilweise gelenkt werden. Hierin liegt ein großer Teil der Organisationsverantwortung von Vorgesetzten bzw. – in der öffentlichen Verwaltung – von den Stellen, die zentral derartige Maßnahmen durchführen. Entscheidend ist, daß diese Steuerung einerseits so weit eingreift, daß Informationen ohne zu viele Reibungsverluste ausgetauscht werden, daß sie aber andererseits nicht durch ein perfektionistisches System Initiativen lähmt. Sobald diese höchst einfache Erkenntnis übersehen wird, wächst der Preis der Informationen ins Unermeßliche. Statistiken, Berichte, Gutachten usw. können dann folgende Wirkungen haben:

- Sie werden nicht gelesen und dementsprechend auch nicht verwertet. In diesem Fall besteht der Schaden nur in dem von den Verfassern aufgewandten Zeit- und Papierverbrauch. (Normalfall)
- Sie werden gelesen, aber entweder nicht verstanden oder nicht verwertet. In diesem Fall kommt als Schaden noch der Zeitverbrauch der lesenden Personen hinzu.
- Sie werden gelesen *und* verwertet. Dies kommt nur dann vor, wenn die Entscheidenden auch ohne die entsprechenden Unterlagen so entschieden hätten. Zum Schadensausmaß s. o.

Informationsverantwortung besteht also auch darin, das Informationssystem daran zu hindern, daß es sich verselbständigt.

7. Informationsbewertung

Es wurde hier ganz bewußt darauf verzichtet, das Wort „Information" zu definieren und so den zahlreichen Versuchen noch einen weiteren vergeblichen hinzuzufügen. Solche Definitionen haben dazu noch die negative Eigenschaft, daß sie den Sprachgebrauch einengen. Die Gefahr, daß der umgangsprachliche, nicht näher zu fassende Gebrauch des Wortes Information i. S. der oben aufgeführten zahlreichen Bedeutungen im Interesse der EDV eingeengt und schließlich in die Nähe des Begriffs „Datum" (Datenverarbeitung, Datenschutz usw.) gezogen wird, ist groß. Hinter diesem Sinnwandel verbirgt sich eine ganz bestimmte Vorstellung von unserem Denken. Ein Lexikon über Fachbegriffe der Datenverarbeitung (herausgegeben 1973 vom Deutschen Sparkassenverlag Stuttgart) stellt fest: „Information ist ein Unterfall von Daten" oder „Die Begriffe Information und Datum werden inhaltlich gleichgesetzt". Solche Aussagen müssen zu folgenschweren Mißverständnissen führen. Dies zeigt sich, wenn man die daraus abgeleiteten weiteren Begriffe betrachtet: „Unter Datenerfassung werden im allgemeinen die Arbeitsprozesse verstanden, mit denen ein Datum zum ersten Mal auf einem maschinell lesbaren Datenträger festgehalten wird." Derartige Sätze suggerieren die Vorstellung, als ob von der Information zur (technischen) Datenerfassung nur ein mehr oder weniger mechanisch vollziehbarer Arbeitsgang zu leisten wäre. Dabei bleiben aber die subjektiven Momente von der Informationserkennung bis zur Informationsbewertung völlig außer Acht. Wenn zwei Menschen die gleiche Zeitung lesen, lesen sie etwas verschiedenes. Selbst wenn sie beide den gleichen Artikel lesen, nehmen sie verschiedene Informationen auf. Von der Information im umgangsprachlichen Sinne bis zu der im Sinne der Informatik ist ein weiter Weg. Das meiste, was wir erkennen, erfassen wir nicht analytisch sondern ganzheitlich intuitiv. Wir nehmen es als Bild auf und nicht als Ergebnis einer Kette oder eines Netzes von logischen Verknüpfungen. Gegen diese naturgegebene Art des menschlichen Erkennens und Denkens ist die EDV machtlos. Sie ist aber auch machtlos gegenüber der semantischen Unschärfe und der Widersprüchlichkeit der Dinge.

Aber gerade hier zeigt sich, daß wir unsere eigentlich menschlichen Fähigkeiten und Werte nicht vor den uns selbst gemachten Maschinen verbergen müssen, so nützlich diese auch sein mögen. Wer dies weiß, der muß denen widersprechen, die einer völlig rationalen, von subjektiv menschlichen Einflüssen freien Informationsverarbeitung das Wort reden. Entscheidungen, die ohne den Menschen getroffen werden, neigen dazu unmenschlich zu werden.

Literatur

Berthel, Jürgen [1967]:
Informationen und Vorgänge ihrer Bearbeitung in der Unternehmung. Berlin.
Bössmann, Eva [1967]:
Die ökonomische Analyse von Kommunikationsbeziehungen in Organisationen, Berlin-Heidelberg-New York.
Brühwiler, Bruno, und Christian Möhr [1980]:
Wie bekommen wir die EDV-Risiken in den Griff? Management-Zeitfchrift „iO" (industrielle Organisation) Zürich, S. 427.
Chargaff, Erwin [1980]:
Unbegreifliches Geheimnis. Wissenschaft als Kampf für und gegen die Natur. Stuttgart.
Gscheidle, Kurt, und Andreas C. Jordt [1977]:
Normierung von Entscheidungsprozessen. Fortschrittliche Betriebsführung – Industrial Engineering.
Härder, Theo [1975]:
Datenbanksystem als Grundlage von Informationssystemen. Fortschrittliche Betriebsführung. I. E., Heft 4 und 5.
Kieser, Alfred, und Herbert Kubicek [1974]:
Organisationsstruktur und individuelles Verhalten als Einflußfaktoren der Gestaltung von Management-Informationssystemen. Zeitschrift für Betriebswirtschaft S. 449 f..
Laisiepen, K., K.-H. Meyer-Uhlenried, und E. Lutterbeck [1972]:
Grundlagen der praktischen Information und Dokumentation. München/Pullach-Berlin.
Lauxmann, Frieder [1971]: Die kranke Hierarchie. Stuttgart.
– [1973]: Behördengröße und Kommunikationsaufwand, Zeitschrift für Organisation, S. 272 ff.
– [1974]: Was sind uns die Beamten wert? Sutttgart.
– [1977]: Weniger Wissen – mehr verstehen. Stuttgart.
– [1978]: Wo bleibt der optimale Mensch? Zeitschrift für Organisation, S. 181 f.
– [1982]: Von der Information zur eigenen Meinung (erscheint 1982).
Schiebel, Walter [1980]:
Zur Realisation geplanter Informationssysteme, Zeitschrift für Organisation, S. 458 ff.
Vester, Frederic [1980]:
Neuland des Denkens. Stuttgart.
Witte, Eberhard [1980]:
Die organisatorische Verknüpfung von Informations- und Kommunikationssystemen. Zeitschrift für Organisation, S. 430 ff.
Zemanek, Heinz [1979]:
Die Zukunft der Informationsverarbeitung. „Elektronikpraxis" Nr. 5, S. 61 ff.

Die Bedeutung hierarchischer und monokratischer Strukturen in den öffentlichen Verwaltungen für die Gehorsamspflicht und das Führungsverhalten

Hartmut Steinbach

1. Inhalt und Bedeutung der Gehorsamspflicht

Die Gehorsamspflicht des Beamten ist einfach zu bestimmen. Sie ist in den Beamtengesetzen des Bundes und der Länder nahezu wörtlich übereinstimmend definiert.

Nach §§ 55 BBG, 37 BRRG und (beispielhaft für die Landesgesetze) 58 LBG NW ist der Beamte verpflichtet, die von seinen Vorgesetzten erlassenen Anordnungen auszuführen und ihre allgemeinen Richtlinien zu befolgen. Für Angestellte gilt nach § 8 Abs. 2 BAT die vergleichbare Verpflichtung, dienstlichen Anordnungen nachzukommen.

Ausnahmsweise darf (muß) der Beamte verweigern, wenn das aufgetragene Verhalten für ihn erkennbar strafbar (ordnungswidrig) ist oder die Würde des Menschen verletzt. Hält er die Anordnung für rechtswidrig, so darf (muß) er bei seinen Vorgesetzten gegen sie remonstrieren. Ein recht ausführlich geregeltes Verfahren greift dann Platz. Werden seine Bedenken letztendlich nicht geteilt, so muß er ausführen, wird aber von der Verantwortung entlastet.

Die Ausnahmen verstehen sich in einem Rechtsstaat, an dessen Kategorien, Denk- und Argumentationsschemen sich die öffentlichen Verwaltungen inzwischen voll angepaßt haben, von selbst, so daß sie nur verhältnismäßig selten praktisch werden. Deshalb und da die Ausnahmen den Kern der Pflicht unberührt lassen, muß im Ergebnis von einem nahezu unbeschränkt geschuldeten Gehorsam ausgegangen werden.

Daraus ergeben sich einige bedeutsame Folgerungen. Anordnungen und Richtlinien von Vorgesetzten (selbstverständlich nur im Rahmen ihrer Zuständigkeit) sind auch dann auszuführen, wenn der Gehorsamspflichtige das Angeordnete z. B. für unzweckmäßig, sachfremd motiviert, ungeschickt, maßlos oder sonstwie fehlerhaft hält, – womit er Recht haben kann oder auch nicht – oder wenn dadurch nach seiner Ansicht dem Dienstherrn (Arbeitgeber) nur Schaden entsteht oder doch die Nachteile etwaige Vorteile überwiegen. Zwar kann (muß) er in diesen Fällen seine Vorgesetzten beraten, d. h. ihnen seine Bedenken vortragen.

Bleibt die Weisung bestehen, muß er „gehorchen".
Beamte müssen also ggfs. abweichende eigene Meinungen, ihre Bedenken (auch gravierende), eine bessere Einsicht zurückstellen und ihr Verhalten strikt am Willen des Vorgesetzten ausrichten, seine Anordnungen loyal ausführen und nach außen vertreten. Die Gehorsamspflicht hat also gegenüber den allgemeineren Pflichten, z. B. die Interessen des Dienstherrn zu wahren oder auf das Wohl der Allgemeinheit Bedacht zu nehmen, eindeutig Priorität.
Im Ergebnis wird damit die Anordnung des Vorgesetzten als voll mit den Interessen des Dienstherrn und dem richtig verstandenen Wohl der Allgemeinheit übereinstimmend fingiert. Der Vorgesetzte ist also für die Festlegung dessen, was diese beiden und noch andere vergleichbare Ausrichtpunkte öffentlichen Handels gebieten, wie sie z. B. konkret auszulegen sind, nahezu ausnahmslos die zuständige Instanz. Das ist – worauf noch einzugehen sein wird – für die hierarchische Ordnung typisch.
Die hier geforderten Verhaltensweisen sind vielfach zu einem berufsethischen Grundsatz hochstilisiert worden. Die Hintanstellung eigener Auffassungen zugunsten des Gehorsams nach oben, das „Dienen in des Wortes bester Bedeutung", galt und gilt als ein hochwertiges sittliches Verhalten.
Handelt der Beamte zuwider, so begeht er, sofern nicht im Einzelfall aus besonderen Gründen die Schuld ausgeschlossen ist, ein Dienstvergehen. In der Praxis sind eindeutige Verstöße gegen die Gehorsamspflicht jedoch selten. Übermächtige, traditionelle Gewohnheiten, aber wohl auch die Abschreckungswirkung der rechtlichen und außerrechtlichen Sanktionen sind die Ursachen.

2. Akzessorität der Gehorsamspflicht

Die Gehorsamspflicht des Beamten und die vergleichbare Pflicht des Angestellen sind für die hierarchische Ordnung von existentieller Bedeutung. Ohne sie wäre die Hierarchie nicht praktizierbar; es gäbe sie nicht. Ihre Bedürfnisse sind die wesentlichsten Bezugspunkte für die Normengestaltung und ihre Auslegung (durch die Rechtssprechung z. B).
Und andersherum gewendet: Gäbe es keine Hierarchie (angesichts der Alternativen nicht einfach vorstellbar) hätte die Gehorsamspflicht keinen Sinn, sie hinge in der Luft. Oder auch: Würde dennoch versucht, sie zu praktizieren, durchzusetzen (wiederum schwer vorstellbar), so würden sich automatisch erneut hierarchieverdächtige Strukturen bilden. Es ist daher geboten, Gehorsamspflicht und hierarchische Ordnung stets in den so skizzierten engen Sachzusammenhang zu stellen.

3. Die Hierarchie – eine Bestandsaufnahme

Die öffentlichen Verwaltungen in der Bundesrepublik sind ganz allgemein hierarchisch strukturiert. Die wesentlichen Merkmale dieser auf langer Tradition beruhenden Organisationsform lassen sich für den idealtypischen Fall wie folgt charakterisieren: Für das Verhältnis aller in der öffentlichen Verwaltung Tätigen und aller Instanzen, Funktionen unter- und zueinander gilt grundsätzlich eine strikte Rangordnung, ein stringentes System von Über-/Unterordnung. Von einer obersten Instanz, der Spitze, ausgehend reicht in prinzipiell allen Verwaltungsbereichen über Zwischenglieder ein straffer „Befehlsweg" nach unten bis in die feinsten behördlichen Verästelungen. Umgekehrt geht von der Plattform, der untersten Instanz, ein dem Befehlsweg entsprechender Gehorsamsweg nach oben. Hierarchiefreie Räume existieren in einem solchen, konsequent durchgebildeten System so gut wie nicht. Ansätze dafür würden alsbald als systemwidrig auffallen. Ihre Integration in das System wäre meist nur eine Frage der Zeit.
Diese Stränge bestehen regelmäßig aus mehreren bis vielen Einzelgliedern. Jedes von ihnen schuldet den Gliedern über ihm Sachgehorsam, kann andererseits – soweit dem nicht im Einzelfall ein übergeordneter Wille entgegensteht – den Stufen unter ihm Anordnungen erteilen, Richtlinien setzen usw. . . . Jedes Glied – abgesehen von dem allerobersten und dem alleruntersten – hat also in der hierarchischen Ordnung eine Doppelfunktion: Befehlen und gehorchen. Nicht nur die Personen, sondern auch Behörden sind davon umfaßt. In der Regel verläuft der Gehorsamsweg von der Basis aus aufsteigend in der Behörde bis hin zum Leiter und setzt sich dann vergleichbar in übergeordneten Behörden fort, was sich ein oder mehrere Male wiederholen kann.
Die Befehlsfunktion der jeweils übergeordneten Stufe bezieht sich prinzipiell auf alle Aufgaben aller untergeordneten Glieder. Als Konsequenz werden Sachzuständigkeiten nach oben immer umfassender bis sie in die Allzuständigkeit der obersten Spitze einmünden. Übergeordnete Stufen können jeden Einzelfall von unten an sich ziehen, selbst entscheiden oder Unterinstanzen mit Weisungen versehen. Sie können allgemeine Richtlinien – beschränkt nur durch den Willen höherer Stufen – erteilen, die befolgt werden müssen.
Die hierarchischen Strukturen haben sich nach den politischen Bedürfnissen historischer Zeitläufe, besonders der absolutistischen Periode, herausgebildet und zwar in der Regel durch administrative Maßnahmen. Gleichzeitig gelegentlich auch später, wurden entsprechende Gesetze erlassen, was weniger der formellen Legalisierung diente – dessen bedurfte es nach dem damaligen Staatsverständnis nicht (Monarch auch oberster Gesetzgeber) – sondern mehr um der Rechtsklarheit willen geschah. Die Organisationshoheit des Staates (des Monarchen) war unbestritten. In allerdings einge-

schränktem Umfange gilt etwas ähnliches auch heute noch, zumindest für den altüberkommenen Teil der staatlichen Verwaltung. Gesetze, die die gesamte Hierarchie in Kraft gesetzt haben, die sie umfassend beschreiben, regeln, gibt es nicht. Hingegen befassen sich viele Einzelnormen und normähnliche Fixierungen unterschiedlichster Rechtsnatur, z. B. Geschäftsordnungen, Geschäftsverteilungspläne von Behörden, Gesetze, Rechtsverordnungen, Verwaltungsvorschriften mit Einzelheiten, nicht mit dem „ob überhaupt", sondern mit dem „wie im einzelnen". Sie setzen regelmäßig die volle Legalität des Systems als keiner wesentlichen Erörterung mehr bedürftig, voraus.
Die Hierarchie ist derzeit kein Glaubenssatz mehr wie in historischer Zeit, als sie der besseren Durchsetzung ihrer Gebote wegen zu einer Erscheinungsform der gottgewollten Ordnung irrationalisiert, hochstilisiert, religiös verbrämt wurde. Im laizistischen Staat, in einer laizistischen Gesellschaft bedarf es einer ausschließlich rationalen Rechtfertigung. Dafür bieten sich z. B. als Argumente die größere Effizienz gegenüber denkbaren Alternativen an, wobei für die Rangordnung, die Über-/Unterordnungsverhältnisse schon die Fiktion gelten müßte, daß je weiter nach oben, je besser der Überblick und auch dank der Personalelitierung die bessere Qualifikation vorhanden sei.
Die vorstehende Charakterisierung richtet sich stärker am Idealtyp aus. In der Praxis haben jedoch politische und ökonomische Entwicklungen zu Modifizierungen geführt, so daß sich der status quo doch erheblich anders darstellt, als die idealtypische Form.

3.1 Die natürlichen Grenzen

In der Vergangenheit hat es Stadien gegeben, in denen für die gesamte öffentliche Verwaltung eines Landes eine einheitliche, allzuständige Spitze bestand, z. B. der absolute Monarch. In seiner Person liefen alle Fäden zusammen. Von hier aus wurde der gesamte Staat, einschließlich der Gemeinden, total regiert. Das wäre nach der inneren Logik des Systems dann eine reinrassige hierarchische Ordnung gewesen. Für nachfolgende Staatsformen galt das immer weniger und für die Bundesreupblik gilt es überhaupt nicht mehr.
Nach zwingendem Verfassungsrecht (Bundesstaat) sind z. B. die Landesverwaltungen durchaus eigenständig und können nicht als Teile einer einheitlichen Verwaltungshierarchie des Bundes verstanden werden. Aus den gleichen Gründen, vgl. Artikel 28 Abs. 2 GG, sind auch Kommunalverwaltungen nicht Bestandteil der Verwaltungshierarchien des Bundes oder der Länder. Gelegentliche Aufsichtsbefugnisse ändern hieran nichts.

Darüber hinaus: Es gibt auch keine einheitlichen Bundes- oder jeweils einheitlichen Landesverwaltungshierarchien. Die Richtlinienkompetenz des Bundeskanzlers, Art. 65 GG, oder die vergleichbaren Befugnisse der Landesministerpräsidenten reichen nicht aus, in ihnen die oberste Spitze der gesamten Bundesverwaltung oder der jeweiligen Landesverwaltung anzusetzen. Der hierarchische Endpunkt der Bundes- und Landesverwaltungen sind die Ressortchefs, die Minister, denn bei ihnen enden oder beginnen die Befehls- und Gehorsamsstränge (vgl. für den Bund Art 65 Satz 2 GG). Für Gebietskörperschaften sind es vergleichbar die Leiter der Verwaltungen oder die parlamentarischen Gremien. Hingegen haben der Bundestag und die Landtage keine nennenswerten Exekutivbefugnisse; sie sind keine Verwaltungsinstanzen, können daher nicht als hierarchische Spitze gelten.
Gemeinderäte und Kreistage haben allerdings umfassende administrative Zuständigkeiten. Sie sind Verwaltungsinstanzen und der Verwaltung vorgesetzt. So gesehen könnten sie schon als oberste hierarchische Spitze der Kommunalverwaltung angesehen werden. Es fehlt ihnen aber die sachgebotene ständige aktive und reaktive Präsenz, wie sie bei anderen hierarchischen Spitzen selbstverständlich ist. Dafür sind sie zu schwerfällig. Ihre Systemeinordnung ist daher nicht unbedenklich. Wie dem auch sei. Einer abschließenden Klärung bedarf es hier nicht.
In der Bundesrepublik gibt es also viele Verwaltungshierarchien. Ihr Verhältnis zueinander kann nicht auf einen gemeinsamen Nenner gebracht werden. Es läßt sich weder allgemein in eine Rangfolge der Über-/Unterordnung bringen, noch als reines Nebeneinander (mit zwangsläufigen Reibungen) bestimmen.

3.2 Praktizierte Hierarchie

In der Praxis obliegt nun die Erledigung der weitaus überwiegenden Zahl der Einzelfälle der untersten oder zweituntersten Stufe in der Hierarchie, zumeist Sachbearbeitung genannt. Allenfalls das nächsthöhere Glied wirkt dabei noch unmittelbar mit. Hier endet dann praktisch der hierarchische Weg nach oben. Da Oben nicht beteiligt ist, wird auch der umgekehrte Weg nicht aktuell. Zwar dürfen die mittleren und höheren Stufen an sich ziehen und die Einzelerledigung vorschreiben. Sie machen jedoch nur sehr selten davon Gebrauch. Etwas anderes wäre auch angesichts der Fülle der Aufgaben nicht machbar. Die Zurückhaltung ist also sachgeboten. Tun sie es ausnahmsweise in Einzelfällen doch, dann erweist sich in aller Regel der hierarchische Leitungsstrang als voll intakt.
Es zeichnen sich Tendenzen ab, diese faktischen Gebräuchlichkeiten in einigen Bereichen zu verrechtlichen, also im Ergebnis die Einschaltungsbe-

fugnisse übergeordneter Glieder einzuschränken oder an bestimmte Voraussetzungen zu binden. Die Entwicklung ist hier noch im Fluß. Eine (leichte) Auflockerung scheint sich für die Zukunft abzuzeichnen.
Die mittleren und höheren Stufen – auch das zeigt die Praxis – behalten sich regelmäßig die unmittelbare Einwirkung und die Entscheidung in einigen wichtigen Angelegenheiten vor. Was wichtig ist, ist z. B. in Geschäftsordnungen vorbestimmt. Darüber hinaus dürfen sie entsprechend den Gesetzen der Hierarchie nach eigenem Belieben Weiteres als für die eigene Beachtung wichtig genug befinden. Hier kann es durchaus zu unterschiedlichen Handhabungen kommen.
Im übrigen obliegt ihnen die Aufsicht, die Koordinierung, die allgemeine übergeordnete Steuerung des Verwaltungsablaufs z. B. durch Erlaß von Richtlinien, allgemeinen Vorschriften usw., an die die Stufen unter ihnen gebunden sind.
Diese Einschränkung der mittleren und höheren Stufen der Hierarchie und die Konzentration auf Wichtiges und Allgemeines ist durchaus sinnvoll. Es wäre anders gar nicht durchführbar. Die Zuständigkeitsbeschränkung für die allgemeine Ablaufsteuerung auf mittlere oder höhere Stufen hat den Vorteil, daß sie zumindest teilweise den Bedürfnissen der modernen Industriegesellschaft nach weitgehender Einheitlichkeit der Verwaltungshandhabung Rechnung trägt. Allerdings sind hier gewisse Schwierigkeiten unverkennbar. Je höher die hierarchische Stufe, desto geringer wird nämlich zwangsläufig die spezielle Sach- und Problemkenntnis. Das gilt besonders dort, wo viele Angelegenheiten unterschiedlichster Art zusammenlaufen, was auf dem Weg nach oben gehäuft auftritt. Das erschwert eine überzeugende, vor allem praxisnahe Wahrnehmung dieser Leitungsfunktion sehr, zwingt zu eingehenden, methodischen Überlegungen.
Es zeigt sich also, daß in der Praxis der hierarchische Strang nur selten voll durchlaufen wird, daß es Begrenzungen gibt und zwar für die Masse der Angelegenheiten nach oben, und für allgemeine, z. B. Steuerungsfunktionen nach unten. So übermächtig, die Basis erdrückend, wie es nach der theoretischen Definition der Hierarchie erscheinen mag, ist dieses System nicht.

3.3 Entwicklungstendenzen

In der jüngsten Zeit sind wiederholt in einigen Verwaltungsbereichen besondere, ad hoc konstituierte Gremien z. B. Beiräte, Ausschüsse o. ä. genannt, in die hierarchischen Leitstränge eingeschoben worden. Ihre Mitglieder, nach der Sicht der jeweils betroffenen hierarchischen Instanzen, Außenstehende, Außenseiter werden von Parlamenten (z. B. Gemeinderäten, Kreistagen) oder Verbänden gewählt (delegiert), oft auch von der Hierarchie selbst berufen, die dabei je nach dem freie, beschränkte oder gar keine Auswahlmöglichkeiten hat, die nach Vorschlag z. B. von Verbänden oder nach freiem Ermessen handeln mußte oder konnte. Es sind Sachkundige oder politisch Einflußreiche oder Personen mit der einzigen Qualität „einfacher Bürger".

Diese „institutionalisierte Bürgerbeteiligung" ist regelmäßig durch spezielle Rechtsnormen eingeführt worden, die auch die Zuständigkeit meist recht exakt umschreiben. Es kann sich um reine Beratergremien handeln; oft haben sie aber Entscheidungskompetenzen, teils unmittelbar, d. h. ihre Entscheidungen treten an die Stelle der bisherigen hierarchischen Entscheidungen – sie werden von der Bürokratie nur noch ausgeführt –, oder doch mittelbar. Dann bleibt formell zwar die Hierarchie Entscheidungsträger; sie ist aber durch und an die Entscheidungen des Gremiums gebunden.

Die Mitglieder sind regelmäßig nicht in den Gehorsamkeitsstrang nach oben eingebunden; Weisungen höherer Stufen können ihnen nicht gegeben werden. Die Hierarchie nach oben ist also abgeschnitten. Hingegen sind die Befehlsstränge nach unten, sofern die Gremien nicht – als Ausnahme – in die unterste Stufe eingeordnet wurden, weiter unbeschränkt in Kraft. Sie können also von unten in dem gleichen Umfang wie ein hierarchischer Vorgesetzter Gehorsam fordern.

Erschöpft sich ihre Tätigkeit in bloßer Beratung, so bleibt zwar in der Theorie die Hierarchie unangetastet. Sie trifft die Entscheidungen; sie ist an die Beratungsergebnisse nicht gebunden. In der Praxis haben jedoch Beratungsbeschlüsse-Vorschläge schon ein gewisses Eigengewicht. Es ist auch für eine straff geleitete Verwaltungshierarchie nicht immer einfach, von ihnen abzuweichen, sich über sie hinwegzusetzen, so daß recht oft die Neigung unverkennbar ist – schon um Auseinandersetzungen aus dem Wege zu gehen – ihnen auch dann zu folgen, wenn sie mit eigenen Auffassungen kollidieren.

Zur Einführung solcher Gremien wurden die Gesetzgeber einmal maßgeblich durch die Erwartung bestimmt, auf diese Weise Sachverstand oder gesunden Menschenverstand für Verwaltungsabläufe zu nutzen, beides gewissermaßen zu institutionalisieren. Wichtig scheint aber wohl auch gewesen zu sein, einige Verwaltungsbereiche zu demokratisieren, was nach verbreiteter Meinung Enthierarchisieren bedeutet. Es sollte das Unbehagen über die übermächtige und so bürgerfeindlich wirkende hierarchische Struktur gedämpft werden, auch der – noch zu erörternden – politischen Kritik zumindest teilweise der Wind aus den Segeln genommen werden. Es wuchs die Einsicht, daß es vernünftiger ist, bestimmte schwerwiegende Maßnahmen mit Langzeitwirkung nicht ohne jegliche Mitwirkung der Betroffenen oder sonstiger Interessenten durchzusetzen. Die Entwicklung ist auch hier noch im Fluß.

Für eine abschließende Beurteilung, ob sich die Erwartungen erfüllt haben, die nicht seltenen, teils erheblichen Reibungen so weit wie möglich vermeiden oder beheben lassen, ob das System als eine Art Pilotprogramm gelten kann, also ausbaufähig ist, ist die Zeit noch nicht reif. Angemerkt werden muß jedoch, daß große Teile der Hierarchie bisher davon unberührt geblieben sind.
Ein Beispiel dafür sind die Personalvertretungen. Ihre Mitglieder sind im Verhältnis zu Personalverwaltungen Außenstehende. Neben vielen beratenden Kompetenzen haben sie auch einige bedeutsame mittelbare Entscheidungsbefugnisse. Hier sind sie nicht weisungsgebunden. Sie treffen zwar keine Personalentscheidungen, dafür bleibt die hierarchisch organisierte Personalverwaltung nach wie vor zuständig. Diese ist aber in einigen wichtigen Angelegenheiten auf die Zustimmung der Personalvertretungen angewiesen. Wird abgelehnt, so muß die Verwaltung dem in ihrer Entscheidung Rechnung tragen.
Das Motiv für die Errichtung dieser Gremien und auch der laufenden Erweiterung von Entscheidungsbefugnissen war offenbar, die Hierarchie, die in diesen, den Einzelnen so unmittelbar berührenden Angelegenheiten als besonders undurchsichtig, auch als sachfremd handelnd verdächtigt wurde, einzuschränken. Der status quo kann als Kompromiß zwischen den beachtenswürdigen Interessen der Personalbürokratie und den Interessen der Beteiligten gelten.
Als Folge dessen ist die Personalverwaltungshierarchie schon erheblich eingeschränkt, stärker z. B. als mancher andere Verwaltungszweig.

3.4 Ausnahmen

Durch besondere Entscheidungen der Gesetzgeber ist für einige spezielle Verwaltungangelegenheiten eine Bindung an Weisungen von Vorgesetzten ausdrücklich ausgeschlossen worden. Der Gehorsamsstrang nach oben wird hier also ebenfalls abgeschnitten. Wer diese Aufgaben wahrnimmt, besitzt praktisch in Meinungsbildung und Entscheidungsbefugnis eine Art richterliche Unabhängigkeit. Als Beispiele seien die Funktionen der Verwaltung erwähnt, die ihrer Art nach weitgehend richterlicher Tätigkeit entsprechen, ferner noch der Untersuchungsführer in Disziplinarsachen und der (Sach)bearbeiter des Haushalts.
Diese gesetzlichen Einschränkungen des hierarchischen Gehorsamsweges sind letzten Endes nur konsequent durchgesetzte Rechtsstaatlichkeit oder folgen – als Sonderfall – nur den Geboten einer sparsamen Haushaltsführung der öffentlichen Hand.
Auch die vielen Mitbeteiligungsbräuche der Verwaltung – teils auf zwingenden Rechtsnormen beruhend, teils aber auch „nur" bloße Usancen – lockern

nicht nur die monokratische Struktur der Verwaltung auf – worauf noch einzugehen sein wird – sondern betreffen auch, wenn auch nur mehr mittelbar, die hierarchische Ordnung. Zwar sind der Beteiligende und der (die) Beteiligte(n) voll in ihre jeweiligen hierarchischen Leitstränge eingebunden. Es können die gleichen, aber auch unterschiedliche Hierarchien sein. Bei divergierenden Meinungen – nicht gerade selten – müssen die höheren Stufen entscheiden. Sie tun sich aber dabei, besonders wenn mehrere Hierarchien betroffen sind, oft recht schwer. Gelegentlich kommt es, was bei wichtigen verwaltungspolitischen Problemen recht mißlich ist, zu einer gegenseitigen Lahmlegung oder – was genau so unerfreulich sein kann – zu Einigungen auf den kleinsten gemeinsamen Nenner, oder zur Durchsetzung der Meinung, die über den besten politischen Rückenwind verfügt. Die Einzelhierarchie stößt hier für alle Beteiligten deutlich erkennbar an ihre Grenzen. Für eine Verwaltung, die weitgehend entsprechend diesen Strukturen ausgerichtet ist, kann das auch psychologisch recht unerfreuliche Wirkungen haben.
Da die derzeitige Tendenz eher in Richtung auf eine Erweiterung der Mitbeteiligung als auf Abbau zielt, ist eine weitere Problematisierung nicht auszuschließen.
Es hat sich also gezeigt, daß es in der bundesrepublikanischen Wirklichkeit keine idealtypische Hierarchie, wie sie ihren historischen Wurzeln entsprechen würde, gibt. Es sind viele Hierarchien, die regelmäßig zwar das Prinzip zu wahren versuchen, die aber viele systemwidrige Einsprengsel aufweisen, die mit Ausnahmen durchsetzt sind, die Konzessionen an die Gebote der Praxis machen mußten und auch weiterhin machen.
Als Tendenz scheint sich eine weitere Auflockerung – unter Wahrung des theoretischen Prinzips – abzuzeichnen. Wie sich einige innerorganisatiorische Maßnahmen der letzten Zeit in einzelnen Verwaltungen, wie z. B. die Verlagerung der Zeichnungsbefugnis nach unten (aber regelmäßig unter Wahrung der Einschaltungsbefugnis von Vorgesetzten) und die Niveauverbesserung von Ausbildung und Fortbildung, auswirken werden, bleibt abzuwarten.
Auch die Hierarchie unterliegt – wie sich insoweit abschließend feststellen läßt – allgemeinen Entwicklungsgesetzen; sie ist im wesentlichen keine statische, sondern eine dynamische Größe.

4. Inhalt und Bedeutung der monokratischen Organisation

In einer hierarchischen Ordnung ist die Einmannentscheidung, also die monokratische Organisation der Entscheidungsbefugnisse typisch, die Regel.

Dieses System hat eine lange, in den Absolutismus zurückreichende Tradition, die sich noch deutlich im status quo widerspiegelt. Für seine Ausgestaltung stand in mehrfacher Hinsicht merklich jene Institution Pate, die seit eh und je als die straffste und reinrassigste Monokratie überhaupt galt, die Armee. Das lag auch deshalb nahe, weil die Verwaltung in weiten Bereichen eine der Armee vergleichbare Funktion besaß, die Sicherung des Staates, des politischen Systems. Militärorganisatorische Erfahrungen, wie insbesondere die Erkenntnis, daß je straffer die Führung desto geeigneter das Werkzeug in der Hand der Staatsspitze ist, wurden verwertet und die militärische Organisation insoweit als Vorbild angesehen. Die Verwaltung war so der „Zivildienst" neben dem Militärdienst. Beide zusammen waren sie die wesentlichste Stütze der Monarchie.

Es ist müßig, hier Bewertungen, Werturteile, etwa nach Kriterien der Jetztzeit anzubringen, z. B. zu fragen, ob das alles den Menschenrechten entsprochen haben mag. Die Entwicklung ist so verlaufen; von dem Ergebnis ist auszugehen.

Die Verwaltungen sind auch heute noch durch eine monokratische Organisation der Entscheidungsbefugnisse als Regel gekennzeichnet. Die den jeweiligen Stufen der Hierarchie zustehenden Weisungs-Anordnungsbefugnisse sind im Normalfall Einzel-Einmannentscheidungen. Es gilt der Grundsatz: Ist nichts anderes ausdrücklich, z. B. durch Rechtsnormen, bestimmt, so entscheidet, befiehlt, weist an, der Vorgesetzte oder der jeweilige Befugte als Einzelperson.

Eine umfassende gesetzliche Regelung gibt es – wie schon bei der hierarchischen Ordnung festgestellt – nicht. Vielfältig verstreute Einzelnormen gehen aber auch hier von der monokratischen Behördenstruktur aus, gegen deren Legalität, wie incidenter zu schließen ist, kein ernsthafter Zweifel erhoben wird, setzen sie also als unanfechtbar und unangefochten voraus.

Allerdings gelten derzeit schon eine Reihe von Ausnahmen von diesem Grundsatz. In Zusammenhang mit der hierarchischen Ordnung wurden bereits die zu unmittelbaren Entscheidungen berufenen Gremien erwähnt. Hier ist auch die monokratische Entscheidungsform teilweise, d. h. soweit die Entscheidungsbefugnisse reichen, außer Kraft gesetzt. Sind Gremien nur zu mittelbaren Entscheidungen befugt – z. B. Personalvertretungen – so bleibt die monokratische Struktur zwar formell erhalten. Durch die inhaltliche Bindung ist sie aber praktisch stark ausgehöhlt.

Vergleichbares gilt für Kommunalverwaltungen dann, wenn Gemeinderäte und Kreistage als Spitze der Verwaltungshierarchien angesehen werden. Es bleiben hier aber Bereiche, in denen (z. B. durch Satzungen festgesetzt) die Verwaltungen, in letzter Instanz also der Verwaltungschef, allein entscheiden. Hier herrscht dann wiederum die monokratische Struktur vor.

Zu einer erheblichen Einschränkung der monokratischen Ordnung bis hin

zur Systemaushöhlung können in der Praxis die ebenfalls bereits erwähnten Mitbeteiligungsbräuche führen. Ist die Zustimmung des (der) zu Beteiligenden erforderlich, so kann im Ergebnis schon von einer Zwei- (oder Drei- pp) Mannentscheidung gesprochen werden. Aber auch ohnedies. Der Zwang zur Abstimmung nimmt der Entscheidung doch Wesentliches von dem, was die Monokratie ausmacht: Die Unabhängigkeit von der Meinungsbildung anderer (außer den Vorgesetzten).
Wie für die hierarchische Ordnung ist auch hier die Tendenz in Richtung auf eine Auflockerung unverkennbar. Gelegentlich ist als Ersatz auch die Entscheidungsverlagerung auf besondere Mitarbeiter(Kollegial)gremien im Gespräch, sozusagen ein institutionalisiertes Team-Work. Wesentliche und vor allem verallgemeinerungsfähige Erfahrungen liegen hier aber noch nicht vor.

5. Führungsstil

Die Aussage, daß in der öffentlichen Verwaltung die monokratische Struktur, die Einmannentscheidung vorherrschen, enthält nun noch keine Feststellung über einen konkreten Führungsstil, d. h. also – um einige Einzelaspekte zu nennen – über Art und Weise der Vorbereitung der Einmannentscheidungen, die Beteiligung Anderer (ggfs. in welchem Umfang und welchen Formen), die Umsetzung von Entscheidungen in konkretes Verwaltungshandeln und last not least die allgemeine Ausgestaltung der Beziehungen zu unterstellten Mitarbeitern.
Es gibt auch hier wiederum keine umfassende gesetzliche Regelung. Das ist verständlich. Wie sollte sie auch beschaffen sein? Die unterschiedlichsten Führungsstile sind, sofern nicht im Einzelfall gegen Normen verstoßen wird, daher grundsätzlich legal. Vorgesetzte haben insoweit einen weiten Gestaltungsspielraum.
Es läge nahe, durch einen Blick auf die historische Entwicklung und auf das organisatorische Vorbild früherer Zeiten, die Armee, die für Hierarchie und Monokratie systemlogischste Art des Führungsstils zu ermitteln, ihn ggfs. dann als Regel anzusetzen. Das wäre eine straffe, auf Beratung oder vorbereitende Beteiligung anderer weitgehend bis gänzlich verzichtende, die Untergebenen in ihrer traditionellen Rolle belassende, also die völlig eigenständige Entscheidungsweise. Sie scheint systemüblich zu sein, scheint monokratischen Strukturen am besten zu entsprechen.
Die Verwaltung kann sich einen solchen Führungsstil allenfalls in einfachen, problemlosen Angelegenheiten leisten. In allen anderen Fällen – sie sind aufs Ganze gesehen wohl in der Minderzahl – setzen sich zunehmend Sachzwänge

durch, führen zu spezifischen Handhabungen, die vom soeben skizzierten „autoritären" Führungsstil doch erheblich abweichen und die für die weniger einfachen Angelegenheiten – im Einzelnen allerdings mit vielen Nuancierungen untereinander – stärker üblich geworden sind.
So sind die Probleme komplexer geworden, ihre Interdependenz hat zugenommen, etwaige Auswirkungen wurden gravierender, die Verantwortung größer. Für den Einzelnen wurde vieles weniger überschaubar, riskanter. Die Neigung, volle Verantwortung zu übernehmen, scheint gesunken zu sein, woraus sich automatisch das Bestreben nach Absicherung ergibt, z. B. durch Gleichschaltung mit anderen.
Es ist daher vielfach üblich geworden, durch Rücksprachen oder Besprechungen, z. B. mit unterstellten Mitarbeitern, Vorgesetzten, Sachkundigen Entscheidungen vorzubereiten, wobei Untergebene in der Regel auch ihre Ansichten darstellen können oder sollen. Auch vorgesetzte Behörden verfahren häufiger so, besprechen z. B. von ihnen vorgesehene Richtlinien vorab mit Betroffenen. Oft nähert sich die Handhabung schon einem Teamwork an. Gerade in den letzten Jahren ist diese (oft allerdings zeitraubende und kostenträchtige) Übung so sehr in Mode gekommen, daß sie häufig schon übertrieben, über das Ziel hinausschießend scheint, die Bürokratie merklich aufbläht. Allerdings wird nicht immer und überall in komplizierteren Angelegenheiten so verfahren. Es finden sich auch Führungsstile, die weitgehend auf eine Abstimmung mit anderen verzichten, die dem nahe kommen, was mit dem zum Schlagwort degenerierten Begriff „straff autoritärer" Führungsstil bezeichnet werden könnte. Im Einzelnen kommt es entscheidend auf die Persönlichkeitsstruktur des jeweiligen Vorgesetzten an.
Bei einfachen, problemlosen Angelegenheiten scheint ein straffer Führungsstil vorzuherrschen, was wegen der meist geringeren Bedeutung der Einzelfälle weniger nachteilig ist, hingegen den Vorteil größerer Schnelligkeit der Erledigung und geringeren innerbürokratischen Aufwandes hat.
Bei der Ausgestaltung der Beziehungen zu unterstellten Mitarbeitern zeigt sich ebenfalls eine große Bandbreite. Unterschiedliche Handhabungen sind erkennbar. Hier schlagen auch die Individualitäten der Vorgesetzten durch.

6. Politische Kritik

Die stringente Gehorsamspflicht, die hierarchischen und monokratischen Strukturen und der „autoritäre" Führungsstil in der öffentlichen Verwaltung sind seit längerem politischer Kritik ausgesetzt. Sie leitet ihre entscheidenden

Wertmaßstäbe und -kriterien mehrheitlich aus einem teils recht radikalen Demokratieverständnis und einem – nach ihrer Auffassung – modernen, teils egalitären Menschenverständnis her.
Diese Kritik ist publizistisch sehr aktiv. Unterhalb dieser Schwelle entspricht ihr ein weitverbreitetes, wenn auch meist recht undifferenziertes Unbehagen in der Bevölkerung, ein ansehnliches Unmutspotential.
Im einzelnen sind Ausgangs- und Standpunkte, Hauptzielrichtung, Argumentte und noch einiges mehr recht unterschiedlich. Im Kern scheinen jedoch folgende Grundthesen vorherrschend.
Alle vorerwähnten Markenzeichen der Verwaltung werden als typische Erscheinungsformen eines überwundenen absolutistischen und auch autoritären Staates klassifiziert. Daher stünden sie in einem krassen Widerspruch zum modernen Demokratieverständnis und müßten abgebaut werden. Demokratie wird dabei nicht nur als ein formales Prinzip für die Organisation der Staatsspitze verstanden, sondern auch unter Rückgriff auf die Etymologie als ein für alles öffentliche Handeln auf alle Ebenen bezogener (und durchzusetzender) Grundsatz. Der Wille der Mehrheit der Staatsbürger müsse in allen Bereichen unterhalb der Staatsspitze bis hin zur Basis voll zur Geltung kommen.
Weiter wird Kritik an dem Menschenverständnis geübt, von dem die Gehorsamspflicht, die hierarchischen Über-/Unterordnungsverhältnisse, die hierarchische Rangfolge ausgehen. Es entspreche dem des absolutistischen Zeitalters. Demgegenüber beruhe das moderne Menschenverständnis entscheidend auf der Gleichberechtigung, der prinzipiellen Gleichwertigkeit aller Individuen. Dem müsse die Verwaltung angepaßt werden.
Nach Auffassung einiger Kritiker stellen die gegenwärtigen Verhältnisse eine große Gefahr dar. Sie sollen die Widerstandskraft der Demokratie entscheidend schwächen.
Die Kritik verzichtet nicht vollends auf verwaltungsökonomische Argumentationen. So wird gelegentlich versucht, die derzeitige Struktur für Effizienzmängel, für die Aufblähung der Bürokratie, die Bürgerferne verantwortlich zu machen, wobei dann als selbstverständlich davon ausgegangen wird, daß eine Änderung des Systems zur Besserung dieser Mängel führt. Insgesamt scheinen aber diese Aspekte mehr einen argumentativen Hilfscharakter zu haben. Sie sind möglicherweise eine Konzession der Kritik an den rationalen Zeitgeist.
Die Kritik ist in der allerletzten Zeit „leiser" geworden. Das mag an einer allgemeinen Kritikmüdigkeit liegen, die allerdings auch wieder in ihr Gegenteil umschlagen kann. U. U. ist aber auch die Ursache, daß sich die Hierarchie letztlich etwas aufgelockert hat.
Es trifft zu, daß die Gehorsamspflicht und die hierarchisch-monokratische Ordnung ihre wesentlichste, im Prinzip noch heute geltende Ausprägung im

absolutistischen Staat und zwar geformt nach dem damaligen Staats- und Menschenverständnis erhalten haben. Dieser Ausgangspunkt der politischen Kritik ist zutreffend.

Richtig ist weiter, daß das derzeit herrschende „offizielle" Staats- und Menschenverständnis völlig anders geartet, teilweise diametral entgegengesetzt ist. Hier wäre in der Tat zumindestens auf den ersten Blick schon ein gewichtiger innerer Widerspruch, ein logischer Bruch zu erkennen.

Wird davon ausgegangen, so ist nicht unverständlich, wenn die Staatsbürger, deren politisches Bewußtsein gewachsen ist, und stetig weiter wächst, die gewöhnt sind, in modernen politischen Modellen wie Mitbestimmung, Partizipation, Bürgerbeteiligung an polistischen Entscheidungsprozessen usw. zu denken und zunehmend auch zu leben, den staatlichen und kommunalen Hierarchien mit Unbehagen und Ablehnung gegenüber stehen. Sie erkennen zumindestens instinktiv die Bruchstellen in der Logik.

Gleichermaßen sind auch die Staatsbürger in der Hierarchie kritischer geworden. Zwar verhindert eine starke Hierarchiegewöhnung und der Karrieretrieb ein zu lautstarkes Aufbegehren. Aber der problematische Wahrheitsgehalt der üblichen, rationalen Rechtfertigung von Hierarchie und Monokratie, daß Vorgesetzte und Angehörige vorgesetzter Behörden prinzipiell besser qualifiziert sind, wird weitgehend erkannt.

Die Kritik, mag sie nun ganz oder teilweise begründet sein oder nicht, ist immerhin selbst eine beachtenswerte politische Realität.

Wenn nun die Analysen in weiten Teilen auch zutreffend sein mögen, gegen die Schlußfolgerungen und die politischen Forderungen der Kritik – Ersetzung der Hierarchie pp durch demokratische Systeme – müssen doch erhebliche Bedenken erhoben werden. Der wesentlichste Einwand soll hier erwähnt werden. Die Feststellung, daß ein traditionell überkommenes, formell-organisatorisches System aus überholten politischen Vorstellungen abgeleitet wird, sagt ganz und gar nichts darüber aus, daß es nicht doch auch – evtl. nach gewissen Korrekturen – unter völlig anders gearteten politischen Gegebenheiten verwertbar, von Nutzen sein kann. Diese Motiv-(Prinzip)-auswechselung ist, wie ein geschichtlicher Rückblick zeigt, recht häufig. Die Kritik enthält sich zu dieser Problematik weitgehend einer Stellungnahme.

7. Entwicklungstendenzen allgemeiner Art

Eine Abschaffung des derzeitigen hierarchischen und monokratischen Systems und seine Ersetzung durch ein irgendwie anders geartetes ist unter Berücksichtigung der derzeitigen politischen Verhältnisse in absehbarer Zeit gänzlich unwahrscheinlich.

Die etablierten politischen Kräfte, deren demokratische Provinienz außer Zweifel steht, haben die hierarchische Ordnung mit der akzessorischen Gehorsamspflicht und die monokratische Struktur in ihren Dienst gestellt, für ihr politisches Handeln nutzbar gemacht. Das System hat sich dabei auch für „die neuen Herren" als voll brauchbar erwiesen. Es garantiert aufgrund seiner prinzipiellen Bereitwilligkeit recht wesentlich mit, daß in den wichtigsten Bereichen der in der Staatsspitze repräsentativ-demokratisch gebildete politische Wille nach unten durchgesetzt wird. Die Neigung zu einer wesentlichen Änderung ist daher sehr gering. Demgegenüber verfügt die Kritik nur über die „schwächeren Bataillone".

Hinzu kommt, daß sie keine allgemein brauchbaren, ausgereiften Alternativen anbietet. Das ist allerdings kein Vorwurf – man kann ihre Funktion unterschiedlich definieren – sondern nur eine Feststellung. Eine Umstellung der gesamten öffentlichen Verwaltung auf eine kollegiale Entscheidungsordnung, auf Teamwork oder Bürgerbeteiligung in allen wesentlichen Bereichen, würde voraussehbar mindestens für einen längeren Umstellungszeitraum zu stärksten Effizienzeinbußen, wenn nicht gar zu chaosähnlichen Zuständen führen. Es bestünde auch die große Gefahr, daß die Durchsetzung demokratischer Prinzipien von oben nach unten nicht mehr gelänge. Zudem: Die Handhabung in bestimmten Verwaltungsbereichen, die aus Sachgründen einer zentralen Lenkung bedürfen, würde zersplittern, was den Bedürfnissen einer modernen Industriegesellschaft kraß zuwiderlaufen würde.

Allerdings hat die Kritik eine durchaus notwendige antithetische Funktion. Durch Infragestellen der derzeitigen Ordnung kann sie immerhin ein starkes Bewußtsein problematischer Entwicklungen als Vorstufe für Reformen hervorrufen.

Es kommt also derzeit darauf an, unter Beibehaltung des Prinzips – nicht weil es liebenswert, sondern weil kein brauchbareres in Sicht ist – offensichtliche Schwachstellen, wozu auch gravierende Bruchstellen zu rechnen sind, zu reformieren. Das läuft aber darauf hinaus, auf dem bereits beschrittenen Weg weiter zu gehen, z. B. in den Bereichen, in denen es vertretbar erscheint, Bürger durch repräsentative Gremien stärker am Verwaltungshandeln zu beteiligen, die Eingriffsbefugnisse mittlerer und höherer Stufen der Hierarchie auf wesentliches und notwendiges zu beschränken, die unteren Stufen verstärkt in die Endverantwortung einzubauen, ihre Beteiligung an der Willensbildung höherer Stufen und kollegialere Umgangsformen zwischen Vorgesetzten und unterstellten Mitarbeitern zu festen Usancen zu machen usw. Auch die Effizienz spräche wohl mehr für eine solche Lösung. Daß Gremien entscheidungseffizienter sind oder auch richtiger, d. h. rechtskonformer, zweckmäßiger handeln, ist durchaus nicht ausgemacht. Die bisherigen Erfahrungen sprechen eher für das Gegenteil. Bei Gremien ist z. B. der Mangel häufig, das einzelne Mitglieder mit geringer gedanklicher Disziplin oder mit übersteigertem Selbstbewußtsein die Arbeit stark belasten. Gelegentlich setzen sich hier auch rein dialektische Begabungen zum Schaden der Sache durch.

Literatur

Bierfelder (Hsg.) [1976]: Handwörterbuch des öffentlichen Dienstes. Das Personalwesen.

Drucker [1967]: Die ideale Führungskraft. Düsseldorf – Wien.

von Dungern [1960]: Bürokraten oder schöpferische Beamte? Göttingen.

Ellwein [1966]: Einführung in die Regierungs- und Verwaltungslehre. Stuttgart.

Hartfiel [1964]: Beamte und Angestellte in der Verwaltungspyramide. Berlin.

Hofstätter [1963]: Das Bild des Beamten in der Öffentlichkeit. Bad Godesberg.

Isensee: Das legalisierte Widerstandsrecht.

Lauxmann [1971]: Die kranke Hierarchie. Stuttgart.

– [1970]: Straffe Verwaltung ohne Gehorsam? DÖV, S. 413 ff.

Lohmar [1978]: Staatsbürokratie. Das hoheitliche Gewerbe. München.

Mayntz (Hsg.) [1968]: Bürokratische Organisation. Köln, Berlin.

Schönfelder [1970]: Hierarchie und Verantwortung im öffentlichen Dienst. ZB R, S. 278 ff.

Ule [1960]: Parkonsons Gesetz und die deutsche Verwaltung. Berlin.

Grenzen der Organisierbarkeit von Verwaltungsorganisationen*

Helmut Klages

1. Organisierbarkeit als „Ressource“: Das Überangebot der Managementlehre und die Skepsis der Organisationsforschung

Wenn man sich in einer geeigneten Bibliothek die prall gefüllten Regale mit *Management-Literatur* ansieht, dann mag es einem zunächst beinahe abwegig erscheinen, über „Grenzen der Organisierbarkeit von Verwaltungsorganisationen“ nachzudenken. An Möglichkeiten zur Organisierung, d. h. also zur zweckmäßigen Gestaltung von Organisationen im Hinblick auf eine optimale Effektivität und Wirtschaftlichkeit, scheint ja kein Mangel zu bestehen. Ganz im Gegenteil, es scheint sogar ein gewisser Überfluß von Managementprinzipien, Managementkonzepten, Managementtechniken oder auch Managementsystemen vorzuliegen. „Management by exception“, „by motivation“, „by breakthrough“, „by alternatives“, „by decision rules“, „by control and direction“, „by communication and participation“, „by innovation“, „by systems“, „by results“, „by delegation“, „management by objektives“, PPBS, MAM-Modell, St. Galler Modell, Matrix-Organisation, Teamkonzept, Projektgruppenorganisation – all das sind Namen, die auf den Neuling mit einer fast unübersehbaren Fülle von scheinbar grundlegenden Einsichten und von Wirksamkeitsangeboten einstürmen und die ihm den Eindruck vermitteln, das einzige Problem, das sich im Organisationsbereich stellt, sei eigentlich das der Auswahl zwischen vorhandenen Möglichkeiten und ihrer entschlossenen Umsetzung in eine oft noch zögernde, weil am Hergebrachten hängende, verhältnismäßig konservative Praxis. Dies gilt, nach Meinung Vieler, insbesondere für die öffentliche Verwaltung, welche die vorhandenen Möglichkeiten, so scheint es, vielfach noch mißachtet, weil sie in einen weit zurückreichenden Traditionsballast verstrickt ist und somit in eine bedenkliche, für fortschrittliche Gemüter fast unerträgliche Spannungslage zwischen dem eigentlich Möglichen und dem Wirklichen gerät.

Begibt man sich nun von den Gefilden der Managementlehre in die der *empirischen Organisationsforschung*, dann erlebt man allerdings einen höchst merkwürdigen Kontrast: Die Bilder derjenigen frühen Systemschöpfer, auf die sich die Mangementlehre heute noch vielfach beruft, hängen hier zwar – leicht verstaubt – noch an den Wänden. Die Söhne und Enkel, die an ihre Stelle getreten sind, scheinen aber vom Tiefsinn geplagt und haben das unbeschwerte Verhältnis zur Machbarkeit der Dinge verloren. Während auf seiten der Managementlehre jeder seine Ehre in die Erfindung eines neuen Managementsystems setzt, scheint es hier um die Einbringung einer immer größer werdenden Komplexität der Analyse und Deutung zu gehen. Und vor allem: Die Kinder und Enkel Taylors, Fayols wie auch Max Webers sind dabei, skeptisch zu werden. Die Organisierbarkeit der Organisation scheint ihnen keineswegs mehr garantiert zu sein. Manche entwickeln diesbezüglich sogar einen handfesten Pessimismus. Für alle von ihnen handelt es sich dabei aber um ein knappes Gut – oder, um in punkto moderner Sprachverwendung nicht aus der Rolle zu fallen: um eine knappe „Ressource". Sucht man nach einem Wort, das das gegenwärtige Problembewußtsein der Organisationsforschung auf internationaler Ebene charakterisiert, dann stößt man fast zwangsläufig auf den immer wieder auftauchenden Ausdruck „*Organisationsdilemma*". Wollte jemand den Aussagehalt der modernen Organisationsforschung von diesem Wort her aufschließen und systematisieren, so würde er wahrscheinlich einen überraschenden Erfolg erzielen können. Zusammen mit diesem Wort, das man als einen geheimen Leitbegriff verstehen kann, sind, so würde er finden, die Grenzen der Organisierbarkeit von Organisationen zum Thema der Organisationsforschung geworden.

Man mag nun meinen, daß sich in dem Kontrast, der hier sichtbar wird, der Unterschied zwischen „Theoretikern" und „Praktikern" (oder, direkter ausgedrückt, zwischen denen, die immer nur die Messer schleifen und denen, die sie anwenden) niederschlägt. Sicherlich ist dies bis zu einem gewissen Grade der Fall. Eine Neigung zur Vergrößerung der Distanz gegenüber der Anwendungspraxis gehört zumindest zeitweilig zu den Entwicklungsmerkmalen einer ausreifenden Wissenschaft. Andererseits würde man sich die Dinge aber allzu leicht machen, wenn man sich mit einer derartigen Deutung zufriedengeben wollte. Vielmehr kann und muß die Spannung zwischen Managementlehre und Organisationsforschung gleichzeitig auch im Sinne eines von der wissenschaftlichen Seite her aufwachsenden Problembewußtseins verstanden werden, das im Bereich der Managementlehre noch nicht voll rezipiert worden ist, hinsichtlich dessen sie also – ganz unpolemisch gesprochen – gegenwärtig noch „nachhinkt". Sieht man die Dinge so, dann kann es natürlich nichts Wichtigeres geben, als sich um die Schließung der bestehenden Wissenstransfer-Lücke zu bemühen, d. h.: über „Grenzen der Organisierbarkeit von Organisationen" zu sprechen, diese Grenzen sichtbar zu machen, sie zu analysieren, um sie anschließend abschätzbar und für das praktische Handeln kalkulierbar werden zu lassen. Dies könnte in einer Situation, in der die Organisationsreform zu einem zentralen Sektor der

Staatsreform zu werden scheint, ganz besonders vordringlich sein. Illusionen, die u. U. in gefährliche Irrwege und Fehlschläge hineinführen, könnten hierdurch vermeidbar werden.

2. Das „Organisationsdilemma“: Problemfolgen organisatorischer Modernisierung, Kosten von Reorganisationsstrategien

Wir wollen, wenn wir nunmehr in medias res gehen, unmittelbar bei dem eben angesprochenen Begriff des „Organisationsdilemmas“ ansetzen: „Wer sich anschickt, das Dilemma des Verwaltungsmanns zu beschreiben“, sagt Fritz Morstein Marx, „lädt schon anfangs Herausforderungen von verschiedenen Seiten ein. Von einem Standpunkt, der dem Erlebnis des Verwaltens fern ist, der sich aber durch kritische Abwertung der Verwaltung einer gewissen Popularität erfreut, mag der geringschätzige Zweifel laut werden, ob das einschlägige Dahinrollen auf den vertrauten Gleisen des Geschäftsgangs je ein Dilemma in Sicht bringen könne“. Morstein Marx fährt fort, daß man gegenüber einer solchen fehllaufenden Ansicht allerdings eher der entgegengesetzten Ansicht zustimmen müsse, der Arbeitstag der Verwaltung sei geradezu dadurch gekennzeichnet, „daß man von einem Dilemma in das nächste taumele“[1].

Die erste entschiedene und organisationstheoretisch vertiefte Bezugnahme auf den Begriff „Organisationsdilemma“ taucht in dem aus dem Jahre 1962 stammenden Grundlagenwerk „Formal Organizations“ von Peter Blau und Richard Scott auf[2]. Ein „Organisationsdilemma liegt ihnen zufolge immer dann vor, „wenn ein Gewinn an einer Stelle der Organisation einen Verlust an einer anderen Stelle hervorruft, oder wenn, schärfer ausgedrückt, die Maximierung eines Bereiches die Minimierung eines anderen nach sich zieht“, weil die beiden Bereiche sich gegenseitig „*limitieren*“ oder: begrenzen, so daß insgesamt gesehen *keine* befriedigende, in den Toleranzbereich des gegebenen Erwartungsniveaus fallende „*Optimierung*“ ihres gegenseitigen Verhältnisses stattfinden kann[3]. Praxisnäher ausgedrückt, besagt der Begriff „Organisationsdilemma“, daß man bei bestimmten Eingriffen in das Gefüge von Organisationen, die ihrer Verbesserung oder Weiterentwicklung in Richtung bestimmter Zielvorstellungen dienen sollen, damit rechnen muß, daß an anderen Punkten, denen ebenfalls hochrangige Wichtigkeit zuzurechnen ist, als Nebenfolgen Verschlechterungen oder Kosten auftreten, welche den Nutzen der erzielten Effekte in Frage stellen. Es wird hierbei zur Veranschaulichung eine in etwa gleichseitige Hyperbel unterstellt, deren

Asymptoten parallel zu senkrecht aufeinanderstehenden Koordinatenachsen verlaufen (vgl. hierzu das nachfolgende SCHAUBILD 1).
Wir sehen die logische Grundstruktur wie auch die spezifische Problemhaltigkeit des Organisationsdilemmas, um das es geht, im Schaubild sehr deutlich vor uns, und wir erkennen, daß es sich im Kern um ein Problem *relativer Inkompatibilität* handelt: Wenn die Bemühung um die Gestaltung oder Verbesserung einer Organisation in eine solche Lage gerät, wird sie nämlich nur unter der Bedingung auf einen „Erfolg" hoffen können, daß sie auf eine der im Spiele befindlichen Zielgrößen mehr oder weniger vollständig verzichtet. (Vgl. hierzu im Schaubild die Punkte P_A und P_y mit ihren Projektionen y_1, x_2 und x_1, y_2.) Will sie diese einschneidende Konsequenz unter keinen Umständen in Kauf nehmen, so ist sie aber auf einen Optimal-

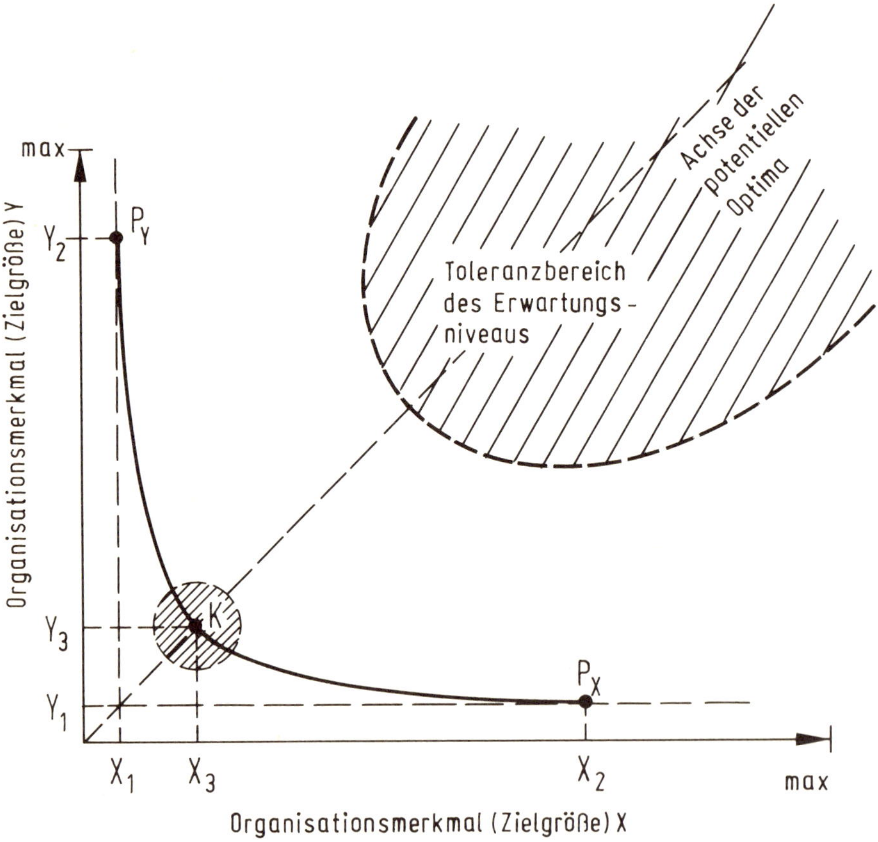

Schaubild 1

punkt unterhalb des Toleranzbereichs des Erwartungsniveaus (vgl. hierzu im Schaubild den Punkt K mit seinen Projektionen x_3, y_3) angewiesen, in welchem sich alle beteiligten Zielgrößen gegen Null bewegen, der also insgesamt nur ein minimales Ergebnis verspricht, so daß die formal weiterhin mögliche „Optimierung" den mit ihr normalerweise intendierten Sinn der Ermöglichung ausgewogener und zugleich befriedigender Ergebnisse verliert.

Es ist nur natürlich, wenn sich an diesem Punkt, d. h. also: verhältnismäßig frühzeitig, anstelle einer Auslotung aller hier in Betracht zu ziehenden wissenschaftstheoretischen Aspekte, die *Frage nach dem realen Gewicht* eines derartigen Organisationsdilemmas in der heutigen Organisationswirklichkeit erhebt. Dabei muß auch die Frage interessieren, welche Organisationsmerkmale oder -zielgrößen man denn eigentlich findet, wenn man die Organisationswirklichkeit auf Imkompatibilitäten der skizzierten Art hin absucht.

Bleiben wir zunächst auf der Ebene der *allgemeinen Organisationsforschung*, dann können wir z. B. bei dem aus dem Jahre 1964 stammenden Buch „Principles of Organization" von THEODORE CAPLOW ansetzen. Caplow antwortet auf die gestellte Frage mit einem Bündel von Hypothesen[4], das in dem nachfolgenden SCHAUBILD 2 teilweise wiedergegeben wird:

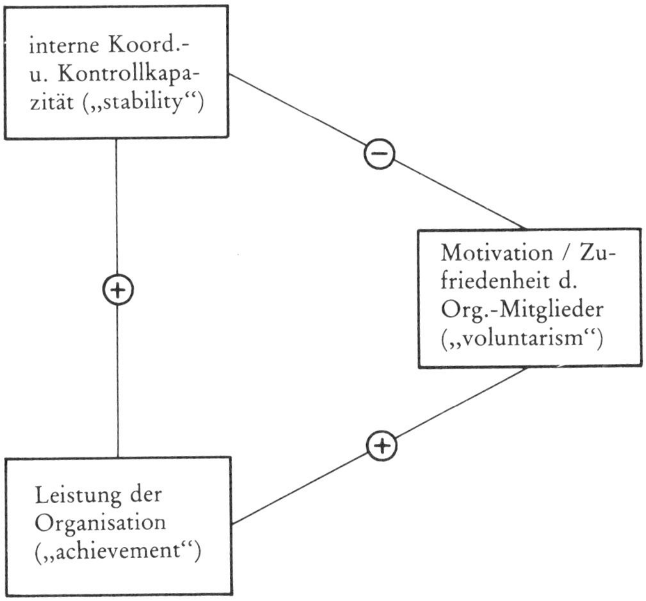

Schaubild 2

Das Schaubild enthält zunächst zwei Größen, die heute allgemein zu den Maßstäben der organisatorischen Effektivität gerechnet werden: „Leistung" (im Sinne der auf die Organisationsaufgabe bezogenen Zielerreichung) und Sicherung einer ausreichenden „Motivation und Zufriedenheit der Organisationsmitglieder". Caplow geht davon aus, daß im Hinblick auf das Direktverhältnis zwischen diesen beiden Zielgrößen eine grundsätzliche Verträglichkeit (ein gegenseitiges Ergänzungsverhältnis nämlich) vorausgesetzt werden muß.

Die Erzielung von Organisationsleistung setzt nun allerdings, nach Caplow, die Verwirklichung ganz bestimmter struktureller Bedingungen voraus. Die Organisation muß insbesondere, wie das Schaubild zeigt, ein gewisses Maß an interner Koordinations- und Kontrollfähigkeit aufbauen und durchhalten, wozu z. B. auch die Gewährleistung einer funktionsgerechten Aufgaben- und Verwaltungsgliederung, einschließlich gewisser hierarchischer Aspekte gehört. Zwischen dieser Effektivitätsbedingung und der Zielgröße „Mitgliedermotivation und -zufriedenheit" besteht, wie Caplow aus vorliegenden empirischen Untersuchungen folgert, nun allerdings eine negative Beziehung (oder: eine relative Inkompatibilität). Wie die Untersuchungen zeigen, sinkt nämlich die Zufriedenheit von Organisationsmitgliedern auf der Ausführungsebene tendenziell mit einer steigenden Zahl von Hierarchieebenen wie auch mit einer steigenden Zentralisierung der Entscheidungsbefugnisse. Die positive Direktbeziehung zwischen den beiden Erfolgsmeßgrößen wird dadurch weitgehend entwertet. Was die eine Größe fördert, benachteiligt die andere. Aufgrund ihrer widersprüchlichen Realisationsbedingungen limitieren sich die beiden Größen, zwischen denen bei vordergründiger Betrachtung, eine ungebrochene Harmonie zu bestehen schien, gegenseitig. Das Organisationsdilemma liegt auf dem Tisch. Es vermag u. a. zu erklären, wieso Bemühungen um eine Verbesserung der Arbeitszufriedenheit von Belegschaftsmitgliedern in verschiedenen Fällen zu einer Senkung der Organisationsleistung führen konnten[5].

Wie schon gesagt, stammt das Buch von Caplow, das hier zugrundegelegt ist, aus dem Jahr 1964. In Caplows Darstellung sind also die außerordentlich zahlreichen empirischen Organisationsforschungen, die während der zweiten Hälfte der 60er Jahre und in den beginnenden 70er Jahren mit einer teils stark verbesserten Methodik durchgeführt wurden[6], noch nicht eingegangen. Nichtsdestoweniger ist der Aussagegehalt des Schemas noch keineswegs überholt[7]. Die Forschungsergebnisse, die zwischenzeitlich im In- und Ausland erzielt wurden, haben das Bild allerdings merklich differenziert und angereichert und vor allem auch aus seiner unhistorischen Abstraktheit befreit. Wir wollen anhand des nachfolgenden Schaubilds 3 einen Versuch zu einer stark vereinfachenden Zusammenführung verschiedener Ergebnisse der Forschung[8] vornehmen:

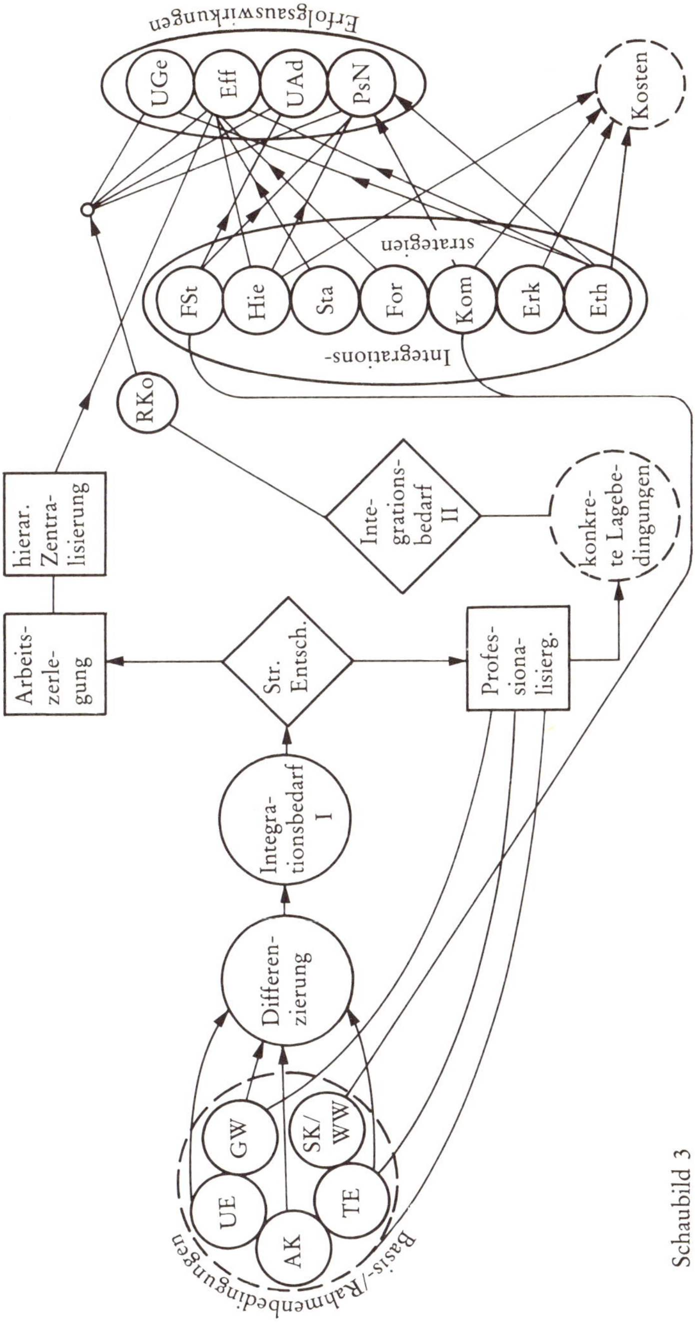
Erfolgsauswirkungen
UGe
Eff
UAd
PsN
Kosten
Integrations-
strategien
FSt
Hie
Sta
For
Kom
Erk
Eth
RKo
hierar. Zentra-lisierung
Arbeits-zerle-gung
Inte-grations-bedarf II
konkre-te Lagebe-dingungen
Str. Entsch.
Profes-siona-lisierg.
Integra-tionsbedarf I
Differen-zierung
GW
SK/ WW
UE
AK
TE
Basis-/Rahmenbedingungen

Schaubild 3

Wenn wir das Schaubild von links nach rechts lesen, dann besagt es folgendes: Moderne Organisationen existieren und entwickeln sich unter bestimmten „*Basis- und Rahmenbedingungen*" des gesamtgesellschaftlichen Wandels, die auf sie einwirken und die sie – direkt oder indirekt – beeinflussen und formen. Erstens gibt es zunehmend viele *große* Organisationen – eine Veränderung, die man im wirtschaftlichen Bereich als „Konzentrationsbewegung" anspricht (vgl. im Schaubild GW = *Größenwachstum*). Gleichzeitig entwickelt sich aber auch eine immer kompliziertere *Technologie* (vgl. im Schaubild TE = Technologie). Wie oft betont wird, verändert sich zudem die gesamte Umwelt vieler Organisationen im Sinne wachsender *Umweltkomplexität und -dynamik* (vgl. im Schaubild UE = Umweltentwicklung). Endlich steigt, in Verbindung hiermit, durchschnittlich die *Komplexität der Aufgaben und Problembewältigungen*, die in Organisationen zu leisten sind (vgl. im Schaubild AK = Aufgabenkomplexität).
All diese ‚kontextuellen" Veränderungen[9] rufen nun, wie in der Organisationsforschung seit Jahren immer wieder festgestellt und bestätigt wird[10], im Innern der betroffenen Organisationen eine charakteristische Folgeveränderung, nämlich einen Trend zur wachsenden „*funktionellen und strukturellen Differenzierung*" (siehe dies im Schaubild) hervor. Grob gesagt, gibt es in den betroffenen Organisationen immer mehr Organisationseinheiten und immer mehr Stellen, in denen immer unterschiedlichere Tätigkeiten ausgeübt werden. Aus diesem Vorgang leitet sich nun aber unmittelbar das weitere Problem ab, daß die vorhandene Integrationsfähigkeit nicht mehr ausreicht, daß also ein zunehmender „*Integrationsbedarf*" (vgl. im Schaubild „Integrationsbedarf I.) auftritt.
Sucht man die konkreten Ursachen hierfür, dann findet man sie in einer zunehmenden inneren „Zerklüftung" der Organisation[11], in den zunehmenden Distanzen zwischen der Leitung und den nachgeordneten Ebenen, einer zunehmenden Aufsplitterung der Ziel- und Aufgabenverständnisse bei den Teilbereichen, in wachsenden Verständigungsschwierigkeiten, in immer deutlicher hervortretenden Eigeninteressen und Interessenkonflikten, kurz: in wachsenden *zentrifugalen Tendenzen.*
Die *Deckung* des zunehmenden Integrationsbedarfs stellt nun, wenn man den vorliegenden Forschungsergebnissen Glauben schenken kann, das schwerwiegendste Strukturproblem moderner Großorganisationen dar. Wie man den Forschungsergebnissen gleichzeitig entnehmen kann, gelingt allerdings die *Lösung* dieses Problems im Durchschnitt der Fälle bisher nur unvollkommen. Resultate, wie sie etwa von P. R. Lawrence und J. W. Lorsch vorgelegt wurden[12], deuten an, daß Differenzierung und Integration zueinander tendenziell in eben demjenigen Verhältnis stehen, das durch Schaubild 1 beschrieben wird: Sie begrenzen sich, von den tatsächlichen Verhältnissen her geurteilt, gegenseitig. Je mehr Differenzierung, desto

weniger Integration; je mehr Integration, desto weniger Differenzierung, so lautet die kategorische Schlußfolgerung, die Lawrence und Lorsch aus der empirischen Analyse einer Reihe von englischen Industriebetrieben ableiten[13]. Das Organisationsdilemma, dessen Beschaffenheit wir auf der Spur sind, offenbart hier eine erste gravierende und gleichzeitig auch eine ganz elementare Seite.

Wie gesagt, drängen nun aber unabweisbare Basis- und Rahmenbedingungen den überwiegenden Teil der modernen Organisationen im privaten und öffentlichen Raum auf die Bahn der Differenzierung. Sie sind somit um fast jeden Preis gezwungen, den wachsenden Integrationsbedarf zu decken oder doch jedenfalls zu verringern. Tatsächlich bieten sich dafür gewisse Möglichkeiten an, die jedoch nur über grundlegende *Strukturentscheidungen* (siehe hierzu im Schaubild „Str.-Entsch.") beim Vorliegen gewisser *„konkreter Lagebedingungen"* (vgl. Schaubild), unter bestimmten *„Kosten"* (vgl. Schaubild), unter Inkaufnahme sehr verschiedenartiger *„Erfolgsauswirkungen"* (vgl. Schaubild) und, natürlich, in Verbindung mit bestimmten *„Integrationsstrategien"* (vgl. Schaubild) zu verwirklichen sind. Es ergeben sich dabei einige typische *Alternativen,* mit denen wir uns nunmehr zu beschäftigen haben.

Wo die Möglichkeiten hierfür bestehen, können Organisationen *erstens* einen klassischen Weg der Differenzierung und nachfolgenden Integrierung einschlagen, wie er F. W. Taylor, dem Schöpfer des scientific management, eigentlich als Idealfall vor Augen schwebte. Man kann nämlich (vgl. Schaubild) die erforderliche Differenzierung auf dem Wege der *„Arbeitszerlegung"* erreichen, d. h. also durch die Aufteilung aller Funktionen in einfache Aufgaben, die von ungelernten Kräften zu bewältigen sind. Man kann hieran verhältnismäßig leicht eine straffe *„hierarchische Zentralisierung"* (vgl. Schaubild) anschließen, d. h. eine Deckung des bestehenden Integrationsbedarfs durch den Aufbau einer streng gegliederten Vorgesetztenpyramide mit deutlich ausgeprägten Anweisungsbefugnissen. Wie gruppendynamische Experimente erwiesen haben, beeinträchtigt das Spannungsverhältnis zwischen der internen Koordination und Kontrolle und der Arbeitsmotivation und -zufriedenheit der Organisationsmitarbeiter (siehe hierzu Schaubild 2) unter der Bedingung, daß sehr einfache Aufgaben vorliegen, die Leistung einer Organisation selbst dann nicht, wenn eine autoritäre Führungsform existiert[14]. Organisationen, welche eine Kombination von Arbeitszerlegung und hierarchischer Zentralisierung wählen, können also ohne große Schwierigkeiten zum Erfolg (genauer gesagt: zur Organisations-„Effizienz") gelangen. Sie haben das Organisationsdilemma insoweit auf ihre Weise gelöst.

In unserer heutigen Gesellschaft ist nun allerdings dieser Weg zunehmend weniger zugänglich. Dieselben Bedingungen, welche die Differenzierung erzwingen, erzwingen in einer zunehmenden Zahl von Fällen gleichzeitig auch die Einschlagung eines anderen Weges (vgl. Schaubild), der sich durch den Verlaß auf spezialisiertes Fachwissen, anders ausgedrückt: durch „*Professionalisierung*" charakterisiert. Das Differenzierungspotential dieses Weges ist dem des ersten Weges haushoch überlegen, denn mit Ungelernten läßt sich letztlich „kein Staat machen"[15]. Für die Organisationen, die diesen somit typisch „modernen" Weg einschlagen, stellt sich allerdings das Problem der Deckung des Integrationsbedarfs in einer weitaus schärferen Form. „Der Spezialist", sagt Morstein Marx, „sieht in erster Linie sich selbst, sein Wirken, seine Sonderaufgabe[16]." Er liebt, so können wir fortfahren, die Autonomie und läßt sich nur widerwillig auf eine übergreifende Zielsetzung verpflichten. Vorgesetzte werden für ihn leicht zu Fremdlingen, die seine Kreise stören. Den betroffenen Organisationen ist der Weg zur einfachen hierarchischen Zentralisierung insofern verbaut, als ihre Leitung erfahrungsgemäß nicht über diejenigen Informationen und wirksamen Steuerungsmöglichkeiten verfügt, die sie braucht, um eine ausreichende Koordinations- und Kontrollfähigkeit zu erreichen. Wo man trotzdem versucht, in diese Richtung zu marschieren, kommt es zu den sattsam bekannten Erscheinungen eines „fiktiven Zentralismus"[17], der sich u. U. mit dem Auseinanderfallen einer Organisation in einander bekämpfende oder blockierende Einzelteile verbindet. Wie gerade schon gesagt, gelten diese Feststellungen nur im Durchschnitt der Fälle. Sieht man genauer zu und faßt man die Lage einzelner Organisationen ins Auge, dann gelangt man zu höchst unterschiedlichen Ergebnissen. Es hängt offenbar von einer Reihe von Umständen ab, wie drängend sich das Problem der Deckung des Integrationsbedarfs stellt. Ohne im Augenblick auf Einzelheiten eingehen zu wollen, läßt sich feststellen, daß es durch bestimmte konkrete Lagebedingungen (vgl. Schaubild) begünstigte (d. h. also „strukturell privilegierte") Organisationen gibt, die sich diesbezüglich in einer verhältnismäßig problemlosen Lage befinden. Sie haben die Möglichkeit, auf dem Hintergrund einer gut ausgebildeten Differenzierung und eines hohen Professionalisierungsniveaus ohne die Betonung der hierarchischen Zentralisierung zu einer rational geplanten Koordination (siehe Schaubild „RKo") zu gelangen, welche ihnen letztlich den Zugang zu einem breiten Spekturm von Organisationserfolgen sichert. Auch diesen Organisationen, die auf der Sonnenseite der Modernisierung segeln, stellt sich also das Problem des Organisationsdilemmas nur in einem begrenzten, grundsätzlich beherrschbaren Maße.

Aus Gründen, die gleich noch deutlicher werden, sollen uns die auf der Schattenseite der Modernisierung segelnden Organisationen mehr interessieren als diese Glücksfälle. Wo die Bedingungen unter denen Organisationen arbeiten, so gelagert sind, daß sich das Problem der Deckung des Integrationsbedarfs in voller Stärke und Härte stellt, da ergibt sich nun ein Zwang zum Einsatz von Integrationsstrategien.

Diese Strategien nehmen im Schaubild rein flächenmäßig gesehen einen breiten Raum ein. Tatsächlich steht, alles zusammengenommen, ein imponierendes Spektrum solcher Strategien zur Verfügung. Da gibt es – ohne den Anspruch auf Vollständigkeit gesagt – erstens z. B. (vgl. im Schaubild „FSt") die Möglichkeit, *einen demokratischen „Führungsstil"* zu praktizieren, der integrierend, gleichzeitig aber auch leistungsfördernd wirkt. Zweitens kann man durch (vgl. im Schaubild „Hie") bestimmte Veränderungen der *Aufbauorganisation,* wie insbesondere durch eine Verkleinerung der sog. *„Kontrollspanne"* und durch eine Vermehrung der Zahl der *Hierarchieebenen,* das Gewicht mittlerer und höherer Führungsebenen gegenüber den „zentrifugalen" Kräften und Bestrebungen verstärken. In diesen Bereich gehört auch der Einsatz von *Stäben, Teams und Projektgruppen.* Drittens (vgl. im Schaubild „Sta") kann man an einer Fülle von Punkten *Standardisierungen* von Zielen und Regeln vornehmen, nach denen sich Organisationseinheiten oder einzelne Stelleninhaber richten sollen. Dazu gehören auch die heute gehandhabten Ansätze zur Entwicklung von *Programmstrukturen,* durch die eine Einbindung von Untereinheiten und eine Kontrollierbarkeit ihrer Aufgabenerfüllung herbeigeführt werden soll. Man kann viertens aber (vgl. im Schaubild „For") auch mit diversen Ansätzen zur *„Formalisierung"* arbeiten, d. h. z. B. mit einem Ausbau eines Berichtswesens, das sowohl Koordinations- wie auch Kontrollzwecken dient und das somit die Integrationsfähigkeit einer Organisation zu stärken vermag. Man kann fünftens (vgl. im Schaubild „Kom") Methoden einer sogenannten *kommunikativen Koordination und Kontrolle* einsetzen. Man kann sechstens (vgl. im Schaubild „Erk") von der unter den Bedingungen hochgradiger Differenzierung und Professionalisierung unmöglich werdenden *„Durchführungskontrolle"* zur *„Ergebniskontrolle"* übergehen und man kann z. B. siebtens (vgl. im Schaubild „Eth") versuchen, auf die Wertorientierungen der Organisationsmitglieder einzuwirken, d. h. sie zu einer echten Identifizierung mit übergeordneten Organisationszielen und zu einem Engagement ihnen gegenüber, d. h. also: zur Entwicklung eines *Organisations-Ethos,* zu veranlassen. Man kann letztlich auch einige oder mehrere solcher Einzeleinsätze miteinander zu einem Gesamtrepertoire *kombinieren*[18].

Mit der nötigen *Großzügigkeit* beurteilt bieten sich hier also alle jene Mangementtechniken, -modelle und -systeme an, von denen am Anfang die Rede war. Im Hinblick auf die *faktische Integrationswirkung* der verfügbaren Ansätze läßt das Schaubild – immer auf dem Hintergrund vorliegender Forschungsergebnisse – nun allerdings die folgenden *Einschränkungen* erkennen:

1. Eine Reihe von Ansätzen verursachen Aufwendungen, die als *Kosten* zu Buche schlagen und die von daher das Organisationsergebnis belasten. Dies gilt insbesondere für die erwähnten Eingriffe in die Aufbauorganisation,

daneben aber z. B. auch für alle Ansätze, die darauf abstellen, eine verstärkte „Kommunikation“ unter den Organisationsangehörigen herbeizuführen, oder eine wirksame Ergebniskontrolle der Tätigkeit von Organisationseinheiten oder Stelleninhabern herbeizuführen. Wer vorschlägt, Probleme der Ministerialorganisation durch eine Verdoppelung der Zahl der Abteilungsleiter, durch die Einführung zusätzlicher Vorgesetztenebenen oder durch den Einbau größerer Koordinations-, Kontroll- und Arbeitsbewertungsstäbe zu lösen, muß angesichts der Rezession mit einer sicheren Ablehnung rechnen. Aber auch in Zeiten der ungeschmälerten Prosperität wird sich niemand danach drängen, einen solchen Vorschlag zu verwirklichen. Insbesondere wird dies in der öffentlichen Verwaltung nicht der Fall sein, weil hier die Realisierung eines solchen Vorschlags in einem Teilbereich unabsehbare Folgekosten in einer Vielzahl von weiteren, dann ebenfalls zur Reorganisation anstehenden Teilbereichen nach sich ziehen müßte.

2. Durch *Wandlungen der gesellschaftlichen Werte* und durch *Strömungen der öffentlichen Meinung* werden einzelne Reorganisationsansätze begünstigt, andere jedoch an den Rand der Unpopularität gedrängt und somit unattraktiv gemacht. Ansätze, die durch das gesellschaftlich-politische Wert- und Meinungsklima begünstigt sind, finden sich gegenwärtig vor allem dort, wo es um Demokratisierung und verstärkte Kommunikation geht. Unpopulär sind dagegen Ansätze, die auf Verstärkungen der Vorgesetztenhierarchie, auf verstärkte Formalisierung oder auch auf eine Indoktrinierung von Mitarbeitern im Interesse einer vergrößerten ethischen Identifizierung mit der Organisation hinauslaufen. Hiervon ist wiederum der öffentliche Bereich besonders betroffen, da er in viel größerem Maße der Beobachtung, Kontrolle, Kritik und Bewertung durch die Öffentlichkeit ausgeliefert ist als z. B. die Verwaltung der gewerblichen Wirtschaft.

3. Im Schema nicht unmittelbar erkennbar ist eine weitere Einschränkung, die miterwähnt werden soll, weil sie in der Organisationsforschung häufig behandelt wird: Es gibt kaum einen Strategieansatz, der durch betroffene Organisationseinheiten, die ihre Autonomie oder professionelle Unabhängigkeit bewahren wollen, nicht *abgeblockt und durchkreuzt* werden kann. Dies betrifft, wie viele Beispiele zeigen, insbesondere die Standardisierung, die Formalisierung und die Ergebniskontrolle. Tangiert sind im Einzelfall aber auch andere Ansätze außerhalb dieses besonderes verwundbaren Bereichs.

4. Nun aber zu einem vierten Punkt, mit dem wir wieder zum Schaubild zurückkehren und zum Schluß gelangen: Wenn den einzelnen Strategieansätzen, wie bisher deutlich geworden ist, einerseits eine sehr unterschiedliche Anwendungs- und Verwirklichungschance zukommt, so kommt ihnen andererseits nun gleichzeitig auch eine höchst *unterschiedliche Wirkung im Hinblick auf die verschiedenen Einzeldimensionen des Organisationserfolgs*

zu (vgl. im Schaubild die entsprechenden Verbindungslinien). Organisationen müssen, wie man heute öfters feststellt, sowohl im Sinne der Wirtschaftlichkeit „*effizient*" wie auch im Hinblick auf ihre Aufgabenerfüllung „*effektiv*" sein. Sie müssen, innerhalb dieses letzteren Bereichs, sowohl zu einer *aktiven Umweltgestaltung* wie auch zu einer *flexiblen Anpassung* an aktuelle Umweltforderungen und -erwartungen in der Lage sein. Sie müssen letztlich auch dazu fähig sein ihren Mitarbeitern einen *psychischen Nutzen,* d. h. also eine Chance zur Selbstverwirklichung in der Arbeit und zur Gewinnung von Arbeitszufriedenheit zu vermitteln[19]. Ganz offensichtlich gilt diese Vierfältigkeit des Organisationserfolgs im besonderen Maße für den öffentlichen Sektor, dessen Zielspektrum somit breiter ist als das von Betrieben der gewerblichen Wirtschaft. Sehen wir uns nun die verfügbaren Strategien darauf an, im Hinblick auf welche Dimensionen des Organisationserfolgs sie integrationsfördernd wirken, dann kommen wir zu einem Ergebnis, in welchem die ganze Schärfe des Organisationsdilemmas nochmals aufleuchtet: Die meisten Strategien wirken, kurz gesagt, im Hinblick auf die einzelnen Dimensionen des Organisationserfolgs nicht nur *unterschiedlich,* sondern, darüber hinaus, auch *widersprüchlich.* Ein demokratischer Führungsstil vermag zwar mit hoher Wahrscheinlichkeit zu einer Verstärkung der Flexibilität einer Organisation wie auch zur Erhöhung der Mitarbeiterzufriedenheit beitragen, verringert unter bestimmten Bedingungen aber die Effizienz der Organisation und ihre Fähigkeit zur aktiven Umweltgestaltung. Ähnliche Dilemmen tauchen auf, wenn man die Wirkung anderer Reorganisationsstrategien unter die Lupe nimmt. Sie alle weisen Positivwirkungen in einzelnen Teilbereichen und Negativwirkungen in anderen Teilbereichen des Organisationserfolgs auf. Auch zusammengenommen bedienen sie die einzelnen Erfolgsdimensionen sehr unterschiedlich. Die Fähigkeit der Organisation zur aktiven Umweltgestaltung scheint z. B. nur von ganz wenigen Strategien positiv gefördert zu werden. Sie wird jedoch von mehreren Strategien beeinträchtigt. Am günstigsten schneidet, wie es scheint, der psychische Nutzen der Mitarbeiter ab, auf den sich verschiedene Strategieansätze fördernd, aber nur wenige benachteiligend auswirken. In der Mitte liegen die Erfolgsdimensionen der Organisationseffizienz im Sinne der Wirtschaftlichkeit und der Anpassungsfähigkeit der Organisation gegenüber aktuellen Umweltforderungen und -erwartungen. Wenn ich dies richtig abschätze, dann steht zur Zeit keine Kombination von integrationsfördernden Strategien (d. h. aber auch: kein noch so komplexes Managementkonzept) zur Verfügung, das eine gleichmäßig ausgewogene Berücksichtigung sämtlicher Dimensionen des Organisationserfolgs und gleichzeitig auch eine ‚rückschlagsfreie' Wirksamkeit garantieren könnte[20]. Unter ungünstigen Bedingungen führt also die Anwendung der skizzierten Integrationsstrategien nur dazu, daß an die Stelle des ursprünglichen Organisationsdilemmas ein anderes tritt.

3. Die besondere Situation der öffentlichen Verwaltung: Folgen der „Allzuständigkeit"

Wir haben unseren Rundgang durch das Schaubild abgeschlossen und können zusammenfassen. Die Problematik, die man mit dem Stichwort „Grenzen der Organisierbarkeit von Organisationen" einfängt, hat, wie sich zeigt, ihre Wurzel in einer Verknappung der integrativen Fähigkeit, die sich in größer werdenden Organisationen einstellt und die durch eine Reihe von weiteren Basis- und Rahmenbedingungen, welche mit der gesellschaftlichen Modernisierung zusammenhängen, verstärkt wird. Moderne Organisationen können auf diese Problematik nicht mehr so wie früher mit der probaten Formel von Befehl und Gehorsam antworten. Sie müssen sich vielmehr zunehmend auf die Steuerung von Organisationseinheiten und Menschen mit einem hochkarätigen Fachwissen und mit einem ausgeprägten Autonomiebedürfnis einrichten. Vielen Organisationen gelingt dies, wie wir gesagt haben, aufgrund ungünstiger Bedingungen nur unter Rückgriff auf Steuerungsstrategien mit dem Charakter von Managementsystemen, die allerdings nur eine begrenzte und widersprüchliche Wirkung haben können und die insoweit jeweils für sich ein „Organisationsdilemma" verkörpern.

Dies alles betrifft zunächst „die" Organisationen im allgemeinen, d. h. also nicht etwa schon den Staat im besonderen. Es wurde vorstehend allerdings einige Male in Nebenbemerkungen auf die *Lage der öffentlichen Verwaltung* hingewiesen, wobei es eigentlich immer um Hinweise auf zusätzliche und besonders schwere Probleme ging. In der Tat stoßen wir, wenn wir nunmehr das Inkognito der Organisationen auf der Schattenseite der Modernisierung lüften, viel weniger auf „private", als vielmehr typischerweise auf „öffentliche" Organisationen, bei denen sich das „Organisationsdilemma" häufig viel stärker bemerkbar macht und die somit auch auf *besonders spürbare „Grenzen der Organisierbarkeit"* stoßen.

Wenn wir uns fragen, wieso dies so ist, dann müssen wir nochmals auf die für die Höhe des Integrationsbedarfs letztlich maßgeblichen „konkreten Lagebedingungen" zurückkommen, auf deren nähere Beschreibung vorhin zunächst verzichtet wurde. Wir wollen uns nunmehr der Kürze wegen fragen, um welche Bedingungen es sich dabei handelt und inwiefern sie zu einer besonderen Organisationsproblematik (oder, zugespitzt ausgedrückt, zu einem besonderen „Organisationsdilemma") der öffentlichen Verwaltung beitragen. Der Fairneß halber sei angemerkt, daß wir uns dabei insofern auf einen schwankenden Grund begeben als die empirische Forschung sich diesem strategisch wichtigen Untersuchungsfeld bisher kaum zugewandt hat, so daß kaum auf bereits vorliegende Forschungsergebnisse zurückgegriffen werden kann[21].

Wenn wir die Situation der öffentlichen Verwaltung etwa mit der der gewerblichen Wirtschaft vergleichen, dann fällt zunächst ins Auge, daß die öffentliche Verwaltung aufgrund des *Allzuständigkeitsprinzips* in viel stärkerem Maße gezwungen ist, auf die *Bedürfnisse und Forderungen einer komplexen Umwelt* einzugehen. Industrielle Unternehmungen schneiden sich aus der Gesamtmasse der gesellschaftlichen Bedürfnisse nach eigenem Gusto einzelne Bereiche heraus, die sie – mit einem mehr oder weniger breiten Produktionsprogramm – bewältigen können. Sie stoßen Produktionssparten hemmungslos ab, wenn sie durch sie belastet werden, und sie gründen neue, wenn sie dies für opportun halten. Der Staat kann dies nicht. Er muß – in einem stark wachsenden Maße – unübersehbar vielfältige sozioökonomische Bedürfnisse „flächendeckend" bedienen, was aber zur Folge hat, daß die auf innere organisatorische Differenzierung hindrängenden allgemeinen Basis- und Rahmenbedingungen des Organisationswandels bei ihm viel stärker ins Gewicht fallen. Neben einem *verstärkten Differenzierungsdruck* lastet auf dem Staat aber auch von Anfang an ein viel *stärkerer Integrationsdruck* als auf der gewerblichen Wirtschaft. Dies rührt insbesondere von der schwierigen Beschaffenheit der „Systemgrenzen" der öffentlichen Verwaltung her[22]. Diese ist nicht nur mit vielfältigen sozioökonomischen „*Bedürfnissen*", sondern auch – gewissermaßen auf der Gegenseite – mit einer „*Politik*" konfrontiert, die es sich zunehmend zur Aufgabe macht, eine einheitliche, „aktive" und zukunftsorientierte Langzeitprogrammatik zu entwickeln. Wenn man so will, dann wird die öffentliche Verwaltung angesichts dieser Entwicklung zunehmend zum Austragungsfeld eines Widerspruchs zwischen geschlossenen politischen Zielsetzungen und Gestaltungsentwürfen und einer „offenen" Gesellschaftsentwicklung verwandelt. Die Grundspannung zwischen Differenzierung und Integration, von der die Rede war, ist der modernen öffentlichen Verwaltung mit greller Farbe „auf die Stirn" geschrieben. Bei Organisationen der gewerblichen Wirtschaft wird man etwas Vergleichbares vergeblich suchen – es sei denn im Bereich gewisser öffentlicher Unternehmungen, die insoweit die organisatorischen Folgeprobleme repräsentieren, welche sich mit einer möglichen Verstaatlichung wirtschaftlicher Unternehmen verbindet. Zu alledem kommt hinzu, daß die öffentliche Verwaltung, nicht, wie die gewerbliche Wirtschaft, „selbständig" ist, sondern der unmittelbaren *Bindung an Recht und Gesetz* wie auch der *politischen Führung* unterliegt. Sie muß Zielvorgaben, welche den Integrationsbedarf steigern als „Weisungen" entgegennehmen. Gleichzeitig hat sie aber auch an ihrer entgegengesetzten Systemgrenze keineswegs nur mit „Kunden" zu rechnen, mit denen man unverbindlich über den anonymen „Markt" verkehren kann, sondern vielmehr mit „Klienten", mit „Bürgern" und mit „Betroffenen", d. h. also mit einem starken *politischen Gewicht der den Differenzierungsdruck steigernden äußeren Einwirkungen.*

Man darf angesichts dieses Widerspruchs, der mit jeder „Bürgerinitiative", gleichzeitig aber auch mit jedem neuen Parteiprogramm, neue Höhepunkte erreicht, nicht überrascht sein, wenn wir heute mit schizophrenen Ideen der Staatsmodernisierung leben müssen, die entweder über der Demokratisierung der Verwaltung die Politik von oben oder über der Idee „aktiver" politischer Verwaltungsführung die Demokratisierung nach unten und draußen vergessen, oder die auch beides in einen Topf werfen, ohne aber das Dilemma, das dadurch entsteht, zu bemerken.

Dies alles betrifft zunächst nur besondere Belastungen der öffentlichen Verwaltung im Bereich des Differenzierungs- und Integrationsbedarfs. Fragen wir nun wie es mit den *Möglichkeiten* der öffentlichen Verwaltung steht, die für sie typische besonders schwerwiegende Spannung zwischen Differenzierung und Integration zu bewältigen und *den bestehenden Bedarf zu befriedigen*, dann stoßen wir auf *weitere „Limitierungen"*[23]. Dies hängt erstens ganz sicherlich in starkem Maße damit zusammen, daß die öffentliche Verwaltung nicht, wie die gewerbliche Wirtschaft, über *„Märkte"* verfügt, auf denen sie „Produkte" einkaufen und absetzen kann[24]. Wer mit seiner Umwelt über Märkte verbunden ist, kann ohne Schwierigkeit Kosten-Nutzen-Analysen durchführen und seine Zielerreichung (d. h. seine Effektivität) feststellen. Er kann aber auch jederzeit seine Effizienz, d. h. seine „Wirtschaftlichkeit" kontrollieren. Und er kann, was im Hinblick auf die Deckung des Integrationsbedarfs besonders wichtig ist, jederzeit kontrollieren, ob und inwieweit die einzelnen Organisationseinheiten noch „auf Kurs liegen". Ganz anders dagegen die öffentliche Verwaltung, für die die Idee, Kosten-Nutzen-Analysen zu machen und Effektivitäts- oder Effizienzmessungen durchzuführen, zwar verständlicherweise etwas Faszinierendes hat, die jedoch zur Verwirklichung dieser Idee, wenn überhaupt, dann nur unter Inkaufnahme der schwierigsten Umwege, Kompromisse und Objektivitätsverzichte hinfindet[25].

„Limitierungen" im Hinblick auf die Deckung des Integrationsbedarfs in der öffentlichen Verwaltung sind nun aber zweitens auch auf die typische Art und Weise zurückzuführen, in der Aufgaben zugeschnitten und Organisationseinheiten gebildet werden, um dem bestehenden Differenzierungsdruck nachzukommen. Man geht dabei herkömmlicherweise nach dem *„Zuständigkeitsprinzip"* vor, d. h., man zimmert reihenweise nebeneinanderliegende getrennte Bühnen, auf denen dann – unter dem formalen Dach abstrakter Leitungsverantwortlichkeiten – lauter Ein-Mann-Schauspiele ablaufen. Die Dinge liegen dort natürlich völlig anders, wo man – wie in Teilen der gewerblichen Wirtschaft – das sogenannte „Verrichtungsprinzip" wählen kann, d. h. eine innere Gliederung, bei der die Aufgabenbearbeitung quer durch die verschiedensten Organisationseinheiten hindurch erfolgt, die dann wie eine Kette angeordnet und miteinander verbunden sind. Hier greifen, bildlich ausgedrückt, die Kettenglieder ineinander – von selbst wohlgemerkt, ohne daß es dazu besonderer Koordinations- oder Kontrollanstrengungen bedürfte. Der Integrationsbedarf sinkt dementsprechend; das Organisationsdilemma reduziert sich oder löst sich in Einzelprobleme auf, die sich abarbeiten lassen.

4. Ableitung von Folgerungen: Regeln zur Enttäuschungsverhinderung

Der Bereich, der hier angesprochen worden ist, stellt ein gewaltiges *Fragen-, Diskussions- und Forschungsfeld* dar, das bis heute trotz vieler Ansätze noch weitgehend unerschlossen ist. Dies gilt insbesondere für die Stellen, an denen sich die allgemeine Organisationsforschung und die Verwaltungswissenschaft berühren und überschneiden. Merkwürdigerweise gibt es gerade an diesen Stellen, an denen doch eigentlich emsige Aktivität herrschen sollte, gegenwärtig noch weite leere Zonen, in denen man kaum einen Menschen findet.

Die vorliegende Abhandlung soll jedoch nicht enden, ohne daß etwas zu den *Folgerungen* gesagt wird, die aus dem Dargestellten abzuleiten sind. Wenn wir, wie es scheint, zu dem Ergebnis gelangen müssen, daß die Grenzen der Organisierbarkeit von Organisationen in der öffentlichen Verwaltung besonders deutlich zutage treten, dann soll und kann dies nicht als ein Aufruf zur Untätigkeit und Resignation aufgefaßt werden. Man kann sich zwar mit gutem Grund auf den Standpunkt stellen, daß ein guter Teil des Unmuts, der der öffentlichen Verwaltung heute entgegenschlägt, auf mangelnder Einsicht in die besonderen Schwierigkeiten beruht, mit denen sie zu kämpfen hat. Es sollte gewiß auch bei den Politikern in Zukunft viel deutlicher gesehen werden, daß sich die Verwaltung insofern auf der Schattenseite des Fortschritts befindet, als sich bei ihr dessen Folgeprobleme und Kosten, die natürlich auch an anderen Stellen spürbar sind, in besonderem Maße anhäufen, wobei typischerweise Dilemmas in Erscheinung treten, für deren Auflösung guter Rat teuer ist.

Andererseits wären Pessimismus und Lethargie fehl am Platz. Denjenigen Organisationsanalytikern, welche Einzelbereiche der öffentlichen Verwaltung, einzelne Staatskanzleien, einzelne Stadtverwaltungen, einzelne Ministerien und einzelne Ämter in mühevoller Kleinarbeit auf mögliche Rationalisierungsgewinne hin „durchforsten“, wird man vielmehr mit Hochachtung zu begegnen haben. Man sollte auch nicht nur die Nase rümpfen, wenn manch einer heute noch in fröhlicher Unbefangenheit, ohne eine Spur von Wissen über die Probleme, in die er dabei sich und andere hineintreibt, eine unveränderte Übertragung von Managementmodellen, die in der gewerblichen Wirtschaft angewendet worden sind, auf die öffentliche Verwaltung fordert. Angesichts der gravierenden Probleme und Grenzen , die skizziert worden sind, sollten jedoch in Zukunft immer dann, wenn es um die Entwicklung von Organisationsmodellen und -konzepten für die öffentliche Verwaltung geht, *einige Regeln* beachtet werden, um die Gefahr von Rückschlägen und Enttäuschungen zu verringern:

Erstens sollte man ein neues Modell oder Konzept niemals als ein Allheilmittel ansehen oder „verkaufen" wollen. Zum professionellen „Stil" des Organisationsforschers und -beraters sollten – im Gegensatz zu dem missionarischen Eifer und Eiferertum, das man heute da und dort noch findet –, Nüchternheit mit einem Schuß Unterkühltheit und eine probabilistische Erfolgsgewißheit gehören, die im Hinblick auf die Gefahren jederzeit möglicher Mißerfolge „enttäuschungsfest" ist.

Zweitens sollte man neben den raffinierten Modellen auch den „einfachen" Reorganisationsansätzen diejenige Aufmerksamkeit schenken, die ihnen gebührt. Ich denke dabei durchaus z. B. auch an die oft berufene „Straffung" der Aufbauorganisation und an eine bessere Abstimmung zwischen der Aufgaben- und der Verwaltungsgliederung. Die Vorteile, die sich hieraus ergeben können, sind vielfältiger, als man zunächst aus theoretischer Perspektive anzunehmen bereit ist.

Drittens sollte man der Idee der „richtigen" Organisierung von Verwaltungsorganisationen generell den Rücken kehren und sich anstelle dessen an dem bescheideneren Prinzip der „Verbesserung" von Verwaltungen orientieren. Man sollte sich auch darüber im klaren sein, daß es angesichts der Problematik gegebener Bedingungen „rationaler" sein mag, sein Erwartungsniveau zu senken und sich mit begrenzten Leistungen zufrieden zu geben, als nach immer neuen Modellen und Strategien zur Erzielung von Höchstwerten zu suchen.

Man sollte sich *viertens* – auch wenn man sich als „praktisch" orientierter Organisationsberater fühlt – darauf vorbereiten, in Zukunft ein engeres Verhältnis zur empirischen Organisationsforschung herzustellen und selbst empirische Forschung betreiben. Man sollte, mit anderen Worten, etwas für die Verbesserung seines Analysepotentials tun, um der Kompelxität, die auf Schritt und Tritt auch hinter scheinbar Altbekanntem und Bewährtem lauert, besser gewachsen zu sein.

Man sollte *fünftens* nach Möglichkeiten suchen, bisherige Ansätze zur Organisationsreform in der öffentlichen Verwaltung stärker als bisher auf ihren Erfolg hin zu kontrollieren. Vor Mißerfolgen sollte man nicht schamhaft sein Haupt verhüllen. Im Gegenteil sollte man sich ihnen mit besonders gieriger Aufmerksamkeit zuwenden, um ihren Ursachen auf die Spur zu kommen.

Man sollte sich *sechstens* überhaupt darüber klar sein, daß eine Organisationsänderung in der öffentlichen Verwaltung ungeachtet eines vielleicht alle Beteiligten überzeugenden Änderungskonzepts eigentlich immer ein Experiment mit ungewissem Ausgang ist. Daraus sollte man u. a. die Folgerung ableiten, bei Maßnahmenempfehlungen immer schon an andere Maßnahmen zu denken, die zur ihrer Wiederaufhebung erforderlich sein könnten.

Es ist damit zu rechnen, daß bereits die Beachtung dieser sechs Regeln beträchtliche *Erfolge im Hinblick auf die intellektuelle Anpassung an die Realitäten* ermöglicht. Natürlich ließen sich noch weitere Regeln formulieren. In dieser Abhandlung war diesbezüglich keine Vollständigkeit angestrebt. Vielmehr ging es darum, auf Grundprobleme der Einstellung zu Organisationen und der Zielsetzung für Organisationsänderungen hinzuweisen und dadurch zur Schließung einer Wissens- und Bewußtseinslücke beizutragen, die für die Weiterentwicklung unserer Gesellschaft von bedrohlicher Bedeutung ist.

Anmerkungen

* Wiederabdruck des gleichlautenden Aufsatzes aus: Die Verwaltung, 1977, S. 31–49.

[1] Fritz Morstein Marx, Das Dilemma des Verwaltungsmannes, Berlin 1965, S. 184.

[2] Peter M. Blau/W. R. Scott, Formal Organizations. A Comparative Approach, San Francisco 1162, S. 242 ff.

[3] Vgl. Jerald Hage, An Axiomatic Theory of Organizations, Adm. Sc. Quart. 10 (1965), S. 296.

[4] Vgl. Theodore Caplow, Principles of Organization, New York 1964, S. 119 ff.

[5] Vgl. die Zusammenfassung und Kommentare bei Rolf Ziegler, Kommunikationsstruktur und Leistung sozialer Systeme, Meisenheim am Glan 1968, S. 122 ff.; weiter z. B. auch David Silverman, Theorie der Organisationen. Soziologische Aspekte zu System, Bürokratie und Management, Wien 1970, S. 81 f.

[6] Vgl. Wolf V. Heydebrand, The Study of Organizations, in: Wolf V. Heydebrand (ed.): Complex Organizations, the results of empirical research, Englewood Cliffs 1973, S. 31 ff.

[7] Vgl. z. B. die Feststellungen über „Widersprüche zwischen Mensch und Organisation" bei Diether Gebert, Organisationsentwicklung. Probleme des geplanten organisatorischen Wandels, Stuttgart 1974, S. 19 ff.

[8] Stellvertretend für die zahlreichen Untersuchungen, die das Schaubild 3 angeregt haben, seien genannt: D.S. Pugh/D. J. Hickson/C. R. Hinings/C. Turner, Dimensions of Organization Structure, Adm. Sc.Quart. 1968, S. 65-106; D. S. Pugh/D. J. Hickson/C. R. Hinings/C. Turner, The Context of Organization Structures, Adm. Sc. Quart.1969, S. 91-114; Peter M. Blau/Wolf V. Heydebrand/Robert E. Stauffer, The Structure of Small Bureaucracies, Am. Soc. Rev. 31 (1966), S. 179-191.

[9] Vgl. die grundlegende Arbeit „The Context of Organization Structures" von D. S. Pugh et al. (op.cit).

[10] Die in diese Richtung weisenden Forschungsergebnisse wurden in starkem Maße durch Tom Burns und G. M. Stalker (‚The Management of Innovation", 1961) angestoßen. Einen weiteren Meilenstein stellt z. B. die Untersuchung „Organization and Environment" von Paul R. Lawrence und Jay W. Lorsch (Boston 1967) dar. Vgl. hinsichtlich der weiteren Entwicklung und des gegenwärtigen Standes Wolfgang H. Staehle, Organisation und Führung sozio-technischer Systeme, Stuttgart 1973, S. 72 ff.; neuerdings auch Gerd Schienstock, Organisation innovativer Rollen, Meisenheim am Glan 1975, S. 69 ff.

[11] Dieser Terminus wird bei Fritz Morstein Marx, a. a. O., S. 88 ff., verwendet.

[12] A. a. O.

[13] A. a. O., S. 47 ff.

[14] Vgl. Rolf Ziegler, a. a. O., S. 89 ff.

[15] Siehe z. B. J. G. March/H. A. Simon, Organizations New York, 1958, S. 158 ff.

[16] Fritz Morstein Marx, a. a. O., S. 93.

[17] H. P. Bahrdt, Fiktiver Zentralismus in den Großunternehmungen, Kyklos 9 (1956), S. 483 ff.

[18] Die hier angedeutete Möglichkeit, die verfügbaren Reorganisationsstrategien als „funktionale Äquivalente" und gleichzeitig auch als einander potentiell ergänzende Komplemente aufzufassen, ist in der Literatur bislang kaum entwickelt. Wahrscheinlich hängt dies mit einer weit verbreiteten Neigung zusammen, „Managementkonzepte" nicht induktiv und von Fall zu Fall aus der Organisationsanalyse abzuleiten, sondern als feststehende und gewissermaßen „vorgefertigte" Idealkonstruktionen mit undeutlich abgegrenztem Wirkungsgrad zu behandeln.

[19] Vgl. zu der immer noch unabgeschlossenen Diskussion um die Kriterien der Messung des Organisationserfolges z. B. W. Staehle, a. a. O., S. 16 ff. Im vorliegenden Text wird von einem vierdimensionalen Standard-Maßstab ausgegangen, der universell anwendbar ist, wenngleich er im Einzelfall sicherlich durch eine unterschiedliche Gewichtung seiner Elemente wie auch durch die Bildung von Unter-Maßstäben variiert und differenziert werden muß. Vgl. zur Entwicklung eines hochdifferenzierten und mit Gewichtungen arbeitenden Maßstabsystems, das auf Bedürfnisse der öffentlichen Verwaltung zugeschnitten ist: Frido Wagener, Neubau der Verwaltung, Gliederung der öffentlichen Aufgaben und ihrer Träger nach Effektivität und Integrationswert, Berlin 1969 passim.

[20] Vgl. eine Reihe von aufschlußreichen Anmerkungen bei E. Grochla, Unternehmungsorganisation. Neue Ansätze und Konzeptionen, Hamburg 1972, S. 178 ff.; vgl. weiter den systematisch angelegten partiellen Bewertungsansatz bei C. Böhret/ M. TH. Junkers, Führungskonzepte für die öffentliche Verwaltung. Darstellung – Kritik – Anwendungsprobleme, Stuttgart 1976, passim.

[21] Vgl. hinsichtlich einschlägiger Ansätze Horst Bosetzky, Bürokratische Organisationsformen in Behörden und Industrieverwaltungen, in: R. Mayntz (Hrsg.): Bürokratische Organisation, Köln 1968, S. 179 ff.; in der gegenwärtigen Diskussion erweist sich die Frage nach der Übertragbarkeit von Modellen und Lösungsansätzen aus der Wirtschaft auf die öffentliche Verwaltung als besonders wichtig. Vgl. hierzu H. Reinermann, Programmbudgets in Regierung und Verwaltung. Möglichkeiten und Grenzen von Planungs- und Entscheidungssystemen, Baden-Baden 1975, passim; weiter z. B. Senatsamt für den Verwaltungsdienst der Freien

und Hansestadt Hamburg (Hrsg.): Systeme und Methoden des Management in der hamburgischen Verwaltung, Hamburg 1973, S. 7 f.

[22] Vgl. N. Luhmann, Theorie der Verwaltungswissenschaft. Bestandsaufnahme und Entwurf, Köln 1966, S. 73 ff.

[23] Der Begriff der „Limitierung" wird hier bewußt in Abgrenzung von dem Begriff der „Restriktion" gebraucht, der gegenwärtig allenthalben verwendet wird, wo von internen oder externen Grenzen des Verwaltungshandelns die Rede ist. Der wesentliche Unterschied besteht darin, daß „Limitierungen" systemimmanente Grenzen darstellen, die nicht als „Widerstände" oder „Barrieren" verstanden werden können, sondern auf Organisations-„Dilemmas" hinweisen.

[24] Vgl. A. Downs, Inside Bureaucracy, Boston 1967, S. 24 ff.

[25] Vgl. F. Wagener, a. a. O., der in seinem eigenen Arbeitsansatz zur Effizienz- und Effektivitätsmessung und bei dessen Anwendung die bestehenden Schwierigkeiten und Grenzen deutlich werden läßt.

Systemimmanente Grenzen einer planvollen Verwaltungsführung

Horst Bosetzky

1. Ausgangspunkte

Die in den letzten Jahren heftig aufgeflammte Bürokratiekritik läßt die Forderung nach einer planvollen Verwaltungsführung bzw. der „Entwicklung einer allgemeinen integrierten, sozialwissenschaftlich orientierten und empirisch fundierten Managementkonzeption" für die öffentliche Verwaltung (Reichard 1977, S. 180) ebenso notwendig wie verständlich erscheinen, und auch die Hochkonjunktur von Veröffentlichungen über Führungsstile und Führungskonzeptionen hält unvermindert an; andererseits aber, wie insbesondere bei Fortbildungsveranstaltungen immer wieder deutlich wird, reagieren Verwaltungspraktiker, denen aus dem Industriebereich adaptierte Führungsmodelle vorgestellt werden, weithin mit einer Mischung von Heiterkeit, Skepsis und offener Ablehnung: die vorgestellten Führungskonzeptionen, das Harzburger Modell etwa oder die Führung durch Zielvorgabe (Management by Objectives), verfehlten die je behördenspezifische Wirklichkeit, und überdies funktioniere die öffentliche Verwaltung so gut, wie sie unter den vorgegebenen verfassungsrechtlichen Rahmenbedingungen nur funktionieren könne (vgl. dazu auch Böhret & Junkers 1976).
Einmal abgesehen davon, daß auch im Bereich der Industrieverwaltungen bzw. Industriebürokratien die betriebswirtschaftlichen Managementmodelle nicht Ist-Zustände, sondern lediglich erstrebenswerte Ziele umreißen (vgl. Reichard 1978), ist ihre Übertragbarkeit wegen entscheidender Besonderheiten der öffentlichen Verwaltung durchaus anzuzweifeln.
Es gilt also, die der Staatsbürokratie systemimmanenten Grenzen einer planvollen Verwaltungsführung einmal genauer aufzuzeigen. Planvolle Verwaltungsführung im Sinne der Übernahme geschlossener Konzeptionen, die auf anderen Grundlagen als Amtsautorität, Weisungsbefugnis und mechanischem Gehorsam beruhen, erscheint vor allem aus drei Gründen schwer bis unmöglich und unsinnig zu sein: weil nämlich

1. jede bürokratische Organisation strukturnotwendig abweichendes Verhalten und anomische Zustände hervorbringt;
2. jede Bürokratie unabwendbar anarchische Tendenzen produziert;
3. das entwickelte System der öffentlichen Verwaltung interaktionale Führung (als direkten zwischenmenschlichen Prozeß) in erheblichem Maße

überflüssig macht, d. h. bei den Mitarbeitern von vornherein ein ihr zuwiderlaufendes Gefühl autonomer Aufgabenerfüllung erzeugt.
Dies wird im folgenden näher auszuführen sein.

2. Abweichendes Verhalten und organisationsinterne Anomie

Abweichendes Verhalten, hier verstanden als ein Handeln, das nicht dem erklärten Willen der Führenden einer Organisation entspricht, entsteht zwangsläufig, wenn Menschen, die in ihrer familialen, schulischen und beruflichen Sozialisation gesellschaftliche Leitwerte wie Freiheit (Freisein), Demokratie und Eigenverantwortlichkeit verinnerlicht haben und die vor allem vom Glauben durchdrungen sind, daß ein sinnerfülltes Leben nur über angesehene Berufsarbeit und durch sozialen Aufstieg zu erreichen ist, in einer Großorganisation mit grundsätzlich bürokratischer Struktur arbeiten müssen.

Modifizieren wir die Anomietheorie von Robert K. Merton (1968) für unsere Zwecke, so können wir sagen, daß es in der öffentlichen Verwaltung stets eine Vielzahl von Menschen gibt, die aufgrund der strukturellen Bedingungen (Stellenkegel, formalisierte Auslesekriterien für Führungspositionen, Dienstalterprinzip etc.) *nicht* in der Lage sind, ihre verinnerlichten kulturellen und organisationsspezifischen Ziele (hohes Einkommen, Besitz von Statussymbolen, Macht und Entscheidungsautonomie) mit den gängigen und erlaubten Mitteln (normgerechte Arbeit, Fleiß, Pünktlichkeit, Gewissenhaftigkeit etc.) zu erreichen. Jede Großorganisation birgt damit die Tendenz zu anomischen Zuständen in sich, das heißt zu Zuständen, in denen Führungsmittel nicht mehr ausreichend greifen, weil die Organisation es einer erheblichen Zahl von Mitgliedern erschwert bzw. unmöglich macht, wert- und normadäquat zu handeln.

Aus den vier Möglichkeiten, die die Mitarbeiter zur Bewältigung der oben beschriebenen Situation (Merton zufolge) prinzipiell haben, läßt sich nun ableiten, warum sich moderne Führungskonzepte in Organisationen mit unaufhebbar bürokratischer Grundstruktur nur schwer verwirklichen lassen:

(1) *Innovation.* Hier ist der Mitarbeiter so stark emotional auf das *persönliche* Erfolgsziel fixiert, daß er institutionell nicht erlaubte Mittel zu seiner Erreichung anwendet, also mehr oder minder illegales Handeln an den Tag legt bzw. sich eines Dienstvergehens schuldig macht (Kassenverfehlung, Bestechung etc.).

(2) *Ritualismus.* „Wenn die Bürokratie erfolgreich arbeiten soll, muß sie ein hohes Maß an Verläßlichkeit des Verhaltens und ein ungewöhnliches Maß an Konformität mit vorgegebenen Aktionsmustern erzielen", sagt MERTON (1968 a, S. 268), darum übe sie einen dauernden Druck auf den Beamten aus, sich „methodisch, klug und diszipliniert" zu verhalten, was mit der Zeit seine Persönlichkeit verändere. „Die Befolgung der Regeln, ursprünglich ein Mittel, wird zum Selbstzweck ... Die Disziplin, leicht als Regeltreue in jedweder Situation verstanden, wird vom Bürokraten nicht als Maßnahme zur Erfüllung bestimmter Zwecke gesehen, sondern wird zu einem unmittelbaren Wert in seiner Lebensführung. (...) Formalismus und sogar Ritualismus sind die Folgen des unbeirrten Beharrens auf der peinlich genauen Einhaltung formalisierter Verhaltensweisen." (269) Treue den Regeln gegenüber wird für den Bürokraten zum absoluten Wert, den Bezug zu vorgegebenen und sich möglicherweise wandelnden Zielsetzungen sieht er nicht mehr; Führungsanweisungen, die die organisatorische Rigidität aufbrechen wollen, ignoriert oder umgeht er.

(3) *Rückzug.* Während Merton unter dieser Form abweichenden Verhaltens nur Außenseiter (Landstreicher, Clochards etc.) aufzählt, wollen wir hier alle diejenigen Mitarbeiter großer Organisationen einordnen, die PRESTHUS (1966) als *Indifferente* bezeichnet, also alle die, die nicht nur den Kampf um die Belohnungen ihrer Organisation aufgegeben haben, sondern sich auch der Arbeit weithin entfremdet haben und sie fliehen, wo und wann immer es ihnen gelingt (Absentismus, kalkulierte Leistungsbereitschaft etc.). Sie sind durch kaum ein Führungsmittel mehr motivierbar.

(4) *Rebellion.* Von dieser Form der individuellen Anpassung an bürokratische Strukturen kann dann gesprochen werden, wenn die Mitarbeiter die alten kulturellen und organisationalen Ziele ablehnen, sie aber gleichzeitig durch neue ersetzen wollen. Hierunter fallen alle „Verwaltungsreformer", die den Bürokraten Widerstand leisten und bürokratische durch teamartig-professionelle, organische oder assoziative Struktur- und Handlungsmuster ersetzen wollen (vgl. BOSETZKY und HEINRICH 1980, S. 222 f.), aber auch diejenigen, die das Gegenteil von dem anstreben, was von ihrer Führung verkündet worden ist, etwa jene Beamte in den Justiz- und Gefängnisverwaltungen, die den eher kooperativen Behandlungsvollzug wieder zurückdrängen wollen zugunsten des eher bürokratischen Sicherheitsvollzugs.

3. Anarchische Tendenzen

In der organisationswissenschaftlichen Diskussion über staatliche und industrielle Bürokratien ist, nicht zuletzt wegen des starken Einflusses von

Juristen, Betriebswirten und systemtheoretisch ausgerichteten Soziologen, das Ordnungselement von jeher überbetont worden, die klare Befehlsgliederung, die Eindeutigkeit der Entscheidungen nach Gesetz und Vorschrift, die Geplantheit und Genauigkeit der Handlungen. Auf ihrer Suche nach optimaler Steuerung sozialer Systeme haben Theoretiker wie Praktiker – Opfer ihres überstark zielorientierten Denkens und ihrer damit selektiv gewordenen Wahrnehmung – die in der Verwaltungswirklichkeit gleichermaßen vorfindbaren anarchischen Elemente und Tendenzen weithin außer acht gelassen.
Mit *anarchischen Elementen und Tendenzen* ist hier gemeint (vgl. Lexikon zur Soziologie 1973, S. 34)

- das Streben nach Aufhebung der Herrschaft von Menschen über Menschen und die Abschaffung von Herrschaftssystemen, vor allem aller hierarchisch strukturierten Gebilde,
- der Versuch, den Bedürfnissen des einzelnen gegenüber den Zwängen der Organisation Priorität einzuräumen – und
- das dauernde Revoltieren gegen die Hierarchie und die Führenden.

Es ist einleuchtend, daß da, wo solche Orientierungen und Bestrebungen *auch nur latent* vorhanden sind, Führungsmaßnahmen nur schwer greifen können. Nun bringen aber gerade bürokratische Organisationen zwangsläufig solche anarchischen Tendenzen aus sich selbst hervor; je bürokratischer sie sind, desto stärker. In jeder Bürokratie ist die Aufhebung bürokratischer Formen beschlossen.
Welches sind nun konkret diese systemimmanenten anarchischen Elemente und Tendenzen einer Großorganisation? Im wesentlichen sind es drei soziale Tatbestände:
(1) *Die Auflehnung gegen den Führenden als Notwendigkeit der Persönlichkeitsentwicklung:* Das Verhältnis Vorgesetzter-Mitarbeiter entspricht in so hohem Maße dem Verhältnis Eltern-Kind, daß die Mitgliedschaft in einer Großorganisation weithin die Verleugnung des Erwachsenenseins bedeutet und eine grundsätzliche Demütigung des Untergebenen in sich birgt. So ist – mehr oder minder – „jedes Individuum in der Organisation (mit Ausnahme des Mannes an der Spitze) einer elternähnlichen Figur untergeordnet, die anweist, überprüft, mahnt, tadelt, lobt, kritisiert, beurteilt, hilft, belohnt und straft und dadurch viele Kindheitserfahrungen wiederholt. Dieses Leugnen des Erwachsenenseins ist zweifellos eine der quälendsten Seiten der modernen Organisation" (Thompson 1968, S. 223). Denselben Gedankengang finden wir bei Caruso & Englert (1979, S. 354): „Die Machtlosigkeit des Kleinkindes, das einst die bittere Erfahrung machte, daß es das Verhalten seiner Eltern nicht zu seinen Gunsten beeinflussen kann, gewinnt seine aktuelle Gestalt im Dasein des Erwachsenen, wenn der Mensch eine klägliche Rolle als Weisungsgebundener, als passiver Befehlsempfänger spielen muß, wenn er mit matter Dankbarkeit entgegennimmt, was ihm von oben zugeteilt

wird." Wir verstehen also Vorgesetzte als die direkte Fortsetzung von Eltern und Lehrern: auch sie sollen sozialisieren, das heißt, die Integration in ein soziales System, seine innere Akzeptanz und die bereitwillige Übernahme vorgegebener Rollen sicherstellen – mit denselben „speziellen Erziehungsmaßnahmen", die auch für Kinder empfohlen werden (vgl. DIEKMEYER 1976): ausreichende Information, Begründung von Handlungsanweisungen, Äußern von Bitten und Wünschen, Vorgabe von mehreren Vorschlägen, Verzicht auf Befehle, Verstärkung erwünschter Verhaltensweisen durch Lob, Anerkennung, Ermutigung und Zustimmung, Unbeachtlassen unerwünschter Verhaltensweisen, Verzicht auf Strafen, Drohungen und „Liebesentzug".

Wenn der Vorgesetzte nun eine elternähnliche Figur ist bzw. aufgrund der bürokratischen Struktur eine elternähnliche Rolle auszufüllen hat, dann ist die Auflehnung gegen ihn solange geradezu ein gesetzmäßiger Vorgang, wie die Gesamtgesellschaft in ihren Leitbildern die „Abnabelung" (Emanzipation) und den Aufbau einer autonomen, Ich-starken Persönlichkeit propagiert.

(2) *Die Auflehnung gegen den Führenden als Folge der Herrschaftsstruktur und der sozialen Ungleichheit in Großorganisationen:* Wo, wie in einer bürokratischen Organisation und im Spezialfall in der Dyade Vorgesetzter-Untergebener, soziale Ungleichheit (hinsichtlich der Belohnungen, der Statussymbole, des Prestiges, der Machtausübung, der Freiräume etc.) als funktional notwendig erklärt wird und erfahrbar ist, sind die negativen Herrschaftsrollen tendenziell bzw. latent an der Veränderung des Status quo interessiert (vgl. DAHRENDORF 1970, S. 116). „Immer bedeutet Ungleichheit den Gewinn der einen auf Kosten der anderen; jedes System sozialer Schichtung trägt daher den Protest gegen sein Prinzip und den Keim zu seiner Überwindung in sich" (DAHRENDORF 1961, S. 32). Führung ist also immer gefährdet; ihre Funktion ist, diese Gefährdung – etwa durch Belohnung von Gefolgschaft und Loyalität und durch Kooptationsangebote – abzubauen, was aber das Führungsdilemma nicht löst, da die Pyramidenform der organisationalen Schichtung bei jeder Belohnung zwangsläufig immer nicht oder im Vergleich mit anderen geringer belohnte Organisationsmitglieder übriglassen wird, deren nun noch stärker gewordenen Frustrationen sich vornehmlich in Aggressionen gegen die Führenden niederschlagen. Dieses Dilemma durch weitestgehende Egalisierung zu lösen, ist aber in bürokratischen Organisationen von vornherein (definitorisch, historisch, verfassungsrechtlich, politökonomisch) ausgeschlossen.

(3) *Die permanente Abwertung von Führenden als Folge politischer und mikropolitischer Einflüsse und Aktivitäten:* Verstehen wir Großorganisationen als Koalitionen (vgl. MARCH 1962) und sehen die Besetzung von Führungspositionen als Ergebnis mikropolitischer Auseinandersetzungen

(vgl. Bosetzky 1972), so leuchtet ein, daß die unterlegene Gruppe (die Koalition, die Seilschaft, das Promotionsbündnis etc.) als innerorganisatorische Opposition versuchen wird, einen gegen ihren Widerstand ins Amt gelangten Vorgesetzten zu bekämpfen; dies insbesondere, wenn sie von externen wie verzahnten Fremdsystemen (Parteien, Gewerkschaften, Bürgerinitiativen etc.) dazu bewegt wird. Ihre Angriffe richten sich sowohl gegen die fachlichen wie die menschlichen Eigenschaften des Führenden (vgl. Bosetzky 1977), und sie ist ständig bemüht, Situationen zu schaffen (etwa durch die Zurückhaltung und die Manipulation von Informationen oder die Abwerbung als sicher geltender Gefolgsleute), in denen sich der Führende dekuvriert, in denen er Fehler macht und in denen seine Grenzen sichtbar werden. (Womit man ihm zwar auch die Chance gibt, sich zu profilieren und eine unangreifbare „Führerpersönlichkeit" zu werden – aber nur wenigen gelingt dies.) Doch nicht nur die Gegner gefährden den Führenden, auch seine eigenen Gefolgsleute neigen dazu, ihn fallenzulassen, wenn er ihre Erwartungen nicht erfüllt. Gegenmachtchancen bieten aber nicht nur die vorhandenen Koalitionsmöglichkeiten, insbesondere mit den oft „allmächtigen" Personalräten, sondern auch das größere Maß an Dienstwissen, das sich die Geführten in langen Jahren erworben haben, das höhere Maß an informellen Beziehungen und die im öffentlichen Dienst recht hohen Chancen der „legitimen Verweigerung".

Fassen wir das, was bisher über die allen Großorganisationen und besonders dem öffentlichen Dienst immanenten anarchischen Tendenzen gesagt wurde, noch einmal zusammen: Im Rahmen von Großorganisationen enthält das „Prinzip Führung" einen unauflösbaren Widerspruch, das heißt, mit der Etablierung von Führung wird sofort ihre Aufhebung produziert, mit der Stabilität die Instabilität, mit der Ordnung die Un-Ordnung.

4. Arbeitsplatzautonomie und das Überflüssigwerden von Vorgesetzten

„Führung ist jede zielbezogene, interpersonelle Verhaltensbeeinflussung mithilfe von Kommunikationsprozessen", heißt es bei Baumgarten (1977, S. 9), und es wird darauf hingewiesen, daß sich Führungsprozesse in Großorganisationen so abspielen, „daß auf der einen Seite der *Führer* (Vorgesetzte) und auf der anderen Seite die *Geführten* (Mitarbeiter) stehen" (10). Die entscheidende Frage sei: „Weshalb ist ein Mensch bereit, einem anderen zu folgen?" (Die für einen politisch sensiblen Menschen viel entscheidendere Frage ist allerdings die, daß in Deutschland noch immer der

Begriff „Führer" verwendet wird und „Führung" unreflektiert, das heißt, rein technisch-instrumentell und losgelöst von allen inhaltlich-wertrational-ethischen Erwägungen, als etwas Großartiges propagiert wird.)
Die herrschende Lehrmeinung rückt nicht nur die Dyade Führer-Geführte in den Mittelpunkt aller Überlegungen im Hinblick auf moderne Führungskonzeptionen (Kooperation, Zielkonsensbildung, gemeinsame Entscheidungsfindung), sondern impliziert etwas sehr Axiomatisches:

> Menschen könnten im Rahmen von Großorganisationen nur zielgerichtet handeln, wenn sie von anderen Menschen geführt würden.

Bei Neuberger (1977, S. 83) finden wir die fünf Funktionen, mit denen im allgemeinen die Existenz der Vorgesetztenrolle gerechtfertigt wird:

„1. Allgemeine formale Vorgaben mit Inhalten füllen (z. B. Ziele konkretisieren, Entscheidungen treffen, Einzelpläne ausarbeiten, Vorgehensweisen festlegen)
2. Konkrete Vorkommnisse in allgemeine Schemata einordnen (z. B. interpretieren, bewerten, als Berufungsinstanz fungieren)
3. In Bewegung setzen oder halten (aktivieren, motivieren, beeinflussen, initiieren)
4. Verbindung herstellen oder halten (koordinieren, informieren, den Zusammenhalt der Gruppe sichern, emotionaler Bezugspunkt sein)
5. Repräsentieren (z. B. Außendarstellung, Symbolisierung, Vertretung)"

Aufbauend auf das, was bisher über abweichendes Verhalten und anarchische Grundtendenzen von Großorganisationen gesagt worden ist, ist nun darauf hinzuweisen, daß bürokratische Organisationen weithin sehr wohl funktionieren, auch wenn keine interaktionale Führung wirksam wird, und daß die Installierung einer solchen Führung den Output eines Systems nachhaltig herabsetzen kann.
Eine Reihe von Organisationsmitgliedern ist nämlich ebenso in der Lage wie willens, von sich aus (von innen heraus, intrinsich motiviert) das Richtige zu tun und empfindet das Geführtwerden, die Anleitung und die Kontrolle, als Affront, auf den mit Widerstand, kalkulierter Leistungsbereitschaft oder Eskapismus reagiert wird. Gerade in der öffentlichen Verwaltung ist ein Trend festzustellen, der als *Arbeitsplatzsezession* bezeichnet werden könnte. Das heißt, bestimmte Umstände, auf die weiter unter näher einzugehen ist, führen dazu, daß Beamte und Angestellte ihre Aufgaben so verstehen und ausführen wie beispielsweise ein Landwirt, der einen Acker zur eigenen Bewirtschaftung gepachtet hat, oder ein Handwerker, der innerhalb eines Kaufhauses als Selbständiger Schuhe oder Uhren repariert (shop-in-shop-System). In Umdefinierung ihrer Rolle werden sie quasi, man denke an den kulturellen Leitwert des Freiseins und an die gesellschaftliche Hochschätzung des Selbständigen und des Freiberuflers, zu kleinen Unternehmern. Das

Eingebundensein in ein größerers System und in einen umfassenden rechtlichen und organisatorischen Kontext wird akzeptiert und macht das eigene Handeln erst möglich – davon abgesehen wird aber dieses eigene Handeln als autonom, eigenverantwortlich und voluntaristisch definiert.
Für diese Orientierung sind eine Reihe von Faktoren maßgebend:
- die fortgeschrittene und institutionalisierte Arbeitsteilung mit Aufgabengliederungsplan, Organisations- bzw. Verwaltungsgliederungsplänen, Geschäftsverteilungsplänen, Stellenplänen, Arbeitsverteilungsplänen und Stellenbeschreibungen;
- ein Bündel von Verwaltungsanordnungen (Dienstordnung, Allgemeine Geschäftsanweisung, Dienstanweisung etc.) und Verwaltungsvorschriften, mit denen – über die Verteilung der Aufgaben und die zu ihrer Erledigung erforderlichen Funktionen und Kompetenzen hinaus – die Gestaltung des Dienstbetriebes und das Verhalten der Bediensteten *generell* geregelt werden (z. B. Bestimmungen über die tägliche Dienstzeit und die Einhaltung der Dienststunden, über das Verbot der Annahme von Geschenken, über das Verhalten in Urlaubs- und Krankheitsfällen und bei Dienstunfällen, über die Behandlung der Ein- und der Ausgänge, die äußere Form der Sachbearbeitung und über den Verkehr mit dem Publikum) (vgl. Kübler 1976);
- eine berufliche Sozialisation der Mitarbeiter, die durch ihre stark juristische Orientierung (hohe Anteile von Rechtsfächern in den Curricula und Verinnerlichung juristischer Denkmuster) nicht nur einen hohen Grad an Vertrautheit mit den eben genannten Festlegungen und Dienstvorschriften erzeugt, sondern auch sicherstellt, daß diese Steuerungsimpulse für relevant und legitim gehalten werden;
- die zunehmende Professionalisierung des „Bürokraten" (vgl. zur Terminologie Scott 1968), der nicht nur, was ihn ja schon im Weberschen Idealtypus auszeichnet bzw. ausmacht, über ein immenses Dienst- und Fachwissen verfügt, sondern auch infolge verstärkter Fachhochschulausbildung, was den gehobenen Dienst betrifft (vgl. Reichard, Nickusch, Bosetzky und Heinrich 1977 und Heinrich 1980), und zunehmende Hinwendung zum Typ des politischen Beamten, was den höheren Dienst angeht (vgl. Schmid/Treiber 1975 und Steinkemper 1974), ein immer höheres Maß an möglicher und erwünschter Innensteuerung (einschließlich des Wunsches nach so wie den Fähigkeiten zur Selbstkontrolle) erkennen läßt;
- die stärker werdende Steuerung durch den Datenfluß (als Folge vermehrten EDV-Einsatzes) und durch den Klienten (als Folge der größeren Betonung von Bürgerorientierung und Bürgernähe).

Wie empirische Ergebnisse zeigen (Senatskanzlei Bremen 1972 und Hopf 1975), läßt diese *bürokratische Versachlichung von Herrschaft* Personen

(Führenden, Vorgesetzen) auf den Ebenen unterhalb der zielsetzenden Spitze vielfach nur noch Restfunktionen: das Eingreifen bei bekannt gewordenem Fehlverhalten (ansonsten gilt – soweit die übliche Erfolgskontrolle – das Handeln eines Untergebenen als richtig und gut) sowie dann, wenn es bei der Arbeit besonders große Schwierigkeiten und Unklarheiten gibt oder wenn sich die Geschäftsverteilungspläne, die Arbeitsverfahren und die Dienstvorschriften grundlegend ändern (vgl. Bosetzky & Heinrich 1980, S. 136).
Führung wird also dysfunktional, wenn der Vorgesetzte einen Mitarbeiter auch dann noch anleitet, berät und kontrolliert, wenn dieser schon von sich aus das tut, was er zur Zielerreichung seiner Organisation tun sollte (und zudem, wie es öfter vorkommt, über mehr Dienst- und Fachwissen, bessere informelle Beziehungen und mehr Fortüne verfügt als dieser Vorgesetzte).
Auch im Hinblick auf die Motivationsproblematik dürfte die interaktionale Führung in der öffentlichen Verwaltung wenn schon nicht gänzlich überflüssig, so doch wesentlich weniger wichtig sein als dies betriebswirtschaftlich orientierte Führungsmodelle im allgemeinen unterstellen. Vielfach wird nämlich übersehen, daß im Bereich des öffentlichen Dienstes die wesentliche Motivation bzw. die maßgebende Demotivation vom Gesamtsystem ausgeht (das verantwortlich ist z. B. für einen schlechten Stellenkegel, ein schlechtes Image der Verwaltung bzw. der Behörde, die diffuse Zielbestimmung, das grundsätzliche Bestehen auf „rationaler Disziplin" im Weberschen Sinne, die Verwaltungs- und die Dienstvorschriften, die schlechten Räumlichkeiten und die dezentrale Lage der Behörde) und auch vom einfühlsamsten und besten Vorgesetzten nicht aufhebbar ist.
Die Wertschätzung eines Führenden bestimmt sich also bei seinen Geführten im wesentlichen danach, inwieweit er sich mit ihnen gegen das Gesamtsystem verbündet.
Als weitere Restfunktion bleibt ihm noch, wie das eben Gesagte deutlich gemacht hat, die Rolle des Psychotherapeuten, der „seine Leute" zu trösten und wiederaufzurichten hat, wenn sie von den unvermeidlichen Frustrationen des Gesamtsystems erschüttert worden sind; von einer Linien- muß er in eine Stabsfunktion überwechseln, wenn er – bei programmierten Arbeitsabläufen und sich selbst steuernden Mitarbeitern – seine Existenz und sein höheres Entgelt rechtfertigen will. Er hat dann u. U. kaum mehr als die Chance, zum Mitarbeiter und Berater seiner Untergebenen zu werden und ihnen mit bestimmten Serviceleistungen zur Verfügung zu stehen. In immer stärker werdendem Maße nehmen die Untergebenen seine originären und tradierten Führungsaufgaben selber wahr, was auch Neuberger bei der Kommentierung seiner oben wiedergegebenen Aufstellung von Führungsfunktionen andeutet (1977, S. 83): „Zum einen müssen (!) alle diese Funktionen auch von den unterstellten Mitgliedern wahrgenommen werden, wenn

die Organisation handlungsfähig werden und bleiben will. Es handelt sich deshalb nur im graduellen Sinn um *Führungs*-Funktionen, weil Vorgesetzte in besonderem Maße auf die zielentsprechende Wahrnehmung dieser Funktionen festgelegt sind. Zum anderen können einige dieser Aufgaben durchaus routinisiert und in organisatorische Dauerprogramme überführt werden, so daß sie der subjektiven Willkür des einzelnen Vorgesetzten entzogen sind. Eine solche Übernahme von Vorgesetztenfunktionen ins organisatorische Repertoir erfolgt ja fortwährend . . ."

Kurzum: Gerade für die öffentliche Verwaltung dürfte sich eine nur sehr schwer veränderbare multilokale, diffuse und sich vielfach rückkoppelnde Selbststeuerung der mittleren und der unteren Systemmitglieder herausgebildet haben, die sich empirisch, insbesondere von externen Wissenschaftlern, nicht exakt nachzeichnen läßt und bei der eindimensionale Führungsmaßnahmen einfach nicht mehr greifen.

5. Resümee

Die vorangegangenen Ausführungen haben deutlich gemacht, daß die öffentliche Verwaltung nicht die Maschinerie ist, die sich ohne weiteres auf eine bestimmte Führungskonzeption teamartig-kooperativen Zuschnitts hin umstellen ließe.

Weiterhin erscheint es als überaus fraglich, ob die klassische Kategorie der Führung überhaupt noch geeignet ist, Verwaltungswirklichkeit hinreichend bzw. angemessen zu erklären. Dies vor allem deswegen, weil mit ihr vom Primat des Steuerungserfolges der Spitze ausgegangen und demgegenüber der Versuch der Mitarbeiter, sich jeder Lenkung und Kontrolle durch andere Organisationsmitglieder zu entziehen, in unzulässig starkem Maße vernachlässigt wird, und weil sie da den Eindruck von Gewißheit entstehen läßt, wo in Großorganisationen Ungewißheit, Ambivalenz und Umkehrung des Gewollten vorherrschen.

Die Steuerbarkeit bürokratischer Organisationen hat dort ihre Grenzen, wo diese Widerstand, Auflehnung und abweichendes Verhalten ihrer Mitglieder produzieren und tolerieren müssen, damit diese Mitglieder ihnen erhalten bleiben und ein funktionsnotwendiges (Mindest-)Maß an Loyalität und Leistung erbringen.

Von daher ist es ebenso akademisch und müßig wie auch gefährlich, unnötig viele Gedanken und Ressourcen in die Weiterentwicklung und die Implementierung neuer Konzeptionen der Verwaltungsführung zu investieren (was nicht heißen soll, daß nicht partielle Innovationen, etwa im Sinne der

„Organisationsentwicklung", vorgenommen werden sollten). Die Gefahr dieser Konzeptionen liegt darin, nicht zu erkennen, daß ein Mehr bzw. ein Zuviel an rational-herrschaftsinstrumenteller Führung im Rahmen bürokratischen Organisationen und insbesondere der öffentlichen Verwaltung nicht etwa mehr Effektivität und Effizienz erzeugt, sondern entweder ins Leere läuft oder aber, über mehr Entfremdung, mehr sozial unproduktive Konflikte, mehr Widerstand und mehr Leistungsverweigerung, das genaue Gegenteil bewirkt.

Literatur

Baumgarten, Reinhard [1977]: Führungsstile und Führungstechniken, Berlin-New York.

Böhret, Carl, und Marie Therese Junkers [1976]: Führungskonzepte für die öffentliche Verwaltung, Stuttgart.

Bosetzky, Horst [1971]: Die „kameradschaftliche Bürokratie" und die Grenzen der wissenschaftlichen Untersuchung von Behörden. In: Die Verwaltung 4, S. 325-335.

– [1972]: Die instrumentelle Funktion der Beförderung. In: Verwaltungsarchiv 63, S. 372-384.

– [1977]: Machiavellismus, Machtkumulation und Mikropolitik. In: Zeitschrift für Organisation 46, S. 121-125.

Bosetzky, Horst, und Peter Heinrich [1980]: Mensch und Organisation. Köln.

Caruso, I. A., und E. H. Englert [1979]: Autoritäts- und Machtausübung. In: Die Psychologie des 20. Jahrhunderts. Bd. 8: Lewin und die Folgen. Zürich, S. 349-357.

Dahrendorf, Ralf [1961]: Über den Ursprung der Ungleichheit unter den Menschen, Tübingen.

– [1970]: Zu einer Theorie des sozialen Konflikts. In: Wolfgang Zapf (Hg.), Theorien des sozialen Wandels, Köln-Berlin, S. 108-123.

Diekmeyer, Ulrich [1976]: Das Elternbuch 5. Reinbek.

Heinrich, Peter [1980]: Der Beitrag sozialwissenschaftlicher Lernziele zur Aus- und Fortbildung im öffentlichen Dienst. In: R. Neubauer und L. v. Rosenstiel (Hg.), Handbuch der Angewandten Psychologie. Bd. 1: Arbeit und Organisation. München, S. 263-273.

Hopf, Christel [1975]: Arbeitssituation und gewerkschaftliches Bewußtsein, Hrsgg. v. d. Gewerkschaft ÖTV. Stuttgart.

Kübler, Hartmut [1976]: Geschäftsverteilung. In: Wilhelm Bierfelder (Hg.), Handwörterbuch des öffentlichen Dienstes. Das Personalwesen. Berlin, Sp. 734-740.

Lexikon zur Soziologie, hrsgg. v. Werner Fuchs u. a. [1973] Opladen.

March, James G. [1962]: Business Firm as a Political Coalition. In: Journal of Politics 24, S. 662-678.

Merton, Robert K. [1968]: Sozialstruktur und Anomie. In: Fritz Sack und René König (Hg.), Kriminalsoziologie. Frankfurt a. M., S. 360-371.

– [1968 a]: Bürokratische Struktur und Persönlichkeit. In: Renate Mayntz (Hg.), Bürokratische Organisation. Köln-Berlin, S. 265-276.

Neuberger, Oswald [1977]: Organisation und Führung. Stuttgart.

Presthus, Robert [1966]: Individuum und Organisation. Typologie der Anpassung. Frankfurt a. M.

Reichard, Christoph [1977]: Betriebswirtschaftslehre der öffentlichen Verwaltung. Berlin-New York.

– [1978]: Management in öffentlichen Betrieben. In: Öffentliche Wirtschaft und Gemeinwirtschaft 4, S. 148-149.

Reichard, Christoph, Karl-Otto Nickusch, Horst Bosetzky und Peter Heinrich [1977]: Bürgernahe Verwaltung durch Ausbildungsreform. In: Staats- und Kommunalverwaltung 23, S. 130-137.

Schmid, Günther, und Hubert Treiber [1975]: Bürokratie und Politik. München.

Scott, W. Richard [1968]: Konflikte zwischen Spezialisten und bürokratischen Organisationen. In: Renate Mayntz (Hg.), Bürokratische Organisation. Köln-Berlin, S. 201-216.

Senatskanzlei Bremen [1972]: Organisationssoziologische Untersuchung der bremischen Verwaltung. Bremen.

Steinkemper, Bärbel [1974]: Klassische und politische Bürokraten in der Ministerialverwaltung der Bundesrepublik Deutschland. Köln u. a.

Thompson, Victor A. [1968]: Hierarchie, Spezialisierung und organisationsinterner Konflikt. In: Renate Mayntz (Hg.), Bürokratische Organisation. Köln-Berlin 1968, S. 217-227.

B. Perspektiven der Organisations- und Kooperationsentwicklung

Bürokratien und Kader, Parteien und Beteiligung – Grenzformen sozialer Steuerung

Wolfgang Lipp

1. Einleitung: Soziale Steuerung – Begriffliches

„Soziale Steuerung" ist ein Begriff, der die einfache Erfahrung, daß in Gesellschaft weniger aus Willkür, den Antrieben der Einzelnen heraus, als vielmehr nach festen, in Institutionen verankerten Regeln gehandelt wird, gehörig verfremdet. In der Tat ist es klar, daß überall dort, wo Menschen aufeinander bezogen sind und ihre Zwecke gemeinsam betreiben, der Gang der Dinge auf das Handeln: die Motive, Interessen und Wertungen der Individuen, überformend zurückwirkt. Wenn das Handeln auch seinerseits versucht, seine Position zu respezifizieren und Einfluß auf den Gesamtprozeß zu gewinnen, kann dies nicht Wunder nehmen. Der Anspruch, Regelungen aktiv mitzubestimmen, entspricht dem Umstand, ihnen passiv schon immer unterstellt zu sein, in genauer Parallele. Nähert man sich der Sache alltagssprachlich, steht man vor dem Phänomen, daß Gesellschaft „herrschaftlich" vermittelt ist, Bezugnahmen auf Herrschaft „politisch" erfolgen und Politik – in „Organisationen" gefaßt – den Versuch darstellt, „Gültigkeiten" zu etablieren, die soziales Zusammenleben legitimatorisch festigen.

Problemfelder alltagssprachlich zu erschließen, ist für erste Verständigungen unerläßlich. Daß mit dem Oberbegriff der „Steuerung", der die folgenden Analysen bestimmt, demgegenüber der abstrakte, weniger zugängliche Boden der Systemtheorie betreten wird, hat freilich gute Gründe: Steuerung als Begriff ist in der Lage, normative, kontrollbezogene Impulse, die in Systeme eingehen, mit konditionalen, d. h. vor allem: organisationellen Variablen, die im Spiele sind, balancierend zu verbinden (Deutsch 1963; Easton 1965; Luhmann 1966, 1971; Scharpf 1972). Voreilige wertende Festlegungen können insofern vermieden werden. Wer über die Gütegrade von Politik reflektiert, ohne den Faktor Organisation zu beachten, kann sich im Labyrinth der Stellungnahmen, die hier möglich werden, schnell verirren. Vom Konzept sozialer Steuerung auszugehen, sichert weithin hiergegen ab. Das Konzept aber leistet mehr; es bietet sich wesentlich dadurch an, daß es die Formenvielfalt selbst, nach der Politik sich organisiert, systematisch verbindet und auf oberste funktionelle Kriterien bezieht. Die Fülle der einzelnen, politisch-organisatorischen Komplexe, die das Leben der Gesellschaft prägen, kann theoretisch damit neu behandelt, nach typischen Differenzierungen befragt und vergleichsanalytisch, geht es um praktische Zwekke, am Ende beurteilt werden.

Operiert man mit dem Konzept der Steuerung, wird es etwa möglich, „Legislative“, „Exekutive“ und „Judikative“ – Einrichtungen, die man klassisch als voneinander abgegrenzt behandelt hat – und mit ihnen Bereiche, die man als „Publikative“ bezeichnen mag[1], komparatistisch auf neuen Schnittebenen zusammenzufassen. Die Trennung namentlich von „Verwaltung“ und „Politik“, die noch Niklas Luhmann hervorhebt (1965, 1971), braucht bei allen Vorzügen, die sie zu bieten scheint, voll nicht übernommen zu werden. In Wirklichkeit sind die Bezüge ineinander verschränkt; sie laufen zusammen nicht nur insofern, als die Funktionen, die sei es das politische, sei es das administrative Leben prägen, realiter sich wechselseitig schnell durchdringen, sondern dahingehend, daß sie in übergreifenden organisatorischen Komplexen selbst: den Planungsstäben der Ministerialverwaltung, den Zentralen politischer Parteien, den Agenturen sozialer „Gründung“[2] stets verbunden sind. Daß Grenzformen, die die Bezüge einseitig übersteigen, auch hier gegeben sind, kann diesen Sachverhalt nicht widerlegen. Geht man von der faktischen, geschichtlich fließenden, wie normativen Komplexität der Dinge aus, bleibt der theoretische Zugriff auf Interferenzen auch dort noch eingestellt, wo er funktionelle Extreme sichtbar macht.

Die nachstehenden Analysen unternehmen es, die „Verflechtung“, die zwischen Politik und Verwaltung besteht[3], mit Blick gerade auf die Grenzformen, die dem Prozeß zugrundeliegen, typologisch näher zu entwickeln. Sie zirkeln das Feld, das Schwerpunktsetzungen gewiß unterschiedlicher Art erlaubt, spezifisch dabei ab: Bezogen auf die moderne industrielle Gesellschaft verstehen sie Steuerung als Vorgang, der wesentlich auf das Gesamtsystem, nicht – oder doch nur sekundär – auf Teilbereiche gerichtet ist. Vorwegzuschicken ist dies insofern, als es zum Vorgenannten in gewisser Spannung steht. Steuerungsinstanzen wie Parlamente, Regierungen und Spitzenbürokratien, die das Systemgeschehen zentral zusammenfassen, werden im folgenden zwar vorausgesetzt, inhaltlich aber nur am Rande berücksichtigt. Das Hauptaugenmerk liegt auf Steuerungsebenen vielmehr nachgeschalteter, mittlerer, unterer und auch mediärer Art. Es nimmt administrative Durch- und Ausführung, mit Blick vor allem auf die Stellung von Klienten und Publikum ins Visier. Die Analysen laufen insofern auf das Thema der

„Bürgernähe" zu (KAUFMANN 1977, 1979; vgl. a. HEGNER 1979); sie gehen über dieses Thema aber dort hinaus, wo sie Bürger – und Bürgerinteressen – am Fall nicht nur von Verwaltungsklienten, sondern Wahlbürgern, Parteimitgliedern und mobilisiertem Volk diskutieren. Spezifikationen werden ferner dort vorgenommen, wo das Verhältnis von Verwaltung und Politik: Herrschaftszwecken und Publikumsinteressen, bezüglich nicht nur fortgeschrittener pluralistischer, sondern monistischer, von Einheitsideologien geprägter Gesellschaften untersucht wird. Daß die Überlegungen hier nicht umhin können, soziale Steuerung nicht nur system-(organisations-)typologisch, sondern typologisch-historisch zu verorten, ist zu ergänzen. Analysen, die von Systemen (Organisationen) schlechthin ausgingen – und funktionalistisch abstrakt bleiben müßten – fänden weder Anfang noch Ende. Bei allen Vorteilen, die die systemtheoretische Perspektive bietet, bleibt es nötig, die Begriffe, die sie an die Hand gibt, an die politische, soziale und geschichtliche Realität zurückzubinden[4]. Wenn „Bürokratien" und „Kader", „Parteien" und „Beteiligung", die aus der Fülle hier möglicher Organisationsformen im folgenden herausgegriffen werden, eine zunächst schematische, rein funktionalistische Ableitung finden, ist daher mitgesetzt, daß sie von zugleich triftiger, wirklichkeitswissenschaftlicher Bedeutung sind.

2. Begriffe und Begriffsbezüge: Typologische Zuordnungen

Organisationen können als Paradebeispiel dafür gelten, daß soziales Handeln sowohl „objektiven", strukturell vorgegebenen Prämissen folgt – wie die Systemtheorie sie herausarbeitet –, als von Konkretion zu Konkretion auch nach „subjektivem Sinn" verfährt. Daß die genannten Momente zusammenlaufen, ist deutlich; schlüsselt man sie näher auf, erhält man auf der Seite des Objektiven Bestimmungen, die als „Konditional-" und „Zweckprogramme" bezeichnet werden können (LUHMANN 1971), auf der Seite des Subjektiven aber Richtungsmuster, die, wie die Handlungstheorie formuliert hat (s. klassisch WEBER 1964), als „Zwecke" und „Werte" erscheinen. Stellt man die Funktionsmodi, die sich in dieser Kombination ergeben, in der Schematik einer Vierfeldertafel zusammen, gewinnt man ein Raster, unter das man politisch-administrative Organisation generell subsumieren kann. „*Bürokratien*": Bürokratien des WEBERschen Typus (WEBER 1964, S. 160-166, 703-738), bündeln demnach Handlungen, die konditional programmiert und an Zwecken – sc. rationalen Zwecken – ausgerichtet sind; „*Parteien*", wie moderne pluralistische Gesellschaften sie kennen, fallen in das Feld zweckprogrammierter, subjektiv zweckrationaler Organisation. WEBER (1919) hat sie als „gesinnungslos" bezeichnet. „*Kader*" – die Träger sozialer Steuerung in Einparteiensystemen – operieren zweckprogrammiert-wertrational; sie gehen „mitelopportunistisch" vor. Dem vierten Feld sind Organisationen des partizipativen Typus, Mechanismen der „*Beteiligung*", zuzuordnen. Sie arbeiten wertrational; ihre Programmstruktur oszilliert zwischen Konditional- und Zweckelementen, scheint aber in Richtung ersterer fixiert zu bleiben[5].

Die Ableitung und erste Abgrenzung der Organisationsformen, die hier interessieren, ist in der Tat bisher abstrakt erfolgt. Da es zudem Grenzbestimmungen sind, die zur Konstruktion des Schemas geführt haben, mag es doppelt schwerfallen, Bezüge zur Wirklichkeit herzustellen. Geht man freilich davon aus, daß gerade Grenzwerte es sind, die die Realität in den Grundzügen treffen (Weiss 1975; Lipp 1976), kommt man dem Anspruch, Organisationsanalysen wirklichkeitswissenschaftlich auszurichten, schon näher: „Bürokratien" und „Kader", „Parteien" und „Beteiligung" stellen Muster realer sozialer Steuerung dadurch dar, daß sie auf reale Gesellschaften selbst bezogen sind. Historisch teils aufeinanderfolgend, teils benachbart und koexistent, können sie gleichsam als „Leitideen", als dominante organisatorische Prämissen gelten, die Politik und Verwaltung erst faktisch bestimmen.

Wie sieht die geschichts- und gesellschaftstypologische Zuordnung, von der die Rede war, nun freilich näher aus? Unterteilt man die sozialevolutionäre Entwicklung, die die Industriegesellschaften genommen haben in eine „monistische", eine „dualistische" und eine „pluralistische" Phase – Phasen, die alternativ auch auseinanderdriften können –, kann man die Frage praktikabel fassen: „Bürokratien" werden im folgenden Gesellschaften des dualistischen Typs: den Entwicklungsfrühstadien industrieller Systeme zugeordnet, denen die Entgegensetzung von „Staat" und „Gesellschaft" als aufeinander bezogenen, aber doch gesonderten Steuerungsbereichen entspricht; „partizipative Organisationen" – die Mechanismen sozialer „Beteiligung" – sowie „Parteien", soweit sie Mehrparteiensystemen zugehören, entsprechen den Strukturmerkmalen moderner, „sozialstaatlich" durchdrungener, „pluralistischer" Gesellschaften; „Kader" schließlich verweisen auf Gesellschaften, die von Zentralapparaten bestimmt sind; sie übernehmen die Funktion, in Krisenlagen geratene soziale Prozesse „monistisch" zu bündeln, an Einheitsideologien auszurichten und revolutionär umzusteuern. Daß Industriegesellschaften vor allem sozialistischer Prägung es sind, die von Kadern geführt werden, ist bekannt. Setzt man die Analyse genereller, mit Blick auf den Bewegungsmodus des Geschehens an, wird es sinnvoll, von „Mobilisierungsgesellschaften" (Nettl 1967; Kaiser 1973) zu sprechen. „Entwicklungsländer", je nach Lage, lassen sich dann miteinbeziehen.

3. Grenzformen sozialer Steuerung – Funktionsanalysen

Die nunmehr aufzunehmende nähere Darstellung[6] folgt der Linie, die die historische Entwicklung selbst vorzeichnet. Der Typus der klassischen „bürokratischen" Organisation ist demnach vorwegzubehandeln. Historisch-ideenhistorisch ihm nachgeschaltet, steht der Typus sodann der „Kaderverwaltung" zur Diskussion. Es folgen Skizzen zur Steuerungsfunktion moderner pluralistischer „Parteien"; den Beschluß bilden Analysen aktueller organisatorischer Mechanismen der „Beteiligung". Daß die genannten Typen geschichtlich ineinander übergehen, ja sich strukturell „verflechten", wurde schon gesagt. Will man diesen Verflechtungen auf die Spur kommen und versuchen, sie systematisch zu entwickeln, wird es freilich nötig, die zugespitzten, typologisch „reinen" Ausprägungen selbst nachzuzeichnen. Zentrale Frage ist es dann, analytisch zu prüfen, inwiefern soziale Steuerung – historisch konkret organisiert – bei der Lösung der Aufgaben, die die Herrschaftsinstanzen, das Kollektiv und die Bürger ihr stellen, nach Umständen, Zwecken und Sinnvorgaben rational verfährt.

3.1 Bürokratien

Welche Charakterisierungen ergeben sich vorweg? „*Bürokratien*" stellen zunächst, folgt man Max Weber (1964), das Steuerungsinstrument eines bestimmten Typs von Herrschaft, nämlich der „legalen" und „rationalen" Herrschaft dar. Sie treten in klarer Ausprägung in der entwickelten „bürgerlichen Gesellschaft" – vornehmlich Kontinentaleuropas – auf, in der obrigkeitsstaatliche Traditionen, zentralisierte Entscheidungsgewalt und liberales Rechtswesen eigentümlich verbunden sind. Als „Ordnungsverwaltung" ansprechbar (Pankoke/Nokielski, 1977), sind sie – wie die bürgerliche Gesellschaft und ihre Marktmechanik selbst – bestimmt spezifisch durch Verfahrensmäßigkeit, Instrumentalität und im ganzen hochgradige, „formale Rationalität". Organisation dieser Art baut darauf auf, daß die Direktiven, die sie ausführt: Gesetze, Erlasse und Anordnungen, im Sinne positivrechtlicher Verfahren legitim zustandekommen und gegenüber der Gesellschaft, konkreter: dem Verwaltungspublikum, Annahme und Anerkennung beanspruchen können. Ist diese Konstellation gegeben, kann der bürokratische Prozeß, von zusätzlicher Legitimationsbeschaffung oder der Aufgabe der Selbstlegitimierung freigesetzt, hierarchisch erst aufgegliedert, arbeitsteilig spezifiziert und in der Leistungskraft gesteigert werden. Die Staatstätigkeit wird in die Form eines „technischen", „mechanischen", ja „maschinenmäßigen" Ablaufs gebracht[7]. Sie wandelt sich zum „Apparat" (Weber 1964,

S. 1048, 1058), der sowohl von außen, dem Verwaltungspublikum, als auch von innen, den Mitgliedern der Bürokratie, planmäßig „anzuwerfen", handzuhaben und so zu „fahren" ist. Die als legal gesetzte, oberste Herrschaft selbst – Verwaltungsspitze und politische Führung in einem – gibt dabei „Programme" vor, die den Funktionsfluß „konditional", nach Maßgabe bestimmter sachlicher „Auslöser" steuern, die am Ende im Publikum liegen (LUHMANN 1971). Sie wird fähig, Entscheidungen rechtsförmig zu verallgemeinern, über „Dienst"- und „Geschäftswege" nach „unten" durchzuschalten und gesellschaftlich effektiv zu realisieren.
Die besondere organisatorische Struktur, die dieser Verwaltungstypus angenommen hat, hat ungeachtet vielfältiger Korrekturen, die mittlerweile angebracht worden sind, immer noch richtungweisend Max WEBER beschrieben: Bürokratische Organisation besteht „im reinsten Typus aus Einzelbeamten"; diese Beamten, einzelnen „Stellen" zugeordnet, sind „persönlich frei"; sie gehorchen „nur sachlichen Amtspflichten, . . . (sind) in fester Amtshierarchie mit festen Amtskompetenzen kraft Kontrakt . . . nach Fachqualifikation . . . angestellt" – also nicht gewählt –, und werden „mit festen Gehältern in Geld . . . entgolten". Sie behandeln „ihr Amt als einzigen oder Hauptberuf" – d. h. sehen es nicht als Ehrenamt oder nur transitorische Tätigkeit an – und haben „eine Laufbahn", „abhängig vom Urteil des Vorgesetzten", vor sich. Beamte arbeiten von den Verwaltungsmitteln getrennt; sie unterliegen einer „streng einheitlichen Amtsdisziplin und Kontrolle" (1964, S. 162 f.).
Nimmt man zu den genannten Merkmalen, die diesen Verwaltungstyp kennzeichnen, das von WEBER ebenfalls hervorgehobene Prinzip der „Aktenmäßigkeit" – der Prüfbarkeit der Handlungsvorgänge durch Schriftlichkeit – hinzu, hat man die Charakteristika zusammengestellt, die Bürokratien in der Tat, wie WEBER für seine Gegenwart sagen konnte, als die an „Präzision, Stetigkeit . . ., Straffheit und Verläßlichkeit, (an) Berechenbarkeit für den Herren wie für die Interessenten . . . formal rationalste Form der Herrschaftsausübung" (1964, S. 164) erscheinen lassen. „Formal rationalste Form": dies ist ein gewichtiges Wort. Systemtheoretisch verallgemeinert, besagt es nicht zuletzt, daß die Funktionen der Organisation gegenüber Störgrößen – wie sie namentlich die äußere, gesellschaftliche, aber auch die innere Umwelt des Systems, die Nutzen- und Karriereinteressen des Personals, absenden – weitgehend hier abgeschirmt, auf sich gestellt und neutral verfolgt werden können. An die Stelle diffuser, personengebundener Bezüge, die Staatsverwaltungen sonst oft durchdringen – sie können in Voluntarismus, Dezisionismus und Korruption umschlagen –, treten differenzierte, nach Ressorts, Zuständigkeiten und Aufgaben gegliederte, sachliche Orientierungen. Zweckrational vom Subjekt, dem Beamten her gesehen, fügen sie sich programmgemäß – ausgelöst sei es von Anordnungen der Vorgesetzten, sei es von Eingaben der Klienten – in den Instanzenzug des Gesamtsystems,

klinken ein und gerinnen zum „Verfahren". An die Stelle personalinterner, offener Durchsetzungs- und Aufstiegskämpfe treten geregelte, im Prinzip kalkulierbare Karriereverläufe. Der Prozeß insgesamt zielt auf Ordnung; nach außen, aufs Publikum gewendet, ist er aus auf Ordnungssicherung: die Garantie politischer Stabilität bei Freigabe zugleich marktgebundener, gesellschaftlicher Interessen. Nicht Einzelzwecke sind es, um die es dabei geht – wie die Zielsetzung unmittelbar der Führung suggeriert –, sondern Zusammenhänge funktioneller Art[8]; sie werden fortentwickelt, präzisiert und systemerhaltend verstetigt. Daß gerade Ausrichtungen wie Obrigkeitsgesinnung, positiv: Staatsloyalität, Korpsgeist und Standesdenken, die am Typus des Bürokraten schon früh kritisiert worden sind[9], zur Neutralisierung von Gegenkräften – der Pressionen, Ansprüche und Partikularinteressen am Ende der „Gesellschaft" selbst –, damit aber zur Rationalisierung organisatorischen Handelns beigetragen haben, muß ergänzt und festgehalten werden.

Die Darstellung „reiner", bürokratischer Organisation, so fragmentarisch sie geblieben ist, ist an dieser Stelle zu unterbrechen. Geht man historisch davon aus, daß Bürokratien im Gefolge von Zentralisierungsprozessen entstanden sind, die mit der Herausbildung des Herrschaftssystems des Absolutismus in Frankreich verbunden waren (vgl. z. B. Mayntz 1978, Kap. 2), dann zeigt sich, daß Organisationen dieses Typs von Anfang an zur Quelle gegensätzlicher sozial-administrativer Entwicklungen geworden sind. Mit der Geschichte Frankreichs – bis hin zu *Robespierre* und der Ära *Napoleons* – eng verquickt, weisen Bürokratien sowohl rational-technizistische, auf Beherrschung und Machbarkeit, als auch revolutionäre, auf Umsturz und Neugestaltung gerichtete Züge auf. Hier wie dort haben sie die Ordnung Alt-Europas entscheidend transformiert und dazu beigetragen, die moderne, auf Massenbasis ruhende Gesellschaft erst auf den Weg zu bringen. Wenn „organisieren" ursprünglich hieß, „ein Land auf französische Weise einzurichten" (vgl. Dohrn van Rossum 1978, S. 567), gehen die Mechanismen sozialer Steuerung, die die entwickelten, plebiszitär-pluralistischen Systeme inzwischen etabliert haben – „Leistungsverwaltung", „Parteien" und „Beteiligung" –, auf diese Prinzipien nicht weniger zurück als schon Verwaltungsformen, die – wie „Kader" – Mobilisierungsgesellschaften monistischer Prägung steuern. Gerade Kader sind es, die „postbürokratische" Entwicklungen hier vorweg anleiten; sie spitzen die historisch angelegte, ursprüngliche Funktion von Bürokratien: ein Staatswesen technisch ebensosehr perfekt zu verwalten wie es revolutionär umzuorganisieren und auf neue „kybernetische" Grundlagen zu stellen, in allen Widersprüchen dialektisch griffig zu. Welche Hauptmerkmale, welche Typik weisen sie auf?

3.2 Kader

Der Begriff „*Kader*" – französischen Ursprungs – stammt aus der Militärsprache[10]; er wurde von *Lenin* und *Stalin* übernommen und auf die Verwaltung der revolutionären sozialistischen Gesellschaft, besonders der Sowjetunion, bezogen. Kaderorganisation[11] – skizziert wird hier vorerst ihr Selbstverständnis – überdeckt in diesem Zusammenhang schon herkunftsgeschichtlich einen Widerspruch: Deutet das militärische Element auf straffe Führung, präzises Reglement und Mobilisierungseffekte, so das Gesellschaftsbild des Sozialismus, das in Kaderorganisation miteingegangen ist, auf Konzepte, in denen Staat und Bürokratie am Ende abgeschafft sein sollen und Steuerung nicht als „Herrschaft über Menschen", sondern „Verwaltung" nur noch von „Sachen" (Engels) begriffen wird. So utopisch diese Konzepte anmuten: Kaderorganisation verfolgt das Ziel, die für sie in den klassischen, gewaltenteiligen Staatsformen gegebene, in Bürokratien zementierte „Entfremdung" des Menschen aufzuheben; sie übernimmt es, dieses Ziel – die Herstellung der Selbstverwaltung des gesamten, ungeteilten Volkes als arbeitender, vollziehender und zugleich gesetzgebender Körperschaft – strategisch von einem Zentrum aus durchzuführen. Faßt man das Selbstbild zusammen, ist Kaderorganisation zunächst von einem forcierten, antibürokratischen Affekt getragen: Verfährt bürokratische Organisation nach dem Prinzip der Trennung von Amt und Person, unterscheidet sie Ränge, Kompetenzen und Qualifikationen, steht Kaderorganisation dem grundsätzlich ablehnend gegenüber; ihr Leitbild ist es, gegen rein „technische" Verwaltung – vermeintliche bloße „Fachidiotie" (Marx) – Humanisierungsprozesse einzuleiten; gegen Arbeitsteilung und „Partialisierung" schlechthin gewendet, wie sie bürokratisch geregeltes Dasein betreffe, ist sie bestrebt, menschlich-soziale „Allseitigkeit" herzustellen: die Identität des Handelns, wie immer es sich ausgestaltet, in Gesellschaft und Welt mit sich selbst.
Nun sind Kader mit Organisationsformen, wie sie historisch die Rätebewegung entwickelt hat[12], analytisch keineswegs in eins zu setzen. So sehr die ideologischen Wurzeln – und damit Ziele – der genannten Mechanismen sich berühren: die entscheidende organisatorische Umstrukturierung, die vom Räte- zum Kadersystem, von „antiautoritärer", kollegialer Selbstverwaltung zu Verwaltungsstäben geführt hat, die zum Werkzeug „autoritärer", von oben steuernder Herrschaft wurden[13], hat Lenin vollzogen. Lenin (1964) ging davon aus, daß die künftige kommunistische Gesellschaftsordnung nicht gleichsam naturgesetzlich, vom Druck nur der Basis her, entstehe, sondern Vorkämpfer und Wegbereiter, kurz: eine „Avantgarde" benötigte. Er sah und verwirklichte diese in einer „Partei neuen Typs", im „Berufsrevolutionär" und, nachgeordnet, in „Kaderorganisation". Zusammengefaßt und straff geführt von der Partei, sollte Kaderorganisation den „Transmissions-

prozeß" – die ebenso maschinenmäßige wie konspirative, ebenso situationsgerechte wie unberechenbare, politisch aus dem Untergrund stoßende Umgestaltung der Gesamtgesellschaft – besorgen, die die marxistische Ideologie erst in konkrete, dauerhaft verankerte Praxis überführen konnte. LENIN war sich im klaren, daß die Ziele der Transmission von organisatorischen Fragen nicht zu trennen waren, und während er Bürokratie als Fall autokratischer, gesamtgesellschaftlich, wie er unterstellte, nicht legitimierter Macht durchaus ablehnte, ergab es sich, daß er – der „Revolutionär mit bürokratischem Geist" (A. G. MEYER 1972, S. 98) – Organisationstechniken der Bürokratie partiell durchaus übernahm[14]. „Seine Parteiavantgarde von Berufsrevolutionären wies sowohl . . . arbeitsteilige Spezialisierung und Expertise in Sachen Revolution, (das) Besoldungsprinzip (und) Lebenslänglichkeit des ‚Berufs', als auch . . . Ablehnung des Wahlbeamtentums (und) hauptamtliche, . . . hierarchische Apparat(e)" auf (BALLA 1973, S. 106). Deren Personal, das an Einsatzstellen quasi-militärisch „abkommandiert" werden konnte, wurde vom System der „Nomenklatur" – einem zentralen personalpolitischen Großkataster (vgl. bes. HARASYMIW 1969; s. a. LEWYTZKYJ 1961) – am Ende so erfaßt, daß die Erfahrungen der Kaderauslese, die Qualifizierung der Kader und ihre Verteilung systematisch gespeichert, planmäßig überprüft und so für die Leitung – die Parteiführung – zweckfällig abrufbar wurden[15].

Weist Kaderorganisation, vor die Folie der Rätebewegung gestellt, also durchaus Merkmale bürokratischer Prägung auf, ist sie vom klassischen WEBERschen Typus doch auch weit entfernt. Wird in diesem zwischen Amt und Person, sachlich-fachlicher Eignung und Befehlsgewalt, Betriebsmitteln und individuellen, privaten Handlungsgründen streng unterschieden[16] – sie werden „formal-rational" gesondert veranschlagt –, gehen diese Dimensionen in Kadern, in denen sie identitätslogisch zusammengefaßten, „materialrationalen" Kriterien unterworfen werden, prinzipiell ineinander über. Sie werden eingeschmolzen in „Gesinnung". Ausgehend von der Feststellung etwa Stalins, daß „Kader die Führungskräfte der Partei und des durch die Partei gesteuerten, gesamten Staats- und Wirtschaftsapparates" sind, gilt hier die Bestimmung, daß die Führung „Kader braucht", „um . . . die richtige politische Linie in die Tat umzusetzen"; „sie braucht Menschen", „die die politische Linie der Partei . . . als ihre eigene Linie betrachten" (1951; zit. n. BALLA 1973, S. 110): Menschen, die nicht „persönlich frei" (WEBER 1964, S. 162) – wie in der Bürokratie – und lediglich über die Mitgliedschaftsrolle an die Organisation gebunden sind, sondern total beansprucht und auf die Ziele des Apparats qua Gesamtperson, im Innern u. d. h.: qua gesamter, gerade außengerichteter Aktivität verpflichtet werden. Die Hinweise zeigen, daß offenbar der Machtwille der Partei, i. e. der politischen Herrschaft – und ihrer durchgeschalteten, wenn auch opportunistisch dehnbaren Ideologie, ihrer wechselnden Zweckprogramme, Planungen und Solidarisierungsappelle

– es ist, der die Steuerungsarbeit der Kader – diesen unterstellt aber der näheren, technisch orientierten Staats-, Kultur- und Wirtschaftsverwaltung[17] – primär bestimmt; sie machen manifest, daß Verwaltung nach Verfahrensmustern: feststehenden Kompetenzen, Qualifikationen, Verfügungs-, Prüf- und Berufungswegen, die zwischen Kaderführung, Kaderpersonal und Kaderpublikum, zwischen Verwaltungsbinnenraum und Außenwelt erst Grenzen ziehen, hinter diesem Willen zurückzustehen hat. Kaderorganisation funktioniert in diesem Sinne weniger mittels gesatzter Regeln – oder „Befehle", denen, präzise zugeordnet, „Gehorsam" korrespondiert[18] –, als auf Anweisung einer wandelbaren, von den Kadern „wertrational", in sensibler Vorwegnahme verinnerlichten, voluntaristischen Kommandogewalt[19]. Im Zweifelsfalle – der im Steuerungsalltag hier schnell erreicht wird – springen die Prinzipien der „Parteilichkeit" ein; werden sie verfehlt oder stößt die permanente ideologische Mobilisierung, die die Partei in Richtung innerer wie äußerer Zwecke unterhält, auf innerorganisatorische, an Formalprinzipien festhaltende Widerstände, können als Waffe gegen „Bürokratismus", der dann unterstellt wird, Kritik und Selbstkritik eingesetzt werden, werden Parteiverfahren in Gang gebracht, ja schlägt Kaderarbeit, politisch motiviert, in Säuberungsprozesse um, die jenseits des Rechts verlaufen und Kader und Publikum zugleich betreffen.

3.3 Parteien

Wie schon bemerkt, ist die Entwicklung nicht nur des Kaderwesens, sondern der modernen politischen Parteien an Voraussetzungen geknüpft, die auf Bürokratien und um sich greifende bürokratische Organisation wesentlich rückverweisen. Die Formierung namentlich der großen politischen Parteien, die das Dasein heute prägen, zu Steuerungsmechanismen erster Ordnung muß vor diesem Hintergrund gesehen werden. Parteien, an Gesellschaften pluralistischen Typs gebunden, und Bürokratien sind offenbar aufeinander bezogen. Funktionalistisch gesehen, stellen Parteien zu Bürokratien einen zunächst ergänzenden, komplementären Faktor dar. Je stärker Bürokratien, ihrem Prinzip nach, dazu tendiert haben, verfahrenslegaler, bloßer sozialer Apparat zur Durchführung von Herrschaftsentscheidungen zu sein – und sie sich so von der Aufgabe, diesen Entscheidungen auch Legitimation zu verschaffen, zunehmend ablösten –, desto mehr wurden die Entwicklung, der Einsatz und die Ausweitung von Steuerungsformen nötig, die hier ausgleichen konnten, die gesellschaftlichen Interessen bündelten und tragfähigen, sinnhaft-sozialen Konsens herstellten.
Fungieren Parteien einerseits also als das Korrektiv, das bürokratische Abläufe – und ihre zunächst nur „äußere", maschinenmäßige Effektivität –

an oberste politische Sinnzusammenhänge, nämlich massendemokratische Legitimation anbindet, gehen sie mit Bürokratien auch noch auf andere – umgekehrte – Weise Hand in Hand. Folgt man Max WEBER (1964, S. 211-214, 1063-1080; vgl. bes. HERZOG 1966), erscheinen Parteien weniger nur als limitierendes Korrektiv, als vielmehr als Exemplum, Beleg und Folge bürokratischer Prozesse; bürokratische Organisation, die im Zuge fortschreitender gesellschaftlicher Rationalisierung immer weitere Daseinsfelder erfaßt, nimmt im Bereich politischen Handelns notwendig die Form von Parteien an. Parteien wiederum, als Träger dynamischer politischer Willensbildung und Produzenten hinreichender sozialer Legitimität heute unentbehrlich, haben sich früh schon in Richtung von Bürokratisierung, ja bürokratischer Verhärtung und der Bildung von Oligarchien bewegt[20]. Im Zeitalter der Massendemokratie, der pluralistischen großorganisatorischen Fächerung der Interessen, schließlich aber der Konkurrenz, die unter diesen Interessen herrscht, konnte politisches Handeln auf bürokratische Mittel in der Tat nicht verzichten. Sie wurde Politik von Parteien, d. h. Parteiapparaten.

Wie die Geschichtsschreibung zeigt, hat die Entwicklung politischer Parteien trotz unterschiedlicher sozialer, ökonomischer oder kultureller Lagerung in den Industriegesellschaften Westeuropas, mit Einschränkungen auch Amerikas, weithin ähnliche organisationstechnische Wege eingeschlagen (vgl. z. B. NEUMANN 1932; KAACK 1971, zu Deutschland; s. a. DUVERGER 1951 und LIPSET/ROKKAN 1967). Auf die Phase liberaler, von der Idee politischer „Repräsentation" getragener, lokaler „Honoratioren-Organisationen", deren Chancen, sich durchzusetzen, unter dem Primat zunehmender Massenmobilisierung bald dahinschwanden, folgte die Phase kaderartig arbeitender, ideologischer „Gesinnungsparteien"; diese, im Rahmen des bürgerlich zugeschnittenen sozialen Gesamtsystems auch als „Klassenparteien" konzipiert, haben, wie die Sozialdemokratie in Deutschland, zunächst Teilgruppen vertreten. Trotz Übernahme schon moderner, spezifisch bürokratischer Prinzipien, die ihnen erst Schlagkraft gaben, tendierten sie sektenhaft zu weltanschaulicher, politischer und organisatorischer Verbunkerung. Sie sprachen das Wahlvolk nicht als ganzes an, sondern versuchten, Formationen wie Klassen, Berufsstände, die großen konfessionellen Blöcke mobil zu machen. Ziel für sie war es weniger, für bestimmte politisch-ideologische Programme die Masse der Wähler selbst zu gewinnen, als vielmehr Basiskräfte, auf die die Programme schon paßten, an die Macht zu bringen.

Nun stellen Parteien Organisationen dar, die die Werte und politischen Einstellungen in der Tat von „Teilen", nicht der Gesamtheit der Bevölkerung formieren. Parteien funktionell auf pluralistische, nicht monistische Systeme zu beziehen, ist schon begrifflich angebracht; für die Gesellschaften des Westens gilt es normativ: Erst das Zusammenwirken mehrerer, für sich gesehen für Teilbereiche der Gesellschaft stehender, politischer Parteien führt dazu, daß der Wille des Wahlvolks insgesamt, die volonté des tous, repräsentiert wird. Die Frage, wie dieser Wille regierungsfähig zu machen und für das laufende soziale Geschehen in Steuerungsfunktionen konkret zu übertragen ist, betrifft näher die Strukturprämissen, ideellen Grundlagen und Verfahrensregelungen der politischen Ordnung selbst. Gewiß macht es Unterschiede, ob von Zwei- oder Mehrparteiensystemen, Mehrheits- oder Verhältniswahlen, zentralistischer oder föderalistischer Organisation der Staatsgewalt ausgegangen wird; Probleme dieser Art im einzelnen aufzugliedern, würde an dieser Stelle zu weit führen[21]; was vorrangig hier interessiert, ist der Umstand, daß Parteien im Gefolge fortschreitender industriegesellschaftlicher Entwicklung sich von „Klassen-" zunehmend zu „Volksparteien" gewandelt haben[22]. Im Maße, in dem sie in dieser dritten, aktuellen Phase ihrer Ausformung anstrebten, im Kampf um die Macht, d. h. die Besetzung entscheidender politischer Ämter, Gefolgschaft bei Wählermehrheiten zu erreichen, bauten sie ideologisch festgelegte, sozial einseitige Programme dabei ab. Rief dieser Abbau, die Öffnung der Ideologien nach der Seite konkreter pluralistischer Interessen, tendenziell zwar politische Gesinnungslosigkeit hervor, hat er es organisationstechnisch doch auch ermöglicht, auf die Erfordernisse des Alltags flexibler, situationsgerechter und effizienter einzugehen.

Der Zweck des Parteiengeschäfts, Regierungsämter mit Führungskräften unter der Prämisse zu besetzen, daß zwischen Regierenden und Regierten „Identität" hergestellt: der Legitimationsappell der Herrschenden an die Zustimmungsbereitschaft des Volks also rückgekoppelt wird, scheint am Ende hier besser als von starren, auf „Einheit" reduzierten Gesinnungsparteien erreicht zu werden. „Identität" zwischen Regierenden und Regierten gerät zum Prokrustesbett ja dort, wo die Vielfalt sozialer Interessen unter dem Diktat ideologisch rigoroser, von Minoritäten definierter Sinnziele monistisch ausgerichtet und damit „gleichgeschaltet" wird. Schon für Rousseau war es fraglich, ob Gesellschaften, die gewisse optimale Größenmaße überstiegen, die Balance zwischen der volonté des tous und einer straffen, vereinheitlichten volonté générale am Ende halten könnten. Nicht weniger zurückhaltend beantwortet diese Frage die Politikwissenschaft heute; sie geht davon aus, daß Volksparteien die Funktion, Steuerung nicht nur „system-", sondern „sozialintegrativ"[23] zu garantieren, im Effekt adäquater, nämlich wirklichkeitsnäher erbringen als Parteien des Gesinnungstyps. So sehr es weithin auch zutrifft, daß „Allerweltsparteien" (Kirchheimer 1965), je elastischer sie auf Tagesfragen, Gruppenansprüche und umgekehrt: Chancen opportunistischen Machtgewinns eingehen, Legitimität im Sinne nur noch von „Leerformeln" produzieren, so wenig kann doch übersehen werden, daß Leerformeln hier als verbindende, legitimatorische „Plattform" dienen, die kybernetisch durchaus wirksam wird: Sie schaffen Verständigung, Sinnper-

spektiven, Ordnungsdisziplin und geben dem Handeln so die Möglichkeit, Identität auch über unterschiedliche soziale Lager hinweg festzuhalten.
An dieser Stelle ist es angebracht, Parteien im Sinne der Grenzbestimmungen, denen sie subsumiert wurden, typologisch präziser zu fassen. Daß Parteien als Träger wichtiger sozialer Steuerungsfunktionen dienen, ist bisher zwar vorausgesetzt, spezifisch aber nicht erläutert worden: Parteien sind Steuerungsträger zunächst insofern, als sie die Wahlbevölkerung – die im Gruppenkampf auseinanderdriften und identifikativ zersplittern kann – mit Blick auf große politische Grundsatzfragen organisatorisch sei es bündeln, sei es überhaupt integrieren und zum Staat hin „vermitteln". Öffentliche Verwaltung, von der Ministerialbürokratie bis hin zu Durchführungsstellen, kann Leistungen stetig erst dann erbringen, wenn die Vielzahl gesellschaftlicher Interessen von Parteien schon aufgeordnet, schwerpunktmäßig profiliert und repräsentativ gefiltert ist. Parteien sind Steuerungsträger ferner dahingehend, daß sie für die Besetzung strategischer, im Schnittpunkt zentraler sozialer Erwartungen stehender, politisch-administrativer Ämter Kandidaten benennen, diese Kandidaten legitimieren und sie zur Wahl aufstellen[24]. Aspiranten auf die Macht, umgekehrt gesehen, nutzen Parteien als Vehikel, ja am Ende gebotene effektive Karrierebahn, Ämter schließlich zu übernehmen, Amtspatronage auszuüben und überhaupt in einflußreiche politische Positionen zu kommen[25]. Der Prozeß insgesamt, in komplexen industriellen Gesellschaften ebenso wichtig wie delikat[26], ist auf den Einsatz vorstrukturierender politischer Parteien unabdingbar hier angewiesen[27].
Der spezifische Modus, unter dem die genannten Funktionen realisiert werden, ist hier wie dort nun der der „Werbung". Politisches Handeln, von Parteien organisiert, ist in der Stoßrichtung Stimmenwerbung, ist Werbung um disponible, weil formal „freie" Wählerstimmen. Daß Prozesse dieser Art im Effekt im Sinne marktmechanischer, ökonomischer Rationalität betrieben werden, hat deutlich bereits Max Weber gesehen (1964, S. 214, 1063 ff.); die neuere „ökonomische" Theorie der Politik hat dies nicht nur bestätigt, sondern die Funktionalität dieser Rationalität, bezogen auf die Steuerungsvoraussetzungen moderner pluralistischer Systeme, auch prinzipiell herausgearbeitet[28]. Parteien als Organisationen, die Wahlstimmenwerbung – unter Einsatz raffinierter organisatorischer Techniken – betreiben, geben unter der Voraussetzung, daß Konkurrenzbedingungen gelten, strukturell demnach die Gewähr, die Interessen der Bevölkerung hinreichend zu repräsentieren; sie wetteifern darum, Sinnansprüche praktikabel aufzunehmen und Werte, erlangen sie Öffentlichkeitsrang, im Wechselspiel von Regierung und Opposition sukzessive zu verwirklichen.
Daß von Parteien volle, sozial-integrative Steuerung nicht erreicht wird – und nicht erreicht werden kann –, ist freilich einzuschränken. Der Umstand, daß Parteien, wie elastisch und angepaßt auch immer, Stimmenwerbung auf dem

Niveau nicht spezifizierender, sondern generalisierender Sinnvorgaben betreiben, limitiert die Erfassung, Repräsentation und Realisierung sozialer Werte schon a priori. Latente, organisations- und konfliktschwache Interessen, wie sie Minderheiten, funktional diffuse und marginale Gruppen betreffen, bleiben unterhalb der Artikulationsschwelle und werden an den näheren politischen Prozeß so nicht angekoppelt (vgl. Offe, 1969). So triftig diese Einschränkung ist, bezieht man sie auf ein utopisches, die Interessen der Bevölkerung schwerpunktlos, im Ensemble und simultan einbeziehendes, demokratistisches Steuerungsmodell: Sie bleibt schief, hat man soziale Steuerung, ihre Möglichkeiten und Grenzen, im Rahmen von Parteiensystemen realistisch vor Augen. Steuerung durch Parteien kann auf der Ebene, auf der sie erfolgt, Sozialintegration nicht schlechthin leisten. Sie weist indessen interne, in sich differenzierte Gütegrade auf. Verglichen mit Klassenparteien oder den älteren berufsständischen Vertretungen, deren Zwecke sich rigoristisch verbohren und reaktionär am Ende festfahren konnten, weisen Volksparteien durchaus hohe, entscheidend gesteigerte „Wertberücksichtigungspotentiale" auf. Von Ideologien entlastet, sind sie in der Lage, neuaufkommende, noch diffuse „issues" schnell aufzunehmen, sie werbetechnisch umzusetzen und politisch „auf den Markt" zu bringen. In Systemen speziell des Zwei-, aber auch des Mehrparteientyps kommt hinzu, daß Oppositionsparteien unterdrückte, vergessene und implizite Interessen aus Konkurrenzgründen: im Sinne der Maxime, den wahltaktisch ausschlaggebenden, politischen „Grenznutzen" zu definieren, zwangsläufig aufspüren und immer mitverwerten. Die Gesinnungslosigkeit moderner politischer Parteien wird um die Fähigkeit, soziale Werte in beweglichem Zugriff in praktikable, programmatisch-politische Zwecke umzuwandeln, ausgleichend hier ergänzt. Es mag zu weit gehen, diesen Funktionszusammenhang optimal zu nennen; er stellt jedoch, wie man gesagt hat, von sonst mäßigen, ja schlechten Lösungen auf diesem Felde die noch beste dar.

Parteien realisieren soziale Werte; ihr Steuerungsmodus indessen ist von Zweckprogrammen, kombiniert mit Zweckrationalität bestimmt. Obwohl schon eingangs getroffen, muß diese Zuordnung erläutert werden. Sie gilt für Parteien nicht schlechthin, gibt ihnen aber die Richtung vor. Stellen Klassenparteien – bei zwar zweckprogrammierter Organisations-, jedoch wertrationaler Handlungsführung – hier gleichsam noch ein Zwischenbeispiel dar, ist Orientierung an Zwecken bei Volksparteien in Reinform ausgeprägt. Was ist hierunter abschließend gemeint?

Parteien, wo immer sie Mittel planvoller, bürokratischer Organisation einsetzen, werden tätig nach Maßgabe von Zwecken: Sie bezwecken am Ende – gleichviel, welche Werte sie propagieren –, Stimmen zu werben, Mehrheiten zu bilden, die Macht zu erlangen und Führungsstellen zu besetzen. Werte im Sinne normativer politischer Zielsetzung – ideologische Konzeptionen,

Parteiprogramme im engeren Sinn – werden angesichts dieser Oberzwecke neutralisiert, zum Instrument – nicht Sinn – „symbolischer Politik" (s. dazu EDELMAN 1976) gemacht und konsequent als Mittel eingesetzt. „Apparate" drängen vor; „ökonomische" Handlungsweisen treten auf den Plan (vgl. – im Anschluß an WEBER – a. STEININGER, 1980). Im Namen von „Herrschaft", Herrschaftslegitimation, ja Begründung sozialer Identität geht es primär um „Macht", Machtgewinn, den Ausbau und die Sicherung von Macht. Geht man davon aus, daß Strategien dieser Art Parteien in der Tat bestimmen, wird es einsichtig, daß gesinnungshafte, wertrationale Orientierungen, die schnell quer liegen und mit inopportunen politischen Inhalten zur Unzeit verklebt sein können, von den Apparaten ausgefiltert, Zwecken unterstellt und nach Möglichkeit ausgeschaltet werden müssen. Die Funktionsmaxime des Erfolgs, die wertrationales hinter zweckrationales Handeln hier zurücksetzt, wirkt sich am Ende dahingehend aus, daß Parteien Zweckprogramme auch strukturell, als Steuerungsmodus unmittelbar der Organisation, favorisieren. Konditionalprogrammierung, die Regelform speziell von Bürokratien, als Alternative bleibt typologisch ausgeschlossen. Entscheidend wird vielmehr die Einsicht, daß im Maße, in dem Zweckprogramme im Feld stehenden wahlaktiven Parteien hohe taktische Beweglichkeit erlauben, Konditionalprogramme den Spielraum, auf fluktuierende soziale und politische Wirklichkeiten einzugehen, unangemessen einschränken und so die Chance, im Kampf um die Macht zu bestehen, verringern.

Daß Werte – Wertinteressen – im Rahmen begleitender symbolischer Politik von Zweckprogrammen zwar mitgesteuert – Legitimität also erzeugt, Massengefolgschaft gesichert, Sozialintegration der Tendenz nach geleistet wird –, wurde schon gesagt; zugleich freilich ist deutlich, daß Wertrealisierung – sei es objektiv, als Problem und Problemlösung der Parteien selbst, sei es subjektiv, als Sinnerfahrung des Publikums – unter Bedingungen dieser Art auf grundsätzlich schwankendem Boden steht. Die Funktionsmöglichkeiten politischer Parteien stoßen auf Grenzen hier prinzipiell. Sie rufen nach Ergänzung, Abstützung und Fundierung, von anderer Seite. So nötig es zweifellos ist, soziale Steuerung, untersucht man sie grenztypologisch, nach Einzelaspekten aufzuschlüsseln, so wichtig wird es auch, sie als komplexes Phänomen zu verstehen. Nachstehend wird gezeigt, in welche Richtung die Verflechtungen, durch die Steuerung integrativ erst wirksam wird, sich typologisch weiterverzweigen.

3.4 Beteiligung

Die breite und nuancenreiche Diskussion, die seit Beginn der siebziger Jahre zum Problem politischer „*Partizipation*" geführt worden ist[29], ist vom

Umstand ausgegangen, daß in Gesellschaften pluralistischen Typs die Steuerungsinstrumente weder der klassischen Bürokratie, noch der modernen Parteien in der Lage sind, die Potentiale sozialer Werte und Wertinteressen voll aufzunehmen. Machen es Bürokratien der Tendenz nach zwar möglich, Ziele, die die Führung zentral, nach abstrakterem Maßstab vorgibt, gesellschaftsweit zu „implementieren"[30], laufen sie Gefahr, die Interessen der Bürger selbst, die in immer konkrete Situationen eingebettet sind, auszuspielen und zu übersehen; sie werden „bürgerfern"[31]. Mit der Aufgabe, große staatspolitische Ziele, die dem Alltagsdasein oft entrückt sind, legitimatorisch durchzusetzen, stehen Parteien vor ähnlichen Problemen: Da sie Legitimation primär an konfliktstarke, organisationsfähige Interessen binden, die die Öffentlichkeit schon von sich aus dominieren, dienen sie nicht selten als Vertreter, ja der Motor eines Status quo, der „inklusive" (Olson 1968), schwache und latente soziale Ansprüche zur Artikulation nicht erst kommen läßt.

Die aktuelle politische Praxis, ihr zugeordnet aber die neuere sozialwissenschaftliche Forschung haben in diesem Sinne versucht, die Funktionsmodi sozialer Steuerung unter dem Vorzeichen forcierter demokratischer Integration noch weiter zu entwickeln. Nachstehend wird es unternommen, diesem Versuch zusammenfassend nachzugehen. Die Korrekturen, die an Organisationen sei es des Parteien-, sei es des klassischen bürokratischen Typus angebracht wurden, können wesentlich dabei wie folgt beschrieben werden: Organisationsintern haben sie, wenigstens tendenziell, zum „kooperativen" Modell geführt[32], auf der Ebene des Verhältnisses von Organisation und Publikum war es das Modell der „Partizipation"[33], das Steuerung zunehmend bestimmen sollte.

Was die Diskussion zum kooperativen Modell betrifft, sind hier nur Stichworte zu geben (vgl. Luhmann 1964): Gewendet gegen ein „Befehlsmodell" hat sie gezeigt, daß Organisationshandeln nicht vom Rationalisierungsstandpunkt eines einzigen Teilnehmers, der Organisationsspitze, gesehen werden kann, sondern das Handeln aller übrigen Organisationsmitglieder mitumfaßt. Diese sind oft sachverständiger als ihre Vorgesetzten und können nicht mehr durch Befehle, sondern müssen durch Formen vertikaler Kooperation, namentlich über Stabsarbeit, an die Organisationszwecke gebunden werden; Kooperation ergibt sich auch horizontal: sei es über den Außenverkehr der Untergebenen, der vom Vorgesetzten nicht mehr voll eingesehen wird, zum Publikum hin, sei es über Abteilungs- und Kompetenzgrenzen hinweg zu Kollegen auf hierarchisch gleichem Rang, die dann Entscheidungshilfe leisten. Steuerungsfaktoren der Organisation sind hier weniger Befehle als vielmehr Lernprozesse; sie haben zur Folge, daß sich die Initiative für Kontakte zwischen Vorgesetzten und Untergebenen von oben nach unten verlagert; der Berichtsweg von unten nach oben gewinnt verstärktes Interesse. Die formal zugewiesene Befehlskompetenz und der faktische, gruppendynamisch bewegte, zunehmend von „professionals" getragene Einfluß auf Entscheidungen können weit auseinanderfallen: eine Entwicklung, die um so plausibler wird, je weniger sich die Einsicht zurückweisen läßt, daß Befehle (Programme) nur selten als sachlich instruktiv erscheinen, sondern der Auslegung durch die Ausführenden, der Anpassung an den Fall, der opportunistischen Abwandlung bedürfen, und Entscheidungen allgemein, die in Organisationen getroffen werden, kaum als „optimale" Lösung, sondern unter Brauchbarkeitsgesichtspunkten zustandekommen. Setzt man dies voraus, wird auch hier verständlich, daß Steuerung nicht nur von oben nach unten, sondern im Rahmen auch von Kooperation verläuft; es ist weniger das Befehlsmodell, nach dessen Schema Organisationen funktionieren, als in vielen Fällen ein Modell des „muddling through" (Lindblom 1959): des Sich-Durch-Arbeitens durch einen Berg von Fakten, divergierenden Interpretationen, Widerständen und schließlich neugeschaffenem Konsens, der zwar nur „zweitbeste" Lösungen, immerhin aber Lösungen erlaubt, die organisatorisch und gesellschaftlich tragfähig sind.

An diesem Punkt ist es angebracht, zur Verhältnisebene Organisation, Klienten und Publikum selbst überzugehen. Der Typus der partizipativen Organisation, dessen Behandlung nunmehr ansteht, wird im engeren Sinne erst auf ihr relevant. Lassen sich die Mechanismen, die dieser Typus intern aufweist, als „Kooperation gegen Befehl", so seine Außeneffekte – die Bezüge zum Publikum – als „Beteiligung", im Grenzfall als „Selbststeuerung" (Pankoke/Nokielski/Beine 1975) bezeichnen; die Aktivitäten, die öffentliches Handeln entfaltet, werden tendenziell hier externalisiert, d. h. in die Gesellschaft, die Gruppenumwelt, verlagert[34]. Organisationssoziologisch ist es aufschlußreich, vor allem diesen, den letztgenannten Fall, zu erörtern. Ein Exkurs ist vorauszuschicken:

Die moderne, von wachsender Staatstätigkeit betroffene, pluralistische Gesellschaft ist gegenüber der älteren, rechtsstaatlich begrenzten, liberalen Ordnung dadurch gekennzeichnet, daß sich im Verhältnis von Staat und Bürgerschaft ein Wandel vollzogen hat. Im Maße, in dem Staat und Staatsverwaltung über zunehmende gesellschaftspolitische Einflußnahmen, vermehrte Planung und gesteigerte Sachzwangverflechtung in die Gesellschaft eingreifen (vgl. z. B. Schelsky 1961; Forsthoff 1967; Galbraith 1970), sinken – abgekürzt gesprochen – beim Publikum die Bereitschaften, diese Eingriffe in die Daseinssphäre immer zu akzeptieren[35]; es kommt zu Erscheinungen, deren Gesamtbild in der neueren Diskussion unter der Überschrift „Legitimationsprobleme", „Legitimationsdefizit" behandelt wird (s. f. a. Habermas 1973 ; vgl. a. Rammstedt/Rönsch 1977): Erscheinungen, die mit den Auswirkungen der Dynamik, fehlenden Balance, Unübersehbarkeit und zugleich Interdependenz, die diese Gesellschaft in ihren

Teilbereichen aufweist, eine brisante Synthese eingehen können. Sie münden in Wachstumsfolgen, Folgekosten und Friktionen, wie sie im Bildungswesen, der Drogen- und Rockerszene, im Umwelt- und Energiebereich zunehmend auffällig werden. Verwaltungsakte – und dies ist der springende Punkt – werden in diesen Bereichen, soweit sie – von oben bloß dekretiert – von den Betroffenen legitimatorisch nicht mitgetragen werden können, nicht mehr vorbehaltlos hingenommen[36]; Regungen zunächst passiven Widerstands treten auf; in Flugschriften, Demonstrationen, Unruhen organisieren sich aber auch aktive Kräfte, und es ist manifest, daß diese Entwicklung – die „politische Entdisziplinierung der Bevölkerung" (Offe 1972, S. 121) – auch dann, wenn sie radikale Züge vermeidet, das bestehende System herausfordert und ihm neue, wirksamere Steuerungsformen abverlangt.

Vorgezeichnet von innerorganisatorischen Impulsen, bilden sich diese Formen im Übergang von primär zentralisierter zu eher dezentraler, von „deduktiver" zu „induktiver" Staatsverwaltung aus (vgl. Pankoke 1971; Pankoke/Nokielski/Beine 1975). An die Stelle „transitiver", über Verfügungs- und Kompetenzketten geschalteter Prozesse treten – zumindest bereichsweise und relativ – Interdependenzen und Rückkopplungsschleifen: „reflexive" Mechanismen, die am Ende das Publikum miteinbeziehen; an die Stelle verfahrenslegaler Legitmitätsbeschaffung, die von konkreten Verwaltungsakten zeitlich, räumlich und sachlich oft weit entfernt liegt, tritt situationsnahe Öffentlichkeitsarbeit, treten Solidarisierungsappelle, Beteiligung und Mitbestimmung; an die Stelle schematischer Kompetenzverteilung, die gegenüber komplexen Verhältnissen schnell versagen kann, tritt elastische, professionale Innovation, die gerade auch von außen kommt, treten „Modelleinrichtungen" und „Projektversuche" (vgl. a. Kaufmann/Schneider 1975; Kaufmann 1977, S. 139-166).

Sieht man von den sogenannten „Bürgerinitiativen" einmal ab, deren Stellenwert im Steuerungssystem der Gesellschaft noch wenig gefestigt ist, und klammert man auch Formen ansatzweiser „induktiver Verwaltung" ein[37], sind es Tendenzen vor allem zur „Selbststeuerung", präziser: zur Steuerung durch „Auskupplung"[38], die von exemplarischem Gewicht sind und auf die das Stichwort, das hier interessiert: „partizipative Organisation" bezogen werden kann.

Was ist mit Steuerung durch Auskupplung gemeint? Besonders im Bildungsbereich, im Bereich der Sozialarbeit, aber auch im Bereich der klassischen kommunalen Selbstverwaltung, die unter den veränderten Bedingungen auf Grenzen sei es sachlicher, sei es legitimatorischer Art gestoßen ist, ist die Administration dazu übergegangen, Teilaufgaben versuchsweise und auf Zeit aus ihrer unmittelbaren Verfügung zu entlassen: sie also auszukuppeln; sie delegiert sie an Verwaltungsorgane mit Sonderstatus, ja freie Träger selbst – man denke an Modelleinrichtungen im Schulsektor, die Projekte „Haus der

offenen Tür" oder das „Tagesmütterprojekt", ferner an Siedlungsverbände und Bezirksvertretungen –, die aufgrund von intimer Situationsverbundenheit, solidarischem Elan oder professionellem Durchblick in der Lage sind, den jeweiligen Steuerungserfordernissen elastisch, sachgerecht und integrativ: unter Zustimmung und sozialem Konsens entgegenzukommen[39]. An die Stelle zentraler Verwaltung treten dezentrale „Situationsgruppen" (OFFE 1969), und die organisatorische Freiheit, die sie entfalten, braucht keineswegs anarchisch umzuschlagen; hatte die klassische Bürokratie Direktiven erteilt, werden Steuerungsleistungen, die die übergeordneten Behörden auch gegenüber Selbststeuerung aufrechterhalten, jetzt auf nondirektivem Wege erreicht: über ein System von „Anregung", „Prozeßbegleitung" und „Prozeßförderung", in dem staatliche Kontrollen, professionelle Impulse und konkrete situationelle Interessen einen lockeren Verbund eingehen. Erst für den Fall, daß Selbststeuerungsprojekte scheitern – sei es, weil sie ausgeufert sind und nicht mehr finanziert werden können, sei es, weil sie Konflikte, die sie absorbieren sollten, verstärkt haben konnten –, werden die fraglichen Projekte wieder „eingekuppelt"[40], erneut formellen, zentralen administrativen Kontrollen unterstellt oder aber – die andere Alternative – von der Budgetierung abgeschnitten und politisch fallengelassen.
Die Analysen zum Organisationsfeld der „Beteiligung", dem Problem der „partizipativen Organisation", können an dieser Stelle abgebrochen werden. Vielleicht gelingt es, im nunmehr aufzunehmenden, oben schon angekündigten Leistungsvergleich, der zwischen den Grenzformen politisch-administrativen Handelns gezogen werden soll[41], den Typus funktionsanalytisch noch zu präzisieren und mit „bürokratischer", „Kader-" und „Parteienorganisation" sinnvoll in Bezug zu setzen.

4. Grenzformen sozialer Steuerung – Leistungsvergleich

Ausgangspunkt dabei muß es sein, daß Organisationen relativ zum Gesellschaftstyp, dem sie zugehören, in gleicher Weise funktionale: im Sinne sei es der geltenden Werte, sei es der laufenden Bestandsprobleme brauchbare – insofern rational zu nennende – Leistungen erbringen. Ist *bürokratische* Steuerung dort adäquat, wo die Grenzen des politisch-administrativen Systems zur Umwelt – hier der klassischen „bürgerlichen Gesellschaft" – angesichts dualistischer Gliederungsprinzipien wie Staat/Gesellschaft, Öffentlichkeit/Privatbereich nicht nur deutlich vorgegeben sind – Umwelt als Außenwelt also neutralisiert werden kann –, sondern die Außenwelt – ein dem Anspruch nach marktmechanisch regulierter Lebenszusammenhang – in hohem Maße als eigengesteuert unterstellbar ist, scheint *partizipative* Steuerung funktional immer dann zu sein, wenn die Bezugsgesellschaft aufgrund pluralistischer Fächerung, dynamischer Interdependenzen und zunehmender disparitärer Betroffenheiten Turbulenzen[42] aufweist, wenn Grenzdurchlässigkeit und Grenzverwischung gegeben sind[43] und wechselnde, Legitimation erstrebende soziale Basisinteressen zum Zuge kommen. *Beteiligung* springt neben *Parteien*, die parallel zur Komplexitätssteigerung des Systems die vordringliche kybernetische Funktion übernehmen, den Willen der Bevölkerung „makropolitisch", auf der Ebene politisch zentraler „issues", zu organisieren, gleichsam dann als Hilfsmechanismus ein, der „makro-" in „mikropolitische" (s. zu diesen Begriffen Burns 1962) Organisation übersetzt. Historisch hat es den Anschein, daß primär die modernen, westlichen Gesellschaften es sind, die diesen Mechanismus entwickeln; sie geben ihm nicht nur den nötigen, strukturellen und normativen Rahmen, sondern sind in der Lage, für partizipative Organisation die am Ende erheblichen sozioökonomischen Unkosten zu tragen[44].

Die Annahme systemrelativer Rationalität gilt nicht zuletzt für den Typus der *Kaderorganisation.* Wenn es richtig ist, daß die zugeordneten Gesamtformationen Aufbaugesellschaften darstellen, die ihre Herkunftsordnung durchbrochen haben und sich umfassend neu gestalten, wird es manifest, daß Steuerungsformen, die – wie die Bürokratie – gegenüber komplexeren Fragen oft rigide, schwerfällige Züge annehmen, hier durch neuartige, mobilere Mechanismen – eben Kaderverwaltung – ersetzt werden müssen: Kader leisten angesichts einer Situation des Umbruchs, der Bewegung: einer revolutionären Situation, in der einerseits die Tendenz besteht, die Umwelt in den Steuerungsgang total zu integrieren, zum anderen entsprechende, flächendeckende Verfahrensmuster aber fehlen[45] oder nicht entwickelt werden, ausgreifenden, gleichsam fliegenden Einsatz. Angesichts der Prämisse, besser: des ideologischen Postulats, daß zwischen ihnen – d. i. der Partei –, sowie der breiten Masse Identität besteht, folgen sie ebenso dem Auftrag, die Macht der Führung kontinuierlich zu befestigen, wie sie Solidarisierungsarbeit an der Basis erbringen, die Bevölkerung in die Bewegung einbeziehen und sachbezogene, technische Aufgaben mitübernehmen.

Daß Kaderverwaltung vor allem dann, wenn der ursprüngliche revolutionäre Schwung sich bricht – das System die Grundstrukturen aber beibehält –, auch dysfunktionale Seiten hat[46], wird freilich im Anschluß sichtbar. Zeichnen sich Kader in revolutionären u. d. h.: überkomplexen Situationen vielfach „durch flexiblen, stets ‚linienorientierten' Dynamismus, durch Überlegenheit gegenüber Formalien und ... pragmatische Anpassungsfähigkeit (aus)", so in Umweltlagen, die prinzipiell konsolidiert sind, unter dem Vorzeichen eines auch dann dominanten, unberechenbaren Dirigismus der Partei „durch diffuse Unzuverlässigkeit, Dilettantismus, amorphe Verantwortungsscheu (und) Autoritarismus, ... durch Korruption" (BALLA 1973, S. 117), Hausmachtpolitik und Cliquenwirtschaft. Kaderverwaltung hat in diesem Sinne die Tendenz, nur mangelnde technische Initiativen aufzubringen, fachliche Qualifikationen zugunsten parteikarrieristischer Avancen zu vernachlässigen, leere Agitation zu betreiben und zum Instrument von „Kadijustiz" (WEBER) zu werden.

Dysfunktionen dieser Art, wie sie Mobilisierungsgesellschaften, die die Durchbruchsphase und Phase des Aufbaus abgeschlossen haben, nicht selten entwickeln, mögen eimmal eingeklammert bleiben. Obwohl, systemtheoretisch gesehen, von offenkundig strukturellem Gewicht, dürfen sie die Analyse nicht a priori pressen.

Läßt man den Typus westlicher pluralistischer Parteien, dessen Ratio für Kader schwer verständlich ist, komparatistisch außer acht und vergleicht man Kader mit „Bürokratien" und „Beteiligung", springen Parallelen zur Organisationsform primär der Beteiligung ins Auge. Sie liegen darin, daß die genannten Mechanismen auf Handlungsebene weniger zweckrational, im Sinne von Erfolgskontrolle, als vielmehr wertrational, aus Gesinnungen heraus, operieren. Die Tendenz wird dadurch verstärkt, daß die Programme, die auf Systemebene gelten, als Zweckprogramme – wie im Kaderfall – am Ende parteiisch auszulegen sind, als Konditionalprogramme aber – wie im Beteiligungsfall – eingeklammert werden und in den Hintergrund treten: Beteiligung, wie entwickelt werden konnte, ist aus Konditionen virtuell ja „ausgekuppelt". Hier wie dort wird Steuerung von Ausrichtungen bestimmt, die von Werten überlagert werden: im Kadertypus von orthodoxer – sozialistischer, auch faschistischer, auch entwicklungsdiktatorischer – Ideologie, im partizipativen Typus von „Solidarität", „Konfessionalität" und „Professionalität". Laufen die erstgenannten, im engeren Sinne ideologischen Ausrichtungen – hier gekoppelt an Einparteiensysteme – dabei auf Strategien durchgehender totalitaristischer Vereinnahmung hinaus, die die Verwaltungsstäbe an die Gesellschaft herantragen, so solidarische, konfessionelle und professionelle Orientierungen – Bindungen an Basisgruppen, Subkulturen oder Randschichten, religiöse Haltungen und die Liebe zum Nächsten, Berufsgruppenwerte und der Glaube an Wahrheit und Fortschritt – auf Aktionsformen, die pluralistisch nebeneinander stehen und sich den Sachgegebenheiten: den sozialen Verhältnissen, den unterschiedlichen Bedürfnissen, Erwartungen und Meinungen, die das Dasein bestimmen, differenzierter nähern. So sehr die angeführten, hier nicht näher zu schildernden Formen sonst auch divergieren: Der Steuerungscode sei es nüchternen Zweck-Folge-Denkens, sei es expliziter formal-rationaler Verfahren, wie Bürokratien ihn entwickeln, wird in beiden Fällen von verinnerlichten, materialen Zielbildern, die als Haupt- oder Nebencodes an die Stelle treten, der Tendenz nach abgelöst – ein Prozeß, der rational so lange bleibt, als soziale Steuerung, je nach Komplexitätslage des Bezugssystems, formale und materiale, verfahrenskontrollierte, persönlich freie und verfahrensoffene, gesinnungsfeste Steuerung als äquivalent erscheinen läßt.

Partizipative und Kadermechanismen erbringen in diesem Sinne, verglichen mit bürokratischen Formen, durchaus ähnliche Leistungen. Hebt man die positiven Momente hervor, so ziehen beide – von Formalisierungen, also Abgrenzungszwängen entlastet – Verbindungslinien hin zur konkreten Situation; sie versuchen, primär am Menschen und seinen eigenen – d. i. für die Ideologie: den „gesellschaftlichen" – Interessen, nicht aber an abstrakten Regeln anzuknüpfen; sie geben – hier mehr, dort weniger – auch anfallenden, spontanen Initiativen Raum[47]. Bleiben die Aktivitäten von Kadern an die zentrale, dirigistische Führung durch die Partei opportunistisch freilich rückgekoppelt – ein Umstand, der die genannten einschlägigen Dysfunktionen wesentlich nach sich zieht –, lotet partizipative Steuerung die sachlichen, sozialen und legitimatorischen Aufgaben, die die Situation jeweils stellt, konzentrierter aus und kommt in die Lage, die Freiheit, aus der Kontrolle zentraler Instanzen ausgekuppelt zu sein, in tatsächlich angemessene, rationale Steuerung umzusetzen.

Faßt man die Überlegungen abschließend zusammen, ist die Frage nach dem Verhältnis, in dem Bürokratien und Kader, Parteien und Beteiligung als Grenzformen sozialer Steuerung stehen, erneut aufzuwerfen. Festzuhalten ist dreierlei: Hatte der Beitrag zunächst angestrebt, das Bild, das soziale Steuerung empirisch bietet, durch Konstruktion abstrakter, typologisch bereinigter Grenzformen erst überhaupt zu strukturieren, unternahm er es im zweiten Schritt, diese Formen auf die Realität zu beziehen und sie den großen historischen Entwicklungen zuzuordnen. Im Leistungsvergleich, um den es dabei ging, wurde schließlich versucht, soziale Steuerung nach Rationalitätschancen zu befragen und je nach Typus, gesamtgesellschaftlicher Lagerung und anfallendem konkreten Problemdruck urteilsdienlich zu profilieren.

5. Steuerungsverbundsysteme – Zusammenfassung und Kritik

Ein letzter Analyseschritt ist nachzutragen: So sinnvoll es war, Bürokratien und Kader, Parteien und Beteiligung geschichts- und gesellschaftstypologisch spezifisch zu verorten, so deutlich ist es auch, daß soziale Steuerung in Wirklichkeit nicht nur in zugespitzter, funktional vereinseitigter Form, sondern mehrgliedrig und im Verbund auftritt. Geht man davon aus, daß dies vor allem für die Gegenwart – und hier gerade die modernen pluralistischen Gesellschaften – zutrifft, stellt sich nicht nur die Frage, wie der Zusammenhang sozialer Steuerung, die Verkoppelung und Folge kybernetischer Teilmomente, sich dann konkret gestaltet, sondern die Aufgabe, den Prozeß an Leistungs- und Rationalitätsstandards auch hier zu messen. Wird erstere Frage schon auch breiter diskutiert[48], ist die Behandlung des Rationalitätsproblems über skizzenhafte, noch vage Sichtungen bisher nicht hinausgekommen. Die nachstehenden Hinweise konzentrieren sich auf letztgenannten Punkt:

Den Rationalitätsgehalt von Steuerungsverbundsystemen zu beurteilen, bemißt sich zunächst daran, wie man Verbundsysteme überhaupt bewertet. Man kann positive, aber auch negative Erwartungen an sie herantragen. Koppelungen, Phasenfolgen und Interferenzen, die die Grenzformen sozialer Steuerung betreffen – ja sie erst in Gang setzen –, sind positiv dann zu beurteilen, wenn sie es dem Gesamtsystem erlauben, Steuerungskapazitäten je nach Lage, Anforderungen und Zielen differenziert, reaktionsschnell und effektiv auszuschöpfen. Steuerung, die – wie im Rahmen von Ordnungsverwaltung – mit gutem Erfolg etwa „bürokratisch" gefahren wird, wird in Situationen, die zusätzlich integrative, politische Willensbildung – und neben „Beamten" genuine politische „Führer" (WEBER) – erfordern, mit vollem funktionalen Recht dann um Mechanismen ergänzt, die – mit historisch zunehmender Bedeutung – dem Typus von „Parteien" entsprechen; Formen der „Beteiligung" treten in Funktion, wo „Makro-" in „Mikropolitik" überführt, Gruppeninteressen berücksichtigt und auch feinzeichnende soziale Werte entwickelt werden sollen. Kader schließlich sind brauchbar – und werden benötigt – dort, wo Machtinstanzen in offenen, unübersichtlichen Entwicklungen darauf abzielen, ihre Stellung auszubauen, und versuchen, agitative ideologische Programme bis zur Basis hin durchzuschalten. Steuerungsdienlich im übergreifenden funktionalistischen Sinn sind Koppelungen der genannten, pluralen kybernetischen Momente offensichtlich dann, wenn ihre Unterschiedlichkeit am Ende erhalten, ihr Einsatz problemspezifisch ausgerichtet und der Schwung, den sie mitbringen, im Kontext prinzipiell balancierbar bleibt.

Negativ auf soziale Steuerung scheinen Verbundsysteme sich hingegen auszuwirken, wenn die Interferenz der Momente ein zulässiges, noch funktionales Maß überschreitet, Verschleifungserscheinungen bemerkbar werden und „Verflechtung" – in pluralistischen, föderativen Gesellschaftssystemen im Kern immer angelegt (SCHARPF/REISSERT/SCHNABEL 1976) – in „Verfilzung"[49], politischen Immobilismus und „Vollzugsverholzung" (KLAGES 1981, bes. S. 149 ff.) umschlägt. Der Zusammenhang betrifft das Verhältnis, das Politik und Verwaltung eingehen können, auf der Ebene nicht nur virtueller „bürokratischer Politik" (UTHOFF/DEETZ 1980), sondern vielfach mitgesetzter „politisierter Administration“ (z. z. B. Seemann 1980; Timsit/Wiener 1980, bes. S. 527 ff.): So können, um ein Beispiel zu bringen, partizipative Prozesse bürokratisch entschärft und damit abgepuffert, parteilich aber auch umgesteuert, manipuliert und politisch feilgehalten werden; sie können schließlich – eine weitere Seite von Verflechtung – die ursprünglichen situativen Gruppen übersteigen, kaderorganisatorisch überformt werden und zur Selbstermächtigung von Bewegungen führen, die auf identisch gesetzte, politisch-monistische Gesamtherrschaft zielen. Ob Prozesse dieser Art in der Tat zum Zuge kommen, ist eine Frage freilich der konkreten Politik, der konkreten sozial-institutionellen Verhältnisse, der besonderen „inneren Führung“ des Menschen in der Gesellschaft selbst. Rational im Sinne funktional ausgleichender, demokratischer Steuerung scheint das Gesamtsystem am Ende dann zu reagieren, wenn es in aufkommenden strukturkritischen Grenzfällen in der Lage bleibt, den Stand kybernetischer Differenzierung, den es erreicht hat, gerade dadurch zu halten, daß es Ab- und Ausgrenzungen vornimmt, die Eigenart seiner Einrichtungen aktiv abschirmt und eine eindeutige „politische Linie“ verfolgt[50].

Daß diese Linie sich nicht von selbst ergibt, daß sie festgelegt und initiativ entwickelt werden muß, ist vor dem Hintergrund, daß Steuerung an „Grenzen der Organisierbarkeit“ nur zu schnell stoßen kann[51], abschließend wohl zu unterstreichen. Grenzen der Organisierbarkeit treten gewiß nicht nur dort zutage, wo kybernetische Funktionen – Sachlichkeit etwa und hohe Legitimatierungskraft, Fallgerechtigkeit, Machtanwendung und Massenbezug – für sich entwickelt werden und nur einseitig zu steigern sind, sondern dort, wo sie verkoppelt werden in Verbundsystemen, verfilzen können und sich auf diese Weise im Wege stehen. Wenn die Verflechtung von Verwaltung und Politik, Bürokratien, Parteien und Beteiligung auch dazu dienen mag, den Trägern und Interessenten sozialer Steuerung Machtanteile zu sichern, und sie es ihnen ermöglicht, „auf der politischen Bühne (auf jeden Fall) vertreten zu sein“, wird im Prinzip doch in Kauf genommen, „daß keiner der Akteure mehr das Spiel und die Rolle spielen kann, die er (spielen möchte), und auch das Stück nicht mehr zu erkennen (ist), das aufgeführt wird“ (Schnabel 1980, S. 67). Der Zustand einer „Politik ohne Politiker“ (Schnabel) stellt sich ein, und gerade ihm gegenüber erhebt sich die Frage, ob die Strategie abgestimmter „konservativer“ Systemstabilisierung, wie „Politikverflechtung“ sie zum Ausdruck bringt, soziale Steuerung am Ende produktiv gewährleisten kann.

Hier ist nicht der Ort, diese Frage auch zu beantworten. Ein Stichwort immerhin kann gegeben werden. In Situationen, in denen Verflechtung in Verfilzung umschlägt und soziale Steuerung sich festfährt, sind es Akte offenbar der „Gründung“, die dann weiterführen; sie bringen das System, das in Leerlauf gefallen sein mag, auf den Boden der Wirklichkeit zurück, versehen es mit neuen Energien, geben ihm neue Ziele und neuen Sinn. Organisationswissenschaftlich bisher kaum aufgenommen (vgl. oben Fn. 2), sind Phänomen und Kategorie der Gründung für das Problem sozialer Steuerung in der Tat von zentraler Bedeutung. Die Funktionen nicht nur des Verwaltens, sondern der Führung, nicht nur der Sachleistung, sondern der Legitimation, nicht nur der Stiftung und Initiative, sondern der Anknüpfung an Vorgegebenheiten sind in Gründung zusammengeschlossen. Verfangen sich Kader etwa im Dilemma, sozialen Sinn bis hin zu Personenkulten, die sie organisieren, ideologisch zwar herbeizufordern, ihn zugleich aber – womit sie ihn zunichte machen – parteilich-bürokratisch festzuhalten, schöpfen Gründungen und Gründer aus vollerer Substanz und erbringen Leistungen aus einem Guß. Ohne revolutionär in systemvernichtendem, „kontersteuerndem" Sinn zu sein, dynamisieren sie das Dasein aus konkreten sozialen Lagen heraus; pluralistisch über die Gesamtgesellschaft hin verteilt, entwickeln sie das System auf systemkonformem, wenn freilich perspektivenreicherem Wege fort. Setzt man Bürokratien und Kader, Parteien und Beteiligung als Grenzformen sozialer Steuerung an und hat man erkannt, daß diese Formen – werden sie sei es absolut gesetzt und vereinseitigt, sei es quergekoppelt und immobilisiert – ihre Funktionsfähigkeit auch verlieren können, steht man in der Tat vor der Aufgabe, als oberste „integrale" Grenzform, von der her Steuerung begriffen werden muß, das Phänomen der Gründung anzusehen. Die Überlegungen zum Thema sind vorerst freilich abzuschließen. Was für die Praxis Aufgabe fortwährender Gründung wäre, bleibt für die Theorie das Problem der Gründungsreflexion.

Anmerkungen

1 Am Phänomen interessiert hier weniger, daß mit Massenmedien, wie man schon oft bemerkt hat, eine im System der Staatsgewalten institutionell nicht vorgesehene „vierte Gewalt" entstanden ist, als vielmehr der Umstand, daß diese Gewalt soziale Steuerung, die Verschränkung normativer mit konditionalen Größen, zunehmend neu konstelliert. „Publikative" als Begriff wähle ich insofern, als mir der Ausdruck sowohl die „gemachte", organisatorische Seite sozialer Öffentlichkeit, als auch den aktiven, von der „Basis" her getragenen Legitimationsanteil, den diese Steuerungsform enthält, zu treffen scheint.

2 S. zu diesem Begriff, zu dem hinreichende theoretische Arbeiten noch fehlen, Hauriou 1925, und Lipp 1973; vgl. auch Rassem 1979.

3 Untersuchungen dazu, die nicht nur auf das Sachproblem verweisen, sondern einen Wandel der Theorieperspektive signalisieren, liegen erst seit kurzem vor. Vgl. Scharpf/Reissert/Schnabel 1976; Scharpf u. a. 1977; s. bereits auch Grauhan 1975, sowie jetzt Wollmann 1980.

[4] Auf die Notwendigkeit, konkrete gesellschaftsstrukturelle Variablen nicht allein als Randgrößen, sondern als Faktoren zu berücksichtigen, die Systeme (Organisationen) und Systemsteuerung unterschiedlich spezifizieren, hat mit guten Gründen etwa Kudera 1977 hingewiesen. S. jetzt auch Lammers/Hickson 1979. Vgl. auch Frese 1980, S. 228-265 (Literaturdiskussion). – Anders aber Hickson/McMillan 1981 (Aston-Gruppe), die an Organisationen Umweltunabhängigkeit betonen.

[5] Das Schema läßt sich graphisch wie folgt darstellen: (Abb.)

Systemvorgaben / Handlungsperspektiven	Konditionalprogramme	Zweckprogramme
Zwecke	„Bürokratien“	„Parteien“
Werte	Mech. d. „Beteiligung“	„Kader“

[6] Ich lehne mich im folgenden an Lipp 1978, an. Passagen aus dieser Arbeit werden stellenweise übernommen, im vorliegenden Beitrag sachlich-systematisch aber erweitert.

[7] S. diese Metaphorik bei Weber 1964, S. 716, 722, 1060 et passim; Vgl. dazu jetzt Tyrell 1981, S. 38, mit weiteren Belegen.

[8] Als Kriterium formaler bürokratischer Rationalität die Chance anzusehen, Führungsentscheidungen zunehmend „beliebig“, nach Maßgabe „positiver Setzung“, zu realisieren – wie Tyrell, 1981, vorschlägt –, entspricht Webers Rationalitätskonzept wohl prinzipiell (vgl. dazu Kalberg 1980; s. auch Hennen 1976), muß die Ordnungsleistung, die Weber Bürokratien zuspricht, ungebührlich aber verkürzen und vernachlässigt, daß Weber Bürokratisierung am Ende als Prozeß bestimmt, der Immobilismus, soziale Erstarrung und „Hörigkeit“ bedingt.

[9] So von Weber 1919 selbst.

[10] Wie z. B. Otto Bauer, 1882-1938, Wortführer des „Austromarxismus“, festhält (1974, S. 251 ff.).

[11] Vgl. zum folgenden besonders Balla 1972, 1973. – S. auch Herber/Jung, 1968, die die Aufgaben sowie das Selbstverständnis von Kadern im Sinne staatssozialistischer organisationswissenschaftliche Prinzipien festlegen, sowie Brunner 1977 II, S. 114 ff.; Glaeßner 1977, und G. Meyer 1977, politikwissenschaftlich, aus kritisch distanzierter westlicher Sicht.

[12] Zum Räteselbstverständnis vgl. z. B. Mandel 1971. – Historisch-kritisch s. für andere Anweiler 1958, und Ritter 1968. – Zu einer knappen organisationssoziologischen Analyse des Rätewesens vgl. die Skizze bei Naschold 1969, S. 24 ff.

[13] In der Terminologie Max Webers 1964, S. 198 ff.

[14] Vgl. Lenins Option z. B. für die Prinzipien des Taylorismus (1970).

[15] Zur Funktion von Personalpolitik in Organisationen vgl. z. B. Luhmann 1975, S. 104 ff., der „Personalmacht" (Kompetenzen zur Stellenbesetzung) als äquivalent für „Organisationsmacht" (Kompetenzen in Ausübung formalisierter [Mitgliedschafts]Rollen) setzt. Wie am Typus der Kaderorganisation sichtbar wird, stellen Personal- und Organisationsmacht konkret jedoch verschieden gewichtige Größen dar: Personalpolitik hat in Kaderorganisationen gegenüber Strategien, die die Rationalisierung (Effiziierung) ihrer Funktionen auf dem Wege der Formalisierung und d. h.: Anonymisierung (vgl. im Anschluß an Luhmann 1964, S. 55 ff., z. B. Hegner 1976, S. 226-251 [233]) suchen, stets vorrangigen Stellenwert. Eines der zentralsten, genuin bürokratischen Prinzipien – die Rekrutierung, Verteilung der Kompetenzen und Handlungsführung „ohne Ansehen der Person" (Weber 1964, S. 166, 717) – wird an dieser Stelle damit durchbrochen: Mittels der Nomenklatur, in die wesentlich auch biographisch-private, nicht nur formelle Personaldaten, wie z. B. Qualifikationen, aufgenommen sind, werden Kader ernannt, befördert, entlassen, kontrolliert gerade unter Ansehung der Person.
Zu den Konsequenzen der Einrichtung – des Nomenklatursystems – gehört es dann, daß im Maße, in dem Personalmacht in Kadern (und seitens der Kaderführung) wächst, für das Personal selbst formalisierte Karrieremuster, damit aber berechenbare Karrierechancen zurücktreten.

[16] In der Terminologie Max Webers.

[17] Zur „Doppelführung" administrativer Funktionen, wie sie in staatssozialistischen Systemen beobachtet werden kann (Beck 1961), bzw. zum Prinzip der „doppelten Unterstellung", das formal zugleich fiktive demokratische Bindungen vorsieht, vgl. auch Brunner 1977, passim, und G. Meyer 1977, bes. Kap. 3.

[18] In der Terminologie Max Webers 1964, S. 38.

[19] Die konsequenteste Ausprägung dieses Funktionsmodus – des kaderorganisatorischen „Voluntarismus" (Balla) – scheint im „Führerprinzip" vorzuliegen, wie faschistische Bewegungen und der Nationalsozialismus es entwickelt haben. Daß das Führerprinzip auch im Geltungsbereich sozialistischer Ideologien, z. B. im Kuba Fidel Castros, realisiert ist, ist offenkundig (vgl. z. B. Goldenberg 1963, ferner, mit Beispielen auch aus Mobilisierungsgesellschaften generell, Goetze 1977).
Die vorliegenden Überlegungen ergeben den Ansatzpunkt, daß Führerprinzip und Voluntarismus nicht nur herrschaftssoziologisch: als Implikate, Umdeutungen und Routinisierungen (im Sinne Max Webers) von revolutionärem Charisma (Legitimationsproblem), sondern organisationssoziologisch: als Formen sozialer Steuerung (Funktionsproblem) gesehen werden müssen, die in Lagen überkomplexer Art operieren.

[20] S. neben Weber klassisch Michels 1911, ferner Ostrogorski 1902; zur neueren Forschung, die das Verhältnis von Parteien, Parteiorganisation und Legitimation behandelt und es – vor dem Hintergrund namentlich der „Parteienstaatstheorie", Leibholz 1966 – am Kriterium „innerparteilicher Demokratie" ausrichtet, s. den Überblick z. B. bei Mühleisen 1973, sowie bes. Hartmann 1979, Kap. 2.

[21] Vgl. zur einschlägigen Diskussion Duverger 1951; LaPalombara/Weiner 1966; Sartori 1976; sowie ferner z. B. Stammer 1968, mit besonderem Bezug auf die Wertprämissen pluralistischer Demokratie. – Hinweise hierzu sowie weitere, für

den vorliegenden Themenabschnitt wertvolle Anregungen verdanke ich Hansjörg Dürr, MA, Würzburg.

[22] Exemplarisch für diesen Zusammenhang sind die Verhältnisse in Deutschland, vor allem der Bundesrepublik der 60iger Jahre, zu nennen. Sie gelten für andere westeuropäische Länder (Italien, Frankreich, England), deren Parteien auf traditionell vereinseitigte, ideologische Formeln stärker verpflichtet blieben, oder für die USA (mit wechselnder, regionenspezifischer Bindung der Parteiarbeit) nur bedingt. Mit dem Aufkommen neuer ideologischer „issues" – wie sie die Flügel der Großparteien, vor allem nach links hin, oder zunehmend „Grüne" vertreten – sind seit Mitte der 70er Jahre auch auf deutscher Szene die Verhältnisse in Bewegung geraten.

[23] S. zu diesen Begriffen Lockwood 1969; vgl. die daran anschließenden neomarxistischen Problematisierungen z. B. bei Offe 1972, und Habermas 1973, mit der Zielrichtung, als zusätzliche sozialintegrative „Produktivkraft", die eingefahrene pluralistische Systeme demokratisch abstützt, „Bürgerinitiativen" und „Partizipation" herauszuarbeiten. S. näher dazu unten, Abschn. III, 4.

[24] Zu dieser zweiten, für Parteien entscheidenden Funktion vgl. gut z. B. Henkel 1976, der die Auswahl – hier der Parlamentsbewerber – nicht nur am Kriterium „innerparteilicher", sondern „zwischenparteilicher Demokratie" messen will und postuliert, bei der Aufstellung von Kandidaten Einfluß direkt auch dem „Wahlbürger", nicht nur den Parteien, Parteispitzen und „Parteibürgern" einzuräumen.

[25] Folgt man Max Weber (s. bes. 1919), schält sich als Grundzug politischer Parteien an dieser Stelle die Funktion heraus, in komplexen großorganisatorischen Gesellschaften Mechanismus für die „Auslese" „echter politischer Führer" zu sein. So wenig die moderne industrielle Welt auf Steuerungsformen des klassischen bürokratischen Typs auch verzichten kann, so sehr muß reines beamtenmäßiges Handeln, das auf massenrelevante „politische Verantwortung" weder eingestellt ist noch sie in Wahlen erkämpft hat und sie personifizieren könnte, auf oberster sozialer Steuerungsebene hinter erfahrenen politischen Autoritäten doch zurücktreten. Gerade „Massendemokratien", wie Weber gesagt hat, sind auf genuine politische Führung am Ende angewiesen – ein Umstand, von dem die Parteien – und Parteienaufgaben – auch der gegenwärtigen pluralistischen Demokratien ihren Ausgang nehmen.

Festzuhalten in diesem Zusammenhang ist nicht zuletzt, daß Parteien die Funktion, Führer und damit zweckbewegliche, sozial ebenso „verantwortliche" wie „freie" politische Persönlichkeiten auf den Weg zu bringen, mit apparatehafter, partiell bürokratischer Organisation nicht nur offenbar vereinbaren, sondern produktiv verkoppeln. Webers Perspektive gilt prinzipiell wohl auch hier (1980, S. 403): „Die feste Organisation der Parteien und vor allem der Zwang für den Massenführer, in der konventionell fest geregelten Teilnahme an den Komiteearbeiten des Parlaments sich zu schulen und sich dort zu bewähren, bietet . . . ein immerhin starkes Maß von Gewähr dafür: daß diese cäsaristischen Vertrauensleute der Massen sich den festen Rechtsformen des Staatslebens einfügen und daß sie nicht rein emotional, also lediglich nach den im üblichen Sinne des Worts ‚demagogischen' Qualitäten, ausgelesen werden. Gerade unter den heutigen Bedingungen der Führerauslese sind ein starkes Parlament, verantwortliche Parlamentsparteien, und das heißt: deren Funktion als Stätte der Auslese und Bewährung der Massenführer als Staatsleiter, Grundbedingungen stetiger Politik".

[26] Die Besetzung exekutiver und insbesondere höherer administrativer Positionen mit Personal, das zunehmend parteipolitisch rekrutiert wird, kann vom Standpunkt einer möglichst interessenfrei, an Sachlichkeitskriterien ausgerichteten, funktionsteilig arbeitenden Bürokratie – für die die Trennung von Politik (politischer Verantwortung) und Verwaltung (Fachqualifikation) nach Weber wesentlich wäre – als unangemessen angesehen und gewiß beklagt werden. Die Tendenz ist in einer Situation, in der Politik und Verwaltung angesichts immer komplexerer, kybernetisch diffiziler gesellschaftlicher Verhältnisse notwendig zugleich ineinandergreifen, freilich strukturell angelegt (vgl. Dyson 1979, mit besonderem Bezug auf die BRD, sowie Seemann 1980, zur Kritik). Zu den Konsequenzen, die die Entwicklung mit sich bringt, scheint es zu gehören, daß Beförderung in hohe und höchste Verwaltungsstellen – die Stellen „politischer Beamter" (s. dazu Steinkemper 1974; Kugele 1978; vgl. auch Grauhan 1970; Schmid/Treiber 1975, bes. S. 180 ff.) – nicht mehr so sehr nach dem Kriterium nachweisbarer fachlicher Qualifikation – und im Sinne von „Ernennung" –, sondern vielmehr „parteilich", im Sinne gleichsam indirekter mandatierender „Wahl" erfolgt (in der Terminologie Max Webers 1964, S. 160 f., 706 f.). Wird das Prinzip formaler, differenzierungstechnisch gesteigerter, funktioneller Rationalität hier zurückgedrängt, so die Chance substantieller sozialintegrativer Steuerung vor dem Hintergrund insgesamt wachsender sozialer Komplexität doch auch beibehalten.

[27] Die genannten, im vorliegenden Zusammenhang hervorgehobenen Funktionen, die Parteien als Faktoren sozialer Steuerung übernehmen, wären bei näherer Analyse gewiß zu ergänzen: Neben die Funktionen, Führungskandidaten zu benennen, Wahlen zu organisieren und Wähler zu mobilisieren – Funktionen, auf die das Parteiengeschäft sich zyklisch zuspitzt – treten Vollzüge wie Einflußnahmen auf Parlamente und Parlamentsfraktionen, die Verbindungsarbeit hin zu Regierungen und Verwaltungen, die Rekrutierung, Lenkung und Förderung der Parteimitglieder schließlich selbst. – Angesichts des angezielten „interkybernetischen" Vergleichs zwischen Parteien und Bürokratien, Kadern und Beteiligung müssen diese zusätzlichen „intrakybernetischen" Funktionen hier vernachlässigt werden.

[28] Vgl. Downs 1957; Buchanan/Tullock 1965; s. bereits Schumpeter 1950.

[29] Erste, organisationssoziologisch wichtige Beiträge haben Dienel 1971, Pankoke 1971, Scharpf 1971, und Mayntz 1972 vorgelegt. – Zur neueren Diskussion vgl. Zusammenfassungen, Problemperspektiven sowie Übersichten zur Literaturentwicklung bes. in Matthöfer/Rammstedt 1977. – S. a. unten, Fn. 32.

[30] Vgl. Mayntz 1977, 1980, die mit dem Terminus zugleich ein neues verwaltungswissenschaftliches Forschungsprogramm verbindet.

[31] S. dazu Hegner 1977, der den Zusammenhang im Sinne eines Modells der „bürokratischen Schere" interpretiert (177 ff.).

[32] Vgl. z. B. Landwehrmann 1965; der Sache nach analog Gouldner 1954 („repräsentative Bürokratie"); Burns/Stalker 1961 („organische Systeme"); Litwak 1961/62 („human relations"-Modell); alle in Mayntz 1968. S. ferner Hartmann 1964 („voluntaristische" Dimension in Organisationen); Bosetzky 1970 („assoziative

Organisation"), sowie Müller 1973, der den Begriff der „situativen Organisation" verwendet.

[33] S. oben, Fn. 24. – Zum Grenzbereich von „Kooperation" (organisationsintern) und „Partizipation" (an der Schnittlinie zwischen Organisation/Umwelt und Publikum) s. jetzt auch Grunwald/Lilge 1980, mit Bezug bes. auf „partizipative Führung".

[34] Während ein funktional äquivalenter, organisationspraktisch aber umgekehrter Prozeß: die (z. B. personelle, über Mitgliedschaftsrollen geregelte) Kooptation von Umweltfaktoren in das Binnensystem von Organisationen (vgl. Selznick 1949; ferner z. B. Clark 1960, und Wildavsky 1964) organisationssoziologisch gut erforscht ist, liegen zum hier interessierenden Steuerungstyp Untersuchungen erst im Ansatz vor.

[35] Von der „bürokratischen Schere" erfaßt (Hegner 1977), fallen „System-" und „Sozialintegration" gleichsam auseinander. Im Maße, in dem Politik „technisch" wird, ruft wachsende Staatstätigkeit „wachsenden Bedarf an akklamationsreifen Rechtfertigungen und legitimationskräftigen Begründungen" (Offe 1972, S. 111 f.), damit aber „wachsende Empfindlichkeit gegenüber Strömungen und Stimmungen auf der Ebene der nur partiell kontrollierbaren ‚öffentlichen Meinung' " (ebd., S. 112) hervor.

[36] Politische Planung, d. h. hier: reformintensive sozialgestaltende Verwaltung wird nicht nur auf der Ebene der Programmentwicklung selbst, sondern auf Durchführungsebene wertkontingent; anders als Ordnungsverwaltung, die Bearbeitungsfälle universalistisch subsumiert, erzeugt Leistungsverwaltung in der Gruppenumwelt, auf die sie sich bezieht, auf direktem oder indirektem Wege wechselnde, partikularistische Betroffenheiten: „verwaltete" („beplante") soziale Klientelschaften, die zunehmend bisher latente, „inklusive" Bedürfnisse (Olson 1968) aktivieren. Legitimationsprobleme entstehen in dieser Sicht besonders insofern, als die realtiven infrastrukturellen Disparitäten, die planende soziale Politik impliziert, konsequent als staatsverursacht zugeschrieben, von Anspruchsstandpunkten her mißbilligt und auf Beseitung eingeklagt werden können.

[37] Vgl. zur oben, Fn. 24, angegebenen Literatur ergänzend auch Armbruster/Leisner 1975, Mayer-Tasch 1976, und Guggenberger/Kempf 1978.

[38] S. Pankoke/Nokielski/Beine 1975, die Strategien dieser Art besonders folgenden administrativen Problemfeldern zuordnen:
a) anomisch-kritischen Situationen (wie sie vielfach die Sozialarbeit, z. B. die Bewährungshilfe betreffen),
b) Situationen mit hohen finanziellen Risiken (die zur Delegation administrativer Aufgaben an selbstfinanzierende GmbHs, z. B. bei Sanierungsprojekten, führen können),
c) funktional komplexen, dynamischen Situationen (die die Möglichkeit z. B. der herkömmlichen kommunalen Sebstverwaltung sprengen und zur Einrichtung/Einbeziehung z. B. spezifischer Zweckverbände führen)
c) Situationen mit hoher Innovationserwartung (wie sie z. B. im Bildungsbereich bzw. näheren professionellen Zusammenhängen gegeben sind).

[39] Pointiert gesprochen ließe sich sagen, daß die genannten Strategien es den Steuerungsinstanzen ermöglichen, ihre Kapazitäten zu erweitern, ohne sie zugleich

zu zwingen, kostenhohe strukturelle Binnendifferenzierungen (im Sinne von „requisite variety", s. Ashby 1952) aufzubauen.

40 Zum Modell der „Einkupplung" s. Lipp 1971, bes. 321, mit Bezug auf innerorganisatorische Steuerung (Verhältnis Gesamtsystem bzw. zentrale Steuerungsinstanz/Subsystem; betriebssoziologische Studie). Perspektiven in dieser Richtung auch bei Frank 1958/59, (zur Funktionsweise der sowjetischen Industrieverwaltung), und Phelan 1960/61 (zur Funktionsweise der spanischen Kolonialbürokratie). Siehe auch die analytische Parallele zum Konzept des „management by exception", wie es z. B. Strong/Smith 1968 darstellen.

41 S. einen ähnlichen Versuch – der „Kader" und „Parteien" freilich nicht miterfaßt – auch bei Offe 1974.

42 Zu den Auswirkungen von Umweltturbulenzen (bzw. stationären Bedingungen) auf die Binnenstruktur von Organisationen s. Emery/Trist 1965. Vgl. a. Frese 1980, S. 228-265, zur weiteren Diskussion.

43 Modellanalytische Überlegungen dazu bei Thompson 1967, 1 ff. – Organisationen, die im Rahmen komplexer Umwelten operieren, weisen insbesondere eine steigende Anzahl von „Grenzpositionen" (Haire 1959, S. 284 f.), damit aber „Grenzrolleninhabern" (Grunow/Hegner 1977) auf. Organisationssoziologisch stellt sich hier die Frage, inwieweit für Personen, die Grenzpositionen besetzen, Art und Gewicht der „Mitgliedschaftsrolle" (Luhmann 1964), die den Konnex zur Organisation erst herstellt, ja diese selbst konstituiert, hier noch präzise angegeben werden können: Sind Mitglieder partizipativer Gruppen Mitglieder der Organisation als Steuerungsinstanz? Das Theorem der Mitgliedschaftsrolle, das die Organisationssoziologie weithin beherrscht, ist angesichts dieser Frage am Ende zu revidieren. So legitim die Kritik, die am Phänomen „politischer" Verwaltung geübt worden ist (Luhmann 1972), in herrschaftssoziologischer Perspektive bleibt – an der Trennung, sc. Rollentrennung von Herrschaftsträgern, den Mitgliedern des Verwaltungsstabs, schließlich den Beherrschten selbst ist mit gutem Grund hier festzuhalten (s. aus spezieller, verfassungsrechtlicher Sicht z. B. Breuer 1977) –, so geboten scheint es zu sein, sie funktionsanalytisch relativ zu setzen: Organisationen entwickeln Rollentrennung und Rollenmischung je nach Komplexitätslage, in der sie stehen, als austauschbare, in bestimmten Bereichen äquivalente Strategien.

44 Daß die Vervielfachung partizipativer Mechanismen, der Vormarsch organisatorischer Beteiligung, den Höhepunkt wohl überschritten hat, dürfte nicht nur für dic Bundesrepublik und das Erlahmen des hier hochgetriebenen, sozialliberalen Reformeifers nach der Demission von Bundeskanzler Brandt, 1974, sondern bei ansteigender wirtschaftskonjunktureller Krise und damit zunehmenden fiskalischen Engpässen für Politik und Verwaltung künftig auch weiterer westlicher Gesellschaften gelten.

45 Vor Problemen dieser Art – um einen Seitenblick auf Früh- und Sonderformen kaderorganisatorischer Steuerung zu werfen – standen z. B. die Kirchen, deren Missionsbestrebungen ihre Adressaten – die „Heiden" – in geographisch weiträumigen, politisch ungesicherten, kulturell opaken Gebieten auf überbrachtem administrativen Wege nicht erreichen konnten. Wenn Missionare, Ordensleute, Weltgeistliche – und ihnen zugeordnet neugeschaffene, in das konkrete soziale Dasein wirkende Laienverbände – ihre Bekehrungsarbeit, Seelsorge, schließlich

institutionelle Befestigung quasi kadermäßig, d. h. nicht primär bürokratisch, verfahrensgeregelt, sondern innengeleitet-gläubig: nicht primär zweck-, sondern wertorientiert verfolgten, scheint dieser Stil sozialer Steuerung nicht nur von den Zielen der Kirchen als solchen, genuin religiösen Inhalten, sondern den funktionalen Fragen ihrer Verkündung, Transmission und Verankerung in einer fremden, überkomplexen Situation bedingt zu sein, in der andere organisatorische Techniken, z. B. einer Ordnungsverwaltung, nicht griffig sein konnten.

46 Dazu gute, auch organisationssoziologisch aufschlußreiche Analysen bereits bei Arendt 1955, mit dem Hinweis, daß Mobilisierungsgesellschaften – haben sie die Phase des revolutionären Durchbruchs abgeschlossen – aufgrund struktureller steuerungsorganisatorischer Gründe dazu neigen, ihre bzw. die „Bewegung", die vom Ausgriff in die Umwelt auf Systembinnenbezüge dann umgeleitet wird – und dort ggf. als „Säuberung" erscheint –, voluntaristisch aufrechtzuerhalten und fallweise zu vertiefen.

47 Organisationen dieses Typs, wie man zusammenfassen könnte, führen tendenziell a) zur Grenzaufhebung zwischen Organisation und Umwelt; b) zur Verwischung der Mitgliedschaftsrolle und c) zur Annäherung und Verbindung, worauf etwa Offe 1974 aufmerksam gemacht hat, von Produktion und Konsumtion administrativer Leistungen.

48 S. neben den Arbeiten zur Implementationsforschung (vgl. oben, Fn. 25; ferner z. B. Derlien 1976, sowie neuerdings Windhoff-Héritier 1980) bes. a. die Beiträge zum Problem der „Politikverflechtung"; vgl. oben Fn. 3.

49 Der Begriff („Verfilzung", „Filzokratie") hat Aktualität seit den Landtagswahlen von Nordrhein-Westfalen, 1976, erlangt, in die die oppositionelle CDU unter Führung von Kurt Biedenkopf ihn als Schlagwort eingebracht hat. – Der Sache nach hat die Diskussion lange Vorgeschichten. S. zur Analyse schon Eschenburg 1961.

50 Zum Problem der „politischen Linie" s. näher Lipp 1972, bes. S. 364 ff.

51 S. Klages 1977, mit Betonung bes. organisationsinterner Bezüge; vgl. auch Heydenbrand 1977, aus marxistischer Sicht, zum „Widerspruch" von Organisation (als „Produktivkraft") und Umwelt (als dem Ensemble der „Produktionsverhältnisse"). Grundsätzlich auch Arrow 1974.

Literatur

Anweiler, O. [1958]: Die Rätebewegung in Rußland, 1905-1921. Leiden.

Arendt, H. [1955]: Elemente und Ursprünge totaler Herrschaft. Frankfurt a. M.

Armbruster, B., und R. Leisner [1975]: Bürgerbeteiligung in der Bundesrepublik. Göttingen.

Arrow, K. J. [1974]: The Limits of Organization (Fels Center of Government), dt: Wo Organisation endet. Management an den Grenzen des Machbaren. Wiesbaden 1980.

Ashby, R. [1952]: Design for a Brain.[2] London.

Balla, B. [1972]: Kaderverwaltung. Ein Versuch zur Idealtypisierung der „Bürokratie" sowjetisch-volksdemokratischen Typs. Stuttgart.

– [1973]: „Bürokratische“ oder „Kader“-Verwaltung? Zur Idealtypisierung der „Bürokratie“ sowjetisch-volksdemokratischen Typs. Zeitschrift für Soziologie 2, S. 101-127.

Bauer, O. [1974]: Kader- und Massenarbeit. In: Theorie und Soziologie der politischen Parteien. Hg. von K. Lenk und F. Neumann (2 Bde.). Darmstadt-Neuwied, Bd. 2, S. 251-272.

Beck, C. [1961]: Party Control and Bureaucratization in Czechoslovakia. Journal of Politics 23, S. 279-294.

Bosetzky, H. [1970]: Grundzüge einer Soziologie der Industrieverwaltung. Möglichkeiten und Grenzen der Betrachtung des industriellen Großbetriebs als bürokratischer Organisation. Stuttgart.

Breuer, R. [1977]: Selbstverwaltung und Mitverwaltung Beteiligter im Widerstreit verfassungsrechtlicher Postulate. Die Verwaltung 10, S. 1-29.

Brunner, G. [1977]: Politische Soziologie der UdSSR. Teile I und II. Wiesbaden.

Buchanan, J. M., und G. Tullock [1965]: The Calculus of Consent. Logical Foundations of Constitutional Democracy. Ann Arbor.

Burns, T. [1962]: Micropolitics. Mechanisms of Institutional Change. Admin. Science Quart. 6, S. 257-281.

–, und G. M. Stalker [1961]: The Management of Innovation. London.

Clark, B. R. [1960]: The Open Door College. A Case Study. New York.

Derlien, H. U. [1976]: Die Erfolgskontrolle staatlicher Planung. Eine empirische Untersuchung über Organisation, Methode und Politik der Programmevaluation. Baden-Baden.

Deutsch, K. [1963]: The Nerves of Government: Models of Political Communication and Control. New York-London.

Dienel, P. [1971]: Partizipation an Planungsprozessen als Aufgabe der Verwaltung. Die Verwaltung 4, S. 151-176.

Dohrn-van Rossum, G. [1978]: Art. Organ, Organismus, Organisation, politischer Körper, I-VI. In: Geschichtliche Grundbegriffe. Historisches Lexikon zur politisch-sozialen Sprache in Deutschland. Hg. von O. Brunner, W. Conze und R. Koselleck. Stuttgart, Bd. 4, S. 519-560.

Downs, A. [1957]: An Economic Theory of Democracy. New York.

Duverger, M. [1951]: Les partis politiques. Paris (dt. Die politischen Parteien, Tübingen 1959).

Dyson, K. [1979]: Die westdeutsche „Parteibuch-Verwaltung“. Eine Auswertung. Die Verwaltung 12, S. 129-160.

Easton, D. [1965]: A Framework for Political Analysis. Englewood Cliffs, New York.

Edelman, M. [1976]: Politik als Ritual. Frankfurt a. M.

Emery, F. E., und E. L. Trist [1965]: The Causal Texture of Organizational Environments. Human Relations 18, S. 20-26.

Eschenburg, Th. [1961]: Ämterpatronage. Stuttgart.

Forsthoff, E. [1967]: Der Staat der Industriegesellschaft. Dargestellt am Beispiel der Bundesrepublik Deutschland. München.

Frank, A. G. [1958/59]: Goal Ambiquity and Conflicting Standards. An Approach to the Study of Organization. Human Organization 17, S. 8-13.

Frese, E. [1980]: Grundlagen der Organisation. Die Organisationsstruktur der Unternehmung. Wiesbaden.
Galbraith, J. K. [1970]: Die moderne Industriegesellschaft. München.
Glaeßner, G.-J. [1977]: Herrschaft durch Kader. Leitung der Gesellschaft und Kaderpolitik in der DDR. Köln.
Goetze, D. [1977]: Castro, Nkrumah, Sukarno. Eine vergleichende soziologische Untersuchung zur Strukturanalyse politischer Führung. Berlin.
Goldenberg, B. [1963]: Lateinamerika und die kubanische Revolution. Köln.
Gouldner, A. W. [1954]: Patterns of Industrial Bureaucracy. Glencoe, Ill.
Grauhan, R. R. [1970]: Politische Verwaltung. Freiburg i. B.
–, Hg. [1975]: Lokale Politikforschung. 2 Bde. Frankfurt a. M.
Grunow, D., und F. Hegner [1977]: Von der Bürokratiekritik zur Analyse des Netzes bürokratischer Organisation. In: Bürokratieprobleme in Industriegesellschaften des 20. Jahrhunderts. Hg. von Th. Leuenberger u. a. Bern, S. 45-79.
Grunwald, W., und H. G. Lilge, Hg. [1980]: Partizipative Führung. Betriebswirtschaftliche und sozialpsychologische Aspekte. Bern-Stuttgart.
Guggenberger, B., und U. Kempf, Hg. [1978]: Bürgerinitiativen und repräsentatives System. Opladen.
Habermas, J. [1973]: Legitimationsprobleme im Spätkapitalismus. Frankfurt a. M.
Haire, M. [1959]: Biological Models and Empirical Histories of the Growth of Organizations. In: ders. (Hg.), Organization Theory. Ann Arbor, S. 272 bis 306.
Harasymiw, B. [1969]: Nomenklatura: The Soviet Communist Party's Leadership Recruitment System. Canadian Journal of Political Science, S. 493 ff.
Hartmann, H. [1964]: Bürokratische und voluntaristische Dimensionen in organisierten Sozialgebilden. Jb. f. Sozialwiss. 15, S. 115-127.
Hartmann, J. [1979]: Parteienforschung. Darmstadt.
Hauriou, M. [1925/65]: La théorie de l'institution et de la fondation. Essai de vitalism sociale (1925); deutsch: Die Theorie der Institution und der Gründung, in: Die Theorie der Institution und zwei andere Aufsätze von Maurice Hauriou, hg. von R. Schnur. Berlin 1965, S. 27-66.
Hegner, F. [1976]: Strukturelemente formal organisierter Handlungssysteme. In: Organisation und Herrschaft. Hg. v. G. Büschges, Reinbek, S. 226-251.
– [1977]: Entstehungsbedingungen von Bürgerinitiativen im Spannungsfeld von Bürger und Verwaltung. In: Matthöfer/Rammstedt 1977, S. 158-206.
– [1979]: „Bürgernähe" von Politik und Verwaltung als Anliegens- und Problemgerechtigkeit. Die Verwaltung 12, Heft 2, S. 187-202; Heft 3. S. 311-335.
Henkel, J. [1976]: Die Auswahl der Parlamentsbewerber. Grundfragen – Verfahrensmodelle. Berlin-New York.
Hennen, M. [1976]: Krise der Rationalität – Dilemma der Soziologie. Zur kritischen Rezeption Max Webers. Stuttgart.
Herber, R., und H. Jung [1968]: Kaderarbeit im System sozialistischer Führungstätigkeit. Berlin (Ost).
Herzog, D. [1966]: Max Weber, als Klassiker der Parteiensoziologie. Soziale Welt 17, S. 232-252.
Heydebrand, W. [1977]: Organizational Contradictions in Public Bureaucracies:

Toward a Marxion Theory of Organizations. In: J. K. Benson, Ed., Organizational Analysis: Critique and Innovation. Beverly Hills – London, 1977, S. 85-109.
Hickson, D. J., and Ch. J. McMillan, Eds. [1981]: Organization and Nation. (The Aston Programme IV). Guildford.
Kaack, H. [1971]: Geschichte und Struktur des deutschen Parteiensystems. Opladen.
Kaiser, H. [1973]: Vom „Totalitarismus"- zum „Mobilisierungs"-Modell. Neue Politische Literatur 18, S. 141-169.
Kalberg, St. [1980]: Max Weber's Types of Rationality: Cornerstones for the Analysis of Rationalization Processes in History. American Journal of Sociology 85, S. 1145-1179.
Kaufmann, F.-X., Hg. [1977]: Bürgernahe Gestaltung der sozialen Umwelt. Meisenheim.
–, Hg. [1979]: Bürgernahe Sozialpolitik. Planung, Organisation und Vermittlung sozialer Leistungen auf lokaler Ebene. Frankfurt a. M.-NewYork.
Kaufmann, F.-X., und S. Schneider [1975]: Modelleinrichtungen – Ein Instrument für experimentelle Reformverfahren in der Sozialpolitik? Neue Praxis 5, S. 206-218.
Kirchheimer, O. [1965]: Der Wandel des westeuropäischen Parteiensystems. PVS 6, S. 20-41.
Klages, H. [1977]: Grenzen der Organisierbarkeit von Verwaltungsorganisationen. Die Verwaltung 10, S. 31-49.
– [1981]: Überlasteter Staat – Verdrossener Bürger? Zu den Dissonanzen der Wohlfahrtsgesellschaft. Frankfurt a. M.-New York.
Kudera, S. [1977]: Organisationsstrukturen und Gesellschaftsstrukturen. Thesen zu einer gesellschaftsbezogenen Reorientierung der Organisationssoziologie. Soziale Welt 20, S. 16-38.
Kugele, D. [1978]: Der politische Beamte. Entwicklung, Bewährung und Reform einer politisch-administrativen Institution. ²München.
Lammers, C. J., and D. J. Hickson, Eds. [1979]: Organizations Alike and Unlike: International and Inter-institutional Studies in the Sociology of Organizations. London.
Landwehrmann, F. [1965]: Organisationsstrukturen industrieller Großbetriebe. Köln.
LaPalombara, J., and M. Weiner, Eds. [1966]: Political Development. Princeton 1966.
Leibholz, G. [1966]: Das Wesen der Repräsentation und der Gestaltwandel der Demokratie im 20. Jahrhundert. Berlin.
Lenin, W. I. [1964]: Ausgewählte Werke. 2 Bde. Moskau.
– [1970]: Für und wider die Bürokratie. Auswahl, hg. von G. Hillmann. Reinbek.
Lewytzkyj, B. [1961]: Die Nomenklatur. Osteuropa 11, S. 408-412.
Lindblom, Ch. E. [1959]: The Science of „Muddling Through". Public Administration Review 19, S. 79-88.
Lipp, W. [1971]: Innovationsprozesse im industriellen Großbetrieb. Technologischer Wandel und sozialer Konflikt. Die Unternehmung 25, S. 313-327.
– [1972]: Anomie, Handlungsmöglichkeit, Opportunismus. Grenzfragen der Systemtheorie. Zeitschrift für die ges. Staatswissenschaft 128, S. 344-370.

– [1973]: Plan, Sprache und Gründung. Zur Soziologie geschichtlicher Initiative. In: Theorie der Gesellschaft oder Sozialtechnologie. Theorie-Diskussion, Supplement 1. Frankfurt a. M., S. 162-209.
– [1976]: Stigma und Charisma. Zur Typik, Dynamik und Dialektik sozialen Grenzverhaltens. Habilitationsschrift (Ms.). Bielefeld.
– [1978]: Bürokratische, partizipative und Kaderorganisation als Instrumente sozialer Steuerung. Typenanalyse und Leistungsvergleich. Die Verwaltung 11, S. 3-25.
Lipset, S. M., and St. Rokkan, Eds. [1967]: Party Systems and Voter Alignments. New York.
Litwak, E. [1961/62]: Models of Bureaucracy which Permit Conflict. AJS 67, S. 177-184.
Lockwood, D. [1969]: Soziale Integration und Systemintegration. In: Theorien des sozialen Wandels. Hg. von W. Zapf. Köln–Berlin, S. 124-137.
Luhmann, N. [1964]: Funktionen und Folgen formaler Organisationen. Berlin.
– [1965]: Grundrechte als Institution. Ein Beitrag zur politischen Soziologie. Berlin.
– [1966]: Theorie der Verwaltungswissenschaft. Bestandsaufnahme und Entwurf. Köln-Berlin.
– [1971]: Politische Planung. Aufsätze zur Soziologie von Politik und Verwaltung. Opladen.
– [1972]: Politikbegriffe und die „Politisierung" der Verwaltung. In: Demokratie und Verwaltung. 25 Jahre Hochschule für Verwaltungswissenschaften in Speyer. Berlin, S. 211-228.
– [1975]: Macht. Stuttgart.
Mandel, E., Hg. [1971]: Arbeiterkontrolle. Arbeiterräte. Arbeiterselbstverwaltung. Eine Anthologie. Frankfurt a. M.
Matthöfer, H., und O. Rammstedt, Hg. [1977]: Bürgerbeteiligung und Bürgerinitiativen. Legitimation und Partizipation in der Demokratie angesichts gesellschaftlicher Konfliktsituationen. Villingen.
Mayer-Tasch, P. C. [1976]: Die Bürgerinitiativbewegung. Reinbek.
Mayntz, R., Hg. [1968]: Bürokratische Organisation. Köln-Berlin.
– [1972]: Funktionen der Beteiligung bei öffentlicher Planung. In: Demokratie und Verwaltung. 25 Jahre Hochschule für Verwaltungswissenschaften in Speyer. Berlin, S. 341-353.
– [1977]: Die Implementation politischer Programme. Theoretische Überlegungen zu einem neuen Forschungsgebiet. Die Verwaltung 10, S. 51-66.
– [1978]: Soziologie der öffentlichen Verwaltung. Heidelberg-Karlsruhe.
–, Hg. [1980]: Implementation politischer Programme. Empirische Forschungsberichte. Meisenheim.
Meyer, A. G. [1972]: Leninism. New York.
Meyer, G. [1977]: Bürokratischer Sozialismus. Eine Analyse des sowjetischen Herrschaftssystems. Stuttgart – Bad Cannstatt.
Michels, R. [1911]: Zur Soziologie des Parteiwesens in der modernen Demokratie: Untersuchungen über die oligarchischen Tendenzen des Gruppenlebens. Leipzig.
Mühleisen, H.-O. [1973]: Organisationstheorie und Parteienforschung. In: Partei und System. Eine kritische Einführung in die Parteienforschung. Hg. von W. Jäger u.a. Stuttgart, S. 59-89.

Müller, W. [1973]: Die Relativierung des bürokratischen Modells und die situative Organisation. KZfSS 25, S. 719-749.
Naschold, F. [1969]: Organisation und Demokratie. Stuttgart.
Nettl, P. [1967]: Political Mobilization. London.
Neumann, S. [1932]: Die politischen Parteien in Deutschland. Berlin.
Offe, C. [1969]: Politische Herrschaft und Klassenstruktur. Zur Analyse spätkapitalistischer Gesellschaftssysteme. In: Politikwissenschaft. Hg. v. G. Kress und D. Senghaas. Frankfurt a. M., S. 155-198.
– [1972]: Strukturprobleme des kapitalistischen Staats. Frankfurt a. M.
– [1974]: Rationalitätskriterien und Funktionsprobleme des politisch-administrativen Handelns. Leviathan 2, S. 333-345.
Olson, M. [1968]: Die Logik des kollektiven Handelns. Kollektivgüter und die Theorie der Gruppen. Tübingen.
Ostrogorski, M. [1902]: Democracy and the Organization of Poiitical Parties. New York.
Pankoke, E. [1971]: Kommunale Beteiligung als Problem der Verwaltungsorganisation. Die Verwaltung 4, 395-422.
Pankoke, E., und H. Nokielski [1977]: Verwaltungssoziologie. Einführung in Probleme öffentlicher Verwaltung. Stuttgart.
Pankoke, E., H. Nokielski, und Th. Beine [1975]: Neue Formen gesellschaftlicher Selbststeuerung in der Bundesrepublik Deutschland. Diskussion an Beispielen aus den Bereichen Bildung, soziale Sicherung und kommunale Selbstverwaltung. Göttingen (= Schriftenreihe der Kommission für wirtschaftlichen und sozialen Wandel, Bd. 86).
Phelan, J. C. [1960/61]: Authority and Flexibility in the Spanish Imperial Bureaucracy. Adm. Sc. Quart. 5, S. 47-65.
Rammstedt, O., und H.-D. Rönsch [1977]: Darstellung und Kritik der gegenwärtigen Legitimationsforschung. In: Matthöfer/Rammstedt 1977, S. 91-157.
Rassem, M. [1979]: Stiftung und Leistung. Mittenwald.
Ritter, G. A. [1968]: „Direkte Demokratie“ und Rätewesen in Geschichte und Theorie. In: Die Wiedertäufer der Wohlstandsgesellschaft. Hg. v. E. K. Scheuch. Köln, S. 188-216.
Sartori, G. [1976]: Parties and Party Systems: A Framework for Analysis. Cambridge – London – New York – Melbourne.
Scharpf, F. W. [1972]: Demokratietheorie zwischen Utopie und Anpassung. Konstanz (Neuaufl. Kronberg/Ts., 1975).
Scharpf, F., u. a., Hg. [1977]: Politikverflechtung II – Kritkk und Berichte aus der Praxis. Kronberg/Ts.
Scharpf, F., B. Reissert, und F. Schnabel [1976]: Politikverflechtung. Theorie und Empirie des kooperativen Föderalismus in der Bundesrepublik. Kronberg/Ts.
Schelsky, H. [1961]: Der Mensch in der wissenschaftlichen Zivilisation. Köln – Opladen.
Schmid, G., und H. Treiber [1975]: Bürokratie und Politik. Zur Struktur und Funktion der Ministerialbürokratie in der Bundesrepublik Deutschland. München.
Schnabel, F. [1980]: Politik ohne Politiker, in: Wollmann 1980, S. 49-70.

Schumpeter, J. A. [1950]: Kapitalismus, Sozialismus und Demokratie. Bern.
Seemann, K. [1980]: Die Politisierung der Ministerialbürokratie in der Parteiendemokratie als Problem der Regierbarkeit. Die Verwaltung 13, S. 137-156.
Selznick, P. [1949]: TVA and the Grass Roots. A Study in the Sociology of Formal Organization. Berkeley.
Stammer, O., Hg. [1968]: Party Systems, Party Organizations, and the Politics of New Masses. Beiträge zur 3. Internationalen Konferenz über Vergleichende Politische Soziologie. Berlin.
Steininger, R., 1980: Max Webers Parteienkonzept und die Parteienforschung. Kölner Zeitschrift für Soziologie und Sozialpsychologie 32, S. 74–75.
Steinkemper, B. [1974]: Klassische und politische Bürokraten in der Ministerialverwaltung der Bundesrepublik Deutschland. Eine Darstellung sozialstruktureller Merkmale unter dem Aspekt politischer Funktionen der Verwaltung. Köln – Berlin – Bonn – München.
Strong, E. P., and R. D. Smith [1968]: Management Control Models. New York.
Thompson, J. D. [1967]: Organizations in Action. New York.
Timsit, G., et G. Wiener [1980]: Administration et Politique en Grande-Bretagne, en Italie et en République fédérale d'Allemagne. Revue Francaise de Science Politique 3, S. 506-532.
Tyrell, H. [1981]: Ist der Webersche Bürokratietypus ein objektiver Richtigkeitstypus? Anmerkungen zu einer These von Renate Mayntz. Zeitschrift für Soziologie 10, S. 38-49.
Uthoff, H., und W. Deetz, Hg. [1980]: Bürokratische Politik. Stuttgart 1980.
Weber, M. [1919]: Politik als Beruf. Berlin.
– [1964]: Wirtschaft und Gesellschaft. 2 Hlbbde. Köln.
– [1980]: Gesammelte politische Schriften. 4. Aufl. Tübingen.
Weiß, J. [1975]: Max Webers Grundlegung der Soziologie. München.
Wildavsky, A. [1964]: The Politics of the Budgetary Process. Boston.
Windhoff-Héritier, A. [1980]: Politikimplementation. Ziel und Wirklichkeit politischer Entscheidungen. Königstein/Ts.
Wollmann, H., Hg. [1980]: Politik im Dickicht der Bürokratie. Beiträge zur Implementationsforschung. Opladen (= Leviathan, SH 3/1979).

Situative Verwaltungsführung durch umweltdifferenzierten Organisationswandel

Rainer Pitschas

1. Verwaltungsführung „durch" Organisation

1.1. Das Theoriedefizit organisationszentrierter Führung in der öffentlichen Verwaltung

Fragestellungen der Verwaltungsführung im Zusammenhang mit dem Organisationswandel öffentlicher Verwaltung zu diskutieren, erscheint auch der modernen Verwaltungswissenschaft auf den ersten Blick kaum selbstverständlich. Nicht nur haben die zumal seit Anfang der siebziger Jahre von ihr entwickelten Führungstheorien und Führungslehren[1] die organisatorische Dimension der Verwaltungsführung regelmäßig ausgeblendet[2] – mit der Folge, daß vor allem die Probleme der Kooperationsstile und interpersonalen Beeinflussung betont wurden. Auch die Vielfalt der Begriffsbildungen darüber, was unter „Führung" denn eigentlich zu verstehen sei[3], sowie die unterschiedlichen Annahmen, die den einzelnen Führungskonzepten für die öffentliche Verwaltung zugrunde liegen[4], dürften für das Theoriedefizit organisationszentrierter Führung in der Verwaltung verantwortlich zeichnen. Schließlich hat daran weder die inzwischen uferlose Kritik bürokratischer Rigidität des Verwaltungshandelns[5] noch das Bestreben etwas geändert, dessen „innovativen" Charakter aufzuspüren[6].

1.2 Organisationale Verwaltungsführung als Steuerungselement öffentlicher Verwaltung

Versucht man demgegenüber, das in der Verwaltungspraxis sehr wohl bekannte und häufig genutzte Phänomen der Verwaltungsführung „durch" Organisation näher zu ergründen, muß man zu allererst seine begriffliche Unschärfe aufhellen: *Organisationale Verwaltungsführung* knüpft an die Vorstellung der öffentlichen Verwaltung als einem im Unterschied zu sonstigen bürokratischen Institutionen genuin strukturierten Handlungssystem (= Politisch-administratives System) an[7]. Die Steuerung dieses Systems bedient sich der Aktivitäten Planen, Entscheiden, *Organisieren*, Personalhandeln und Kontrollieren unter Anwendung entsprechender Konzepte, Techniken und Hilfsmittel. Führung der öffentlichen Verwaltung „durch" Organisation ist damit ein Steuerungsinstrument unter mehreren und als solches von dem personalorientierten, sozialpsychologischen Führungsbegriff zu sondern, der – rollenbezogen – jene *Verhaltensweisen* als „Führung" bezeichnet, die im Sinne der jeweiligen Intention das Verhalten der Verwaltungsangehörigen unmittelbar beeinflussen (Interaktionelle Führung)[8]. Führung „durch"Organisation meint demgegenüber und komplementär dazu die auf die Aufgabenerfüllung bezogene organisatorisch-strukturelle Gestaltung des Verwaltungssystems hinsichtlich seiner Aufbau- und Ablauforganisation (Strukturelle Führung).

In diesem Verständnis erfährt der Führungsbegriff eine Erweiterung seiner funktionellen Reichweite. „Führung" erfaßt hiernach den Gesamtbestand der rechtlichen, organisatorischen und verhaltensmäßigen Handlungsbedingungen des Verwaltungssystems, indem sie dieses unter dem Gesichtspunkt der effizienten Aufgaben- bzw. Zielerfüllung strukturiert. Organisationale Führung stellt dabei eines der verwendeten Struktur- bzw. Steuerungselemente dar, das der zu bewältigenden Verwaltungsaufgabe die adäquate Organisation unterlegt.

Organisationale Führung erschöpft sich allerdings nicht in dieser Inbezugsetzung von Aufgabentyp und Organisationsstruktur. Weil und soweit es um die Aufgabenerfüllung „durch Menschen" in der Verwaltungsorganisation geht, erstreckt sich Verwaltungsführung „durch" Organisation auch und zugleich auf deren *Personal*: Die Suche nach angemessenen organisatorischen Modellen muß nämlich erfolglos bleiben, wenn nicht der „Mensch in der Organisation" in seinen Wünschen, Eigenheiten, Präferenzen etc. berücksichtigt wird.

1.3 Organisationale Verwaltungsführung im Kontext administrativen Beziehungshandelns

Organisationale Führung heißt mithin auch Mitarbeiterführung. Sie bedeutet insofern die organisatorische Steuerung des individuellen und sozialen Verhaltens der Verwaltungsmitarbeiter, als sie versucht, das zielorientierte Aufgabenhandeln von Individuen und Gruppen in der Verwaltung sowie das Führungshandeln der Vorgesetzten in Beziehung zu setzen mit den Merkmalen der Organisation[9].

So verstandene organisationale Verwaltungsführung darf freilich nicht mit der sog. Führungsorganisation verwechselt werden. Unter dieser wird herkömmlicherweise die organisatorische Regelung der Führungsbeziehungen und Führungstätigkeiten verstanden, während demgegenüber der sachbezogenen Organisation im Leistungsbereich die Aufgabe zugewiesen wird, angemessene Organisationsformen für eine optimale Aufgabenerfüllung zu entwickeln[10]. Die darin enthaltene „Zweiteilung" verfehlt jedoch den Zusammenhang von Organisationsstruktur, formaler Rollenerwartung und ihrer Wahrnehmung sowie des aufgabenbezogenen Verhaltens. Organisationale Verwaltungsführung überwindet sie dagegen, indem sie das Beziehungshandeln einbeschließt in den *gesamtheitlichen* Prozeß organisatorischer Steuerung der Verwaltung.

1.4 Kontextdimensionen organisationaler Verwaltungsführung

Die Organisation öffentlicher Verwaltung läßt sich daher als Führungsaufgabe nur auf dem dargestellten Hintergrund begreifen. Für die Erfüllung dieser Aufgabe erlangt entscheidenden Stellenwert der *organisatorische Kontext*, in den die handelnden Personen eingefügt sind und der auf sie als Gesamtheit, als Einzelne sowie auf ihre Beziehungen untereinander und zum jeweiligen Vorgesetzten Einfluß nimmt[11].
Dieser organisatorische Kontext ist allerdings mehrdimensional strukturiert. Zu unterscheiden sind die *Kontextdimensionen* der Steuerung individuellen Verhaltens durch *formale* Organisation, durch *informelle* Organisation sowie durch die „Produktionstechnologie" der öffentlichen Verwaltung, die von ihr zur Zielerreichung und Zweckerfüllung eingesetzt wird (z. B. Bürotechnik, automatische Datenverarbeitung).
Über die Wirksamkeit und Bedeutung dieser drei Kontextdimensionen bestehen zahlreiche Unklarheiten und Widersprüche[12]. Gleichwohl wird ihr realer Stellenwert für die öffentliche Verwaltung kaum zu leugnen sein: Ihre Aufgabenerledigung sowie die sozialen Beziehungen zwischen Vorgesetzten und Mitarbeitern und dieser untereinander werden ganz im Gegenteil durch die Gegebenheiten der formalen Aufbau- und Ablauforganisation einer Verwaltungsbehörde, der nichtgeschriebenen „Hackordnung" der in ihr tätigen Gruppen und „Einzelkämpfer" sowie der zum Einsatz gebrachten Technologie essentiell vorstrukturiert. Forschungsarbeiten der letzten Jahre zu diesem Bereich lassen überdies die Vermutung als begründet erscheinen, daß die genannten Kontextdimensionen, die vom individuellen Willen der handelnden Amtswalter weitgehend unabhängig und von ihnen nur in engen Grenzen zu beeinflussen sind, das Handeln der Vorgesetzten und Untergebenen sehr viel mehr determinieren als ihre höchstpersönlichen Einstellungen und Handlungsorientierungen[13].
Durchschlagende Wirkung entfaltet diese Feststellung vor allem für die *personale Steuerungswirkung formaler Organisation.* Ihr kommt in der öffentlichen Verwaltung der (auch rechtlich verankerte[14]) Primat als Lenkungs-, Koordinations- und Kontrollinstrument zu: Nicht nur legen Geset-

ze, Rechtsverordnungen und Geschäftsverteilungsvorschriften ebenso wie Organigramme, Stellenpläne und Arbeitsanweisungen den organisatorischen Aufbau einer Verwaltung bzw. Behörde für alle Mitarbeiter verbindlich fest und regeln die Funktionen, Aufgaben und Verantwortlichkeiten der einzelnen Abteilungen, Referate, Arbeitsgruppen und Verwaltungsangehörigen im Hinblick auf die rechtlich vorgegebenen Verwaltungsziele. Ein festes System von Über- und Unterordnung bestimmt darüberhinaus und noch immer – trotz zahlreicher „Gegenmodelle" – die Beziehungen zwischen Vorgesetzten und Mitarbeitern.

Die *formale* Organisationsstruktur umschreibt insoweit die Aufgaben und Kompetenzen, Rechte und Pflichten sowie die Handlungs- und Entscheidungsspielräume aller Verwaltungsmitglieder. Geltung und Einhaltung dieser formalen Ordnungsbezüge garantieren im wesentlichen zwei Mechanismen: Zum einen werden formale Regelungen vom überwiegenden Teil der Verwaltungsangehörigen nicht als zwangshafte Reglementierungen ihres Verhaltens empfunden, sondern als *Leitlinien* für zweckmäßiges Handeln, als *Hilfen* für die Gewinnung von Verhaltenssicherheit und als *Schutz* vor der Willkür von Vorgesetzten und Verwaltungsklientel[15]. Durchweg wird deshalb die Strukturformalisierung nicht als Einengung von Handlungsspielräumen erlebt. Zum anderen scheinen mehr und mehr Vorgesetzte darauf zu achten, daß ihre Mitarbeiter jeweils im Sinne der organisatorischen Vorgaben und Regelungen handeln und nicht in blinder, gedankenloser Anpassung.

Es kann also keine Rede davon sein, daß die *formale* Organisationsstruktur in einem nur lockeren, letzlich wenig signifikanten Verhältnis zum tatsächlichen Handeln der Verwaltungsangehörigen steht. Sie erweist sich im Gegenteil als ein (in Grenzen) effektives Instrument zur Lenkung, Koordination und Kontrolle des Verhaltens im Sinne der Verwaltungsführung.

Ähnliches gilt für die *Rolle der Technik* in der öffentlichen Verwaltung[16]. Der Einsatz neuer Technologien wie etwa der des Bildschirmtextes und insbesondere der automatischen Datenverarbeitung ist mit einer Intensivierung der Kontrolle der Verwaltungsmitarbeiter und einer objektiven Verringerung ihrer Handlungsspielräume durch den Verlust inhaltlicher Kompetenzen verbunden – dies auch dann, wenn die „Technik im Büro" die tägliche Arbeit in vieler Hinsicht erleichtert, angenehmer gestaltet und wohl auch den „Verwaltungsstaat" ermöglicht[17]. Dennoch wird es in Zukunft durch den flächenhaft verstärkten Einsatz administrativer Technik eine erhöhte zeitliche Qualifizierung der Arbeitsintervalle mit Plan-Auslastung geben und damit einhergehend den *Abbau kooperativer Entscheidungsfindung, offener Kommunikation und einer Führung nach Ergebnissen.*

Auch wenn die formale Organisation und die „Produktionstechnologie" der öffentlichen Verwaltung das Handeln der weitaus meisten Verwaltungsangehörigen strukturieren und programmieren, ergibt sich doch aus der *univer-*

sellen Existenz informeller Organisationsformen eine immanente Begrenzung ihrer Reichweite[18]. Die informelle Organisation vermag nämlich den Charakter einer „Gegenorganisation" anzunehmen, die mehr oder minder verdeckte Arrangements zum Unterlaufen oder zur Abwehr unerwünschter Leistungs- bzw. Verhaltensanforderungen entwickeln kann. Dies ist besonders dann der Fall, wenn Reglementierungen und Handlungszwänge als zu drückend und restriktiv empfunden werden[19]. Dennoch und im Kern davon unberührt formt die Soll-Struktur der Verwaltungsorganisation im Verein mit ihrer Technostruktur das Verhalten der Verwaltungsangehörigen in der Verwaltungswirklichkeit in hohem Maße sowie in der gewünschten Richtung der Aufgabenerfüllung. Dabei sind Technik und formale Organisationsstruktur generell verhaltensbestimmender als die informelle Ausprägung der Arbeitsvollzüge[20].

1.5 Qualitative Bezugspunkte organisationaler Verwaltungsführung

Insgesamt verdeutlichen die voraufgegangenen Ausführungen, *daß* die Strukturmerkmale der Verwaltungsorganisation indirekt Führungsprozesse in der öffentlichen Verwaltung bestimmen. In der Literatur hierzu hat sich insoweit das Konzept der Rollenerwartungen bewährt, um die Transformation von Organisationszielen und organisationsspezifischen Maßgaben in Führungshandeln zu beschreiben[21].

Die Führungssituation „als Organisationsstruktur" aufzufassen, heißt allerdings nicht schon eine Aussage darüber zu treffen, *wie* sich strukturelle Führung zum effizienten Aufgabenvollzug im einzelnen verhält. Hierbei geht es näherhin um die Frage, *welche* der bekannten organisatorischen Strukturtypen das in der öffentlichen Verwaltung vorrangig vertretene Leitziel einer „kooperativen"Führung positiv bzw. negativ zu beeinflussen vermögen[22]. Im konkreten Aufgabenvollzug sind die Auswirkungen der Strukturtypen durchaus unterschiedlicher und vielfältiger Natur. Zusammenfassend läßt sich aber doch feststellen, daß entgegen häufig geäußerter anderer Ansicht die bürokratische Strukturierung öffentlicher Verwaltung einer kooperativen Führung nicht durchweg widerstreitet[23].

In der Suche nach weiteren qualitativen Bezugspunkten für die Relationsbeziehung von Organisation und Verhalten spielt vor allem die *Motivation* der Verwaltungsangehörigen eine besondere Rolle. Zwischen ihr und den vorfindlichen Organisationsstrukturen besteht nämlich ein direkter Zusammenhang. Die Verwaltungswirklichkeit zeigt, daß dort, wo interessante Arbeits- und Aufgabeninhalte die Beschäftigung prägen und die Möglichkeit eingeräumt wird, eigene Fähigkeiten im Tätigkeitsfeld einzusetzen, oft überdurchschnittlich motivierte Mitarbeiter tätig sind[24]. Ist diese Möglichkeit beispielsweise durch *traditionell gehandhabte, formell bestimmte Organisationsformen und Arbeitsabläufe* nicht gegeben, kann die Motivation der Mitarbeiter auf ein unterdurchschnittliches Maß absinken[25]. Arbeit und Arbeitsinhalt sind also ein überaus starker Motivationsfaktor. Daraus sollten Überlegungen resultieren, wie in der öffentlichen Verwaltung die Arbeit gestaltet, Arbeitsabläufe neu geregelt, Inhalte, Kompetenzen und Verantwortlichkeiten in einem Arbeitsgebiet anders ausgerichtet werden könnten, um dieser Erkenntnis zu genügen[26].

2. Verwaltungsführung „durch" Organisation und Verwaltungswandel

2.1 Organisationale Verwaltungsführung als situative Führungsverantwortung

Die voraufgehend skizzierte Bedeutung der individuellen Motivation von Mitarbeitern in der öffentlichen Verwaltung und ihre Betroffenheit durch Organisationsmerkmale verweist auf eine weitere qualitativ-spezifische Dimension der organisationalen Verwaltungsführung: Ihr Führungsbereich umfaßt auch das Verhältnis der Verwaltungsorganisation zur *Verwaltungsumwelt*, d. h. zu jenen Ausschnitten der gesellschaftlichen Wirklichkeit, in bezug auf die öffentliche Verwaltung spezifische Funktionen (z. B. Entscheiden, Dienstleistungen) erfüllt. Handelt es sich insofern um die „äußere" Umgebung der Verwaltung, so grenzt sich davon eine „innere" Umwelt ab, definiert als Arbeitssituation der Verwaltungsangehörigen[27]. Dieses „Betriebsverhältnis" wird seinerseits von der Arbeitsmotivation des Einzelnen als (internem) Umweltfaktor mitgeprägt.
Organisationale Verwaltungsführung als Bündel organisatorischer Aktivitäten mit Auswirkungen auf die personale Führungssituation hat daher auch zum Inhalt, die (wechselseitige) Beziehung zwischen Binnen- und Außenbereich der öffentlichen Verwaltung zu strukturieren und diese Struktur je situationsgerecht zu variieren. Die These ist also, daß zwischen der administrativen Organisationsstruktur, ihrer Umwelt und dem Verhalten der Verwaltungsangehörigen eine *prozeßhafte Wechselwirkung* besteht und dieser Zusammenhalt von *dynamischer Natur* ist. Das solchermaßen angelegte Verhältnis wird durch „situationsspezifische" Umweltfaktoren reguliert.
Unter „Situation" sind dabei im Sinne eines offenen Begriffs alle Randbedingungen, Einflußgrößen, Determinanten usw. zu verstehen, die den Zusammenhang zwischen den Organisationsstrukturen der Verwaltung und den von ihr angestrebten, bestimmten Umweltwirkungen beeinflussen[28]. Wann

immer also in der Verwaltungsumwelt eine Größe festgestellt wird, deren verschiedene Ausprägungen mit unterschiedlichen Wirkungen von Organisationsstrukturen verbunden sind, handelt es sich um eine *relevante Situationskomponente*. Für die zielverpflichtete, klientelbezogene organisationale Verwaltungsführung ergibt sich hieraus die Notwendigkeit zu fragen, *wie* sich die Situation der öffentlichen Verwaltung in die Zeit hinein entwickelt und von welchen Umweltfaktoren diese Entwicklung je aktuell sowie in der Zukunft geprägt ist. Zusammengefügt zu einem *Bedingungsrahmen rationaler Organisation* bildet die Gesamtheit der so ermittelten Umgebungsbedingungen öffentlicher Verwaltung den maßgeblichen Ansatzpunkt für eine *situative Führung durch Organisationswandel.*
Den „offenen" Prozeß umweltbezogener Organisationsänderung zu initiieren und zu strukturieren, ist m. a. W. ein zentrales Anliegen der organisationalen Verwaltungsführung. Sie verknüpft in der Wahrnehmung ihrer situativen Führungsverantwortung organisationsstrukturelle mit human-prozessualen und technologischen Führungselementen und sorgt dadurch für die „Ausgewogenheit" formaler und informeller Organisation. An einem Beispiel aus der Wirtschaftsverwaltung illustriert: Der offenkundige Bedarf privater Wirtschaftsunternehmen nach öffentlichen Hilfestellungen in Fragen der Unternehmensausdehnung, der Betriebsansiedlung, Arbeitskräftebeschaffung etc. führt auf Seiten des Staates nicht nur zur Entwicklung unbürokratisch strukturierter Verwaltungseinheiten (= Wirtschaftsförderungsgesellschaften), sondern fördert auch die Umstellung des Verwaltungspersonals auf professionelles Verhalten im Umgang mit den Gesprächspartnern der Wirtschaft und bewirkt zugleich den Aufbau technologisch gestüzter Beratungskapazitäten (ADV)- und dies alles unter Abbau der bisher vorhandenen informellen Einflußnahme auf die Bürokratie.

2.2 Das Defizit situativer Führungsverantwortung in der öffentlichen Verwaltung

In diesem Sinne verstandene organisationale Verwaltungsführung erfordert zweierlei: Sie muß sich der Funktion öffentlicher Verwaltung in deren Verhältnis zur Umwelt versichern und – hierauf bezogen – nach dem zeitbedingten *Begriff von Verwaltung* fragen, der die situationsprägende Umweltentwicklung einfängt und darauf aktiv reagiert.
Freilich zeigt sich bei vertiefter Betrachtung alsbald, daß die Situation der öffentlichen Verwaltung insoweit noch kaum ansatzweise beschrieben ist. Vor allem fehlt es weitgehend an einer Identififzierung der maßgeblichen Einflußgrößen, von den Schwierigkeiten ihrer Operationalisierung ganz zu schweigen[29].

In diesem Defizit trifft sich die Verwaltungswissenschaft mit der betriebswirtschaftlich-ökonomischen Führungslehre[30]. Auch diese muß empfindliche theoretische und empirische Ungewißheiten über die Bedeutung der Organisationsumwelt für die kooperative Führung im Unternehmen in Kauf nehmen. Eine allgemeine Theorie der Beziehungen zwischen Organisationen und ihrer Umgebung existiert nicht. Immerhin herrscht in den verschiedenen „situativen" Ansätzen Einigkeit darüber, daß für die Untersuchung der Umweltproblematik jedenfalls die Dynamik der Umgebung eine wesentliche Rolle spielt[31]. Übertragen auf den Bereich der öffentlichen Verwaltung bedarf es also zu ihrer situationsgerechten Entwicklung einer *dynamischen Perspektive*, in der in erster Linie das Moment des Verwaltungswandels als solcher und seine Dimensionierung betont werden[32]. In der Veränderung des Verwaltungsbegriffs dokumentiert sich diese Dynamik augenfällig, wenngleich sie auch nur zögernd zur Kenntnis genommen wird.

2.3 Situative Führungsverantwortung als Reaktion auf den Verwaltungswandel

Dimensionale Entfaltung des Verwaltungsbegriffs

Im Gegenteil wird diese dynamische Orientierung durch Anknüpfung an den *Traditionsbezug* der öffentlichen Verwaltung weitgehend verdrängt. Demgemäß findet sich diese immer wieder definiert als ein System von Zielen bzw. Zwecken und der sie konkretisierenden Mittel bzw. Instrumente[33]. Oder aber man versteht Verwaltung vor dem Hintergrund systemtheoretischer Ableitungen als Herstellung bindender Entscheidungen auf der Grundlage zuvor verarbeiteter Informationen[34]. Beide Ansätze sind gewiß richtig; dennoch bedeutet heute und vor allem mit Blick auf das gewandelte Verhältnis zum Bürger „Verwalten" mehr: Ihm ist wesentlich der Einbezug von Verfahren und Methodik der Aufgabenerfüllung in das Verständnis dessen, was öffentliche Verwaltung darstellt[35]. Denn auch und gerade im Verfahren müssen die Interessen des Bürgers gewahrt werden.
Dahinter steht letztlich der Verweis auf die *Umwelt* der öffentlichen Verwaltung. Werden ihre Belange nicht in das Verwaltungshandeln und die Zielverwirklichung einbezogen, bleiben Legitimation und Funktion des Verwaltens unzulänglich.

Verwaltung als sektoral differenzierter Umweltbezug

Öffentliche Verwaltung derart aus ihrem Kontext zur Umwelt zu erfassen, hat aber auch zu beachten, daß es *keine statische Umwelt* gibt. Verwaltung ist

deshalb immer im Fluß – und dies sogar, wenn sie nach außen unbewegt scheint. Ihr Reaktionstakt ist nur ein anderer. Verwaltung ist daher sinnotwendig „Entwicklung".
Andererseits verläuft die Entwicklung der Verwaltungsumwelt nicht gleichmäßig. Denn es gibt keine einheitliche Verwaltungsumwelt, sondern zahlreich sektoralisierte und häufig gegeneinander abgeschottete Teil-Umwelten. In diesen Umwelten herrscht kein Entwicklungsgleichklang der gesellschaftlichen Prozesse. Folglich ist auch die Einheit der Verwaltung in sich gebrochen. Sie erlebt darüberhinaus zeitlich gegeneinander versetzte Entwicklungsphasen[36].

Verwaltungswandel als Aufgabenwandel

Die obigen Aussagen über den Wandel der Verwaltung bedeuten weitgehend den Abschied von ihrem Traditionsbezug. Auch der den Entwicklungsprozeß der Verwaltung bislang kennzeichnende Zielbezug des Verwaltungshandelns, d. h. jener breite *Set von Zielsetzungen* aus verfassungsrechtlichen, gesetzlichen, politischen, planhaften, fachlich-inhaltlichen und fachlich-methodischen Vorgaben verliert nunmehr seinen Ausschließlichkeitscharakter. Hinzu treten die eigenständigen Verfahrenserfordernisse sowie die aus den je spezifischen Umwelten der Verwaltung formulierten *Bedarfsanmeldungen* nach mehr oder weniger präzisierten Verwaltungsaktivitäten[37].
In diesem Tätigwerden nach außengesetzten Handlungsmaßgaben verfährt die Verwaltung einesteils rein reaktiv. Sie nimmt gesellschaftliche Handlungsbedarfe auf und macht diese zum Gegenstand ihrer Verfahren, Entscheidungen, Hilfen oder sonstigen Aktivitäten. Doch erschöpft sich „Verwalten" nicht in solcher Re-Aktion. Es kommt ebenso als vorbeugendes, aktives Handeln daher, das selbst Daten setzt, Bedarfe formt, strukturiert oder gar bestimmt, steuert und lenkt.
Zwei wesentliche Merkmale kennzeichnen diese Entwicklung in der Verwaltungsrealität: Zum einen spiegelt sich der Funktionswandel des staatlichen Handelns noch immer in einer breiten quantitativen und qualitativen Erweiterung der sachlichen Verwaltungstätigkeiten unter gleichzeitiger Zunahme spezifischer Verwaltungstechniken[38]. Zum anderen verlagert sich Verwaltungshandeln mehr und mehr von der bloßen Programm (Gesetzes-)ausführung zur aktiven Programmentwicklung bzw. Gestaltung der Umweltbedingungen[39]. Im Phänomen der Planung und des Planungsermessens, aber auch in der Diskussion um die Verbandsklage finden sich diese Befreiung der Exekutive von den Fesseln des „Vollzugs" und ihre gesellschaftliche Vereinnahmung widergespiegelt[40]. Es fragt sich, ob nicht die öffentliche Verwaltung in dieser Dimension ihre zweifellos vorhandene originäre Funktion irgend-

wann überdehnt und sich der grundrechtlichen und demokratiestaatlichen Verweisung auf die „Vollzugsdimension" ohne hinreichende Rechtfertigung entledigt. Die Folge sind *rechts- und demokratiestaatliche Probleme der Legitimation von Verwaltungsprogrammen*[41].

2.4 Strategien der Steuerung des Verwaltungswandels: Führung durch (Re-)Organisation

Hiervon ausgehend ergeben sich – setzt man am dimensionalen, „dynamischen" Verwaltungsbegriff an – unterschiedliche Strategien zur Steuerung des Verwaltungswandels.

Auf der *Programmebene*[42] können entsprechende Strategien über einen Ausbau der rechtlichen Zielsetzungen bzw. Programme laufen. „Verrechtlichung" ist ihr gemeinsames Kürzel[43]. Andere strategische Ansätze widmen sich mehr dem Abbau der Informationsungleichgewichte zwischen Bürger und Verwaltung. Ihr Spektrum umfaßt so schillernde Einrichtungen wie z. B. gesetzliche Informationsverpflichtungen der Behörden, Anwaltsplanung, staatliche Informationssysteme und Datenbanken[44]. Schließlich lassen sich mit Bezug auf die Entscheidungsorientierung der öffentlichen Verwaltung einschlägige Strategien wie „Entstaatlichung" oder auch „Entbürokratisierung" nennen[45]. Deren gemeinsamer Nenner ist die Anbindung an die Akzeptanz des Verwaltungshandelns bzw. am Handlungserfolg.

Auf der *Personalebene* sind komplementäre Bemühungen im Gange. Die Vielfalt der propagierten Managementtheorien, changierend zwischen autoritär-hierarchisch und kooperativ-technokratisch/funktional, bestimmt das Bild der Versuche, den inhaltlichen Wandel durch Stilwechsel ein- oder gar zu überholen[46]. Ganz gelungen scheint dies aber alles nicht, wie die anhaltende Diskussion zeigt[47].

Die insoweit vorherrschende Unsicherheit wird verständlich, wenn man bedenkt bzw. erkennt, daß ein modernes Management in überkommenen „Betriebsstrukturen" nicht funktionieren kann. Wie sollte auch z. B. management by participation in einer Linienorganisation herkömmlicher Provenienz erfolgreich sein? Was also nottut, ist *Führung durch (Re-)Organisation.* In den Vordergrund rückt damit der führungsverantwortete Verwaltungswandel durch situationsgerechte Organisationsänderung[49].

3. Situativ-integrierte Verwaltungsführung durch umweltdifferenzierte Reorganisation

3.1 Situative Führungsverantwortung und konzeptionelle Vielfalt

Organisationale Verwaltungsführung zielt bei dieser Sachlage auf die rollierende, prozeßhaft ablaufende organisatorische Anpassung der öffentlichen Verwaltung an ihre Umwelterfordernisse ab. Notwendig ist der flexible und geplante Wandel der Organisationsstrukturen nach Maßgabe vorausschauend-situativer Führungsverantwortung.
Die Steuerung der Verwaltungsorganisation kann sich dabei einer Vielzahl von Veränderungskonzepten bedienen. Die einen setzen bei den Menschen in der Organisation an, während andere die technologischen Aspekte bzw. die formalen Arbeits- und Betriebsstrukturen in den Vordergrund stellen[49]. Der zentrale Punkt ist aber die Integration dieser Aspekte: Von Effizienz der Arbeit kann erst die Rede sein, wenn die Kommunikation gut ist und die Arbeitsprozesse auch Arbeitszufriedenheit vermitteln[50]. Organisationale Führung muß deshalb auch in Abgrenzung zu den traditionellen Verfahren der Organisationsgestaltung und -veränderung mit entsprechend statischen Reformkonzepten die Mitarbeiter der Verwaltungsorganisation in die Analyse und Lösung von Organisationsproblemen einbeziehen. Organisationales Führen bedeutet von daher die Ingangsetzung eines *Lernprozesses* für besondere Situationen und muß im Hinblick auf die gegebene Dynamik der Organisationsänderung immer wieder neu konzipiert, gesteuert und revidiert werden[51].

3.2 Das Integrationskonzept situativer Führung „durch" Organisation

Auf dem Hintergrund dessen, was öffentliche Verwaltung darstellt, geht es somit der organisationalen Verwaltungsführung nicht nur um Verhaltensänderungen („human-prozessuale" Schritte) bzw. um die formalen und technologischen Aspekte oder Kontextdimensionen der Arbeits- und Organisationsstruktur („techno-struktureller" Ansatz). Neben Prozesse und Strukturen treten Inhalte (Bedarfe) sowie Methoden der Aufgabenerfüllung, tritt vor allem maßgebend der „Verwaltungskunde" als Bürger.
Erst im Zusammenwirken mit ihm entsteht das „Verwaltungsprodukt", nicht aber vorgegeben als fertiges Verkaufsangebot. Die bisher ausnahmslos dem privatwirtschaftlichen Sektor entstammenden Überlegungen zur Abhängigkeit zwischen Führungsverhalten und Organisationsumgebung sind daher für die öffentliche Verwaltung nicht ohne weiteres brauchbar[52]. Vielmehr

bedarf es ihrer Fortentwicklung zu einer *Theorie des Organisationswandels öffentlicher Einrichtungen*, der als solcher durch das formelle Sozialstaatsprinzip als dauerhafter Auftrag von Verfassungs wegen erteilt ist[53].
Als Ausgangspunkt hierzu kann vor allem das von Lawrence und Lorsch[54] entwickelte Kontingenzkonzept dienen. Es geht von einer doppelten Grundannahme aus: Organisationsvariablen stehen sowohl untereinander als auch zu den Umweltbedingungen in einem komplexen Verhältnis von Wechselwirkungen. Demgemäß sind eine optimale Organisations*struktur* und ein entsprechendes Führungshandeln nicht allgemein definierbar, sondern vielmehr auf die jeweils konkrete Situation einer Organisation zugeschnitten. Organisationale Steuerung muß sich daher auf alle Variablen erstrecken, die das „Verhalten" der Organisation beeinflussen, d. h. auch auf die individuellen Voraussetzungen der Mitarbeiter, auf die Art der Tätigkeiten bzw. Aufgaben sowie auf den formalen Organisationsablauf und dessen Strukturen.
Dieser konzeptionelle Ansatz bietet einen dem modernen Verwaltungsbegriff schon teilweise adäquaten Ausgangspunkt für die organisationale Steuerung des Verwaltungswandels in der Zukunft. Seine wesentlichen Komponenten sind der vornehmlich bedarfsorientierte Umweltbezug (Situation der Organisation), der Einbezug des Verwaltungspersonals in Organisationsänderungen (Human-prozessualer Ansatz), der Rückbezug auf die Art der Aufgaben und Tätigkeiten sowie ihrer Erledigung bzw. Methodik (Funktionsbezug) und der Verweis auf den formalen Organisationsablauf sowie dessen Strukturen (Techno-struktureller Bezug). Diese Komponenten bilden in systematisierender Betrachtung den schon oben erwähnten Bedingungsrahmen rationaler Organisation[55].
Organisationale Führung in der öffentlichen Verwaltung stellt sich auf diesem Hintergrund als Instrument einer organisationszentrierten Theorie des „integrierten Verwaltungswandels" heraus. Sie enthält Handlungsanweisungen für die Fortentwicklung der Verwaltungsorganisation.

3.3 Maßgaben situativer Verwaltungsführung „durch" Organisation

Der Grundsatz der situativ-integrierten Führung

Der Inhalt dieser Handlungsanweisungen liegt auf der Hand: Organisationale Verwaltungsführung darf nicht allein als ein Problem des Änderungsverhaltens von Personen betrachtet werden; sie verkörpert auch mehr als eine neue Methode oder Technik. Ebensowenig handelt es sich nach dem hier dargelegten Verständnis um eine bloß organisatorische Frage bzw. um ein spezifisches Führungsmodell für die öffentliche Verwaltung[56]. Vielmehr

bildet organisationale Führung unter Einbezug der vorstehenden Maßgaben *einen breit dimensionierten Steuerungsansatz für den geplanten Wandel der Verwaltung*. Sie führt den Bedarf nach Verhaltensänderungen der Verwaltungsangehörigen untereinander und gegenüber dem Bürger mit den umweltgesetzten inhaltlich-qualitativen Anforderungen an die „Verwaltungsfabrikate" und mit den gewandelten strukturellen sowie methodischen Handlungsbedingungen in einer „neuen" Verwaltungsorganisation zusammen.
In diesem Sinne theoriegeleiteter, umweltdifferenzierter Organisationswandel bedarf der Eingrenzung auf einzelne Arbeitseinheiten der öffentlichen Verwaltung. Er erstreckt sich grundsätzlich nur auf das im Rahmen des System/Umwelt-Verhältnisses in bezug genommene Verwaltungssegment. Hierauf ausgerichtet, verwirklicht organisationale Verwaltungsführung die Dynamik der „innovativen" Verwaltung[57].

Verwaltungsführung durch umweltdifferenzierte Organisationssynthese

Auf dem Hintergrund dieser funktionellen Maßgabe erweist sich ein typologisches Führungshandeln, das *entweder* im strukturellen *oder* im technologischen *oder* im menschlichen Bereich ansetzen bzw. ausschließlich auf die Wünsche des jeweiligen „Verwaltungskunden" abstellen wollte, als unzureichend. Im Gegenteil sind diese einzelnen Dimensionen organisationaler Führung unauflöslich miteinander verflochten. So ist z. B. eine starre, mechanistische Organisation dort nicht angebracht, wo sich die Verwaltungsumwelt rasch und anhaltend verändert[58]. Alternative Organisationsformen erfordern jedoch auch und zugleich ein anderes Verhalten des Verwaltungspersonals, mithin synchrone Änderungen im Humanbereich. Unabhängig davon kann persönliches Versagen von Verwaltungsmitarbeitern aber auch auf strukturelle Organisationsdefizite zurückzuführen sein. Von ausschlaggebender Bedeutung ist zudem – wie schon ausgeführt[59] – die Art der zu bewältigenden Aufgaben und die Methodik der Aufgabenerfüllung. M. a. W. kommt es zu einer *funktionellen Komplementarität der Führungsdimensionen im Verwaltungswandel*; inhaltliche, methodische, technologische sowie strukturelle und humane Aspekte verbinden sich zu einer gleichgewichtigen Gesamtheit ihrer Steuerungsmaßgabe.
Zukunftsorientiertes „Verwalten" durch Führung mittels formaler Organisation zu erreichen, muß von daher als ein hochkomplexer Vorgang begriffen werden, bei dem sich sowohl die Inhalts-(Programm-) als auch die Organisations- und immer auch die individuell-personale Ebene ineinander verschachtelt zeigen und in dieser Gemengelage jeweils *dort* betroffen werden, *wo* dieser Vorgang abläuft. Denn wie bereits erörtert[60], besteht keine homogene Beziehung der Verwaltung zu ihrer Umwelt, sondern zu einzelnen *Verwaltungssektoren* gehören je spezifische *Teil-Umwelten*.

Für die Verwaltungsführung durch formale Organisation kommt es deshalb darauf an, das der jeweiligen Verwaltungsumwelt mit ihren sektorenspezifischen Handlungsbedingungen angemessene Programm-, Organisations- und Personalhandeln als *Einheit* zukunftsbezogen auszubauen. Jede Teil-Umwelt bedarf somit einer ihr adäquaten Entwicklung öffentlicher Verwaltung – oder umgekehrt formuliert: Staatliche Wirtschaftsförderung braucht andere Programm-, Organisations- und Personal- sowie diese umfassende Führungsstrukturen als die staatliche Sozialhilfe, obwohl beide Zweige der sog. Leistungsverwaltung sind. Entscheidend ist also die Maßgabe des aufgaben- und sektorenspezifischen Verbundes von inhaltlichen, verfahrensbezogenen bzw. methodischen, strukturellen, technologischen, individuell-personalen und zeithaften („dynamisierten") Organisationsdimensionen. Dieser Verbund findet im Grundsatz der *Führung durch differenzierte Organisationssynthese* seinen beredten Ausdruck.

4. Strukturelle Restriktionen und rechtliche Kosten organisationaler Verwaltungsführung

Die voraufgegangenen Ausführungen haben die Intentionen organisationaler Verwaltungsführung konturiert. Das dahinterstehende Führungskonzept zum organisationsgesteuerten „Neubau der Verwaltung" bedarf allerdings noch vielfältiger Verfeinerung. Die Frage ist zudem, ob überhaupt eine führungsrezipierte Bereitschaft zum Verwaltungswandel besteht. Insoweit scheint heute wieder Skepsis geboten. Darüberhinaus ist der Wandel der Verwaltungsumwelt diffus und die rechtlichen Kosten eines solchen Unternehmens sind hoch. Gleichwohl läßt die Entwicklung der Gesellschaft der öffentlichen Verwaltung keine andere Wahl.

4.1 Die Bereitschaft zum Verwaltungswandel

Die Bereitschaft der Verwaltung zum Wandel ihrer Methoden und ihrer organisatorischen Infrastruktur ist nur schwer einzuschätzen. Allgemeine Untersuchungen zur Innovationsfähigkeit der Behörden wie die von Jarass[61] leiden darunter, daß sie überaus abstrakt bleiben und zudem nicht immer nachvollziehbar sind. So stellt etwa Jarass eine positive Korrelation zwischen Innovation und dem jeweiligen Grad an Professionalität in einer Verwaltung fest. Dann aber müßte z. B. die staatliche Gesundheitsverwaltung äußerst reformfreudig sein. Dies aber wird niemand behaupten wollen.

Andererseits bestärken empirische Erhebungen unter Sozialarbeitern in der öffentlichen Verwaltung, denen zufolge organisatorische Veränderungen zugunsten der betreuten Klienten leicht zu Lasten der betroffenen Verwaltungsangehörigen ausschlagen würden[62], die Skepsis gegenüber einer verwaltungsseitigen Reformbereitschaft.

4.2 Regressive Tendenzen des Verwaltungswandels

Die Bereitschaft zum Verwaltungswandel setzt überdies Klarheit darüber voraus, in welche Richtung der Wandel gehen soll. Von Wichtigkeit sind insofern Zielvorstellungen wie etwa jene über die Notwendigkeit einer stärkeren ordnungspolitischen Maßregelung der „Verwaltungskunden". Soll aber die Verwaltung auch diese Tendenz aufnehmen und in ihrer organisationalen Führung berücksichtigen – vielleicht wieder Arbeitshäuser für Sozialhilfeempfänger einrichten? An weiteren Beispielen mangelt es im Zeichen knapper Ressourcen nicht. Und auch die Praxis kehrt schon hie und da zu alten Organisationsmodellen zurück, ohne je eine wirkliche Reform bis zum Ende durchgeführt zu haben.

Die Gefahr der Beliebigkeit für die Verwaltungsführung durch formale Organisation ist dadurch groß. Hier hilft wohl nur die Verknüpfung mit den Ziel- und Programmvorgaben öffentlicher Verwaltung, wie sie namentlich durch Verfassungs-, Organisations- und materielles Recht gesetzt werden[63]: Wenn Leistungsträger, Institutionen und Verfahren bzw. Organisation schon vom Gesetzgeber selbst als das notwendige Medium zur Verwirklichung individueller Rechte verstanden und geregelt werden, erscheint ein Verwaltungswandel nach „rückwärts" von Rechts wegen ausgeschlossen (Strukturelles Rückschrittsverbot).

Im übrigen aber gilt, daß sich der Ausbau der öffentlichen Verwaltung als Optimierungsproblem des „magischen" Vierecks von Rechtmäßigkeit, Wirtschaftlichkeit, Zweckmäßigkeit und Bedarfsnähe bestimmt. Die Gewichtung dieser Faktoren entscheidet; die Berücksichtigung *aller* Maßgaben ist notwendig[64].

4.3 Rechtliche Kosten situativ-integrierter Verwaltungsführung

Situativ-integrierte Verwaltungsführung „durch" Organisation hat sich von daher auch am *Maßstab der Rechtmäßigkeit* zu orientieren. Die Einwirkung des Rechts als Handlungsbedingung (Situationsbedingung) auf den Wandel der Verwaltung geht in erster Linie vom Rechtsstaatsprinzip aus: Eine im beschriebenen Sinne aktive, situationsbewußte Verwaltungsführung droht mit *rechtsstaatlichen Grundsätzen* in Konflikt zu geraten. Hierin liegen die rechtlichen Kosten organisationaler Verwaltungsführung.

Zu unterscheiden sind dabei zwei grundsätzliche Aspekte. Einerseits bindet die Umorientierung des Funktionsprozesses der Verwaltung den Bürger mehr und mehr in die Formulierung der Verwaltungszwecke ein. Dem stehen organisationsrechtliche und rechtsstaatliche Einwände entgegen. Ein entscheidender Bestandteil des Organisationsrechts ist nämlich die Festlegung der sachlichen und örtlichen *Zuständigkeit*. Den Verwaltungsträgern, Behörden und Verwaltungsstellen müssen präzis umrissene Aufgaben zugewiesen werden und sie müssen mit Kompetenzen ausgestattet sein, um diese Aufgaben auch erfüllen zu können[65]. In dieser Zuständigkeitsfestlegung ist zugleich ein sehr *rechtsstaatliches Element* enthalten. Unter Berufung hierauf wird denn auch die „äußere Anleitung" des Verwaltungshandelns durch Verwaltungsfremde und damit die faktische Zuständigkeitsverschiebung als rechtsstaatlich indiskutabel bezeichnet[66].

Mit diesen Auffassungen tritt die hier erhobene Forderung nach einer Öffnung der Verwaltung gegenüber ihrer Umwelt in partiellen Widerspruch. Gleichwohl bleibt zu überlegen, ob nicht die Auseinandersetzungsprozesse um die Aufgabenerfüllung unter mitentscheidungsberechtigter Teilhabe der Betroffenen zur Maxime des Verwaltungshandelns auszugestalten wären. Die damit implizierte „politische" Anleitung der Staatsbürokratie „von außen" findet allerdings dort ihre Grenze, wo die Umwandlung der Strukturen des Verwaltungshandelns in einen grundsätzlichen *Widerspruch* zu dem normativen Modell der „Verwaltung" als dem Prozeß gesellschaftlicher Bedarfsverwirklichung bei repräsentativ-demokratischer Anleitung (Art. 20 Abs. 2 Grundgesetz) geriete. Wo indes diese ihrerseits *dynamisch* zu begreifende Grenze exakt verläuft, wird nicht zuletzt von den Erfolgsmeldungen einer unter dem Sozialstaatsprinzip tätigen öffentlichen Verwaltung abhängig sein.

Eine andere und sehr spezifische Ausformung findet das Spannungsfeld zwischen sozialstaatlich dirigierter und rechtsstaatlich gebundener Verwaltung im Zusammenhang der materiellen Gesetzgebung. Weil und soweit bei den Eingriffs- und Leistungsgesetzen in der konkreten Durchnormierung des Regelungsstoffes unbestimmte Gesetzesbegriffe als Tatbestandsvoraussetzungen vordringen und auch die Zielvorstellungen des Gesetzgebers zunehmend „offener" werden[67], stellt sich die Frage, ob der Verlust gesetzgeberischer Handlungsanleitung durch „Selbsteintritt" der Verwaltungsangehörigen zulässig ausgeglichen werden darf.

Die Freiheit der Rechtsanwendung im Rahmen materieller Eingriffs- und Leistungsgesetze wird damit zum Problem. Bei näherem Zusehen läßt sich in der Verwaltungspraxis hierzu eine Verbindung der Professionalisierung von Verwaltungsmitarbeitern mit der *rechtlichen* Eröffnung derjenigen Gestaltungsspielräume erkennen, in denen der Spezialist sein Wissen, seine informalen Normen sowie seine Wertungen unter subjektiver Bejahung eigenverantwortlicher Handlungsmacht entfalten kann (z. B. bei technischen Normen, im Sozial- und Bildungssektor). Es stellt sich die Frage, bis zu welchem Punkt diese Entwicklung reichen darf, also wie weit das mit der „Offenheit“ der Eingriffs- und Leistungsnormen bekundete Vertrauen des Gesetzgebers in die Sichtweise und die Handlungsprinzipien des Fachmannes die Grenzen der administrativen Eigensteuerung hinausschieben darf[67]. Verzichtet man aber insoweit auf konkrete Grenzziehungen, so wäre dem Mitarbeiter der öffentlichen Verwaltung eine eigene „Maßstabsbildungskompetenz“ für sein Handeln eingeräumt. Denn nach hiesigem Verständnis umfaßt die Bezugnahme auf Rechtsanwendung durch „Fachleute“ zugleich das grundsätzliche Akzept deren eigenen Rollenverständnisses und damit auch die Anerkennung *metajuristischer Richtigkeitsansprüche* im Verwaltungsverfahren[68].

Im Gefolge solcher eigenen und politischen Zweckverantwortung der öffentlichen Verwaltung würde dieser ein legitimes Tatbestandsermessen vor allem bei den Zuständigkeiten mit metajuristischen Zweckgehalten überantwortet. Damit aber wäre der Verwaltung auch *rechtlich* die eigene Kompetenz zur Aufstellung richtungsweisender Handlungsmaßstäbe in der Aufgabenerfüllung nicht länger vorzuenthalten: Ein Ergebnis, das aus rechtsstaatlicher Sicht bedenklich erscheint.

Infrage steht nämlich einerseits die *Neutralität der öffentlichen Verwaltung*. Da individuelle Wertvorstellungen und Entscheidungsprämissen bei einem Großteil der Verwaltungsangehörigen vorherrschen, bedürfte es besonderer Mechanismen zur Sicherstellung der geforderten Neutralität beim Aufgabenvollzug. *Wirksam* läßt sich indes eine solche Neutralität im Verwaltungsalltag nur schwer verankern. Damit aber geraten auch und andererseits *Verläßlichkeit und Berechenbarkeit* als Grundsätze des Rechtsstaatsprinzips ins Wanken, weil es eine „technische“ Rationalität des für festgelegte Ziele zweckmäßigen Mitteleinsatzes dann nicht mehr geben kann.

Die zunehmende Zweck- und Bedingungsprogrammierung der öffentlichen Verwaltung macht freilich die skizzierte Entwicklung irreversibel. Im Umgang mit dem Bürger muß der Verwaltungsmitarbeiter auf dessen Reaktionen fachkundig und emotional eingehen, womit sich Prinzipien wie Stetigkeit, Disziplin und Straffheit als Grundelemente rechtsstaatlich induzierter, monokratisch-aktenmäßiger Verwaltung nur schlecht noch vertragen. Gleiches gilt für die überkommene Hierarchisierung der Verwaltung, die ebenso rechtsstaatlich veranlaßt ist. Wo aber Rollenanforderungen den individuellen bzw. gruppenbezogenen Wertungen des Mitarbeiters widersprechen, wird die *formale* Zuteilung von Kompetenzen, also u. a. des Rechts, eine Sache an sich zu ziehen, oder des Rechts, Entscheidungen anzuhalten bzw. zur Überprüfung zurückzuweisen und dgl. mehr, sowie das *formale* Festschreiben der Beziehungen zwischen leitenden und zugeordneten Mitarbeitern auf das Vorgesetztenverhältnis problematisch. Es kommt zu zahllosen Konflikten[69].

4.4 Legalitätssicherung öffentlicher Verwaltung durch führungsverantworteten Organisationswandel?

Oganisationale Verwaltungsführung, die sich ihrem skizzierten Auftrag verpflichtet weiß, steht damit vor einem *Dilemma*: Die Einführung alternativer Organisationsformen einschließlich der Beteiligung der Verwaltungsmitarbeiter an Organisationsänderungen etc. gerät mit Sicherheit in den Strudel rechtlicher Einwände[70].
Andererseits vermag eine situativ-integrierte Verwaltungsführung durch formale Organisation auch zur Legalitätssicherung öffentlichen Verwaltungshandelns beizutragen. Voraussetzung ist, daß sich ihr Augenmerk stärker als je zuvor auf die organisatorische Einbindung der professionalisierten Mitglieder des Verwaltungssystems richtet. Denn „organisatorische Bedingungen" sind Entscheidungsprämissen für Verwaltungsentscheidungen. Von der *Organisation* hängt es also ab, *wie* und *wann* entschieden wird[71]. Für die Rechtsstaatlichkeit des Gesetzesvollzugs könnte es demnach sinnvoll sein, dem professionellen Angehörigen der öffentlichen Verwaltung lediglich die Organisationspolitik einzuschärfen (Loyalitätssicherung), ihm aber in dem Treffen administrativer Entscheidungen größtmögliche fachliche Verantwortlichkeit einzuräumen[72]. Das Ergebnis wäre ein kompensatorisches Legalitätsgewinn, vermittelt durch organisationale Verwaltungsführung, die sich dabei der überragenden Rolle von Aus- und Fortbildung im öffentlichen Dienst bewußt zu sein hätte[73].

5. Zusammenfassung

Verwaltungsführung durch formale Organisation bildet eine genuine Form der Steuerung öffentlichen Verwaltungshandelns. Sie ergänzt komplementär die weiteren administrativen Aktivitäten des Planens, Entscheidens, Personalhandelns, Kontrollierens und Evaluierens zu einer umfassenden, zielbezogenen Strukturierung des Handlungssystems „öffentliche Verwaltung". Gegenstand der hierin einbeschlossenen *organisationalen Verwaltungsführung* ist im Zusammenhang ihrer Aufgabenorientierung auch die Steuerung individuellen und sozialen Verhaltens der Verwaltungsangehörigen. Der

damit zu verzeichnende organisatorische Kontext administrativen Handelns ist mehrdimensional angelegt: Er erstreckt sich auf den Zusammenhang der formalen Organisation und der „Produktionstechnologie"öffentlicher Verwaltung mit dem Beziehungshandeln der Verwaltungsangehörigen sowie auf die Ausprägung der sog. informellen Organisation.
Organisationale Verwaltungsführung ist jedoch nicht auf den so beschriebenen Ist-Zustand festgelegt. Ebenso wie öffentliches Verwalten sinnotwendig stets nur aus seiner dynamischen Beziehung zur Verwaltungsumwelt begriffen werden kann, bedeutet auch Verwaltungsführung „durch" Organisation die unablässige Änderung der Organisationsstrukturen bei sektoral unterschiedlichen Entwicklungsphasen. Die häufig wechselnde Konstellation von Umweltbedingungen begründet insoweit die Notwendigkeit einer prozeßhaften, situationsgerechten („situativen") Führungsverantwortung. Diese nimmt die Aufforderungen der Umwelt an die Verwaltung zum Wandel auf und trägt zu ihrer Umsetzung im Rahmen der Steuerung des Verwaltungswandels auf verschiedenen Handlungsebenen des Verwaltungssystems im Wege einer *Führung durch (Re-)Organisation* bei.
Eine Vielzahl von Änderungskonzepten sucht diese Form der Verwaltungsführung zu dirigieren, ohne indes zu berücksichtigen, daß sich führungsverantworteter Organisationswandel niemals ausschließlich auf *formale* Organisationsstrukturen beschränken kann. Erforderlich ist deshalb ein Konzept organisationaler Führung, daß strukturelle, technologische, funktionale, methodische und humane Aspekte verbindet. Dies *Modell situativer Verwaltungsführung „durch" Organisation* enthält im einzelnen die Maßgaben einer situativ-integrierten Führungsverantwortung und einer umweltdifferenzierten Organisationssynthese.
So verstandene organisationale Verwaltungsführung unterliegt naturgemäß einer Reihe *restriktiver Bedingungen.* Besonders deutlich schlagen hierbei die rechtlichen Kosten zu Buche. Denn situativ-integrierte Verwaltungsführung „durch" Organisation tendiert zur Auflösung rechtsstaatlich legitimierter und legalitätssichernder Organisationsstrukturen. Im Gegenzug vermag organisationale Verwaltungsführung aber Legalitätsgewinn durch Loyalitätssicherung zu bewirken.

Anmerkungen

[1] Vgl. z. B. Banner, Ziel- und ergebnisorientierte Führung in der Kommunalverwaltung, in: Archiv für Kommunalwissenschaften Bd. 14 (1975), S. 22 ff.; Baumgarten, Führungsstile und Führungstechniken, 1977; ders./Keßler/Treuz, Wege zur Erarbeitung einer Führungskonzeption in der öffentlichen Verwaltung, in: ZfO 1973, S. 134 ff.; v. Beckerath, Führungsgrundsätze – ein Instrument zur Bewältigung von Führungsproblemen im Arbeitsprozeß, in: verwaltung und fortbildung

1976, S. 63 ff.; Bleicher, Zur Organisation von Leitung und Führung in der Verwaltung, in: W. Michalski (Hrsg.), Leistungsfähigkeit und Wirtschaftlichkeit in der öffentlichen Verwaltung, 1970; Böhret/Junkers, Führungskonzepte für die öffentliche Verwaltung, 1976, bes. S. 64 ff., 68 ff., 71 ff.; Eichhorn/Friedrich, Verwaltungsökonomie I, 1976; R. Höhn, Moderne Führungsprinzipien in der Kommunalverwaltung, 1972; v. Hammerstein, Reform des öffentlichen Dienstrechts in der Krise?, in: H. P. Bull (Hrsg.), Verwaltungspolitik, 1979, S. 136 ff.; Klages/Schmidt, Methodik der Organisationsänderung, 1978, S. 30 ff.; 41 ff.; Kube, Führungsmodelle, moderne Führungsgrundsätze und Managementtechniken in der Verwaltungspraxis, in: Deutsches Verwaltungsblatt 1973, S. 869 ff.; H. Kübler, Modernes Management in der öffentlichen Verwaltung, in: Die Verwaltungspraxis 1972, S. 217 ff.; G. Kuhn, Führungsorganisation und Führungsstil in der öffentlichen Verwaltung, in: Der Städtebund 1971, S. 241 ff.; Laux, Führung und Führungsorganisation in der öffentlichen Verwaltung, 1975; ders., Führungsverhalten und Führungsstil, in: Handbuch der Verwaltung, Heft 5.7, 1974; ders., Verwaltungswissenschaft und Verwaltungsführung, in: Schmalenbachs Zschr. f. betriebswirtschaftl. Forschung, Sonderheft 5/76, S. 117 ff.; Plamper, Führung in der öffentlichen Verwaltung, Die Verwaltung 12 (1979), S. 71 ff.; Reichard, Betriebswirtschaftslehre der öffentlichen Verwaltung, 1977, bes. S. 111 ff., 162 ff.; Reinermann/Reichmann, Verwaltung und Führungskonzepte: Management by objectives und seine Anwendungsvoraussetzungen, 1978; Schönfelder, Hierarchie und Management im Wandel der öffentlichen Verwaltung, 1972; W. Thiele, Verwaltung heute: Autoritäre Führung oder modernes Management?, in: Deutsches Verwaltungsblatt 1973, S. 871 ff.; Ulrich/Sidler, Managementmodell für die öffentliche Hand, 1977; Zepf, Kooperativer Führungsstil und Organisation, 1972.

[2] Vgl. jeweils die Nachw. in Fn. 1; siehe ferner U. Becker, Die Verwaltung 13 (1980), S. 28 f., 32 f.; H. König, ebd., S. 62 f.; Plamper, Die Verwaltung 12 (1979), S. 513 ff., 516; Reinert, Personalführung, insbesondere Beurteilungswesen und Leistungsbewertung, in: Handbuch der Verwaltung, Heft 5.6, 1976, S. 2 f.

[3] Siehe hierzu die Auflistung der Begriffsdefinitionen bei Böhret/Junkers (Fn. 1), S. 21; vgl. ferner H. Kübler, Organisation und Führung in Behörden, Bd. 2: Personalwesen, 4. Aufl. 1980, S. 130 ff.; Plamper (Fn. 1), S. 82 f.; Laux, Führungsverhalten und Führungsstil (Fn. 1), S. 1.

[4] Zu den Einzelfragen des Führungsstils vgl. v. Rosenstiel/Molt/Rüttinger, Organisationspsychologie, 3. Aufl. 1977, S. 108 ff., 116 ff.; über Einsatz und Wirkungsweise von Führungsmitteln siehe näher H. Kübler (Fn. 3), S. 146 ff.; umfassend zu den funktionalen, instrumentellen und institutionellen Aspekten des „Gestaltungsfeld(s) Personal" der Beitrag von Meixner, Ergebnisorientierte Zielsetzung im Personalwesen, in: verwaltung und fortbildung, Sonderheft 4/1979, S. 175 ff., 206 ff.; zur „Politischen Führung" siehe schließlich Blankenburg/Treiber, Die Verwaltung 5 (1972), S. 273 ff.; Grauhan, Modelle politischer Verwaltungsführung, 1969, passim; Guilleaume, Reorganisation von Regierung und Verwaltungsführung, 1966, S. 17 ff., 25 ff., 46 ff.; Leuenberger, Führung gegen Bürokratie, in: Rechtstheorie 11 (1980), S. 443 ff., 453 ff.; Seemann, Die Verwaltung 13 (1980), S. 137 ff.

[5] Dazu die zahlreichen Nachw. bei Geißler (Hrsg.), Verwaltete Bürger-Gesellschaft in Fesseln, 1978; Lohmar, Staatsbürokratie. Das hoheitliche Gewerbe, 2. Aufl. 1978; siehe ferner Rasch, VerwArch. 67 (1976), S. 211 ff.

[6] Vgl. Bosetzky, Innovative Bürokratie, in: Die öffentliche Verwaltung 1979, S. 194 ff.; Jarass, Die Verwaltung 11 (1978), S. 27 ff.

[7] Vgl. K. König, Erkenntnisinteressen der Verwaltungswissenschaft, 1970, S. 268 ff.; Langrod, Die Verwaltung 5 (1972), S. 127 ff.; Luhmann, Theorie der Verwaltungswissenschaft, 1966, S. 64 ff.; R. Mayntz, Soziologie der öffentlichen Verwaltung, 1978, S. 35 ff.

[8] V. Rosenstiel/Molt/Rüttinger (Fn. 4), S. 108.

[9] Kieser/Kubicek, Organisationstheorien, Bd. II, 1978, S. 131 f.; vgl. auch Kübler (Fn. 3), S. 135 f.; Laux, Nichthierarchische Organisationsformen in Ministerien, in: Aktuelle Probleme der Ministerialorganisation, 1972, S. 317 ff.

[10] Siehe U. Becker, Zweck und Maß der Organisation, in: Handbuch der Verwaltung, Heft 3.1, 1976, S. 15; Böhret/Junkers (Fn. 1), S. 57 f.; Laux, Handbuch (Fn. 1), S. 3 ff., 21 ff., 25.

[11] Dazu näher Crozier/Friedberg, Macht und Organisation, 1979, S. 25 ff., 39 ff., 56 ff.; v. Rosenstiel/Molt/Rüttinger (Fn. 4), S. 19 ff., 24 ff., 28 ff.; Wunderer/Grunewald, Führungslehre. Bd. I: Grundlagen der Führung, 1980, S. 312 ff., 316 ff., 322 ff., 344 ff., 360 ff.; Hartfiel, Soziologie des Personalwesens, in: Handbuch der Verwaltung, Heft 5.1, 1976, S. 6 ff., 13 ff.

[12] Hartfiel (Fn. 11), S. 8 f., 13; Hill/Fehlbaum/Ulrich, Organisationslehre, Bd. 2, 1974, S. 443 ff.; Kieser/Kubicek (Fn. 9), S. 132 ff., 137 ff.

[13] Vgl. Bosetzky/Heinrich, Mensch und Organisation, 1980, S. 130 ff., 142 ff., 147 ff.

[14] Siehe dazu näher Schnapp, Dogmatische Überlegungen zu einer Theorie des Organisationsrechts, AöR 105 (1980), S. 243 ff., 246 f.

[15] Blau/Schoenherr, The structure of organizations, 1971, S. 89 ff., Kieser/Kubicek, Organisation, 1977, S. 352.

[16] K. Lenk, Implikationen der Verwaltungsautomation für das Verhältnis von Verwaltung und Bürger, in: Hoffmann-Riem (Hrsg.), Bürgernahe Verwaltung?, 1979, S. 140 ff., 152 ff.; ders., Steuerung des Handelns von Verwaltern, in: Jahrbuch für Rechtssoziologie und Rechtstheorie, Bd. 7 (1980), S. 254 ff., 260 f.; Wunderer/Grunewald (Fn. 11), S. 354.

[17] R. Scholz, Technisierung der Verwaltung – Steuerungs- und Kontrollproblem für den demokratischen Rechtsstaat, BayVBl. 1981, S. 193 ff., 199 (Leider blendet Scholz die aus dem Einsatz der Technik resultierenden Organisations- und Führungsprobleme in der öffentlichen Verwaltung einschließlich deren rechtlicher Folgekosten aus, vgl. S. 200); siehe ferner Wälde, VerwArch. 67 (1976), S. 1 ff., 19 ff., 22 ff.

[18] Bosetzky/Heinrich (Fn. 13), S. 154 ff., belegen dies mit der treffenden Überschrift „Mikropolitik und Aufbau von Gegenmacht". Vgl. ferner Crott, Soziale Interaktion und Gruppenprozesse, 1979, S. 242 f.

[19] Bosetzky/Heinrich (Fn. 13), S. 158 ff.; Lauxmann, Die kranke Hierarchie, 1971, S. 84 ff.

[20] Voraussetzung ist allerdings die funktionale Effizienz der Organisationsregeln und der Technostruktur, vgl. Hartfiel (Fn. 12), S. 10; siehe ferner K. J. Arrow, Wo

Organisation endet: Management an den Grenzen des Machbaren, 1980, S. 71 ff., 74 ff., 77 ff.; Crozier/Friedberg (Fn. 11), S. 73 ff.

[21] Vgl. Wunderer/Grunwald (Fn. 11), S. 312 ff.

[22] Unter „Strukturtypen" werden deduktiv entwickelte organisatorische Grundmodelle der Kompetenzzuteilung verstanden. Zu ihnen vgl. näher Hill/Fehlbaum/Ulrich, Organisationslehre, Bd. 1, 2. Aufl. 1976, S. 191 ff.; Pitschas, Die Verwaltung 12 (1979), S. 409 ff., 419 ff.

[23] Wunderer/Grunwald (Fn. 11), S. 313, 344; vgl. auch Laux, Handbuch (Fn. 1), S. 21 ff.

[24] Bosetzky/Heinrich (Fn. 13), S. 51 ff., 55; Crott (Fn. 18), S. 158 ff., 167 f. Zur „Motivation" als dem zentralen Begriff der modernen Führungslehre vgl. m. w. Nachw. R. Koch, Personalsteuerung in der Ministerialbürokratie, 1975, S. 46 ff., 59 ff.

[25] Vgl. Hill/Fehlbaum/Ulrich (Fn. 12), S. 392 ff.

[26] Dazu näher v. Hammerstein (Fn. 1), S. 146 ff.; Pitschas (Fn. 22), passim.

[27] Hill/Fehlbaum/Ulrich (Fn. 22), S. 333 ff.; Wunderer/Grunwald (Fn. 11), S. 368 ff., 370 f.

[28] Vgl. die Nachw. bei Pitschas (Fn. 22), S. 424 mit Fn. 43.

[29] U. Becker (Fn. 10), S. 8 f.; Bosetzky/Heinrich (Fn. 13), S. 30 f.; Pitschas (Fn. 22), S. 424 ff.

[30] Siehe Wunderer/Grunwald (Fn. 11), S. 369.

[31] Vgl. Höfer, Organisationen und ihre Umwelten, 1977, S. 196 f.; Kieser/Kubicek (Fn. 15), S. 280; Pitschas (Fn. 22), S. 426.

[32] So z. B. H. König, Dynamische Verwaltung. Bürokratie zwischen Politik und Kosten, 1977, S. 16 ff.; H. C. Korff, Finanz-Archiv N. F. 37 (1979), S. 133 ff.; Pflaumer/G. Scholz, Verwaltungsorganisation im Wandel, in: verwaltung und fortbildung (Fn. 4), S. 105 ff., 128 ff.

[33] R. Scholz, Verwaltungsverantwortung und Verwaltungsgerichtsbarkeit, in: Veröffentlichungen der Vereinigung der Deutschen Staatsrechtslehrer, Bd. 34 (1976), S. 145 ff., 149 ff.

[34] Luhmann (Fn. 7), S. 49 ff.; Thieme, Verwaltungslehre, 3. Aufl. 1977, S. 63 f.

[35] Thieme, Jahrbuch des Sozialrechts der Gegenwart, Bd. 1, 1979, S. 41 ff., 49 f.; H. P. Bull, Ziele des Verwaltungshandelns im Hinblick auf den Umgang mit dem Bürger, Recht und Politik 1979, S. 138 ff.; Pitschas, Die Reform der öffentlichen Verwaltung als Organisationsentwicklung durch Fortbildung, VerwArch. 72 (1981), S. 1 ff., 4 f.

[36] Kieser/Kubicek (Fn. 9), S. 128 f.; R. Mayntz (Fn. 7), S. 9, 68 f.; Steinberg, Politik und Verwaltungsorganisation, 1979, S. 229 ff.

[37] Steinberg (Fn. 36), S. 237 f., 240 f.; Pankoke/Nokielski, Verwaltungssoziologie, 1977, S. 64 ff.

[38] Schuppert, Die öffentliche Aufgabe als Schlüsselbegriff der Verwaltungswissenschaft, VerwArch. 71 (1980), S. 309 ff.

[39] W. Schmidt, Die Programmierung von Verwaltungsentscheidungen, AöR 96 (1971), S. 321 ff.

[40] Zusammenfassend E.-H. Ritter, Theorie und Praxis parlamentarischer Planungsbeteiligung, Der Staat 1980, S. 413 ff.

[41] Offe, Rationalitätskriterien und Funktionsprobleme politisch-administrativen Handelns, Leviathan 1974, S. 333 ff.
[42] Zu den analytischen Ebenen einer Betrachtung öffentlicher Verwaltung vgl. R. Mayntz (Fn. 7), S. 8 ff.
[43] Dazu der Sammelband von R. Voigt (Hrsg.), Verrechtlichung, 1980, m. zahlr. Nachw. aus einzelnen Politikfeldern.
[44] Vgl. näher K. Lenk (Fn. 16), S. 140 ff.
[45] Vgl. dazu die Beiträge in dem von F. Wagener herausgegebenen Sammelband: Regierbarkeit? Dezentralisation? Entstaatlichung?, 1976; siehe ferner Bischoff/Nickusch, Privatisierung öffentlicher Aufgaben, 1977, Einleitung.
[46] Dazu näher Böhret/Junkers (Fn. 1), S. 64 ff.
[47] Vgl. z. B. Laux, Führung und Führungsorganisation (Fn. 1), S. 43 ff., 60 ff., 63 ff., 74 f.; Meixner (Fn. 4), S. 178 ff.
[48] R. Koch, Organisationsplanung für den Personalbereich, 1978, S. 84 ff., Banner, Deutsche Verwaltungspraxis 1978, S. 45 ff.
[49] Näher dazu Sievers/Trebesch, in: Psychologie heute, 1980, S. 49 ff.
[50] Pitschas (Fn. 35), S. 3 f.
[51] Pitschas (Fn. 35), S. 4 ff.; dies reicht bereits hinüber in die Organisationsentwicklung, wie der Praxisbericht von H. Schulte, Archiv für Kommunalwissenschaften Bd. 16 (1977), S. 38 ff., zeigt.
[52] Vgl. auch Meixner (Fn. 4), S. 196 ff.
[53] Pitschas, Formelles Sozialstaatsprinzip, materielle Grundrechtsverwirklichung und Organisation sozialer Dienstleistungen, Vierteljahresschrift für Sozialrecht Bd. 5 (1977), S. 141 ff., 167 f.; R. Wahl, Die bürokratischen Kosten des Rechts- und Sozialstaats, Die Verwaltung 13 (1980), S. 273 ff., 290 ff.
[54] J. W. Lorsch, P. R. Lawrence, Developing Organizations: Diagnosis and Action, 1969; vgl. auch Sievers, Gruppendynamik 1976, S. 29 ff.
[55] Siehe oben zu 2.1. Hierdurch wird der systematisierende Ansatz von Pitschas (Fn. 22), S. 425 f., erweitert.
[56] Vgl. auch Meixner (Fn. 4), S. 196 ff.
[57] Zur innovativen Dynamik der Verwaltung vgl. nochmals Bosetzky (Fn. 6), S. 194 ff.; Jarass (Fn. 6), S. 27 ff.
[58] Vgl. Hill/Fehlbaum/Ulrich (Fn. 12), S. 392 ff.
[59] Siehe oben zu 2.3.
[60] Vgl. auch Wunderer/Grunwald (Fn. 11), S. 382.
[61] Hierzu die Nachw. in Fn. 6.
[62] Kaufmann (Hrsg.), Bürgernahe Sozialpolitik, 1979, S. 373 ff.; R. Koch (Fn. 48), S. 91 ff., 98 ff.
[63] Vgl. R. Wahl (Fn. 53), S. 278 ff., 290 ff. Fragwürdig Steinberg (Fn. 36), S. 224 ff.
[64] U. Becker (Fn. 10), S. 16 ff.; R. Wahl (Fn. 53), S. 283; Kaufmann (Fn. 62), S. 508, 537.
[65] Vgl. Schnapp (Fn. 14), S. 246 f.
[66] Vgl. statt aller R. Scholz, Mitbestimmungsgesetz, Mitbestimmungsurteil und öffentlicher Dienst, Zeitschr. für Beamtenrecht 1980, S. 297 ff., 303 ff.
[67] Vgl. zu dieser Entwicklung U. K. Preuß, Jahrbuch für Rechtssoziologie und Rechtstheorie, Bd. 7 (1980), S. 264 ff.

[68] Zu dieser kategorialen Entfaltung siehe bes. und wiederum R. Scholz (Fn. 33), S. 152.

[69] Vgl. Bosetzky/Heinrich (Fn. 13), S. 171 ff.

[70] Siehe R. Wahl (Fn. 53), S. 278 ff.

[71] Vgl. Luhmann, Organisation und Entscheidung, 1979, S. 2 ff.

[72] Dazu Pitschas (Fn. 35), S. 1 ff.

[73] Vgl. T. Kempf, Planung und Organisation, in: Archiv für Kommunalwissenschaften Bd. 11 (1972), S. 365 ff.; Pitschas (Fn. 35), S. 7 ff., 11 ff.

Kontingente Organisationsentwicklung in der öffentlichen Verwaltung*

Rolf Wunderer

1. Konzepte und Strategien der Organisationsentwicklung

Im folgenden sollen in idealtypischer Weise drei Ansätze und vier Strategien der Organisationsentwicklung diskutiert werden, die für die Anwendung in der öffentlichen Verwaltung unterschiedlich zu bewerten sind.

Die üblichen Diskussionen zu Strategien, Techniken und Methoden der Organisationsentwicklung werden hier nicht weiter verfolgt (vgl. dazu die Darstellungen bei: Gebert 1974; Glasl/Houssaye 1975; Sievers 1977; French/Bell 1977; Rehn 1979; Bleicher 1979; Wunderer 1979; Kirsch et al. 1979; Wunderer/Grunwald, Bd. 2, 1980).

1.1 Drei Konzepte der Organisationsentwicklung

> „Die noch recht junge Geschichte der Organisationsentwicklung ist unserer Meinung nach durch zwei Quellen gekennzeichnet: Die erste Quelle besteht aus solchen Innovationen, die aus der Anwendung der Laboratoriumsmethode auf Industriebetriebe hervorgegangen ist; eine zweite Quelle sehen wir in den survey-research und survey-feedback-Verfahren. Beide Quellen sind zugleich eng mit der Geschichte der Aktionsforschung verknüpft« (French/Bell 1977, S. 33).

a) Der Laboratoriumsansatz konzentriert sich v. a. auf gruppendynamische Lernprozesse der Betroffenen auf der Grundlage authentischer Kommunikationen. Hier spielen Variablen der Organisation meist nur die Rolle von fördernden oder hemmenden Nebenbedingungen. Im Vordergrund stehen Trainingsmaßnahmen, die häufig mit ganzen Abteilungen („family-groups") durchgeführt werden.

b) Im survey-research-Ansatz dagegen steht die Beschaffung und Auswertung valider Informationen über strukturelle und personale Einflußfaktoren durch Dritte (v. a. Organisationsforscher) auf Grundlage von empirischen Erhebungen bei den Betroffenen im Vordergrund (vgl. hierzu z. B. Brandstätter 1978; Klages/Schmidt 1978). Aufgrund fundierter Organisa-

* ebenso in: Verwaltungsarchiv 3/1982, Verlag Carl Heymanns, Köln

tions- und Personaldiagnosen (Führungsbeziehungen, Motivations- und Identifikationsstruktur, Kooperationsbeziehungen) sollen situationsgerechte Entwicklungskonzepte erarbeitet und eingeführt werden.

c) Der Aktions- und Handlungsforschungsansatz verläßt die mehr „naturwissenschaftliche Ausrichtung" (vgl. Beer/Huse 1972, S. 90) der klassischen, positivistischen empirischen Sozialforschung zugunsten einer auf dynamische Entwicklungsprozesse abgestellten Handlungsorientierung sowie einer neuen Kooperationsphilosophie zwischen Organisationsforscher und „Klient". Beide verstehen sich hier als „lernende Systeme" mit wechselseitiger Beeinflussung (vgl. Kappler 1979). Der schrittweise Entwicklungsprozeß der Betroffenen und des Systems rangiert dabei eindeutig vor abrupten Änderungsmaßnahmen der „Organisation" durch Organisationsleitungen, meist im Zusammenwirken mit externen Beratern.

1.2 Vier Strategien der Organisationsentwicklung

Nach dieser knappen Übersicht über drei Ansätze der Organisationsentwicklung sollen nun Grundstrategien der Organisationsentwicklung in idealtypischer Weise charakterisiert werden.

Dabei unterscheiden wir – in einem ersten und sicher verbesserungswürdigen Ansatz – vier Strategien, die in Schaubild 1 nach verschiedenen Dimensionen beschrieben werden. Aus Platzgründen können nicht alle vier Grundstrategien näher erläutert werden. Dies soll hier nur für die besonders themenrelevanten Strategien von Typ II (evolutorisch) und vom Typ III (bürokratisch) durch eine vergleichende Wertung geschehen.

a) Die „organische" Organisationsentwicklung wird in der umfangreichen OE-Literatur völlig vernachlässigt. Denn in der Regel werden unter Organisationsentwicklung nur Maßnahmen des „geplanten Wandels" verstanden. „Natürlichen" (Bennis 1966) Veränderungen und Lernprozessen wird zumindest bis heute noch keine Beachtung geschenkt. Damit übersieht man, daß sich Menschen und Organisationsstrukturen auch ohne „große menschliche Entwürfe" oder Eingriffe laufend verändern, weil sie – z. T. unmerklichen – Lern- und Anpassungsprozessen ausgesetzt sind, denen sie sich weder entziehen können noch wollen.
   Wahrscheinlich ist diese OE-Strategie für die „hektischen Eintagsfliegen" unseres zivilisatorischen Zeitalters schon allein von der zeitlichen Dimension her suspekt, die sich hier mindestens an Generationen orientieren müßte. Dazu tritt die technokratische Philosophie, alles selbst bewegen und verändern zu können.

b) Die „revolutorische" Strategie des Organisationswandels kann im Gegensatz zur organischen „nicht auf das Himmelreich warten". „Zufall oder

Strategietypen und Ausprägungsgrade der OE / Dimensionen der Entwicklungsstrategie	Typ I organisch	Typ II evolutorisch	Typ III bürokratisch (technokratisch)	Typ IV revolutorisch
Ziel	Umprogrammierung	Entwicklung	Änderung	Umwälzung bzw. Rekonstruktion
Objekte (Schwerpunkte)	Verhaltensstrukturen	Problemidentifizierungs- und -lösungspotential	Organisations- und Verhaltensänderung	Verhaltensdeterminanten (Organisationsstrukturen)
„Philosophie“	natürliche Auslese	selektive Kultivierung	umfassende Zivilisierung	radikale Veränderung
Menschenbild	sozialdarwinistischer Mensch	komplexer Mensch	Organisationsmensch, rationaler Mensch	neuer bzw. besserer Mensch
Rationalität	empirisch	kontigent-normativ	praktisch-normativ	normativ-wertend
Änderungskonzept	Anpassung an erfolgte Veränderungen	Anpassung an zukünftigem Wandel	Änderung an versäumtem Wandel	Rekonstruktion infolge totalen Anpassungsversagens oder neuer Ziele
Änderungszeitraum	sehr langfristig	lang- bis mittelfristig	kurz- bis mittelfristig	kurztfristig
Entscheidungsstil	laissez-faire	kooperativ	bürokratisch-patriarchalisch	autokratisch
Lernstil	selektiv-adaptiv	selektiv-antizipatorisch	traditionell-adaptiv	total-antizipatorisch
Steuerungsgrad	ungesteuert	gelenkt	gesteuert	übersteuert
Umfang der Fremdsteuerung	mittelfristig kaum erkennbar	mittel bis gering	hoch	sehr hoch
Formalisierungsgrad der Änderung	gering	mäßig	hoch	sehr hoch

Schaubild 1: Vier Strategien der OE

Notwendigkeit?" (Monod, 1979) – diese Entwicklungsfrage kann nicht anderen überlassen werden, schon gar nicht der Nachwelt. Wie Hayek (1981) nachzuweisen versucht, gründet sogar schon der Begriff „Organisation" im Konzept der „geplanten Veränderung", des „großen menschlichen Entwurfs", der „Rekonstruktion der Gesellschaft". Historisch gesehen wurde dieser Organisationsbegriff geprägt in der napoleonischen Epoche, also einer Phase der Neuzeit, in der die „Rekonstruktion der Gesellschaft" ähnlich euphorisch und „kurzperspektivisch" betrieben wurde wie heute (Toffler 1971 weist dies für die Umorganisationsmanie in großen Unternehmen u. a. mit dem Begriff der „Weg-Werf-Organisation" illustrativ nach). Das Ziel, den besseren Menschen zu schaffen, heiligt dabei grundsätzlich alle Mittel. Dies zeigt die Geschichte nahezu aller revolutorischen Prozesse, die nach Davies v. a. in folgenden Perioden begünstigt werden:

> „Revolutionen sind dann am wahrscheinlichsten, wenn eine anhaltende Periode tatsächlichen wirtschaftlichen und sozialen Wachstums von einer kurzen und schweren Rezession abgelöst wird." (Davies 1969, S. 400).

Die Konzepte zur „Rekonstruktion" (Berger/Luckmann 1970) von Organisationen bzw. zur „Reedukation" von Organisationsmitgliedern (Bennis 1972) mit dem Ziel der Entwicklung weitgehend neuer, besserer Strukturen und Menschen sind zwar auch in der OE-Literatur anzutreffen. Vorschläge zu „revolutorischen" Änderungsstrategien (vgl. dazu auch Greiner 1972) sind allerdings ebenso selten zu finden wie zur „organischen", zumal häufig gefordert wird, die Organisationsleitungen müßten diese Prozesse selbst einleiten, zumindest aber unterstützen (z. B. Bennis 1972; Sievers 1977; Gebert 1974; Glasl/Houssaye 1975).

So bleiben als „klassische" Strategien der Organisationsentwicklung die evolutorische (Typ II) und die bürokratische (Typ III), die nun vergleichend diskutiert werden.

1.3 Bewertung der Organisationsentwicklungsstrategien vom Typ II und III

In der Regel wird in der fachwissenschaftlichen Diskussion unter Organisationsentwicklung ein im kooperativen Stil durchgeführtes System von Maßnahmen des Typs II (evolutorisch) verstanden. Gegenüber den bürokratischen Strategien zur Organisationsänderung (Typ III) – häufig mit autoritärem oder patriarchalischem Stil implementiert – zeigt diese Strategie folgende Vorteile:

- Höherer Grad an antizipatorischem und innovativem Lernen (vgl. dazu v. a. Peccei 1979);

- Integriertere Sichtweise von strukturellen und personellen Dimensionen der Organisationsänderungsprozesse, damit auch geringere Fixierung auf Änderungen der formalen Organisation (vgl. dazu v. a. Gebert 1975);
- Durch stärkere sozialwissenschaftliche Orientierung Berücksichtigung von Lern-, Motivations- und Führungstheorien (z. B. Bennis 1978; Kempf 1978; Pitschas 1981);
- Erweiterung der Problemlösungsfähigkeit und Erhöhung des Identifikations- und Motivationspotentials der Organisationsmitglieder durch stärkere Einbindung der Betroffenen (auch auf die Organisationsziele) und Verwendung von tendenziell kooperativen Entwicklungsstilen (z. B. Kappler 1979; Sievers 1977);
- Stärkere Orientierung an Entwicklungsprozessen, mehr Rücksicht auf die Geschichte der Organisation und geringere Neigung zu „Bombenwurfstrategien" (Kirsch 1979);
- Höhere Konfliktoffenheit und rationalere Konflikthandhabung (z. B. Bennis 1972; Glasl 1980);
- Stärkere Handlungsorientierung („Aktionsforschung") verbunden mit Konzepten des offenen, schrittweisen, ständigen Lernens (z. B. Kappler 1979);
- Stärkere Verpflichtung von „change agents", auch auf die erfolgreiche Durchführung – und nicht nur die Konzeption – von Organisationsentwicklungsprozessen, gleichzeitig aber eine verringerte Abhängigkeit von „change agents".

Nachteile bzw. Grenzen dieser evolutorischen Organisationsentwicklungsstrategie vom Typ II im Vergleich zur bürokratischen Organisationsänderungsstrategie vom Typ III können in folgenden Bereichen gesehen werden:

- Überforderung von Organisationsmitgliedern und Organisationen mit „traditionellen Lernmustern" (Peccei 1979) in bezug auf hier geforderte antizipatorische und innovative Lernprozesse, auch hinsichtlich der dazu erforderlichen Befähigung und Motivation;
- Zu lange Änderungsphasen, die schon mit situativen Veränderungen der Umwelt nicht Schritt halten können;
- Einseitige Orientierung auf Bedürfnisse der Organisationsmitglieder („Human-Relations-Strategien"), die häufig Ziele externer Anspruchsgruppen (v. a. der „Klienten") außer acht lassen;
- Durch die Offenheit des Prozesses mehr Möglichkeiten zu wirksameren „Entwicklungsverhinderungsstrategien" – sowohl bei den Betroffenen als auch bei ihren Repräsentanten;
- Durch Wecken zu hoher Erwartungen an die Veränderbarkeit von Strukturen und Verhaltensweisen wächst die Gefahr um so größerer Enttäuschungen bei den Beteiligten. Im öffentlichen Dienst ist dies nicht zuletzt

begründet in der hohen Verrechtlichungstendenz und der starken Abhängigkeit von politischen Entscheidungen (Klages 1977, S. 50);
- Große Schwierigkeiten, diese Strategie auch in „ungünstigen" Situationen – also nicht nur in Schönwetterperioden – durchhalten zu können;
- Widerspruch zwischen kooperativen Entwicklungsstrategien und autoritär-patriarchalischen Verhaltensweisen im „täglichen Geschäft";
- Ängste von Beteiligten, Verantwortung auch am Scheiterungsrisiko zu tragen und mangelnde Bereitschaft, den erhöhten Einsatz bei Veränderungsprozessen zu leisten.

Dieser Vergleich beider Strategien zeigt, daß gerade die evolutorische Konzeption als Strategie der „Organisationsentwicklung für entwicklungsfähige Mitglieder" (Bartölke 1980) hohe Ansprüche an Verantwortliche und Betroffene stellt und zugleich „günstige" Situationen zur erfolgreichen Realisierung voraussetzt.

Nur durch die Berücksichtigung wichtiger situationsabhängiger Bedingungen („Kontingenzen") der jeweiligen Einflußfaktoren, kann also eine realistische OE-Strategie empfohlen bzw. realisiert werden, die wir deshalb als „kontingente Organisationsentwicklung" bezeichnen.

In der fachwissenschaftlichen Diskussion findet man in verstärkten Maße etwa seit den sechziger Jahren „kontingenz"- bzw. „situationstheoretische" Betrachtungsweisen. Die organisationsorientierte Kontingenztheorie versucht das Entstehen unterschiedlicher Organisationsstrukturen aus unterschiedlichen Einflußgrößen – wie z. B. Aufgabenstruktur, Technologie, Personen, Umwelt – zu erklären. Die führungsorientierte Situationstheorie sucht in ähnlicher Weise nach situationsabhängigen Einflußfaktoren (z. B. Führermotivation, Führerstil, Gruppengröße, Führermacht) zur Erklärung des Führungserfolgs (Kieser/Kubicek 1978; Wunderer 1971, 1979; Schreyögg 1980).

2. Zur Rationalität von Bürokratiekonzepten

2.1 Charakterisierung der öffentlichen Verwaltung durch Bürokratiekonzepte

Liest man gängige Typisierungen sog. „Bürokratie" bzw. bürokratischer Systeme, dann finden sich immer wieder – bei teilweise unterschiedlichen Dimensionen – ähnliche qualitative Beschreibungsmerkmale.

Im folgenden seien drei ausgewählte Typologien aus der deutschsprachigen Literatur zitiert, die mühelos um ähnliche Ansätze aus dem amerikanischen, englischen und französischen Sprachraum (z. B. Gouldner 1955; Burns/Stalker 1961; Crozier 1964) ergänzt werden könnten. Diese drei Beschreibungsansätze definieren bürokratische Organisationen durch die in den Schaubildern 2–4 dargestellten Dimensionen und Merkmalsausprägungen (Weber 1972; Bosetzky 1970; Ziegler 1970). Obgleich sich insbesondere Bosetzky und Ziegler keineswegs nur auf den öffentlichen Dienst beschränken, werden damit zumindest viele Stereotype dieses Bereichs angesprochen:

Schaubild 2: Merkmale der Bürokratie nach M. Weber zit. nach Staehle, W.: Management, München 1980, S. 118

Max Weber's Merkmale der Bürokratie		Dimensionen formaler Organisation	
Arbeitsteilung	→	Differenzierung	horizontal: Spezialisierung
Amtshierarchie	→		vertikal: Konfiguration Stratifikation Zentralisation
Aktenmäßigkeit	→	Standardisierung Formalisierung	
Amtsführung	→	Führungsverhalten Delegation	

Schaubild 3: Charakterisierung von Organisationstypen nach Bosetzky, H.: Grundzüge einer Soziologie der Industrieverwaltung, zitiert nach Staehle, W.: Management, München 1980, S. 497

	bürokratische Organisation	assoziative Organisation
Systemzweck	präzise Zwecke	diffuse Zwecke
Aufgabe	Be- und Verarbeitung von mehr oder minder kontinuierlich anfallenden, planbaren und unproblematischen Objekten oder Informationen	Problemlösung und Innovation, Indoktrination von unbeständigen Werten und Normen, Vermittlung von ständig revolutioniertem Wissen
Entscheidungen	programmierbar	nicht programmierbar
erforderliche Kenntnisse und Fertigkeiten	Fachausbildung	professionelle Ausbildung
erforderliche soziale Fähigkeiten	gering	hohes Maß
erforderliche Arbeitsteilung	routinisierte Aufgabendifferenzierung	spezialisierte Aufgabendifferenzierung
notwendiges Dienstwissen	hohes Maß	geringes Maß
Arbeitsinhalt	Bearbeitung von Objekten	Beschäftigung mit Ideen

	bürokratische Organisation	assoziative Organisation
verfügbares Wissen	großer Fundus an unbestrittenem Wissen	geringer Fundus
Gleichförmigkeit der Arbeit	gleiche/sehr ähnliche Tätigkeiten	unterschiedliche Tätigkeiten
Umweltsysteme	schwache Umweltverflechtung	starke Umweltverflechtung
Fertigungsverfahren	Großserien-/Massenfertigung	Einzel-/Prozeßfertigung
Gleichförmigkeit der Ereignisse und Reaktionen in Umweltsystemen	gleichförmig	ungleichförmig
Formalisierungsgrad der Umwelt	stark formalisiert	schwach formalisiert
Einfluß der Umweltsysteme auf die Geschwindigkeit der Prozeßabläufe	gering	stark

Schaubild 4: Charakterisierung von Organisationstypen nach Ziegler, H.: Strukturen und Prozesse der Autorität in der Unternehmung, Stuttgart 1970, S. 263 f.

Modell A	Modell B
„Bürokratisch" 1. Fehlen von institutionell anerkannten Methoden und Prozeduren zur Regelung von kritischen Einflußprozessen und von Konflikten zwischen den hierarchischen Ebenen; Mängel des Einflußsystems werden durch ein Mehr an hierarchisch-bürokratischer Institutionalisierung (Entscheidungszentralisierung, Erlaß von Regeln, Übertragung auf vorgeordnete Instanzen, Verschärfung bürokratischer Kontrollen) gelöst; dieses Vorgehen stellt formal zwar eine „Objektivierung" der Einfluß- und Konfliktregelung im Vertrauen auf eine legale und rationale Gestaltung der Einflußbeziehungen durch die bürokratische Autorität dar, materiell aber ihre Gestaltung durch hierarchisch-monistische, bürokratisch legitimierte Machtausübung.	„Demokratisch" Einrichtung von institutionell anerkannten Methoden und Prozeduren zur Einflußnahme und Konfliktregelung zwischen hierarchischen Ebenen; durch neue Formen der Entscheidungsbildung und Konfliktregelung in auf situationsbedingte Problemlösungen gerichteten Verhandlungsprozessen auf allen Ebenen der betrieblichen Hierarchie (Dezentralisierung, Partizipation, Entscheidungsprozesse in einer sich überlappenden Gruppenstruktur), die die nur bürokratisch legitimierten Einflußchancen vorgegebener Autoritätspositionen einschränken, wird eine stärker wechselseitige und pluralistische Einflußstruktur angestrebt, in der die koordinative gegenüber der Transmissionsaufgabe des Vorgesetzen in den Vordergrund tritt.

Modell A	Modell B
2. Insbesondere: Fehlen von geeigneten Methoden und Prozeduren zur Einfluß- und Konfliktregelung zwischen funktionsmäßig differenzierten, horizontal und vertikal verbundenen Gruppen auf allen Ebenen der betrieblichen Hierarchie; Unterordnung der funktionalen Autorität unter die bürokratisch abgesicherte Positionsautorität.	Stärkere Funktionalisierung der betrieblichen Einflußbeziehungen durch strukturelle Änderungen wie Dezentralisierung, Institutionalisierung von horizontalen Einflußbeziehungen und Gruppenstruktur; Betonung der Selbständigkeit der Einflußchancen der funktionalen Autorität.
3. Mangelnde organisatorische Flexibilität und Innovationskapazität in den Entscheidungsprozessen durch Entscheidungszentralisierung und unilaterale hierarchische Strukturierung der Einflußbeziehungen und Kommunikationsstrukturen.	Erhöhung der Flexibilität und Innovationsfähigkeit durch Dezentralisierung, horizontale Verbindungen, offene Kommunikationsstrukturen, Partizipation und Funktionalisierung der Einflußbeziehungen.
4. An die unilaterale hierarchische Struktur gebundene, deshalb insbesondere für horizontal und in der Hierarchie aufwärts verlaufende Informationen unzureichende Kommunikationsstruktur.	Durch strukturelle Änderungen erweiterte und von hierarchisch-bürokratischen Einflußbeziehungen teilweise unabhängige Kommunikationsstruktur.
5. Koppelung der Anordnungs- und Sanktionsautorität in der hierarchischen Position.	Weitgehende Trennung von Anordnungs- und Sanktionsautorität.
6. Unterstellung eines einheitlichen und zentralisierten Zielsystems.	Anerkennung eines multiplen, vor allen Dingen auch funktionsmäßig differenzierten Zielsystems.
7. Ungenügende Berücksichtigung der individuellen Bedürfnisse der Organisationsmitglieder, insbesondere nach Spontaneität, verstanden als Chance zur Selbst-Aktualisierung und Selbstbestimmung.	Bestreben, durch Dezentralisierung („job enlargement") und Partizipation, verknüpft mit entsprechendem Führungsverhalten, die Spontaneität der Organisationsmitglieder zu fördern.

2.2 Zwei Rationalitäten bei der Bewertung bürokratischer OE-Strategien

In der Diskussion um bürokratische bzw. dazu antithetische Beschreibungsansätze findet man häufig zwei unterschiedliche Bewertungen, die meist mit entsprechenden Gestaltungsempfehlungen verbunden sind: Eine normativ-wertende, die sich besonders einer humanen bzw. sozialen Rationalität verpflichtet fühlt, sowie eine kontingent-normative, die sich v. a. an funktionalen bzw. situativen Rationalitäten orientieren will.

Der normativ-wertende Ansatz geht davon aus, daß z. B. „assoziative" oder „demokratische" Strukturtypen der Organisation bzw. entsprechende Verhaltensweisen ihrer Mitglieder grundsätzlich „sozial erwünscht", damit positiv zu bewerten, also auch zu empfehlen seien. Bürokratische Organisationen werden dann als überholt, sozial unerwünscht und z. T. auch als uneffektiv charakterisiert.

Durch Methoden der Organisationsentwicklung – nun aber in „reifer", also „demokratischer" (Ziegler 1970), „organischer" (Burns/Stalker 1961) und „assoziativer" (Bosetzky 1970) Form – könnte man mit Hilfe „reedukativer Strategien" den erstrebenswerten Zustand realisieren.

Der kontingent-normative Ansatz der Organisationsentwicklung fragt dagegen auch nach der funktionalen Äquivalenz von Aufgaben- und Organisationsstrukturen, Personen und Umweltbedingungen. Er hält deshalb bürokratische Organisationen für bestimmte Aufgaben, Umwelten, aber auch für bestimmte Typen von Organisationsmitgliedern für zumindest funktional effektiver als andere (vgl. dazu Weber 1972; Presthus 1962; Whyte 1956).

Dieser Ansatz hat sich nun schon den Vorwurf mangelnder Wertorientierung eingehandelt: „it now becomes clear that contingency theories push aside the normative questions of organizational design" (Schreyögg 1980, S. 321).

Dieser Vorwurf trifft u. E. allenfalls zu, wenn man kontingente Strategien auf die „organische" vom Typ I beschränkt. Hier würde man von einem eher deterministischen Modell ausgehen, bei dem sich der „Organisationsentwickler" passiv-fatalistisch den günstigen bzw. ungünstigen Situationen anpassen muß. Genau diese Unterstellung ist schon widerlegt (vgl. Segler 1981). Vielmehr kommt es darauf an, bei der Strategieformulierung die „Situation" mit ins Kalkül zu ziehen. Daß damit normative Grundwerte automatisch außer acht bleiben müssen, bleibt auch bei Schreyögg eine unbewiesene Unterstellung. Die „organische" Strategie selektiert allerdings – wie z. B. im Tier- und Pflanzenreich – „mitleidlos" nach dem darwinistischen Konzept. Daß gerade dieser Selektionsmechanismus in anderen Zivilisationen noch heute als „human" charakterisiert wird (vgl. Shimizu 1979) liegt zwar unserer Humanisierungsdiskussion in der Bundesrepublik völlig fern, beweist aber den kulturellen „Situationseinfluß" auch auf normative Grundwerte.

Somit gibt es auch zwei Antworten auf die Frage nach der Notwendigkeit von Maßnahmen der Organisationsentwicklung zur Überwindung bzw. Modifizierung bürokratischer Organisations- und Verhaltensstrukturen. Unter dem Primat sozialer Rationalität wird die Notwendigkeit grundsätzlich bejaht. Empfohlen werden dafür i. d. R. reife, also auch partizipative, innovative, humane, bedürfnisgerechte Strategien und Techniken der Organisationsentwicklung, die ganz sicher auch für „reife", also „assoziative", „organische" oder „demokratische" Organisationen stimmig („kontingent") wären.

Unter funktionaler Rationalität muß aber die Frage nach der Kontingenz für Änderungsmöglichkeiten sowie den dafür „passenden" Organisationsentwicklungsstrategien gestellt werden.

Damit können für bürokratische Organisationen – solange sie „bürokratische" Aufgaben erfüllen müssen – nicht nur Strategien vom Typ II („evolutorisch") empfohlen werden.

Bei Dominanz funktionaler Rationalität könnte und sollte aber – nach unserer Wertung – der sozialen Rationalität zumindest der Rang einer Nebenbedingung eingeräumt werden. Diese „Kontingenz" wäre auch gut aus unserer verfaßten Gesellschaftsordnung (v. a. dem Grundgesetz) ableitbar, müßte sich heute also nicht mehr auf philosophische „a-priori-Wertungen" (Kant) zurückziehen.

Obgleich wir die „evolutorische" Strategie einer Organisationsentwicklung als eine besonders reife menschliche Form des Wandels bewerten, sollen im folgenden neben den Möglichkeiten auch Grenzen dieser Strategie im öffentlichen Dienst analysiert werden. Damit wird sich zeigen, inwieweit zumindest heute noch „bürokratische" Strategien erforderlich sind, um notwendige bzw. erwünschte Änderungen realisieren zu können.

3. Einflußfaktoren für eine kontingente Organisationsentwicklung

Mit Bezug auf kontingenz- bzw. situationstheoretische Überlegungen sollen nun folgende fünf zentrale Einflußfaktoren diskutiert werden, die auch die Wahl von Strategien der Organisationsentwicklung für den öffentlichen Dienst beeinflussen:

a) die Art der Änderungsaufgaben;
b) die Struktur der Arbeitsorganisation;
c) die Struktur der Führungsorganisation;
d) die Struktur der Organisationsmitglieder;
e) die Struktur der Organisationsumwelt.

3.1 Zur Struktur der Änderungsaufgaben

Wie schon die Differenzierung von 14 typischen Änderungsaufgaben für die Kommunalverwaltung durch Banner (1978) zeigt, muß man bei der Wahl von Organisationsentwicklungsstrategien und -maßnahmen sehr wohl unterscheiden, ob es um den Einsatz von Diktiergeräten bzw. die Einführung einer elektronischen Datenverarbeitung geht oder ob es sich um die Einführung einer Leistungs- und Erfolgskontrolle bzw. die Veränderung der Führungsorganisation handelt.
Struktur und Umfang des Änderungsbedarfs, die Komplexität des Änderungsverfahrens, der Realisierungsgrad der Änderungen in anderen Organisationen, Folgewirkungen einer Änderung, Umfang und Intensität der Betroffenheit der Organisationsmitglieder, deren Einsicht in die Notwendigkeit einer Änderung, Forderungen an die Änderung von Einstellungen und Verhaltensweisen sowie die Wirkung von OE-Maßnahmen auf zentrale Motivationen der Betroffenen sind dabei wichtige Parameter. Daraus läßt sich dann z. B. ableiten, inwieweit kurzfristige Änderungen nach der bürokratischen klassischen Organisationsentwicklungsstrategie oder langfristige Organisationsentwicklungsprozesse mit umfangreichen Analyse-, Informations-, Überzeugungs-, Partizipations- und Trainingsmaßnahmen erforderlich sind.

3.2 Zur Struktur der Arbeitsorganisation

Ausschlaggebend für den modernen Verwaltungsbegriff ist der Einbezug von spezifischen Verfahren und Methoden der Aufgabenerfüllung (vgl. Pitschas 1981). Auch im Bereich der Arbeitsorganisation kann man feststellen, daß die öffentliche Verwaltung nicht nur von einfachen, routinisierten, verfahrensmäßig-fixierten und durch politische Programmaufgaben weitgehend festgelegten Aufgaben- und Arbeitsabläufen charakterisiert ist, auch wenn diese Aufgabentypen im Vergleich mit privatwirtschaftlichen Betrieben häufiger vorkommen dürften.
Beispiele für komplexe Aufgaben und damit erforderliche „organische" Strukturmuster in der Arbeitsorganisation sind z. B. Forschungsorganisationen, medizinische Bereiche der öffentlichen Krankenversorgung, zahlreiche kulturelle Einrichtungen sowie Stellen mit Planungsfunktionen. Hier würde sich auch unter Aspekten der Kontingenztheorie eher eine OE-Strategie vom Typ II („evolutorisch") empfehlen.
In Ämtern mit hoheitlich festgelegten, detailliert geregelten und rechtsstaatlich abgesicherten Verwaltungsaufgaben (z. B. zentrale Besoldungs- und Versorgungsstellen, Finanzverwaltungen) könnte dagegen das sozial erwünschte Konzept zur Entwicklung „assoziativer" oder „organistischer"

Strukturen der Arbeitsorganisation ebensowenig Pate stehen wie damit verbundene offene, antizipative, autonome Entwicklungsstrategien. Wie Banner (vgl. Banner 1978) differenziert nachweist, wären hier Organisationsänderungsstrategien vom Typ III (tendenziell „bürokratisch") zumindest mittelfristig erfolgversprechender.

3.3 Zur Struktur der Führungsorganisation

Im öffentlichen Dienst zeigen sich gerade im Bereich der Führungsorganisation typische bürokratische Charakteristika. Dazu zählen v. a.: hierarchische Entscheidungszentralisation, häufig mehr budgetabhängig als aufgabenbestimmte Bewilligung und Definition vieler Stellen in der Führungsorganisation, monokratische Leitungsstrukturen, die Abhängigkeit der Leitungen von Entscheidungen externer, teilweise politischer Instanzen, Geschäftsverteilungspläne, die die Autonomie einzelner Verwaltungseinheiten beschränken (z. B. „Gemeinsame Geschäftsordnungen"), die rein funktional festgelegten und allenfalls mittelfristig veränderbaren Status-, Besoldungs- und Kompetenzattribute von Leitungsstellen, die häufig politische – und damit keineswegs nur nach dem Sachverstand begründbare – Besetzung von Führungspositionen sowie die überwiegend hierarchisch und nur begrenzt laterale Orientierung der Führungsorganisation mit den entsprechenden „Abteilungszäunen".
Gerade im führungsorganisatorischen Bereich, in dem es weniger um aufgabenrelevante und mehr um machtorientierte Veränderungen geht, werden diese erfahrungsgemäß kaum durch antizipative, offene und „reife" Entwicklungsmaßnahmen erreicht, sondern meist eher durch „klassische" bürokratische Organisationsänderungen vom Typ III – bei oder nach z. T. künstlich herbeigeführten Krisen.
Aufgrund der Bestandssicherungsgarantien des öffentlichen Dienstes und des fehlenden Änderungsdrucks durch den Markt – auch bei nicht situationsadäquaten Regelungen – sind selbst extern uneffiziente führungsorganisatorische Regelungen über viele Jahre kaum veränderbar (vgl. dazu Mayntz 1978; Luhmann/Mayntz 1973; Klages 1977; Scholz 1979; Koch/Neubauer 1979; Nellessen/Schmidt 1979; Pitschas 1981).
Wie stark die Widerstandskräfte auch gegen begrenzte Strukturveränderungen sein können, zeigt u. a. der weitgehend gescheiterte Versuch in den Bundesministerien, die Klein- bis Kleinstreferatsstruktur in größere Einheiten (Gruppenstruktur) zu überführen, aber ebenso das weitgehende Scheitern der gesamten „Dienstrechtsreform" (vgl. Lepper 1976). Dergleichen wäre vom Stil, Aufwand, der Zeitdauer und insbesondere von den Ergebnissen her gesehen, in privatwirtschaftlichen Organisationen kaum denkbar!

3.4 Zur Struktur der Organisationsmitglieder

Eine repräsentative Studie über personale Attitüden und Verhaltensweisen der fast 5 Millionen Mitglieder des öffentlichen Dienstes liegt nicht vor. Deshalb muß hier noch auf Einzelfallstudien (z. B. Luhmann/Mayntz) bzw. auf verallgemeinernde Stereotypisierungen zurückgegriffen werden.
Im Vordergrund der Charakterisierung stehen dabei sehr häufig folgende Aussagen:

- Hohe Sicherheits- und Statusmotivation (Kübler 1978; Luhmann/Mayntz 1973);
- Fehlende Leistungsmotivation durch fehlende Anreize (Hoefert/Reichard 1979);
- Hohe Autonomiebedürfnisse (Wunderer/Boerger/Löffler 1979);
- Entfremdungserscheinungen bezüglich der Organisations- und Aufgabenziele (Simon 1981; Bosetzky/Heinrich 1980);
- Nur begrenzt kooperative Verhaltensweisen zwischen Vorgesetzten und Mitarbeitern (Kübler 1978; Eichhorn/Friedrich 1978) zuweilen kombiniert mit „kameradschaftlicher Bürokratie" in den „Kollegenbeziehungen" (Bosetzky/Heinrich 1980);
- Begrenzte Bereitschaft zur Mobilität (Pippke/Wolfmeyer 1976);
- Hohe Regel- und Verfahrensidentifikation (Etzioni 1971; Simon 1981).

Luhmann/Mayntz (1973) fassen ihre Untersuchungsergebnisse zum Personal des öffentlichen Diensyes folgendermaßen zusammen:

> „Von einer Einstellung im öffentlichen Dienst erwarteten die Befragten z. B. im Vergleich zur Privatwirtschaft ein besseres Betriebsklima, geringere Anforderungen, ein routinemäßiges Arbeiten nach Schema F und schließlich auch schlechtere Verdienstchancen . . .«
> „Die Attraktivität einer so wahrgenommenen Tätigkeit im öffentlichen Dienst variiert außer mit den beruflichen Werthaltungen auch noch mit einer Reihe von Persönlichkeitsmerkmalen, die man mit standardisierten psychologischen Tests messen kann. Eine berufliche Karriere ohne Risiko und ohne besondere Anforderungen an die persönliche Leistungsfähigkeit bei einem gleichzeitigen Höchstmaß an materieller und beruflicher Sicherheit wirkt anziehend auf einen Personentypus, der wenig Risikofreude besitzt, eher als andere zu Dogmatismus und Rigidität neigt, mit unsicheren und mehrdeutigen Situationen nicht gut fertig wird und die Gründe für Erfolg und Mißerfolg lieber in äußeren Umständen als bei sich selbst sucht" (zit. nach Mayntz 1978, S. 161).

Besonders wichtig für die Wahl von Organisationsentwicklungsstrategien im öffentlichen Dienst sind u. E. ausgeprägte Bedürfnisse der Beschäftigten nach

Autonomie *und* Sicherheit, ihre Mißerfolgsvermeidungsmotivation sowie die starke Regel- bzw. Verfahrensidentifikation und geringe Verbundenheit mit den Zielen ihrer Behörde.

Damit ergeben sich deutliche personale Hemmnisse für Lern- und Veränderungsprozesse, die nicht selten von starken Personalvertretungen gedeckt werden (vgl. Scholz 1979). Dadurch werden aber auch Machttaktiken der Leitungen provoziert, die in Richtung Anweisung, Überrumpelung, Täuschungsmanöver (Koch/Neubauer 1979) oder Bombenwurfstrategien (Kirsch 1979) tendieren.

Dazu kommt, daß der öffentliche Dienst durch seine Anreizsysteme eine Selektion von Bewerbern mit den oben genannten Motivationen und Identifikationen begünstigt.

Eine veränderte Politik der Personalauswahl und Stellenbesetzung in Verbindung mit einer Verminderung sicherheitsorientierter Anreizsysteme könnte zu einer grundlegenden Änderung von Motivations- und Identifikationsstrukturen des Personals führen. Dabei wäre allerdings genau abzuwägen, inwieweit die vorgegebenen Aufgaben auch entsprechend disponierte Mitarbeiter zur anforderungsgerechten und motivierten Aufgabenerfüllung benötigen. Hier nur von einem „sozial erwünschten" Menschenbild des reifen, sich selbstverwirklichenden, komplexen Menschen auszugehen, würde für eine realistische und realisierbare Lösung noch nicht ausreichen. Daß darauf abgestellte evolutorische Organisationsentwicklungsstrategien scheitern müssen, haben Nellessen und Schmidt (1979) in selbstkritischer Offenheit – ganz im Gegenteil zu Methner (1980) – am Beispiel der Bundespost beschrieben.

Genauso problematisch wäre es allerdings, sich fatalistisch auf rein systemimmanente, also bürokratische Entscheidungen beim Einsatz von Veränderungsstrategien der öffentlichen Verwaltung zu beschränken (vgl. dazu auch Schreyögg 1980, S. 321). Denn wie weit das Ausmaß an rationalen-bürokratischen Menschenbildern, „leninistischen Macht- und Kontrollphilosophien" (vgl. Wunderer 1977) tatsächlich systemimmanent, also kontingent und funktional ist, wäre noch nachzuweisen.

Uns scheint sogar, daß gerade in weniger bürokratischen Aufgabenfeldern und Organisationsstrukturen des öffentlichen Dienstes noch recht bürokratisch gedacht und gehandelt wird, weil auch die Personalstruktur jahrzehntelang entsprechend selektiert und sozialisiert wurde (vgl. dazu u. a. Wunderer/Boerger/Löffler 1979).

Deshalb sind die personalpolitischen Instrumente der Selektion (durch Personalauswahl und Stellenbesetzung) und Modifikation (durch Personalentwicklung am und außerhalb des Arbeitsplatzes) die entscheidenden Parameter für eine effektive Realisierung einer Organisationsentwicklung in der öffentlichen Verwaltung (vgl. dazu auch Banner 1980).

3.5 Zur Struktur der Umweltbeziehungen

Arrow vertritt die These, die Begründung für das Entstehen von Organisationen liege im Versagen des Marktes und seiner Mechanismen (Arrow 1980).
Umgekehrt könnte man aber auch das Versagen von Organisationen mit dem Fehlen von Marktmechanismen begründen. Die fehlende Leistungskontrolle und Selektion durch autonome Nachfrageentscheidungen der Klienten erklärt sicherlich auch, warum Organisationen des öffentlichen Dienstes lange Zeit an den Bedürfnissen der Klienten und – nicht selten an den Bedürfnissen ihrer „Gründer" – „vorbei produzieren".
Da die Leistungen für den Nachfrager meist kostenlos oder kaum kostendekkend angeboten werden, liegt die Nachfrage weit höher als bei marktwirtschaftlicher Produktion. Dies führt zu einem Anbietermarkt mit entsprechenden monopolistischen „Marketingstrategien". Die Fähigkeit im politischen System – statt in einem Marktsystem – zu überleben, erfordert auch keineswegs primär eine Anpassung an die Klientenbedürfnisse.
Andererseits haben diese Bürokratien auch keine Möglichkeit, ihr Leistungsprogramm autonom zu erweitern oder gar zu verringern. Nicht selten ist ihnen sogar verwehrt, Leistungskalkulationen vorzunehmen oder gar kostendeckende Preise zu kalkulieren.
Diese Charakteristika schränken in außerordentlicher Weise selbst „traditionelle" Lernprozesse durch „rote Zahlen" ein und verhindern zugleich „antizipative" Lernprozesse.
Wenn nun schon nicht Selektionsleistungen durch ein entsprechendes Marktsystem erbracht werden, dann müßte es eine Grundforderung jeder Organisationsentwicklung im öffentlichen Dienst sein – zumindest bei demokratischen Gesellschaftssystemen –, daß Vertreter der Klienten in die „Organisationsverfassung" einbezogen (vgl. dazu die Diskussion zur Unternehmensverfassung bei Steinmann, 1969; Ulrich 1977 sowie Witte/Hauschildt 1966) oder zumindest als „geborene Mitglieder" bei solchen Organisationsentwicklungsmaßnahmen beteiligt werden, die Austauschbeziehungen zwischen der öffentlichen Verwaltung und ihrer Umwelt betreffen (z. B. „bürgerfreundliche Kommunalverwaltung").
Solange die Bedürfnisse von Klienten durch weitere hierarchische Organisationen (z. B. Oberbehörden) und häufig nach kurzfristigen politischen Maximen bestimmt werden, solange der Markt nicht wenigstens durch Repräsentanten der Klienten „simuliert" werden kann, solange wird die Struktur der Umweltbeziehungen eine Denkweise begünstigen, die Peter/Hull (1972) als „Innenorientierung von Organisationen" beschrieben. Dies aber schon als „humane" Organisationsentwicklung zu bezeichnen, wäre u. E. zu eng, da dann als „Menschen" nur die Organisationsmitglieder

verstanden würden und nicht etwa die Klienten, für deren Bedürfnisse die Organisation ins Leben gerufen wurde.

3.6 Zusammenfassung

Eine zusammenfassende Bewertung der fünf diskutierten Einflußgrößen auf die Wahl unterschiedlicher Strategien der Organisationsentwicklung führt zum Ergebnis, daß vor allem die Aufgabenstruktur und die Struktur des Personals teilweise auch die Austauschbeziehungen zur Umwelt bestimmend für die Notwendigkeit von tendenziell bürokratischen Strategien der Organisationsentwicklung des Typs III sind.
Es scheint aber keineswegs erforderlich, sich nun in systemimmanenter Weise auf bürokratische Strategien zu beschränken. Denn neben den Klienten haben auch die Organisationsmitglieder ihre Wertvorstellungen geändert:

> „Insgesamt gesehen finden Menschen die gerade ihren Beruf wählen, alle Merkmale der Arbeitssituation im öffentlichen Dienst eher abschreckend, die für eine bürokratische Organisationsform und einen hohen Programmierungsgrad (Regelungsgrad) typisch sind, während die gebotenen Sicherheits- und Aufstiegsmöglichkeiten ein Moment der Anziehung darstellen." (Mayntz 1978, S. 161).

Ebenso hat sich auch die Bereitschaft, wie das Machtpotential der Beschäftigten bzw. ihrer repräsentativen Vertreter erhöht, „evolutorische" Organisationsentwicklungsmaßnahmen vom Typ II zu fordern, durchzusetzen bzw. andernfalls Änderungen zu blockieren. So scheint es nun erforderlich, daß auch die politischen Instanzen und Organisationsleitungen sich diesen gewandelten Erwartungen anpassen.
Für Änderungen in der öffentlichen Verwaltung zur Entwicklung günstigerer Situationen für evolutorische OE-Strategien sehen wir folgende Ansätze:

- Längerfristige zeitliche Perspektiven, vor allem bei den verantwortlichen Promotoren;
- Dezentralisierung (um die Identifikation mit der Organisationseinheit und dem Leistungsbereich wieder zu erhöhen, ähnlich der Spartenorganisation im privatwirtschaftlichen Bereich);
- Stärkere Klientenorientierung (um die Verbundenheit mit dem Leistungsempfänger wieder zu erhöhen und um die Innenorientierung abzubauen);
- Leistungsorientierung und Abbau von strukturellen wie personellen Leistungshemmnissen u. a. durch explizite Belohnung erbrachter Leistungsmotivation und Sanktionierung von Mißerfolgsvermeidungsmotivationen;

- Abbau von Anreiz- und Selektionssystemen, die v. a. nur Sicherheits- und darauf aufbauende Autonomiemotivationen („Sandburgenbauer“) fördern;
- Kooperative Entwicklung vertikaler und lateraler Zusammenarbeit (statt Verlagerung fehlender Marktkonkurrenz in das interne Karrieresystem);
- Erhöhung der Mobilität der Bediensteten, damit zumindest der Mangel an Aufgabenveränderungen in manchen Bereichen des öffentlichen Dienstes durch eine Änderung der sie bearbeitenden Personen zu häufigeren Lernprozessen führen kann;
- Frühzeitiges Einbeziehen von Personalvertretungen mit gleichzeitiger Verpflichtung, wie die Betriebsräte von Unternehmen nicht nur an die Beschäftigten, sondern ebenso an die Organisationsziele und damit auch an die Bedürfnisse der Klienten zu denken;
- Selektion von lernfähigen, also entwicklungsfähigen und lernmotivierten Organisationsmitgliedern (dieses Kriterium sollte gegenüber der bisherigen ausbildungsfixierten Selektion von Bewerbern deutlich an Gewicht gewinnen);
- Personalentwicklung der Organisationsmitglieder – vor allem, aber nicht nur der Leitungsebenen – weniger auf der funktionalen und mehr auf der grundsätzlichen Dimension der Lernfähigkeit und Lernmotivation (Können, Wollen) langsame aber stetige Veränderung der Führungs- und Arbeitsorganisation in Richtung offenerer, weniger monokratischer Strukturen;
- Abbau kameralistischer Budgetorientierung und Aufbau von Beurteilungssystemen zur Wirtschaftlichkeitsmessung (statt kostspieliger „Kostenminimierung“), Optimierung des Verhältnisses von Leistungserträgen und Leistungsaufwänden.

Notwendige Änderungstendenzen sollten allerdings nicht mit „modischen“ Änderungspostulaten (Kirsch 1980) verwechselt werden. Denn in mancher Beziehung wäre eine Rückbesinnung auf klassische Charakteristika bürokratischer Einstellungen und Verhaltensweisen (z. B. nach Max Weber 1972) zwar u. U. eine „Rebürokratisierung“ (Mayntz 1978) und wahrscheinlich auch keine Entwicklung nach den Postulaten der „fortschrittsfähigen Organisation“ (Kirsch 1979), aber vielleicht ein „Rückschritt“ hin zu einer leistungs- und klientenorientierten Verwaltung, der dann auch als „Revitalisierungsprozeß“ charakterisierbar wäre.

Da Organisationen offene Systeme darstellen (sollten), müßten entsprechende Veränderungen in den gesamtgesellschaftlichen Erwartungen schon unter den Prinzipien der Kontingenztheorie berücksichtigt werden. Dazu gehören auch Forderungen nach gesellschaftlich „kontingenten“, also offeneren, antizipativen Lernprozessen, die vor allem das Problemidentifizierungs- und Problemlösungspotential von Organisationsmitgliedern erhöhen sollen unter

Berücksichtigung der Organisations- und Klientenziele – so die jüngste Studie des Club of Rome (Peccei 1979).

Literatur

Arrow, Kenneth [1980]: Wo Organisation endet. Wiesbaden.

Banner, Gerhard [1978]: Planung und Implementierung komplexer Änderungen in der Kommunalverwaltung. In: DVP, S. 45 ff.

– [1980]: Personalpolitik – Ein notwendiger Katalysator bei Organisationsänderungen. In: Oertzen, Joachim, v. (Hrsg.): Antworten der öffentlichen Verwaltung auf die Anforderungen der heutigen Gesellschaftssysteme. Bonn, S. 113 ff.

Bartölke, Klaus [1980]: Organisationsentwicklung für entwicklungsfähige Organisationsmitglieder. In: Kappler, Ekkehard (Hrsg.): Unternehmensstruktur und Unternehmensentwicklung. Freiburg, S. 319 ff.

Beckhard, Richard [1977]: Strategien zur Veränderung großer Systeme. In: Sievers, Burkhard (Hrsg.): Organisationsentwicklung als Problem. Stuttgart, S. 134 ff.

Beer, M. / Huse, E. F. [1972]: A systems approach to organizational development. In: Journal of applied behavioral Science (JABS), 8 (1), S. 79-101.

Bendixen, Peter [1976]: Kreativität und Unternehmensorganisation. Köln.

– [1980]: Der theoretische und pragmatische Anspruch der Organisationsentwicklung. In: DBW, S. 190 ff.

Bennis, Warren [1966]: Beyond bureaucracy. Essays on the development and evolution of human organization. New York.

Bennis, Warren / Benne, Kenneth / Chin, Robert [1971]: The Planning of Change. 2 Ed. London.

– [1972]: Organisationsentwicklung. Baden-Baden und Bad Homburg.

– [1978]: Theorie und Methodik einer Anwendung der Verhaltenswissenschaft auf die Planung organisatorischer Änderungen. In: Grochla, Erwin (Hrsg.): Elemente der organisatorischen Gestaltung. Reinbek, S. 113 ff.

Berger, Peter / Luckmann, Thomas [1970]: Die gesellschaftliche Konstruktion der Wirklichkeit. Frankfurt.

BJU, Hrsg. [1978]: Heute für morgen Initiative mobilisieren – Ein Leitfaden der Organisationsentwicklung. Bonn.

Bleicher, Knut [1979]: Unternehmensentwicklung und organisatorische Gestaltung. Stuttgart.

Bosetzky, Horst [1978]: Interne Machtverteilung und Chancen von organisatorischen Änderungen. In: ZfO, S. 219 ff.

Bosetzky, Horst / Heinrich, Peter [1980]: Mensch und Organisation. Köln.

Brandstätter, Hermann [1978]: Organisationsdiagnose. In: Mayer, Arthur (Hrsg.): Organisationspsychologie. Stuttgart.

Burns, Ted / Stalker, George [1961]: The management of innovation. London.

Child, John / Kieser, Alfred [1976]: The development of organizations over time. In: Institut für Unternehmensführung, FB Wirtschaftswissenschaften der Freien Universität Berlin, Arbeitspapier 11.

Crozier, Michel [1964]: The bureaucratic phenomenon. Chicago.
Davies, James [1969]: Eine Theorie der Revolution. In: Zapf, Wolfgang (Hrsg.): Theorien des sozialen Wandels. Köln-Berlin, S. 399 ff.
Drucker, Peter [1980]: Management in turbulenter Zeit. Düsseldorf.
Eichhorn, Peter / Friedrich, Peter [1976]: Verwaltungsökonomie I. Baden-Baden.
Etzioni, Amitai [1971]: Soziologie der Organisation. München.
French, Wendell / Bell, Cecil jr. [1977]: Organisationsentwicklung. Bern und Stuttgart.
– [1977]: Zur Geschichte der Organisationsentwicklung. In: Sievers, Burkhard (Hrsg.): Organisationsentwicklung als Problem. Stuttgart.
Gebert, Diether [1974]: Organisationsentwicklung, Stuttgart.
– [1979]: Möglichkeiten und Grenzen des personalen Ansatzes im Rahmen von Organisationsentwicklung. In: Wunderer, Rolf (Hrsg.): Humane Personal- und Organisationsentwicklung. Berlin, S. 189 ff.
Glasl, Friedrich / Houssaye, Leopold de la [1975]: Organisationsentwicklung. Bern und Stuttgart.
Glasl, Friedrich [1980]: Konfliktmanagement. Bern und Stuttgart.
Gouldner, A. W. [1955]: Patterns of Industrial Bureaucracy. London.
Greiner, L. E.: Evolution and revolution as organizations grow. In: Havard Business Review, 1973, S. 37 ff.
Grochla, Erwin (Hrsg.) [1978]: Elemente der organisatorischen Gestaltung. Reinbek.
Hayek, Friedrich, v. [1981]: Recht, Gesetzgebung und Freiheit, Band II. München.
Hill, Wilhelm / Fehlbaum, Raymond / Ulrich, Peter [1974]: Organisationslehre, 2 Bde. Bern und Stuttgart.
Hoefert, Hans, Wolfgang [1979]: Leistungsverhalten im öffentlichen Dienst aus motivationspsychologischer Sicht. In: Hoefert, Hans, Wolfgang / Reichert, Christoph (Hrsg.): Leistungsprinzip und Leistungsverhalten im öffentlichen Dienst. Stuttgart.
Hoefert, Hans-Wolfgang / Reichard, Christoph, Hrsg. [1979]: Leistungsprinzip und Leistungsverhalten im öffentlichen Dienst. Stuttgart.
Kahn, Robert: Organisationsentwicklung [1977]: Einige Probleme und Vorschläge. In: Sievers, Burkhard (Hrsg.): Organisationsentwicklung als Problem, Stuttgart, S. 281 ff.
Kappler, Ekkehard [1979]: Die Aufhebung der Berater-Klienten-Beziehung in der Aktionsforschung. In: Wunderer, Rolf (Hrsg.): Humane Personal- und Organisationsentwicklung, Berlin, S. 41 ff.
–, Hrsg. [1980]: Unternehmensstruktur und Unternehmensentwicklung. Freiburg.
Katz, Elihu [1973]: Die Verbreitung neuer Ideen und Praktiken. In: Schramm, Wilbur: Grundfragen der Kommunikationsforschung. 5. Aufl. München, S. 99 ff.
Kempf, Thomas [1978]: Das Konzept der Organisationsentwicklung – Zur verhaltenswissenschaftlichen Grundlage des geplanten organisatorischen Wandels. In: ZfO, S. 201 ff.
– [1979]: Zur Einführung leistungsbezogener Veränderungen. In: Hoefert, Hans, Wolfgang / Reichard, Christoph (Hrsg.): Leistungsprinzip und Leistungsverhalten im öffentlichen Dienst, a. a. O., S. 219 ff.
Kieser, Alfred / Kubicek, Herbert [1978]: Organisationstheorien, 2 Bde. Stuttgart.

Kirsch, Werner [1979]: Die Idee der fortschrittsfähigen Organisation – Über einige Grundlagenprobleme der Betriebswirtschaftslehre. In: Wunderer, Rolf (Hrsg.): Humane Personal- und Organisationsentwicklung. Berlin, S. 3 ff.

Kirsch, Werner / Esser, Werner-Michael / Gabele, Eduard [1979]: Das Management des geplanten Wandels von Organisationen. Stuttgart.

Klages, Helmut [1979]: Grenzen der Organisierbarkeit von Verwaltungsorganisationen. In: Die Verwaltung 10, S. 31–49.

Klages, Helmut / Schmidt, Rolf W. [1978]: Methodik der Organisationsänderung. Baden-Baden.

Koch, Reiner / Neubauer, Arthur [1979]: Implementationsfehler bei Organisationsänderungen. In: VOP, S. 82 ff.

Kübler, Hartmut [1978]: Organisation und Führung in Behörden, Band II: Personalwesen. 3. Aufl Stuttgart.

Laux, Eberhard / Kaufmann, Wolfgang [1978]: Praxis der Organisationsänderung. Baden-Baden.

Lepper, Manfred [1976]: Das Ende eines Experiments – Zur Auflösung der Projektgruppe Regierungs- und Verwaltungsreform. In: Die Verwaltung, S. 478 ff.

Lippitt, Ronald / Lippitt, Gordon [1977]: Der Beratungsprozeß in der Praxis, Untersuchung zur Dynamik der Arbeitsbeziehung zwischen Klient und Berater. In: Sievers, Burkhard (Hrsg.): Organisationsentwicklung als Problem. Stuttgart.

Luhmann, Niklas / Mayntz, Renate [1973]: Personal im öffentlichen Dienst. Eintritt und Karriere. Baden-Baden.

March, James / Simon, Herbert [1976]: Organisation und Individuum. Wiesbaden.

Mayntz, Renate [1978]: Soziologie der öffentlichen Verwaltung. Heidelberg und Karlsruhe.

Methner, Helmut [1980]: Erfahrungen mit einem Projekt der Organisationsentwicklung in einem öffentlichen Dienstleistungsunternehmen. In: Neubauer, Reiner / Rosenstiel, v., L. (Hrsg.): Handbuch der Angewandten Psychologie, Band I, S. 895 ff. München.

Monod, Jaques [1979]: Zufall oder Notwendigkeit, München.

Nellessen, Lothar / Schmidt, Jochen [1979]: Kein Anschluß unter dieser Nummer? – Erfahrungen mit Trainings in einer Institution. In: Gruppendynamik, S. 276 ff.

Peccei, Aurelio (Hrsg.) [1979]: Das menschliche Dilemma – Zukunft und Lernen. 3. Aufl. München.

Peter, Laurence / Hull, Raymond [1972]: Das Peter-Prinzip oder die Hierarchie der Unfähigen. Reinbek.

Pippke, Wolfgang [1975]: Karrieredeterminanten in der öffentlichen Verwaltung. Baden-Baden.

Pippke, Wolfgang / Wolfmeyer, Peter [1976]: Die berufliche Mobilität von Führungskräften in Wirtschaft und Verwaltung. Baden-Baden.

Pitschas, Rainer [1981]: Die Reform der öffentlichen Verwaltung als Organisationsentwicklung durch Fortbildung. In: Verwaltungs-Archiv, H. 1, S. 1 ff.

Presthus, Robert [1962]: Individuum und Organisation – Typologie der Anpassung. Frankfurt.

Reder, Christian [1977]: Organisationsentwicklung in der öffentlichen Verwaltung. Bern.

Rehn, Götz [1979]: Modelle der Organisationsentwicklung. Stuttgart.
Reichard, Christoph [1973]: Managementkonzeption des öffentlichen Verwaltungsbetriebs. Berlin.
Rosenstiel, Lutz, v. [1980]: Grundlagen der Organisationspsychologie. Stuttgart.
Scholz, Gotthard [1979]: Organisationsentwicklung in der öffentlichen Verwaltung. In: VOP (Verwaltungsführung, Organisation, Personalwesen), S. 11 ff.
Schreyögg, Georg [1980]: Contingency enjoys in organization theory. In: Organization Studies, I/4, S. 305 ff.
Seemann, Klaus [1974]: Managementperspektiven für die öffentliche Verwaltung. Bonn.
Segler, T.: Situative Organisationstheorie – Zur Fortentwicklung von Konzeption und Methode. In: Kieser, A. (Hrsg.): Organisationstheoretische Ansätze. München 1981, S. 227 ff.
Shimizu, T. [1979]: Wirtschaftliche und humane Aspekte eines Systems zur Produktionssteuerung in der japanischen Automobilindustrie. In: Wunderer, R. (Hrsg.): Humane Personal- und Organisationsentwicklung. S. 321 ff.
Siemens, Hrsg. [1974]: Organisationsplanung. München.
Sievers, Burkhard [1977]: Organisationsentwicklung als Problem. In: Sievers, Burkhard (Hrsg.): Organisationsentwicklung als Problem. Stuttgart, S. 10 ff.
–, Hrsg. [1977]: Organisationsentwicklung als Problem. Stuttgart.
Simon, Herbert [1981]: Entscheidungsverhalten in Organisationen. 3. Aufl. München.
Staehle, Wolfgang H. [1980]: Management. Eine verhaltenswissenschaftliche Einführung. München.
Steinmann, Horst [1969]: Das Großunternehmen im Interessenkonflikt. Stuttgart.
Thompson, Victor [1976]: Bureaucracy and the modern world. Morristown – New Jersey.
Toffler, Alwin [1971]: Der Zukunftsschock. Bern u. a.
Ulrich, Peter [1977]: Das Großunternehmen als quasi-öffentliche Institution. Stuttgart.
Weber, Max [1972]: Wirtschaft und Gesellschaft. Tübingen (orig. 1922).
Witte, Eberhardt / Hauschildt, Jürgen [1966]: Die öffentliche Unternehmung im Interessenkonflikt. Berlin.
Whyte, William [1956]: The organization man. New York.
Wolf, Georg [1980]: Führungspraxis für die öffentliche Verwaltung. München.
Wunderer, Rolf [1971]: Bestimmungsgründe für den Erfolg von Führungskräften. In: Personal, S. 256 ff.
– [1974]: Lateraler Kooperationsstil. In: Personal, S. 166 ff.
– [1977]: Leitbilder bei der Gestaltung und Anwendung der Personalbeurteilung im öffentlichen Dienst. In: Die öffentliche Verwaltung, S. 341 ff.
– [1978]: Verhaltensleitsätze. In: Personal-Enzyklopädie, Bd. III. München, S. 574 ff.
–, Hrsg. [1979]: Humane Personal- und Organisationsentwicklung. Berlin.
– [1979]: Das „Leader-Match-Konzept" als Fred Fiedlers Weg zum Führungserfolg. In: Wunderer, Rolf (Hrsg.): Humane Personal- und Organisationsentwicklung, S. 219 ff.

Wunderer, Rolf / Boerger, Martin / Löffler, Hans [1979]: Zur Beurteilung wissenschaftlich-technischer Leistungen – Eine empirische Studie zur Personalbeurteilung in Forschungsorganisationen des Bundes. Baden-Baden.
Wunderer, Rolf / Grunwald, Wolfgang [1980]: Führungslehre, 2 Bde. Berlin.
Zapf, Wolfgang (Hrsg.) [1969]: Theorien des sozialen Wandels. Köln-Berlin.
Ziegler, Helmut [1970]: Strukturen und Prozesse der Autorität in der Unternehmung. Stuttgart.

III. Personalarbeit in der öffentlichen Verwaltung

A. Reformprobleme des öffentlichen Dienstes

Reform des öffentlichen Dienstes: Ein Beispiel für Schwierigkeiten der Verwaltungsreform*

Niklas Luhmann

Mit dem Abschluß der Beratungen der Studienkommission für die Reform des öffentlichen Dienstrechts steht die Frage der Dienstrechtsreform auf der Tagesordnung der Politik. Zumindest der Bund ist am Zuge. Kommissionen setzt man zwar oft ein, um Probleme zu vertagen, zu verschieben oder gar zu begraben. In diesem Falle ist das jedoch, soweit ich sehe, weder beabsichtigt gewesen noch möglich. Im Gegenteil: Die Einsetzung der Kommission, die über zwei Jahre sehr gründlich und intensiv gearbeitet hat, hat das Reformproblem sichtbar gemacht und verschärft. Diesen Anlauf wird man so leicht nicht wiederholen. Wenn jetzt nichts geschieht, wird die lange Liste der versäumten Reformen um eine weitere Eintragung verlängert. Aber kann etwas geschehen? Und was kann geschehen?

1. Reformbereiche

Wenn wir uns zunächst möglichst unbelastet durch Vorurteile den Gegenstand der Reform ansehen, so handelt es sich um einen vielfältig gegliederten Personalkörper von rund drei Millionen Bediensteten. Alles weitere scheint unter Reformgesichtspunkten schon umstritten zu sein – vor allem die Frage, ob dieser Personalkörper im Vergleich zu anderen von seiner Stellung in der Gesellschaft und seinen Aufgaben her irgend etwas besonderes ist. Diejenigen, die das meinen, sprechen von „Staat". Aber das soll uns zunächst nicht kümmern. Als gesichert kann gelten, daß es in jedem größeren Personalkörper bestimmte formale Probleme gibt, die zu ordnen sind, und daß die möglichen Lösungen abhängen von der Größe und der Komplexität des Personalkörpers.

Die wichtigsten Problembereiche sind:

(1) *die Bewegungsvorgänge.* Es müssen laufend Personen in bezug auf Dienstposten bewegt und zu diesem Zweck ausgewählt werden – sei es, daß sie neu eingestellt werden müssen; sei es, daß sie im System versetzt oder in höhere Positionen befördert werden; sei es, daß sie aus Positionen, in denen

sie fest sitzen, herausgebracht werden müssen. Da es sich um Auswahlvorgänge handelt, braucht man Kriterien, nach denen man eine Person vor anderen bevorzugt. Über diese Kriterien kann man wiederum entscheiden und durch Entscheidung über Kriterien das System zu steuern versuchen – auch ohne konkret zu wissen, welcher Posten mit wem besetzt wird.

(2) *die Einstellungen und Motive.* Es ist klar, daß Dienstleistungen nur erbracht werden, wenn die Personen motiviert werden können, dies zu tun, und wenn sie nicht nur in ihren Handlungsbereitschaften, sondern auch im Verhältnis zu ihrer Umwelt – zum Publikum, zu Kollegen, zu Vorgesetzten, zur Politik – entsprechend eingestellt sind. Diese Motive und Einstellungen kann man teils durch die genannten Auswahlvorgänge beschaffen, teils entstehen sie als Rückwirkung von Erfahrungen im Dienst, zum Beispiel abhängig davon, ob jemand in seiner Karriere Erfolg hat oder nicht. Man muß also versuchen, einstellungsprägende Mittel, soweit man sie kontrollieren kann, so einzusetzen, daß möglichst günstige Kombinationen entstehen.

(3) *die Beziehungen zur Organisationsstruktur und zu den Aufgaben bzw. Entscheidungsprogrammen.* Eine Personalordnung wird nicht in den widerstandslosen Raum gebaut. Sie dient auch nicht allein der Optimierung des Wohlbefindens. Vielmehr haben Organisation und Aufgaben eine eigenständige Bedeutung. Es kann zum Beispiel nicht jeder Chef sein oder Chef werden. Lokomotivführer haben eine andere Art von Tätigkeit als Grundbuchrichter – und schon hier stellt sich die Frage, wen soll man eigentlich höher bezahlen?

(4) *die Beziehungen zu wichtigen Umweltsektoren des öffentlichen Dienstes.* Ich nenne nur zwei Beispiele: Die Rekrutierung für den öffentlichen Dienst ist abhängig vom Personalmarkt. Kann man und soll man die Gehälter im öffentlichen Dienst nach Angebot und Nachfrage regeln? Soll man andere Organisationen mit Personalbedarf, also vor allem die Wirtschaft, überbieten und auslaugen oder umgekehrt immer zurückstehen? Und als zweites Beispiel: das Verhältnis zum Ausbildungssystem. Soll es eine eigenständige Ausbildung für den öffentlichen Dienst geben? Und wie steht der öffentliche Dienst zu der hektischen Eigendynamik des Ausbildungssystems, die immer größere Teile des Nachwuchses in die akademischen Gefilde treibt ohne Rücksicht auf einen Bedarf?

Mit diesen Fragen möchte ich zunächst nur das Suchlicht einstellen auf Strukturbereiche, in denen Reformprobleme liegen könnten. In all diesen Bereichen steckt ein noch kaum erkannter Regelungs- und Entscheidungsbedarf. Ein erster und notwendiger Reformschritt ist es daher, diejenigen Fragestellungen auszuarbeiten, die zu Reformen führen können. Und vielleicht ist schon dies eine Reform – wenn nicht *die* Reform! –, *Entscheidungen entscheidbar zu machen,* die es beim heutigen Stand der Dinge nicht sind.

Eine andere Formulierung dafür wäre: die Steuerungsfähigkeit des öffentlichen Dienstes in seiner politischen und gesellschaftlichen Umwelt zu stärken.
Betrachtet man unter diesem Blickwinkel die derzeit laufende Reformdiskussion, so bekommt man Zweifel, ob sie sich überhaupt mit der Reform befaßt. Das Wort „Reform" wird aufgegriffen und als Mittel des Positionsgewinns in politischen Auseinandersetzungen vorgeschoben, die Sache selbst ist zu schwierig. Wer selbst irgendwelche Änderungen vorschlägt, kann seine Gegner ebenso leicht wie billig als Gegner der Reform anprangern. Man ordnet die Verhältnisse dadurch politisch in progressive und konservative Kräfte und gewinnt damit eine Grundlage für politische Aktivität. Mehr nicht. Die Analyse der Situation muß unter diesen Umständen zwei Aspekte im Auge behalten, die auf eigentümliche Weise ineinander verschränkt sind: die politischen Bedingungen der Thematisierung und Durchsetzung einer Reform des öffentlichen Dienstes und diese Reform selbst.

2. Politische Thematik

Der politische Streit, der die Reform mehr oder weniger zu blockieren droht, geht nur um die Frage, ob und wie weit die Verhältnisse der Angehörigen des öffentlichen Dienstes durch Gesetz oder durch Tarifvertrag geregelt werden sollen und, damit zusammenhängend, ob und aus welchen Anlässen die Bediensteten streiken dürfen oder nicht. Es geht, mit anderen Worten, um die Beteiligung der Gewerkschaften an Strukturentscheidungen im Personalwesen des öffentlichen Dienstes. Es ist klar, daß mit einer Entscheidung dieser Frage Gewichtsverschiebungen in der politischen Landschaft verbunden sein werden, deren Ausmaß schwer abzuschätzen ist. Es ist ebenso klar, daß die Entscheidung dieser Frage, wie immer sie ausfällt, keine Reform in Richtung auf eine moderne, den veränderten gesellschaftlichen Verhältnissen gerecht werdende Personalstruktur im öffentlichen Dienst mit sich bringt. Ich hatte schon gesagt: Es geht zunächst einmal darum, qualitativ neuartige Entscheidungen überhaupt entscheidbar zu machen. Erst danach kann man sinnvoll über Entscheidungsträger und Beteiligungen verhandeln.
Nun ist es kein Zufall, daß gerade diese Thematik der Regelungskompetenz und des Streikrechts den Vordergrund der Reformdiskussion besetzt. Die Wachstumstendenzen des öffentlichen Dienstes sind schon seit Jahrzehnten unter rechtlichen und haushaltsmäßigen Gesichtspunkten in zwei verschiedene Kanäle geleitet worden. Der öffentliche Dienst umfaßt einerseits Beamte, andererseits Angestellte und Arbeiter. Dieser Unterschied der sogenannten Statusgruppen hat, soweit wir wissen, keine nennenswerten Auswirkungen

auf Einstellungen und Motive[1]. Er ist funktional kaum zu rechtfertigen. Er differenziert Mobilitätschancen, ohne daß man recht einsähe weshalb. Er ist nur ein historisches Faktum – aber ein Faktum, das mit der Gewalt der Gegenwart ausgerüstet ist und als Thema der Reform die Reform zugleich blockiert.

Dies geschieht aus zwei Gründen. Einmal stehen hinter den Statusgruppen unterschiedliche Verbände, die auf den von ihnen betreuten Typ von Bediensteten fixiert sind. Die Gewerkschaften können sich nur Bedienstete mit Streikrecht vorstellen, der Beamtenbund gerade dies nicht. Die Verbände kämpfen in dieser Frage um ihre eigene Identität. Sie vor allem sind in einem verbandspolitischen Sinne engagiert. Der gegenwärtige Rechtszustand definiert, so unbefriedigend er sachlich ist, ein politisches Gleichgewicht. Jede Reform, die die Statusdifferenz antastet, bringt dieses historisch unbemerkt entstandene Gleichgewicht in Bewegung, bringt die etablierten Machtverhältnisse ins Rutschen, und eine solche Bewegung kann nicht so leicht durch eine Entscheidung, einen politischen Kraftakt gestoppt werden – es sei denn durch die Entscheidung, nicht zu entscheiden.

Dazu kommt, daß man das Problem nicht einfach durch Steigerungs- und Verbesserungsleistungen lösen kann nach der Maxime: jeder behält, was er hat, und bekommt hinzu, was die anderen haben. Man kann zu den Vorteilen des Beamtenstatus nicht einfach die Vorteile des Angestelltenstatus hinzuaddieren, ohne eine privilegierte Gruppe von Staatsdienern zu schaffen, die sich in allen Hinsichten mindestens ebenso gut stehen wie andere Berufstätige, in manchen Hinsichten aber besser; die zum Beispiel streiken dürfen, aber nicht entlassen werden können. Ein Verzicht auf irgend etwas erscheint jedoch unzumutbar in einem politischen Klima, das nur Steigerungen als Erfolg akzeptiert. Die Vielzahl von Interessen und Werten, die als berechtigt und steigerungsfähig akzeptiert sind, macht es schwierig, Härte zu zeigen und Verzicht zu verlangen.

Jede einschneidende Reform des öffentlichen Dienstes hat in dieser Lage mit der Opposition institutionalisierter Interessen zu rechnen, die sich am Unterschied der Statusgruppen kristallisiert haben. Mit Fritz Scharpf[2] kann man darin ein allgemeines Hindernis weitausgreifender Reformplanungen sehen. Vielleicht werden diese Interessen überschätzt, aber auch Überschätzungen sind politisch wirksam. Die Kraft zu Reformen fehlt immer da, wo die historischen Zufälligkeiten des status quo zugleich zu politischen Potenzen erstarrt sind; und die Repräsentativdemokratie begünstigt das. Auch im öffentlichen Dienst schließt die Institutionalisierung der Interessen so stark an die Geschichte und die gegenwärtige Struktur des Personalsystems an, daß jede Reform schwierig ist.

Weil Interessenfixierung und Reformthematik so stark verzahnt sind, ist schon die Fragestellung historisch bedingt, und mit der Fragestellung sind die möglichen Antworten begrenzt. Gewachsene Zufälligkeiten begrenzen die Perspektive des Möglichen. Es kommt dann gar nicht mehr so sehr darauf an, ob man eine mehr progressive oder mehr konservative Linie vertritt und mit welchen wohltönenden Schlagworten man sich bewaffnet: Der Alternativenraum ist in jedem Falle zu klein.

Sieht man sich nach weiteren Ressourcen um, so zeigt der öffentliche Dienst insgesamt selbst wenig Treibkraft. Er ist mit seiner Lage durchweg zufrieden, und die eher unzufriedenen Bediensteten sammeln sich nicht unter Initiativen oder Reformideen[3]. Auch die politischen Parteien haben bisher keine durchdachten eigenen Vorschläge unterbreitet; sie sind darauf angewiesen, daß man ihnen erfolgsträchtige Themen liefert, die sie aufgreifen können. Soweit sie sich von den Verbänden inspirieren lassen, ist nichts Neues zu erwarten. Bisher haben die Parteien nicht erkennen lassen, daß sie Politik in einem konzeptionellen Sinne zu treiben in der Lage sind. Bei voller Mitgliedschaft in der Studienkommission war ihre Beteiligung passiv bis hin zur schlichten Abwesenheit in den Sitzungen. Entsprechend resigniert ist die leitende Ministerialbürokratie.

3. Das Dilemma der Studienkommission

Unter diesen Vorzeichen hat die Studienkommission für die Reform des öffentlichen Dienstrechts gearbeitet. Diese Kommission ist auf Wunsch des Bundestages von der Bundesregierung eingesetzt worden. Zwischen dem Beschluß des Bundestages vom 27. Februar 1970 und dem ersten Zusammentreten der Kommission im Dezember 1970 verstrichen mehr als neun wertvolle Monate mit Gerangel um die Besetzung der Kommission. Diese Zeit haben andere genutzt, um politische Fronten aufzubauen – ein guter Beleg für die Bedeutung des Zeitfaktors in der Politik. Im Juni 1970 erschienen die „Vorschläge für ein einheitliches Dienstrecht" des Berliner Senators für Inneres[4]. Im September 1970 veröffentlichte der Deutsche Gewerkschaftsbund seine Grundsätze zur Neuordnung des Beamtenrechts. Beide Dokumente forderten eine Mischform von Tarifrecht und Gesetzesrecht. Der Deutsche Juristentag (Mainz 23. und 24. September 1970) bot dann das Forum für eine Konfrontation[5]. Der Deutsche Beamtenbund fühlte sich herausgefordert, vor der „Bedrohung einer Verfassungsinstitution"[6] zu warnen. Das alles waren Tatsachen und Festlegungen von politischem Gewicht, als die Kommission endlich zusammentrat.

Diese Kommission sollte aus Experten bestehen. Anders als im vergleichbaren Fall der Fulton Commission in Großbritannien lag hier jedoch der

Experten-Begriff der Politik zu Grunde. Die Kommission wurde mit Bedacht „repräsentativ" zusammengesetzt mit der Folge, daß die skizzierten Probleme in ihr reproduziert wurden. Das war also kein Wunder, sondern Absicht. Entsprechend braucht man sich nicht zu wundern, daß das zu Erwartende geschehen ist: Dissens in der Grundfrage, wie und in welcher Richtung die Statusdifferenz aufzulösen und ein einheitliches öffentliches Dienstrecht herzustellen ist.

Eher verdient Beachtung, daß es gleichwohl gelungen ist, diese Kontroverse zu unterlaufen und ein Reformkonzept anzubieten. Das Konzept der Studienkommission setzt nicht bei einer Problematisierung des Nebeneinanders von Beamten, Angestellten und Arbeitern an, sondern bei einer Problematisierung der vertikalen Gliederung des öffentlichen Dienstes in unterschiedliche Laufbahngruppen, also bei der Unterscheidung von einfachem, mittlerem, gehobenem und höherem Dienst. Die Grenzen zwischen diesen Laufbahngruppen bezeichnen Normalebenen des Eintritts in den öffentlichen Dienst und zugleich Grenzen des normalerweise erreichbaren Aufstiegs. Die Karriere innerhalb einer Laufbahngruppe ist normalerweise dort zu Ende, wo die Eintrittsebene für besser ausgebildetes Personal gezogen ist und zwar einheitlich für den gesamten öffentlichen Dienst.

Dieses bereits in mannigfacher Weise durchbrochene System soll aufgegeben werden. An seine Stelle soll ein System von Funktionsgruppen treten, das den Aufstieg ausschließlich nach den Erfordernissen der Positionen regelt. Solche Positionen werden zu Gruppen mit ähnlichen Anforderungen, eben Funktionsgruppen, zusammengefaßt, soweit sie von einer bestimmten Grundausbildung aus sinnvoll wahrgenommen werden können. Eine Funktionsgruppe besteht also nicht aus abstrakten Ämtern, die ohne Rücksicht auf die Tätigkeit „verliehen" werden, sondern aus konkreten Dienstposten, die zu sinnvollen Verwendungsreihen zusammengefaßt werden. Die Wertigkeit der einzelnen Positionen muß dann durch eine Funktionsanalyse festgelegt und bestimmten Größen der Bezahlungsordnung zugeordnet werden. Die dafür benötigten Skalen – das heißt: Karrierestufen auf der einen Seite und Besoldungsklassen auf der anderen – werden nicht mehr übereinstimmen.

Funktionsgruppen werden unter dem Gesichtspunkt der Personalbewegung zusammengefaßt. Sie sind nicht notwendig identisch mit denjenigen Zusammenfassungen von Positionen, die man bei der analytischen Dienstpostenbewertung und bei der Gehaltseinstufung zum Vergleich heranzieht – den sogenannten job clusters[7]. Dieser Unterschied kann nicht genug betont werden, zumal sich in der Diskussion über die Vorschläge der Studienkommission immer wieder die Tendenz zeigt, Funktionsgruppen lediglich als Instrument der besoldungsmäßigen Einstufung zu sehen. Der zusammenfassende Gedanke ist jedoch die Erreichbarkeit von Positionen auf der Grund-

lage einer gegebenen Ausbildung – nicht die mehr oder weniger abstrakt ermittelte Ähnlichkeit der Tätigkeit und nicht die Einheit einer Besoldungsgruppe oder einer Spanne von Besoldungsgruppen.
Zur inneren Struktur der Funktionsgruppe hat die Studienkommission leider wenig Bestimmtes vorschlagen können. So sind die Gesichtspunkte der vertikalen Gliederung offen geblieben und namentlich die wichtige Frage, ob innerhalb einer Funktionsgruppe nur Aufsichtsfunktionen oder auch andere Bewertungsdimensionen eine Höhergruppierung rechtfertigen sollen; im ersteren Falle würde die Aufsichtshierarchie unter den Druck von Karriereinteressen geraten und kleinstufig ausgeformt werden, im anderen Falle würde die Relationierung der Bewertungsdimensionen schwierig werden. Auch bei den Reformen des britischen Civil Service im Anschluß an den Bericht der Fulton Commission sind diese Fragen aufgetaucht, ohne daß sich bisher eine entschiedene Lösungsmethodik abzeichnete[8]. Wie immer sie gelöst werden: die Zahl der einander über- bzw. untergeordneten Dienstposten wird von Funktionsgruppe zu Funktionsgruppe verschieden sein, Postingenieure können sich mit Katasterbeamten, Berufsschullehrern oder Strafvollzugsbeamten nicht mehr direkt vergleichen. Die Gerechtigkeit des Systems wird abstrakter in den analytischen Kriterien der Dienstpostenbewertung und der Bildung von Funktionsgruppen sowie in den Kriterien für Personalbeurteilung sicherzustellen sein.
Aus dem Bericht der Studienkommission sind lesenswert vor allem die Seiten 187–204[9]. Sie enthalten den Kern des Reformvorschlags. An dieser Stelle interessieren nicht die technischen Details dieser schwierigen Materie, es interessieren die Tragweite und die Annehmbarkeit dieses Vorschlags. Und es wird interessieren, ob die schweren Geschütze der Status-Kontroverse auch dieses Schiff zum Sinken bringen.

4. Karriere-Rekrutierung versus Positions-Rekrutierung

Ursprünglich hatte die Unterscheidung von Beamten und Angestellten einen vernünftigen Sinn im Unterschied von Karriere-Rekrutierung und Positions-Rekrutierung. Die Karriere-Rekrutierung sucht Personal für Dauerbeschäftigung in verschiedenartigen Positionen; sie bildet Verwendungsreihen und kennt dementsprechend Gründe für ein Ausscheiden nur in der Person und dem Verhalten des Bediensteten. Die Positions-Rekrutierung stellt Personal für speziell definierte Aufgaben ein und hält den Bediensteten in ihnen fest, solange Bedarf besteht. Jede interne Mobilität ist dann quasi ein neuer Rekrutierungsvorgang. In der Karriere-Rekrutierung kann man nur generell definierte Eignungskriterien verwenden, Eingangspositionen werden vielfach unter Ausbildungsgesichtspunkten zugewiesen. Die Positions-Rekrutierung wird dagegen durch Dienstpostenanalyse beherrscht.

Man kann ganze Verwaltungssysteme danach unterscheiden, ob sie ihr Personal eher unter dem Gesichtpunkt von Karrieren oder eher unter dem Gesichtspunkt bestimmter Programme oder Positionen rekrutieren[10]. Das sind jedoch nur Schwerpunktentscheidungen. Faktisch kann man auf keine dieser Rekrutierungsformen ganz verzichten. Wenn einer der Typen dominiert, müssen Konzessionen gemacht werden, muß der andere als Randerscheinung zugelassen werden.

Der deutsche öffentliche Dienst ist von seiner Beamten-Tradition her durch Karriere-Rekrutierung und durch das Lebenszeit-Prinzip beherrscht. In diesem Punkte sind alle Reformvorschläge konservativ. Eine Analyse des potentiellen Nachwuchses hat überdies gezeigt, daß Sicherheit und Aufstiegsmöglichkeiten wichtige berufliche Werthaltungen und damit wichtige Eintrittsmotive sind, namentlich in Unterschichten[11]. Höhere Durchlässigkeit für den Aufstieg ist nur unter dieser konservativen Grundvoraussetzung ein sinnvolles Reformprogramm. Man muß außerdem sehen, daß diese Entscheidung über den Rekrutierungstypus historische Bedingungen und Konsequenzen hat, daß sie mit ihren Konsequenzen das System auch belastet und daß sie Folgeprobleme nach sich zieht, die gelöst werden müssen[12]. Wenn man dieses Prinzip nicht ändert, muß die Reform sich um so dringlicher auf neuartige Lösungen seiner Folgeprobleme erstrecken. Der öffentliche Dienst muß dann veränderten Verhältnissen durch bessere Lösungen dieser Folgeprobleme angepaßt werden.

Bei Karriere-Rekrutierung verstärkt sich die Notwendigkeit interner Mobilität – auch in unerwünschte Richtungen. Man muß Positionen von ungeeigneten Besetzern freimachen können, muß für Abstiegsmobilität und für horizontale Mobilität Vorsorge treffen, um eine laufende Koordination von Anforderungen und Leistungen und ein ausreichendes Selektionsfeld bei Besetzungsentscheidungen zu erreichen.

Ein zweiter Punkt sind die notwendigen Inkonsequenzen. Nicht überall ist Karriere-Rekrutierung sinnvoll, nicht alle Tätigkeiten lassen sich Funktionsgruppen zuordnen und in sinnvolle Verwendungsreihen einbauen. Es gibt marginale Positionen, zum Beispiel Minister oder Müllarbeiter, für die eine Karriere-Rekrutierung zur Fiktion würde. In den Beratungen der Studienkommission ist dieses Problem der Bediensteten, auf die das Funktionsgruppen-Modell nicht paßt, unglücklich verquickt worden mit dem Problem der gesetzlichen bzw. tarifvertraglichen Regelung des Dienstrechts und ist so in den Strudel dieser politischen Kontroverse geraten. Es handelt sich aber um ein Problem, das in jedem Falle einer Ausnahmeregelung bedarf. Diese Ausnahmeregelung kann aber im Rahmen eines einheitlichen Dienstrechts geschehen, vor allem durch Sonderregelungen für Rekrutierung und Bestandsschutz, und bietet keinen Anlaß, das Nebeneinander von Gesetzesrecht und Tarifrecht beizubehalten.

5. Politik und Technik: Neue Symbiosen

Die Problematisierung des Laufbahngruppenprinzips ist ein guter Anknüpfungspunkt für den Reformvorschlag der Studienkommission aus zwei Gründen. Man kann die Reform mit dem Ziel rechtfertigen, den öffentlichen Dienst durchlässiger zu machen für den Aufstieg der Tüchtigen. Und man kann neue Grundlagen schaffen für eine bessere Koordination mit der ebenfalls in Bewegung geratenen Bildungspolitik. So können zum Beispiel für die Einfädelung der Abgänger der künftigen Fachhochschulen neue Ebenen geschaffen und mit den Möglichkeiten internen Aufstiegs in die gleichen Ebenen koordiniert werden. Mit einer starren Differenzierung von gehobenem und höherem Dienst wäre das kaum zu schaffen.

Reformtaktisch ist dieser Problemansatz mithin gut gewählt. Er verzeichnet jedoch in gewissem Sinne die Perspektiven. Die Hauptsache, nämlich neue Formen der Steuerung von Personalbewegungen, erscheint als bloße Voraussetzung oder als Durchführungsbedingungen der Reform. Das Wichtige wird in den Nebenbedingungen versteckt. Das muß eine Sekundäranalyse des Berichts korrigieren. Aber was ist die Hauptsache?

Wenn wir auf die eingangs formulierten Strukturprobleme großer Personalkörper zurückgreifen, dann sehen wir, daß das Hauptproblem in der Steuerung von Personalbewegungen liegt. Es sollte erreicht werden, daß jede Position möglichst adäquat besetzt ist. Dazu braucht man Kriterien der Fixierung von Anforderungen auf der Grundlage der Funktion, die zu erfüllen ist, und Kriterien der Beurteilung von Personen. Dementsprechend sind zwei Entscheidungsebenen zu unterscheiden. Es müssen auf einer konkreten Ebene laufend geeignete Personen für geeignete Positionen ausgewählt werden. Und es müssen, als Bedingung der Möglichkeit und der Rationalität solcher Entscheidungen, Kriterien entwickelt und aufeinander abgestimmt werden, so daß Informationen über Personen immer schon im Hinblick auf Positionen und Informationen über Positionen immer schon im Hinblick auf Personen erfaßt und datenmäßig gespeichert werden.

Besondere Beachtung verdient, daß sich damit die Form von Entscheidungskriterien ändert. Bisher hatte man sich in Personalentscheidungen an sehr starren oder mehr oder weniger vagen Prinzipien orientiert (zum Beispiel: Mindestalter, Laufbahngruppe, Laufbahntyp, Allgemeines Dienstalter, Leistungsfähigkeit), die über Zulassung von Ausnahmen oder über Interpretation adaptiert wurden. An deren Stelle müßte jetzt zunehmend eine Orientierung an Dimensionen treten, auf denen einzelne Kandidaten miteinander verglichen werden können. Das erfordert die Entwicklung von Meßverfahren. Bei einer Mehrheit von Dimensionen entstehen überdies Spielräume rationaler Unentscheidbarkeit, die entweder durch zusätzliche Entscheidungsregeln oder fallweise ohne Präzedenzwirkung für Person oder Position reduziert werden müssen. Die Kriterien grenzen nur den Bereich der in Betracht kommenden Personen deutlich ab, determinieren normalerweise aber die Entscheidung nicht eindeutig. Auf diese Weise können die Steuerung über Kriterien und die konkreten Personalentscheidungen deutlich differenziert werden. Das ermöglicht die Rettung des Ressortprinzips und der Personalhoheit der Ressorts auch dann, wenn in der Frage der Verfahren und Kriterien für Personalentscheidungen größere Einheitlichkeit angestrebt wird. Insgesamt wird die Verteilung der Entscheidungslast auf Strukturpolitik und Fallentscheidungen deutlicher sichtbar.

Nun ist allen Sachkennern klar, daß Kriterien dieser Art, und das gilt erst recht für die Abgrenzung der Funktionsgruppen auf der Basis solcher Kriterien, nicht rein analytisch gewonnen, das heißt strikt logisch-empirisch aus vorhandenen Aufgaben abgeleitet werden können. Vielmehr ist zu ihrer Entwicklung und zu ihrer laufenden Fortschreibung ein Gemisch von Analyse und Entscheidung erforderlich – ein möglicherweise explosives Gemisch! Diese Situation und die darin liegenden Chancen sollte die Politik rechtzeitig erkennen. Rechtzeitig – das heißt, bevor der öffentliche Dienst sich selbst bedient und die neue Terminologie nur benutzt, um die vorhandene Lage im eigenen Interesse zu verbessern. Es ist falsch, im Verhältnis von Technik und Politik eine Alternative zu sehen: Durch Technisierung wird der öffentliche Dienst nicht unpolitischer, sondern gerade politischer leitbar.

Die Politik nutzt gegenwärtig überwiegend monetäre Steuerungsmechanismen: Sie steuert über Zuwendungen, über Vergrößerungen des Budgets, nicht zuletzt über Vermehrung von Personalstellen. Der monetäre Mechanismus hat aber deutlich erkennbare Wirkungsgrenzen, vor allem im gesamten Dienstleistungsbereich und im innerorganisatorischen Entscheidungsverhalten. Die Steuerung über Veränderung von Kriterien für Dienstpostenanalyse und Personalbeurteilung ermöglicht einen andersartigen, dazu komplementären Zugriff auf die öffentliche Verwaltung. Jedes Programm, das die Verwaltung ausführen soll, müßte nicht nur in Gesetzen, Haushaltsmitteln oder sonstwie formulierten Anweisungen abgesetzt werden, sondern zugleich in einer Veränderung der Kriterien des Personalsystems Ausdruck finden. Zumindest müßte bei jeder neuartigen Aufgabe explizit geprüft werden, ob und in welchen Hinsichten dies sinnvoll ist. Die politische

Verantwortung für das Personalwesen des öffentlichen Dienstes hätte demnach nicht (oder nur in Grenzfällen) in den Personalentscheidungen selbst Ausdruck zu finden, sondern vornehmlich in Typenentscheidungen: in der Entscheidung, welche Typen von Qualifikationen man für welche Typen von Tätigkeiten bereitstellen will, und umgekehrt: auf welche Anforderungen man verzichten kann oder muß. Eine solche Politik wäre aus den Sachanforderungen heraus zu entwickeln; sie wäre nicht nur ein Expandieren personaler Herrschaftsapparate und Kontaktnetze.

Wie jede Technik setzt auch diese einen darauf spezialisierten Unterbau voraus und außerdem Vorstellungsvermögen auf Seiten dessen, der ihn handhaben will. Man muß übersehen können, wie sich Selektionskriterien langfristig in veränderte Tätigkeiten umsetzen – was es zum Beispiel bedeuten mag, wenn man für bestimmte Positionen Berufserfahrung in dem von ihnen betreuten Gesellschaftssektor fordert oder bei anderen die Forderung gründlicher und gewissenhafter Arbeit abschwächt und dafür die Forderung von Initiative und Durchhaltevermögen in Konflikten verstärkt. In dem Maße, als Meßverfahren entwickelt werden, wird das „natürliche" Augenmaß für Verhältnisse und Effekte abnehmen und durch systematisierte Rückmeldung von Auswirkungen ersetzt werden müssen.

Zur Realisierung eines solchen Systems der Personalsteuerung wäre ein bisher ganz ungewohntes Maß an Spezifikation und detaillierter Durcharbeitung von Kriterien erforderlich. Es erfordert Automation. Man könnte befürchten, daß damit die Bürokratie neue Blüten treibt[13]. Das ist jedoch nicht notwendig der Fall. Im Gegenteil: Eine amerikanische Untersuchung deutet darauf hin, daß die Standardisierung detaillierter Kriterien für Personalselektion mit Dezentralisation und größerer Elastizität der Handhabung von Entscheidungsprogrammen in der Praxis korreliert[14]. Das heißt: In dem Maße, wie es gelingt, Art und Niveau gewünschter Tätigkeiten über Personalselektion zu erreichen, kann man Vorschriften und Kontrollen einsparen.

Eher wird ein zweites Problem auftauchen: Sobald Kriterien expliziert werden, bilden sich entsprechende Karriereerwartungen. Jeder rechnet sich seine Chancen aus, und, wie wir annehmen können: gute Chancen. Es fällt dann schwer, Kriterien auf Grund von Erfahrungen oder von politischen Umdispositionen zu ändern, ohne Erwartungen zu enttäuschen[15]. Auch dieser Gesichtspunkt spricht für einen relativ hohen Abstraktionsgrad der Kriterien. Jedenfalls wird es immer einen Konflikt zwischen Änderungselastizität auf der einen Seite und berechtigten Interessen an Erwartungssicherheit auf der anderen geben.

Neben solchen im Prinzip nicht lösbaren Widersprüchen ist eine weitere Voraussetzung der Steuerung über Kriterien zu beachten und ihrerseits zu gewährleisten. Selektionskriterien wirken nur, wenn und soweit tatsächlich

Selektionen stattfinden, also wenn tatsächlich bei Stellenbesetzungen unter mehreren Kandidaten der geeignetste ausgewählt wird. Die ausgeklügeltsten Kriterien nützen nichts, wenn es nichts zu entscheiden gibt: wenn man froh sein muß, überhaupt jemanden für eine Position zu finden, oder wenn die Bediensteten den Zugang zu Positionen durch Schlangestehen erreichen und immer der genommen wird, der dran ist.

Wenn man Reformen in der angegebenen Richtung will, muß mithin die Attraktivität der Positionen und die Transparenz der Vakanzen und Besetzungsverfahren kontrolliert werden. Außerdem wird man sich um eine Erhöhung der Mobilität bemühen müssen, die im öffentlichen Dienst derzeit faktisch sehr gering ist – gemessen an dem, was man vom Mythos des jederzeit versetzbaren Beamten her erwarten könnte[16]. Auch das erfordert ein elastisches Instrumentarium, mit dem man auf Situationen, Mängel, Erfahrungen reagieren kann.

6. Konsequenzen für die Verbandspolitik

Bei einer Umstellung der Personalstrukturpolitik auf Entscheidungen über Typisierungen, Kriterien und analytische Verfahren ließen sich Strukturentscheidungen nicht mehr so leicht wie bisher in eine Bevorzugung bzw. Benachteiligung bestimmter Personen oder Personengruppen umdenken. Es entfielen damit diejenigen Vorstellungshilfen, mit denen bisher eine leicht faßliche Verbandspolitik bzw. parlamentarische Besoldungspolitik betrieben werden konnte. Mit der Umstellung vom Laufbahngruppensystem auf das Funktionsgruppensystem wird der Vergleich ganzer Berufsgruppen erschwert, wenn nicht unmöglich gemacht. Aus Veränderungen bei den Rechtspflegern, die mit der Delegation quasi-richterlicher Aufgaben zusammenhängen mag, folgt nichts für die Strafvollzugsbeamten und umgekehrt. Die Post-Ingenieure können sich nicht auf die Volksschullehrer berufen. Es wird sinnlos, die Grundgehälter der Professoren an denen der Ministerialräte zu orientieren. Damit wird die aus solchen Vergleichen resultierende Steigerungsdynamik unterbrochen.

Vergleiche müssen sich jetzt auf analytische Dimensionen, auf Meßgrößen beziehen und mit deren Hilfe an den sachlichen Positionsanforderungen begründet werden. Es mag zum Beispiel sein, daß es in den technischen Laufbahnen angesichts des Entwicklungsstandes der Technik und angesichts ihrer gesellschaftlichen Interdependenzen sinnvoll wird, die Dimension der Höhe von möglichen Folgeschäden bei etwaigen Fehlern verstärkt zu gewichten. Dann mag der Hochschullehrerverband kommen und auf die unmeßbaren Schäden am Nachwuchs hinweisen, die Professoren anrichten können. Und man wird prüfen und gegebenenfalls entscheiden müssen, ob der Vergleich trägt – was zugleich dazu führen kann, die Dimensionen der Techniker präziser zu definieren.

Ebenso wie Pauschalvergleiche müßten die Pauschalveränderungen des Stellenkegels aufgegeben werden. Sie beziehen sich auf das quantitative Verhältnis der Planstellen in den einzelnen Besoldungsgruppen. Pauschalveränderungen dieser Relation sind unvereinbar mit analytischer Dienstpostenbewertung sowie mit der Bindung von Beförderungen an die Übernahme höher bewerteter Dienstposten. Die Erfahrungen in Niedersachsen zeigen deutlich, wie in dieser Richtung anlaufende Reformen durch gleichzeitige Manipulationen am Stellenkegel durcheinandergebracht und diskreditiert werden: Es müssen dann plötzlich von einem bestimmten Haushaltsjahr ab für einen erhöhten Prozentsatz von Regierungsamtmännern die entsprechenden Dienstpostenbewertungen nachfingiert werden.

Ohne Zweifel waren die bisher gebrauchten, jetzt entfallenden Abstraktionen politisch praktikabel. Man wird sie vermissen. Die Übergangszeit wird schwierig sein. Sie wird die Versuchung mit sich bringen, das alte System in den neuen Kategorien zu reproduzieren und die Reform auf die Terminologie zu beschränken. Es ist daher wichtig, daß man die Reform auch in ihrer verbandspolitischen Seite bedenkt. Vielleicht liegt hier sogar einer der Schlüssel für das Gelingen der Reform. Die Verbände werden sich konfrontiert finden mit neuartigen Anforderungen an analytische Spezifikation ihrer Vorstellungen, Änderungswünsche und Argumente; sie müssen lernen, computerreif zu formulieren. Das ist nur möglich, wenn man ihnen von Anfang an Gelegenheit gibt, mit zu experimentieren.

7. Rückwirkungen auf Wahrnehmungen, Einstellungen, Motive

Ein weiterer Komplex von Rückwirkungen betrifft die beruflichen Wahrnehmungen, Einstellungen und Motive der einzelnen Bediensteten. Im traditionellen Beamtenrecht wurde die Erzeugung dienstadäquaten Verhaltens im wesentlichen als Sache des Gesetzes und der Moral angesehen, wurde also normativen Postulaten und Mechanismen überlassen. Gebote und Gesinnungen sollten Verhalten garantieren. Heute stehen wir eher in der Gefahr der Übertreibung einer Gegenreaktion. Wie dem auch sei – mit der Formulierung von Befehlen und Appellen, Dienstanweisungen und chronischen Sparsamkeits- oder Höflichkeitskampagnen sind die Möglichkeiten der Verhaltenssteuerung nicht erschöpft.

Im Zusammenhang mit der Reform des öffentlichen Dienstes ist vor allem zu beachten, daß Strukturen nicht nur als Normen, sondern auch als faktisches Verhalten auf das Verhalten zurückwirken. Wichtigstes Normbefolgungsmotiv ist nicht die Norm selbst, sondern die Tatsache, daß sie faktisch durchweg befolgt wird. Darüber hinaus werden strukturabhängige Ereignisse wahrgenommen und zu Meinungen über das System komprimiert. Vor allem die Selektivität der Personalbewegung – wer befördert wird und wer nicht befördert wird – wird aufmerksam verfolgt. Transparenz, Objektivität und Voraussehbarkeit der Personalauswahl im Guten wie im Schlechten sind wichtige einstellungsbildende Faktoren[17].

Zum Beispiel hängt es in erster Linie vom Urteil über die Personalpraxis ab, ob die Aussicht auf Beförderung als Leistungsanreiz oder als Anreiz zur Weiterbildung fungieren kann. Das ist nur möglich, wenn die Bediensteten in die Sachlichkeit der Personalauswahl vertrauen können und wenn sie meinen, daß ihre eigene Karriere wesentlich von ihrem eigenen Verhalten abhängen wird und nicht von Glück, Zufall, Stellenkegelmanipulationen oder sonstigen externen Umständen. In diesen Zusammenhängen – und nicht einer prinzipiell apolitischen Einstellung des deutschen Beamten – dürften übrigens Gründe dafür liegen, daß der öffentliche Dienst auf eine parteipolitisch bestimmte Personalselektion höchst allergisch reagiert – sozusagen außerhalb aller Vernunft[18]. Mit dieser Abwehrhaltung wird vermutlich die Selbstzurechnung dienstlicher Leistungen und Karrieren verteidigt. Das muß nicht zu politikfeindlichen Stereotypen oder gar zu einer politikfeindlichen Verhaltenspraxis führen[19].

Man findet eine Selbstzurechnung von Beförderungen im öffentlichen Dienst der Bundesrepublik gegenwärtig nur in geringem Umfange, und zwar in den unteren Ranggruppen und Positionen eher als in den oberen, am wenigsten im höheren Dienst[20]. Das heißt: gerade in höheren Rängen, bei denen man mehr auf selbstmotivierte Tätigkeit rechnen muß, versagt der Beförderungsmechanismus als Leistungsanreiz. Das dürfte im wesentlichen auf die realen Bedingungen und die Unsicherheiten der Beförderung für diese Ranggruppen zurückzuführen sein. Es ist daher eine faszinierende Frage, ob es gelingen kann, diese Werte durch einen höheren Grad an Technisierung der Instrumente zu verändern. Gegenwärtig ist der Vorgesetzte die Schlüsselfigur in der Vermittlung von Beförderungschancen[21], und er wird in dieser Funktion überwiegend als objektiv und sachverständig beurteilt[22]. Die Frage bleibt aber, ob es nicht möglich ist, personales Vertrauen in den Vorgesetzten durch Systemvertrauen zu ersetzen oder zu ergänzen, wenn die strukturellen und technischen Voraussetzungen dafür geschaffen werden.

Die Bedeutung dieses Gesichtspunktes sei unter einer etwas erweiterten Perspektive nochmals unterstrichen. Herkömmlicherweise scheint in der öffentlichen Verwaltung Deutschlands die Personalhoheit ein wichtiges innerorganisatorisches Führungsmittel zu sein. Genauer und härter formuliert: Die Unsicherheit der Aufstiegs- und Beförderungschancen diszipliniert den, der darauf wartet, und veranlaßt ihn, sich mit dem Vorgesetzten, dem gebender Einfluß darauf zugeschrieben wird, gut zu stellen. Der Vorgesetzte braucht sich nicht allein auf seine formale Kompetenz zu stützen, er hat in der Tatsache, daß die Untergebenen ihm Einfluß auf Personalangelegenheiten zuschreiben, eine zweite Machtbasis.

Diese Position wird angeschlagen werden in dem Maße, als die Personalentscheidungen durch Kriterien versachlicht werden und diese Versachlichung sich in Einstellungen und Erwartungshaltungen der Bediensteten umsetzt. Die direkte Fürsprache oder die ad hoc-Beurteilung im Beförderungsfalle werden dann entfallen. Der Einfluß des Vorgesetzten wird durch ein Beurteilungsschema, das Vergleiche und Rückfragen ermöglicht, vermittelt werden. Der Vorgesetzte ist dann weniger als zuvor in einer Interaktionssituation, die von vornherein zu seinen Gunsten vorentschieden ist. Es mag sein, daß sich hieraus Impulse ergeben, mehr kooperative Führungsfähigkeiten zu entdecken und zu entwickeln.

Derartige Möglichkeiten, die über Einstellungsveränderungen vermittelt werden, lassen sich vom gegenwärtigen Wissensstand aus nicht mit hinreichender Sicherheit beurteilen. Aber der Versuch lohnt sich. Man wird dann die Effekte von Strukturänderungen empirisch kontrollieren und die auslösenden Bedingungen gegebenenfalls nachsteuern müssen. Auch dafür braucht man neben laufender wissenschaftlicher Selbsterforschung ein hinreichend variables, anpassungsfähiges Instrument der Steuerung von Personalbewegungen.

8. Schwierigkeiten der Realisierung

Es wird sicherlich erhebliche technische Schwierigkeiten in der Realisierung eines solchen Programms geben. Dazu gehören zum Beispiel viele ungelöste Probleme der Messung von höherwertigen Leistungen und Anforderungen. Da jedoch die vorhandenen Möglichkeiten bei weitem noch nicht ausgeschöpft sind, mag uns diese Grenze weniger kümmern. Ernstere Sorgen bereiten die politischen Schwierigkeiten der Reform.

Mein Eindruck ist, daß die politischen Auseinandersetzungen sich in der Statusproblematik und ihren Folgeproblemen festgebissen haben und daß bei allem Gerede von Reform die Reform selbst noch gar kein politisches Thema ist. Am intensivsten beschäftigen sich die beteiligten Interessenverbände mit den Reformfragen, alles andere bewegt sich in ihrem Kielwasser. Aber keiner der Verbände hat die Situation voll erfaßt. Man findet zwar, und gerade in letzter Zeit, im individuellen Gespräch mit Verbandsführern und ihren Experten ein hohes Maß an Verständnis für die strukturellen und technischen Aspekte der Reform – etwa für die Implikationen des Funktionsgruppenkonzepts. Aber es wäre sicherlich verfrüht, aus solchen Einzelgesprächen den Eindruck einer politischen Wende mit nach Hause zu nehmen. Der Prozeß der Politisierung von Themen hat seine Eigengesetzlichkeit – auch für Verbände. Man kann nicht alles, was man einsieht, auch politisch erfolgreich kommunizieren. Vor allem gilt dies für Gedanken, die einen weiteren Zeithorizont und das Überspringen von Ungewißheiten der Verwirklichung voraussetzen. Es liegt viel näher, auf der Basis des status quo für die eigenen Interessen und gegeneinander zu agieren. Interessieren müßte, da es ja bei Reformen immer um Strukturänderungen geht, die *Situation nach der Reform.*

Wenn es gelingt, durch Reformen neuartige Entscheidungen entscheidbar zu machen, und wenn es gelingt, eine neuartige, hochgradig spezifizierte, auf laufender empirischer Erfassung der Personalvorgänge beruhende Datenorganisation aufzubauen, die für Kriterien-Entscheidungen Wissensgrundlagen liefert, wird mit dem Führungs- und Entscheidungsstil sich auch der Bezugspunkt für Beteiligung und für Einflußnahme ändern[23]. Die jetzt so umstrittenen Probleme des Streikrechts und der Regelungskompetenz, die von zu hoch aggregierten, zu allgemeinen Fragestellungen leben, werden an Bedeutung verlieren. Es ist klar, daß für die Festlegung von Kriterien, für die Entwicklung von analytischen Verfahren und Methoden statistischer Auswertung von Ergebnissen weder das Gesetz noch der Tarifvertrag das geeignete Fixiermittel sind. Und es ist wenig wahrscheinlich, daß an solchen Entscheidungsproblemen sich Streiks entzünden. *Nach* der Reform könnten die jetzt so umstrittenen Fragen der Regelungskompetenz und des Streikrechts vermutlich leichter entscheidbar sein. Das System wird mit sehr viel differenzierteren Mitteln gesteuert werden müssen, und es wird anfällig sein für gekonnte Manipulationen.

Somit empfiehlt sich eine Phasenplanung der Reform. Sie hätte mit der Entwicklung der Instrumente für Dienstpostenbewertung und Personalbeurteilung zu beginnen. Zugleich müßten einheitliche Methoden für die Bildung von Funktionsgruppen erprobt werden. Ebenso wichtig ist die Vorbereitung auf Erfolgskontrolle und laufende Revision, denn man kann mit höchst unvollkommenen Methoden beginnen, wenn die Lernfähigkeit des Systems gesichert ist. Eingeplant werden müßten schließlich schon in der Entwicklungsphase die Anschlußstellen der Politik; das heißt, es müßten diejenigen Bewertungsfragen herausgeschrieben werden, die politischer Entscheidung bedürfen.

Diese Planung braucht auf den gegenwärtigen Statusunterschied keine Rücksicht zu nehmen, denn sie knüpft weder an das Laufbahnrecht der

Beamten noch an die arbeitsplatzspezifische Vertragsstruktur des Angestelltenrechts an. Eine Beteiligung der Verbände von Anbeginn wäre jedoch wichtig. Für sie ist der Entwicklungsprozeß ein Lernprozeß. Die Umstellung auf das neue System kann selbstverständlich nur durch Gesetz erfolgen. Davon zu unterscheiden sind die Fragen der Überleitung, die im Beamtenrecht ebenfalls durch Gesetz, im Angestelltenrecht dagegen wohl nur durch individuellen Rekrutierungsakt vollzogen werden kann, dessen Bedingungen unter den Tarifvertragsparteien ausgehandelt werden sollten.

9. Anschlußzwang und Abstraktion

Jede Reform muß an das vorhandene System anschließen. Nie kann alles auf einmal geändert werden. Es gehört, so könnte man aufreizend formulieren, zu den Erfordernissen einer Reform, konservativ zu sein. Wer dazu nicht bereit ist, ist auch nicht fähig zu reformieren.
Auch in dieser Hinsicht kann man die Dienstrechtsreform als eine Art Fallstudie nehmen für allgemeinere Probleme einer jeden Reform. Der Kampf der progressiven mit den konservativen Kräften ist nur eine Art Schattenboxen, das notwendig ist, um die politischen Meinungen zu dichotomisieren, auf Vordermann zu bringen und dann eine Entscheidung herbeizuführen. Diese Notwendigkeiten politischer Entscheidungsselektion decken sich nicht unbedingt mit den Sacherfordernissen einer Reform; sie können vielmehr zu einer wesentlichen Verzerrung der Reformthematik führen. Vilhelm Aubert hat dieses Problem am Fall des norwegischen Hausangestelltengesetzes vorgeführt[24]. Die Dienstrechtsreform ist auf dem Wege, ein weiteres Beispiel zu werden, sofern sie überhaupt zustandekommt. Die Dichotomisierungs- und Dramatisierungstechniken, die zur Entscheidung führen, sind oft auch die, die ein Problem unlösbar werden lassen. Zeitungen haben berichtet, die Studienkommission habe sich mit 10 gegen 9 Stimmen für die Beibehaltung des Beamtentums entschieden[25]. Davon war jedoch nie die Rede. Es ging gerade den Gewerkschaften immer nur um eine Ergänzung der vorhandenen Sonderstellung durch heterogene Elemente. Keinesfalls sollte irgend etwas verschlechtert werden.
Die Frage ist nach all dem nur: was soll wie fortgesetzt werden. Jede Reform steht unter Anschlußzwang. Die Bewegungsfreiheit einer Reform bemißt sich am Abstraktionsgrad der Kriterien, mit denen die Anknüpfung an die überkommene Struktur hergestellt wird. Je abstrakter die Kontinuitätsgesichtspunkte, desto größer der Alternativenspielraum, desto höher die Selektivität (und vielleicht: die Schwierigkeit[26]) der Entscheidung.

Es ist ein Kennzeichen der gegenwärtigen Situation, daß es aus der Tradition des Denkens über (politischen) Staat und (bürgerliche) Gesellschaft zahlreiche Wertbegriffe und Allgemeinplätze gibt, die den Platz von Abstraktionen einnehmen, aber nicht dazu taugen, Reformen zu steuern: Leistung, menschenwürdige Gesellschaft, Verfassungstreue, Unabhängigkeit des Beamten, Verantwortung, Dienst[27]. Sie können dem Schlagwortkatalog der Geschichte entnommen werden und gute Absichten dokumentieren oder Parteigänger identifizieren; sie eignen sich nicht dazu, Kontinuität und Diskontinuität zu differenzieren; sie eignen sich nicht zur analytischen Begleitung von Reformen. Sie sind selbst Formeln aus der Geschichte des Systems, die in bezug auf die Kontinuitätsgesichtspunkte erst noch zu definieren sind. Dafür bietet die wissenschaftliche Analyse struktureller Erfordernisse und Problemlösungszusammenhänge großer Personalkörper einen Ausgangspunkt. Vor jedem Anspruch, Staat zu sein und damit etwas Besonderes zu sein, müßte der öffentliche Dienst zunächst einmal gewissen allgemeinen Anforderungen genügen, die sich in einer neutralen Terminologie beschreiben lassen. Im Rahmen dieser allgemeinen Terminologie zeichnen sich Rückständigkeiten und Verbesserungsmöglichkeiten ab, wie mir scheint, vor allem im Bereich der Kriterien für die Steuerung von Personalbewegungen. Die Abstraktion der Kontinuitätsgesichtspunkte knüpft damit an die Dimensionen an, in denen jeder große Personalkörper zu beurteilen ist. Nur im Rahmen dieser Dimensionen kann der Staatsdienst sich als etwas Besonderes ausweisen.

Die Realisierung des Reformprogramms der Studienkommission wird nach all dem entscheidend davon abhängen, ob unser politisches System in der Lage ist, Anregungen aufzugreifen, die in einer relativ abstrakten Begriffssprache formuliert sind, und ob wir die Möglichkeit haben, nicht nur Interesse, sondern auch Abstraktionen zu institutionalisieren.

Anmerkungen

* Wiederabdruck des gleichlautenden Vortrags im Rahmen der „Hessischen Hochschulwoche für staatswissenschaftliche Fortbildung", Bd. Homburg v. d. H., 12. bis 16. 11. 1973, Berlin-Zürich 1974, S. 23-39.

1 Vgl. die im Rahmen erreichbarer Meßmöglichkeiten gründliche Untersuchung dieser Frage bei Thomas Ellwein / Ralf Zoll; Berufsbeamtentum – Anspruch und Wirklichkeit: Zur Entwicklung und Problematik des öffentlichen Dienstes, Düsseldorf 1973, S. 157 ff. Einen interessanten Vergleich mit den USA ermöglicht die Fallstudie von John A. Gardiner; Traffic and the Police: Variations in Law-Enforcement Policy, Cambridge Mass. 1969, S. 136 ff.: Der Rechtsstatus (civil service tenure oder nicht) macht keinen Unterschied in der Bereitschaft zur Sanktionsverhängung – selbst angesichts der dortigen kommunalpolitischen Verhältnisse!

[2] Planung als politischer Prozeß, Die Verwaltung 4 (1971), S. 1–30.

[3] Vgl. Franz Ronneberger / Udo Rödel; Beamte im gesellschaftlichen Wandlungsprozeß: Soziale Stellung und soziales Bewußtsein von Beamten in der Bundesrepublik, Bonn-Bad Godesberg 1971, S. 95 ff., 53; Niklas Luhmann / Renate Mayntz; Personal im öffentlichen Dienst: Eintritt und Karrieren, Baden-Baden 1973, S. 299 ff. Nicht ganz so positiv die Ergebnisse einer Untersuchung der Projektgruppe Organisationswesen und Verwaltungsreform der Senatskanzlei Bremen: Organisationssoziologische Untersuchung der bremischen Verwaltung, Bremen Okt. 1972, S. 35 f. Alle diese Ergebnisse unterliegen allerdings, was die absolute Höhe der Zufriedenheit angeht, gewichtigen methodischen Vorbehalten. Es ist ganz normal, daß direkt gestellte Fragen nach Zufriedenheit ein sehr positives Bild geben. Siehe dazu Hans Linde; Soziale Determinanten der Zufriedenheit: Ein Beitrag zur soziologischen Analyse von Zufriedenheitsäußerungen und -haltungen, Jahrbuch für Sozialwissenschaft 18 (1967), S. 32–48; ferner Robert Blauner, Work Satisfaction and Industrial Trends in Modern Society, in: Reinhard Bendix / Seymour M. Lipset (Hrsg.); Class, Status and Power, 2. Aufl. New York 1966, 473–487. Im übrigen dürfte ein genereller psychologischer Trend zur Positivität in Einstellungen und Formulierungen (positivity bias) mitspielen. Dazu David E. Kanouse / L. Reid Hanson, Jr., Negativity in Evaluations, in: Edward E. Jones et al., Attribution: Perceiving the Causes of Behavior, Morristown N. J. 1971, S. 47–62 (56 ff.).

[4] Schriftenreihe „Verwaltung in der Reform“ Heft 1.

[5] Siehe Verhandlungen des 48. Deutschen Juristentages Bd. II (Sitzungsberichte) Teil O, München 1970.

[6] Siehe die Broschüre mit diesem Titel, hrsg. im September 1970.

[7] Vgl. etwa John T. Dunlop, The Task of Contemporary Wage Theory, in: George W. Taylor / Frank C. Pierson (Hrsg.), New Concepts in Wage Determination, New York 1957, S. 117–139 (129 f.); E. Robert Livernash, The Internal Wage Structure, im gleichen Band S. 140–172.

[8] Vgl. dazu Elliot Jaques, Grading and Management Organization in the Civil Service, O and M Bulletin 1972, S. 116–123.

[9] Der Bericht der Kommission ist veröffentlicht im Nomos-Verlag Baden-Baden 1973. Eine knappe, sehr klare Darstellung gibt auch Franz Kroppenstedt, Der Bericht der Studienkommission für die Reform des öffentlichen Dienstrechts: Das Reformkonzept und seine Auswirkungen auf die Fortbildung, Verwaltung und Fortbildung 1 (1973), S. 63–80 (insb. 69 ff.).

[10] So Wallace S. Sayre, Bureaucracies: Some Contrasts in Systems, Indian Journal of Public Administration 10 (1964), S. 219–229. Vor allem für das Verwaltungssystem der Vereinigten Staaten ist das Prinzip des programme staffing kennzeichnend. Ein faktisches Zustandekommen von Karrieren im öffentlichen Dienst wird dadurch natürlich nicht ausgeschlossen. Vgl. dazu O. Glenn Stahl, Der öffentliche Dienst der Vereinigten Staaten von Amerika, in: Studienkommission für die Reform des öffentlichen Dienstrechts, Recht und System des öffentlichen Dienstes Bd. 2, Baden-Baden 1973, S. 289–308 (294 ff.).

[11] Vgl. Luhmann / Mayntz, a. a. O., S. 75 ff.

[12] Dies Thema ist im Anschluß an James Abegglen, The Japanese Factory, Glencoe

Ill. 1958, im Vergleich von Wirtschaftsorganisationen in Japan und in den USA wiederholt behandelt worden. Vgl. neuestens Robert E. Cole, Functional Alternatives and Economic Development: An Empirical Example of Permanent Employment in Japan, American Sociological Review 38 (1973), S. 424–438, mit weiteren Hinweisen.

[13] Diese Befürchtung könnte insbesondere hegen, wer sich an chinesischen Erfahrungen orientiert, die auf eine rund tausendjährige Tradition von relativ rational gesteuerter Personalselektion und immobilem Bürokratismus zurückgehen. Vgl. E. A. Kracke, Jr., Civil Service in Early Sung China – 960–1067, Cambridge Mass. 1953; Robert M. Marsh, The Mandarins: The Circulation of Elites in China 1600–1900, Glencoe Ill. 1961; Ping-ti Ho, The Ladder of Success in Imperial China: Aspects of Social Mobility, 1368–1911, New York-London 1962; James T. C. Liu, Sung Roots of Chinese Political Conservativism: The Administrative Problems, Journal of Asian Studies 26 (1967), S. 457–463. Hier spielt aber, unübersehbar, die hohe Schichtabhängigkeit des Rekrutierungsprozesses und die äußerst geringe Differenzierung von Bildungssystem und politischem System hinein. Das macht die Situation unvergleichbar.

[14] Vgl. Peter M. Blau, Decentralization in Bureaucracies, in: Mayer N. Zald (Hrsg.), Power in Organizations, Nashville Tenn. 1970, S. 150–174.

[15] Zu diesem Gesichtspunkt als „constraint upon efficiency" Peter B. Doeringer / Michael J. Piore, International Labor Markets and Manpower Analysis, Lexington Mass. 1971, S. 33.

[16] Vgl. Luhmann / Mayntz a. a. O., Tabelle 6.2, S. 135.

[17] Während diese Auswirkung der Erfahrungen im Dienst auf Einstellungen, die *thematisch* mit dem Dienst zusammenhängen, naheliegt und empirisch gut dokumentiert ist, fehlt Forschung über die Rückwirkung dienstlicher (oder im weiteren Sinne beruflicher) Erfahrungen auf tieferliegende Persönlichkeitsstrukturen fast völlig. Man muß aber auch damit rechnen, daß der Dienst Persönlichkeitsstrukturen verändert und insofern besonders bei Systemen mit Lebenszeitanstellung die Ressourcen beeinflußt, über die man in der Form von Personalbewegungen disponieren kann. Eine (m. W. erste) Untersuchung dieser Frage ist Melvin L. Kohn / Carmi Schooler, Occupational Experience and Psychological Functioning: An Assessment of Reciprocal Effects, American Sociological Review 38 (1973), S. 97–118. Daß bürokratische Arbeit, entgegen dem landläufigen Stereotyp, zu größerer Beweglichkeit und Komplexität des Urteilsvermögens führen kann, läßt die Untersuchung von Melvin L. Kohn, Bureaucratic Man: A Portrait and a Interpretation, American Sociological Review 36 (1971), S. 461–474, vermuten.

[18] Vgl. die Ergebnisse bei Luhmann/Mayntz a. a. O., S. 255 ff.

[19] Die derzeit vorliegenden Untersuchungen, vor allem aus dem Bereich der Ministerialbürokratie, reichen unter den Gesichtspunkten einer zuverlässigen quantifizierenden Auswertung für ein sicheres Urteil noch nicht aus. Einen Überblick geben Ellwein/Zoll a. a. O., S. 176 ff. Seitdem namentlich Eberhard Moths / Monika Wulf-Mathies, Des Bürgers teure Diener, Karlsruhe 1973.

[20] Hierzu im einzelnen Niklas Luhmann, Zurechnung von Beförderungen im öffentlichen Dienst, Zeitschrift für Soziologie 2 (1973), S. 326–351.

[21] Das zeigen noch nicht veröffentlichte Ergebnisse einer Untersuchung von Beamten

des gehobenen und des höheren Dienstes der allgemeinen inneren Verwaltung in Nordrhein-Westfalen von Gertrud Nolterieke (Zwischenbericht Ms. 1973, S. 30 ff.).

[22] Vgl. Luhmann/Mayntz a. a. O., S. 223 ff.

[23] Vgl. dazu auch den Bericht der Kommission S. 392 f.

[24] Als zusammengefaßte Darstellung der Untersuchung in deutscher Sprache siehe Vilhelm Aubert, Einige soziale Funktionen der Gesetzgebung, in: Ernst E. Hirsch / Manfred Rehbinder (Hrsg.), Studien und Materialien zur Rechtssoziologie, Sonderheft 11 der Kölner Zeitschrift für Soziologie und Sozialpsychologie, Köln-Opladen 1967, S. 284–309.

[25] So Friedrich Karl Fromme in der Frankfurter Allgemeinen Zeitung vom 4. Mai 1973, S. 8 – mit einer im übrigen zutreffenden Berichterstattung.

[26] Ob mit Zunahme der Alternativen die Entscheidungsschwierigkeit zunimmt oder abnimmt, wird von unterschiedlichen Ansätzen der Entscheidungstheorie unterschiedlich beurteilt und hängt sicher von weiteren Faktoren ab.

[27] Man vergleiche damit die Arbeitsbegriffe der Studienkommission, die im Anhang des Kommissionsberichts a. a. O., S. 403 ff. zusammengestellt sind.

Zur Reform des Rechts des öffentlichen Dienstes

Erich Feindt

1. Gegenstand

Reform in dem hier zugrunde liegenden Verständnis bedeutet nicht graduelle Verbesserung personalrechtlicher Regelungen, sondern strukturelle Änderung des Dienstrechtssystems. Gemeint ist die *Beseitigung der Statusunterschiede* zwischen den in einem öffentlich-rechtlichen Dienst- und Treueverhältnis zu ihrem Dienstherrn stehenden Beamten einerseits und den auf tarif-/arbeitsvertraglicher Grundlage beschäftigten Arbeitnehmern (Angestellten, Arbeitern) des öffentlichen Dienstes andererseits. Die Reform richtet sich gegen die aus der Tradition folgende Zweispurigkeit und zielt auf *Vereinheitlichung* des Rechts des öffentlichen Dienstes.

Daß die Reform, um diese Bezeichnung zu rechtfertigen, die Statusunterschiede zwischen den Beamten und den Angestellten (die Arbeiter spielen in der Reformdiskussion eine geringere Rolle) überwinden muß, entspricht verbreiteter Auffassung.[1] Auch mahnende Stimmen – wie die von Niklas LUHMANN[2] – räumen ein, daß die Mehrheit von Statusverhältnissen zu Ungereimtheiten führt und eine Bereinigung in Richtung auf ein einheitliches Dienstrecht nahelegen kann. Sie geben aber zu bedenken, daß sich reale Gegebenheiten nicht allein über Statusverhältnisse ordnen lassen. Nicht schon eine Beseitigung der Statusschranken habe Reformcharakter, sondern eine bessere Ordnung der einzelnen Sachbereiche des Personalwesens wie z. B. Rekrutierung, Karrieregestaltung und Versorgung sei das Thema. Mit einer Klärung dieser Frage habe die Reformplanung zu beginnen[3]. Daran ist richtig, daß eine Beseitigung der Statusschranken ohne Neuordnung der Sachbereiche inhaltsleer bliebe. Die Dienstrechtsreform muß daher durch Beseitigung der unterschiedlichen Statusverhältnisse Raum schaffen für eine *sach- und funktionsbezogene* Neuordnung des Rechts des öffentlichen Dienstes.

Die Schwierigkeit dieser Reformaufgabe ist mit der Quadratur des Kreises vergleichbar. Die Statusverhältnisse der Beamten und der Angestellten sind historisch gewachsen und über Artikel 9 und Artikel 33 des Grundgesetzes zum Gegenstand der Verfassung geworden. Die Aufrechterhaltung der beiden Statusgruppen wird in der politischen Realität zur Macht- und Existenzfrage. Bedeutende Gewerkschaften verbinden ihre sozialen Ordnungsvorstellungen – wenn nicht ihr Schicksal – mit der einen oder der anderen Statusgruppe. Die politischen Parteien sehen hier Kristallisationspunkte ihres unterschiedlichen Staatsverständnisses, eine Situation, die zu einer Art „politischem Patt“[4] führt. Ob ein Ausweg gegeben ist, muß ohne oder ggf. erst nach Änderung der politischen Gesamtkonstellation erprobt werden.

2. Geschichtliche Grundlagen

2.1 Sozialer Wandel

Der öffentliche Dienst hat einen Weg durch Jahrhunderte zurückgelegt, in dem sich die Lebensverhältnisse und damit die Aufgaben der Verwaltung tiefgreifend geändert haben, ohne daß das Dienstrecht grundlegend überprüft worden ist.
Die Industrialisierung hat in der zweiten Hälfte des 19. Jahrhunderts die Produktions- und Lebensverhältnisse revolutioniert und für die arbeitenden Menschen neue, vorbildlose Daseinsbedingungen geschaffen. Die Bevölkerung ist durch Zusammenballung räumlich und sozial umgeschichtet worden. Konnte der einzelne seine gesellschaftlichen und ökonomischen Bedürfnisse früher in einem festgefügten Lebensraum mit Bindung an eine Gemeinschaft in Haus/Hof und Arbeitsstätte befriedigen, so ist er jetzt auf sich gestellt und auf Vorkehrungen angewiesen, die eine geordnete Lebensführung erst ermöglichen. Die Menschen sind von Vorsorgeleistungen der Verwaltung abhängig geworden, deren Verläßlichkeit existenznotwendig ist.
Mit dem technischen Fortschritt haben sich gleichzeitig die Entfaltungsmöglichkeiten der Menschen erweitert und die Bedürfnisse von der Sicherung der biologischen Existenz in Richtung auf Verfeinerung der Lebensführung bis hin zur Steigerung der Lebensqualität verlagert. Damit sind Ansprüche entstanden, die der ursprünglichen Erwartung sozialer Sicherheit zugewachsen sind und den Staat vor neue umfangreiche Aufgaben[5] gestellt haben.

2.2 Personalstruktur

Da zwischen den Aufgaben und dem Status der Personen, die sie wahrzunehmen haben, ein Zusammenhang besteht, hat der soziale Wandel die Personalstruktur des öffentlichen Dienstes beeinflußt.
Das Berufsbeamtentum ist mit dem modernen Staat im Absolutismus entstanden. Mit dem Wandel der Staatsauffassung im aufgeklärten Absolutis-

mus wurde der Fürst erster Diener des Staates und der Beamte vom Fürstendiener zum – einer transpersonalen Staatlichkeit verpflichteten – Staatsdiener. Das Beamtentum wurde in Preußen von der Erziehungsarbeit der Könige geprägt. Kennzeichen waren Pflichterfüllung im hierarchischen Gefüge und unbedingter Gehorsam gegenüber dem Staat. Dem preußischen Geist entsprach es, daß die Pflichterfüllung einem jeden Herrn zur Verfügung gestellt werden konnte. Von hier lassen sich Verbindungslinien zur Rolle des Beamtentums nach der Revolution von 1918 und der nationalsozialistischen Machtergreifung ziehen.

Um die Wende zum 20. Jahrhundert wurden in der Verwaltung Bürokräfte und technische Kräfte benötigt, wie sie in der freien Wirtschaft beschäftigt waren[6]. Diese Kräfte fanden – im Gegensatz zu dem öffentlich-rechtlichen Rechtsverhältnis der Beamten – als Angestellte auf privatrechtlicher Grundlage Zugang zum öffentlichen Dienst und wurden zunächst in den Gemeinden verwendet. Der ab 1914 durch die Kriegswirtschaft bedingte zusätzliche Kräftebedarf für die Versorgung und Güterverteilung sowie der Ersatzbedarf für Kriegsdienst leistende Beamte ließen die Zahl der Angestellten sprunghaft ansteigen. Es kam dabei zwangsläufig zu Überschneidungen in den Aufgaben der Beamten und der Angestellten, also zu Erscheinungen, die heute den Anknüpfungspunkt für Reformforderungen bilden. In der weiteren Entwicklung wurden Angestellte auch im Bereich der Eingriffsverwaltung eingestellt. In der Leistungsverwaltung, zu der das Sozialwesen, das Erziehungs- und Bildungswesen, das Gesundheitswesen sowie das Wirtschafts- und Ernährungswesen zählen, drängten die Angestellten die Beamten im Vergleich der Jahre 1930 bis 1966 auf ein Drittel der Beschäftigten zurück und kehrten damit die bisherige Personalverteilung um. Das ist von doppelter Bedeutung, weil sich die Gesamtzahl der in der Leistungsverwaltung Beschäftigten in dem genannten Zeitraum um 276 v. H. vermehrt hat, während die Eingriffsverwaltung eine Zuwachsrate von nur 26 v. H. aufweist[7].

Zu dieser Änderung der Personalverteilung haben personalwirtschaftliche Überlegungen beigetragen, soweit für befristete Aufgaben Kräfte ohne Bindung auf Lebenszeit benötigt wurden, der Personalkörper für Daueraufgaben ohne Rücksicht auf beamtenrechtliche Ausbildungsanforderungen verstärkt werden sollte und bei angespannter Arbeitsmarktlage Beamte für die angebotene Besoldung und Laufbahn nicht zu gewinnen waren. Neue Tätigkeitsfelder öffneten sich für die Angestellten mit der Spezialisierung und Differenzierung der Verwaltungsaufgaben sowie der Mechanisierung und Automatisierung der Verwaltungsfunktionen. Ausschlaggebend für die Personalstrukturänderung war aber die Expansion der Leistungsverwaltung. Sie ergab für Fachleute, die ihre Befähigung außerhalb des öffentlichen Dienstes erworben haben – z. B. Erzieher, Sozialarbeiter, Ingenieure, Ärzte, Psychologen –, zahlreiche Möglichkeiten, als Angestellte spezifische Beiträge zur sozialstaatlichen Realisation zu leisten.

2.3 Dienstrechtsstruktur

Rechtsangleichung

Produktive Leistungen sind durch Zusammenarbeit bedingt, die sich im öffentlichen Dienst auf Beamte und Angestellte stützt. Das Nebeneinander der beiden Statusgruppen hat zu einem Anpassungsprozeß geführt, in dem sich das Beamtenrecht und das Angestelltenrecht wechselseitig befruchtet haben.

Aufgrund des Vorrangs des Beamtentums war zunächst eine Annäherung des Statusrechts der Angestellten an das der Beamten zu verzeichnen. Sie begann im Jahre 1924 mit dem Reichsangestelltentarifvertrag und dem Preußischen Angestellten-Tarifvertrag, wurde durch die Tarifordnungen von 1938 verstärkt und setzte sich im Bundes-Angestelltentarifvertrag fort, der teilweise ausdrücklich auf die für Beamte geltenden Vorschriften verweist. Weitgehend identisch sind die Regelungen z. B. über Arbeitszeit, Nebentätigkeit, Teilgebiete der Vergütung wie Ortszuschlag, Reise- und Umzugskostenvergütung, Verschwiegenheitspflicht, Verbot der Geschenkannahme, Personalakteneinsicht, Haftung, beamtenähnliche Zusatzversorgung für Arbeitnehmer und Personalvertretung.

Der Prozeß der Angleichung des Beamtenrechts an das Tarifrecht der Angestellten des öffentlichen Dienstes ist jüngeren Datums. Motor waren Forderungen der Beamten und ihrer Gewerkschaften nach Teilhabe an den arbeitsrechtlichen Errungenschaften. Mit den Abschlüssen über Vergütungserhöhungen für Angestellte begannen die Tarifpartner das Maß für Verbesserungen auch der Beamtenbesoldung zu setzen. Die arbeitsrechtlichen Vorstellungen über den Austausch von Leistung und Gegenleistung drangen in das Bewußtsein der Beamtenschaft und in das Beamtenrecht ein und erschütterten die Alimentationstheorie. Als Anleihen aus dem Tarifrecht sind für Beamte im einzelnen zu nennen

- Eröffnung von Teilzeitbeschäftigungsmöglichkeiten
- Einführung von Mehrarbeitsvergütung
- Funktionszulagen und andere Zulagen
- Urlaubsgeld
- jährliche Sonderzuwendung (Weihnachtsgeld)
- Dienstpostenbewertung als Maßstab für die Besoldung ähnlich den Tätigkeitsmerkmalen für Angestellte
- Teilnahme an der Vermögensbildung

- Einschränkung in der Verwendung von Amtsbezeichnungen
- Reduzierung des Disziplinarrechts bei außerdienstlichem Verhalten des Beamten
- Erweiterung des Zugangs zum Beamtenberuf ohne Vorbereitungsdienst und Laufbahnprüfung für Beamte besonderer Fachrichtungen
- Aufstieg für begrenzte Verwendungen
- Intensivierung der Gewerkschaftsbeteiligung bei Vorbereitung beamtenrechtlicher Regelungen
- Durchführung arbeitskampfähnlicher Maßnahmen gegen den Dienstherrn.

Die Angleichung vollzog sich nicht als systematische Zusammenführung von Beamtenrecht und Angestelltenrecht. Den in größeren Zeitabständen getroffenen Regelungen lag keine entsprechende Ordnungsvorstellung des Beamtengesetzgebers zugrunde. Vielfach wurde auf den Zwang der Verhältnisse und den Druck der Gewerkschaften reagiert. Die Zusammenarbeit von Beamten und Angestellten, die Mischung des Personals, wurde infolgedessen nur bruchstückhaft auf der Ebene des Dienstrechts in eine Mischung beamtenrechtlicher und arbeitsrechtlicher Elemente umgesetzt. Da sich die sozialen Gruppenvorteile als unantastbar erwiesen, ist die jeweils günstigere Regelung auf die andere Statusgruppe übertragen worden. Bei dieser „politischen Gesetzmäßigkeit" des Angleichungsprozesses ist es bis heute im wesentlichen geblieben.

Rechtsunterschiede

Das Beamtenrecht und das Angestelltenrecht differieren trotz Angleichung nach wie vor in

- der Rechtserzeugung mit gesetzlichem Subordinationsrecht für Beamte und tarif- oder einzelvertraglichem Koordinationsrecht für Angestellte,
- der Qualität von öffentlichem Recht einerseits und privatem Recht andererseits,
- der Bindung der Beamtengesetzgebung durch Strukturprinzipien der Verfassung (Artikel 33 Absätze 4 und 5 GG),
- den schärferen Einstellungsvoraussetzungen für Beamte (z. B. mit der ohne Funktionsdifferenzierung gebotenen politischen Treuepflicht gegenüber der freiheitlichen demokratischen Grundordnung),
- den ausgeprägteren Anforderungen an die Vor- und Ausbildung der Beamten (z. B. verwaltungsinternes Fachhochschulstudium in den Vorbereitungsdiensten für den gehobenen allgemeinen Verwaltungsdienst, Justizdienst und Steuerverwaltungsdienst; Vorbereitungsdienste für Wirtschafts- und Sozialwissenschaftler im höheren allgemeinen Verwaltungsdienst sowie für höhere technische Verwaltungsbeamte),

- der Rekrutierung der Beamten für eine Reihe von Ämtern (Laufbahnen) statt wie bei Angestellten für eine bestimmte Tätigkeit,
- der ausbildungsbedingten größeren Verwendungsbreite der Beamten,
- dem Ausschluß des Streiks als Mittel der Austragung von Interessenkonflikten zwischen Beamten und Dienstherren abweichend vom Arbeitskampfrecht der Arbeitnehmer (Artikel 9 Abs. 3 GG),
- der Beamtenpflicht zur Leistung von Mehrarbeit in bestimmten Grenzen ohne Vergütung,
- dem Lebenszeitstatus mit Verhaltenskorrektur durch das Disziplinarrecht,
- der Bezahlung sowie
- der Versorgung der Beamten durch den Dienstherrn ohne Beitragsleistung, während die Angestellten – abgesehen von der beamtenähnlichen Zusatzversorgung – in die Sozialversicherung einbezogen sind.

Bestrebungen zur Überwindung auch dieser Rechtsunterschiede finden trotz großzügiger Auslegung des Artikels 33 Absätze 4 und 5 des Grundgesetzes durch das Bundesverfassungsgericht[8] ihre Grenzen an dem in diesen Vorschriften geregelten Funktionsvorbehalt für Beamte und den hergebrachten Grundsätzen des Berufsbeamtentums. Die Bestandsgarantie des Beamtentums, seine öffentlich-rechtliche Ausgestaltung durch den Gesetzgeber und die Dienstleistungspflicht mit Streikverbot für die Beamten gehören zum harten Kern des durch die Verfassung im Interesse der leistungsabhängigen Bevölkerung gewährleisteten und auf kontinuierliche, unparteiische Aufgabenerfüllung ausgerichteten Berufsbeamtentums. Eine Vereinheitlichung des Dienstrechts ist daher ohne Verfassungsänderung auf *arbeitsrechtlicher* Grundlage nicht möglich. Auf *beamtenrechtlicher* Grundlage erscheint sie – je nach Verfassungsinterpretation – ggf. auch ohne Änderung des Grundgesetzes zulässig.

2.4 Versuche zur Rechtsvereinheitlichung

Das Thema der Vereinheitlichung des Rechts des öffentlichen Dienstes ist fast so alt wie das Nebeneinander von Beamten und Angestellten.
Der Revolution von 1918 nahestehende Kreise forderten die Abschaffung des Beamtentums und die Einführung eines Einheitsdienstrechts auf arbeitsrechtlicher Grundlage. Dabei stand der Gedanke an die Beseitigung eines privilegierten und der Monarchie besonders verbundenen Standes im Vordergrund. In der Angestelltenschaft dürfte aber bereits die Idee einer Angleichung der Rechtsverhältnisse lebendig gewesen sein. Mehrheitssozialdemokraten und andere Parteien traten schließlich für die Erhaltung des Beamtentums ein, da ein gut verwalteter Staat auf ein hochqualifiziertes Beamtenkorps nicht verzichten könne.

Nach dem zweiten Weltkrieg kam es erneut zu Versuchen, das Beamtentum abzuschaffen. Die Hessische Verfassung sah ein einheitliches Arbeitsrecht mit Streikrecht und Rechtswidrigkeit der Aussperrung vor. Die Verfassung Bremens forderte ein neues soziales Arbeitsrecht für alle Personen in Betrieben und Behörden. Und West-Berlin kannte jahrelang nur Arbeitnehmer im öffentlichen Dienst. Das Grundgesetz hat sich dann entsprechend der Rechtstradition für das Fortbestehen des Beamtentums und damit angesichts der tatsächlichen Verhältnisse für die Beibehaltung des Dualismus von Beamten und Angestellten entschieden.

3. Reformbestrebungen

3.1 Motive

Gesichtspunkte für eine Reform des – im allgemeinen zufriedenstellend arbeitenden – öffentlichen Dienstes ergeben sich aus seiner Entwicklungsgeschichte. Eine Überprüfung des Dienstrechtssystems mit Bezug zu Staat und Gesellschaft ist überfällig. Der Angleichungsprozeß von Beamtenrecht und Angestelltenrecht läßt ein einheitliches Dienstrecht als logische Konsequenz erscheinen. Das Nebeneinander von Angehörigen der beiden Statusgruppen – häufig in gleichen Funktionen bei Unterschieden in Ausbildung, Bezahlung und sonstigen Rechten, Pflichten und Karrierechancen – belastet Personalverwaltung und Organisation. Die zwischen Inhabern benachbarter Statuspositionen entstehenden Konflikte beeinträchtigen die Leistungsbereitschaft und führen zu Reibungsverlusten. Ein einheitliches Dienstrecht könnte Abhilfe schaffen und die *Leistungsfähigkeit des öffentlichen Dienstes* insgesamt steigern. Für die Vereinheitlichung spricht, daß die Statusverhältnisse ihre prägende Kraft verloren haben, nachdem über die Angestellten Einstellungen und Werthaltungen der allgemeinen Arbeitswelt in den öffentlichen Dienst eingedrungen sind. Beamte und Angestellte nehmen am Leben der Gemeinschaft teil und haben die gleichen Bedürfnisse wie andere Menschen. Das gewandelte Selbstverständnis der Beamtenschaft wird in Grenzsituationen deutlich, wenn einzelne Gruppen streikähnliche Maßnahmen gegen den Dienstherrn richten. Dieses Verhalten und schon zuvor der Aufbau ähnlicher Bürokratiestrukturen in der Wirtschaft haben die Beamten ihr elitäres Ansehen gekostet[8a]. Die Aussonderung des Staates und seiner Bediensteten aus der allgemeinen Arbeitswelt erscheint seither nicht mehr selbstverständlich. Es wird sogar die Frage gestellt, ob ein öffentlicher Dienst mit Merkmalen, die von den Arbeitsverhältnissen in Wirtschaft und Industrie abweichen, noch zeitgemäß ist.

3.2 Studienkommission für die Reform des öffentlichen Dienstrechts

Aufgabe

Die im politischen, gewerkschaftlichen und fachlich-wissenschaftlichen Raum intensiv geführte Reformdiskussion ist im Jahre 1970 mit der Berufung einer Studienkommission unabhängiger Fachleute auf Ersuchen des Bundestages und Beschluß der Bundesregierung in ein neues Stadium getreten[9]. Aufgabe der Kommission ist es gewesen, Stellung und Aufgaben des öffentlichen Dienstes in Staat und Gesellschaft von heute zu untersuchen, Modellvorstellungen für eine aufgabenadäquate Personalstruktur zu entwikkeln und Vorschläge für eine zeitgemäße Weiterentwicklung des öffentlichen Dienstes zu unterbreiten. Die Studienkommission hat ihren Bericht im Jahre 1973 vorgelegt[10].

Vorschläge

Die Studienkommission hebt hervor, daß zwischen den einzelnen Elementen des Dienstrechts und den Anforderungen an die Bediensteten unmittelbare Zusammenhänge bestehen[11]. Die Rechtselemente müssen so beschaffen sein, daß sie anforderungsgerechtes Verhalten ermöglichen. Welche Anforderungen zugrunde zu legen sind, ergibt sich aus den Ansprüchen an die Verwaltung, die aus den Verfassungsgrundsätzen des demokratischen, sozialen Rechtsstaats und den Erwartungen der Bürger an den Staat folgen. Das Dienstrecht muß auf berechtigte Interessen der Bediensteten Rücksicht nehmen.
Die Teilung des öffentlichen Dienstes in zwei Statusgruppen erscheint der Studienkommission funktional nicht begründbar[12]. Das künftige Dienstrecht ist nach einheitlichen Grundsätzen auszugestalten. Es soll die Rechtsverhältnisse aller Bediensteten umfassen und Raum für funktionsnotwendige Differenzierungen lassen[13]. Die Kommission hat auf der Grundlage des geltenden Beamten- und Angestelltenrechts geprüft, welche Regelungen am zweckmäßigsten sind. Sie unterbreitet im Anschluß daran Vorschläge für die einzelnen Sachbereiche. Ein Schwerpunkt liegt beim Berufszugang und Berufsweg und hier bei der Verbesserung des Instrumentariums zur Bewertung von Anforderung, Eignung und Leistung. Eine Personalsteuerung über Funktionsgruppen und die ihnen zugehörigen Dienstposten, Anforderungs- und Befähigungsprofile soll zur leistungsgerechten Verwendung und Bezahlung der Bediensteten beitragen. Mit diesen und anderen Vorschlägen bietet die Studienkommission eine Fülle von Anregungen zur Verbesserung des geltenden Dienstrechts.
Die Schicksalsfrage, ob das neue Dienstrecht nach beamtenrechtlichen oder

tarifrechtlichen Kriterien oder auf einer Mischungsgrundlage geordnet werden soll, wird erst am Schluß des Berichts unter der Überschrift „Regelungsverfahren" behandelt[14]. Die Kontroverse in der politischen Öffentlichkeit über die Verantwortlichkeit des Gesetzgebers oder der Tarifpartner sowie die Zulässigkeit und Grenzen eines Arbeitskampfrechts für den öffentlichen Dienst setzt sich in der Studienkommission fort. Eine knappe Mehrheit der Kommission spricht sich für die Regelungskompetenz des Gesetzgebers, die Begründung des Dienstverhältnisses grundsätzlich durch Verwaltungsakt und den Ausschluß von Arbeitskampfmaßnahmen aus (Gesetz-Modell)[15]. Die anderen Kommissionsmitglieder empfehlen, das Dienstrecht teils durch Gesetz, teils durch Tarifvertrag mit tarifvertraglicher Regelung von Bezahlung, Arbeitszeit, Urlaub, Zusatzversorgung und anderen Gegenleistungen des Dienstgebers (Gesetz-Tarif-Modell)[16] zu ordnen und das Dienstverhältnis durch Vertrag zu begründen. Im tarifvertraglichen Regelungsbereich sollen Arbeitskampfmaßnahmen zulässig sein mit der im Grundgesetz zu verankernden Einschränkung, daß die öffentlichen Aufgaben des Schutzes

- von Leib, Leben und Gesundheit
- vor Verstößen gegen die Strafgesetze
- des Staates vor Angriffen von außen
- der verfassungsmäßigen Ordnung
- der Funktionsfähigkeit der obersten Verfassungsorgane in Bund und Ländern

nicht unmittelbar gefährdet werden dürfen. Wie die Wahrnehmung der genannten Aufgaben organisatorisch sicherzustellen ist, soll durch Tarifvertrag festgelegt werden.

3.3 Schicksal der Reform

Undurchführbarkeit

Eine Reform, die ein einheitliches Dienstrecht hervorbringt, weist dem öffentlichen Dienst einen neuen Standort in Staat und Gesellschaft zu. Sie führt entweder zur Staatsorientierung (Beamtenprinzip) oder zur Gesellschaftsorientierung (Tarifprinzip) des öffentlichen Dienstes[17]. Damit hat die Reform verfassungspolitische und -rechtliche Dimensionen. Sie berührt die Machtverteilung[18] zwischen dem als *konservativ* geltenden, dem Beamtenprinzip verbundenen politischen Kraftzentrum (CDU/CSU, Deutscher Beamtenbund) auf der einen Seite und dem *progressiven,* der Tarifautonomie verpflichteten Kraftzentrum (SPD, Deutscher Gewerkschaftsbund) auf der anderen Seite. Daraus ergibt sich die Besorgnis, daß es gegenwärtig und auf absehbare Zeit nicht möglich ist, Konsens entweder über das von der

Studienkommission vorgeschlagene Gesetz-Modell (Beamtenprinzip) oder das Gesetz-Tarif-Modell (Tarifprinzip in wesentlichen Bereichen) herzustellen. Die Reaktionen der Parteien und Verbände bestätigen diese Einschätzung. Da sich gegensätzliche Grundüberzeugungen[19] unversöhnlich gegenüberstehen, ist die Bildung qualifizierter Mehrheiten zur Entscheidung über die Reform und ihre Richtung nicht möglich.

Rechtsvereinheitlichung ohne Reform

Es bleibt zu klären, ob eine Vereinheitlichung des Dienstrechts an den gegensätzlichen Grundüberzeugungen vorbei möglich ist.
Die Studienkommission hat gemeint, daß jedes der vorgeschlagenen Regelungsmodelle jede inhaltliche Gestaltung des Dienstrechts ermöglicht[20]. Das ist unzutreffend, weil die Gewährung oder Versagung des Streikrechts zentrales Thema des Dienstrechts ist und in der Gesamtkonzeption des Status begründet sein, also mit anderen Statuselementen harmonieren muß[21]. Die von der Studienkommission empfohlene Übernahme der bisherigen Beamtenpflichten für alle Bediensteten korrespondiert mit dem Gesetz-Modell und schließt ein Streikrecht der Bediensteten aus. Allein die Zuständigkeit des Gesetzgebers garantiert eine Ordnung des Dienstrechts für alle Zweige und Ebenen nach einheitlichen Grundsätzen[22]. Die Zuständigkeit der Tarifpartner läßt angesichts der Verteilung der Personalhoheitsbefugnisse unterschiedliche Regelungen zu. Das gilt verstärkt, wenn die bisherige Zweispurigkeit mit Regelungskompetenz des Gesetzgebers für den Beamten- und der Tarifpartner für den Angestelltenbereich aufrechterhalten wird. Es ist unwahrscheinlich, daß das vom Gesetzgeber für die einzelnen Regelungsbereiche erzeugte Beamtenrecht von den Tarifpartnern im Rahmen des Verhandlungsprinzips ohne Änderung übernommen wird. Da der Gesetzgeber aufgrund der politischen Führungsverantwortung des Parlaments andererseits die im Rahmen der Tarifautonomie erzielten Verhandlungsergebnisse nicht ohne eigene Prüfung und Entscheidung übernehmen kann, steht eine inhaltliche Gleichgestaltung des Dienstrechts nicht in Aussicht.

Aktionsprogramm der Bundesregierung

Das von der Bundesregierung im Jahre 1976 beschlossene Aktionsprogramm zur Dienstrechtsreform[23] rückte von einer Vereinheitlichung des Dienstrechts ab. Es hielt gleichwohl an dem Begriff der Reform fest und gab sich der Illusion hin, daß das Dienstrecht über die Beamtengesetzgebung und die Tarifautonomie inhaltsgleich fortentwickelt werden kann. Die Bundesregierung fand erst im Jahre 1979 zur Realität zurück, als der Bundesminister des

Innern von der mit hohen Erwartungen belasteten Dienstrechtsreform endgültig Abschied nahm[24]. Geblieben ist, was ohnehin ständige Aufgabe ist, nämlich die zeitgemäße Fortbildung des geltenden Rechts.

Das Aktionsprogramm der Bundesregierung knüpft an die Vorschläge der Studienkommission an. Als Entwicklungsziele werden die Verbesserung der *Leistungsfähigkeit* des öffentlichen Dienstes bei Minderung der Kostenbelastung der öffentlichen Haushalte und die Gewährleistung angemessener *Arbeitsbedingungen* bezeichnet. Das Programm faßt die mittel- und längerfristig zu verwirklichenden Vorhaben zusammen und legt das Schwergewicht auf die *Personalsteuerung und Bezahlung*. Den Verwaltungen sollen bessere Hilfsmittel zur Verfügung gestellt werden, um qualifizierte Mitarbeiter zu gewinnen, funktionsgerecht aus- und fortzubilden und ihren Fähigkeiten entsprechend einzusetzen. Die Bezahlung soll sich stärker an Funktion und Leistung orientieren.

4. Ergebnis und Ausblick

Die einem kritischen Bewußtsein entspringende Überprüfung gesellschaftlicher Einrichtungen und Normen hat vor dem öffentlichen Dienst nicht haltgemacht. Eine Vereinheitlichung des Dienstrechts erscheint in Übereinstimmung mit der Auffassung der Studienkommission – trotz beachtlicher Stimmen, die auf mögliche Vorteile zweier Statusverhältnisse hinweisen[25] – zweckmäßig. Da eine entsprechende Reform aufgrund des politischen Patt[26] bis auf weiteres nicht durchführbar ist, bleibt sie der weiteren Zukunft vorbehalten.

Aktuelle Aufgabe ist es, die Vorschläge der Studienkommission und des Aktionsprogramms der Bundesregierung zu überprüfen, begonnene Systementwicklungen zur Dienstposten- und Leistungsbewertung fortzuführen und konkrete Regelungsabsichten in das Beamtenrecht, soweit möglich aber auch in das Angestelltenrecht umzusetzen.

Eine dringliche Aufgabe[27] besteht darin, die Funktionen den Statusverhältnissen und die Statusverhältnisse den Funktionen überzeugender als bisher zuzuordnen, insbesondere das Nebeneinander von Beamten und Angestellten in gleichen oder ähnlichen Funktionen zu beseitigen[28]. Dazu werden die – vermutlich staatstypischen – Funktionen festzustellen sein, die wegen ihrer Bedeutung für die Erhaltung und Stabilisierung des Gemeinwesens ohne Gefährdung durch Arbeitskampfmaßnahmen ständig gewährleistet sein müssen (Beamtenstatus). Bei Funktionen, die eine Entsprechung in Wirtschaft und Industrie finden, wird zu prüfen sein, ob die Tarifautonomie mit der

Konsequenz des Streikrechts durchschlagen kann (Angestelltenstatus). Nach dem Ergebnis sollten Funktions- und Statusblöcke abgegrenzt werden, in denen entweder Beamte oder Angestellte zu beschäftigen sind[29].
Daß eine neue Zuordnung der Funktionen und Statusverhältnisse – ähnlich wie die gescheiterte Reform des Dienstrechts, wenn auch in geringerem Maße – die Verteilung der politischen und gewerkschaftlichen Macht berührt und daher auf Widerstände stoßen wird, steht außer Frage. Es müssen infolgedessen besondere Anstrengungen unternommen werden, um sachangemessene Abgrenzungskriterien zu finden und durchzusetzen, die weitgehende Übereinstimmung von Funktion und Status erwarten lassen. Der Funktionsvorbehalt des Artikels 33 Abs. 4 des Grundgesetzes erscheint so weit auslegungsfähig, daß er einer Lösung nicht entgegensteht.

Anmerkungen

[1] Vgl. z. B. die einleitenden Ausführungen bei Czybulka: Multifunktionales Dienstrecht der Verwaltung als Alternative zum Einheitsdienstrecht für den öffentlichen Dienst. DÖV 1976, S. 117/118.
Nicht gefolgt werden kann der Auffassung von H. Siedentopf, Abschied von der Dienstrechtsreform?, Die Verwaltung 4/1979, S. 457/461, daß sich die Dienstrechtsreform begrifflich zu keiner Zeit auf die Vereinheitlichung des Dienstrechts beschränkt habe. In der Reformdiskussion hat sich das Ziel ergeben, Funktionsadäquanz des öffentlichen Dienstes herzustellen und seinen Standort in Staat und Gesellschaft neu zu bestimmen. Die Reform kann dazu an zentralen Fragen wie Regelungskompetenz und Streikrecht nicht vorbeigehen. Ohne Beseitigung der unterschiedlichen Statusverhältnisse mit unterschiedlichen Regelungskompetenzen (Gesetzgeber und Tarifpartner) wird eine einheitliche Ordnung z. B. der Berufswege, Personalverteilungsentscheidungen und Bezahlung scheitern.

[2] Das „Statusproblem“ und die Reform des öffentlichen Dienstes. ZRP 1971, S. 49.

[3] So Luhmann, wie FN 2, S. 52.

[4] Vgl. Luhmann, wie FN 2, S. 50.

[5] Zu diesen Aufgaben gehört insbesondere auch die soziale Umverteilung.

[6] Vgl. Jörg Jung: Die Zweispurigkeit des öffentlichen Dienstes. Schriften zum Öffentlichen Recht, Band 138, 1971, S. 43.

[7] Wie FN 6, S. 80.

[8] In der Interpretation des Artikels 33 Abs. 5 GG durch das Bundesverfassungsgericht (vgl. BVerfGE 3, 137; 8, 16; 9, 286; 11, 215; 44, 273) hat sich das Berufsbeamtentum weit von den Vorstellungen der Verfasser des Grundgesetzes entfernt. Der Rechtsprechung des Bundesverfassungsgerichts ist es mit zu verdanken, daß das wie andere Einrichtungen der Gesellschaft dem Werden und Vergehen unterworfene Beamtentum den Forderungen der Zeit in dem notwendigen Umfang hat angepaßt und dadurch am Leben erhalten werden können.

[8a] Der Ansehensverlust ist auch zurückzuführen auf die Wahrnehmung von Massenaufgaben und die hierfür erforderliche Verstärkung des Personals. Die Steigerung der Quantität war mit einem Qualitätsverlust verbunden.

[9] Vgl. die Darstellung auf den S. 1 ff. des Berichts der Studienkomission für die Reform des öffentlichen Dienstrechts, Nomos Verlagsgesellschaft 1973.

[10] Veröffentlichung des Berichts vgl. FN 9.

[11] Vgl. Tz. 129 des Berichts.

[12] Vgl. Tz. 229.

[13] Vgl. Tz. 230.

[14] Vgl. Tz. 879 ff.

[15] Das Gesetz-Modell weist eine deutliche Staatsorientierung auf. Zur Begründung ist u. a. ausgeführt worden, aufgrund der politischen Gesamtverantwortung müsse die Regelungskompetenz für den öffentlichen Dienst bei den Staatsorganen liegen, die dem Volk verantwortlich sind. Kernbereiche wie das Bezahlungssystem dürften nicht der zu einem angemessenen Interessenausgleich berufenen Gesetzgebung entzogen werden. Die Unparteilichkeit und Zuverlässigkeit der Verwaltung würden gefährdet, wenn die Bediensteten durch tarifvertragliche Auseinandersetzungen in den Interessenkampf der gesellschaftlichen Gruppen einbezogen werden. Das Korrektiv des Arbeitskampfrisikos versage, weil der Staat seine Leistungen für die Allgemeinheit erbringen müsse und daher nicht zur Aussperrung schreiten könne. Punktuelle Arbeitskämpfe könnten zu nachhaltigen Schäden für die Gesellschaft und die einzelnen führen. Eine Differenzierung des Streikrechts mit Ausgrenzung lebenswichtiger Leistungen sei nicht praktikabel.

[16] Das Gesetz-Tarif-Modell weist mit der Tarifautonomie einschl. Arbeitskampfrecht in wichtigen Bereichen eine unverkennbare Gesellschaftsorientierung auf. Zur Begründung ist u. a. darauf hingewiesen worden, daß die vom Dienstgeber wirtschaftlich abhängigen Bediensteten in einer auf Konsens und Partizipation angewiesenen Gesellschaft durch das Tarifvertragsverfahren die Möglichkeit erhalten müssen, den Wert ihrer Arbeit zur Geltung zu bringen. Den Besonderheiten des öffentlichen Dienstes werde durch die vorgesehene gesetzliche Ordnung bestimmter Regelungsbereiche und die vorgeschlagene Ergänzung des Grundgesetzes Rechnung getragen. Ein Gemeinwesen, das den Streik für sozialadäquat hält, müsse die damit verbundenen Nachteile aushalten. Ein Streik im öffentlichen Dienst sei nicht nachteiliger als z. B. in der Lebensmittelindustrie.

[17] Wegen der Staatsorientierung vgl. FN 15, wegen der Gesellschaftsorientierung FN 16. In der Frage nach dem Verhältnis von Staat und Gesellschaft stehen sich die klassisch zu nennende Auffassung Forsthoffs (Der Staat der Industriegesellschaft, 1971, S. 21 ff.; Anlageband 5 zum Bericht der Studienkommission für die Reform des öffentlichen Dienstrechts, S. 22 ff./47 ff.) mit der Unterscheidung von Staat und Gesellschaft, der Betonung der Schutzfunktion des Staates, der notwendigen gesellschaftlichen Unabhängigkeit der Verwaltung sowie besonderer Anforderungen an die Beamten als Träger der Staatsfunktion einerseits und die Auffassung von der Übereinstimmung von Staat und Gesellschaft mit der Forderung nach im wesentlichen unterschiedslosem Dienstrecht innerhalb und außerhalb des öffentlichen Dienstes, wie sie Sontheimer/Bleek vertreten (vgl. Anlageband 6 zum Bericht der Studienkommission, S. 258 ff.), andererseits gegenüber. Überzeugend erscheint

die Auffassung von Battis (Ein Aktionsprogramm zur Dienstrechtsreform?, DVBl. 1977 S. 663), daß Staat und Gesellschaft nicht völlig identisch sind. Der Staat hat spezifische Aufgaben und übt hoheitliche Macht aus. Die Erfüllung seiner Aufgaben setzt Unabhängigkeit und Neutralität der staatlichen Organe voraus. Das ist der Ausgangspunkt für das Beamtenrecht mit Streikausschluß, das Legalität und Gemeinwohlbezogenheit des Staatsdienstes als ausgleichender Faktor im Widerstreit der politischen Kräfte und der Verbände gewährleisten soll.

[18] Vgl. auch Klaus König: Strukturprobleme des öffentlichen Dienstes, Verwaltungsarchiv 1977, S. 3/18 unten.

[19] Es geht dabei, wie König (vgl. FN 18, S. 21) hervorhebt, außer um angestammte Kompetenz und Machtzuteilungen auch um Bedenken in Sachfragen. – Spürbar ist die Sorge, ob der öffentliche Dienst – insbesondere bei Verwirklichung des Gesetz-Tarif-Modells – seine Aufgaben noch verläßlich wird erfüllen können.

[20] Vgl. Tz. 880 des Berichts.

[21] Vgl. auch Wolfgang Loschelder: „Systemgerechte Regelung" – Sachargument oder Leerformel der Dienstrechtsdiskussion. ZBR 1978, S. 133.

[22] Vgl. hierzu die Mehrheitsauffassung der Studienkommission, Tz. 901 des Berichts.

[23] Ausführlich über das Aktionsprogramm der Bundesregierung in DÖV 1977: I. Gesamtdarstellung. Kroppenstedt S. 12; II. Berichte und Erläuterungen. Von Hammerstein, S. 149, Geyer S. 151, Schröder S. 153, Schwegmann S. 155; III. Kritische Stellungnahmen. Ulrich Becker S. 339, Wunderer S. 341, Klaus König S. 343, Summer S. 345, Franz Mayer S. 347.

[24] Vgl. Bulletin vom 10. 1. 1979, S. 21. Der Bundesminister des Innern will künftig nicht mehr von der Dienstrechtsreform sprechen, sondern die notwendigen Vorhaben nüchtern und realistisch als Fortentwicklung der Struktur des öffentlichen Dienstrechts bezeichnen.

[25] Vgl. bereits Jung, wie FN 6, S. 194. – Die Zweiteilung des öffentlichen Dienstes könnte eine vermittelnde Lösung zwischen den unterschiedlichen Auffassungen vom Verhältnis von Staat und Gesellschaft insofern sein, als der Beamtenstatus mit Zuständigkeit des Gesetzgebers, Sicherung der Unabhängigkeit des Beamten und Streikausschluß Staatselemente, der Angestelltenstatus mit Tarifautonomie und Arbeitskampfrecht demgegenüber Gesellschaftselemente birgt. Diese Lösung ist aber nur tragfähig, wenn eine klare Beziehung zwischen diesen Elementen und den Verwaltungsaufgaben hergestellt wird, Status und Funktion also in Übereinstimmung gebracht werden. Auch wenn dies gelingt, hat die Zweiteilung des öffentlichen Dienstes nur Kompromißcharakter. Sie bietet nicht die Möglichkeiten zur sach- und funktionsgerechten Neuordnung wie sie nach Beseitigung der unterschiedlichen Statusverhältnisse beständen.

[26] Und auf Grund unterschiedlicher Sachauffassungen.

[27] Vorarbeiten hat u. a. Kölble, DÖV 1970, S. 447, geleistet.

[28] Vgl. auch Rödel: Dienstrechtsreform als Statusproblem, ZBR 1978, S. 130.

[29] Vgl. auch König: Verwaltungsarchiv 1977, S. 3/20 ff.

Berufsethos und Rollenausführung öffentlicher Bediensteter
Zur Bedeutung einer beruflichen Basismotivation für die Verwaltungsführung

Rainer Koch

1. Einführung: Bürokratiekritik und Berufsethos

Wenn heute Kritik an der öffentlichen Verwaltung geübt wird, so wird dies aus zumindest zwei, recht unterschiedlichen Gründen getan.[1] Zum einen wird dabei auf die Bürokratie als einen besonderen Typ der legalen *Herrschaft* abgestellt. In diesem Fall ergibt sich die Kritik an der öffentlichen Verwaltung bereits aus ihrer allgemeinen Funktion, als Verwaltungsstab der politischen Führung für einen nach formalen Gesichtspunkten richtigen Vollzug von Gesetzen zu sorgen. Die mit dem Gesetzesvollzug beabsichtigte Durchsetzung bestimmter politischer Interessen führt auch in aller Regel dazu, daß die Erwartungen anderer sozialer Gruppen an das Leistungsangebot des Staates enttäuscht werden müssen. Diese Art von Kritik zielt also nicht auf eine unzureichende Leistungsfähigkeit der öffentlichen Verwaltung im Rahmen vorgegebener Zweck-Mittel-Verhältnisse, sondern stellt vorrangig auf eine unzureichende oder gar selektive Berücksichtigung von Interessen in den Politikprozessen ab. Im Rahmen dieser Bürokratiekritiken ist es daher auch nur konsequent, die Frage nach der Legitimationsfähigkeit dieser Herrschaftsform zu stellen.[2]
Zum anderen gibt es freilich eine Kritik, die direkt auf die unzureichende *Leistungsfähigkeit* der öffentlichen Verwaltung im Rahmen vorgegebener Ziele und Mittel der Herrschaftsausübung abstellt. Hier geht es dann auch nicht mehr um die herrschaftssoziologisch bedenklichen Folgen eines besonderen Typs der legalen Herrschaft, sondern um die Leistungsschwächen der bürokratischen Organisationsform des Verwaltungsstabs selbst.[3] Typischerweise werden dabei die zentralen Strukturmerkmale einer bürokratischen Organisation, wie etwa Amtshierarchie, feste Verteilung von Kompetenzen oder die Bindung des Handelns an Regeln, nicht schon prinzipiell in Frage gestellt. Da der bürokratischen Organisation eine prinzipielle „technische Überlegenheit" gegenüber anderen Organisationsformen bescheinigt wird, wird diese Organisation in aller Regel erst kritisiert, wenn ihre Merkmale eine pathologische bzw. krankhafte Ausprägung annehmen.[4] Im Fall etwa

einer übermäßigen Zersplitterung von Kompetenzen oder Regelung des Handelns durch Gesetze, Vorschriften etc. führt eine bürokratische Organisation naturgemäß auch nicht zu der ansonsten zu erwartenden Präzision, Schnelligkeit und Berechenbarkeit, sondern, wie es für verschiedene Verwaltungsbereiche zu erkennen ist, zu Wirkungsverlusten und Vollzugsdefiziten.[5] Während man im ersten Fall gewissermaßen aus „wertrationalen" Erwägungen die Funktionstüchtigkeit eines Herrschaftstyps insgesamt in Frage stellt, geht es in diesem zweiten Fall der Bürokratiekritik lediglich um die mangelhafte Zweckrationalität bestimmter Verwaltungsstrukturen.

Diese Art der Bürokratiekritik bildet in der Regel auch die Ansatzpunkte für die herkömmliche Regierungs- und Verwaltungsreform.[6] So bemüht man sich in diesem Zusammenhang ja weiterhin um eine zweckgerechte innere und äußere Organisation der öffentlichen Verwaltung sowie um rationellere bzw. vereinfachte Entscheidungsabläufe. Als besonders umstritten dürfte hier gegenwärtig wieder die Verteilung von Aufgaben und Kompetenzen auf die verschiedenen Verwaltungsebenen und die Frage gelten, in welchem Ausmaß Handlungs- und Entscheidungsabläufe durch neuartige Bürotechnologien mechanisiert oder gar automatisiert werden sollen. Angesichts zunehmender Wirkungsverluste beim Vollzug von Gesetzen wird sodann überlegt, inwieweit im klassischen Gesetz überhaupt noch der im allgemeinen angemessene Programmtyp öffentlichen Handelns gesehen werden kann.[7] Hier wird also erwogen, ob bzw. inwieweit man je nach regelungsbedürftiger Problemlage systematisch auf unterschiedliche Instrumente, wie etwa Gebote, Verbote, Anreize oder Leistungen zurückgreifen sollte.

Darüber hinaus wird in der heutigen Bürokratiekritik wieder deutlicher erkannt, daß die kritisierte Leistungsschwäche der öffentlichen Verwaltung zu einem Gutteil auf eine *unzureichende Rollenausführung* öffentlicher Bediensteter und somit auf Fehlentwicklungen im Personalsystem zurückzuführen ist.[8] Wenn man diesem Zusammenhang auch seit den ersten Bemühungen um eine „große" Dienstrechtsreform mehr oder weniger systematisch nachgeht, so dürften sich die eigentlich ausschlaggebenden Probleme in der Rollenausführung zwischenzeitlich doch recht wesentlich geändert haben. So werden ja in den ersten Vorschlägen zu einer Dienstrechtsreform die eigentlichen Schwierigkeiten, die sich bei einer angemessenen Rollenausführung stellen, noch auf unzureichende Methoden des Personaleinsatzes und der Mitarbeitermotivierung zurückgeführt.[9] In entsprechender Art und Weise glaubt man dann auch die Rollenausführung durch einen befähigungsgerecht gestalteten Personaleinsatz sowie die Anwendung stärker leistungsorientierter Anreize bzw. Belohnungen verbessern zu können.

Sodann ist es im Rahmen der Bemühungen um eine bürgernahe Verwaltung üblich geworden, die sich speziell im Verhältnis zum Bürger einstellenden Interaktionsprobleme auf grundlegend unterschiedliche Funktionsweisen und Handlungsorientierungen zweier getrennter Sozialsysteme, also von Publikum und Verwaltung, zurückzuführen.[10] Die sich aufgrund unterschiedlicher Orientierungen (hier gesetzlicher Anlaß, dort persönliches Anliegen) dauerhaft einstellenden Schwierigkeiten glaubt man dann auch noch am besten mit einem „Verhaltenstraining" der Bediensteten, also verbesserten Verhaltensstrategien, überspielen zu können.[11] Schließlich wird in diesem Zusammenhang immer wieder auf die allgemeinen persönlichkeitsdeformierenden Wirkungen einer bürokratischen Sozialisation (Stichwort von der „gelernten Unfähigkeit" zu flexiblem bzw. situationsangemessenem Handeln) hingewiesen.[12] Die im Zuge der heutigen Bürokratiekritik angesprochenen Probleme gehen allerdings deutlich darüber hinaus. Wie es sich jetzt auch schon in der Kritik der Öffentlichkeit an der Rollenausführung zeigt (kritisiert werden leicht veränderbare „persönliche" Eigenschaften, wie „faul, träge, langsam", etc.), dürften Schwierigkeiten in der Rollenausführung nun auch auf teils neuartige persönliche Probleme bei der Rollenübernahme selbst, letztlich auf veränderte Einstellungen zur Berufsarbeit bzw. auf ein sich *wandelndes Berufsethos* öffentlicher Bediensteter zurückzuführen sein.[13]

Soweit Schwierigkeiten bei der Rollenausführung auf ein sich wandelndes Berufsethos zurückgeführt werden, sind dabei verschiedene Zusammenhänge zu berücksichtigen. So geht es dabei zunächst um die generelle Frage, inwieweit sich das Berufsethos, also die grundlegenden Einstellungen gegenüber der Berufsarbeit, tatsächlich geändert hat. In dieser Hinsicht glaubt man schon generell bzw. gesellschaftsübergreifend einen Verfall des klassischen bürgerlichen Berufsethos feststellen zu können.[14] Sodann geht es um die für die Leistungsbereitschaft so grundlegende Frage, zu welcher Art von Identifikation mit der Berufsrolle es angesichts eines veränderten Berufsethos überhaupt kommen kann. Schon der Hinweis auf eine im Rahmen eines allgemeinen Wertwandels prinzipiell abnehmende Neigung, sich rollenmäßig ein- oder unterzuordnen, läßt vermuten, daß es auch im Fall öffentlicher Bediensteter zunehmend nur noch zu instrumentellen Identifikationen mit der Berufsrolle kommt.[15] Wo also nur Mindestverpflichtungen akzeptiert werden oder die Übernahme von Rollenverpflichtungen je nach erwartbaren Gegenleistungen erfolgt, ist schließlich auch mit einer insgesamt veränderten Basismotivation sowie Leistungsbereitschaft zu rechnen. In Fällen, in denen auf der einen Seite zunehmend die Bereitschaft sinkt Rollenverpflichtungen zu übernehmen, wird es dann auch zwangsläufig zu Auseinandersetzungen bzw. zu Konflikten mit der anderen Partei des „Rollenspiels", den Bürgern, kommen. Vermittelt über die jeweilige Art der Rollenübernahme und der daraus resultierenden berufsbezogenen Basismotivation sind daher von einem veränderten Berufsethos durchschlagende Wirkungen für die faktische Leistungserbringung zu erwarten.

Dabei läßt sich nun auch keineswegs behaupten, daß die Motivation und Befähigung der Bediensteten nicht bereits als wesentliche Voraussetzungen der Leistungserbringung erkannt worden sind. So kommt es ja nicht von ungefähr, daß man sich in den letzten Jahren in einer gemessen an sonstigen Führungsprinzipien (wie etwa dem einer allgemeinen Gehorsamspflicht) erstaunlichen Art und Weise um die Anwendung „mitarbeiterorientierter" Führungsmethoden bemüht.[16] Der springende Punkt dabei ist allerdings, daß man im Rahmen bisheriger Konzepte der Verwaltungsführung weiterhin davon ausgeht, es käme allein auf eine angemessene Aktivierung der an sich als unproblematisch eingeschätzten Leistungsbereitschaft an. Wie es im übrigen auch für die Vorschläge zur Dienstrechtsreform typisch ist, geht man also immer noch von einer angemessenen starken Basismotivation aus, hat also in der Zwischenzeit nicht berücksichtigen können, daß es aufgrund eines veränderten Berufsethos zu einer womöglich zunehmenden Diskrepanz zwischen Führungskonzeptionen bzw. Anreizsystemen und Motivationsstruktur des Bediensteten kommt.[17] So müssen mitarbeiterorientierte Führungskonzepte als Instrumente der Leistungsaktivierung versagen, wenn die Bediensteten schon selbst keine Neigung etwa zur Verantwortungsübernahme oder zu einer engagierten Entscheidungsbeteiligung verspüren sollten.

Soweit hier Motivationsprobleme durchschlagen, die im Zusammenhang eines veränderten Berufsethos auftreten, sind entsprechende Probleme in aller Regel auch nicht mit arbeitsplatzbezogene Anreiz- und Belohnungssystemen, oder genereller gesagt, durch arbeitsplatzbezogene Führungsmethoden zu beheben. Diese Methoden sind zwar recht gut dazu geeignet, ein bereits vorliegendes Motiv zu aktivieren und somit zu einer verhaltensbestimmenden Wirkung zu bringen; sie sind allerdings weniger dazu geeignet, im Prozeß der Motivaktivierung die Stärke oder gar die Art der vorliegenden Motive selbst zu verändern. Was benötigt wird, sind also allgemein gesagt nicht Maßnahmen, die das Verhalten in „Positionsrollen" regeln, sondern Maßnahmen, die in gewünschter Art und Weise eine Übernahme von „Mitgliedschaftsrollen" vorzubereiten vermögen.[18] Anders gesagt geht es also nicht um die bekannten motivaktivierenden und zudem arbeitsplatzbezogenen Anreiz- und Belohnungssysteme, sondern um *motivbildende Strategien,* also um Strategien, mit denen sich im Rahmen der berufsbezogenen Sozialisation auch das gewünschte Berufsethos vermitteln läßt.

Soweit in dieser Weise wieder versucht werden sollte, Probleme bei der Rollenausführung durch eine gezielte Beeinflussung des Berufsethos zu beheben, stellt sich sogleich die alte Frage, wie dieses Ethos inhaltlich auszusehen hätte. Hier wird es also wieder um die bereits klassische Auseinandersetzung gehen, ob die Entwicklung des gewollten Berufsethos entweder beim Gesichtspunkt des „Dienens" oder dem der „Arbeit" bzw.

„Tätigkeit" ansetzen soll.[19] Wie wir sehen werden, läßt sich die Frage, an welchen Strukturmerkmalen des öffentlichen Dienstes angesetzt werden soll, nur sinnvoll entscheiden, wenn man zugleich zu einer zeitgemäßen materiellen Bestimmung des Politik- und Herrschaftsbegriffs kommt. Zudem werden wir feststellen können, daß es bei der Vermittlung eines Berufsethos auch nicht nur um eine einseitige Anpassung von Persönlichkeitsstrukturen im Rahmen ansonsten unveränderter Verhältnisse geht; da hierbei ja auch der gewollte Sinn der Berufsarbeit vermittelt werden soll, sind auch entsprechend einschlägige „Erfahrungs- und Lernsituationen" anzubieten, was nun selbst – wie es sich beispielhaft in den Konzepten zur Humanisierung der Arbeitswelt zeigt – Veränderungen in der Berufswelt erforderlich machen kann.

2. Ursachen und Folgen eines veränderten Berufsethos

Wie wir es oben schon erwähnten, sind Leistungsschwächen in der Rollenausführung öffentlicher Bediensteter zunehmend auf veränderte Einstellungen zur Berufsarbeit, auf ein verändertes Berufsethos, zurückzuführen. Wenn auch in diesem Zusammenhang von verschiedener Seite versucht wird, für den öffentlichen Dienst eine, von den gesellschaftlichen Berufsgruppen abgehobene „Sondermoral" (das klassische Beamtenethos) zu behaupten[20], so bleibt der öffentliche Dienst gleichwohl was Fragen des Arbeitsverhaltens anbetrifft von gesamtgesellschaftlichen Entwicklungstendenzen abhängig. Die öffentliche Verwaltung kann dabei zwar noch versuchen, sich durch systemeigene Methoden und Prozesse einer behördeninternen Sozialisation gegenüber gesamtgesellschaftliche Entwicklungen abzugrenzen; diese Versuche können allerdings angesichts einer fortlaufenden Rekrutierung von Berufsanfängern nur bedingt erfolgreich sein. Daher lohnt es sich auch, die für öffentliche Bedienstete charakteristischen Probleme der Rollenausführung an Hand allgemeiner Veränderungen in den traditionellen Arbeitstugenden, speziell an Hand des vermuteten zunehmenden Verfalls des bürgerlichen Berufsethos deutlich zu machen.

Wenn heute von einem Verfall des bürgerlichen Berufsethos gesprochen wird, so ist dabei prinzipiell zu berücksichtigen, daß das klassische oder bürgerliche Berufsethos schon immer eher als ein Leitbild eingesetzt wurde, also vorrangig eine ideologische Funktion im Rahmen spezieller gesellschaftlicher Entwicklungen ausübte. Für die heutige Zeit muß allerdings zusätzlich festgestellt werden, daß dieses Ethos nun auch bewußtseinsmäßig diese Maßstabsfunktion verliert und demgemäß seine Sozialisationswirkung einbüßt.[21] So kommt man eben der Berufsarbeit zunehmend weniger aus dem Empfinden einer inneren Berufung oder gar einer sittlich-moralischen Verpflichtung nach; nicht der bewußte Verzicht auf „Müßiggang" oder die Bereitschaft zur „Aufopferung" prägen die Einstellungen zur Berufsarbeit, sondern vergleichsweise „profane" Gesichtspunkte, wie sie aber für die Berufsarbeit speziell in hochentwickelten Industriegesellschaften zunehmend typisch werden.

Während das klassische Berufsethos noch die Selbstverwirklichung und Identitätsbildung in der Berufsarbeit vorsieht, wird jetzt eben (auch über die Schichtgrenzen hinweg) zunehmend versucht, in anderen Sozialsektoren, z. B. in Familie oder Freizeit, zu einer Persönlichkeitsentwicklung zu kommen.[22] Typischerweise setzt diese Identitätsbildung auch nicht mehr (oder vorrangig) bei der Entwicklung beruflich relevanter Qualifikationen oder Arbeitstugenden an; im Mittelpunkt stehen also nicht die herkömmlichen Anforderungen von Berufsrollen, wie etwa Leistungsmotivation, Fleiß, Disziplin oder Anpassung, sondern die Entwicklung unmittelbarer bzw. personaler Ausdrucksmöglichkeiten, seien sie gefühlsmäßiger oder ästhetischer Art, zumindest aber die zunehmende Ablehnung des Leistungsprinzips als Verteilungsschlüssel von Lebenschancen.[23] Wie es sich heute in der Auseinandersetzung um die Frage eines gesamtgesellschaftlichen Wertwandels zeigt, können diese Veränderungen auch auf die Entwicklung eines zur „industriellen Zivilisation" alternativen Lebensstils hinauslaufen. Angesichts dieser Tendenzen kann der Berufsarbeit bewußtseinsmäßig auch nur mehr eine instrumentelle Bedeutung zukommen, was dann allerdings auch zu einer grundlegend veränderten Motivation führt, Berufsrollen überhaupt noch zu übernehmen. Auch für den öffentlichen Dienst ist daher damit zu rechnen, daß es zunehmend zu einem „kalkulierten" Leistungsverhalten in der Berufsrolle kommt.[24]

Daß sich solche Einstellungen gegenüber der Berufsarbeit durchsetzen können, hat sicherlich verschiedene, dabei auch gesamtgesellschaftliche Ursachen (wie etwa die neuerdings wieder zunehmend behauptete „Selbstdestruktivität" kapitalistischer Industriesysteme), deren Wirkungen dann aber über einzelne Veränderungen in den gesellschaftlichen Teilbereichen vermittelt werden dürften. In diesem Zusammenhang ist schon einmal an die Rolle zu denken, die Staat und Politik bei der Vermittlung allgemein oder auch beruflich relevanter Einstellungen und Werthaltungen zu spielen vermögen. So kann hier schon bedeutungsvoll werden, daß es unter der Bedingung pluralistischer Konkurrenzdemokratien in der Politik vorrangig um eine Begradigung sozialer Gegensätze durch wohlfahrtsstaatliche Leistungen geht. Wie Kritiker dieses Systems wissen wollen, führt dann die wohlfahrtsstaatliche Betreuung des Menschen nun selbst zur Abschwächung gesellschaftlicher Selbsthilfekräfte, speziell aber zur Abschwächung des auch beruflich relevanten Leistungsmotivs.[25] Zudem sind für diese Herrschaftsform bestimmte politische Traditionen zu berücksichtigen, die auch heute

noch (im Sinn einer wohl verstandenen Demokratisierung aller Lebensbereiche) auf einen Abbau sachlich nicht zu rechtfertigender Herrschaftsverhältnisse drängen. Was hier einerseits zur Selbstbefreiung von einer übermäßigen Identifikation mit gesellschaftlichen Autoritäten führt, kann aber darüber hinaus zu einer prinzipiell abnehmenden Identifikationsfähigkeit führen.[26]
Veränderungen im Berufsethos werden aber nicht allein durch so allgemeine Entwicklungen ausgelöst, sondern ebenso durch veränderte Sozialisationswirkungen der Berufsarbeit bzw. der Arbeitsplätze selbst. Der für kapitalistische Industriegesellschaften charakterische Zwang zu einer intensivierten Kapitalverwertung führt bekanntlich dazu, das Verhältnis von Mensch und Arbeit nach den technisch notwendigen Voraussetzungen einer möglichst effizienten Güterproduktion zu gestalten.[27] Die zunehmende Teilung und Regelung von Arbeitsvollzügen verringert die Sinnhaftigkeit sowie Identifikationsmöglichkeiten, was einer generellen Tendenz nach zu einer Entfremdung von der Arbeit, darüber hinaus auch zu einer Entfremdung des Menschen – als ein sich in der Arbeit verwirklichendes Wesen – von seiner Gattung selbst führt. Wie es sich an den typischen „Mensch-Maschine-Systemen" zeigt, gilt diese Tendenz für die Industriearbeit ebenso wie für die Arbeit in öffentlichen Verwaltungen, in denen ja durch eine zunehmende Verfeinerung des Formularwesens bzw. mit der Verengung von Ermessensspielräumen ebenfalls ein fast schon qualifikationsloser Vollzug von Arbeitsvorgängen gefördert wird.[28] Die Identitätsbildung in der Arbeit kann dann einerseits schon scheitern, weil die Tätigkeiten kognitiv keine Herausforderungen stellen oder ganz im Gegenteil bisher gegebene Lernchancen verringern und damit stillschweigend eine Dequalifikation der Mitarbeiter einleiten.[29] Andererseits hat man aber auch mit affektiven bzw. gefühlsmäßigen Störungen zu rechnen, weil die zunehmende maschinenförmige Regelung der Arbeit die Isolation fördert, Kommunikationschancen abbaut und dadurch zu einer Verödung von Sozialbeziehungen in der Berufswelt beiträgt.
Bleibt man bei solchen eher gesellschaftsübergreifenden Entwicklungen, so ist schließlich noch auf bestimmte „Funktionsstörungen" im Bereich der primären, also familialen, Sozialisation zu verweisen.[30] Zum einen kann man hier feststellen, daß selbst in den Mittelschichten nicht mehr wie gewohnt die typisch bürgerliche Leistungsethik vermittelt wird. Pauschal gesagt geht diese Veränderung auf die immer stärker um sich greifende arbeitsmarktbezogene Erfahrung zurück, daß das Leistungsstreben an sich bzw. die erzielte höhere Ausbildung noch kein Garant für die Zuweisung einer gesellschaftlichen Elitenposition darstellt.[31] Dabei geht es allerdings nicht nur darum, daß sich durch die erlebte „Machtlosigkeit" der eigenen elterlichen Autorität, also des Vaters, zugleich auch die Identifikation mit dem berufsbezogenen Leistungsmotiv lockert; in diesem Fall ist in aller Regel auch das durch veränderte Ausbildungszeiten zeitlich erweiterte psycho-soziale Moratorium in der

eigenen Persönlichkeitsentwicklung zu berücksichtigen.[32] So bietet dann erst die weitere kritische Auseinandersetzung mit berufsbezogenen Normen während der Ausbildungszeit den Anstoß dazu, aus der Leistungsgesellschaft auszusteigen und im Rahmen von Gegenkulturen alternative Lebensstile zu praktizieren.

Zum anderen ist möglicherweise mit noch grundlegenderen und für die Berufsarbeit gleichermaßen relevanten Veränderungen in der primären Sozialisation zu rechnen.[33] Generell gesagt hat die bisherige familiale Sozialisation mit einigen schichtspezifischen Variationen zu der Entwicklung der klassischen autoritären Persönlichkeit beigetragen. Wenngleich dieser Persönlichkeitstyp aus guten politischen und pädagogischen Gründen – und zwar wegen seiner Tendenz zur Autoritätsgläubigkeit – kritisiert wird, scheint dieser Typ gerade wegen des Bedarfs an einer starken Über-Ich-Lenkung seines Verhaltens recht gut in der Lage zu sein, sich mit gesellschaftlichen Autoritäten zu identifizieren, sich vor allem in hierarchisch organisierte Arbeitsverhältnisse einzugliedern. Folgt man freilich neueren Ergebnissen der psycho-analytisch orientierten Sozialisationsforschung, so kommt es durch eine zeitliche Verlagerung grundlegender Konflikte der psychischen Entwicklung (in die sog. orale Phase) allmählich zur Ausbildung eines neuen Sozialisationstyps und insoweit zur Ausbildung neuartiger, auch beruflich relevanter Persönlichkeitsmerkmale. Da sich dieser neue Sozialisationstyp vorrangig durch ungelöste Probleme des Selbstvertrauens auszeichnet (sekundärer Narzißmus), müssen erkennbare Probleme bei der Rollenübernahme nicht mehr notwendigerweise nur auf „situative" Bedingungen, wie etwa veränderte Arbeitsplatzstrukturen, einen allgemeinen Wertwandel oder auf die Wirkungen spezieller Politikprozesse zurückgeführt werden; so kann nun auch Distanz geübt, Identifikation vermieden und Statuskonkurrenz abgelehnt werden, weil man persönlichkeitsabhängig den Versuch macht, neuerlichen Kränkungen des Selbstwertgefühls aus dem Weg zu gehen.

Welche Auswirkungen diese allgemeinen Entwicklungen für den öffentlichen Dienst haben, läßt sich beispielhaft an den Berufswahlmotiven bzw. an den beruflichen Werthaltungen öffentlicher Bediensteter zeigen. Den Bedürfnissen (oder Zielen), die man im Zusammenhang mit der Berufsarbeit zu befriedigen versucht, kommt hier auch die Funktion einer besonderen Moderatorvariable zu, weil sie ja zum einen durch gesellschaftliche Verhältnisse (Familie, Ausbildung) geprägt werden, zum anderen aber schon Rückschlüsse auf die Art der Rollenausführung zulassen. Wie nicht anders zu erwarten, läßt sich hier entsprechend einer allgemeinen Tendenz feststellen, daß der öffentliche Dienst vorrangig aus sog. extrinsischen Motiven und somit aus einem Interesse an den äußeren Begleitumständen einer Tätigkeit als Arbeitgeber gewählt wird.[34]

Daher stehen hier auch nur die wirtschaftlichen Vorteile, wie etwa lebenszeitliche Anstellung, leistungsunabhängiges Gehalt oder geregelte Arbeitszeit, im Mittelpunkt des Interesses, nicht jedoch die besondere Funktion oder die speziellen tätigkeitsmäßigen Herausforderungen des öffentlichen Dienstes. Wenn sich hier in aller Regel mit zunehmender Dauer der Berufsarbeit charakteristische Veränderungen einstellen – man denke hier an die aus Gründen einer konsistenten Selbstdarstellung notwendigen inhaltlichen „Einwilligung" in Rollenverhältnisse –, so werden die öffentlichen Bediensteten mit dieser Art an beruflicher Motivation zunächst doch auf eine instrumentelle Identifikation, insoweit auch auf Rollendistanz sowie kalkuliertes Leistungsverhalten festgelegt. Während hier einerseits (trotz weiterer Einflüsse wie drohende Arbeitslosigkeit oder Zufall in der Berufswahl) die abnehmende Neigung, überhaupt noch berufsrollenspezifische Anforderungen zu übernehmen, zum Ausdruck kommt, bilden dann die wirtschaftlichen Vorteile gewissermaßen die Voraussetzungen, um in anderen Sozialsektoren zur Persönlichkeitsentwicklung bzw. Identitätsbildung zu kommen.

3. Wirkungen der behördeninternen Sozialisation

Da die veränderten Grundeinstellungen zur Berufsarbeit zumindest durch die Berufswahl von Berufsanfängern quasi ungebrochen in den öffentlichen Dienst hineingetragen werden, erhebt sich sogleich die Frage, ob und inwieweit die öffentliche Verwaltung dem damit entstehenden Problem bei der Rollenübernahme nun mit Hilfe der personalen Verwaltungsführung oder genereller gesagt im Rahmen einer behördeninternen Sozialisation entgegenzuwirken vermag. So wird die Art der Rollenübernahme ja auch nicht ausschließlich durch mitgebrachte oder zeitlich überdauernde Persönlichkeitsmerkmale festgelegt, sondern in diesem Zusammenhang sind gleichermaßen die verhaltens- und bewußtseinsprägenden Wirkungen spezieller Situationsbedingungen, wie etwa gruppentypische Leistungsstandards, das Führungsverhalten der Vorgesetzten oder sachliche Bedingungen des Arbeitsplatzes zu berücksichtigen. Wenn man daher zurecht nach den ggf. korrigierend wirkenden Einflüssen der behördeninternen Sozialisation fragt, so sind hier allerdings zugleich wieder wesentliche Beschränkungen zu berücksichtigen. So dient die Organisation der öffentlichen Verwaltung vorrangig dem Sachziel eines rechtmäßigen als auch wirksamen Aufgabenvollzugs; von der Organisation der öffentlichen Verwaltung kann also nicht schon zwangsläufig erwartet werden, daß sich mit ihr nun auch noch gezielt bestimmte berufsbezogene Fähigkeiten, Einstellungen oder Motive vermitteln lassen.[35]

Wenngleich dieser Bereich bisher keineswegs systematisch bearbeitet worden ist,[36] muß man doch davon ausgehen, daß die für unseren Zusammenhang relevanten Sozialisationswirkungen von verschiedenen Aspekten der Arbeitssituation öffentlicher Bediensteter ausgelöst werden. Zu allererst ist dabei naturgemäß an das für die öffentliche Verwaltung typische Anreiz- und Belohnungssystem zu denken, das ja auch dem geplanten Zweck nach dafür vorgesehen ist, die öffentlichen Bediensteten zu einer angemessenen Rollenübernahme zu motivieren.[37] Wie bekannt handelt es sich dabei nicht um ein Anreiz- und Belohnungssystem, das bei der individuellen (wie auch immer ermittelten) Leistungserbringung ansetzt, sondern um ein System, das die Verteilung von Belohnungen vorrangig nach Maßgabe der Dauer einer Mitgliedschaft (Lebensalter, Dienstalter, Reihenfolgedenken bei Beförderungen) regelt.

Dieses System ist zwar – was seine modellmäßigen Zusammenhänge anbetrifft – durchaus dazu geeignet, gerade die psychologisch relevanten Bedingungen zu schaffen, damit sich überhaupt die für den Vollzug „öffentlicher" bzw. auch „gebrauchswert-orientierter" Aufgabenstellungen angemessenen Arbeitseinstellungen ausbilden können. So wird der einzelne Bedienstete von diesem System ja recht frühzeitig vom Problem der Statusunsicherheit befreit, was sich nun auch entsprechend moderner motivationstheoretischer Überlegungen positiv für die Entwicklung eines ungebrochenen Interesses an der Sache oder die Verinnerlichung leistungsbezogener Gütekriterien auszuwirken vermag. Wie es sich allerdings bereits an der starken Selbstorientierung oder dem Privilegiendenken öffentlicher Bediensteter zeigt,[38] kommt es hier nicht schon wie ansonsten zu erwarten zu den inhaltlichen Bindungen an den Verwaltungsberuf.

Daß es zu diesen paradoxen Folgen kommt, dürfte allerdings weniger an den Wirkungen des bisherigen Anreiz- und Belohnungssystems als vielmehr an der Sozialisationswirkung einiger anderer Arbeitsbedingungen liegen. So kann es z. B. die auch in der öffentlichen Verwaltung fortschreitende Rationalisierung und Mechanisierung bzw. subjektiv eine zunehmende Bedeutungslosigkeit der Aufgabenstellungen verhindern, daß sich aus einem Sachinteresse heraus inhaltliche Bindungen oder persönlich verbindliche Leistungsmaßstäbe entwickeln.[39] Vor allem können hier einem Bediensteten (wie etwa im Bereich der Finanzverwaltung und der Sozialverwaltung)[40] durch eine Zerstückelung und Standardisierung der Tätigkeiten die Möglichkeiten genommen werden, aus einem Sachgebiet heraus überhaupt noch als „Verursacher" von Wirkungen aufzutreten.[41] Unter diesen Bedingungen entfallen dann die lernpsychologisch und berufspädagogisch notwendigen Voraussetzungen für die Vermittlung von Verantwortungsgefühl und Qualitätsbewußtsein.[42] Aus der Perspektive der Betroffenen betrachtet, können also die im Zeichen der Arbeitsteilung, der Hierarchie und der Regelbindung eröffneten Handlungsspielräume viel zu gering sein, um eigene Fähigkeiten zu erproben oder zu demonstrieren. Die sich in diesen Fällen einstellende Unzufriedenheit kann dann schließlich zum Anlaß dafür werden, daß man sich auf Mindestverpflichtungen zurückzieht und die eigene Identität in anderen Sozialsektoren zu entwickeln versucht.

Daß die behördeninterne Sozialisation nicht wie gewünscht zu einer weitergehenden Identifikation mit der Berufsarbeit beiträgt, kann allerdings auch schon durch das Kernstück der Aufbau- und Ablauforganisation öffentlicher Verwaltungen, also durch die Hierarchie, verursacht werden. So wird der öffentliche Bedienstete einerseits – und zwar entsprechend allgemeinen Bewertungsmustern einer Leistungsgesellschaft – dazu gezwungen, seinen eigenen Berufserfolg, wenn nicht gar seinen Persönlichkeitswert an Hand des in der Hierarchie erzielten Aufstiegs zu bemessen. Aus diesen Gründen ließ sich auch bisher ein (relativ schneller und ganze „Jahrgänge" erfassender) Aufstieg als ein besonders wirksamer Anreiz für leistungsbezogenes oder genauer gesagt für organisationskonformes Verhalten einsetzen.

Zum anderen ist nun in der öffentlichen Verwaltung aufgrund einer unausgewogenen Alterschichtung (zwischen den Funktionen) und einer gleichzeitigen (relativen) Verknappung von Planstellen mit einem längerfristig wirksamen Beförderungsstau zu rechnen.[43] Was also primär die Funktion hat, die Motivation zum Verbleib und zur Leistung zu stärken, wird in Umkehr der Verhältnisse deutlich stärker (und zwar über das für bürokratisch organisierte Verwaltungen zwangsläufig zu erwartende Maß hinaus) zu Enttäuschungen, zu Lockerungen gegenüber Rollenverpflichtungen und somit zur Rollendistanz führen. Halten wir uns hier an die bekannte organisationspsychologische Typologie der Anpassung an „organisatorische Autorität",[44] so läßt sich zu recht vermuten, daß sich eben aufgrund strukturell verschlechterter Aufstiegsmöglichkeiten die Zahl der „Indifferenten" kritisch erhöhen wird. Es wird sich also die Zahl derjenigen erhöhen, die sich infolge versagt gebliebener Aufstiegserwartungen nicht nur enttäuscht fühlen, sondern sich darüber hinaus auch vom Statuswettbewerb zurückziehen und sich in die Rolle des „Mitläufers" begeben. Diese bereits heute zu erkennenden Wirkungen werden sich im übrigen nochmals verstärken, wenn – wie an den Bemühungen um eine strukturelle Fortentwicklung des Dienstrechts zu erkennen – Beförderungen nur bei Änderung der Funktion, nicht mehr jedoch im Sinne von Titelbeförderungen erfolgen sollten.

Wenn es bisher auch noch so gut wie gar nicht herausgearbeitet worden ist, so dürfte eine instrumentelle Identifikation paradoxerweise nun auch durch den Führungsprozeß selbst und somit durch die sog. modernen Führungskonzepte eher gefördert als abgeschwächt werden. Wie es sich an traditionellen Regelungen des Führungsprozeß, etwa an dem Prinzip einer allgemeinen Gehorsamspflicht, zeigt, geht man im Rahmen dieser Führungskonzepte noch davon aus, daß man dem Arbeitgeber bzw. Dienstherrn die Arbeitsleistungen aus allgemeinen Rollenverpflichtungen heraus und somit bereits im Gegenzug zu allgemeinen Mitgliedschaftsvergünstigungen erbringt. Aus dieser Sicht muß der Bedienstete nicht bei jeder Gelegenheit erneut zur Leistung motiviert werden, sondern genau umgekehrt ist der Bedienstete im Rahmen einer eher weit gesteckten „Indifferenzzone" bereit,[45] ohne weitere Bedingungen Ansprüchen an sein Verhalten nachzukommen.

Während man mit den traditionellen Regelungen also versucht, Motivationsprobleme durch eine Generalisierung von Rollenverpflichtungen zu regeln, setzten nun die modernen Führungskonzepte in aller Regel jenseits von Rollenverpflichtungen und somit quasi bei den personenabhängigen Bedingungen der Leistungserbringung an.[46] Wie es sich beispielhaft an den „Führungsrichtlinien" des Bundesministers des Innern aus dem Jahr 1975 (Richtlinien für die Zusammenarbeit und den Personaleinsatz) zeigt, wird damit die Motivierung der Bediensteten zu einer Variable des Führungsprozesses selbst, wenn nicht gar zur wichtigsten Führungsaufgabe von Vorgesetzten überhaupt.[47] Indem man im Rahmen solcher Konzepte mit der Motivierung ohne Einschränkungen beim „Individuum" selbst ansetzt, vergrößern sich damit einerseits die Möglichkeiten, die auch „situationsmäßig" jeweils günstigsten Anreize (wie etwa den Schwierigkeitsgehalt der Aufgabenstellungen) für eine individuelle Leistungsaktivierung vorzugeben. Andererseits läßt sich dann aber im Führungsprozeß nicht mehr an einer pauschal zur Verfügung gestellten Motivation anknüpfen, sondern im Führungsprozeß ist nun selbst jeweils aufs neue die Bildung eines hinreichend starken Leistungsmotivs vorzunehmen.

Aufgrund der impliziten Sozialisationswirkung eines solchen Vorgehens kann nun aus der Sicht der Bediensteten (und zwar im Sinn einer konformen Prägung) die eigene Leistungsbereitschaft zur Frage einer persönlichen Kalkulation bzw. Entscheidung mit alternativen Möglichkeiten werden. Diesem veränderten Schema der Motivaktivierung entsprechend kann man ja bereits eine besondere Leistung verweigern, indem man nun von sich ganz bewußt auf eine „Leistungszulage" verzichtet. Etwas überspitzt gesagt wird hier die Frage der Leistungserbringung (quasi mit offizieller Billigung) von der momentanen persönlichen Wohlbefindlichkeit abhängig gemacht. Wie weit schon dies einer „kalkulierten Leistungsbereitschaft" Vorschub geleistet hat, zeigt sich daran, daß nunmehr bereits geringfügige Veränderungen in den Leistungsanforderungen (adaptionstheoretisch erklärt) als übermäßige „Abweichungen vom Gewohnten" empfunden werden und demgemäß auch Unzufriedenheit und Widerstands auslösen.[48]

Inwieweit die Veränderungen im gesellschaftlichen Bereich im Zusammenspiel mit diesen Wirkungen der behördeninternen Sozialisation die Rollenausführung öffentlicher Bediensteter oder, im Gesamtzusammenhang betrachtet, die Leistungsfähigkeit der öffentlichen Verwaltung beeinträchtigen, ist augenblicklich noch nicht eindeutig zu klären. Wenn es hier auch zu Überschneidungen kommen dürfte, so läßt sich doch im Sinn einer generellen Tendenz feststellen, daß eine bloß instrumentelle Identifikation weniger in „Gehorsamsrollen" als in „Leistungsrollen" zu Schwierigkeiten führt.[49] Soweit es wie in „Gehorsamsrollen" zunächst nur um einen formal richtigen Gesetzesvollzug geht, kann unter Umständen eine Orientierung an Mindestverpflichtungen oder eine bloße Regeltreue bereits ausreichen. Anderes dürfte allerdings für „Leistungsrollen" gelten, da hier bedarfsgerechte, also auch dem jeweiligen Anliegen der Betroffenen entsprechende Leistungen zu erbringen sind.

In diesen Fällen reicht in aller Regel auch eine instrumentelle Identifikation und eine an Mindestverpflichtungen orientierte Anwendung von Regeln nicht mehr aus, sondern bedarf es einer „flexiblen Identifikation" mit der Berufsrolle. Generell gesagt ist hier auch nur zu einer angemessenen Leistungserbringung zu kommen, soweit man eben aufgrund bereits verinnerlichter professioneller Standards der Leistungserbringung bereit ist, Rollenverpflichtungen „überlegt" und somit unter Berücksichtigung jeweils fallspezifischer Anforderungen nachzukommen. Daher sind schließlich Leistungschwächen, die auf eine unangemessene Art der Rollenausführung zurückzuführen sind, vorzugsweise für Verwaltungsbereiche zu erwarten, in denen starker Publikumsverkehr herrscht oder aber „Geld" zur Erreichung bestimmter Ziele ausgegeben wird. Hinzu kommt hier allerdings, daß in diesen Bereichen die Wirksamkeit des Verwaltungshandelns an Hand relativ eindeutiger bzw. störungsempfindlicher Kriterien, nämlich an den Erwartungen der Betroffenen, kontrolliert wird. Insoweit kann es auch nicht überraschen, daß man sich gerade heute – wenngleich augenblicklich noch mit verkürzten Ansätzen – um eine Verbesserung des Verhältnis von Publikum und Verwaltung bemüht.

4. Berufsethos und Professionalisierung

Wie es sich aus den bisherigen Schilderungen ergibt, steht die öffentliche Verwaltung einmal mehr vor dem grundsätzlichen Problem, „Systemanforderungen" mit speziellen „persönlichen Bedürfnissen" ihrer Mitglieder in Übereinstimmung zu bringen. So besteht auf der einen Seite eine zunehmende Abneigung, sich überhaupt noch in die Zwänge einer berufsmäßig organisierten Arbeit einzufinden oder anders gesagt ein wachsendes Bedürfnis nach einer auch emotional tragfähigen Selbstverwirklichung. Auf der anderen Seite wird hingegen eine hinreichend starke berufliche Basismotivation erwartet, damit es zu einer angemessenen Rollenausführung kommt. Um diese unterschiedlichen Bedürfnisse vergleichbar besser miteinander abstimmen zu können, reichen die herkömmlichen arbeitsplatzbezogenen Strategien der Verwaltungsführung, wie etwa verbesserte Methoden der Personalsteuerung, nicht mehr aus. Was hier erforderlich wird, sind vielmehr Strategien, mit denen sich ein für beide Seiten akzeptables Berufsethos vermitteln läßt.

Entsprechend den sichtbar gemachten Problemen sollten sich mit einem solchen Ethos nicht nur die für einen Vollzug öffentlicher Aufgaben notwendigen Einstellungen vermitteln lassen, sondern es sind damit zugleich Verhaltensaspekte anzusprechen, die auch eine persönlich sinnvolle Identitätsbildung[50] in der Berufsarbeit zulassen. Geht man von diesen Voraussetzungen aus, so läßt sich mit einem solchen Ethos auch nicht mehr an der (im übrigen obrigkeitsstaatlich vorbelasteten) Idee des „Dienens" anknüpfen. Denn damit lassen sich erfahrungsgemäß bestenfalls Loyalitäts- und Gehorsamsprobleme, nicht jedoch die motivationalen bzw. einstellungsmäßigen Voraussetzungen für einen auch qualitativ angemessenen Aufgabenvollzug vermitteln. Die einseitige Vermittlung von Gehorsambereitschaften führt ja dann auch unter den weiteren Bedingungen einer bürokratischen Sozialisation zu der vielfach beklagten übermäßig starren Anwendung von Regeln bzw. zu einer rigiden Rollenausführung.[51]

Zum anderen würde man mit einem solchen Berufsethos auch nicht mehr der gegenwärtigen Funktion von Staat und Verwaltung gerecht werden. So handelt es sich bei der öffentlichen Verwaltung nicht mehr nur um ein Herrschaftsinstrument, mit dem es gilt, einen „Herrschaftswillen" ggf. auch gegen Widerstand durchzusetzen. Unter den veränderten politischen und sozialen Bedingungen werden hingegen von der öffentlichen Verwaltung (herausgehoben aus der normalen gesellschaftlichen Arbeitsteilung und der Produktion tauschwertorientierter Güter) „konkret-nützliche" Handlungen bzw. Leistungen mit hohem „Gebrauchswert" erwartet. Entsprechend neuzeitlicher Legitimationsformen bemißt sich ja auch die Legitimation staatlichen Handelns an der Frage, ob, bzw. inwieweit es Staat und Verwaltung gelingt, die auch inhaltlich angemessenen Rahmenbedingungen für eine möglichst krisenfreie ökonomische und soziale Entwicklung zu setzen.[52] Daher beziehen sich die Aufgaben der öffentlichen Verwaltung typischerweise auf infrastrukturelle Voraussetzungen der Kapitalverwertung (z. B. Verkehr und Bildung) ebenso wie auf die Aussteuerung konjunktureller Fehlentwicklungen und die Regelung politisch nicht tragbarer Folgen ungesteuerter Marktprozesse durch sozialstaatliche Maßnahmen.

Berücksichtigt man diese Funktion bzw. Tätigkeiten, so wird schnell deutlich, daß hier weder eine Orientierung an traditionellen Dienst- und

Pflichtbegriffen noch eine bloß instrumentelle Identifikation zu einer angemessenen Rollenausführung führen können. Was hier hingegen benötigt wird, ist ein nach fachlichen Qualitätsmaßstäben vorgenommener Rollenvollzug. Wegen der Vielzahl an situativen Bezügen lassen sich diese Maßstäbe allerdings nicht schon durch gesetzliche Bestimmungen oder Rollenvorschriften festlegen, sondern sind in die Rollenausführung eben doch nur als personenabhängige Merkmale, wie etwa spezialisiertes Fachwissen und hohe Leistungsmotivation, einzubringen. Aus subjektiver Sicht betrachtet geht es hier vor allem um die Bereitschaft, den Aufgabenvollzug als eine Situation wahrzunehmen, in der es fachliche Standards der Leistungserbringung zu verwirklichen gilt.

Solche Einstellungen zur Berufsarbeit sind in aller Regel von professionellen Orientierungen abhängig, die sich ihrerseits vorzugsweise nur im Rahmen einer speziellen berufsbezogenen Sozialisation, einer vergleichsweise stark „verwissenschaftlichen" Ausbildung vermitteln lassen.[53] Im Rahmen einer solchen Ausbildung werden zunächst spezielle Gütemaßstäbe der Leistungserbringung ebenso vermittelt wie systematisches Fachwissen und Methoden, mit denen sich anders als im Fall juristischer Entscheidungstechniken auch bewußt die Folgen bestimmter Maßnahmen oder Handlungen kalkulieren lassen.[54] Zum anderen werden mit einer solchen Ausbildung vergleichsweise stärker ursprüngliche Bedürfnisse, wie etwa Neugierdedrang, Funktionslust und Fähigkeitsgefühl angesprochen. Die Möglichkeit, solche Bedürfnisse zu befriedigen, stärkt bekanntlich die Motivation, sich mit der eigenen Ausbildung zu identifizieren bzw. sich auch als Mitglied einer speziellen Berufsgruppe zu empfinden. Indem hier stärkere „Ich-Bezüge" hergestellt werden, können sich damit zudem verbesserte Möglichkeiten zu einer gelungenen Identitätsbildung in der Berufsarbeit einstellen. Allerdings bedarf es dazu auch einer veränderten Gestaltung der Arbeitsplätze, vor allem für die unteren Laufbahngruppen.

Eine stärkere Professionalisierung des öffentlichen Dienstes löst zwar ihrerseits wiederum einige bedenkliche Folgewirkungen aus. So können sich mit einer stärkeren Orientierung an fachspezifischen Ausbildungsinhalten erneut Kontroll- und Loyalitätsprobleme einstellen, darüber hinaus das (unter herrschaftssoziologischen Gesichtspunkten) gravierendere Problem einer zunehmenden „Laiisierung" des Publikums infolge einer Verbesserung des Expertenstatus öffentlicher Bediensteter.[55] Zum anderen ist allerdings zu berücksichtigen, daß die Professionalisierung der Ausbildung die einzig funktionierende Methode ist, um Qualitätsmaßstäbe in der Persönlichkeitsstruktur zu verankern und Leistungskontrollen im Sinne informeller Kollegenkontrollen einzurichten.

Bei Abwägen der Vor- und Nachteile ist in diesem Zusammenhang zudem zu berücksichtigen, daß der Staat im Zeichen eines enger werdenden Ressourcenrahmens und qualitativ veränderter gesellschaftlicher Problemlagen gerade was den „Gebrauchswert“ seines Handelns anbetrifft zunehmend unter Legitimationsdruck gerät. Daher ist auch heute weniger umstritten, daß man insgesamt gesehen zu einer stärkeren Professionalisierung der Verwaltungsausbildung (Verwaltungsreferendariat; Fachhochschulausbildung) zu kommen hat; problematischer erscheint vielmehr die Tendenz, daß man (bei nicht abgelegten Ängsten vor Kontrollverlusten) durch eine „Bürokratisierung“ einschlägiger Ausbildungsgänge wieder traditionelle Methoden der „Amtserziehung“ einführt und somit von vornherein den denkbaren Nutzen der Professionalisierung schmälert.

Anmerkungen

[1] Die hier gemachten Unterscheidungen gehen naturgemäß zurück auf Max Weber, Wirtschaft und Gesellschaft. Tübingen 1976, 1. und 2. Halbband, S. 122 ff. und S. 548 ff.

[2] Vgl. dazu etwa Michael Th. Greven / Bernd Guggenberger / Johano Strasser, Krise des Staates?, Zur Funktionsbestimmung des Staates im Spätkapitalismus, Darmstadt/Neuwied 1975.

[3] Grundlegend hierzu Renate Mayntz, Max Webers Idealtypus der Bürokratie und die Organisationssoziologie, in: dieselbe (Hrsg.): Bürokratische Organisation. Köln/Berlin 1968, S. 27 ff.

[4] Vgl. hierzu umfassend Sachverständigenanhörung zu Ursachen einer Bürokratisierung in der öffentlichen Verwaltung sowie zu ausgewählten Vorhaben zur Verbesserung des Verhältnisses von Bürger und Verwaltung am 19. und 20. Januar 1980 in Bonn, Teil A und B, hrsg. vom Bundesminister des Innern. Bonn 1980.

[5] Vgl. dazu die Berichte von Hans Günther Dehe, Möglichkeiten und Grenzen einer Entbürokratisierung, in: Die Öffentliche Verwaltung, Heft 3/1980, S. 76 ff. sowie Klaus Rabe, Bürokratie-Vorwurf und Verpflichtung, in: Deutsche Verwaltungspraxis, Heft 7/1980, S. 133 ff.; und zu einer stärkeren theoretischen Durchdringung Hellmut Wollmann (Hrsg.): Politik im Dickicht der Bürokratie. Beiträge zur Implementationsforschung, Opladen 1980.

[6] Vgl. hierzu Heinrich Siedentopf/Rainer Koch, Strategien der Verwaltungsreform – Grenzen und Möglichkeiten der Rationalisierung öffentlicher Verwaltungen, in: K. Krüger/G. Rühl/K. J. Zink (Hrsg.), Industrial Engineering und Organisationsentwicklung im kommenden Dezenium, Darmstadt 1979, S. 319 ff.

[7] Vgl. hierzu insbesondere Renate Mayntz, Regulative Politik in der Krise?, in: Joachim Matthes (Hrsg.): Sozialer Wandel in Westeuropa. Frankfurt a. M. 1979; sowie dieselbe (Hrsg.), Implementation politischer Programme, Meisenheim 1980.

[8] Beispielhaft hierfür Ulrich Lohmar, Staatsbürokratie, Das hoheitliche Gewerbe. München 1978; teilweise in die gleiche Richtung gehend Frido Wagener: Der öffentliche Dienst im Staat der Gegenwart, VVDStRL 37 (1979).

[9] Vgl. Studienkommission für die Reform des öffentlichen Dienstrechts, Bericht der Kommission, Baden-Baden 1973.

[10] Hierzu beispielhaft Friedhart Hegner, Das bürokratische Dilemma, Zu einigen unauflöslichen Widersprüchen in den Beziehungen zwischen Organisation, Personal und Publikum, 1978.

[11] Vgl. R. Albrecht/E. Reichgeld/J. Ockel, Publikumsbezogenes Verwaltungshandeln als Gegenstand von Aus- und Weiterbildungsveranstaltungen öffentlicher Bediensteter, in: Staats- und Kommunalverwaltung 1976, S. 105 ff.; mit veränderter Sichtweise Rainer Koch, Ansatzpunkte zu einem Training bürgerfreundlicher Verhaltensweisen, in: Verwaltungsrundschau, Heft 10/1980, S. 337 ff.

[12] Hierzu Robert K. Merton, Bürokratische Struktur und Persönlichkeit, in: Renate Mayntz (Hrsg.): Bürokratische Organisation, Köln/Berlin 1968, S. 265 ff.

[13] Hierzu zusammenfassend Horst Bosetzky, Selbstverständnis und Ansehen des öffentlichen Dienstes, in: Das Dilemma des öffentlichen Dienstes, hrsg. von Eberhard Laux, Bonn 1978, S. 105 ff.

[14] Vgl. grundlegend hierzu Helmut Klages/Peter Kmieciak (Hrsg.), Wertwandel und gesellschaftlicher Wandel. Frankfurt 1979; zum bürgerlichen Berufsethos wieder Max Weber, Asketischer Protestantismus und kapitalistischer Geist, in: Max Weber – Soziologie/Weltgeschichtliche Analysen/Politik, hrsg. v. J. Winckelmann, Stuttgart 1961, S. 357 ff.

[15] Zu den unterschiedlichen Formen der Rollenübernahme (mit ihren Konsequenzen für die Rollenausführung) vgl. Wolfgang Lempert, Leistungsprinzip und Emanzipation. Frankfurt a. M. 1971, insbesondere S. 199 ff. Vgl. dazu auch die unterschiedlichen „Motivationsbasen“ organisatorisch notwendigen Verhaltens bei Daniel Katz, Die motivationale Grundlage organisationalen Verhaltens, in Klaus Türk (Hrsg.): Organisationstheorie. Hamburg 1975, S. 193 ff.

[16] Ein Überblick dazu bei Carl Böhret/Marie Therese Junkers, Führungskonzepte für die öffentliche Verwaltung, Stuttgart 1976.

[17] Diese Einschätzung setzt sich zunehmend in betriebs- und industriesoziologischen Arbeiten durch, vgl. etwa Günter Wiswede, Motivation und Arbeitsverhalten, München 1980, S. 17.

[18] Zu den Unterscheidungen vgl. insbesondere Niklas Luhmann, Funktionen und Folgen formaler Organisation, Berlin 1964, S. 60 ff.

[19] Grundlegend Thomas Ellwein/Ralf Zoll, Berufsbeamtentum, Anspruch und Wirklichkeit, Düsseldorf 1973, S. 65 ff.

[20] Vgl. die Auseinandersetzungen bei Franz Ronneberger / Udo Rödel / Jürgen Walchshöfer, Der häßliche Beamte, Godesberg 1975.

[21] Vgl. hierzu Günter Wiswede, Motivation und Arbeitsverhalten, a. a. O., S. 9 ff.

[22] Auf die Verbreitung instrumenteller Orientierungen und die Neigung zur Privatisierung wird schon sehr frühzeitig von industriesoziologischen Studien (allerdings im Rahmen der Auseinandersetzungen um die Verbürgerlichungs-These) hingewiesen; vgl. hierzu Karl W. Hörning (Hrsg.), Der „neue“ Arbeiter, Zum Wandel sozialer Schichtstrukturen, Frankfurt a. M. 1971, insbesondere S. 9 ff.

[23] Vgl. hierzu allgemein Joachim Raschke, Politik und Wertwandel in den westlichen Demokratien, in: Aus Politik und Zeitgeschichte, B 36/80, 6. September 1980, S. 23 ff.; zu dem Versuch, diesen Wertwandel mit Hilfe wachstumstheoretischer

Motivationsmodelle zu erklären vgl. Ronald Inglehart, Wertwandel in den westlichen Gesellschaften: Politische Konsequenzen von materialistischen und postmaterialistischen Prioritäten, in: Helmut Klages/Peter Kmieciak (Hrsg.), Wertwandel und gesellschaftlicher Wandel, a. a. O., S. 279 ff.

[24] Zum kalkulierten Leistungsverhalten als eine spezielle Form der rollenmäßigen Einbindung in ein Sozialsystem vgl. A. Etzioni, A Comparative Analysis of Complex Organizations, Glencoe 1961.

[25] Zu dieser Auseinandersetzung vgl. Karl Otto Hondrich, Der Wohlfahrtsstaat und die Konstitution sozialer Probleme, in: Joachim Matthes (Hrsg.), Sozialer Wandel in Westeuropa, a. a. O., S. 791 ff.

[26] Pointiert kritisch in diesem Zusammenhang Helmut Schelsky, Der selbständige und der betreute Mensch, Frankfurt a. M. 1978, insbesondere S. 36.

[27] Den folgenden Zusammenhängen wurde insbesondere nachgegangen bei Peter Großkurth, Berufliche Sozialisation als entscheidende Grundlage der Persönlichkeitsentwicklung, in: derselbe (Hrsg.), Arbeit und Persönlichkeit: Berufliche Sozialisation in der arbeitsteiligen Gesellschaft, Reinbek/Hamburg 1979, S. 7 ff.

[28] Für die öffentliche Verwaltung zu diesem Punkt Joachim Nocke, Bürgernähe als Qualifikationsproblem? Theoretische Voraussetzungen eines neuen Lernziels, in: Wolfgang Hoffmann-Riem (Hrsg.), Bürgernahe Verwaltung?, Neuwied/Darmstadt, S. 113 ff.

[29] Zu diesen allgemeinen Folgen Wolfgang Lempert, Zur theoretischen und empirischen Analyse der Beziehungen zwischen Arbeit und Lernen, in: Peter Großkurth (Hrsg.), Arbeit und Persönlichkeit, a. a. O., S. 87 ff.

[30] Zum übergeordneten Zusammenhang Friedhelm Neidhart, Strukturbedingungen und Probleme familialer Sozialisation, in: Dieter Claessens/Petra Milhoffer (Hrsg.), Familiensoziologie, Königstein 1980, S. 281 ff.; sowie Wilfred Gottschalch/Marina Neumann-Schönwetter/Günther Sonkup, Sozialisationsforschung. Frankfurt a. M. 1971, insbesondere S. 87 ff.

[31] Hierzu auch Dritter Familienbericht, Bericht der Sachverständigenkommission der Bundesregierung, Deutscher Bundestag, Drucksache 8/3121, 20. 8. 79, inbesondere S. 96.

[32] Zu ersten Untersuchungen, die an diesem Punkt ansetzen, vgl. Rainer Döbert/Gertrud Nunner-Winkler, Adoleszenzkrise, moralisches Bewußtsein und Wertorientierungen, in: Klaus Hurrelmann (Hrsg.), Sozialisation und Lebenslauf, Reinbek bei Hamburg 1976, S. 171 ff.

[33] Hierzu die Beiträge in Helga Häsing/Herbert Stubenrauch/Thomas Ziehe (Hrsg.), Narziß – Ein neuer Sozialisationstypus? Bensheim 1979.

[34] Eine Zusammenfassung einschlägiger Untersuchungen bei Horst Bosetzky/Peter Heinrich, Mensch und Organisation, Aspekte bürokratischer Sozialisation, Köln 1980, S. 18 ff.; und speziell zur Frage, inwieweit man der Arbeit noch aus einer persönlich empfundenen Berufung nachkommt Peter Heinrich, Einflüsse von Ausbildung und Praxis auf das berufliche Selbstverständnis von Verwaltungsangehörigen, in: Verwaltungsrundschau, 10/1979, S. 328–332.

[35] Zu diesem Unterschied Niklas Luhmann, Reform des öffentlichen Dienstes: Zum Problem ihrer Probleme, in: derselbe, Politische Planung, Opladen 1971, S. 203 ff.

[36] Ein erster umfassender Versuch ist in der Arbeit von Horst Bosetzky/Peter Heinrich, Mensch und Organisation, a. a. O. zu sehen.

[37] Zur Einschätzung dieses Systems vgl. Rainer Koch, Dienstrechtsreform und Leistungsbereitschaft, Zur Wirkungsweise eines leistungsbezogenen Anreiz- und Belohnungssystems, in: Hans Wolfgang Hoefert/Christoph Reichard (Hrsg.), Leistungsprinzip und Leistungsverhalten im öffentlichen Dienst, Stuttgart 1979, S. 200 ff.

[38] Hierzu wieder Horst Bosetzky, Selbstverständnis und Ansehen des öffentlichen Dienstes, a. a. O.; und nochmals stark pointiert Ulrich Lohmar, Staatsbürokratie – das hoheitliche Gewerbe, in: Der junge Beamte, Juni 1980, S. 14 ff.

[39] Zu diesen Zusammenhängen Robert Fischer, Bleibt die Humanisierung vor der Tür?, Zur Rationalisierung von Büroarbeiten, in: VOP, 3/1980, S. 170 ff.; sowie insbesondere zu den „Größenordnungen", mit denen zu rechnen ist, vgl. Gerd Pflaumer, Organisatorische Probleme bei der Einführung von Bildschirmarbeit in der öffentlichen Verwaltung, in: VOP, 2/1981, S. 100 ff.

[40] Vgl. etwa Klaus Dammann, Rationalisierung der Sozialarbeit, in: Jahrbuch der Sozialarbeit, Reinbek bei Hamburg 1977/78 sowie Klaus Grimmer/Klaus Lenk, Datenverarbeitung und Rationalisierung in der Steuerverwaltung, Ein Projektbericht, in: Carl Böhret (Hrsg.), Verwaltungsreformen und Politische Wissenschaft, Baden-Baden 1978, S. 141 f.

[41] Vgl. hierzu etwa Heinz Heckhausen, Motive und ihre Entstehung, in: F. E. Weinert et. al., Pädagogische Psychologische, Funk-Kolleg 14, Frankfurt a. M. 1974, Bd. 1, S. 151.

[42] Hierzu grundlegend Ulrich Beck/Michael Brater/Hansjürgen Daheim, Soziologie der Arbeit und der Berufe, Reinbek bei Hamburg, 1980, S. 206/207.

[43] Hierzu Hans-Eberhard Meixner, Ergebnisorientierte Zielsetzung im Personalwesen, Ziel- und ergebnisorientiertes Verwaltungshandeln, Sonderheft 4, Verwaltung und Fortbildung, Bonn 1979, S. 203 ff.

[44] Vgl. Robert Presthus, Individuum und Organisation, Typologie der Anpassung, Frankfurt a. M. 1962, insbesondere S. 208 ff.

[45] Zu diesem Begriff vgl. Chester I. Barnard, Die Führung großer Organisationen, in: Günter Büschges (Hrsg.), Organisation und Herrschaft, Reinbek bei Hamburg 1976, S. 156 ff.

[46] Hieran zeigt sich naturgemäß auch der Einfluß der Organisationspsychologie und der betriebswirtschaftlichen Führungslehre, vgl. etwa Lutz von Rosenstiel, Grundlagen der Organisationspsychologie. Stuttgart 1980, S. 270 ff.; sowie Claus Steinle, Führung, Grundlagen, Prozesse und Modelle der Führung in der Unternehmung. Stuttgart 1978, insbesondere S. 39 ff.

[47] Vgl. hierzu insbesondere Klaus Seemann, Abschied von der klassischen Ministerialverwaltung, München 1978, S. 47 ff.

[48] Entsprechende Reaktionen zeigen sich naturgemäß bei Organisationsänderungen; zu einem einschlägigen Bericht aus der Praxis vgl. Gotthard Scholz, Voraussetzungen für Organisationsentwicklung in der öffentlichen Verwaltung, in: Friedrich Glasl (Hrsg.), Organisationsentwicklung in der öffentlichen Verwaltung (im Erscheinen).

[49] Zu einer entsprechenden analytischen Unterscheidung zwischen „geschlossenen"

und „offenen" Rollen vgl. Joachim Nocke, Wissen in der Organisation, Berlin 1980, S. 82 ff.

[50] Umfassend zur Identitätsbildung Lothar Krappmann, Soziologische Dimensionen der Identität, Stuttgart 1972.

[51] Zu dem dabei auftretenden Problem der subjektiv empfundenen Regelbindung Renate Mayntz, Soziologie der öffentlichen Verwaltung, Karlsruhe 1978, S. 115 ff.

[52] In diesem Zusammenhang taucht natürlich immer wieder das Problem auf, inwieweit mit einer Erklärung des Wachstums öffentlicher Aufgaben zugleich bestimmt werden kann, welche Aufgaben der Staat zu übernehmen hat; vgl. dazu generell Wolfgang Schluchter, Ansätze zur Bestimmung der Staatsfunktionen und ihre Folgen für die Konzeption des Verwaltungshandelns, in: Zwischenbilanz der Soziologie. Verhandlungen des 17. Deutschen Soziologentages, Stuttgart 1976, S. 341 ff.

[53] Generell zur Frage der Professionalisierung Hansjürgen Daheim, Der Beruf in der modernen Gesellschaft, Köln 1964, insbesondere S. 34 ff.

[54] Zur Frage der dabei zu vermittelnden fachspezifischen Inhalte vgl. Klaus König, Entwicklungen der beruflichen Qualifikationen in der öffentlichen Verwaltung, in: Antworten der öffentlichen Verwaltung auf die Anforderungen der heutigen Gesellschaftssysteme, hrsg. v. Hans Joachim von Oertzen, Bonn 1980, S. 97 ff.; sowie umfassend Joachim Nocke, Wissen in der Organisation, Berlin 1980.

[55] Zu diesen Folgewirkungen Wolfgang Schluchter, Aspekte bürokratischer Herrschaft, München 1972, S. 145 ff.

Die Funktionen des Beförderungssystems im öffentlichen Dienst*

Renate Mayntz

1. Funktionsarten des Beförderungssystems

Die Überlegungen der *Studienkommission für die Reform des öffentlichen Dienstrechts* berühren unter anderem auch das Beförderungssystem, worunter hier der ganze Komplex von gesetzlichen Bestimmungen, Einrichtungen und Verfahrensweisen verstanden werden soll, der die Aufwärtsbewegungen von öffentlichen Bediensteten in der Stufenleiter der Ämter und Besoldungsgruppen bestimmt. Will man das bestehende Beförderungssystem reformieren, dann muß man erst seine Mängel und deren Ursachen feststellen. Dazu aber muß man einen Maßstab haben. Dieser Maßstab sind die Funktionen, die das Beförderungssystem für die öffentliche Verwaltung erfüllen soll, um ihre Leistungsfähigkeit zu gewährleisten. (Neben der Leistungsfähigkeit der öffentlichen Verwaltung gibt es andere Bezugspunkte einer Dienstrechtsreform, die hier jedoch außer Betracht bleiben.)

Das *Beförderungssystem* in der öffentlichen Verwaltung soll zwei zentrale Funktionen erfüllen:

- Es soll erstens gewährleisten, daß höhere Positionen so besetzt werden, daß eine optimale Übereinstimmung zwischen Tätigkeitsanforderungen einerseits und den Merkmalen von Positionsinhabern andererseits besteht; dies ist die *Auswahlfunktion.*
- Zweitens soll das Beförderungssystem die Bediensteten zu einem anforderungsgerechten Verhalten motivieren; dies ist die *Anreizfunktion.*

Unterscheidet man zwischen den beiden heute gebräuchlichen Formen der Beförderung, nämlich mit und ohne gleichzeitigen Positionswechsel (Wechsel des Dienstpostens), dann läßt sich vorab feststellen, daß die Auswahlfunktion ausschließlich für Beförderungen mit Positionswechsel, die Anreizfunktion dagegen für beide Beförderungsarten gilt.

2. Theoretische Prämissen

Jede der beiden Funktionen beruht auf einer bestimmten theoretischen Annahme über die Bestimmung menschlichen Verhaltens. Die *Auswahlfunk-*

tion beruht auf der Annahme, daß das Verhalten eines Positionsinhabers durch relativ überdauernde, d. h. mehr oder weniger situationsunabhängige Merkmale bestimmt wird. Zu diesen Merkmalen zählen die erworbenen Kenntnisse und Fähigkeiten, die als Verhaltensdispositionen wirkenden Persönlichkeitsmerkmale, Werthaltungen und Einstellungen. Diese Merkmale können bereits vor Eintritt in die öffentliche Verwaltung vorhanden gewesen sein, sie können aber auch dort über längere Zeiträume hinweg ausgebildet worden sein. Soweit derart überdauernde Merkmale tatsächlich verhaltensbestimmend sind, läßt sich das Verhalten künftiger Positionsinhaber unmittelbar durch eine Auslese nach entsprechenden Merkmalen steuern. Personalpolitische Auswahlentscheidungen basieren ganz offensichtlich auf der Annahme eines solchen Zusammenhangs – sogar so weit, daß man versucht, durch Personalpolitik, also entsprechende Stellenbesetzungen, inhaltliche Entscheidungsprämissen etwa für die gesetzes- und planungsvorbereitende Tätigkeit in einem Ministerium zu setzen.
Nun wird allerdings konkretes Verhalten nicht nur durch relativ überdauernde, bei Übernahme einer Position schon vorhandene Persönlichkeitsmerkmale bestimmt, sondern gleichfalls – und vielleicht sogar in größerem Umfang – durch die Reaktion auf Situationsmerkmale. Dazu gehören einmal die manifesten, also absichtlich als solche eingesetzten Anreize, zum anderen aber auch Situationsmerkmale, die nicht als Anreiz gemeint sind, obwohl sie manchmal so wirken; also z. B. der Führungsstil, die Art der ausgeübten Kontrolle, der Umfang des Mitbestimmungsrechts u. a. m. Auf diesem Zusammenhang, der Verhaltensbestimmung durch situationsspezifische Anreize, beruht die zweite Funktion des Beförderungssystems.
Die beiden skizzierten Modelle der Verhaltensbestimmung sind, in verallgemeinerter Form, geläufige Bestandteile sozialwissenschaftlicher Theorie und ließen sich z. B. leicht auf Begriffsdimensionen wie PARSONS Unterscheidung von expressiver bzw. konsumatorischer und instrumenteller Orientierung oder Alfred SCHÜTZ Trennung der Weil-Motive von den Um-zu-Motiven orten. Theoretisch würden die beiden Modelle nur dann in Widerspruch zueinander stehen, wenn man *exklusive* Geltung für eins von ihnen beanspruchte. Tatsächlich sieht man in den beiden Modellen eher alternative und sich so gegenseitig ergänzende Erklärungsschemata; das Verhalten von Positionsinhabern wird also sowohl durch situationsspezifische Anreize wie durch mitgebrachte Persönlichkeitsmerkmale bestimmt. Dagegen können, wie zu zeigen sein wird, die beiden auf diesen verhaltensbestimmenden Mechanismen beruhenden Funktionen des Beförderungssystems sehr wohl miteinander in Widerspruch geraten.
Zunächst fragt sich, wie man das Maß der Erfüllung der beiden unterschiedenen Funktionen durch das gegenwärtige Beförderungssystem möglichst objektiv feststellen kann. Hier tauchen die ersten Schwierigkeiten auf. Um

festzustellen, wie weit die Auswahlfunktion erfüllt wird, müßte man das Ausmaß der Übereinstimmung zwischen Positionsanforderungen und Merkmalen von Positionsinhabern ermitteln. Über die dafür notwendigen Instrumente – auf Dienstposten bezogene Anforderungsprofile und auf Personen bezogene Eignungsprofile – verfügen wir heute noch nicht; sie lassen sich aber prinzipiell entwickeln. Problematischer ist die direkte Messung des Erfüllungsgrades der Anreizfunktion. Die Funktionserfüllung liegt hier, wie gesagt, in einem durch die Hoffnung auf Beförderung motivierten, anforderungsgerechten Verhalten. Ob das Verhalten anforderungsgerecht ist, ließe sich noch empirisch feststellen, nicht jedoch, wie weit das gerade auf die Anreizwirkung von Beförderung beruht – da ja eben konkretes Verhalten immer durch viele zusammenwirkende Faktoren bestimmt wird.
Selbst wenn man den Grad der Funktionserfüllung objektiv messen könnte, wüßte man allerdings noch nicht, woran eine etwaige Abweichung von dem optimalen Erfüllungsniveau liegt. Um das feststellen zu können, muß man erst die einzelnen Voraussetzungen der Funktionserfüllung kennen und prüfen, wie weit *sie* erfüllt sind. Gerade eine Untersuchung, die empirische Entscheidungsgrundlagen für Reformvorschläge liefern soll, wird also schon aus diesem Grunde bei den *Voraussetzungen* der Erfüllung der beiden Funktionen des Beförderungssystems ansetzen. Aus der Erfüllung der Voraussetzungen kann man dann auch auf den Grad der Funktionserfüllung rückschließen, ohne ihn unmittelbar gemessen zu haben.

3. Die Auswahlfunktion

Die erste, offensichtlichste Voraussetzung für die Erfüllung der Auswahlfunktion liegt bei den Kriterien und Verfahren der Auslese zur Beförderung, die die Auswahl des Geeignetsten ermöglichen müssen; „ermöglichen", nicht unbedingt „gewährleisten", denn es kann durchaus sachlich gerechtfertigt sein, im konkreten Einzelfall einmal nicht den objektiv Geeignetsten zu nehmen, z. B. wenn man damit die Arbeitsfähigkeit der ihn abgebenden Einheit gefährden würde.
Nach allgemeiner Übereinstimmung entsprechen die gegenwärtigen *Kriterien* und Verfahren der Auslese den Anforderungen nicht voll. Uneins ist man sich nur über das Maß der Unzulänglichkeit. Die Kritik am gegenwärtigen Zustand richtet sich dabei weniger gegen die bestehenden formalen Kriterien als solche, als vielmehr gegen ihre ungleiche Objektivierbarkeit. So geben etwa die mit dem Lebensalter oder mit dem Dienstalter zusammenhängenden formalen Kriterien eindeutige Maßstäbe ab und werden deshalb,

sofern nicht Ausnahmen genehmigt werden, auch generell eingehalten. Diese und andere formale Kriterien schränken an sich schon die Geltung der Gesichtspunkte „Eignung, Befähigung und fachliche Leistung" ein. Sie tun das aber um so wirkungsvoller, als gerade sie kaum in Form objektiver Maßstäbe operationalisiert sind. Die fehlenden objektiven Maßstäbe schaffen einen relativ großen Ermessensspielraum, innerhalb dessen dann entweder unsichere Ersatzkriterien oder überhaupt nicht leistungsbezogene Gesichtspunkte die Entscheidung bestimmen können. Wie weit das geschieht, ließe sich durch eine – schwer auf repräsentativer Basis durchführbare – Analyse konkreter Auswahlentscheidungen, ersatzweise und indirekt über einen Vergleich der schnell und weit mit den langsamer und weniger weit Beförderten ermitteln. Auf die praktischen Probleme bei der allgemein als nötig anerkannten Objektivierung der Entscheidungsgrundlagen bei Beförderungen soll hier nicht eingegangen werden.

Eine zweite Voraussetzung für die Erfüllung der Auswahlfunktion durch das Beförderungssystem liegt in der Möglichkeit, häufig genug die Übereinstimmung von Positionsanforderungen und den Qualitäten des Positionsinhabers prüfen und gegebenenfalls durch eine Umbesetzung der Position wiederherstellen zu können. Diese Voraussetzung ist in der Praxis höchst mangelhaft erfüllt. Positionen können meist nur dann neu besetzt werden, wenn ihre bisherigen Inhaber aufsteigen oder ausscheiden. Das gilt in besonderem Maße für Behörden, die entweder relativ klein oder ohne größeren nachgeordneten Bereich sind. Reformstrategien liegen hier in der Verbesserung der Möglichkeiten zur Versetzung und zum Wechsel in niedrigere Positionen bzw. in der zeitlich befristeten Besetzung von leitenden Positionen. Dabei sind solchen Reformstrategien durch die Folgeprobleme, die sie aufwerfen, natürlich bestimmte Grenzen gezogen.

Weniger auf der Hand als die ersten beiden liegt eine dritte Voraussetzung für die Erfüllung der Auswahlfunktion. Wenn höhere Positionen durch Beförderung anstatt durch Rekrutierung von außen besetzt werden, wird das nur dann zu einer optimalen Übereinstimmung mit den Anforderungen führen, wenn die Eignung für die höhere Position *intern*, d. h. durch Erfahrung und Bewährung in einem niedrigeren Amt, besser zu erwerben ist als extern, z. B. durch eine andersartige Ausbildung oder Erfahrung in anderen Berufsbereichen.

Man muß sich in diesem Zusammenhang klarmachen, daß neben dem Beförderungssystem auch das Rekrutierungssystem dem Ziel einer optimalen Übereinstimmung zwischen den Positionsanforderungen und den Qualitäten der Positionsinhaber dient, und daß im Prinzip für jede freie Position die Besetzung von außen oder von innen eine echte Alternative darstellt. Am wenigsten gilt das natürlich für die untersten Positionen, aber selbst hier ist eine Neubesetzung von innen durch Abstieg im Einzelfall denkbar.

Die in unserem Beförderungssystem übliche Unterscheidung zwischen Eingangsämtern und Beförderungsämtern ist eine gewollte Einschränkung dieser Wahlfreiheit. Sie ist nur soweit funktionsgerecht, wie die Qualifikation für Beförderungsämter tatsächlich im allgemeinen intern besser zu erwerben ist als extern. Geprüft wird das jedoch im Einzelfall nicht, obwohl es mindestens immer dann durchaus fraglich erscheint, wenn eine Beförderungsposition Anforderungen stellt, die von denen der darunter liegenden Position *qualitativ* verschieden sind. So ist es z. B. die Frage, ob die Spezialistentätigkeit des Referenten im Kleinreferat wirklich eine bessere Vorbereitung auf die Führungsfunktionen der Abteilungsleitung ist als etwa eine Managertätigkeit außerhalb der Behörde.
Der Grund dafür, daß man Beförderungspositionen im allgemeinen für die Besetzung von innen reserviert, ist natürlich nicht mangelnde Einsicht in diese Problematik, sondern liegt vielmehr darin, daß die Erfüllung der *Anreiz*funktion des Beförderungssystems u. a. davon abhängt, daß Beförderungschancen für die Bediensteten überhaupt in nennenswertem Umfang zur Verfügung stehen. Von daher besteht ein Interesse daran, insbesondere die attraktiven höheren Positionen innerhalb jeder Laufbahngruppe für die Besetzung von innen zu reservieren. So wird die maximale Anpassung des Beförderungssystems an die *Auswahl*funktion durch die Notwendigkeit eingeschränkt, gleichzeitig die Anreizfunktion zu erfüllen. Die beiden Funktionen beruhen in diesem Punkt offenbar auf konfligierenden Voraussetzungen. Der Konflikt zwischen ihnen scheint stärker zugunsten der *Anreiz*funktion als der Auswahlfunktion entschieden worden zu sein – was verständlich ist, wenn man berücksichtigt, daß jede Verbesserung der Beförderungschancen im Eigeninteresse der Bediensteten liegt und von ihnen unterstützt wird. Ob das gleichzeitig im Interesse der Leistungsfähigkeit der öffentlichen Verwaltung ist, hängt davon ab, welche Bedeutung speziell die Anreizfunktion des Beförderungssystems für die Leistungsfähigkeit der öffentlichen Verwaltung besitzt.

4. Die Anreizfunktion

Die Anreizwirkung der Beförderung hängt zunächst einmal von der Bedeutung der Bedürfnisse ab, die der einzelne Bedienstete auf diesem Wege zu befriedigen hofft. So gesehen ist die *Anreizwirkung der Beförderung* groß, denn es sind mit ihr nicht nur wichtige extrinsische Belohnungen, wie ein höheres Einkommen, mehr Prestige und die Chance der Autoritätsausübung verbunden, sondern oft verspricht man sich vom Wechsel in höhere Positionen auch eine interessantere, befriedigendere Tätigkeit. Der Anreiz der

Beförderung liegt also auch in dem wichtigen Bereich der intrinsischen Motivation. Es fragt sich aber, *wozu* der Anreiz der Beförderung eigentlich motiviert, d. h. ob er wirklich ein Anreiz zu anforderungsadäquatem Verhalten, zu besserer Leistung ist. (Auf die Problematik des Leistungsbegriffs, speziell in der Anwendung auf die öffentliche Verwaltung, soll hier nicht eingegangen werden; der Begriff wird hier sehr abstrakt benutzt, wohl eingedenk der Probleme, die bei seiner konkreten Ausfüllung zu lösen wären.)

Prinzipiell kann nur das als Leistungsanreiz wirken, was speziell als Belohnung für gute Leistung gegeben wird. Was kann im öffentlichen Dienst in dieser Weise als Leistungsanreiz eingesetzt werden? Arbeitsplatzsicherheit und Versorgung, in sich überaus wichtige Anreize, sind eher an den Status als an ein bestimmtes Verhalten gebunden; sie können zum Eintritt in den öffentlichen Dienst und zum Verbleiben motivieren, aber kaum zu besonderer Leistung. Finanzielle Anreize wie Prämien oder Leistungszulagen gibt es nicht; Einkommenssteigerungen sind entweder an das Dienstalter gebunden – was wieder eher zum Bleiben als zur Leistung motiviert – oder an eine Beförderung. Beförderung ist also tatsächlich unter den heutigen Umständen derjenige Anreiz, der am ehesten speziell als Leistungsanreiz eingesetzt werden kann.

Aber wird er auch so eingesetzt? Je mehr sich die *Regelbeförderung* offiziell oder auch nur faktisch durchsetzt, je deutlicher eine Beförderung in der Wahrnehmung der Bediensteten eher „ersessen" als „verdient" wird, um so mehr wird auch dieser Anreiz zu einer an die Mitgliedschaft im öffentlichen Dienst, allenfalls an Status und Dienstalter geknüpften Belohnung und damit speziell als Leistungsanreiz mehr oder weniger unwirksam. Man wird nicht bestreiten können, daß es objektiv eine Tendenz in dieser Richtung gibt. Gerade hier spielt jedoch die subjektive Wahrnehmung eine ausschlaggebende Rolle. Das heißt, die Erfüllung der Anreizfunktion von Beförderung hängt entscheidend davon ab, daß die Bediensteten selbst einen engen Zusammenhang zwischen anforderungsgerechtem Verhalten und Beförderung wahrnehmen.

Ob sie das tun, ist eine empirisch zu beantwortende Frage. Zu vermuten ist – bei dem heutigen Entwicklungsstand der Instrumente für die Eignungs- und Leistungsmessung kaum verwunderlich –, daß kein besonders enger Zusammenhang zwischen Leistung und Beförderung gesehen wird. Die Folgen sind leicht abzusehen. Bei fehlenden objektiven Maßstäben wird das Urteil des unmittelbaren Vorgesetzten ein besonderes Gewicht bekommen; gleichzeitig wird dieses Urteil aber möglicherweise auf recht subjektiven Maßstäben beruhen. Selbst bei gutem Willen, Eignung und Leistung bei der Beurteilung zu honorieren, bleiben diese abstrakten Termini sehr unterschiedlich interpretierbar. So kann ein Vorgesetzter bona fide den unkritischen, loyalen und bienenfleißigen Mitarbeiter für „besser“ halten als seinen initiativenreichen, über neueste Methodenkenntnisse verfügenden und kritischen Kollegen. Gerade weil Beförderung ein so starker Anreiz ist, werden die Bediensteten sich bemühen, die „wirklichen“ Beurteilungs- und Beförderungskriterien herauszufinden – und dann ein entsprechendes Verhalten an den Tag legen; und das kann eben u. U. auch heißen, Kritik herunterzuschlucken, neue Einfälle für sich zu behalten, die fachliche Kompetenz des Vorgesetzten ungeprüft anzuerkennen und Leistung durch das Absitzen von Überstunden zu demonstrieren. Ein solches Verhalten steigert nicht unbedingt die Leistungsfähigkeit der öffentlichen Verwaltung; d. h. die beabsichtigte Anreizfunktion der Beförderung wird nicht erfüllt: der Anreiz wirkt zwar – aber nicht in der gewünschten Richtung.

Man kann diesen Gedankengang noch einen Schritt weiter verfolgen. Es wurde schon gesagt, daß die Erfüllung der Anreizfunktion u. a. auch davon abhängt, ob überhaupt ein gewisses Minimum an Beförderungsmöglichkeiten objektiv gegeben ist. Beförderung als seltenes Ausnahmeerlebnis für wenige kann kaum alle tagtäglich zur Leistung anspornen. Der Anfall an Beförderungsmöglichkeiten hängt von vielen Faktoren ab, so vom Stellenkegel, vom Wachstum der Verwaltung, vom Ausmaß externer Rekrutierung und von den gesetzlichen Regelungen, die die „Verweildauer“ der Inhaber von Spitzenpositionen in ihren Ämtern bestimmen – damit sind sowohl Mindestalterregeln bei Beförderungen berührt wie auch die Frage, ob Spitzenpositionen auf Zeit oder auf Dauer besetzt werden. Die starke Anreizwirkung von Beförderung bedingt zunächst eine Neigung unter den Bediensteten, alle Prozesse und Regelungen zu unterstützen, die das Reservoir an Beförderungsmöglichkeiten vergrößern. Aber nicht nur das. Für den Einzelnen hängt die Beförderungsmöglichkeit auch davon ab, ob gerade er in einer wachsenden Abteilung ist, ein aktuelles Sachgebiet bearbeitet oder mehr Untergebene bekommt. Solche strukturellen Faktoren sind für eine Beförderung im Einzelfall oft wichtiger als alle persönlichen Qualitäten. Unter diesen Umständen ist es ein völlig rationales Verhalten, wenn die Bediensteten versuchen, diese und ähnliche strukturelle *Beförderungsvoraussetzungen* zu manipulieren. Die Folgen davon aber sind Kampf um Kompetenzen, die Aufblähung des Apparates, die Erweiterung der Hierarchie durch Einschieben von Zwischenstufen und die Förderung von Projekten ohne sachliche Dringlichkeit. In die gleiche, für die Leistungsfähigkeit der öffentlichen Verwaltung sicher abträgliche Richtung wirkt die Tatsache, daß Behördenleitungen ihrerseits ganz ähnliche Strategien verfolgen, wenn sie organisatorische Entscheidungen aus personalpolitischen Erwägungen heraus treffen – z. B. Referate teilen oder neu einrichten, nur um die Zahl für die Einrichtung einer Unterabteilung zu erreichen – und das nur, weil man die Position des Unterabteilungsleiters braucht, um einen bestimmten Mann befördern zu können.

5. Schlußfolgerungen

Die Erörterung der Voraussetzungen für die Erfüllung der Auswahl- und der Anreizfunktion durch das gegenwärtige Beförderungssystem hat gezeigt, wo die Mängel liegen und wo man mit Reformüberlegungen einsetzen muß. Welche der beiden Funktionen unter den heutigen Bedingungen unzulänglicher erfüllt wird, läßt sich ohne genauere empirische Unterlagen schwer sagen. Es könnte sehr wohl sein, daß die Mängel im Bereich der Anreizfunktion größer sind, weil der Anreiz als solcher zwar stark ist, aber oft in die falsche Richtung wirkt.

Was die *Reformmöglichkeiten* betrifft, hat sich gezeigt, daß es einige gibt, die der besseren Erfüllung beider Funktionen gleichzeitig dienen können. Dazu gehören vor allem objektivere Verfahren zur Leistungs- und Eignungsfeststellung. Sie würden einerseits die Auswahl des je geeigneten Bewerbers erleichtern, gleichzeitig aber dazu führen, daß die Bediensteten Leistung und Beförderung enger miteinander verbunden sehen, der Beförderungsanreiz also auf anforderungsgerechtes Verhalten gelenkt wird. Leider wirken jedoch nicht alle Reformen des Beförderungssystems für seine beiden zentralen Funktionen gleicherweise positiv. Es gibt Bereiche, in denen die beiden Funktionen auf gegensätzlichen Voraussetzungen beruhen und die Verbesserung der einen daher eine Verschlechterung für die andere bedeutet – so etwa, wenn man um der Anreizfunktion willen auf die Maximierung von Beförderungsmöglichkeiten drängt und dadurch eventuell die optimale Erfüllung der Auswahlfunktion beeinträchtigt. An diesem Punkt ist die Unterscheidung zwischen Beförderungen mit und ohne Positionswechsel wichtig. Je enger nämlich eine Beförderung in rang- und besoldungsmäßiger Hinsicht an einen Positionswechsel gebunden wird, um so mehr muß die Beförderung unter dem Gesichtspunkt der Auswahlfunktion an der *Eignung* für die *zukünftige* Position orientiert sein. Je mehr das aber geschieht, um so weniger läßt sich Beförderung als *Belohnung* und damit als Anreiz für gute Leistung in der *gegenwärtigen* Position einsetzen und vice versa. Es fragt sich daher, ob man nicht Beförderungen mit Positionswechsel primär an den Erfordernissen der Auswahlfunktion ausrichten und die Erfüllung der Anreizfunktion stärker auf Beförderungen ohne Positionswechsel verlagern kann; eine solche Differenzierung wird unter dem Stichwort der „doppelten Hierarchie“ gelegentlich erörtert. Damit aber sind bereits konkrete Reformstrategien angesprochen, die hier nicht zur Diskussion stehen. Immerhin läßt sich aus den angestellten Überlegungen folgern, daß Pläne zu einer engeren Koppelung zwischen Positionswechsel und *Besoldungsaufstieg* mit Folgeproblemen rechnen müssen, die nicht übersehen werden dürfen. Umgekehrt sind aber auch einer weiteren Differenzierung der beiden Beförderungsarten unter dem Funktionsgesichtspunkt Grenzen gesetzt, weil der Anreiz von Beförderung eben nicht nur, oder auch nur überwiegend, im finanziellen Bereich liegt; wenn das so wäre, könnte das Problem durch ein System von Leistungszulagen einerseits und eine strikt an Eignungskriterien orientierte Besetzung aller Beförderungspositionen andererseits gelöst werden.

Anmerkung

* Wiederabdruck des gleichlautenden Aufsatzes aus: Die Öffentliche Verwaltung, März 1973, S. 149–153. Die Ausführungen sind theoretische Vorüberlegungen zu der empirischen Untersuchung von N. Luhmann, R. Mayntz: Personal im öffentlichen Dienst. Eintritt u. Karrieren, Baden-Baden 1973. Diese Überlegungen wurden in der hier publizierten Fassung anläßlich einer Veranstaltung zum 25jährigen Bestehen der Hochschule für Verwaltungswissenschaften in Speyer vorgetragen. Es wurde darauf verzichtet, das Vortragsmanuskript nachträglich in Richtung auf eine wissenschaftliche Abhandlung zu ändern und mit einem entsprechenden Fußnotenapparat zu versehen.

Beförderungskriterien in der öffentlichen Verwaltung

Wolfgang Pippke

1. Theoretischer Ansatz

1.1 Fragestellung

Wenn die in der öffentlichen Verwaltung zu beobachtenden Beförderungskriterien in den Kontext der Verwaltungsführung gestellt werden, so impliziert dies die Frage, inwiefern Beförderungen als personale Führungsmaßnahmen das Erreichen der Organisationsziele begünstigen bzw. behindern. Der Grad, in dem sie die Organisationsziele zu erreichen helfen, ist dann ein Maßstab zur Bewertung der in der Verwaltung herrschenden Beförderungskriterien. Dies ist der hier gewählte Ansatz: Den Organisationszielen, die im folgenden dargestellt werden, werden empirisch ermittelte Beförderungskriterien in der öffentlichen Verwaltung (2. Abschnitt) mit der Absicht gegenübergestellt zu ermitteln, ob die Kriterien den Zielen entsprechen (3. Abschnitt). Im 4. Abschnitt werden Beförderungen als Mittel der Verwaltungsführung aus der heutigen Sicht verringerter Aufstiegsmöglichkeiten beleuchtet. Die in der öffentlichen Verwaltung offenbar so brennende Frage nach Karriererezepten (vgl. Meixner 1979 b)) bleibt hier ausgespart.

1.2 Ziele von Verwaltungsorganisationen

Die Ziele einer Organisation[1] werden häufig in Sach- und Formalziele unterschieden (vgl. Grochla, S. 38 ff.). Ziele sind hierbei vorgestellte Organisationsergebnisse, die erwünscht sind (vgl. Türk, S. 87). Die *Sachziele* stellen die Arten der Dienstleistungen dar, die eine Verwaltungsorganisation produzieren soll. So sind z. B. die Sachziele des Landesamtes für Besoldung und Versorgung oder eines Verkehrsbetriebes verschieden voneinander, aber für sich genommen einheitlicher als die eines Ministeriums oder einer Bezirksregierung; deren Sachziele wiederum sind inhaltlich homogener als die einer Kommunalverwaltung. Die Sachziele bilden somit zusammen mit ihrer örtlichen Zuständigkeitsabgrenzung das wichtigste Identifikationskriterium für eine Verwaltungsorganisation. Will man Beförderungen unter dem Gesichtspunkt des Erreichens der Sachziele prüfen, ergeben sich zwei

Probleme: Erstens unterscheiden sich ja die Sachziele von Verwaltungsorganisation zu Verwaltungsorganisation, so daß daraus auch unterschiedliche Soll-Beförderungskriterien abzuleiten wären und eine verwaltungseinheitliche Analyse damit unmöglich wird. Zweitens wird das Sachziel streng arbeitsteilig verfolgt, so daß eine Ableitung von Soll-Beförderungskriterien aus ihm nicht sinnvoll ist. Man wird z. B. in einer Schuhfabrik (organisatorisches Sachziel: Schuhproduktion) nicht den zum Chef befördern, der am besten Schuhe fertigen kann. Aus beiden Gründen erscheinen die Sachziele für die Bewertung von Beförderungsvorgängen nicht zweckmäßig.

Bei den *Formalzielen*, denen Verwaltungsorganisationen folgen, ist dies einfacher, weil sie für sehr unterschiedliche Verwaltungsorganisationen in etwa gleicher Weise gelten. Unter Formalzielen sollen Maximen verstanden werden, die Entscheidungen in einer Organisation im Hinblick auf die auszuwählenden Handlungsmöglichkeiten bestimmen (vgl. GROCHLA, S. 41). Ohne auf Fragen der Zielbildung, des Zielwandels und der Zielbewertung hier einzugehen, können für die Organisationen der öffentlichen Verwaltung folgende Formalziele als wichtigste unterschieden werden:

a) *juristische:* Gem. Art. 20 Abs. 3 GG ist die Verwaltung an Recht und Gesetz gebunden. Sie soll in ihrem Handeln das Ziel verfolgen, Gesetze, Vorschriften, Satzungen, Ratsbeschlüsse, Rechtsprechung usw. zu beachten.
b) *ökonomische:*
   - Effizienz: Da jede Verwaltungsorganisation mit knappen Mitteln arbeitet (Geld und Zeit), soll sie diese so einsetzen, daß sie ihren Auftrag mit einem minimalen Einsatz erfüllen kann (Minimalprinzip).
   - Liquiditätssicherung: Die Verwaltungsorganisationen sollen ihre finanziellen Einnahme- und Ausgabeströme so steuern, daß sie ihre Aufgaben kontinuierlich erfüllen können.[2]
c) *politische:* Die Verwaltungsorganisationen sollen ihre gesetzlich festgelegten, die ihnen übertragenen und die ihnen von der Legislative zugewiesenen Aufgaben so erfüllen, daß Konflikte sowohl mit der gesetzgebenden als auch mit der rechtsprechenden Gewalt vermieden bzw. minimiert werden.
d) *soziologische:* Die Verwaltungsorganisationen sollen bestrebt sein, eine möglichst harmonische Beziehung zu ihrer gesellschaftlichen Umwelt, insbesondere zu ihrer Klientel, herzustellen bzw. aufrechtzuerhalten. Hierunter fallen auch die neuerlich verstärkten Bemühungen um mehr Bürgernähe der Verwaltung.
e) *psychologische*, insbesondere arbeitspsychologische: Die Verwaltungsorganisationen sollen eine hohe Leistungsmotivation und eine hohe Arbeitszufriedenheit ihrer Organisationsmitglieder anstreben. Hierunter fallen auch Maßnahmen zur Humanisierung der Arbeitswelt.

Diese Formalzielgruppen sind hier aus Gründen der Übersichtlichkeit getrennt; in Wirklichkeit überschneiden sie sich und sind nicht unabhängig voneinander.

1.3 Messung und Bewertung von Beförderungen

Wie läßt sich die *Wirkung von Beförderungsvorgängen* im Hinblick auf die Formalziele messen? Da es sich um mehrere Ziele handelt und nicht ausgeschlossen werden kann, daß eine Beförderung sich gleichzeitig auch auf mehrere Formalziele auswirken kann, könnte sie dann als erfolgreich angesehen werden, wenn die Summe der „Verbesserungen" (i. S. v. größerer Formalzielerreichung) größer wäre als die Summe der „Verschlechterungen" (bei allen anderen Zielen). Eine solche Bilanzierung setzt aber eine Operationalisierung der Formalziele in Form einer Kardinalskala voraus – eine solche kann aber vom Zielcharakter her nicht geleistet werden. In Abschätzung dieses Kriteriums könnte man formulieren, daß eine Beförderung dann erfolgreich ist, wenn mindestens ein Ziel besser erreicht wird und alle übrigen Ziele zumindest nicht schlechter erfüllt werden. Dies wäre auf der Basis von Ordinalskalen praktikabel, setzt aber voraus, daß der Beförderungsvorgang einerseits und feststellbare Verbesserung der Zielerreichung andererseits auch zurechenbar sind. Die Aussage „Seitdem der Beamte B. hier Amtsleiter ist, läuft der Laden wie geschmiert", beinhaltet zwar einen höheren Zielerreichungsgrad im ökonomischen und anscheinend auch im psychologischen Bereich und dürfte im Einzelfall auch durchaus plausibel sein, doch ist sie für eine exakte Bestimmung eines höheren Organisationserfolges aus dreierlei Gründen problematisch: Erstens kann der größere Erfolg des Amtes auch durch andere Faktoren (Mitarbeiter haben gewechselt, Personalvermehrung, bessere Arbeitshilfsmittel usw.) bedingt sein; er wird nur vordergründig dem neuen Amtsleiter zugerechnet. Zweitens müßte man, wenn die Auswirkungen der Beförderung des Beamten B. zum Amtsleiter für die gesamte Organisation untersucht werden sollen, auch die Folgebeförderungen in ihrer Wirkung erfassen und weiterhin fragen, welcher Effekt dadurch auftritt, daß der „gute" Beamte B. seinen bisherigen Dienstposten verlassen hat. Konsequent zu Ende gedacht, ist somit jede Beförderung mitsamt den zwangsläufig notwendigen Folgebestimmungen ein Optimierungsproblem für die gesamte Organisation, das aber aufgrund seiner Komplexität und der Entscheidungsunsicherheiten praktisch nicht lösbar ist.

Drittens muß der Zusammenhang mit den Beförderungskriterien kritisch erörtert werden. Läßt man die ersten beiden Gegenargumente außer acht, so könnte aus der obigen Aussage folgender Schluß gezogen werden: Bei der Auswahl von B. haben die Träger der Beförderungsentscheidung nach bestimmten Auswahlkriterien gehandelt. Da die Beförderung einen positiven Grenzertrag für die Organisation erbracht hat, werden die Auswahlkriterien, die der Beförderungsentscheidung zugrunde lagen, als Ursache für dieses Ergebnis interpretiert. Dennoch kommt dieser Interpretation für andere Beförderungsfälle weder ein generalisierender noch ein prognostischer Wert zu, denn die positive bzw. negative Wirkung von Beförderungsvorgängen und den ihnen zugrunde liegenden Kriterien entfaltet sich immer unter bestimmten Rahmenbedingungen und im Zusammenwirken mit anderen Faktoren.

Auch der Umweg über den für die Verwaltung kodifizierten *Leistungsgrundsatz*[3], wonach geprüft wird, ob Beförderungen „nach Eignung, Befähigung und fachlicher Leistung" erfolgt sind, stößt auf die gleichen Schwierigkeiten. Sie sind in der Literatur verschiedentlich erörtert worden (vgl. Fürstenberg, S. 126; Offe, S. 29 ff., S. 59 ff. und S. 94; Koch) – die Ergebnisse wirken „in bezug auf den Leistungsgedanken als Auswahlkriterium schlechterdings desillusionierend" (Luhmann, S. 214). Muß daher der Ansatz, Beförderungsvorgänge bewerten zu wollen, aufgegeben werden? Gewiß ist es schwierig bzw. unmöglich, die Auswirkungen einzelner Beförderungsvorgänge exakt messen zu wollen. Dies soll auch hier nicht versucht werden; statt dessen beschränke ich mich – bei einer Reduktion des Exaktheitsanspruches – auf eine allgemeine Bewertung der Beförderungskriterien, die in der Verwaltung dominieren, um Aussagen über das öffentliche Beförderungssystem als Ganzes zu treffen. Die Bewertung wird in der Weise vorgenommen, daß mit Hilfe plausibler Überlegungen geprüft wird, inwiefern die gefundenen Beförderungskriterien den dargestellten Organisationszielen zu entsprechen vermögen.

Ausgangspunkt für die Einschätzung der vorfindbaren vorherrschenden Beförderungskriterien in der öffentlichen Verwaltung sind die Möglichkeiten, mit Beförderungen die Organisationsziele zu verfolgen. Diese Frage wird mit drei Ansätzen geprüft:

a) Je höher sich eine Position in der Hierarchie einer Verwaltungsorganisation befindet, um so größer ist der Einfluß des Positionsinhabers auf die Erfüllung der Formalziele. Es sollten demnach bevorzugt solche Bedienstete auf höhere Positionen befördert werden, die Merkmale besitzen (= Beförderungskriterien), die einen Bezug zu den Formalzielen haben. Bei diesem Ansatz werden also die verwaltungsorganisatorischen Formalziele und die Beförderungskriterien unmittelbar konfrontiert.

b) Eine höhere Position beinhaltet in höherem Maße Führungsaufgaben (Planen, Steuern, Kontrollieren) als die jeweils unter ihr liegenden Positionen. Da Anforderungen an Führungswissen und -fähigkeiten bei jeder höheren Position immer stärker verlangt werden (vgl. Grochla, S. 64 ff.), sollen Aufsteiger solche hierarchieabhängigen Anforderungen auch bewältigen können. Können sie es nicht, wirkt sich dies dysfunktional in bezug auf die Organisationsziele aus. Bei diesem Ansatz werden also die Beförderungskriterien den hierarchieabhängigen Anforderungen gegenübergestellt.

c) Beförderungen haben neben ihrer organisatorischen auch eine personale Dimension, sie sind das wichtigste Anreiz- und Belohnungsmittel für die öffentliche Verwaltung (vgl. Bosetzky 1977). Dominante und weit verbreitete Beförderungskriterien beeinflussen das berufliche Verhalten der öffentlich Bediensteten. Zu prüfen ist, in welcher Weise dieses Verhalten beeinflußt wird und inwiefern das resultierende Verhalten im Sinne der Organisationsziele ist.

2. Die in der öffentlichen Verwaltung vorherrschenden Beförderungskriterien

2.1 Herkunft der Daten und Auswertung

Die in diesem Abschnitt dargestellten Ergebnisse sind meiner Arbeit über die Karrieredeterminanten in der öffentlichen Verwaltung entnommen (Pippke 1975). Analysegrundlage sind die Befragungsdaten von 2154 Beamten des höheren Dienstes und vergleichbaren Angestellten aus der Bundesverwaltung (37%), aus der Landesverwaltung Nordrhein-Westfalens (38%) und aus den Kommunalverwaltungen desselben Bundeslandes (25%). Die Daten wurden von der *Forschungsstelle für empirische Sozialökonomik* im Zuge einer Tätigkeitsfelduntersuchung der öffentlichen Verwaltung im Jahre 1971 erhoben (vgl. Brinkmann/Pippke/Rippe, insbesondere S. 44–50). Der *berufliche Aufstieg* – als Summe der erfahrenen Beförderungen – wurde in meiner Studie in zweierlei Hinsicht untersucht: Einmal galt das Erreichen von Spitzenpositionen als abhängige Variable, des weiteren der erfolgreiche Aufstieg innerhalb der Besoldungs- bzw. Vergütungshierarchie. Diesen beiden zu erklärenden Variablen wurden zahlreiche unabhängige Variable des Fragebogens gegenübergestellt: persönliche Merkmale der Befragten, Merkmale der Ausbildung, Berufsmerkmale, Merkmale der jetzigen Tätigkeit, Merkmale der intellektuellen Fähigkeiten und Persönlichkeitsmerkmale. Zur Auswertung wurden zwei statistische Verfahren herangezogen: Die Tree-analysis, die es gestattet, eine große Vielzahl von möglichen Einflußfaktoren überschaubar zu machen, indem diese hierarchisch nach ihrer Einflußstärke geordnet werden (vgl. Pippke 1975, S. 104 und 205 f.), und die Tabellenanalyse, durch die mögliche Interkorrelationen zwischen den unabhängigen Variablen erkannt und ausgeschaltet werden können.

2.2 Inhaber von Spitzenpositionen

Bei der Untersuchung der Inhaber von Spitzenpositionen wurden ihre Merkmale mit den Merkmalen derjenigen verglichen, die sonstige Linienpositionen innehatten, um aus den Unterschieden auf die wirksamen Beförderungskriterien zur Besetzung von Spitzenpositionen zu schließen. Als Inhaber von Spitzenpositionen wurden folgende Personengruppen definiert: alle Inhaber von Positionen auf der ersten Ebene (z. B. Oberfinanzpräsident, Oberstadtdirektor); Inhaber von Positionen auf der 2. Ebene, außer in den unteren staatlichen Behörden (z. B. Staatssekretär, Beigeordneter); Inhaber von Positionen auf der 3. Ebene, außer in den oberen und unteren staatlichen Behörden und in den Kommunalverwaltungen (z. B. Abteilungsleiter beim Regierungspräsidenten); Inhaber von Positionen auf der 4. Ebene nur noch in den obersten staatlichen Behörden (z. B. Gruppenleiter in einem Ministerium). Für alle Spitzenpositionen zusammen ergab sich die Besetzung von 277 Personen (13% der Stichprobe); sie wurden beim Merkmalsvergleich den Inhabern der niedrigeren Linienpositionen gegenübergestellt.

Als dominierend für das Erreichen von Spitzenpositionen haben sich nach eingehenden Analysen folgende Merkmale in folgender Reihenfolge der Einflußstärke herausgestellt:

1. *Hohes Alter bzw. Dienstalter.* Dies ist zum einen erklärlich, wenn man bedenkt, daß schon eine gewisse Berufszeit vergeht, bevor ein Beamter oder Angestellter auf eine Position unterhalb der Spitzenposition anlangt; zum anderen ist jedem Kenner der Verwaltungspraxis die Bedeutung des ADA (Allgemeines Dienstalter) bei Beförderungen bekannt (vgl. Meixner 1979 a). Das sogenannte Anciennitätsprinzip bringt einzelne Bedienstete über die „Ochsentour" bis in Spitzenpositionen.
2. *Juristisches Studium.* Die Bevorzugung der Juristen bei der Besetzung von Spitzenpositionen (qualitatives Juristenmonopol) ist auch durch die Personalstatistiken des öffentlichen Dienstes belegbar: Je höher die hierarchische Ebene in vergleichbaren Verwaltungsorganisationen, um so größer ist der Juristenteil (vgl. Brinkmann/Pippke/Rippe, S. 68 ff.). Zieht man allerdings die Altersverteilung bei der Analyse heran, so ist ein tendenzieller Abbau des qualitativen Juristenmonopols festzustellen. Durch die notwendige Öffnung der öffentlichen Verwaltung nach dem Kriege für andere als juristisch ausgebildete Akademiker müssen die Juristen mit entsprechenden Zeitverzögerungen zunehmend mit den Absolventen anderer Ausbildungsrichtungen bei der Besetzung von Spitzenpositionen konkurrieren.
3. *Mitgliedschaft in einer politischen Partei.* Gerade Spitzenpositionen werden in der Regel unter dem Aspekt der Parteizugehörigkeit besetzt. Hier erbrachte die Zeitvariable einen umgekehrten Einfluß als beim juristischen

Studium. Es zeigte sich nämlich, daß sich der Einfluß der Parteimitgliedschaft auf die Besetzung von Spitzenpositionen um so stärker bemerkbar machte, je jünger die befragten Dienstkräfte waren. Die Bedeutung dieses Beförderungskriteriums hat also deutlich zugenommen.

4. *Gute Note im 2. Staatsexamen.* Die Inhaber von Spitzenpositionen hatten im Durchschnitt bessere Noten im 2. Staatsexamen als die sonstigen Positionsinhaber. Dieser Einfluß ist allerdings schon deutlich schwächer als der der drei erstgenannten Einflußfaktoren.
5. *Abschluß eines Hochschulstudiums.* Die Bevorzugung der Juristen bei der Besetzung von Spitzenpositionen geschieht weitgehend auf Kosten der Nicht-Akademiker, also durch Benachteiligung der Aufstiegsbeamten aus dem gehobenen Dienst.
6. *Geschlecht.* Von den 277 Spitzenpositionen war nur eine einzige von einer Frau besetzt. Da die Frauen aber auch auf den tiefer gelegenen Positionen nur zu 5,1% vertreten waren, ist eine Einflußstärke hier schwierig abzuschätzen.

Alle anderen untersuchten Faktoren, wie die soziale Herkunft, die Konfession, die Schulnoten, Charaktereigenschaften usw. hatten keinen oder nur einen geringfügigen Einfluß auf die Möglichkeit, Spitzenpositionen zu besetzen.

2.3 Schnelle Aufstiege in der Hierarchie der Besoldungsstufen bzw. Vergütungsgruppen

Im zweiten Analyseteil des verwaltungseigenen Beförderungssystems ist der Aufstieg in der Hierarchie der Besoldungsstufen bzw. Vergütungsgruppen untersucht worden. Der Grundgedanke dieses Ansatzes ist der gleiche wie eben: Aus den Merkmalen der Erfolgreichen, durch die sie sich von den übrigen Befragten unterscheiden, wurde auf die für sie wirksamen Beförderungskriterien geschlossen. Bei der Konstruktion des *Erfolgsindikators* wurde als einheitlicher Ausgangspunkt das Jahr zugrunde gelegt, in dem die Befragten zum erstenmal die Besoldungsgruppe A 13 bzw. die Vergütungsgruppe BAT IIa innehatten (hierbei wurden die Jahre 1949 bis 1965 als Anfangsjahre berücksichtigt). Die von den Befragten für jede ihrer Berufsjahre angegebene Besoldungs- bzw. Vergütungsgruppe wurde linear durch die Zuordnung entsprechender Grundgehälter in eine Kardinalskala transformiert. Die transformierten Werte wurden für die Berufsdauer bis zum Befragungszeitpunkt kumuliert; dadurch wurde die Beförderungsgeschwindigkeit von Stufe zu Stufe bzw. die Verweildauer auf den einzelnen Gehaltsstufen mit berücksichtigt. Um die teilweise gravierende Entwicklung der *Stellenkegel*[4] ebenfalls zu berücksichtigen, wurden nur Personen mit gleichen Startjahren von A 13 bzw. BAT IIa verglichen. Dies geschah in der Weise, daß die Spannweite der Kumulationswerte in jeder Jahrgangsgruppe in sechs Intervalle mit gleicher Objektzahl geteilt wurde. Als die „Erfolgreichen" wurden in jeder Jahrgangsgruppe die beiden höchsten Kumulationswertgruppen definiert, die dann mit den restlichen Befragten verglichen wurden. Wird die zeitliche Veränderung der Stellenkegel (vgl. Pippke 1975, S. 211–220, sowie S. 145) als wichtige Rahmenbedingung für Besoldungsaufstiege nicht eliminiert, so „verschluckt" diese Variable durch ihre Dominanz weitgehend alle anderen Einflußfaktoren (vgl. die Ergebnisse bei Luhmann/Mayntz, S. 169). Die Tatsache, daß rund 60% der Spitzenpositionsinhaber auch zu den so definierten Erfolgreichen zählten, ist einerseits nicht erstaunlich, weil Spitzenpositionen auch hoch dotiert werden, zeigt aber andererseits auch, daß es auch Spitzenpositionsinhaber gibt, die vergleichsweise lange bis zur Erreichung dieser Position gebraucht haben und damit nicht erfolgreich nach meiner Definition waren, und daß es Erfolgreiche gibt, die zwar noch keine Spitzenposition erklommen haben, aber relativ rasch in der Besoldungshierarchie aufgestiegen sind.

Bei der Gegenüberstellung der 444 „Erfolgreichen" mit der restlichen Stichprobe ergab sich ein dominierender Einfluß der *Strukturvariablen:* Körperschaft, Behördenebene und Behördenfachrichtung hatten über ihre unterschiedlichen Stellenkegelentwicklungen – bei der Konstruktion des Erfolgsindikators wurde lediglich ihre zeitliche Komponente ausgeschaltet – als Rahmenbedingung eine wesentliche Wirkung auf die Verweildauer der Befragten in einzelnen Besoldungs- bzw. Vergütungsgruppen. Davon unabhängig beeinflußten folgende Faktoren den schnellen Aufstieg in der Besoldungshierarchie:

1) Note der 2. Staatsprüfung;
2) Mitgliedschaft in einer politischen Partei;
3) Leisten von Überstunden;
4) die Einstellung, daß es wichtiger sei, an seinen Überzeugungen festzuhalten, als sich anzupassen;
5) berufsorientierte Einstellung (als neugebildete Variable aus verschiedenen Items).

Daneben ergaben sich noch Wirkungsfaktoren, die nicht in allen untersuchten Behördengruppen Einfluß hatten.

Die hier für beide Bereiche dargestellten, durch eine empirische Untersuchung gewonnenen Einflußfaktoren sind wesentlichen Bestimmungsgrößen im verwaltungseigenen Beförderungssystem. Sie lassen sich allerdings nicht als praktische Karriererezepte verwenden, weil sie im einzelnen – und stärker natürlich additiv – lediglich die *Wahrscheinlichkeit* erhöhen, in der öffentlichen Verwaltung erfolgreich im Sinne eines Positions- und/oder eines Besoldungsaufstiegs zu sein. Die Realisierung dieser höheren Wahrscheinlichkeit hängt dagegen sowohl von bestimmten Rahmenbedingungen ab (wie Stellenvermehrung, Stellenkegelveränderung und Altersverteilung in einer Behörde oder einem Verwaltungsteil) als auch von beförderungsrelevanten Faktoren, die nur im Einzelfall Einfluß haben, wie z. B. das Auskommen mit dem Vorgesetzten, Chance zur Bewährung bekommen (vgl. Bosetzky 1974). Des weiteren sind übergreifende Beförderungsdeterminanten denkbar, die ich nicht untersucht habe bzw. nicht untersuchen konnte, wie z. B. die Anfangsbuchstaben des Nachnamens (vgl. Ring) oder die Zufallswahrscheinlichkeit (vgl. Beckmann).

3. Beförderungskriterien und Organisationsziele

Gemäß der im Abschnitt 1.3 dargestellten Vorgehensweise wird im folgenden anhand von drei Ansätzen untersucht, wie die empirisch gefundenen Beförderungskriterien zu bewerten sind unter dem Aspekt, daß sie Teil der Verwaltungsführung sind.

3.1 Der direkte Vergleich zwischen Formalzielen und Beförderungskriterien

Bei diesem Ansatz werden die im vorhergehenden Abschnitt dargestellten Beförderungskriterien nicht mehr nach Positions- und Besoldungsaufstiegen getrennt, sondern zusammengefaßt, weil sie auch zusammen das verwaltungseigene Beförderungssystem charakterisieren. Um die in der Verwaltung vorherrschenden Beförderungskriterien einschätzen zu können, müssen die oben formulierten Formalziele im einzelnen beförderungsbezogen umformuliert werden. Wir gelangen dann zu folgenden Bewertungen[5].

a) Nach dem *juristischen Formalziel* müßten besonders solche Beamte und Angestellten befördert werden, die die Gewähr dafür bieten, daß sie Recht und Gesetz in besonderem Maße in ihrem Verwaltungshandeln berücksichtigen. Damit wird gleichzeitig ein Teil des politischen Formalzieles, Konflikte mit den Gerichten zu minimieren, verfolgt. Dieser Formalzielanspruch wird offensichtlich von zweien der gefundenen Beförderungskriterien erfüllt: Zum einen garantieren *Juristen* sicherlich eher als anders ausgebildete Akademiker oder Aufstiegsbeamte die Normbeachtung; zum anderen kann vermutet werden, daß dadurch, daß die Note der zweiten Staatsprüfung einen deutlich erkennbaren Einfluß auf den Aufstieg hat, die Normbeachtung für die Verwaltungsorganisation evtl. verstärkt bzw. verbessert wird.

Es muß allerdings auch geprüft werden, ob durch die Erreichung eines Zieles bzw. zweier Ziele nicht die Erfüllung anderer Ziele behindert wird. Eine solche Behinderung scheint einmal beim ökonomischen Formalziel in dreierlei Weise gegeben: Erstens tendieren Juristen dazu, wirtschaftliche Gesichtspunkte ausbildungsgemäß auf Kosten der juristischen hintan zu stellen; zweitens sind Aufforderungen zu wirtschaftlichen Handlungsweisen nur ungenügend kodifiziert (vgl. Schwarze) und sie werden daher von Juristen auch weniger beachtet. Drittens ist es plausibel anzunehmen, daß durch das jahrzehntelange Juristenmonopol in der öffentlichen Verwaltung ihre Arbeitsfelder stark verrechtlicht wurden und durch die Forderung nach und die Produktion von immer mehr Gesetzen, Verordnungen, Richtlinien usw. (vgl. Maassen) die Effizienz des Verwaltungshandelns gelitten hat (vgl. Brinkmann). Der letztgenannte Tatbestand behindert auch die Erfüllung des soziologischen Ziels der Harmonie mit der gesellschaftlichen Umwelt, wie die jüngsten Debatten um Normenflut und Bürokratisierung belegen (vgl. z. B. Maasen; Schleberger).

b) Entsprechend dem *ökonomischen Formalziel*, die knappen Ressourcen der Verwaltung – Geld und Zeit – entsprechend dem Minimalprinzip einzusetzen, müßten solche Personen bevorzugt befördert werden, die die Gewähr dafür bieten, dem ökonomischen Prinzip gemäß zu handeln. Dies wären in erster Linie Betriebswirte. Die Analyse der in der Verwaltung dominierenden Beförderungskriterien hat allerdings keine Bevorzugung dieser Akademikergruppen bei Aufstiegen erkennen lassen. Doch selbst wenn dies der Fall wäre, bestünde umgekehrt wie in a) die Gefahr, daß sie juristische Gesichtspunkte zu wenig beachten oder den Umgang mit Normen zu wenig beherrschten.

Erweitert man das Verständnis des ökonomischen Formalziels in Richtung Leistungsfähigkeit (Effektivität), so finden sich bei den Beförderungskriterien für den Aufstieg in der Besoldungshierarchie immerhin zwei Variable, die diesem Ziel entsprechen: das Leisten von Überstunden und die berufsorientierte Einstellung. Beide Kriterien lassen auf ein besonders starkes *Berufsengagement* schließen, wobei davon ausgegangen werden kann, daß dieses sich auch positiv auf die Leistungsfähigkeit einer Verwaltungsorganisation auswirkt. Die Belohnung einer besonderen Berufsorientierung durch schnellen Aufstieg korrespondiert auch positiv mit dem psychologischen Formalziel insofern, als davon ausgegangen werden kann, daß die Kenntnis dieser Belohnung die Mitarbeiter in einer Verwaltungsorganisation stärker leistungsmotiviert.

c) Das *politische Formalziel* intendiert, die Konflikte mit den anderen Staatsgewalten zu vermeiden, zu minimieren oder in einer effektiven Form zu bewältigen. Intensive, ausdauernde und nicht gelöste Konflikte belasten die Arbeitsfähigkeit von Verwaltungsorganisationen. Zumindest was die Konfliktvermeidung mit der rechtsprechenden Gewalt betrifft, wäre die Bevorzugung der Juristen (als Beförderungskriterium) mit diesem Teilziel kompatibel und wünschenswert (vgl. a)). Dies gilt aber für die Beziehungen zur Legislative nur mit Einschränkungen, da dieses Verhältnis auch Aspekte von Macht, Sachverstand, Politik, Konkurrenz usw. beinhaltet.

Die empirische Analyse der Verwaltungskarrieren ergab, daß die *Parteimitgliedschaft* sowohl auf die Besetzung von Spitzenpositionen als auch auf den schnellen Besoldungsaufstieg einen starken Einfluß hat (vgl. auch Nolteriecke, S. 163 und S. 166). Für die Spitzenpositionen erscheint dieses in seiner Bedeutung anwachsende Beförderungskriterium durchaus funktional, denn diese Positionen stehen gewissermaßen im Schnittpunkt von Politik und Verwaltung. Ihre Inhaber sollen den politischen Willen in Verwaltungsmaßnahmen umsetzen, aber auch die durch Erfahrung und Sachverstand geprägte Meinung der Verwaltung in die Politik einbringen; schließlich werden von ihnen eher praktische, bürgerorientierte, „unbürokratische“ Entscheidungen erwartet als von einem aufgestiegenen Nur-Beamten (vgl. Banner, S. 6 f.).

Meine Ergebnisse und die alltägliche Erfahrung belegen allerdings, daß dieses Beförderungskriterium keineswegs nur auf die Besetzung von Spitzenpositionen beschränkt ist, sondern sowohl bei tieferen Positionen als auch beim Besoldungsaufstieg wirkt. Dies wird auf drei Ursachen zurückzuführen sein: erstens auf die Absicht, Parteiarbeit auf diese Weise zu „entlohnen“; zweitens auf das Bedürfnis desjenigen, der befördert, mit einer Person, mit der man sich politisch, persönlich und sachlich versteht, auf nächster Ebene zusammenzuarbeiten; und drittens auf die Absicht, über „Seilschaften“ die Position der eigenen Partei in der Verwaltungsorganisation zu stärken (vgl. Arnim). Ob allerdings das richtige Parteibuch bei Beförderungen dem politischen Formalziel entspricht, erscheint fraglich, weil die Verwaltung nicht in dieser Weise politisiert ist und dies auch ihrem Charakter widersprechen würde. Das Beförderungskriterium „Parteimitgliedschaft“ ist in seiner Wirkungsbreite eher dysfunktional, weil nicht gute, korrekte und intensive Verwaltungsarbeit durch Aufstieg belohnt wird, sondern entsprechende Parteiarbeit. Würde ein solcher Zusammenhang von Aufstieg und Parteizugehörigkeit von einer breiten Masse der Verwaltungsangehörigen perzipiert, ginge die Anreizwirkung der Beförderung in Richtung guter bzw. besserer Verwaltungsarbeit weitgehend verloren. Aufstiegwillige – und das ist der weit überwiegende Teil aller öffentlichen Bediensteten (vgl. Luhmann/Mayntz, S. 265) – richten ihr Leistungsverhalten dann nicht nach der Verwaltung, sondern nach der Partei aus.

d) Das *soziologische Formalziel* wurde als das wünschenswerte Bestreben einer Verwaltungsorganisation definiert, mit ihrer Umwelt – hier spezieller: ihrer Klientel – ein harmonisches Verhältnis aufzubauen bzw. aufrechtzuerhalten. Der Kontakt mit der gesellschaftlichen Umwelt (Bürger, Verbände, Wirtschaft) findet aber vorwiegend auf der Sachbearbeiterebene statt, so daß ein Beförderungskriterium hier nicht abgeleitet werden kann. Die Inhaber der Spitzenpositionen sollten allerdings Kenntnis von der Rolle der Verwaltung im gesellschaftlichen Umfeld haben sowie die Fähigkeit, die Beziehungen zu ihr möglichst konfliktfrei zu gestalten.

e) Das *psychologische Formalziel* deckt die Aufgabe der Mitarbeiterführung ab. Beförderungen sollen erreichen, daß die Mitglieder der Verwaltungsorganisation leistungsmotiviert und zufrieden mit ihren Arbeitsbedingungen sind. Die Leistungsmotivation der Mitarbeiter läßt sich dann steigern, wenn Beförderungen Anreize für ein intensiveres Leistungsverhalten bieten, indem sie dieses belohnen (vgl. Abschnitt 3.3). In der empirischen Untersuchung wurde hierzu ein Äquivalent in Form eines hohen Berufsengagements gefunden, das Besoldungsaufstiege beschleunigt (vgl. b)). Was die Arbeitszufriedenheit betrifft, ist allerdings zu bedenken, daß jede Beförderung zwar einen Glücklichen, aber auch mehrere Enttäuschte produziert (vgl. Bosetzky 1977, S. 106). Für den schnellen Besoldungsaufstieg hatte sich noch die Einstellung, daß es wichtiger sei, an seinen Überzeugungen festzuhalten, als sich anzupassen, als Beförderungskriterium herausgestellt – eine Bewertung bezüglich der Formalziele erscheint hier allerdings sehr schwierig. Ein mitarbeiterorientierter Führungsstil, der positiv mit dem psychologischen Formalziel korreliert, hatte keinen Einfluß auf den beruflichen Aufstieg (vgl. Pippke 1975, S. 120 ff.).

Das *Lebens- bzw. Dienstalter*, das für die Besetzung von Spitzenpositionen eine dominante Rolle spielt, ist nicht eindeutig einem Formalziel zuzuordnen. Einerseits kann argumentiert werden, daß mit dem Alter die Erfahrung wächst und damit die Kenntnisse und Fähigkeiten, die allen Organisationszielen dienen, zunehmen; andererseits nehmen Reaktionsschnelligkeit und Innovationsfreudigkeit mit zunehmendem Alter ab (vgl. Lehr, S. 68), was die Verfolgung des ökonomischen Formalzieles beeinträchtigen kann (mangelnde Umstellung auf neue Anforderungen). Des weiteren kann das psychologische Formalziel verletzt werden, wenn die Mitarbeiter leistungsdemotiviert werden, weil sie sehen, daß höhere Positionen und Besoldungsgruppen nicht durch Leistungsverhalten, sondern lediglich durch Abwarten erreicht werden.

Zusammenfassend ist festzustellen, daß die Gegenüberstellung von Beförderungskriterien und Formalzielen durchaus Parallelen erkennen läßt. Allerdings ist das Bild widersprüchlich und in seiner Gesamtheit kaum zu bewerten. Die einzelnen Beförderungskriterien wirken sich nämlich in folgender Weise auf die Formalziele aus:

- das *Lebens- bzw. Dienstalter* undifferenziert positiv auf alle Formalziele (Erfahrung), vereinzelt negativ aber auf das ökonomische (mangelnde Fähigkeiten zur Umstellung) und das psychologische (Demotivierung durch Anciennitätsprinzip);
- das *Jura-Studium* positiv auf das juristische und teilweise politische (Normbeherrschung), negativ aber auf das ökonomische und teilweise das soziologische Formalziel (Gesetzesflut);
- die *Zugehörigkeit zu einer politischen Partei* positiv auf das politische, negativ aber auf das psychologische Formalziel;
- *Berufsengagement* positiv auf das ökonomische und das psychologische Formalziel.

3.2 Beförderungskriterien und Anforderungen höherer Positionen (Auswahlfunktion)

Höhere Positionen stellen teilweise qualitativ andere Anforderungen als die ihnen jeweils unterstellten Dienstposten. Gemäß der Auswahlfunktion von Beförderungen[6] sind solche Personen auf höhere Positionen zu befördern, die diesen Anforderungen gerecht zu werden vermögen. Geraten die so Aufgestiegenen auf eine „Stufe ihrer Unfähigkeit" (vgl. Peter/Hull), d. h. werden sie den dort gestellten Anforderungen nicht gerecht, verringert dies den Zielerreichungsgrad der Verwaltungsorganisation. In diesem Abschnitt wird daher gefragt, ob die empirisch ermittelten Beförderungskriterien einem noch zu beschreibenden hierarchiebedingten Anforderungsprofil gerecht werden.

Ein solches *Profil* läßt sich aus verschiedenen empirischen Untersuchungen zusammenstellen. Je höher eine Position im hierarchischen Organisationsgefüge,

- desto stärker werden allgemeine (positionsunabhängige, funktionsübergreifende) Kenntnisse verlangt (vgl. von Behr/Schultz-Wild, S. 142 ff.), insbesondere auf den Gebieten: Organisation, Personal sowie Haushalt und Finanzen (vgl. Pippke 1975, S. 64–70); damit einher gehen entsprechende Fähigkeiten wie Koordinierungsvermögen und Personalführung.
- desto häufiger wechseln die Aufgaben (vgl. von Behr/Schultz-Wild, S. 142 ff.). Dies erfordert mehr Flexibilität, Selbständigkeit und Innovationsfähigkeit (vgl. Luhmann/Mayntz, S. 185, Pippke 1975, S. 70 ff.).
- um so größer wird die Tragweite von Entscheidungen und die persönliche Verantwortung (vgl. von Behr/Schultz-Wild, S. 142 ff.; Brinkmann/Pippke/Rippe, S. 331 ff.).
- um so mehr werden folgende Führungsfähigkeiten verlangt: Abschätzen von Entwicklungen, klären taktischer Verfahrensweisen, planen (vgl. Pippke 1975, S. 70 ff.; Pippke 1977, S. 122 ff.).

- um so größer wird die Kommunikationsnotwendigkeit, insbesondere in horizontaler Richtung (vgl. Senatskanzlei Bremen, S. 68). Das persönliche Gespräch wird zur dominierenden Kommunikationsart (vgl. Pippke 1975, S. 78 f.).
- desto bedeutsamer sind bestimmte Persönlichkeitseigenschaften wie emotionale Stabilität, Entscheidungsfreude, Durchsetzungswillen, hohe Denk- und Handlungsgeschwindigkeit (vgl. Luhmann/Mayntz, S. 146 f.).
- desto höher sind die Erwartungen bezüglich der Identifikation des Positionsinhabers mit den Organisationszielen (vgl. Nolteriecke, S. 164 f.).

An anderer Stelle habe ich ausführlich untersucht, ob die Beförderungskriterien in der öffentlichen Verwaltung dem hierarchiebedingten Anforderungsprofil genügen (vgl. Pippke 1975, S. 131 ff.; S. 165 ff., S. 175 ff.). Es läßt sich hier nachvollziehen, daß die im 2. Abschnitt dargestellten Beförderungskriterien – hier speziell die zur Besetzung von Spitzenpositionen – dem oben skizzierten Anforderungsprofil nur in sehr geringem Maße entsprechen. Dies mag zum Teil auf die Ungenauigkeit meines Untersuchungsinstrumentes zurückzuführen sein – es wurden Berufswerdegänge mit stabilen Merkmalen der Bediensteten verglichen und nicht einzelne Entscheidungsprozesse zu Beförderungsvorgängen analysiert –, die geringe Entsprechung läßt aber vermuten, daß das öffentliche Beförderungssystem stark von *extrafunktionalen Normen* (zum Begriff vgl. Offe, S. 29 f. und S. 89 ff.) beeinflußt wird, d. h. von Kriterien, die mit den Organisationszielen wenig oder nichts zu tun haben, sich statt dessen an anderen Leitvorstellungen orientieren (ähnlich auch Dalton). Die Beurteilung der verwaltungseigenen Beförderungskriterien fällt nach dem Anforderungs-Ansatz somit deutlich negativer aus als nach dem in 3.1 gewählten Ansatz des direkten Vergleichs zwischen Organisationszielen und Beförderungskriterien.

3.3 Die Beförderungskriterien in der Sicht der Betroffenen (Anreizfunktion)

Nach der in den Sozialwissenschaften als „Thomas-Theorem" bekannt gewordenen Auffassung beeinflußt nicht die Realität als solche das Verhalten von Individuen und Kollektiven, sondern die subjektive und damit selektive Wahrnehmung der Realität durch sie. Dies kann für die vorliegende Untersuchung folgenschwere Konsequenzen haben, wenn die von mir empirisch ermittelten Determinanten für eine erfolgreiche Verwaltungskarriere von den öffentlich Bediensteten gar nicht als aufstiegsrelevant empfunden werden, sondern ganz andere Kriterien als erfolgsbestimmend angesehen werden. Dieser mögliche Unterschied kann entscheidend sein für die *Anreizfunktion* des öffentlichen Beförderungssystems: Sehen die Bediensteten vorwiegend leistungsbezogene Kriterien als dominierend an, wird sich dies auch positiv

auf ihre Leistungsmotivation auswirken; sind es leistungsirrelevante Faktoren, wird die Beförderung als Mittel der Verwaltungsführung nur einen geringen Stellenwert haben.
In meiner Untersuchung zu den Karrieredeterminanten in der öffentlichen Verwaltung sollten die Befragten insgesamt dreizehn Faktoren daraufhin beurteilen, wie wichtig sie ihrer Meinung nach für den beruflichen Erfolg in der öffentlichen Verwaltung sind (Pippke 1975, S. 181 ff.). Mit einer Nennung von je rund 80% (n= 2154) wurden drei Faktoren mit Abstand als die wichtigsten für diesen Erfolg angegeben:
- Fachwissen
- Einsatzbereitschaft, Fleiß und Arbeitseifer
- Fähigkeiten zur Menschenführung und Arbeitsorganisation.

Der erste Faktor betrifft spezielle Inhalte auf bestimmten Dienstposten, der zweite zielt auf die Leistungsmotivation; der dritte gibt hierarchieabhängige Anforderungen höherer Positionen wieder. Es sind alle drei im doppelten Sinne „ideale“ Beförderungskriterien: Wären sie die tatsächlich wirksamen Kriterien für den beruflichen Aufstieg in der öffentlichen Verwaltung, so wären sowohl die Auswahl- als auch die Anreizfunktion der Beförderung als Führungsinstrument optimal erfüllt. Alle die, die aufsteigen wollen, würden sich bemühen, ihr Fachwissen zu erweitern sowie eifrig und fleißig zu sein, und sich bewußt sein, daß auf höheren Dienstposten bestimmt Managementfähigkeit verlangt würden. Die genannten drei Faktoren sind aber auch in dem Sinne „ideal“, als sie vorrangig im Bewußtsein der Bediensteten existieren und nur eine geringe Entsprechung in der Realität erfahren. Die Rolle der wahrgenommenen Aufstiegsfaktoren als für die Organisation hervorragend geeignete Ideologie wird noch deutlicher, wenn man beachtet, daß die Erfolgreichen und die Inhaber von Spitzenpositionen sogar zu je 90% diese Faktoren als wichtig einstuften. Die tatsächlich wirksamen Aufstiegsfaktoren wurden zu folgenden Anteilen als wichtig eingestuft: Dienstalter 31,6%, Ausbildungsrichtung 68,4%, Zugehörigkeit zur richten Partei 40,6%, Mitgliedschaft in der richtigen Behörde 64,1%. Immerhin wurden zwei rein extrafunktionale Faktoren: die Bekanntschaft mit den richtigen Personen von mehr als der Hälfte (52,9%) und der Zufall von rund einem Drittel (30,9%) als für den Aufstieg wichtig bezeichnet.
Auch in einer Organisationsuntersuchung der bremischen Verwaltung (Senatskanzlei Bremen, S. 34) wurden vom höheren Dienst zwei Kriterien als besonders bedeutsam für den Positionsaufstieg genannt:
- Qualifikation, Befähigung, Erfahrung (27% aller Nennungen),
- Parteizugehörigkeit und politische Zuverlässigkeit (18%).

Es folgen: erbrachte Leistungen (13%), persönliche Beziehungen (12%), Dienstalter (11%) und sicheres Auftreten und Geschick im Umgang mit Menschen (11%). Auch hier zeigt sich ein eher positives Bild. Die Vergleiche mit dem mittleren und dem gehobenen Dienst belegen aber auch, daß den funktionalen Kriterien um so weniger Bedeutung beigemessen wird, je niedriger die Laufbahngruppe; die extrafunktionalen Kriterien werden dagegen um so höher in ihrer Bedeutung geschätzt, je niedriger die Laufbahngruppe.

In der Untersuchung von Luhmann/Mayntz wurden mehrere Fragen zur Einstellung zum Beförderungssystem gestellt. Zunächst wurden die Untersuchungsteilnehmer gefragt, inwieweit sie zentrale Prinzipien der Beförderungspraxis für verwirklich im öffentlichen Dienst hielten. Es nannten im höheren Dienst: 30% die Chancengleichheit, 29% die Transparenz, 27% das Leistungsprinzip und 26% die Objektivität. Auch hier urteilt der höhere Dienst positiver als der gehobene und der mittlere Dienst (Luhmann/Mayntz, S. 213). Nach den Ratschlägen zur Beschleunigung von Beförderungen gefragt, machten die Beamten und Angestellten des höheren Dienstes auf eine offene Frage folgende Angaben: An erster Stelle: Arbeiten, strebsam sein, sich einsetzen, Pflichterfüllung, Loyalität u. ä.; an zweiter Stelle: Mitgliedschaft in der richtigen politischen Partei; an dritter Stelle: herausragende Leistungen zeigen; und an vierter Stelle: Fachwissen (Luhmann/Mayntz, S. 244 f.).

Faßt man die drei hier genannten Untersuchungen zur Einschätzung des öffentlichen Beförderungssystems zusammen, so läßt sich feststellen, daß es von den öffentlich Bediensteten als weitgehend intakt angesehen wird.[7] Selbst wenn die wahrgenommenen Beförderungskriterien den tatsächlich dominierenden nur wenig entsprechen, dienen sie den Organisationszielen, weil die Organisationsmitglieder ihr aufstiegsorientiertes Leistungsverhalten nach ihren persönlichen, viel stärker positiven *Einschätzungen* richten – auch wenn es sich dabei um Fehleinschätzungen handelt. Dieses für die öffentliche Verwaltung positive Resümee muß allerdings mit drei Einschränkungen relativiert werden: Erstens haben die Untersuchungen auch gezeigt, daß die Einstellung zum öffentlichen Beförderungssystem um so skeptischer wird, je niedriger die Laufbahngruppe ist; im gehobenen und noch stärker im mittleren Dienst wirkt die Beförderung als Leistungsanreiz schwächer als im höheren Dienst. Zweitens muß beachtet werden, daß alle drei Untersuchungen Anfang der siebziger Jahre durchgeführt wurden. Es kann nicht ausgeschlossen werden, daß sich die Kenntnis der tatsächlich dominierenden Beförderungskriterien im Laufe der Zeit bei den öffentlich Bediensteten verbreitert und sich damit auch die positive Beurteilung des Beförderungssystems verringert hat. Drittens schließlich ist die heutige Beförderungssituation für alle Bediensteten aufgrund verschiedener Rahmenbedingungen erheblich anders im Vergleich zu den Befragungszeitpunkten. Diese Situation mit ihren Auswirkungen soll im vierten Abschnitt gesondert erörtert werden.

3.4 Gründe für das Abweichen von Beförderungskriterien und Organisationszielen

Eigentlich müßte man erwarten, daß in einer Organisation nach einem quasi marktmäßigen Mechanismus nur solche Verhaltensweisen – also auch Beförderungsverhalten – dauerhaft bestehen, die auch funktional in Hinblick auf die Verfolgung der Organisationsziele sind. Die vorstehenden Untersuchungsansätze haben aber im dritten Teil eine weitgehende, im ersten Teil eine teilweise und im zweiten Teil nur eine geringfügige Übereinstimmung von Beförderungskriterien und Organisationszielen in der öffentlichen Verwaltung gezeigt. Daß es extrafunktionale und teilweise sogar dysfunktionale Normen im öffentlichen Beförderungssystem gibt, wird im wesentlichen auf drei Ursachen zurückzuführen sein:

- Die Organisationsziele sind im einzelnen Beförderungsfall kaum oder nur *schwer zu operationalisieren*, und die Entscheidungsträger können nicht objektiv rational handeln. Sie greifen daher auf – für sie leichter – handhabbare Beförderungskriterien zurück (vgl. OFFE, S. 59 ff.; PIPPKE 1975, S. 42 ff.).
- Da Verwaltungsorganisationen in ein gesellschaftliches Umfeld eingebettet sind, greifen kulturelle Werte dieses Umfeldes, die im Sinne der Organisationsziele extrafunktionalen Charakter haben, auch in die Statusallokation innerhalb der Organisationen ein (vgl. OFFE, S. 115 f.).
- In der beförderungswichtigen Dreiecksbeziehung Organisation–Vorgesetzter–Mitarbeiter verfolgt der Vorgesetzte bei Beförderungen von Mitarbeitern neben den Organisationszielen auch persönliche Ziele (organisatorische Mikropolitik): guten Bekannten, wie z. B. Clubkameraden, gefällig sein; gute Mitarbeiter nicht wegbefördern lassen; Schutz vor Konkurrenz usw. (vgl. BOSETZKY 1977, S. 107). Die organisatorische und ökonomische Effizienz konkurriert dann mit der privaten und sozialen.

4. Beförderungsaussichten und -enttäuschungen

Bei den Befragungen zu Beginn der siebziger Jahre waren die Beförderungserwartungen der öffentlich Bediensteten noch vergleichsweise hoch: in der Untersuchung von LUHMANN/MAYNTZ (S. 278 f.) gaben 53% aller Befragten (höherer Dienst = 61%) und in der bremischen Verwaltung 45% aller Befragten (SENATSKANZLEI BREMEN, S. 32) an, sie rechneten mit mindestens einem weiteren beruflichen Aufstieg. In beiden Untersuchungen hielten rund ein Drittel der Befragten einen weiteren Aufstieg für ausgeschlossen. Deutlich negativer werden die bisherigen Aufstiegschancen beurteilt. In der bremischen Untersuchung überwiegt hier der Anteil der Unzufriedenen den der Zufriedenen (SENATSKANZLEI BREMEN, S. 32). Dies bedeutet, daß bisherige Enttäuschungen in den Aufstiegserwartungen nicht zwangsläufig in eine entsprechende Skepsis gegenüber den zukünftigen Aufstiegschancen umschlagen. Die Anreizwirkungen von Beförderungen bleiben also wirksam, wenn in der Zukunft mit ihnen gerechnet wird.

Die Aufstiegssituation hat sich jedoch in den letzten zehn Jahren drastisch verändert. War die öffentliche Verwaltung Ende der sechziger und Anfang der siebziger Jahre sowohl durch personelle Expansion als auch durch mehrfache Verschiebungen der Stellenkegel nach oben gekennzeichnet, sieht die Lage seit etwa 1975 ganz anders aus (vgl. MEIXNER 1978):

- Durch Finanzierungsprobleme der öffentlichen Budgets ist die quantitative Entwicklung im Personalbereich fast zum Stillstand gekommen. Das vermindert die Aufstiegschancen, weil Teile des bestehenden Personals nicht auf neue Stellen weiterrücken.
- Aufgrund der früheren Expansion und der Altersschichtung gelang es vor zehn Jahren jungen Beamten und Angestellten vergleichsweise schnell, aufzusteigen und höhere Positionen zu besetzen. Sie blockieren jetzt die Stellen für die ins Berufsleben eintretenden geburtsstarken Jahrgänge. Diese Entwicklung ist nicht nur in der öffentlichen Verwaltung, sondern ebenso in der Privatwirtschaft, bei der Bundeswehr und in den Hochschulen festzustellen. Sie bedeutet einen *Beförderungsstau* in dem Sinne, daß die Verweildauer aller Bediensteten auf ihren Positionen und Besoldungsstufen erheblich länger ist als vor zehn Jahren. Dies heißt weiter, daß auch die Enttäuschungen bezüglich der Aufstiegserwartungen stark zunehmen. Dies kann nicht ohne Auswirkungen auf die Anreizwirkung von Beförderungen bleiben.

Theoretisch sind zwei Folgen der veränderten Aufstiegssituation denkbar: entweder verschärfte Konkurrenz um die knapper gewordenen Aufstiegspositionen und höheren Besoldungs- und Vergütungsgruppen oder Aufstiegsresignation (vgl. LEVENSON, S. 352 ff.). Im einzelnen werden diese Folgen sowohl von den wahrgenommenen Aufstiegsmöglichkeiten im persönlichen Berufsbereich als auch von Persönlichkeitsmerkmalen abhängen. Der letzte Faktor bedeutet, daß bei gleichen wahrgenommenen Aufstiegschancen der eine Bedienstete eher zur Resignation neigt, der andere dagegen eher mit größerer Bereitschaft zum konkurrierenden Verhalten reagiert. Es läßt sich auch als plausibel annehmen, daß die *Reaktion in Richtung Resignation* um so verbreiteter sein wird, je geringer allgemein die Aufstiegschancen bewertet werden. Denn je weniger Aufstiegsmöglichkeiten existieren und je größer die Zahl der potentiellen Aufsteiger, um so eher wird der einzelne seine geringen Aufstiegschancen kalkulieren können.

Es existieren meiner Kenntnis nach zwar keine neueren Umfragedaten in der öffentlichen Verwaltung zu den Aufstiegserwartungen, doch stützen viele Gespräche mit öffentlich Bediensteten die Vermutung, daß die deutlich gesunkenen Beförderungschancen von ihnen durchaus erkannt werden. Welche Folgen hat nun eine sich ausbreitende Aufstiegsresignation auf die Möglichkeiten der Verwaltungsführung durch Beförderungen? Die Studie von LUHMANN/MAYNTZ erbrachte einen Zusammenhang zwischen Beförderungsgeschwindigkeit und allgemeiner Zufriedenheit: Je langsamer ein Bediensteter sich befördert fühlte, um so stärker sah er sich allgemein in beruflicher Hinsicht enttäuscht (LUHMANN/MAYNTZ, S. 317 f.); je größer die Enttäuschung, um so geringer ist das Vertrauen in die Leistungsfähigkeit des öffentlichen Beförderungssystems (ebenda, S. 322 f.). Bei einer neueren Befragung von RIPPE/PIPPKE bei mittleren Angestellten in einem deutschen Konzern konnten verschiedene Folgen bei denjenigen festgestellt werden, die mit ihren zukünftigen Aufstiegschancen unzufrieden waren: Die Aufstiegsunzufriedenen waren mit nahezu allen erfragten Aspekten ihres Arbeitsplatzes (Selbständigkeit der Tätigkeit, Vielfalt der Aufgaben, Verhältnis zu Kollegen usw.) unzufriedener als die Zuversichtlichen, sie beurteilen die Lohngerechtigkeit und das Beförderungssystem im Unternehmen skeptischer; sie sind letztlich eher bereit, das Unternehmen zu verlassen (RIPPE/PIPPKE). Diese Daten zeigen, daß Aufstiegsresignation sich zu einem Syndrom von Einstellungen kristallisiert, das durch negative Einschätzung der eigenen Organisation, Skepsis und allgemeine Unzufriedenheit, geringe Arbeitsfreude und größere Abwanderungsbereitschaft gekennzeichnet ist.
Die dargestellten Ergebnisse belegen, daß die Anreizwirkungen von Beförderungen dann verschwinden oder gar negative Auswirkungen haben, wenn es nur wenig zu befördern gibt und die Bediensteten dies auch wahrnehmen. Damit vermindert sich aber auch die Möglichkeit, Beförderungen taktisch und strategisch im Sinne der Verwaltungsführung zur Erreichung der Organisationsziele einzusetzen. Die Organisationsführung in der öffentlichen Verwaltung muß hier mit nicht wenig Phantasie neue Wege suchen, die die Anreizwirkung eines ihrer Mittel, das zu einem inferioren Gut zu werden droht, kompensieren können.

Anmerkungen

[1] Organisation wird hier verstanden als ein strukturiertes Gebilde mit dauerhafter Zielsetzung, das auf generellen Regelungen beruht und in dem Personen arbeitsteilig und kooperativ zusammenarbeiten (vgl. MAYNTZ, S. 36 und 18).

[2] Vgl. z. B. § 81 Abs. 1 Landesverfassung NW sowie § 62 Abs. 1 Satz 1 Gemeindeordnung NW.

[3] Vgl. § 1 Bundeslaufbahnverordnung (BLV) sowie Art. 33 Abs. 2 GG, § 23 Bundesbeamtengesetz (BBG) in Verbindung mit § 8 Abs. 1 Satz 2 BBG sowie entsprechende Landesgesetze.

[4] Der Stellenkegel ist das Abbild der Besoldungsstruktur in einem Subsystem der öffentlichen Verwaltung. Seine potentiellen Grenzen setzen die Stellenobergrenzenverordnungen.

[5] Das Ziel „Liquiditätssicherung" ist hierbei ausgespart worden, weil es sich nicht sinnvoll umformulieren läßt.

[6] Zur Unterscheidung von Auswahlfunktion einerseits und Anreiz- bzw. Belohnungsfunktion andererseits vgl. den Beitrag von R. Mayntz in diesem Sammelband.

[7] Weniger positiv sind die Antworten in der Befragung von Nolteriecke (S. 162 f. sowie 165), die im Innenministerium und in den Regierungspräsidien Nordrhein-Westfalens durchgeführt wurde.

Literatur

Arnim, Hans Herbert von [1981]: Ämterpatronage durch politische Parteien. In: Die Personalvertretung 4, S. 129–153.

Banner, Gerhard [1980]: Personal- und Organisationspolitik – was geschieht ohne Dienstrechtsreform? In: Wagener, Frido (Hrsg.): Zukunftsaspekte der Verwaltung. Vorträge und Diskussionsbeiträge der 48. Staatswissenschaftlichen Fortbildungstagung 1980 der Hochschule für Verwaltungswissenschaften Speyer. Berlin. Hier zitiert nach KGSt-Mitteilungen Febr. 1981.

Beckmann, Martin [1978]: Eine Theorie der Karrieren in hierarchischen Organisationen. In: Zeitschrift für Wirtschafts- und Sozialwissenschaften 1, S. 53-61.

Behr, Marhild von, und Rainer Schultz-Wild [1973]: Arbeitsplatzstrukturen und Laufbahnreform im öffentlichen Dienst. Empirische Untersuchung zur Gruppierung von Arbeitsplätzen und zu Karrieremöglichkeiten des Personals in Betriebs- und Verwaltungsbereichen. Baden-Baden.

Bosetzky, Horst [1974]: „Dunkelfaktoren" bei Beförderungen im öffentlichen Dienst. In: Die Verwaltung 4, S. 427-438.

– [1977]: Zur Beförderungsorientierung in Großorganisationen. In: Staats- und Kommunalverwaltung 4, S. 106–108.

Brinkmann, Gerhard [1973]: Die Diskriminierung der Nicht-Juristen im allgemeinen höheren Verwaltungsdienst der Bundesrepublik Deutschland. In: Zeitschrift für die gesamte Staatswissenschaft 1, S. 150–167.

Brinkmann, Gerhard, Wolfgang Pippke und Wolfgang Rippe [1973]: Die Tätigkeitsfelder des höheren Verwaltungsdienstes. Arbeitsansprüche, Ausbildungserfordernisse, Personalbedarf. Opladen.

Dalton, Melville [1950]: Informal Factors in Career Achievement. In: American Journal of Sociology 56, S. 407–415.

Fürstenberg, Friedrich [1962]: Das Aufstiegsproblem in der modernen Gesellschaft. Stuttgart.

Grochla, Erwin [1972]: Unternehmungsorganisation. Reinbek bei Hamburg.

Hoefert, Hans-Wolfgang und Christoph Reichard (Hrsg.) [1979]: Leistungsprinzip und Leistungsverhalten im öffentlichen Dienst, Stuttgart.
Koch, Rainer [1979]: Dienstrechtsreform und Leistungsbereitschaft: Zur Wirkungsweise eines leistungsbezogenen Anreiz- und Belohnungssystems, in: Hoefert/Reichard (Hrsg.), a. a. O., 200–218.
Lehr, Ursula [1972]: Psychologie des Alterns. Heidelberg.
Levenson, Gernard [1968]: Bureaucratic Succession. In: Glaser, Barney G. (Hrsg.): Organizational Careers. A Sourcebook for Theory. Chicago, S. 348–358.
Luhmann, Niklas [1971]: Reform des öffentlichen Dienstes. In: ders. (Hrsg.): Politische Planung. Opladen, S. 203–256.
Luhmann, Niklas und Renate Mayntz [1973]: Personal im öffentlichen Dienst – Eintritt und Karrieren. Baden-Baden.
Maassen, Hermann [1979]: Die Freiheit des Bürgers in einer Zeit ausufernder Gesetzgebung. In: Neue Juristische Wochenschrift 30, S. 1473–1478.
Mayntz, Renate [1963]: Soziologie der Organisation. Reinbek bei Hamburg.
Meixner, Hanns-Eberhard [1978]: Die Beförderungssituation im öffentlichen Dienst. In: Die Personalvertretung 4, S. 197–206.
– [1979a]: Ansätze einer Personalpolitik. In: Verwaltungsrundschau 1, S. 11–17.
– [1979b]: Wie macht man Karriere in der Verwaltung? In: Die Öffentliche Verwaltung 8, S. 276–282.
Nolterieke, Getrud [1981]: Beamtenkarrieren in England und Deutschland: Laufbahnstrukturen gegen Ende der sechziger Jahre. In: Zeitschrift für Soziologie 2, S. 151–169.
Offe, Claus [1970]: Leistungsprinzip und industrielle Arbeit. Frankfurt a. M.
Peter, Laurence J. und Raymond Hull [1969]: The Peter Principle. New York.
Pippke, Wolfgang [1975]: Karrieredeterminanten in der öffentlichen Verwaltung. Hierarchiebedingte Arbeitsanforderungen und Beförderungspraxis im höheren Dienst. Baden-Baden.
– [1977]: Freiräume im beruflichen Handeln. Empirische Ergebnisse zu den Einflußfaktoren der Handlungsspielräume von Führungskräften in Wirtschaft und Verwaltung. In: Soziale Welt1/2, S. 109–132.
Ring, Erp [1980]: Hat der Anfangsbuchstabe des Familiennamens wirklich etwas mit der Karriere zu tun? In: Zeitschrift für Soziologie 3, S. 285-289.
Rippe, Wolfgang und Wolfgang Pippke [1981]: Aufstiegszufriedenheit: Eine empirische Untersuchung zum Zusammenhang von Aufstiegswunsch, -möglichkeit und -zufriedenheit bei kaufmännischen Angestellten. In: Zeitschrift für Soziologie 4, S. 379-394.
Schleberger, Erwin: Im Griff der Bürokraten. Die Manie staatlichen Regelns. In: Die Zeit vom 27. 10. 1978, S. 26 f.
Schwarze, Jürgen [1980]: Administrative Leistungsfähigkeit als verwaltungsrechtliches Problem. In: Die öffentliche Verwaltung 16, S. 581–594.
Senatskanzlei Bremen. Projektgruppe Organisationswesen und Verwaltungsreform [1972]: Organisationssoziologische Untersuchung der bremischen Verwaltung. Bremen.
Türk, Klaus [1978]: Soziologie der Organisation. Eine Einführung. Stuttgart.

B. Methoden und Bedingungen moderner Personalarbeit

Instrumente der Personalplanung und ihre Anwendungsbedingungen in der öffentlichen Verwaltung

Dieter Grunow

1. Zum Begriff und den Bestandteilen der Personalplanung

Benutzt man *empirische Ergebnisse*[1] über die Berufszufriedenheit verschiedener Gruppen von Verwaltungsbediensteten als Indikatoren für die Qualität der Personalführung in der öffentlichen Verwaltung, so ergibt sich trotz großer allgemeiner Gesamtzufriedenheit (2/3–3/4 der Befragten) ein deprimierendes Bild:

- Die Unzufriedenheit mit den Fortbildungsmöglichkeiten (2/3–3/4 der Befragten) steht überall an der Spitze;
- gefolgt von den Aufstiegschancen und der Bezahlung (1/3–3/5 der Befragten);
- der unzureichende Einsatz der eigenen Fähigkeiten wird immerhin noch von 1/4–1/3 der Befragten negativ hervorgehoben.

„Das Problem zentraler Steuerung des Personalwesens durch Planungsintegration ist noch immer nicht oder unzulänglich gelöst“ (Laux 1976, 137), könnte man nach wie vor aus diesen Beobachtungen ableiten – vor allem, wenn man sich die grundlegenden Anforderungen an die Personalplanung vor Augen führt (Vetter 1964, 21):

> „Personalplanung ist der Prozeß (einschließlich Bedarfsprognose, Aufstellung und Durchsetzung von Aktionsprogrammen, Kontrolle), durch welchen eine Unternehmung zu erreichen versucht, daß zum richtigen Zeitpunkt und am rechten Ort Arbeitskräfte der benötigten Art und in der benötigten Anzahl mit solchen Tätigkeiten betraut werden, für die sie sich im wirtschaftlichen Sinne am besten eignen.“

Überträgt man diese Formulierung auf die Rahmenbedingungen der öffentlichen Verwaltung, so dürfte das darin zum Ausdruck gebrachte allgemeine *Ziel* der Personalplanung kaum umstritten sein (vgl. Selbach

1974; Guilleaume 1971; KGSt 1967). Unabhängig davon, daß die langfristig knapper werdenden Ressourcen der öffentlichen Hand, die sich z. Zt. durch Einstellungsstops, Stellenkürzungen, Beförderungsaufschübe ankündigen, die Bedeutung der *Personalplanung als Rationalisierungsstrategie* erneut dramatisch verdeutlichen, führen grundlegende gesellschaftliche Veränderungen zu wachsendem Anpassungsdruck auf die öffentliche Verwaltung:

a) Im Zeitalter der Telekommunikation und Mikroelektronik wird sich die benötigte Entscheidungsgeschwindigkeit vergrößern; auch die Entscheidungs- bzw. Problemfelder werden schneller wechseln als bisher, u. a. wegen der zunehmenden Internationalisierung der Problemverflechtung (vgl. Toffler 1980, bes. Kap. 22, 27).
b) Angesichts der abnehmenden Funktionsfähigkeit des politischen Systems als Medium der Interessenformulierung und -durchsetzung wird die Legitimation des Verwaltungshandelns zunehmend im Rahmen des direkten Austausches/Aushandelns von Entscheidungen mit den Betroffenen (Bürgern, Initiativgruppen, Organisationen) in Frage gestellt werden bzw. beschafft werden müssen (vgl. Hauff (Hg) 1980; v. Beyme 1980; v. Alemann/Heinze (Hg) 1979).
c) Bei dem zu erwartenden Rückgang des Gesamtbestandes an Arbeitsplätzen in der Gesellschaft werden neue Formen der Teilzeitbeschäftigung, der Aufteilung von Arbeitsplätzen, der projektbezogenen Personal-Einstellungen, der Verknüpfung von primärer und sekundärer Arbeit auch im öffentlichen Dienst notwendig (vgl. Meier 1978; Teriet 1976) u. a. m.

Insgesamt bedeuten diese Entwicklungen eine größere Umweltabhängigkeit der öffentlichen Verwaltung und machen eine größere Flexibilität und Lernfähigkeit sowie die Fähigkeit zu vorausschauendem Handeln notwendiger denn je – nicht nur mit Blick auf die materiellen Politikbereiche, sondern auch mit Blick auf die verwaltungsinternen Änderungsprozesse sowie hinsichtlich der Motivation des Personals. Betrachtet man aus dieser Perspektive die faktische Innovationsfähigkeit der Verwaltung, so muß man von erheblichen Defiziten sprechen, zu denen auch die geringen Bemühungen um Personalplanung zählen. Umso erstaunlicher ist die Leichtigkeit, mit der die Verwaltung ihre eigenen Reform- bzw. Reorganisationsvorhaben zu den Akten legt: z. B. die Dienstrechtsreform und die Organisationsstrukturreform/Regierungs- u. Verwaltungsreform (vgl. z. B. Kroppenstedt 1973; Lepper 1976)[2].

Die Schwierigkeiten und der geringe Erfolg solch globaler Innovationsversuche legt es nahe, die notwendigen personal- und organisationsstrukturellen Änderungen zur Erhöhung der Lernfähigkeit und Leistungsfähigkeit der öffentlichen Verwaltung in jeweils begrenzten Teilbereichen (für einzelne Ressorts, einzelne Gebietskörperschaften, einzelne Aufgabentypen, einzelne

Personalgruppen etc.) zu bestimmen und zu verwirklichen. Damit wird zwar nicht geleugnet, daß eine Reform des Dienstrechts die Möglichkeiten der PP erheblich verbessern könnte, jedoch geht es bei der folgenden Darstellung primär um die Frage, was gegenwärtig an PP in der öffentlichen Verwaltung möglich ist. Die rechtlichen Rahmenbedingungen (z. B. Dienstrecht; Personalhoheit u. a. m.) werden dabei als „Restriktionen" behandelt und nicht als vorrangig zu verändernde Rahmenbedingungen.

Trotz dieses Versuches, „realistische" Diskussionspunkte für die aktuelle Praxis der öffentlichen Verwaltung zu formulieren, darf PP nicht als schmalspurig-technokratisches Instrument dargestellt werden: *PP ist in engem Zusammenhang mit den Umweltanforderungen sowie der Aufgaben- und Organisationsplanung zu konzipieren* (Grunow 1972).

Gegenstand der *Organisationsplanung* ist die Veränderung (Anpassung und/oder Entwicklung) von Organisationsvorschriften sowie von Aufgaben- und Entscheidungsprogrammen; Gegenstand der *Personalplanung* ist die Veränderung (Anpassung und/oder Entwicklung) von Gruppenorientierungen und Persönlichkeitsstrukturen[3]. Planung wird dabei aufgefaßt als Entscheidung über (zukünftige) Entscheidungen, d. h. als Festlegung oder Veränderung von *Entscheidungsprämissen.* Diese werden stets durch *Inbeziehungsetzen von organisatorischen und personalen Aspekten unter Berücksichtigung von Umweltbedingungen* (Arbeitsmarkt, Berufsverbände, Klienten, Interessenverbände u. a. m.) sowohl in qualitativer als auch in quantitativer Hinsicht formuliert (vgl. Hagenbruck 1975; Sämann 1975). Als Strategien zur Beeinflussung von personalbezogenen Entscheidungsprämissen sind Rekrutierung, Ausbildung/Fortbildung und Sozialisation sowie verschiedene Formen der Personalbewegung (Einstellung, Beförderung, Versetzung, Entlassung etc.) verfügbar. Jede dieser Strategien besitzt unter gegebenen Umständen einen spezifischen Zeitbedarf, der bei der Planung zu berücksichtigen ist (vgl. Vetter 1967; Linder 1970; Segesser 1973): z. B. die Dauer von Stellenausschreibung, Personalauswahl und Einarbeitung des Personals; die Dauer von Umschulungsmaßnahmen u. a. m.

Diese verschiedenen Aspekte eines zusammenhängenden Prozesses haben zu folgender *praktischer* Untergliederung der Personalplanung geführt (vgl. z. B. Gaugler 1974; Laux 1976):

- Personalstrukturplanung (als Planung von wichtigen Rahmenbedingungen insbesondere für den öffentlichen Dienst)
- Personalbedarfsplanung (als Kernaufgabe der Personalplanung)
- Personalbeschaffungsplanung
- Personalfreisetzungsplanung
- Personaleinsatzplanung
- Personalentwicklungsplanung
- Personalerhaltungsplanung

} (als Strategien der Sicherung des Personalbedarfs)

Diese verschiedenen Teilaufgaben lassen sich in etwa als *Phasen des Personalplanungsprozesses* auffassen und stehen damit in einem direkten zeitlichen und sachlichen Zusammenhang (vgl. Schaubild). Aus diesem Grund sollte die „pragmatische Verselbständigung" dieser einzelnen Phasen vermieden werden. Kossbiel (1976, 1240) leitet daraus vier typische Planungssituationen der Personalplanung ab, wobei die letzte (d) die insbesondere für die öffentliche Verwaltung realistischste Situationsbeschreibung darstellen dürfte:

> „d) Gesucht sind der Personalbedarf (PB), die Personalausstattung (PA) und der Personaleinsatz (PE), und zwar in gegenseitiger Abstimmung und im Hinblick auf vorgegebene Organisationsziele. Dieser Fall dürfte den realen Verhältnissen am ehesten gerecht werden, wenngleich bei P. in der Praxis häufig anders verfahren wird, etwa i. S. der unter b) beschriebenen Planungssituation (Modell: PB, PA, PE)."

Von dem Vorhandensein einer Personalplanung kann u. E. erst dann gesprochen werden, wenn in etwa *alle* o. a. Phasen bzw. Teilprozesse berücksichtigt werden. Bei einer Betriebserhebung 1975 (Lutz 1977) wurde festgestellt, daß dies auch in der gewerblichen Wirtschaft selten zutrifft, obwohl schon seit Beginn der 60er Jahre vielfältige PP-Modelle entwickelt und diskutiert wurden (vgl. Goossens 1962; RKW (Hg.) 1961; Marx 1963; Ulrich/Staerkle 1965; Schmidt 1973). Obwohl eine vergleichbare Untersuchung für die verschiedenen Bereiche der öffentlichen Verwaltung nicht vorliegt, muß man u. E. – trotz aller Bemühungen um mittelfristige Perspektiven und integrierte Ansätze der Planung in Bund, Ländern und Gemeinden – davon ausgehen, daß die *„systemischen"* Anforderungen an die PP nicht erfüllt sind (vgl. auch Drumm u. a. 1980). In dieser Hinsicht kann u. E. von der Bestandsaufnahme von Laux (1976) ausgegangen werden. Weniger hilfreich erscheint uns dagegen die Ursachenbeschreibung von Laux: die Konflikte zwischen Richtlinienkompetenz und Ressortprinzip, der geringe Zentralisierungsgrad der PP, die fehlende Koordinierung der PP zwischen allen Verwaltungsebenen u. a. m. Die von Laux vorgeschlagene Lösungsstrategie ist u. E. zu global und zu formal (vgl. dazu auch Anm. 2), um praktische Ansatzpunkte zur Entwicklung der PP zu gewinnen. Vielfach fehlen – wie noch zu zeigen sein wird – ganz *grundlegende Voraussetzungen für eine anspruchsvolle PP*, so daß die Einrichtung von interministeriellen Koordinierungsgremien der PP u. ä. nicht den Kern des Problems trifft. Im folgenden wollen wir deshalb drei Hauptprobleme bzw. Grundvoraussetzungen der PP in der öffentlichen Verwaltung diskutieren, um hierdurch Ansatzpunkte für die praktische Entwicklung der PP (ggfs. von unten nach oben) zu gewinnen:

- die Problem- bzw. Bedarfsprognose und die Fristigkeiten der personalbezogenen Maßnahmen;
- die Verknüpfung von Aufgabenplanung und Personalplanung (Personal*bedarfs*planung);

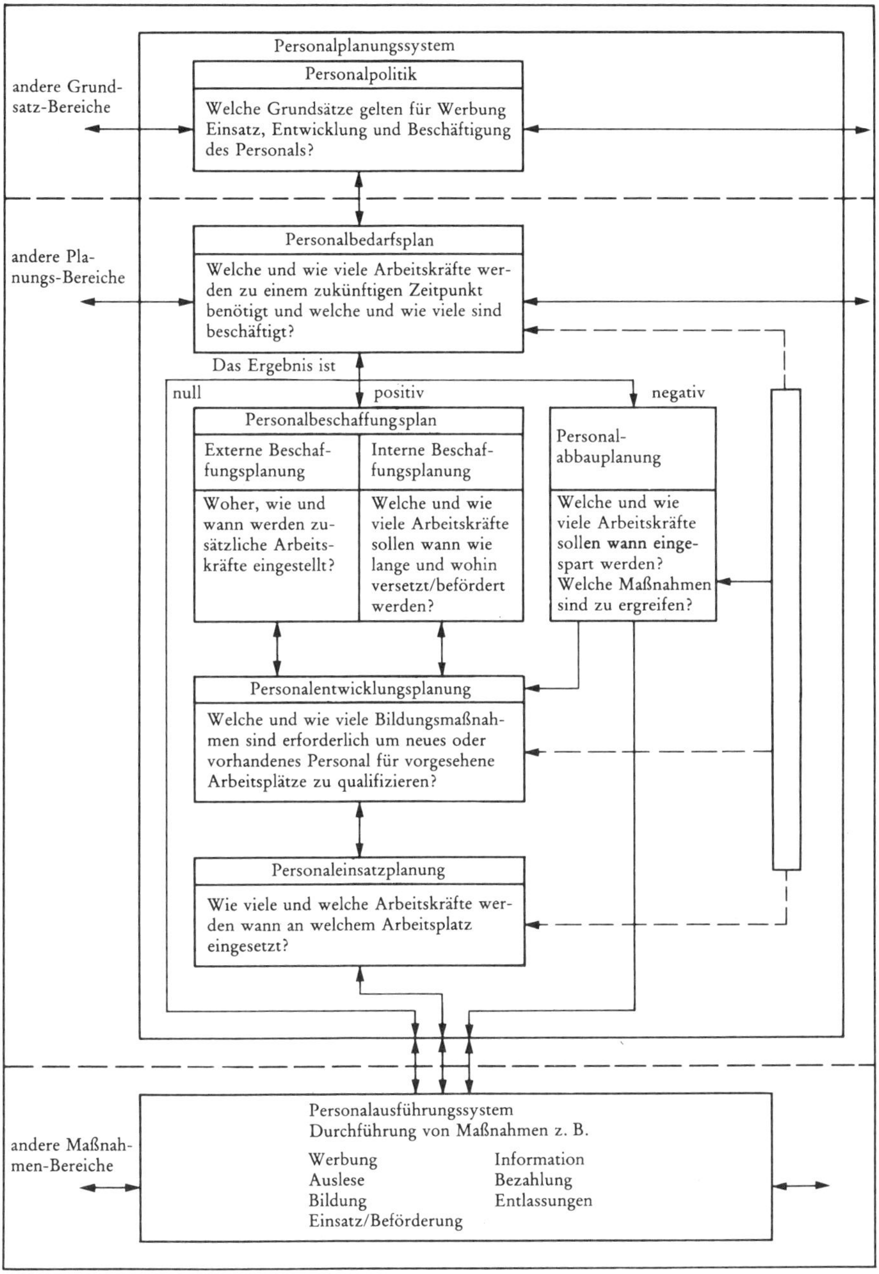

Teilbereiche der Personalplanung (RKW 1978, 29)

– die Verknüpfung von Stellenanforderungen und Leistungsprofil des Personals (Personal*einsatz*planung).

2. Grundprobleme der Personalplanung

Als PP hatten wir die Entscheidung und Veränderung von Entscheidungsprämissen bzgl. der Personalverteilung und -bewegung in Organisationen bezeichnet. Im umfassenden und systemischen Sinne hat PP die Verknüpfung von allgemeinem Personalangebot (Arbeitsmarkt), spezifischer Personalqualifikation und -motivation mit der Aufgabenstruktur und der Organisationsstruktur für einen *zukünftigen* Zeitpunkt (T_n) zu konzipieren und daraus aktuelle (T_o) Maßnahmen abzuleiten. Ohne systematische Verknüpfung mit Organisationsentwicklung und Aufgabenplanung in der öffentlichen Verwaltung ist also Personalplanung u. E. nicht sinnvoll durchführbar.

2.1 Die Problem- bzw. Bedarfsprognose und die Fristigkeiten der personalbezogenen Maßnahmen

Formal ausgedrückt liegen jedem Planungsproblem Schwierigkeiten bei der Abschätzung von Fristigkeiten unterschiedlicher an der Problemlösung beteiligter Ressourcen zugrunde. Würde man davon ausgehen können, daß für *selbstentwickelte* Aufgaben der Verwaltung (Innovations- oder Entwicklungsplanung) oder für solche Probleme, die an die Verwaltung herangetragen werden (Anpassungsplanung), unmittelbar auch die jeweils benötigten Ressourcen (hier insbesondere das Personal) zur Verfügung stehen, so wäre eine diesbezügliche *Planung* nicht notwendig. Diese Voraussetzung ist jedoch für den Faktor Personal *nicht* gegeben. Läßt man einmal das selbst in der Industrie umstrittene Prinzip des „Personal-Leasings“ außer Betracht und unterstellt man beim Personal die prinzipielle Mobilitäts-Bereitschaft, so bleiben spezifische Fristigkeiten der einzelnen Maßnahmen zur Personalsteuerung zu berücksichtigen. Dabei muß es sich um *Erfahrungs*werte handeln, also nicht um wünschbare Soll-Vorgaben. Gegenstand solcher Beschreibungen sind beispielsweise:
– der Zeitbedarf für eine verwaltungsinterne Umsetzung,
– der Zeitbedarf für eine sachgerechte Einarbeitung eines Mitarbeiters aus der Verwaltung auf einem neuen Arbeitsplatz,
– die Dauer eines externen Ausschreibungsverfahrens und der damit verbundenen Personalauswahl und -einstellung,
– die Dauer der notwendigen Einarbeitung für einen von außen gewonnenen Mitarbeiter,

- die Dauer ggfs. notwendiger Ausbildungs- und Fortbildungsmaßnahmen, die außerhalb des Arbeitsplatzes zu absolvieren sind.

Wenngleich die zuvor erwähnten Aktivitäten sehr eng mit dem alltäglichen Verwaltungshandeln verknüpft sind und deshalb als weitgehend kalkulierbar erscheinen mögen, so sind darin auch einige *externe* Einflußfaktoren enthalten, deren Prognose größere Schwierigkeiten aufwerfen kann. Zu solchen, im Personalplanungsprozeß zu berücksichtigenden Faktoren gehören:

- der Arbeitsmarkt und seine voraussichtliche Entwicklung,
- die Motivation der Angehörigen des Arbeitsmarktes, zu einer bestimmten Zeit in die öffentliche Verwaltung einzutreten (Selbstselektion),
- die zu erwartende Personalfluktuation in den jeweiligen Organisationsbereichen (vgl. Personalfluktuation 1980),
- der zu erwartende natürliche Personalabgang (Pensionierung usw.) in dem jeweiligen Organisationsbereich,
- die vom Personal selbst initiierte Qualifikationsveränderung (durch Nachholen von formalen Bildungsabschlüssen u. ä.).

Die Abschätzung der Fristigkeiten von Personalbewegungen als wichtige Voraussetzungen für planerisches Handeln setzt also bereits Prognosen oder Trendannahmen für verwaltungsexterne und verwaltungsinterne Entwicklungen voraus, die ihrerseits mit erheblichen Unschärfebereichen versehen sind. Um die notwendigen Schätzungen auf ein gesichertes Fundament zu stellen, ist es notwendig, die diesbezüglichen *Erfahrungen* innerhalb der Verwaltungsorganisation zu kumulieren und auszuwerten, was u. W. zumeist *nicht* geschieht[4].

Die Hauptschwierigkeit der PP ergibt sich jedoch erst bei der *Verknüpfung* der Fristigkeiten von personalbezogenen Planungen mit aufgaben- bzw. organisationsbezogenen Planungen, vor allem, wenn letztere *neue qualitative* Anforderungen an die Verwaltung stellen (Innovations-, Entwicklungsplanung)[5]. Die Unsicherheiten liegen einerseits in der genannten Bestimmung der Qualität und Quantität der zukünftigen *neuen* Aufgaben, andererseits in der Ableitung der dafür erforderlichen Personalqualität und der zur Bereitstellung dieser personellen Ressourcen benötigten Zeit. PP in diesem weitergreifenden und anspruchsvollen Sinne ist trotz vorhandener Schwierigkeiten erforderlich, wenn mittelfristige oder gar langfristige Entwicklungstrends der Gesellschaft bestimmt sind oder bestimmbar sind und wenn auch politische Perspektiven für einen mindestens mittelfristigen Zeitraum fixiert werden können. Falls darauf verzichtet wird, besteht die Gefahr, daß die Aufgabenentwicklung dem Personalbestand bzw. dem gewünschten Personalwachstum angepaßt wird – eine Situation, die zu einer Beschränkung auf die „Politik des Machbaren“ oder sogar zu dem Parkinsonschen Paradox der Organisationserweiterung bei gleichzeitigem Aufgabenabbau führen kann (vgl. Parkinson 1966).

Die erforderliche Verknüpfung von PP und mittel- bzw. langfristiger Aufgabenplanung der öffentlichen Verwaltung stellt keineswegs eine neue oder gar „utopische“ Anforderung dar: im Rahmen der Infrastrukturplanungen (z. B. Fernstraßenbau; Krankenhausbau; Sicherung der Energieversorgung etc.) müssen lange Fristen für die Verwirklichung der Pläne einkalkuliert werden. Diese Fristen dürften z. T. wesentlich länger sein als die für die PP notwendigen zeitlichen Spielräume. Nur wenn man diejenigen für die Zukunft erforderlichen Personalqualifikationen betrachtet, die nur durch einen neu konzipierten formalen Ausbildungsgang bereitgestellt werden können (z. B. die Fachhochschulausbildung für Bewerber des gehobenen Dienstes), muß mit extremen Wartezeiten gerechnet werden, bevor das entsprechende Personal verfügbar ist (z. B. 10–15 Jahre). Bei solchen Fristen stellt sich für alle Planungen die Frage, ob hinreichend genaue Vorhersagen möglich sind.

Insgesamt kann man also davon ausgehen, daß die Abstimmung von Planungsfristen i. d. R. möglich ist, *wenn* PP betrieben wird. Dabei ist meist *nicht* von einer grundsätzlichen Diskrepanz zwischen den Planungsfristen der PP und der Aufgaben- und Organisationsplanung auszugehen, Schwierigkeiten ergeben sich dagegen aus der möglichen *Unvereinbarkeit* von rechtlichen Rahmenbedingungen, die die Fristigkeiten der PP beeinflussen: der einjährige Rhythmus Haushaltsplanung (incl. Stellenplanung); die Tendenz zur Dauerbeschäftigung des einmal eingestellten Personals (Bestandsschutz) sowie der Tendenz zur Immobilität des Personals durch Besitzstandswahrung; die Konzentration auf Ausbildung im Gegensatz zur Fortbildung (mit ihren unterschiedlichen Zeiterfordernissen). Dabei werden u. E. selbst die Möglichkeiten nicht voll ausgeschöpft, die sich im Rahmen des gegebenen Dienstrechts durch die Differenzierung in verschiedene Statusgruppen, Laufbahnen und Laufbahngruppen sowie verschiedene Eintrittsbedingungen und Beschäftigungsfristen ergeben. Die Bedeutung personalgruppenbezogener Fristigkeiten der PP wird u. E. unterschätzt[6].

Die zuvor beschriebenen Probleme der Fristigkeit bei unterschiedlichen Personalgruppen werden in der Verwaltung vielfach deshalb wenig beachtet, weil die Ausbildungsrichtlinien, insbesondere für die Beamten, suggerieren, daß das erforderliche allgemeine Bildungsniveau (Schul- oder Hochschulabschluß) sowie die spezifischen Verwaltungsprüfungen als Einstieg in die jeweilige Laufbahngruppe ausreichende Voraussetzungen für langfristig qualifiziertes und „produktives“ Tätigwerden in der öffentlichen Verwaltung schaffen. Darüber hinaus werden oft auch die *Folgen von haus- oder verwaltungsinternen Beförderungen oder Umbesetzungen* übersehen. Zunächst ist es sicherlich so, daß der Zeitbedarf für die Umsetzung eines stellvertretenden Abteilungsleiters auf den Abteilungsleiterposten relativ gering ist und daß auch die von ihm benötigte Einarbeitungszeit vergleichs-

weise gering ist; andererseits darf jedoch dabei nicht unberücksichtigt bleiben, daß diese Umbesetzung u. U. eine ganze Kette von personellen Veränderungen auf den verschiedensten hierarchischen Ebenen bzw. in den verschiedensten funktionalen Bereichen nach sich ziehen kann. Auch diese Fristigkeiten gilt es also bei der PP zu berücksichtigen: Falls das Karussell durchaus wünschenswerter personeller Veränderungen im Rahmen der PP sich so schnell dreht, daß die Beschäftigung der einzelnen Mitarbeiter auf der jeweiligen Stelle kürzer ist als die im Prinzip für erforderlich gehaltene Umstellungs- bzw. Einarbeitungszeit, so kann man zu einer Situation gelangen, in der große Teile der Positionen innerhalb der Verwaltungsorganisation suboptimal besetzt sind.
Als Zwischenergebnis läßt sich festhalten:

- Eine zentrale Grundlage der PP ist die auf Erfahrungen gegründete Bestimmung der Fristigkeiten von (zu planenden) Prozessen der Personalsteuerung. Typische Schwierigkeiten bei der Bestimmung dieser Fristigkeiten ergeben sich durch externe Faktoren (externer und interner Arbeitsmarkt; Prozesse der Selbstselektion etc.), die nur mit großen Ungewißheiten prognostizierbar sind.
- Besonders wichtig, aber auch besonders voraussetzungsvoll ist die Bestimmung der Fristigkeiten immer dann, wenn sich die PP auf die Bearbeitung qualitativ neuer Aufgaben bezieht, deren personelle Voraussetzungen unklar sind und daher auch keine präzisen Fristigkeiten für die Bereitstellung des Personals erlauben. Dabei spielt jedoch auch die Tatsache eine wichtige Rolle, daß oft die zukünftigen Aufgaben selbst weder qualitativ noch quantitativ hinreichend definiert bzw. definierbar sind.
- Soweit erkennbar, hat sich gezeigt, daß in der öffentlichen Verwaltung *keine* systematischen Erkenntnisse über Fristigkeiten verschiedener Personalsteuerungsmaßnahmen gesammelt und dokumentiert werden. Die Möglichkeiten zur Bestimmung verschiedener Fristigkeiten sind jedoch gegeben; z. T. – infolge der langfristigen Gültigkeit bestehender öffentlicher Aufgaben – sind diese sogar leichter und präziser zu verwirklichen als in der Erwerbswirtschaft. Bei der PP im Hinblick auf qualitativ neue Aufgaben bestehen infolge politischer Kontingenzen und der strukturellen und personellen Beharrungstendenzen der öffentlichen Verwaltung größere Schwierigkeiten als in der Wirtschaft, die entsprechenden Fristigkeiten vorab zu bestimmen.

2.2 Die Verknüpfung von Aufgabenplanung und Personalplanung (Personalbedarfsplanung)

In der einschlägigen Literatur wird die *Personalbedarfsplanung* (PBP) als Kern der PP bezeichnet. Neben der zuvor schon beschriebenen Zukünftigkeit und den jeweiligen Fristigkeiten des sicherzustellenden Personalbestandes besteht das Hauptproblem der PBP in der Verknüpfung von *Verwaltungsaufgaben* und dem dafür notwendigen *Personaleinsatz.* Obwohl es sich insbesondere in der betriebswirtschaftlichen Literatur eingebürgert hat, qualitative und quantitative PP in diesem Kontext getrennt zu behandeln, halten wir diese beiden Aspekte eher für Nuancen desselben Planungsprozesses. Jeder quantitativen Personalbedarfsplanung muß eine qualitative Beschreibung des benötigten Personals zugrunde liegen. Die Veränderung des Personalbedarfs kann dabei von sehr unterschiedlichen Faktoren ausgehen:

1. Faktoren, die einen *Mehrbedarf* auslösen:
 1.1 neue Aufgaben, 1.2 Ausdehnung bereits wahrgenommener Aufgaben, 1.21 quantitative Erweiterung des Aufgabenumfanges, 1.211 Anpassung an demographische Entwicklungen (z. B. Schüler- und Studentenzahlen), 1.212 Anpassung an veränderte Lebensgewohnheiten (z. B. steigender Müll- und Abwässeranfall, Freizeit, Motorisierung), 1.22 qualitative Verbesserung des Leistungsangebotes (z. B. pflegerische und ärztliche Versorgung, Differenzierung des Unterrichts an allgemeinbildenden Schulen, Hochschulwesen, Differenzierung im Strafvollzug), 1.223 Ausbau bestimmter Funktionen der inneren Verwaltung (z. B. Planung, Aufbau der elektronischen Datenverarbeitung), 1.3 Verbesserung der Ausbildung der im öffentlichen Dienst Beschäftigten (zusätzliche Ausbildungsstellen), 1.4 Bildung neuer Organisationseinheiten, 1.5 Zuständigkeitsverlagerungen, 1.6 Arbeitszeitverkürzung, 1.7 Sachinvestitionen, soweit nicht unter 1.1 und 1.2 erfaßt
2. Faktoren, die einen *Minderbedarf* auslösen:
 2.1 Wegfall oder Einschränkung von Aufgaben – die Systematik der Ziff. I gilt hier sinngemäß –, 2.2 organisatorische Rationalisierung, 2.3 technische Rationalisierung, 2.4 Zuständigkeitsverlagerungen
 (Senatsamt für Verwaltungsdienst/Hamburg; zit. nach Laux 1979, Anlage 1)

Die *Personalbedarfsplanung* besteht in der Festlegung des für einen späteren Zeitpunkt (T_n) notwendigen Personalbedarfs, in qualitativer und quantitativer Hinsicht. Diesen prognostizierten Gesamtbedarf kann man noch aufschlüsseln in einen

- *Nachholbedarf,* der die Differenz zwischen dem *gegenwärtig* vorhandenen Personalbestand und dem *gegenwärtigen* Sollbestand ausweist; man könnte dies auch als Differenz zwischen aktuellem Stellenbestand und aktuellem Personalbestand bezeichnen; die Personalbedarfsplanung bezieht sich hier also nur auf die Schließung aktuell vorhandener Lücken; sie wird als Einzelstrategie nur dann auftreten können, wenn für die mittelfristige Perspektive kein Personalzuwachs über das aktuelle Soll hinaus erforderlich ist;
- *Ersatzbedarf,* der dadurch definiert ist, daß durch Personalfluktuation, von

den Mitarbeitern initiierte Personalbewegungen oder natürlichen Abgang die jetzigen Personalzahlen im Verlauf der Planungsperiode nicht gehalten werden, so daß ein Auffüllen der zu erwartenden Lücken notwendig ist und geplant werden muß;
- *Neubedarf*, der dann entsteht, wenn man gegenüber dem jetzigen Personalstand (Soll) einen Zuwachs für die nächsten Jahre einplanen will.

Allgemein wird man davon ausgehen können, daß der *Ersatzbedarf* am leichtesten zu planen ist, da man sich i. d. R. an schon vorhandenen Stellen bzw. Stellenbesetzungen orientieren kann; es besteht hier also die Aufgabe, die vorhandene Personalsituation in gleicher Weise auch zum späteren Zeitpunkt (T_n) bereitzuhalten. Schwieriger kann sich dagegen bereits die Planung des *Nachholbedarfs* gestalten, je nachdem, welche Gründe zu der Entstehung dieses Nachholbedarfs geführt haben. Falls dies auf zuvor fehlende Haushaltsmittel zurückgeführt werden muß, ist u. U. die Bedarfsplanung nicht schwieriger als im Fall der Ersatzbedarfsplanung. Oft entsteht jedoch ein Nachholbedarf dadurch, daß der Arbeitsmarkt die notwendigen personellen Ressourcen nicht zur Verfügung stellen kann und daß auch im Rahmen der Verwaltung selbst das entsprechende Personal nicht rekrutiert werden kann (z. B. Ärzte im Gesundheitsamt). In einem solchen Fall wird die Planungsaufgabe kompliziert, da man entweder ganz neue Lösungen braucht, a) um Personal zum Eintritt in die Organisation zu motivieren oder b) um die Aufgaben des Personals neu zu definieren, die Stellen anders zu beschreiben, um sodann andere Personalgruppen für die Tätigkeiten einzustellen. Die Gestaltung der Personalbedarfsplanung für den Neubedarf dürfte sich immer dann besonders schwierig gestalten, wenn es sich *nicht* um eine rein quantitative Vermehrung von in der Organisation schon vorhandenen Stellentypen handelt (z. B. zusätzliche Sachbearbeiter für die Gewährung von wirtschaftlichen Hilfen nach dem BSHG). Wenn qualitative Veränderungen in der Aufgabenstellung oder völlig neue Aufgaben auf die Verwaltung zukommen, ist die Bedarfsplanung besonderen Unsicherheiten unterworfen.

Als Grunderfordernisse für die *Personalbedarfsplanung* lassen sich folgende bestimmen (vgl. Sämann 1975, 97):

a) Definition des aktuellen Stellenbestandes (Geschäftsverteilungsplan, Stellenplan)
b) Definition des aktuellen Personalbestandes (Geschäftsverteilungsplan, Personalinformationssystem)
c) Prognose des zukünftig notwendigen Stellenbestandes
d) Prognose des zukünftigen Personalbestandes, und zwar jeweils in *qualitativer und quantitativer* Hinsicht. Dies setzt zusätzlich voraus:
e) Definition des aktuellen Aufgabenbestandes
f) Definition des zukünftigen Aufgabenbestandes

g) Festlegung von Maßstäben für die Zuordnung von Qualität und Quantität der gegenwärtigen und zukünftigen Aufgaben zu einzelnen Stellentypen (Personalbemessungsgrundlage)
h) Festlegung der mit einzelnen Stellentypen verknüpften Anforderungen an den (potentiellen) Stelleninhaber
i) Festlegung der relativen Wertigkeit einzelner Stellen (Arbeitsplatz- bzw. Dienstpostenbewertung).

Für alle diese Grunderfordernisse stehen *ausgearbeitete Instrumentarien* zur Verfügung (vgl. die Zusammenfassung bei GAUGLER 1974; PILLAT 1980); auch für die öffentliche Verwaltung liegen beispielhafte Analysen und Verfahrensvorschläge vor[7]. Im Hinblick auf das Ausmaß der praktischen Anwendung solcher Instrumentarien muß man u. E. LAUX (1979) folgen, der sich in einer gutachterlichen Stellungnahme zu der Frage geäußert hat:

> „Inwieweit steht die Entwicklung der Personalausgaben der öffentlichen Hand im Zusammenhang mit dem Umfang der Aufgaben?" Bei der Analyse des gegenwärtigen Standes der *Verwaltungspraxis* kommt er u. a. zu folgendem Fazit:
> „Die zum Teil schwer zu quantifizierenden Zusammenhänge zwingen z. Zt. zu Vereinfachungen bei allen allgemeinen Aussagen zum Personalbedarf, andererseits nötigen sie zur schrittweisen Verbesserung der Aufgabenplanung; ein Weg, den die Praxis in Politik und Verwaltung auch bisher gegangen ist . . ."
> „Da die politische Bestimmung der Aufgaben, ihres Umfanges und ihrer Entwicklung meist nur verhältnismäßig grob möglich ist, kann eine genaue Analyse und Bewertung der Zusammenhänge zwischen Personalbedarf und Aufgabenentwicklung nur anhand *konkreter Erfahrungen* und *systematischer Untersuchung* in den einzelnen Bereichen öffentlicher Betätigung zu brauchbaren Aussagen führen. Hierbei ergeben sich unterschiedliche Probleme der Messung und der generellen Verwertbarkeit von Berechnungen."
> (LAUX 1979, 55 f.)

Hier wird u. E. das *Kernproblem* der Personalbedarfsplanung zum Ausdruck gebracht: die *aufgabenbezogene Stellen- bzw. Personalbemessung:* Obwohl diese Zuordnung in der Verwaltungspraxis ständig *faktisch* vorgenommen wird (z. B. bei den jährlichen Begründungen des Stellenmehrbedarfs, bei Reorganisationsmaßnahmen, bei Rationalisierung u. v. a. m.), ist die sachliche Fundierung (in qualitativer und quantitativer Hinsicht) äußerst gering. Bezugspunkte ergeben sich zwar aus den Stellenplänen, den Geschäftsverteilungsplänen und den Regelungen des BAT, doch lassen sich damit die Probleme der Personalbemessung nicht lösen – ganz abgesehen davon, daß Geschäftsverteilungspläne, die am ehesten über die *impliziten* aktuellen Bemessungsgrundlagen Auskunft geben könnten, recht allgemein gehalten werden[8].

In der öffentlichen Verwaltung wird man gegenwärtig vor allem dort entwickelte Personalbedarfsberechnungen (bzw. die notwendigen Personalbemessungsverfahren) erwarten können, wo entweder die Outputkontrolle möglich ist oder die Kostenkalkulation einer kontinuierlichen Überprüfung unterliegt. Im Bereich der Leistungsverwaltung, wo dies noch am ehesten denkbar erscheint, ist allerdings auch nur im Bereich der typisierenden Massenverwaltung (vgl. Isensee 1976) eine günstige Voraussetzung gegeben, um solche Bedarfszahlen präziser zu erfassen, als dies im Rahmen der Faustregeln und Erfahrungsbildung üblich ist. Als Beispiel läßt sich die Finanzverwaltung heranziehen, die schon seit langer Zeit eine Personalbedarfsberechnung (PersBB) hat, in der die zu bearbeitenden Steuerfälle sowohl nach Schwierigkeitsgraden als auch nach Mengengesichtspunkten bestimmt werden und der Stellenplanung unterlegt werden. Allerdings ist es keinesfalls so, daß diese Berechnungsgrundlagen mit exakten wissenschaftlichen Methoden erarbeitet worden sind. Dies führt dann in der Praxis dazu, daß noch erhebliche Spielräume existieren, die unter der Bezeichnung „Entbehrungsfaktoren" den einzelnen Mitarbeitern als zusätzlich zuzumutende Mehrbelastung „verordnet" werden. Ein solches Vorgehen, so notwendig es bei unzureichenden Planungszahlen ist, führt zu einer geringen Akzeptanz des grundsätzlichen Berechnungsprinzips. Ähnliche Divergenzen wurden kürzlich (Picot u. a. 1981) auch für einen vermeintlich leicht zu quantifizierenden Tätigkeitsbereich – den Schreibdienst in der öffentlichen Verwaltung – nachgewiesen.

Immerhin zeigen diese Beispiele deutlich, in welchen Bereichen in der öffentlichen Verwaltung am ehesten solche Verfahren auch unter Kosten-Nutzen-Gesichtspunkten entwickelt werden können. Angesichts der großen Zahl von vergleichbaren Aufgaben (aller Finanzamtsmitarbeiter in der BRD) ist es durchaus ökonomisch, detailliert und systematisch Personalbemessungsindikatoren zu entwickeln. Hierzu könnte man notfalls mit alternativen Modellen der Aufgabenteilung und der personellen Qualifikation operieren. Anders sieht es dagegen in solchen Bereichen aus, die durch hohe Kontingenz und damit verbundene Entscheidungsspielräume der einzelnen Verwaltungsangehörigen gekennzeichnet sind. Dies trifft beispielsweise für Planungsaufgaben in der Ministerialbürokratie zu oder auch für die persönliche Hilfe im Rahmen des BSHG (Sozialarbeiter), deren sogen. Fallzahlzuordnungen mehr oder weniger auf Spekulationen beruhen. Erst detaillierte Evaluationsstudien über die Tätigkeit der Sozialarbeiter bzw. die Auswirkungen unterschiedlicher Fallzahlen auf die Leistungsfähigkeit der Sozialarbeiter und die Auswirkungen auf die Klienten ließen eine entsprechende Entscheidung sachgerecht werden. Beispielgebende Ansätze liegen inzwischen aber auch hierfür vor (vgl. die Gutachten und Berichte der KGSt).

Zusammenfassend läßt sich sagen, daß die Personalbedarfsplanung in der öffentlichen Verwaltung z. Zt. überwiegend noch auf unsicheren Schätzungen der Personalbemessung und wenig begründeten Fallzahlbeschreibungen beruht. Bisher wurden nur sporadisch Bemühungen unternommen, *wissenschaftlich abgesicherte* Unterlagen über die Personalbedarfsberechnung, der Voraussetzung für eine realistische Personalbedarfsplanung, zu entwickeln. Vielfach werden nicht einmal die vorhandenen Statistiken der einzelnen Behörden in Richtung auf eine Verbesserung der Bedarfsplanung systematisch ausgewertet. Besonders wenige Voraussetzungen für Personalbedarfsplanung liegen in solchen Bereichen vor, in denen einer quantitativen Planung zunächst einmal eine sehr umfassende qualitative Beschreibung von Aufgaben und Anforderungen an das Personal zugrunde gelegt werden muß. Hierzu ist es unumgänglich, daß für die einzelnen Stellen bzw. Dienstposten eine ausführliche Arbeitsplatzbeschreibung bzw. Dienstpostenbeschreibung vorliegt; die diesbezüglichen Beschreibungen im Geschäftsverteilungsplan sind i. d. R. nicht verwendbar.

Einzelbeispiele zeigen immerhin, daß es möglich und sinnvoll ist, die Personalbedarfsplanung auf eine systematische, wissenschaftliche Grundlage zu stellen. Die Notwendigkeit wird sich in Zukunft durch Mittelverknappung und Rationalisierungsdruck noch weiter verschärfen. Die *Produktivität des Personals* und damit die Wirtschaftlichkeit des Personaleinsatzes insgesamt wird u. a. darüber entscheiden, ob staatliche Aufgaben in Zukunft (re-)privatisiert werden (sollen) oder nicht. Um die Produktivität des Personals besser quantifizieren und qualifizieren zu können, sind zunächst mit Bezug auf die *aktuellen* Aufgabenstellungen und die *aktuellen* Stellen- und Personalbestände die Grunderfordernisse der Personalbedarfsberechnung zu verbessern:

- Die Stellenpläne und Geschäftsverteilungspläne sind im Hinblick auf die Qualität und Quantität der zugrunde liegenden Aufgabenerfordernisse zu konkretisieren.
- Die Geschäftsverteilungspläne und die Personalunterlagen sind zu einem Personalinformationssystem fortzuentwickeln (vgl. hierzu Domsch 1975).
- Durch eine wissenschaftliche Analyse aktueller Tätigkeitsmuster (Arbeitsplatzbeschreibung und -bewertung) sind die durchschnittlichen Bemessungsgrundlagen für die Aufgaben-Stellen-Zuordnung zu bestimmen bzw. zu präzisieren[9].
- Durch die Ableitung von Anforderungsprofilen aus den Aufgabenzuschnitten für einzelne Stellentypen sind Voraussetzungen für die angemessenere Personalbeschaffung zu formulieren.

Liegen derartige Informationen für die bereits existierenden Aufgaben- und Stellentypen erst einmal vor, so lassen sich auch leichter Kriterien der Personalbemessung für zukünftige, qualitativ neuartige Aufgaben der öffentlichen Verwaltung entwickeln.

2.3 Die Verknüpfung von Stellenanforderungen und Leistungsprofil des Personals (Personaleinsatzplanung)

Im Rahmen der bisherigen Überlegungen haben wir uns nur mit der organisatorischen Seite des Personalplanungsproblems beschäftigt, indem wir zunächst die zeitliche Verknüpfung zwischen Außenanforderungen, Aufgabenentwicklung und den Fristigkeiten der PP behandelt haben; im zweiten Schritt wurde dann die Frage gestellt, wie aus einmal definierten Aufgaben der öffentlichen Verwaltung Stellen „zuzuschneiden“ sind; das bedeutet, Kristallisationspunkte innerhalb der Organisationsstruktur zu bestimmen, an die spezifische Qualifikations- und Tätigkeitsanforderungen für potentielle Stelleninhaber geknüpft werden können. Das nun zu behandelnde dritte Problem der PP besteht in der Schaffung der Voraussetzungen für die faktische Zuordnung von *konkreten Personen* zu den Stellen: Es geht also um die Arbeitsplatzanforderungen an Personen und die Möglichkeit der Prüfung des Entsprechungsverhältnisses von Stellenanforderung und der Leistung des Personals.

Dabei ist nicht nur infolge unserer bisherigen Analyseergebnisse, sondern auch aus grundsätzlichen Erwägungen heraus die max. Zuordnungsgenauigkeit, die in der Forderung „*den* richtigen Mann auf den richtigen Platz“ zum Ausdruck kommt, abzuschwächen. Hiermit wird oft eine quasi mechanische Genauigkeit solcher Zuordnungen suggeriert, die selbst im Kontext von Fließbandarbeit und ihrer Planung nicht zu verwirklichen ist. Stellenanforderungen, so präzise sie auch beschrieben sein mögen, eröffnen stets noch Gestaltungsspielräume für die einzelnen Inhaber dieser Stellen, wobei diese Gestaltungsspielräume sowohl von der Organisation zugestanden sein können, als auch von den einzelnen Personen aktiv beansprucht werden können.

Unabhängig von solchen grundsätzlichen Unschärfebereichen in der Zuordnung von Stellenanforderungen und dem Befähigungs- und Leistungsprofil der jeweiligen Stelleninhaber sind die diesbezüglichen Instrumente und Hilfsmittel der PP präzise zu bestimmen. Nach der durch die Personalbedarfsberechnung festgestellten Qualität (Anforderungsprofil) und Quantität des benötigten Personals sind die Handlungsstrategien zu identifizieren, mit deren Hilfe die Bereitstellung der „richtigen“ Personen erfolgen kann oder soll. In der Literatur werden hierzu folgende Vorgehensweisen unterschieden (vgl. Gaugler 1974):

- *Personalbeschaffung(splanung)*, durch die das Auffinden und Anwerben sowie ggfs. die vorläufige Einstellung von Personen für die zu bewältigenden Aufgaben (i. S. d. Stellenanforderung) gesteuert werden sollen; das Rekrutierungsfeld kann dabei sowohl außerhalb der öffentlichen Verwaltung (Arbeitsmarkt) als auch innerhalb der öffentlichen Verwaltung liegen;

- *Personalfreisetzung(splanung)*, d. h. die Bestimmung derjenigen Personen, die entweder durch Fortfall der Aufgaben oder aufgrund einer Verschlechterung des Anforderungs-Leistungs-Zusammenhangs in Zukunft nicht mehr an dieser Stelle bzw. überhaupt nicht mehr in der öffentlichen Verwaltung beschäftigt werden sollen;
- *Personalentwicklung(splanung)*, d. h. die Bemühungen, durch Ausbildung, Fortbildung und Sozialisation des Personals gezielt darauf hinzuarbeiten, daß die zukünftigen Aufgaben (Stellenanforderungen) von den in der Verwaltung bereits beschäftigten Personen übernommen werden können (vgl. Grunow 1972; Mentzel 1980);
- *(Planung der) Personalerhaltung und -pflege*, d. h. alle diejenigen Maßnahmen, die keine spezifischen Personalentwicklungszwecke verfolgen, jedoch notwendig sind, um insbesondere den Bestand an qualifizierten Mitarbeitern längerfristig zu sichern, die Fluktuation gering zu halten und die prinzipielle Flexibilität und Lernfähigkeit der Mitarbeiter (im Hinblick auf denkbare zukünftige Aufgabenveränderungen) zu erhalten.

Für alle diese Prozesse, die gewissermaßen als *Umsetzungsplanung der Bedarfsprognose* aufgefaßt werden, können die Stellenanforderungen als Zielvorstellungen für die ablaufenden Suchprozesse dienen. Daneben wird jedoch ein Instrument für die Bestimmung des Annäherungsgrades zwischen der Anforderung und der Befähigung bzw. Leistung der potentiellen Stelleninhaber erforderlich: die Personalbeurteilung[10]. Ebenso wie die Personalbemessung ist die Personalbeurteilung ein *faktisch* dauernd stattfindender Vorgang – ganz unabhängig von dem Grad der Transparenz und Präzision, der u. a. durch ein standardisiertes Anforderungsprofil und Beurteilungsverfahren erzielt werden kann. Im Hinblick auf die o. a. Handlungsstrategien zur Bereitstellung und stellenmäßigen Zuordnung des Personals wird die Personalbeurteilung für unterschiedliche Entscheidungsphasen und mit verschiedenen Entscheidungsgrundlagen eingeplant[11]:

- als *Leistungs*beurteilung der Stelleninhaber auf der Grundlage beobachteter Leistungsfähigkeit
- als *Eignungs-* bzw. *Potential*beurteilung z. B. im Hinblick auf andere Stellen(-anforderungen), die von einer Person u. U. übernommen werden könnten;
- als *Beurteilung* von externen Stellenbewerbern auf der Grundlage von Tests, Vorstellungsgesprächen, Zeugnissen
- als *Beurteilung* von Mitarbeitern in der Probezeit
- als *Beurteilung* von Ausbildungsabschlüssen und Fortbildungserfolgen u. a. m.

Die für die Personaleinsatzplanung notwendigen Grundvoraussetzungen – eine möglichst präzise und umfassende Stellenanforderung und ein zuverlässiges, gültiges und objektives Beurteilungsverfahren, durch das die Zuordnung von Personen zu Stellen sachgerecht gesteuert wird – sind gegenwärtig in der öffentlichen Verwaltung noch nicht durchgängig vorhanden; zwar gibt es bereits erste Ansätze zu einer präziseren Formulierung von Stellenanforderungen bzw. Anforderungsprofilen einzelner Dienstposten; zwar gibt es aufgrund der Beurteilungspflicht (für Beamte) auch eine Reihe von Beurteilungsverfahren, die immer wieder neu ausprobiert und verworfen bzw. reorganisiert werden; jedoch fehlt es an zuverlässigen und objektiven Verfahren, die insbesondere auch *zwischen* Behörden vergleichbare Ergebnisse zu produzieren erlauben (vgl. Grunow 1976 sowie die Hinweise in Anm. 6). Die vorliegenden Anwendungsbeispiele zeigen zumindest, daß die Entwicklung dieser Grundlagen für eine sachgerechte Personaleinsatzplanung in der öffentlichen Verwaltung möglich ist. Somit stellt sich die Frage, wo die Hindernisse und Schwierigkeiten für eine weitere Verbreitung und Präzisierung dieser (und auch der zuvor beschriebenen) Komponenten einer sachgerechten PP liegen.

3. Rechtsgrundlagen der Organisations-, Personal- und Haushaltsstruktur als Restriktionen der PP in der öffentlichen Verwaltung

Die vorangegangene Analyse der PP in der öffentlichen Verwaltung hat folgendes deutlich gemacht:

- PP ist eine wichtige und notwendige Voraussetzung für eine leistungsfähige und zukunftsorientierte flexible Verwaltung, in der die Produktivität des Personals optimal eingesetzt wird, zugleich aber auch die Motivation und Zufriedenheit des Personals gesichert bzw. gesteigert werden soll;
- PP bzw. die ihr zugrunde liegenden Bewertungs-, Bemessungs- und Beurteilungsprozesse sind keine „technokratischen Erfindungen“ von professionellen Planern, sondern ständig *faktisch* stattfindende Ereignisse; eine bewußte und transparente PP hat die Funktion, diese Entscheidungsprozesse auf eine wissenschaftliche Grundlage zu stellen und damit der Subjektivität und Willkür von „Daumenregeln“ und „ungesicherten Annahmen“ zumindest teilweise zu entziehen;
- die praktischen Anwendungsbeispiele für die Voraussetzungen der PP in der öffentlichen Verwaltung (Aufgabenplanung, Personalbemessungsverfahren, Dienstpostenbeschreibung und -bewertung sowie Personalbeurteilungsverfahren) zeigen an, daß PP prinzipiell möglich, wenn auch nicht im Sinne eines voraussetzungsvollen „systemischen“ Zusammenhangs verwirklicht ist;

– es fehlt nicht an praktikablen technischen Hilfsmitteln und offiziell formulierten Hinweisen auf die Notwendigkeit der PP in der öffentlichen Verwaltung; die Restriktionen müssen daher in den rechtlichen Rahmenbedingungen für die Durchführbarkeit und Wirksamkeit der PP gesucht werden.

Diese Restriktionen sind z. T. identisch mit denen einer mittelfristigen und langfristigen Aufgabenplanung sowie der Entwicklung spezifischer Führungskonzepte für die öffentliche Verwaltung:

1) Ein wesentliches Hindernis besteht in der Verwaltung darin, daß Ziele nur schwer zu definieren sind. Selbst wenn man davon ausgeht, daß das Verwaltungshandeln nicht mehr als Rechtsanwendung i. e. S. betrachtet wird, sondern eher als Aufgabenerfüllung des Staates auf der Grundlage von Rechtsvorschriften, so bleibt die Entwicklung eines detaillierten Zielkataloges schwierig; statt dessen dominiert nach wie vor die Beschreibung von Verfahrensweisen, mit denen nur sehr allgemein formulierte politische Ziele erreicht werden sollen (vgl. Böhret/Junkers 1976).
2) Hinderlich sind auch verschiedene Formen der rechtlichen Rahmenregelungen des Verwaltungshandelns für die PP: zunächst das Haushaltsrecht, das einen wesentlichen Schwerpunkt der Aktivitäten in einen Ein-Jahres-Rhythmus bindet – trotz der verschiedenen Bemühungen um mittelfristige Planungssequenzen. Dieses Haushaltsrecht behindert insbesondere eine Aufgabenentwicklung bzw. das Management by Objectives innerhalb der Verwaltung; die Festschreibung oder Fortschreibung von Stellenplänen (als Bestandteil des Haushaltsplans) kann eine solche aufgabenbezogene Entwicklungsplanung der Verwaltung nicht ersetzen.
3) Ebenso hinderlich für die PP wie für die Führung in der öffentlichen Verwaltung insgesamt dürften auch große Teile des geltenden Personalrechts sein; sowohl die Unterscheidung zwischen Arbeitern, Angestellten und Beamten sowie die Differenzierung in die verschiedenen Laufbahngruppen, die Tendenz zur Lebenszeitbeschäftigung sowie das Alimentationsprinzip anstelle einer funktions- und leistungsorientierten Bezahlung dürften hier wichtige Gründe sein (vgl. Reinermann/Reichmann 1978 sowie die verschiedenen Beiträge der Studienkommission zur Reform des öffentlichen Dienstrechts 1973).

Das Hauptproblem für die PP in der öffentlichen Verwaltung besteht – zusammengefaßt – darin, daß zu Recht erhebliche Zweifel an der Umsetzbarkeit solch aufwendiger Planungsaktivitäten[12] bestehen. Angesichts der Formen struktureller (bürokratischer) Erstarrung von Organisations- und Personalstruktur und bei oft hinzukommender individueller Immobilität und Innovationsfeindlichkeit stellt sich zu Recht die Frage, ob die Möglichkeiten der Personal*steuerung* überhaupt ausreichen, um solch weitreichende und voraussetzungsvolle Planungsvorhaben zu rechtfertigen – ganz abgesehen von dem konkreten Widerstand, den die Einführung und systematische

Anwendung von PP und Personalsteuerung erzeugen würde (vgl. Koch 1975).

Im Hinblick auf den zuletzt diskutierten Problembereich (vgl. 2.3) lassen sich die Hindernisse daran erläutern, daß wesentliche Aspekte der Personal*beschaffung*, insbesondere der Personalfreisetzung, der Personalentwicklung (durch Ausbildung oder Fortbildung und Sozialisation) oder auch der Planung von Personalerhaltung und -pflege, im Rahmen des existierenden Dienstrechts kaum durchgesetzt werden können. Leistungsbezogene Bezahlung, funktionsorientierte Ausrichtung der Stellen, Entlassungen, Herabstufung in niedrigere Vergütungsgruppen, Umsetzungen gegen den ausdrücklichen Willen des Betroffenen, Durchführung von Fortbildungsmaßnahmen ohne den ausdrücklichen Wunsch des Betroffenen u. a. m. sind innerhalb der öffentlichen Verwaltung oft praktisch nicht durchsetzbar. Unabhängig davon, wie man diese Sachverhalte bewertet, führen sie zu einer *starken Begrenzung der Umsetzbarkeit personalplanerischer Entscheidungen.* Wo diese Umsetzbarkeit nicht vorab erkennbar ist, kann auch eine entsprechende Motivation zur Vorbereitung und Durchführung der PP in der öffentlichen Verwaltung in dem sachlich erforderlichen Umfang kaum erwartet werden.

Anmerkungen

1 Hierzu wird beispielhaft auf die folgenden eigenen Untersuchungen zurückgegriffen: Bücker-Gärtner u. a. 1977; Grunow 1976; Grunow 1978; Grunow/Hegner 1978).

2 Allerdings ist nicht auszuschließen, daß diese Reformbemühungen nicht primär an den vielzitierten „fehlenden Möglichkeiten politischer Durchsetzbarkeit“ (Laux 1975, 189) scheitern, sondern aufgrund sachlich/inhaltlicher Mängel: So ist z. B. bei der „Dienstrechtsreform“ zu fragen, a) ob diese ohne gleichzeitige Organisationsreform überhaupt sinnvoll konzipierbar ist, und b), ob „Reformen“ auf einem derart globalen Level überhaupt (noch) möglich sind.
Es ist daher auch nicht verwunderlich, daß in dem Bereich der Studienkommission für die Reform des öffentlichen Dienstrechts (1973) keine Aussagen zur Personalplanung enthalten sind, obwohl vielfältige Einzelaspekte der hierzu erforderlichen Maßnahmen (z. B. Verwendungsbeurteilung; Dienstpostenbeschreibung und -bewertung etc.) erörtert bzw. konkret entwickelt werden. Die Personalplanung überschreitet in zweierlei Form die von der Studienkommission akzeptierten Grenzen ihrer Aufgabenstellung:
– Faßt man Personalplanung als Bestandteil einer Ziel- und Programmplanung auf, so setzt dies entsprechende Formen der Programmorientierung der Verwaltungsorganisation und -führung voraus, die i. d. R. nicht gegeben ist: die gescheiterten Anwendungsversuche von PPBS und MbO zeigen dies (vgl. Wild/Schmid 1973).
– Faßt man Personalplanung als Bestandteil des Programmvollzugs (Implementation) auf, dann stößt sie an die organisatorischen Grenzen der Personalverwaltung;

hierzu weist Laux (1976) nach, daß die Kompetenzen der Regierungschefs (der verschiedenen Verwaltungsebenen) und der verschiedenen Ressorts konkurrieren, vor allem, wenn die Planungsebene relativ hoch (in der Hierarchie) angesiedelt ist.

[3] PP wird „systemisch", d. h. mit Blick auf die jeweilige Verwaltungsorganisation und ihre Entwicklungsdynamik konzipiert; sie ist somit nicht vergleichbar mit der Laufbahnplanung für einzelne Organisationsmitglieder. Bei einer konsistenten Gesamtkonzeption müßte jedoch das eine aus dem anderen ableitbar sein (vgl. hierzu auch die Konzepte zur Personalentwicklung, Mentzel 1980).
Aus Platzgründen wird hier auch darauf verzichtet, eine begriffliche und konzeptuelle Abgrenzung zur „Personalpolitik", „Personalbewirtschaftung"; „Personalverwaltung" u. ä. zu formulieren (vgl. dazu Laux 1976, 141 f.).

[4] So hat sich in den von uns untersuchten Verwaltungsorganisationen (vgl. Anm. 1) stets gezeigt, daß die verschiedenen Personalgruppen in den Fachämtern/Fachabteilungen sowie in den Zentralämtern/Zentralverwaltungen unklare und unterschiedliche Auffassungen über die jeweiligen Fristigkeiten personalbezogener Maßnahmen haben.

[5] Im Hinblick auf die Anpassung an Umweltveränderungen hat die öffentliche Verwaltung zwar durch ihre meist monopolistische Stellung den Vorteil, daß sie aufgrund mangelnden Konkurrenzdrucks nicht gezwungen ist, sofort auf neue oder veränderte Anforderungen der Umwelt (z. B. der Bürger bzw. einzelner Bürgergruppen) zu reagieren und zunächst versuchen kann, die Umwelt „verwaltungsadäquat" zu strukturieren (z. B. den Bürger mit vielfältigen Formularbearbeitungen für die Verwaltung tätig werden zu lassen); dies hat zugleich aber auch den Nachteil, daß bei entsprechendem Problemdruck, unterstützt durch die verschiedenen politischen Arenen, der Innovationsdruck auf die Verwaltung überraschend schnell ansteigen kann. Berücksichtigt man darüber hinaus generell die Kontingenz politischer Entscheidungen und die Kurzfristigkeit der politischen Perspektive (z. B. für den Zeitraum von 4 Jahren, also einer Legislaturperiode), so werden die Probleme der Fristigkeit im Rahmen von *Entwicklungs-* oder *Innovations*planungen besonders gravierend. Hat sich das politische System erst einmal zu einer Sachentscheidung, einer neuen Aufgabenübernahme usw. durchgerungen, so soll die Umsetzung möglichst unmittelbar beginnen können. Diese Interessen an einer unmittelbaren Implementation der politischen Entscheidungen im Verwaltungsvollzug widersprechen jedoch den Dispositionsmöglichkeiten der Personalplanung sowohl hinsichtlich sachlicher Voraussetzungen als auch hinsichtlich der benötigten Zeitfristen.

[6] Zieht man hinsichtlich der in der PP derzeit berücksichtigten Fristigkeiten zum Vergleich noch einmal die Erwerbswirtschaft heran, so ergibt sich auf der Grundlage der Untersuchung von Weber (1963) in schweizerischen Industrieunternehmen, daß nur 40 von 77 Unternehmen Personalpläne aufstellten, 11 davon Jahrespläne, 2 davon Pläne von 3–5 Jahren (alle anderen blieben unter dem Jahreszeitraum!). Zu ähnlichen Ergebnissen kommt 12 Jahre später auch Lutz (1977, 26), der in 9% der untersuchten Fälle Personalpläne für mehr als 12 Monate vorfindet.
In derselben Studie führt Lutz weiterhin aus, daß nur bei etwa 17% aller Betriebe

nach Beschäftigtengruppen differenzierbare Personalpläne existieren. Das ist deshalb wenig, weil in der einschlägigen Literatur Einigkeit darüber besteht, daß die Fristigkeiten für die jeweiligen Personalgruppen erheblich variieren können. So wird beispielsweise von Mellerowicz (1970, 493 f.) unterstellt, daß für Arbeiter etwa 3 Monate Beschaffungs- und Anlernzeit notwendig sind, für Facharbeiter etwa 3–5 Jahre, für Angestellte ohne Führungsfunktion etwa 1–2 Jahre und für Angestellte mit Führungsfunktion etwa 3–5 Jahre. Andere Studien sprechen davon, daß man für Führungskräfte der obersten Führungsebene durchschnittlich 15 Jahre ansetzen muß (Ford 1968; Meij 1964).

7 Die Entwicklung derartiger Instrumente ist eine der Hauptaufgaben der KGSt, die bereits in den 60er Jahren Arbeitsgrundlagen/Gutachten entwickelt hat (KGSt 1967; 1970; 1976); neuerdings werden für schwer zu planende Einzelbereiche (z. B. Pflegekinderdienst – vgl. KGSt 1981) spezielle Personalrichtwerte erarbeitet. Für einzelne Tätigkeitsbereiche gibt es auch Spezifikationen der einzelnen Ressorts (z. B. BMI 1977) sowie Stellungnahmen der Rechnungshöfe (z. B. Bundesrechnungshof 1975). Auch aus der Diskussion über die Privatisierung öffentlicher Dienstleistungen (vgl. Tofaute 1977; Bischoff/Nickusch (Hg.) 1977) sowie über die Dienstrechtsreform (vgl. Bde. 9 u. 10 der Studienkommission) ergeben sich zusätzliche Hinweise und praktische Anregungen.

8 Oft werden gerade deshalb die Geschäftsverteilungspläne auch nicht gern an Wissenschaftler weitergegeben. Im Vergleich zwischen Ämtern und Ministerien kommen damit recht deutlich die Unterschiede in der Stellenbemessung und -bewertung bei gleichen Aufgaben zutage (vgl. hierzu auch Picot u. a. (1981)).
Im Rahmen unserer empirischen Untersuchungen i. d. kommunalen Sozialverwaltung waren z. T. nicht einmal die Klientenkontaktstatistiken so organisiert, daß entsprechende Arbeitsplatzbeschreibungen und -anforderungen daraus abgeleitet werden konnten (vgl. Grunow/Hegner 1974).

9 Als Methoden stehen hierfür die „Kennzahlenmethode" für proportional arbeitsmengenabhängige Arbeitsplätze sowie die „Arbeitsplatzmethode" für selten auftretende, längerfristig unveränderliche und arbeitsmengenunabhängige Arbeitsplätze zur Verfügung (vgl. Sämann 1975, 101 f.). Für die quantifizierende Personalbemessung sind folgende Faktoren bestimmend: der Arbeitsvorgang, die Fallzahl, die mittlere Bearbeitungszeit für den Arbeitsvorgang in Minuten, die Normal-Arbeitskraft (vgl. KGSt 1967, 52 ff.).

10 „Ausgehend von den an anderer Stelle (Grunow 1972) formulierten Überlegungen zu Fragen der Personalplanung ergibt sich die theoretische Bedeutung der Personalbeurteilung aus der Tatsache, daß sich in ihr viele Zusammenhänge des Gesamtbereiches Personalplanung treffen. Die Personalbeurteilung läßt sich definieren als ein Mechanismus, der die organisationsinterne Verteilung der Persönlichkeitsstrukturen und Gruppenorientierungen steuert, indem sie die Selbstdarstellungsgeschichte der Personen auf die für die Entscheidungsprozesse in der Organisation relevanten Bedingungen (d. h. Prädispositionen) absucht. In diesem Sinne ist die Personalbeurteilung sowohl vergangenheitsorientiert als auch zukunftsbezogen. Sie testet bereits vollzogene Personalentscheidungen und schlägt zukünftige vor – ist also ein Bestandteil der Personalplanung.
Personalbeurteilungen stehen in unmittelbarem Zusammenhang mit Organisa-

tionsvorschriften und Entscheidungsprogrammen. Als Steuerungs- und Verteilungsmechanismus sind sie ein Indikator für die Transformationsbedingungen zwischen den einzelnen Bereichen von Entscheidungsprämissen: sie entscheiden über die Kompatibilität und Substituierbarkeit nicht nur innerhalb des Personalsektors, sondern auch zwischen Personal und Organisation." (Grunow 1976, 69)

[11] Einzelheiten können hierzu an dieser Stelle nicht ausgeführt werden (vgl. Grunow 1976, Gaugler u. a. 1977).

[12] Aufwendig ist die PP nicht nur wegen der Notwendigkeit, zunächst einmal die verschiedenen Grundvoraussetzungen zu erfüllen, sondern wegen der erforderlichen Lernfähigkeit des Planungsprozesses: die Planungsgrundlagen (Fristigkeiten, Bemessungs-, Bewertungs-, Beurteilungsgrundlagen etc.) müssen kontinuierlich *fortentwickelt* und in ihrer Funktionsfähigkeit überprüft werden (Planung der Planung).

Literatur

Alemann, U. v., und R. G. Heinze, Hg. [1979]: Verbände und Staat. Opladen.

Beyme, K. v. [1980]: Interessengruppen in der Demokratie. München (5. Aufl.).

Bischoff, D., und K. O. Nickusch, Hg. [1977]: Privatisierung öffentlicher Aufgaben. Berlin-New York.

BMI [1977]: Ermittlung und Erfassung von Arbeitsmengen bei Schreibarbeiten. Bonn.

Böhret, C., und M. T. Junkers [1976]: Führungskonzepte für die öffentliche Verwaltung. Stuttgart.

Bücker-Gärtner, H., u. a. [1976]: Sozialwissenschaftler i. d. öffentlichen Verwaltung. Frankfurt a. M.

Bundesrechnungshof [1975]: Bericht über den Einsatz von Schreibkräften bei Bundesbehörden. Frankfurt a. M.

Domsch, M. [1975]: Personal-Informationssysteme. Führungsinstrumente zukunftsorientierter Personalarbeit. In: Schmidt/Hagenbruck/Sämann (Hg.): Handbuch der Personalplanung. Frankfurt a. M., S. 106–121.

Drumm, H. J., u. a. [1980]: Zur Akzeptanz formaler Personalplanungsmethoden. In: Zeitschrift f. betriebswirtsch. Forschung 32, S. 721–740.

Ford, H. P. [1968]: Long range planning of managers. In: Long Range Planning 1, S. 18–24.

Gaugler, E. [1974]: Betriebliche Personalplanung. Göttingen.

Gaugler, E., u. a. [1977]: Empirische Untersuchung über Leistungsbeurteilung. Baden-Baden.

Goossens, F. [1962]: Die langfristige Planung des Personalbedarfs und die Entwicklung des Arbeitsmarktes. In: Mensch u. Arbeit 14, S. 41–43.

Grunow, D. [1972]: Ausbildung und Sozialisation im Rahmen organisationstheoretischer Personalplanung. Stuttgart.

– [1976]: Personalbeurteilung. Stuttgart.

– [1978]: Steuerzahler und Finanzamt: Forschungsdesign und Ergebnisse. Frankfurt a. M.

Grunow, D., und F. Hegner [1974]: Zum Verhältnis von kommunaler Sozialverwaltung und Publikum. Bielefeld.
– [1978]: Die Gewährung persönlicher und wirtschaftlicher Sozialhilfe. Bielefeld.
Guilleaume, E. [1971]: Demokratisierung der Personalpolitik in der öffentlichen Verwaltung. In: Die Verwaltung 4, S. 177–188.
Hagenbruck, H. [1975]: Die qualitativen Aspekte der Personalplanung. In: Schmidt/Hagenbruck/Sämann (Hg.): Handbuch der Personalplanung. Frankfurt, S. 75–94.
Hauff, V. (Hg.) [1980]: Bürgerinitiativen in der Gesellschaft. Villingen.
Isensee, J. [1976]: Die typisierende Verwaltung. Berlin.
KGSt [1967]: Arbeitsuntersuchungen in der Kommunalverwaltung. Köln (4. Aufl.).
– [1970]: Stellenplan. Stellenbewertung. 5. Aufl. Köln.
– [1976]: Bericht 3/1976: Personalbemessung; Bericht 23/1976: Personalbedarfsplanung. Köln.
– [1981]: Organisation des Jugendamtes: Personal-Richtwerte Pflegekinderdienst Ms/Entwurf. Köln.
Koch, R. [1975]: Personalsteuerung in der Ministerialbürokratie. Baden-Baden.
Kossbiel, H. [1976]: Personalplanung. In: Bierfelder, W. (Hg.): Handwörterbuch des öffentlichen Dienstes – Das Personalwesen. Berlin, Sp. 1235–1252.
Kroppenstedt, F. [1973]: Das Reformkonzept und seine Auswirkungen auf die Fortbildung. In: Verwaltung u. Fortbildung 1, S. 63–80.
Laux, E. [1975]: Möglichkeiten und Grenzen einer Leistungssteigerung in der Organisation der öffentlichen Verwaltung. In: Der Landkreis 45, S. 187–191.
– [1976]: Personalplanung im öffentlichen Dienst. In: Die Verwaltung 9, S. 137–160.
– [1979]: Aufgabenentwicklung und Personalentwicklung. Gutachten. Düsseldorf.
Lepper, M. [1976]: Das Ende eines Experiments. Zur Auflösung der Projektgruppe Regierungs- und Verwaltungsreform. In: Die Verwaltung 9, S. 478–499.
Linder, B. [1970]: Methods and tools of continuous enterprise manpower planning. O.E.C.D.-Report. Paris.
Lutz, B. [1977]: Personalplanung in der gewerblichen Wirtschaft der Bundesrepublik. Frankfurt a. M.
Marx, A. [1963]: Die Personalplanung in der modernen Wettbewerbsgesellschaft. Baden-Baden.
Meier, G. S. [1978]: Job-Sharing. A new pattern for quality of work and life. Michigan.
Meij, J. L. [1964]: „Management Development" unter besonderer Berücksichtigung des Wachstums der Unternehmung. In: Zeitschrift f. Betriebswirtschaft 34, S. 102–114.
Mellerowicz, K. [1970]: Planung und Plankostenrechnung. Freiburg i. Br.
Mentzel, W. [1980]: Personalentwicklung. Freiburg i. Br.
Parkinson, C. N. [1966]: Parkinsons Gesetz. Reinbek (engl. Original 1957).
Personalfluktuation im unmittelbaren öffentlichen Dienst [1978/79]: In: Wirtschaft u. Statistik, H. 11, S. 771–773.
Picot, A., u. a. [1981]: Zur Wirtschaftlichkeit von Schreibdienstorganisationen. In: VOP, H. 1, S. 34–41.
Pillat, R. [1980]: Personalbedarf. 3. Aufl. Freiburg i. Br.

Reinermann, H., und G. Reichmann [1978]: Verwaltung und Führungskonzepte: MbO und seine Anwendungsvoraussetzungen. Berlin.
RKW (Hg.) [1961]: Personalplanung bei Umstellung des Arbeitsplatzes. Neuwied.
RKW-Handbuch [1978]: Praxis der Personalplanung. Neuwied-Darmstadt.
Sämann, W. [1975]: Ziel, Inhalt und Mittel quantitativer Personalplanung. In: Schmidt/Hagenbruck/Sämann (Hg.): Handbuch der Personalplanung. Frankfurt a. M., S. 95–105.
Segesser, W. [1973]: Die Elemente der Personalplanung. Schweizerische Gesellsch. f. Personalfragen. Bern.
Selbach, J. [1974]: Notwendigkeit und Bedeutung von Personalsteuerungsverfahren für die öffentliche Verwaltung. In: Rationalisierung 25, S. 259.
Schmidt, H. [1973]: Personalplanung – ökonomische und gesellschaftliche Bedeutung betrieblicher Personalinformationssysteme. In: Arbeit u. Leistung 27, S. 281–289.
Studienkommission für die Reform des öffentlichen Dienstrechts [1973]: Bericht der Kommission. Baden Baden.
Teriet, B. [1976]: Neue Strukturen der Arbeitszeitverteilung. Göttingen.
Tofaute, H. [1977]: Die Übertragung öffentlicher Leistungen und Funktionen auf Private. (ÖTV-Veröffentlichung). Stuttgart.
Toffler, A. [1980]: Die Zukunftschance. München.
Ulrich, H., und R. Staerkle [1965]: Personalplanung. Köln-Opladen.
Vetter, E. W. [1964]: How companies forecast manpower needs. In: Management Review 33, S. 60–63.
– [1967]: Manpower planning for high talent personnel. Ann Arbor.
Weber, K. [1963]: Planung und Planungsrechnung in der schweizerischen Industrie. In: Industrielle Organisation 32, S. 269–281.
Wild, J., und P. Schmid [1973]: Managementsysteme für die Verwaltung: PPBS und MbO. In: Die Verwaltung 6, S. 145–166.

Inhalt und Strategie eines Konzepts der Personalentwicklung in der öffentlichen Verwaltung

Christoph Reichard

1. Personalentwicklung im Management- und Personalsystem der öffentlichen Verwaltung

1.1 Einleitung

Personalentwicklung ist im Rahmen der personalstrukturellen Ansatzpunkte der Verwaltungsführung ein Konzept zur Befähigung, Beurteilung und Förderung von Mitarbeitern. Es handelt sich dabei um die systematische Zusammenfassung aller diesbezüglichen Maßnahmen in einer Organisation, die in eine tragfähige und umfassende Managementkonzeption eingebettet sind.

Mit Personalentwicklung soll erreicht werden, daß sich die persönlichen Entwicklungsziele der Mitarbeiter und die Verwaltungsziele stärker aufeinander ausrichten, daß Lern- und Problemlösungsfähigkeit der Mitarbeiter gesteigert, daß Zugehörigkeits- und Entfaltungsmotive der Mitarbeiter befriedigt und daß fähige Mitarbeiter auch qualifikationsgerecht eingesetzt werden.

Personalentwicklung bedeutet, „in das menschliche Element des Verwaltungssystems zu investieren" (so sinngemäß Banner 1980, S. 130). Die Bedeutung des Konzepts Personalentwicklung wird klar, wenn wir uns vor Augen führen, daß das Verwaltungspersonal einerseits der wichtigste, wertvollste und teuerste „Produktionsfaktor" ist, daß aber andererseits zu seiner „Bestandspflege" und Entwicklung durch Aus- und Fortbildung und andere leistungsbezogene Maßnahmen bislang nur wenig unternommen wird. In der Privatwirtschaft gibt es immerhin einige Ansätze der Personalentwicklung (vgl. bspw. Bosler/Ebeling 1978, Dworatschek/Krüll 1980).

Mitarbeiter-Entwicklung ist aber nicht nur aus Effizienzaspekten geboten, um den Personalbestand zu „pflegen" und die fähigsten Mitarbeiter in verantwortliche Stellen zu befördern.

Sie ist ebensosehr aus Mitarbeitersicht unumgänglich, um die Interessen und Bedürfnisse des Personals hinsichtlich seiner beruflichen Entwicklung einzu-

beziehen. Personalentwicklung ist also ähnlich wie andere Managementkomponenten unter Effizienz- und Humanisierungsaspekten zu beurteilen.
Die Beratung von Mitarbeitern hinsichtlich ihrer persönlichen beruflichen Entwicklung, aber auch die schrittweise direkte Entwicklung durch qualifikationsgerechte Aufgabenzuweisung sowie Anleitung und Kontrolle sind sehr wichtige Führungsaufgaben. Der Mitarbeiter ist keine statische Persönlichkeit, sondern lernt, verändert sich, paßt sich an schwierige Situationen und Aufgaben an. Der Vorgesetzte kann durch Beratung und sukzessive Tätigkeitsgestaltung (Umfang, Schwierigkeitsgrad, Handlungsfreiraum usw.) wesentlich zur Entwicklung seiner Mitarbeiter beitragen. Viele Führungskräfte betrachten demgegenüber ihre Untergebenen als unveränderliche, in ihren Qualifikationen festgefügte Dienstkräfte und lassen sie über Jahre hinweg die gleichen Aufgaben vollziehen (vgl. als systematisches Analyse- und Trainingskonzept zur Mitarbeiterentwicklung: Hersey/Blanchard 1977).
Inwiefern hat Personalentwicklung auch motivationale Bedeutung? Das Interesse an beruflicher Entwicklung ist ein zentrales Motiv einer großen Zahl von Mitarbeitern, wie verschiedene motivationstheoretische Ansätze und empirische Studien immer wieder belegen. Einschlägige Sozialisationsprozesse und Erfahrungen mit Menschen seiner Umwelt haben dem Berufstätigen in unserem Gesellschaftssystem vermittelt, daß berufliche Entfaltung – und das heißt traditionellerweise vor allem beruflicher Aufstieg – sowohl extrinsische Anreize wie Status, gesellschaftliche Anerkennung, Entgelt, bessere Arbeitsbedingungen als auch intrinsische Anreize im Sinne von interessanteren Arbeitsinhalten oder Unabhängigkeit vermitteln kann (vgl. zur Anreizsystematik Reichard 1979 a, S. 119 ff.). Das Interesse an beruflicher Entfaltung wird allerdings nicht allein durch aktuelle Anreizkonstellationen geprägt, sondern vor allem durch langfristig erworbene berufliche Werthaltungen und Einstellungen. Die neuere Leistungsmotivationsforschung hat gezeigt, daß das Engagement für die eigene berufliche Tätigkeit (job involvement) bereits in der kindlichen und schulischen Entwicklung eines Menschen entsteht und entsprechende Arbeitshaltungen und Entwicklungsmotivationen auslöst (vgl. Hoefert 1979).
Nun ist bekanntlich das Berufsengagement öffentlicher Bediensteter anders ausgeprägt als das von in der Privatwirtschaft Tätigen. Dementsprechend fragt sich, inwieweit ein Konzept der Personalentwicklung, das zunächst in der Privatwirtschaft entstanden ist, auf Verwaltungsbeamte übertragen werden kann. Personalentwicklungssysteme zielen ja üblicherweise auf eine Verstärkung des Leistungsdenkens und -verhaltens hin, indem sie Arbeitsleistung, Beurteilung, Fortbildung und Beförderung/Versetzung systematisch verkoppeln.
Ob eine derartige Leistungsorientierung im öffentlichen Dienst wünschens-

wert wäre, ob ein bloßes „Job-Denken" einen Rückschritt gegenüber („preußischen") Beamtentugenden darstellen und ob ein solches Leistungsverhalten nicht nur zu (seltenen!) periodischen Leistungsausbrüchen bei sonst stark gebremstem Tempo führen würde, ist grundsätzlich kritisch bei Reformüberlegungen im öffentlichen Dienst zu prüfen (vgl. dazu bspw. KOCH 1979 und SIEDENTOPF 1978). Trotz einer denkbaren Verschiebung des Staatsdienerethos' in Richtung einer kalkulierten Leistungsabgabe und trotz verschiedener zweifellos gegebener Probleme der Leistungsmessung und -zurechnung im öffentlichen Dienst liegt indes diesem Beitrag die Auffassung zugrunde, daß eine durch Personalentwicklungsmaßnahmen hervorgerufene stärkere Leistungsorientierung des öffentlichen Dienstes insgesamt ausgesprochen erstrebenswert erscheint.
Das Konzept Personalentwicklung weist in dreierlei Hinsicht *Bezüge zu Teilsystemen* der Verwaltung auf: Als Teil einer Managementkonzeption zum Managementsystem, als personalpolitisches Konzept und Instrument zum Personalsystem sowie als personelle Ergänzung von Organisationsänderungen zum Organisationssystem.

1.2 Bezug zum Managementsystem

Personalentwicklung ist neben Zielbildung, Entschlußdezentralisation und Arbeitsmotivation ein wichtiger Bestandteil der meisten umfassenderen *Managementkonzeptionen* (vgl. z. B. REICHARD 1973). Personalentwicklung stellt die für neuere Managementansätze erforderliche Verbesserung und Förderung des Mitarbeiterpotentials sicher. Das Konzept weist z. B. enge Bindungen zur Mitarbeiterführung auf, weil Förderung und Anleitung der Mitarbeiter wichtige Führungsfunktionen sind. Ein weiterer Querbezug besteht zwischen Personalentwicklung und Zielbildung: in ziel- und ergebnisorientierten Managementkonzepten bildet Personalentwicklung den Abschluß eines Managementzyklus, beginnend mit Zielsetzung und endend mit Beurteilung, Abweichungsanalyse und ggf. daraus resultierenden Fortbildungsmaßnahmen.
Generell bedürfen Personalentwicklungsmaßnahmen des „Überbaus" durch eine tragfähige Managementphilosophie, die die allgemeinen Leitlinien des Organisations- und Menschenbildes absteckt. Beispielsweise wird ein partizipationsorientiertes Beurteilungssystem nur funktionieren, wenn eine partizipative Managementphilosophie die Führungsprozesse der Organisation prägt.

1.3 Bezug zum Personalsystem

Personalentwicklung kann die bislang fehlende Verbindung zwischen aufgabenorientierten Reformmaßnahmen in der Verwaltung und dem Leistungsverhalten der Organisationsmitglieder herstellen. Viele gutgemeinte Ansätze zur Verwaltungsreform sind verpufft, weil sie nicht mit dem *Personalsystem* synchron gelaufen sind und den Verwaltungsangehörigen keine entsprechenden Änderungsanreize geboten wurden (vgl. BANNER 1980, S. 117). Personalentwicklung und ein entsprechendes Leistungsanreizsystem können diese für Reformmaßnahmen unerläßliche Kopplung herbeiführen. Das nachfolgende Funktionsschema verdeutlicht die Einordnung der Personalentwicklung in den *Funktionszyklus des Personalsystems.*

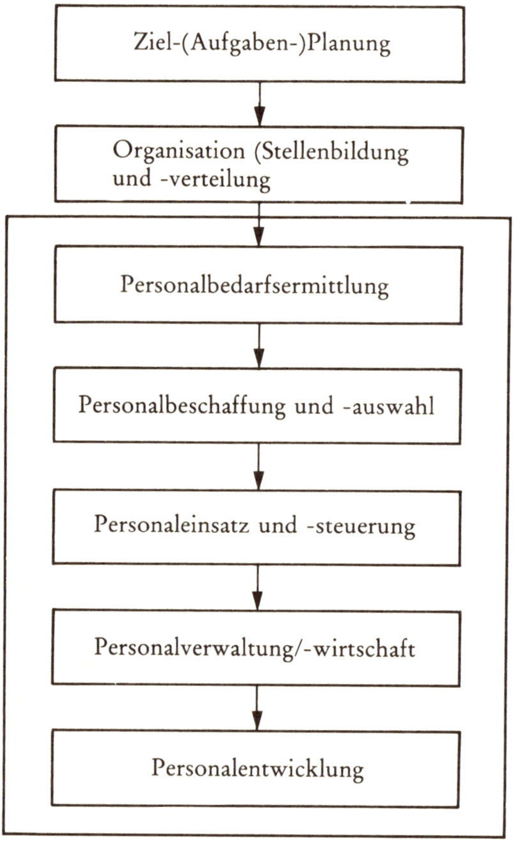

Funktionsschema des Personalsystems

Personalentwicklung wird mit den übrigen Funktionsbereichen des Personalsystems über die einigenden Leitlinien der *Personalpolitik* verbunden. Nur wenn eine personalpolitische Gesamtstrategie vorliegt, die Ziele, Programme und Implementationsaspekte im Hinblick auf die Veränderung des Personalsystems zusammenfaßt, ist ein Erfolg zu erwarten (vgl. Banner 1980, S. 121, der darauf hinweist, daß es Ziel einer derartigen Strategie sein müsse, in den Schlüsselbereichen des Personalsystems den „derzeit schwachen Leistungs-Belohnungs-Zusammenhang systematisch zu stärken").
Wenn über Personalpolitik in der öffentlichen Verwaltung gesprochen wird, darf natürlich nicht der große personalpolitische Reformansatz der 70er Jahre vergessen werden: die Vorschläge zur *Dienstrechtsreform.* Sie waren in ihrem instrumentellen Teil im wesentlichen eine Konzeption zur Personalsteuerung und -entwicklung. Betrachten wir gar das, was derzeit vom Reformwerk übriggeblieben und näheren Erprobungen unterzogen worden ist – Dienstpostenbewertung und Beurteilungswesen –, dann handelt es sich dabei im Sinne des hier vorgestellten Konzepts ganz eindeutig um Aspekte von Personalentwicklung.

1.4 Bezug zum Organisationssystem

Durch organisatorische Anpassungen bzw. Änderungen wandeln sich ständig Aufgaben und Anforderungen von Stellen im Organisationssystem. Daraus resultieren Fortbildungs- und Entwicklungsnotwendigkeiten für die Organisationsmitglieder. Die klassische Strategie der Organisationsänderung hat Mitarbeiterinteressen und Qualifikationsanpassungen kaum berücksichtigt. In jüngerer Zeit verbreitet sich indes die Einsicht, daß organisatorischer Wandel wirksam nur unter weitgehender Beteiligung der „betroffenen" Organisationsmitglieder erfolgen kann.
Derartige Interventionsformen – bekannt als Organisationsentwicklung – sind eng mit Prozessen der Personalentwicklung verknüpft (vgl. einführend z. B. French/Bell 1977).
Grundzusammenhang: Einer Gruppe von Organisationsmitgliedern stellen sich Probleme in ihrem Bereich. Um sie zu lösen, planen und vollziehen sie gemeinsam entsprechende Änderungen. Dabei machen sie sich auch mit neuen Inhalten und Methoden vertraut, um ihre Problemlösungsfähigkeiten zu entwickeln – sie bilden sich also fort. Nach vollzogener Änderung sind sie in entsprechend anders strukturierten Arbeitsgebieten tätig. Fazit: Die Organisation und ihre Mitglieder haben sich „entwickelt". Dies kann sich im Idealfall als ständiger Prozeß wiederholen.
Diese Einheit von Organisationsänderung und Fortbildung führt zu einem neuartigen Verständnis von betrieblicher Fortbildung als konkretem Problemlösungsprozeß (s. nächster Abschnitt; vgl. allgemein dazu: Pitschas

1981). Daraus leitet sich zugleich ein emanzipatorischer Anspruch von Personalentwicklung ab. Nicht eine Haltung des Top-Managements im Sinne von „Nun werden wir euch mal entwickeln!", was ein eher passives Konsumverhalten der „zu Entwickelnden" bewirkt, sondern ein aktiver „Selbstentwicklungsprozeß" des Personals wird angestrebt.
Ohne auf Strategien und Probleme der Organisationsentwicklung im einzelnen einzugehen, sei hier auf einen in Deutschland noch wenig bekannten Ansatz hingewiesen, der Organisationsänderungsstrategien und Maßnahmen der Personalentwicklung in relativ handhabbarer Weise verbindet: das „performance improvement planning" (PIP = Leistungsförderungsprogramm)-Konzept, entwickelt von der UN und ihren Unterorganisationen sowie praktiziert von einer größeren Anzahl von Organisationen in Entwicklungsländern (vgl. dazu Abramson/Halset 1980).

1.5 Personalentwicklungs-Adressaten

Adressaten von Personalentwicklungsmaßnahmen sind im Prinzip alle Mitarbeiter einer Verwaltung. Dabei bietet sich folgende Mindestuntergliederung von Mitarbeitergruppen an (vgl. Gaugler u. a. 1974):

- obere Leitungsebene
- sonstige Führungskräfte
- Ausführungskräfte
  - Berufsanfänger
  - Berufserfahrene

Obwohl auf der einen Seite die bisherige Ausrichtung der Arbeitsschwerpunkte von Personalentwicklung auf Führungskräfte („Management Development") zu eng und daher auf die anderen genannten Personengruppen erweiterungsbedürftig ist, empfiehlt sich im Hinblick auf die notwendige Steigerung von Verwaltungseffizienz nach wie vor eine besondere Förderung des Führungsnachwuchses. Nur wenn Verwaltungsmanager zukünftig hinreichend in ihren Führungsfähigkeiten qualifiziert sind, bevor sie in entsprechenden Positionen eingesetzt werden, und wenn diese Kräfte nicht allein auf Grund ihrer fachlichen Fähigkeiten ausgesucht werden, ist eine Verbesserung der Führungsprozesse im öffentlichen Dienst zu erwarten.

1.6 Bausteine der Personalentwicklung

In umfassender Sicht besteht ein Personalentwicklungs-Konzept aus den Komponenten Mitarbeiterbeurteilung, Fortbildung, Beförderung/Versetzung und Laufbahnplanung. Diese Komponenten stehen normalerweise im

Verbund und in einer bestimmten Abfolge: Die Arbeitsleistung resp. Befähigung eines Mitarbeiters wird regelmäßig beurteilt. Daraufhin werden Personalentscheidungen getroffen: Soll der Mitarbeiter fortgebildet und/oder versetzt/befördert werden? Diese Entscheidungen werden gesteuert durch die Laufbahnplanung für den Mitarbeiter sowie durch die verfügbaren betrieblichen Möglichkeiten (vgl. zu einem weitgefaßten Konzept der Personalentwicklung auch Hinterhuber 1979, Sahm 1979).
Der Verbund der Personalentwicklungs-Komponenten kann als Standardzyklus bezeichnet werden; er ist – wie erwähnt – in das Management-, Personal- und Organisationssystem eingebettet. Den Zusammenhang erläutert nachstehende Abbildung.

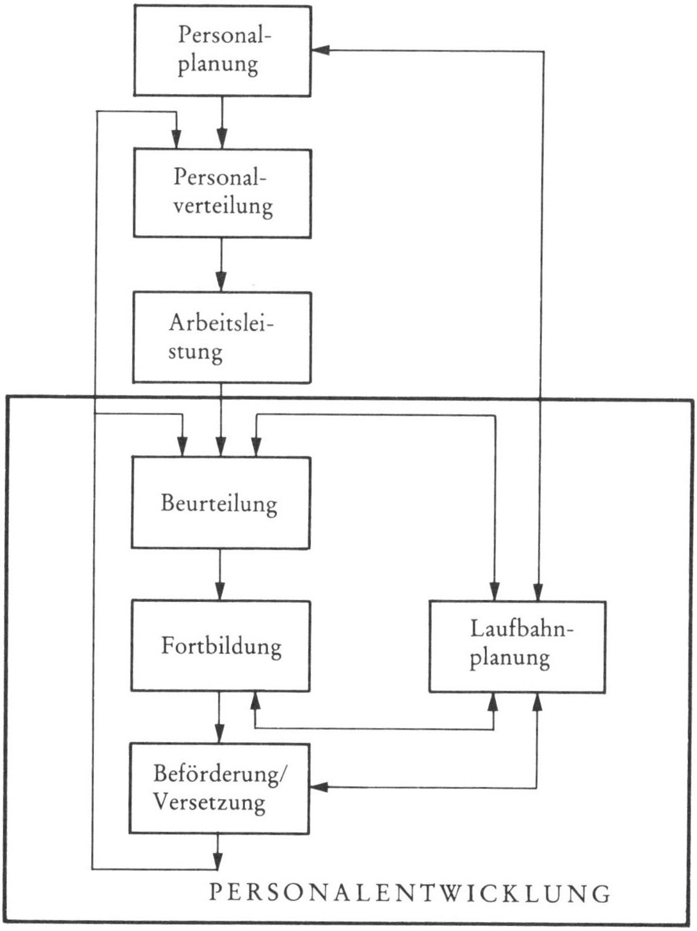

Standardzyklus der Personalentwicklung

Betrachten wir den Stellenwert der Personalentwicklungs-Komponenten im Hinblick auf ihre Motivations- und Effizienz-Effekte, so läßt sich folgende These aufstellen: In den bisherigen Personalentwicklungs-(Management Development) Ansätzen dominiert die vertikale *Aufstiegs-Komponente:* Mitarbeiter werden beurteilt und fortgebildet, um sie auf höherwertigen Positionen einzusetzen. Seit einiger Zeit können wir indes in der öffentlichen Verwaltung einen zunehmenden Trend der Verknappung von Aufstiegsmöglichkeiten beobachten. Dies hat zur Folge, daß die Komponente „Beförderung" im Personalentwicklungs-Konzept zukünftig an Bedeutung verlieren wird und dafür andere Akzente gesetzt werden müssen.
Zukünftig ist damit zu rechnen, daß *Tätigkeitsanreicherung* und horizontale Mobilität an Bedeutung zunehmen: Mitarbeiter werden also im Rahmen von Personalentwicklung nicht mehr in erster Linie auf ihren Aufstieg vorbereitet, sondern auf die Übernahme anderer, ggf. interessanterer Arbeitsgebiete (mit mehr Selbständigkeit, mehr Einfluß usw.) auf der gleichen hierarchischen Ebene. Organisatorische Tätigkeitsgestaltung (Job Enrichment) und Personalentwicklung nähern sich in diesem Sinne einander an. „Es ist ein unvertretbarer Widerspruch, wenn eine komplexere Verwaltung immer anspruchsvoller ausgebildeten Mitarbeitern so wenig Selbständigkeit bei der Leitung ihrer Bereiche gibt, wie das heute die Regel ist" (Banner 1980, S. 127). Durch Fortbildung können sich Mitarbeiter schrittweise so entwikkeln, daß eine lernfortschrittsabhängige Anreicherung ihrer Arbeitsgebiete z. B. durch Erhöhung von Umfang, Schwierigkeit, Selbständigkeit usw. möglich ist.

2. Komponenten und Instrumente der Personalentwicklung

In diesem Abschnitt werden die bislang nur in ihrem Zusammenhang grob skizzierten Komponenten eines Personalentwicklungs-Konzepts sowie die zu ihrer Anwendung geeigneten Instrumente inhaltlich näher ausgeführt. Dabei wird die Komponente Beförderung hier angesichts anderer Beiträge zum Thema in dieser Schrift bewußt knapp behandelt.
Gleichwohl die Komponenten nachfolgend einzeln behandelt werden, ist ihr enger Zusammenhang zu beachten.
So nützt es auch nicht viel, wenn lediglich ein einzelnes Element resp. Instrument eingeführt wird, weil die Wirkung wegen der fehlenden Kopplung gering wäre.

te" seines Vorgesetzten, sondern er will auch „Taten" in Form von
rderungen u. ä. sehen.
Mitarbeiter wird an der Beurteilung seiner Person/Leistung durch andere
nisationsmitglieder prinzipiell interessiert sein, insbesondere wenn er
rten darf, daß die Beurteilung positiv ausfällt.
bedeutet für ihn Anerkennung, Erfolgserlebnis, Sympathiebekundung
den Beurteilenden, aber auch Bestätigung seiner Arbeitsgüte und der
gkeit des selbst gesetzten Gütestandards (vgl. zur leistungsmotivationa-
Grundlegung Hoefert 1979). Die Beurteilung wird insbesondere dann
en Beurteilten Bedeutung haben, wenn sie von als wichtig angesehenen
nisationsmitgliedern kommt. Das wird in der Regel der Vorgesetzte
vor allem, wenn dieser positive/negative Sanktionsmacht hat (d. h.,
er z. B. Beförderungen veranlassen, interessantere Arbeit zuweisen
etc.). Das kann aber auch ein besonders angesehenes Gruppenmitglied
ein befreundeter Kollege sein.
nstand der Mitarbeiterbeurteilung können allgemeine Persönlichkeits-,
sondere Charaktermerkmale des Mitarbeiters, seine Verhaltensweisen,
Fähigkeiten oder seine Arbeitsleistungen sein. Berücksichtigt man
zlich den Zeitbezug der Beurteilung – Vergangenheit oder Zukunft –
treten zwei Beurteilungsformen in den Vordergrund (vgl. dazu auch
Modellversuch des Bundesministeriums des Innern (1979) zu einer
nten Leistungs- und Befähigungsbeurteilung):
vergangenheitsorientierte Leistungsbeurteilung als Aussage über Art
Menge erbrachter Arbeitsleistungen,
zukunftsorientierte Verwendungs- oder Befähigungs-Beurteilung als
gnose über zukünftige Einsatzmöglichkeiten des Mitarbeiters.
meine Persönlichkeitsbeurteilungen sind als wenig aussagefähig abzu-
n. Sie können sich kaum auf beobachtbare Merkmale stützen und
ordern den diagnostisch ungeschulten Vorgesetzten.
ngsbeurteilungen sind von höherer Aussagefähigkeit, soweit sie sich
nkrete, beobachtbare Output-Kriterien beziehen (was im öffentlichen
indes nicht immer gegeben ist). Für Befähigungsbeurteilungen gilt
geringerem Maße, da hier auch allgemeine, nicht unmittelbar beob-
re Fähigkeiten beurteilt werden und darüber hinaus mit Unsicherhei-
haftete Vorhersagen über die Eignung auf anderen Arbeitsplätzen
ht werden müssen.
efähigungsbeurteilung ist eng mit anderen Elementen der Personalent-
ng verknüpft: Ihre Daten können bei Beförderungsentscheidungen
olle spielen, und sie können Anregungen für Entwicklungsperspekti-
n Mitarbeitern im Rahmen der Laufbahnplanung geben (vgl. zum
Aspekt bspw. die Praxis bei der Bundeswehr, dargestellt bei Meixner
S. 15 ff.).

2.1 Mitarbeiterbeurteilung

Regelmäßige Mitarbeiterbeurteilungen sind Grundlage und Voraussetzung für alle anderen Personalsteuerungs- und -entwicklungsmaßnahmen. Sie sind in dreierlei Hinsicht untersuchungsbedürftig (vgl. SCHMIDT 1976, S. 108): *Was* soll *wie* und *wozu* beurteilt werden? Es geht also um Ziele, Gegenstände, Verfahren der Mitarbeiterbeurteilung sowie um das Verhalten der Beteiligten.
Im öffentlichen Dienst spielen vor allem zwei *Ziele* eine Rolle: Die Selektions- und die Kommunikationsfunktion der Mitarbeiterbeurteilung (vgl. HAGER/VAN DER LAAN 1979, S. 105 ff., MEIXNER 1981). Im ersten Falle sollen Beurteilungen der Behördenleitung resp. Personalverwaltung Informationen über die Befähigung von Mitarbeitern zur Berücksichtigung bei Personalentscheidungen (vor allem Beförderungen) liefern. Im zweiten Falle soll der Mitarbeiter selber von seinem Vorgesetzten erfahren, wie dieser ihn und seine Arbeitsleistungen einschätzt. Beide Beurteilungsfunktionen unterscheiden sich erheblich voneinander, wie nachstehendes Schema deutlich macht.

	Selektion	Kommunikation
Adressat	Leitung, Personalabteilung	beurteilter Mitarbeiter
Ziel	Hilfe bei Personalentscheidungen	Anerkennung/Kritik durch Vorgesetzten
Rolle des Beurteilers	„Richter“	„Berater“
mit Beurteilung verknüpfter Anreiz	Beförderung/Entgelt	Anerkennung/Erfolgserlebnis

Standardzyklus der Personalentwicklung

In den beiden Fällen sind also unterschiedliche Adressaten angesprochen, werden unterschiedliche Ziele verfolgt, hat der Beurteiler eine jeweils andersgeartete Rolle und sind mit ihnen schließlich verschiedenartige Anreize verknüpft. Während die Selektions-Funktion primär auf materielle Anreize (Beförderung, Entgelt) orientiert ist, verbinden sich mit der Kommunikations-Funktion primär immaterielle Anreize (Anerkennung und Erfolgserlebnis). Damit wirken diese beiden Funktionen auch auf unterschiedliche Motivklassen (hier im Sinne von ALDERFER 1971): Die Selektions-Funktion spricht tendenziell eher das Existenzmotiv an, während die Kommunikations-Funktion eher das Entwicklungsmotiv betrifft.
Zweifellos besteht indes motivational ein Zusammenhang zwischen beiden Funktionen: In einer Bürokratie, in der Aufstiegsmotivation traditionell stark ausgeprägt ist, erwartet ein Mitarbeiter längerfristig nicht nur „schöne

Beurteilungsverfahren unterscheiden sich vor allem in der Methodik der Merkmalsbeschreibung. Zwischen freien verbalen Darstellungen („Prosa-Beurteilung“) und differenzierten Profil-Fragebögen gibt es zahlreiche Varianten. Neben freiformulierten Aussagen kann man im wesentlichen 3 verschiedene Typen gebundener Verfahren unterscheiden (vgl. im einzelnen Neuberger 1980, S. 30): Rangordnungs-, Kennzeichnungs- (z. B. Methode der kritischen Ereignisse) und Einstufungsverfahren.

Von weit einschneidenderer Wirkung, indes bislang nur wenig untersucht sind die Aspekte des *Verhaltens* von Beurteilern und Beurteilten. Noch so ausgeklügelte Verfahren können nicht darüber hinwegtäuschen, daß der Erfolg eines Beurteilungssystems in erster Linie von der Annahme und Nutzung des Systems durch die Beteiligten und von deren Verhalten im Beurteilungsprozeß abhängt. Beurteilungen können Ängste und Befürchtungen auslösen: Beim Untergebenen etwa vor verringerten Beförderungschancen, beim Vorgesetzten etwa vor schlechterem Arbeitsklima und vor reduzierter Unterstützung durch die Untergebenen. Kein Wunder also, daß derzeit bei allen Beteiligten im öffentlichen Dienst ein kollektiver Verdrängungsprozeß stattfindet und man Konflikten aufgrund ehrlicher Beurteilung durch Unterlaufen des Systems im Sinne generell positiver Bewertungen aus dem Wege geht. Wenn 80% und mehr aller Beurteilten mit gut und besser bewertet werden und daran auch vorgegebene Quotierungen wenig zu ändern vermögen, wie man unlängst beim Modellversuch des Innenministeriums feststellen mußte (vgl. Gaugler u. a. 1980, S. 51), dann senkt dies drastisch die Aussagefähigkeit von Beurteilungen, etwa für Personalentscheidungen. Verstärkt wird dies noch durch eine verbreitete Sonderform bewußt positiv verzerrter Beurteilungen: Das „Wegloben“ unliebsamer Mitarbeiter (vgl. zur Funktionalität dieses Verfahrens Bosetzky 1976a).

Der Mildeeffekt ist vor allem darauf zurückzuführen, daß der Vorgesetzte einem *Konflikt* mit seinen Mitarbeitern, die er eigentlich ehrlich, d. h. differenzierend bewerten soll, was zu entsprechenden Rechtfertigungen, Unmutsäußerungen und zusätzlichen Streitpunkten führen kann, aus dem Wege gehen will. Der Vorgesetzte löst den Rollenkonflikt zwischen der Lieferung aussagefähiger Personalinformationen an Dritte und der Aufrechterhaltung guter Beziehungen zu seinen Mitarbeitern zugunsten seiner Mitarbeiter (vgl. Hager/van der Laan 1979, S. 111 ff.). Die besten Beurteilungsverfahren helfen nämlich dem Vorgesetzten nicht bei seinem Hauptproblem, das nicht in der Urteilsfindung, sondern in der „Urteilsverkündung“ besteht.

Auf jeden Fall hängt die Wirksamkeit von Mitarbeiterbeurteilungen unmittelbar und direkt vom Führungsverhalten der beurteilenden Vorgesetzten ab: Eine offene Kommunikation zwischen Vorgesetzten und Untergebenen ist nur bei einem kooperativen Klima zu erwarten. Zudem ist Mitarbeiterbeurteilung nur *eine* Führungsfunktion, die im Zusammenhang mit anderen Funktionen wie Zielvereinbarung, Kontrolle, Förderung und Anleitung zu sehen ist. Je nachdem, wie sich ein Vorgesetzter insgesamt als Führungskraft verhält, werden auch Beurteilungen auf die Mitarbeiter wirken: Bei kooperativem Verhalten können sie durchaus motivieren, während sie bei autokratischem Verhalten, wie verschiedene Erfahrungen gezeigt haben, den Druck auf die Untergebenen eher verstärken und negativ auf die Arbeitsmotivation wirken können. Als gewisses Informationsmittel für Vorgesetzte über ihr Führungsverhalten können Vorgesetztenbeurteilungen durch ihre Untergebenen dienen (vgl. Bebermeyer 1979). Im Hinblick auf die im öffentlichen Dienst dominanten Ziele und angesichts der geschilderten Probleme im Verhaltenssektor fragt sich, welche Entwicklungsrichtungen Beurteilungssysteme zukünftig einschlagen sollten. Im Prinzip sind drei generelle *Entwicklungsalternativen* in Abhängigkeit von der politischen Gesamtentwicklung des öffentlichen Dienstes denkbar:

a) Fortsetzung der bisherigen Bewertungspraxis, d. h. einer seltenen, wenig aufwendigen, subjektiv verzerrten, weitgehend konsequenzenlosen Beurteilung primär für Personalentscheidungen,
b) Einführung eines aufwendigen und differenzierten Leistungs- und Befähigungsbeurteilungs-Systems, etwa im Sinne der Vorschläge des Bundesinnenministeriums (1979),
c) Verzicht auf ein formalisiertes „offizielles" Personalbeurteilungssystem und anstelle dessen Förderung häufiger offener Anerkennungs- und Kritikgespräche zwischen Vorgesetzten und Untergebenen.

Es spricht einiges für die dritte Alternative und somit für die instrumentelle Entkopplung von Selektions- und Kommunikations-Funktion der Mitarbeiterbeurteilung (vgl. auch Neuberger 1980). Wenn nämlich der Kommunikations-Funktion am besten durch ein gering formalisiertes regelmäßiges Beurteilungsgespräch „unter vier Augen" entsprochen werden kann und wenn formale Personalbeurteilungen aufgrund ihrer geringen Aussagefähigkeit für – angesichts knapper Beförderungschancen zukünftig nur noch seltene – Personalverteilungs-Entscheidungen relativ bedeutungslos sind, dann sollte aus Effizienz-Aspekten ein formalisiertes Personalbeurteilungssystem nicht betrieben werden. Die Mitarbeiterbeurteilung wird dadurch eindeutig auf ihre Kommunikations-Funktion ausgerichtet. Der Selektions-Funktion wird im Personalsystem durch andere eignungsdiagnostische Instrumente wie Tests, Anhörungsverfahren oder Assessment-Center (vgl. Schuler 1978) entsprochen. Dies senkt zudem den beträchtlichen Aufwand, der mit einem formalisierten Beurteilungssystem verbunden ist und der angesichts des allgemeinen „(Selbst-)Täuschungsrituals" von Beurteilungen (Neuberger 1980) ungerechtfertigt erscheint.

Ein als Kommunikations- und Führungsinstrument ausgestaltetes Mitarbeiterbeurteilungssystem sollte folgende *Merkmale* aufweisen:

- Beurteilen ist wichtiger Bestandteil der Führungsaufgaben jedes Vorgesetzten.
- Die Kommunikation zwischen Vorgesetzten und Untergebenen findet möglichst häufig und in unmittelbarem Zusammenhang mit bestimmten Handlungen des Untergebenen statt (z. B. im Zusammenhang mit Zielgesprächen, bei Rücksprachen, Dienstbesprechungen, Kontrollmaßnahmen usw.). Ein nur alle Jahre (oder gar nur alle drei Jahre!) stattfindendes Beurteilungsgespräch ohne zwischengeschaltete Auswertungen ist ziemlich sinnlos.
- Die Beurteilungen sind nur gering formalisiert, sie werden nicht für Dritte (z. B. die Personalabteilung) dokumentiert.
- Die sich regelmäßig wiederholende Beurteilung ist als zyklischer Prozeß zu begreifen, der zu Beginn einer Arbeitsperiode mit der Formulierung der Arbeitsziele und Ableitung der Bewertungskriterien im Konsensgespräch zwischen Vorgesetzten und Untergebenen beginnt. Am Periodenende findet eine Bewertung der erbrachten Leistung durch den Beurteilenden statt und wird ein ausführliches Beurteilungsgespräch mit dem Beurteilten geführt.
- Die Bewertung selbst beschränkt sich auf beobachtbare konkrete Leistungs- und Verhaltens-Aspekte. Sie erfolgt zweckmäßigerweise anhand einer Checkliste mit den relevanten Bewertungskriterien (z. B. Arbeitsgüte, -menge, -weise).
- Im Zentrum steht das Beurteilungsgespräch, das als Anerkennungs- und Kritikgespräch in möglichst offener und sachlicher Form geführt wird. Darin erfährt der Mitarbeiter, wie ihn sein Vorgesetzter sieht, welche Stärken und Schwächen er nach dessen Meinung hat und was er tun sollte, um vorhandene Defizite abzubauen (z. B. mittels Fortbildung). Ein produktives Beurteilungsgespräch setzt authentische Beziehungen zwischen Vorgesetzten und Untergebenen und ein angemessenes Verhalten voraus (z. B. Kritik aussprechen ohne zu verletzen resp. Kritik annehmen können; vgl. dazu Pullig 1979, Sahm 1979).

Ein so gestaltetes Personalbeurteilungssystem ist ein durchaus wichtiger Bestandteil von Personalentwicklung. Allerdings nicht im Sinne eines behördenumspannenden standardisierten Bewertungsverfahrens, das „automatisch" Fortbildungs- und Aufstiegsmaßnahmen auslöst, sondern als dezentrales Führungsinstrument, das der Führungskraft hilft, die ihr zugeordneten Mitarbeiter zu fördern und zu entwickeln.

Eine eindeutige Entscheidung für die „Kommunikationsvariante" ist ohne empirische Fundierung allerdings nicht möglich. Die Ergebnisse der Evaluierung des Modellversuches des Bundesinnenministeriums deuten jedenfalls auch nicht eindeutig auf die uneingeschränkte Zweckmäßigkeit formalisierter Beurteilungssysteme hin (vgl. GAUGLER u. a. 1980). Ohne Zweifel sprechen einige Aspekte auch für die Aufrechterhaltung eines formalisierten Beurteilungssystems: Ein Zwang zu offiziellen Beurteilungen kann besonders nachlässige Führungskräfte zu einem minimalen Beurteilungsverhalten stimulieren. Auch kann ein flächendeckendes Beurteilungssystem zu einer größeren formalen Gleichbehandlung aller Mitarbeiter führen: Ein offizielles System gibt den Mitarbeitern sozusagen ein verbrieftes Recht, regelmäßig beurteilt zu werden. Darüber hinaus werden Vorgesetzte in der Wahrnehmung ihrer Führungsaufgaben durch die Institution zumindest formal leichter kontrollierbar. Schließlich besteht bei Abschaffung die Gefahr, daß informelle Aspekte noch stärker, als sie es ohnehin bereits tun, Personalverteilungsentscheidungen beeinflussen.

Die große entscheidende Hürde wird zukünftig wie bisher die angemessene *Fortbildung* von Führungskräften in ihrem Beurteilerverhalten sein. Hier kommt es in erster Linie auf adäquate Werthaltungen und Einstellungen, auf soziale Fähigkeiten und Verhaltensgeschicklichkeiten an, die nur im Zusammenhang mit einem allgemeinen Training von Führungsverhalten zu verwirklichen sind (vgl. PREISER u. a. 1973 u. HAGER/VAN DER LAAN 1979, S. 107). Dabei wird auch die Erkenntnis vermittelt werden müssen, daß aussagefähige Mitarbeiterbeurteilungen nicht zum „Nulltarif" möglich sind. Soll Mitarbeiterbeurteilung als Personalführungs- und -entwicklungs-Instrument Erfolg haben, dann erfordert dies auch einen nicht unerheblichen Zeitaufwand von der Führungskraft.

2.2 Fortbildung

Fortbildung hat im Kontext von Personalentwicklung die Funktion, die Befähigungsstrukturen der Mitarbeiter an die gegebenen Anforderungsstrukturen im Hinblick auf aktuelle und künftige Positionen anzupassen. Sie soll daneben aber auch auf die beruflichen Entwicklungsbedürfnisse der Mitarbeiter ausgerichtet sein. Im Rahmen der Personalqualifikation hat Fortbildung neuerdings verstärkt die Aufgabe, innerorganisatorische Problemlösungsprozesse zu verwirklichen und somit konkrete Veränderungen in einer Organisation zu bewirken.

Aus Sicht des Konzepts der Personalentwicklung dient Fortbildung also in erster Linie der Qualifizierung der Mitarbeiter, die zu konkreten Änderungen in der Organisation führen soll. Qualifizierung bedeutet in diesem Sinne, daß Mitarbeiter *handlungsfähiger* werden, d. h. nicht nur Wissen erwerben, sondern dieses Wissen auch in der Praxis einsetzen. Diese Qualifizierung kann grundsätzlich auf zwei verschiedenen Wegen geschehen: entweder durch Lernen am Arbeitsplatz (training on the job) resp. durch häufigeren Arbeitsplatzwechsel (job rotation) oder eben durch Fortbildungsveranstaltungen (training off the job).

In vielen Fällen wird eine Personalentwicklungs-Strategie beide Wege miteinander koppeln, indem etwa ein neuer Arbeitseinsatz durch Fortbildungsmaßnahmen begleitet und durch nachfolgende Förderungs-Fortbildung abgelöst wird. Eine sinnvolle Entwicklungsstrategie für Nachwuchskräfte, wie sie im öffentlichen Dienst seit längerem verbreitet ist, besteht darin, durch Kopplung von Job Rotation und Fortbildung eine angemessene Verwendungsbreite von Nachwuchskräften herbeizuführen, die man als Voraussetzung für Aufstieg betrachten kann.

Fortbildung kann nur dann erfolgreich sein, wenn die fortzubildenden Mitarbeiter hinreichend motiviert sind. Lernen setzt Lernbereitschaft voraus; diese Bereitschaft hängt vor allem von den gebotenen *Anreizen* ab.

Erfahrungen mit Fortbildungsarbeit zeigen, daß Mitarbeiter vor allem dann fortbildungsmotiviert sind, wenn sie konkrete Umsetzungsmöglichkeiten des Gelernten in ihrer Praxis erkennen können und wenn ihnen auf Grund der Fortbildung längerfristige Entwicklungsperspektiven geboten werden. In letzterem Sinne kann Fortbildung auch „versteckte Leistungsreserven" bei Mitarbeitern bewußt machen und ihnen Wege zur weiteren beruflichen Entfaltung aufzeigen.

Fortbildungsmaßnahmen können im Sinne der nachstehenden drei Dimensionen in eine *Programmstruktur* gebracht werden:

(1) *Fortbildungsarten:* Einer verbreiteten Gliederung von Fortbildungsarten entsprechend können Anpassungs-, Förderungs- und Änderungs-Fortbildung unterschieden werden (vgl. Mattern 1979). Mit Anpassung ist dabei die Mitarbeiterqualifikation im Hinblick auf veränderte Anforderungen von Stellen gemeint. Mit Förderung wird die Qualifizierung für höherbewertete Positionen bezeichnet. Änderungsfortbildung ist die Schulung von Mitarbeitern für neuzuschaffende Arbeitsplätze, wie sie häufig in Form von Umschulung infolge technologischen Wandels erforderlich werden kann.

(2) *Fortbildungsinhalte:* Hier geht es um die thematische Strukturierung der Fortbildungsangebote (zu gliedern z. B. in fachliche oder Führungs-Fähigkeiten oder auch in Wissensvermittlung bzw. Verhaltenstraining).

(3) *Zielgruppen von Fortbildung:* Zu gliedern etwa in Nachwuchskräfte, Fachkräfte (mit verschiedenen fachlichen Schwerpunkten), Führungskräfte.

Die nachfolgenden *Maximen* charakterisieren Schwerpunkte und Tendenzen einer personalentwicklungsorientierten Fortbildungsarbeit:

(1) Um von der Zufälligkeit und Unverbindlichkeit bisheriger Fortbildungspraxis wegzukommen, wird angeregt, daß Führungskräfte, ggf. unterstützt durch die Personalverwaltung, mit ihren Mitarbeitern systematische Fortbil-

dungspläne erarbeiten. Diese Pläne sollen sowohl auf die Laufbahnplanung des betreffenden Mitarbeiters, auf konkrete, änderungsbedürftige Probleme in der Organisationseinheit und auf persönliche Qualifikationsdefizite, aber auch auf Interessen der Mitarbeiter abstellen.

(2) Führungskräfte sollten Fortbildungsaktivitäten ihrer Mitarbeiter in stärkerem Maße fördern. Ein guter Ansatzpunkt ergibt sich bei informellen Beurteilungsgesprächen (s. oben), bei denen ggf. Fortbildungsdefizite festgestellt und entsprechende Anregungen gegeben werden können.

(3) Soll Fortbildung wirksam werden, bedarf sie konkreter Anreize für den Mitarbeiter, damit dieser eine klare Weg-Ziel-Beziehung zwischen seinen Fortbildungsbemühungen und den ihm dafür gewährten „Belohnungen" zu erkennen vermag. Relevante Anreize werden in erster Linie in einer interessanteren Tätigkeit, in Anerkennung und Unterstützung durch den Vorgesetzten sowie in Aufstieg und daraus resultierender besserer Bezahlung bestehen.

(4) Ein wichtiger Schritt bei der Fortbildungsplanung ist eine sorgfältige Bedarfsermittlung: Durch empirische Studien, Defizitanalysen, Expertenbefragungen, aber auch Auswertung von Beurteilungsgesprächen kann sichergestellt werden, daß die „richtigen" Themen behandelt werden (vgl. zur Methodik auch Humm 1979).

(5) Die Veränderungsbereitschaft „back home" kann auch durch die Teilnehmerzusammensetzung erhöht werden: Je homogener eine Fortbildungsgruppe zusammengesetzt ist, d. h. je enger die Teilnehmer in ihren Problemen und Interessen aufeinander ausgerichtet sind, desto höher sind normalerweise die Veränderungschancen in der entsendenden Organisation. Werden einzelne Mitarbeiter einer Organisation sporadisch auf einzelne Seminare geschickt, etwa nach Maßgabe ihrer momentanen Entbehrlichkeit im Dienstbetrieb, so bleibt Fortbildung eine zufällige, unverbindliche, wenig wirksame Einzelmaßnahme. Bildet sich hingegen eine Arbeitsgruppe geschlossen fort, die gemeinsam bestimmte Probleme mit ihrer Arbeit hat, so kann ein „kritischer Masse"-Effekt erzeugt werden, bei dem konkrete Änderungen erwartet werden dürfen.

(6) Dies deutet bereits auf einen in vielen Fällen zweckmäßigen Fortbildungstyp hin: Die organisationsbezogene Problemfindung und -lösung, die als Werkstattseminar veranstaltet wird. Die didaktische Konsequenz dessen ist, daß nicht mehr der Vortrag eines Experten, sondern die anwendungsbezogene Problemdiskussion resp. Verhaltensmodifikation unter einem Moderator Priorität hat. Diese Orientierung bedeutet zugleich, daß Fortbildung nicht eine isolierte Einzelmaßnahme sein sollte, sondern als ein kontinuierlicher Problemlösungs- bzw. Organisationsentwicklungs-Prozeß zu sehen ist. Dabei verwischen sich zweifelsohne klassisches Seminar, arbeitsplatzbezogene Expertenberatung und Gruppenbesprechung. Als Minimum ist zu for-

dern, daß auf Fortbildungsseminare Nachkontaktmaßnahmen (z. B. Folgetreffen zum Erfahrungsaustausch, Beratungsgespräche durch Vorgesetzte, Vertiefungsseminare) folgen.
(7) Fortbildungsveranstaltungen sollten je nach Typ mehr oder weniger deutlich der folgenden Vier-Phasen-Struktur Rechnung tragen:
(a) Problemfindung
(b) Wissensvermittlung zur Problemlösung
(c) Wissensanwendung auf das eigene Problem
(d) Transferdiskussion und -sicherung
Der Sicherung des Lerntransfers in die Arbeitssituation ist besonderes Augenmerk zu schenken (vgl. z. B. Jäckering 1980). Dies kann beispielsweise durch die Erarbeitung individueller Aktionspläne zum Seminarende durch die Teilnehmer zwecks Festlegung konkreter Umsetzungsschritte oder durch die Bildung von Lernpartnerschaften nach Rückkehr in die Behörde geschehen (vgl. Stiefel 1980).
(8) Ein bislang noch ungenügend gelöstes Problem stellt die Erfolgskontrolle von Fortbildung dar. Trotz aller Schwierigkeiten, Fortbildungswirkungen erfassen und bewerten zu können (Meß- und Zurechnungsprobleme, langfristige Auswirkungen), sind Erfolgskontrollen nach Fortbildungsmaßnahmen geboten. Neben den klassischen Seminarfragebögen erscheint eine intensive Kontaktpflege zu den entsendenden Behörden, ggf. über Nachfolgemaßnahmen, von Bedeutung. Dabei sind die wichtigsten Fortbildungsziele – konkrete Veränderungen in der Organisation und Beeinflussung von Befähigung/Verhalten der Teilnehmer – daraufhin zu prüfen, ob sie durch die jeweilige Fortbildungsmaßnahme erreicht werden konnten.
Ein sehr interessantes Beispiel für die geschilderte Art problemlösungsorientierter Fortbildung funktionaler Gruppen, wie sie erfreulicherweise in verwaltungsbezogenen Fortbildungseinrichtungen in jüngerer Zeit an Bedeutung gewinnt, ist die „Fortbildung und arbeitsplatzbezogene Beratung in der Berliner Steuerverwaltung", durchgeführt bei der Verwaltungsakademie Berlin seit 1972 (vgl. Hoefert/Rosemeier 1980).

2.3 Beförderung

Beförderung ist der dritte inhaltliche Baustein eines Personalentwicklungs-Konzepts. Unter Beförderung kann zunächst allgemein ein Aufrücken im formalen Rang- und Bezahlungssystem einer Organisation verstanden werden (vgl. Bosetzky 1975, Sp. 435). Während bislang Beförderung im öffentlichen Dienst möglich war, ohne daß den Beförderten auch eine schwierigere Aufgabe zugewiesen wurde, hat sich seit einiger Zeit ein Wandel zu mehr funktionsbezogenen Beförderungen ergeben, d. h. zu Aufstieg im Zusammenhang mit der Übertragung eines höherbewerteten Dienstpostens (vgl. das Aktionsprogramm des Bundesministeriums des Innern 1976, S. 17 f.).

Mit Beförderungen werden in einer Organisation vor allem zwei *Zielsetzungen* verfolgt: Einerseits sollen sie Personal zielgerecht verteilen, andererseits sollen sie Anreiz- und Belohnungscharakter haben.

Zum Zwecke der *Personalverteilung* sollen Beförderungen zu einer anforderungsgerechten und mitarbeiterbezogenen Zuordnung von Personal auf Stellen auf Grund vorangegangener Qualifizierung (Bewährung auf anderen Arbeitsplätzen, Fortbildung) beitragen. Im Hinblick auf anforderungsgerechte Personalverteilung gibt es drei generelle Zuordnungsrichtungen von Personal:

- Übertragung von Aufgabengebieten mit gleichen Anforderungen, die dementsprechend gleichbewertet sind (= Versetzung)
- Übertragung von Arbeitsgebieten mit höheren Anforderungen, die dementsprechend höherbewertet sind (= Beförderung)
- Übertragung von Arbeitsgebieten mit geringeren Anforderungen, die dementsprechend geringerbewertet sind (= Herabstufung).

Versetzungen haben im öffentlichen Dienst einen negativen Beigeschmack und werden eher als Bestrafungen aufgefaßt (näheres s. u.).

Herabstufungen sind beamtenrechtlich bislang nur in Sonderfällen möglich. Strebt man – wie auch die Bundesregierung in ihrem Aktionsprogramm zur Dienstrechtsreform von 1976 betont – eine stärkere Leistungsorientierung des öffentlichen Dienstes an, dann sollten zukünftig alle drei genannten Zuordnungsrichtungen stärker realisierbar sein. Angesichts der bislang wenig gelösten Bewertungsprobleme, der mangelnden Instrumente einer aussagefähigen Befähigungsbeurteilung sowie der gewerkschaftlichen Widerstände ist indes mit einer Verwirklichung des Herabstufungskonzepts in absehbarer Zeit nicht zu rechnen.

Unter *Anreiz*aspekten ist Beförderung die klassische Belohnungsform in bürokratischen Organisationen. Verwaltungsangehörige streben in ihrer Hierarchie nach oben, zumal Aufstieg mit anderen Anreizen wie einer interessanteren Tätigkeit, mehr Prestige, Macht, Einkommen, Status usw. verbunden ist. Allerdings hängt die konkrete Aufstiegsmotivation von den Erfahrungen mit der jeweiligen Beförderungspraxis, von der Zufriedenheit mit der gegenwärtigen Tätigkeit und vom Alter ab (vgl. dazu z. B. Luhmann/Mayntz 1973, S. 262 f.).

Zur Beförderungssituation im öffentlichen Dienst: In letzter Zeit ist in das Beförderungssystem im Zuge der Bemühungen der Bundesregierung um eine verbesserte Personalsteuerung und -entwicklung eine gewisse Leistungsorientierung gekommen: Es gibt den Versuch eines stärkeren Funktionsbezuges von Beförderungen sowie der Aussetzung von Regelbeförderungen zu verzeichnen. Überdurchschnittliche Leistungen in gleichbleibenden Dienstposten sollen künftig nicht durch Beförderung, sondern durch Leistungszulagen belohnt werden (vgl. GEYER 1977, S. 229 f.). Solange indes der Dienstpostenwildwuchs in den verschiedenen Behörden allenfalls durch willkürliche Stellenkegel beschnitten wird, sind keine anforderungsgerechten Einstufungen von Dienstposten als Voraussetzung für leistungsorientierte Beförderung zu erwarten (zur Problematik der nebeneinander herlaufenden Funktionszuweisungsverordnungen sowie der Versuche einer analytischen Dienstpostenbewertung vgl. SIEDENTOPF 1979, S. 471 ff.).

Das Kernproblem des zukünftigen Beförderungssystems, von dem bislang nur die „Spitze des Eisbergs" zu erkennen ist, wird die erhebliche *Verknappung von Beförderungschancen* im öffentlichen Dienst sein (vgl. hierzu vor allem MEIXNER 1978, der seit Jahren unermüdlich und vielfältig auf die Probleme des Beförderungsstaus und die daraus resultierenden Strategien hinweist). Das Hauptproblem besteht in einem Rückgang der Haushaltsmittel und einer gleichzeitigen langfristigen Belegung von Beförderungsstellen durch relativ junges Personal mit entsprechend langen Verweilzeiten. Im Vergleich zu den zurückliegenden „fetten Jahren" ist daher zukünftig mit wesentlich reduzierten Beförderungschancen im öffentlichen Dienst zu rechnen.

Man wird gut daran tun, rechtzeitig das Leistungsanreizsystem im öffentlichen Dienst auf andere, mehr tätigkeitsorientierte Leistungsanreize umzuschalten, um der zurückgehenden Bedeutung der Anreizvariablen Beförderung Rechnung zu tragen. Zugleich sollten die Personalverwaltungen bei Nachwuchskräften und bereits bei Einstellungen umfassend über diese geringeren Beförderungschancen im öffentlichen Dienst informieren, damit es nicht zu einer – derzeit verbreitet zu beobachtenden – Diskrepanz zwischen Beförderungserwartungen und -wirklichkeit kommt.

Je knapper Beförderungschancen in der Zukunft werden, um so wichtiger sind klare und transparente Instrumente der Personalentwicklung und gerechte Beförderungsstrategien (vgl. dazu MEIXNER 1979). Gelangt man zu der Erkenntnis, daß Mitarbeiterbeurteilungen für Beförderungsentscheidungen wenig aussagefähig und daher abschaffungswürdig sind (s. o.), muß man sich nach anderen Instrumenten umsehen. Will man einen breiten Bewerberkreis zur Auswahl haben, wird man zunächst das Verfahren interner Stellenausschreibungen verbessern müssen.

Ferner wird man unter den Bewerbern mittels eignungsdiagnostischer Verfahren (arbeitsplatzbezogene Tests, Assessment-Center; s. o.) eine Auswahl treffen müssen, um dies nicht allein informellen Promotionsbeziehungen zu überlassen. Eine im Sinne der Personalentwicklung zweckmäßige Beförderungsstrategie baut auf langfristiger Personal- und Laufbahnplanung auf, fördert rechtzeitig und umfassend den Nachwuchs und schafft für die verschiedenen Jahrgangsgruppen von Mitarbeitern halbwegs gleiche, gerech-

te Beförderungsbedingungen. Für solche längerfristig angelegten Beförderungsstrategien sind die Altersstrukturen von Behörden eine wichtige Informationsquelle. Auf Grund dieser Strukturen können z. B. Jahrgangsquotierungen für die Beförderungsstellen festgelegt werden, um gleichbleibende Beförderungschancen zu gewährleisten (vgl. Meixner 1979).
Der bevorstehende Beförderungsstau im öffentlichen Dienst wird auch Anlaß sein, über die traditionellen Rekrutierungsstrategien für die verschiedenen Laufbahngruppen nachzudenken: Beispielsweise kann es zur Erhöhung von Beförderungschancen einerseits sinnvoll sein, zeitweise verstärkt auf das Prinzip interner Rekrutierung abzustellen und z. B. Personal für den höheren Dienst vermehrt durch qualifizierte Aufsteiger aus dem gehobenen Dienst zu gewinnen. Andererseits steht dieses Vorgehen unglücklicherweise in Konflikt mit arbeitsmarktpolitischen Zielsetzungen des öffentlichen Dienstes.

2.4 Versetzung

Gerade im Licht verknappter vertikaler Mobilitätsmöglichkeiten gewinnt die horizontale Mobilität, also die Versetzungspolitik an Bedeutung. Dabei ist ein generelles Umdenken im öffentlichen Dienst erforderlich. Das Negativimage von Versetzung, die damit verknüpften Ängste von Mitarbeitern und das vorhandene Beharrungsvermögen am angestammten Arbeitsplatz in der Kollegengruppe sind zweifellos Probleme, die eine regelmäßige Rotation von Verwaltungskräften bislang verhindert haben (vgl. dazu Bosetzky 1976b). Deshalb besteht gerade hier eine Aufgabe der Personalentwicklung, Nachwuchskräften durch das Aufzeigen längerfristiger beruflicher Entwicklungsperspektiven und durch das Bieten tätigkeitsbezogener, aber auch ggf. materieller Anreize eine regelmäßige Job Rotation schmackhaft zu machen (vgl. Banner 1980, S. 118 f.). Eine derartige Rotation erscheint sowohl aus Qualifikationsgründen (größere Verwendungsbreite, flexiblerer Einsatz, Verständnis auch für andere Bereiche etc.) wie auch aus Motivationsgründen (Job Rotation als eine Form der Tätigkeitsgestaltung; vgl. Schierenbeck 1979, S. 151) als zweckmäßig.
Im öffentlichen Dienst gibt es zum Teil recht gute Ansätze mit einem rotierenden Nachwuchskräfte-Einsatz (z. B. die „Zur Anstellung-Phasen" in verschiedenen Laufbahngruppen). Im industriellen Bereich bestehen darüber hinaus breite Erfahrungen mit Trainee-Programmen (vgl. Ferring/Thom 1981). Insbesondere im Führungskräftebereich ist es eine sinnvolle Personalentwicklungs-Strategie, Nachwuchskräfte mit dem Ziel einer angemessenen Verwendungsbreite einige Zeit regelmäßig rotieren zu lassen, sie dabei sorgfältig im Hinblick auf ihre besonderen Stärken zu beobachten, dies z. B.

in einer Nachwuchsförderungskartei zu dokumentieren und sie durch flankierende Fortbildungsangebote zu unterstützen. Als zweckmäßiges Förderungs- und Auswahlinstrument erweist sich dabei im privatwirtschaftlichen Bereich seit einiger Zeit das Assessment-Center (s. o., vgl. Jeserich 1980; einige Erfahrungen gibt es dazu auch bereits bei der Bundesakademie für öffentliche Verwaltung).

2.5 Laufbahnplanung

Ein wichtiger Aspekt von Personalentwicklung ist das Aufzeigen von Entwicklungsrichtungen und -möglichkeiten sowie das Konstruieren langfristiger Verwendungsfolgen im Sinne der Zusammenfassung zusammenhängender, entwicklungsbezogener Dienstposten, innerhalb derer sich Mitarbeiter in ihrer beruflichen Entwicklung voraussichtlich bewähren werden (vgl. Meixner 1977, S. 86). Eine solche längerfristige Laufbahnplanung vermittelt dem Mitarbeiter Sicherheit: Er weiß, woran er ist, er sieht Möglichkeiten des Fortkommens. Damit wird besonders die langfristige Motivationslage (job involvement) von Organisationsmitgliedern angesprochen. Wahrscheinlich ist das Aufzeigen von Entwicklungsrichtungen und die persönliche Entwicklung von Mitarbeitern überhaupt die wichtigste Führungsaufgabe in der Verwaltung. Allerdings muß dabei auch an den Mitarbeiter gedacht werden, der an seinen Entwicklungsgrenzen angekommen ist und für den es keine großartigen Perspektiven mehr gibt: Hier müssen verstärkt andere Leistungsanreize an Stelle von Aufstieg geboten werden.
Wie wichtig in der öffentlichen Verwaltung insbesondere die längerfristige Personalentwicklung und -förderung ist, macht im Hinblick auf Führungskräfte eindringlich etwa Banner (1980, S. 123 ff.) klar: Heranführung von Führungskräften an ihre Management-Aufgaben und Führungskräfteauswahl auf Grund ihrer *Führungs*fähigkeiten können zwei wichtige „Hebel" sein, mit deren Hilfe letztlich Effizienzsteigerungen im öffentlichen Dienst erreicht werden können.

3. Einführung eines Personalentwicklungs-Konzepts

Angesichts zahlreicher vorliegender Modelle und Erfahrungen zur Personalentwicklung liegen die Hauptprobleme zweifellos weniger im Design als in der Implementation. Während über die inhaltliche Gestaltung der Personalentwicklung im öffentlichen Dienst in der Vergangenheit zahlreiche Vorschläge vorgelegt wurden (vgl. etwa die Arbeiten der Studienkommission für die Reform des öffentlichen Dienstrechtes 1973), sind Hinweise zur Einführungs- und Verwirklichungsstrategie immer noch dünn gesät. Worauf kommt es an? Zum einen auf „richtige" inhaltliche Segmentierung der Personalentwicklungs-Elemente, da man ein geschlossenes Personalentwicklungs-Konzept angesichts seiner Komplexität kaum auf einen Schlag wird einführen können. Zum anderen kommt es aber auch auf die „richtige" Gestaltung des Einführungs- und Änderungsprozesses an.

Was den ersten Aspekt angeht, gibt es bislang nur wenige empirisch gesicherte Erkenntnisse über die zweckmäßige inhaltliche Reihenfolge. Die Verwirklichung eines Personalentwicklungs-Konzepts ist ein recht langfristiges Vorhaben: Mit einigen formalen Planungstechniken und leicht handhabbaren Instrumenten ist es dabei nicht getan. Vielmehr setzt erfolgreiche Personalentwicklung vor allem entsprechende Einstellungen bei den Beteiligten voraus, z. B. bei Führungskräften im Hinblick auf eine Änderung der Beurteilungs- und Fortbildungsgrundsätze, bei den Personalfachleuten im Hinblick auf ihre Rolle bei Laufbahnplanung oder Beförderung, bei Mitarbeitern generell etwa im Hinblick auf die Attraktivität von Versetzungen. Daher ist im Zusammenhang mit den meisten Personalentwicklungs-Maßnahmen mit einem hohen und längerdauernden Trainingsaufwand zu rechnen.

Da also ein Personalentwicklungs-Konzept nur langfristig verwirklicht werden kann, ist das Vorhandensein sowie die gedankliche Verfolgung einer langfristig angelegten Gesamtkonzeption sowohl im Hinblick auf den „Standardzyklus Personalentwicklung" wie auch bezüglich der Einbettung von Personalentwicklung in eine umfassende Managementkonzeption auf der Basis tragfähiger Leitlinien Voraussetzung.

Das bedeutet, daß die isolierte Einführung etwa neuer Beurteilungsregelungen ohne Bezug zu einer breit angelegten Managementkonzeption sich im allgemeinen als wenig erfolgreich erweisen wird, da (wie oben erwähnt) vom Beurteilungswesen zahlreiche Querbezüge zu anderen Management-Bausteinen ausgehen.

Es spricht einiges dafür, daß die folgenden drei Schwerpunkte als *erste Schritte* eines Personalentwicklungs-Konzepts sinnvoll sein könnten:

a) Möglichst schneller Ausbau der dienstlichen Fortbildung in der öffentlichen Verwaltung und Orientierung der Fortbildungskonzeption auf die geschilderten Schwerpunkte; Einbeziehung von Fortbildung in die Führungsaufgaben und Verknüpfung von Fortbildung und Laufbahnplanung.

b) Erarbeitung von Personalentwicklungs-Strategien, insbesondere Konstruktion eines Rotationsprogrammes (etwa Ausbau der „Zur-Anstellungs-" Stationen zu einem Trainee-Programm), von typischen Verwen-

dungsfolgen, die auch Laufbahngruppen überschreiten können, und von generellen Beförderungsstrategien.
c) Ausbau der Führungskräfte-Schulung in Richtung auf Führungsverhalten, insbesondere auf Beurteilungsverhalten.

Insgesamt ist für das Personalentwicklungs-Konzept in der öffentlichen Verwaltung zu erwarten und wohl auch zu befürworten, daß kein geschlossener, „bundesweiter" Reformwurf stattfindet, sondern eine schrittweise, eher behördenbezogene Einführung realisierbarer Teilelemente nach ausreichender Erprobung auf der Basis eines generellen inhaltlichen Rahmens und einer generellen Implementationsstrategie. Dabei wird die Initiative zur Veränderung primär bei den veränderungsbereiten Behörden selbst liegen, anstelle einer Reformanordnung von oben, die ohnehin wenig wirksam wäre (vgl. Banner 1980, S. 130). Von Experten, Personalstellen, übergeordneten Behörden sollte allenfalls Beratung und konkrete Hilfe kommen.

Für eine wirksame Implementationsstrategie bei hochkomplexen sozialen Änderungsvorhaben gelten generell und auch hier bei Personalentwicklungs-Maßnahmen folgende *Maximen* (vgl. im einzelnen Kempf 1979):
a) Vorhandensein und Akzeptanz einer tragfähigen Änderungsphilosophie.
b) Ein hinreichendes Verständnis der Beteiligten für die bestehenden internen und externen Implementationsfaktoren (z. B. Konsensbedarf, Machtverhältnisse).
c) Die Entwicklung einer langfristig angelegten, situationsgerechten Änderungsstrategie, die auf der langfristigen Akzeptanz der Änderung durch die Beteiligten aufbaut und auf Erkennen und Antizipieren von Widerständen, auf eine nachdrückliche Beteiligung sowohl der Leitung wie der Betroffenen und nicht zuletzt auf Verhaltens- und Einstellungstraining aller Beteiligten abstellt.

Betrachtet man im Sinne dieser Maximen bisherigen Verlauf wie mögliche Trends der *Dienstrechtsreform,* so läßt sich abschließend folgendes feststellen: Die Reformvorschläge waren bislang ganz überwiegend design-orientiert. Über die Implementationsstrategie der Dienstrechtsreform ist wenig bekannt geworden, wenn man vom Bekenntnis des Bundesinnenministers zu einer „Politik der kleinen Schritte" und von verschiedenen Modellversuchen zum Beurteilungswesen und zur Dienstpostenbewertung einmal absieht (vgl. kritisch dazu Siedentopf 1979). Möglicherweise gibt es derartige Strategievorstellungen beim Bundesinnenministerium, man hat sie aber etwa aus verhandlungspolitischen Gründen nicht publik werden lassen. Man hat seinerzeit offensichtlich versucht, die Umsetzungswiderstände durch eine „pluralistische Zusammensetzung" der Studienkommission zu reduzieren. Wie die langen Jahre seit Erscheinen des Kommissionsberichtes zeigen, sichert Konsens in der Design-Phase allerdings noch nicht den Konsens der beteiligten Gruppen hinsichtlich des Reformprozesses selbst. Hier scheint derzeit unterhalb der Ebene pauschaler Oberziele der Reform kein hinreichender Konsens erkennbar.

Vom ursprünglichen Konzept der Dienstrechtsreform sind nur noch bescheidene Reste übrig. Große Reformschritte wie z. B. die Einführung eines Einheits-Dienstrechtes sind sicherlich vorerst nicht zu erwarten.

Die Bundesregierung hat sogar inzwischen den Anspruch auf einen Gesamtreformansatz aufgegeben und verfolgt jetzt einige Einzeländerungen. Dabei besteht allerdings die Schwierigkeit, diese Einzelvorhaben auf die generellen Reformziele und auf eine Gesamtstrategie auszurichten. Der derzeitige Eindruck ist, daß diese Ausrichtung nicht gerade sehr deutlich ist (vgl. Siedentopf 1979).

Abgesehen davon, daß die Rücknahme des Begriffes „Dienstrechtsreform" zweifellos in das Antireformklima der beginnenden 80er Jahre paßt, ist die Erkenntnis sicherlich zutreffend, daß ein so komplexes Änderungsvorhaben kein einmaliger Akt, sondern ein Dauervorhaben ist, das (eingebettet in eine erkennbare Gesamtstrategie) in vielen konkreten, „verdaubaren" Einzelschritten vollzogen werden muß.

Auf jeden Fall brauchen Verzögerungen in der Dienst*rechts*reform die Einführung eines Personalentwicklungs-Konzepts in der öffentlichen Verwaltung nicht zu verhindern: Die dargestellten Personalentwicklungs-Elemente wird man bei wirksamer Einführungsstrategie zweifellos auch ohne den Erlaß neuer Gesetze einführen können. Das derzeitige öffentliche Dienstrecht ermöglicht bereits die Praktizierung neuerer Methoden der Personalentwicklung, zumal durch die Konkretisierung von Ämtern durch Funktionszuweisungen vor einiger Zeit klarere Verhältnisse in der Personalstruktur geschaffen worden sind (vgl. kritisch zur Notwendigkeit der Dienstrechtsreform für Personalentwicklungs-Maßnahmen Banner 1981).

Die entscheidenden Hürden sind eben nicht neue Dienstrechtsnormen, sondern die konkreten Einführungs- und Änderungsschritte „vor Ort" in den einzelnen Behörden. Erst wenn sich Einstellungen und Verhaltensweisen von Verwaltungsmitarbeitern fühlbar ändern, haben sich Personalentwicklungs-Maßnahmen verwirklicht.

Literatur

Abramson, R., W. Halset [1980]: Planning for improved enterprise performance. Genf.

Alderfer, C. P. [1971]: Existence, relatedness, and growth. New York.

Banner, G. [1980]: Personalpolitik- ein notwendiger Katalysator bei Organisationsänderungen. In: H.-J. v. Oertzen (Hrsg.), Antworten der öffentlichen Verwaltung auf die Anforderungen der heutigen Gesellschaftssysteme. Bonn, S. 113–132.

– [1981]: Personal- und Organisationspolitik – was geschieht ohne Dienstrechtsreform? KGSt – Mitt. (Sonderdruck).
Bebermeyer, H. [1979]: Vorgesetztenbeurteilung als Korrektiv des Führungsverhaltens. In: Verwaltung und Fortbildung, S. 57–70.
Bosetzky, H. [1975]: Beförderung. In: Handwörterbuch des öffentlichen Dienstes. Hrsg. von W. Bierfelder. Berlin, Sp. 435–440.
– [1976]: Das „Wegloben" als Sonderform vertikaler Mobilität. In: Zeitschrift für Organisation.
– [1976]: Zur Abneigung gegen eine regelmäßige Rotation innerhalb der Organisation. In: Staats- und Kommunalverwaltung, S. 201–203.
Bosler, R., I. Ebeling [1978]: Personalentwicklung für Tarifangestellte. In: Personal, S. 99–105.
Bundesministerium des Innern [1976]: Aktionsprogramm zur Dienstrechtsreform. Bonn.
– [1979]: Neue Beurteilungsformen. Erprobung eines Systems. Ms Bonn.
Dworatscheck, S., H. Krüll [1980]: Personalentwicklung – am Beispiel eines Industrieunternehmens. In: Zeitschrift für Organisation, S. 213–220.
Ferring, K., N. Thom [1981]: Die Hoffnung auf Aufstieg läuft mit . . . In: UNI, H. 2, S. 6–13.
French, W. C., C. H. Bell [1977]: Organisationsentwicklung. Bern.
Gaugler, E., H. Kolvenbach, W. Weber [1974]: Integration der betrieblichen Personal- und Bildungsarbeit. Bonn.
Gaugler, E. u. a. [1980]: Evaluierungsbericht über die Erprobung neuer Beurteilungsformen durch das Bundesministerium des Innern. Ms Bonn.
Geyer, M. [1977]: Mehr Rationalität und Transparenz im Personalwesen der öffentlichen Verwaltung? In: Die Verwaltung, S. 216–234.
Hager, J., K. van der Laan [1979]: Perspektiven der Leistungsbewertung im öffentlichen Dienst. In: Hoefert/Reichard (Hrsg.), Leistungsprinzip und Leistungsverhalten im öffentlichen Dienst. Stuttgart, S. 103–118.
Hersey, P., K. H. Blanchard [1977]: Management of Organizational Behavior, Englewood Cliffs.
Hinterhuber, H. H. [1979]: Strategiegerechte Personalentwicklung. In: Humane Personal- und Organisationsentwicklung. Festschrift f. G. Fischer zum 80. Geburtstag. Hrsg. v. R. Wunderer. Berlin, S. 147–169.
Hoefert, H.-W. [1979]: Engagement für die eigene Berufstätigkeit (job involvement). In: Zeitschrift für Organisation, H. 7.
Hoefert, H.-W., H.-P. Rosemeier [1980]: Fortbildung und arbeitsplatzbezogene Beratung in der Berliner Steuerverwaltung. In: Verwaltungsrundschau, S. 342–347.
Humm, F. [1979]: So ermitteln wir die Ausbildungsbedürfnisse der Kader. In: Industrielle Organisation, S. 256–260.
Jäckering, W. [1980]: Neue Methoden der Sicherung des Wissenstransfers. In: Verwaltung und Fortbildung. SH 6, S. 111 ff.
Jeserich, W. [1980]: Karriereplanung – läßt sich mit der Assessment-Center-Methode dynamischer handhaben. In: Industrielle Organisation, S. 161–164.
Kempf, Th. [1979]: Zur Einführung leistungsbezogener Veränderungen. In: Hoefert/

Reichard (Hrsg.), Leistungsprinzip und Leistungsverhalten im öffentlichen Dienst. Stuttgart, S. 219–244.
Koch, R. [1979]: Dienstrechtsreform und Leistungsbereitschaft: Zur Wirkungsweise eines leistungsbezogenen Anreiz- und Belohnungssystems. In: Hoefert/Reichard (Hrsg.), Leistungsprinzip und Leistungsverhalten im öffentlichen Dienst. Stuttgart, S. 200–218.
Luhmann, N., R. Mayntz [1973]: Personal im öffentlichen Dienst. Baden-Baden.
Mattern, K.-H. [1979]: Die Fortbildung in der Bundesakademie für öffentliche Verwaltung als Element der Personalentwicklung. In: VOP, S. 159 ff.
Meixner, H.-E. [1977]: Ansätze zu einer Beförderungsstrategie. In: Bundeswehrverwaltung, S. 85–90.
– [1978]: Die Beförderungssituation im öffentlichen Dienst. In: Die Personalvertretung, S. 197–206.
– [1979]: Ansätze einer Personalpolitik. In: Verwaltungsrundschau, S. 11–17.
– [1981]: Möglichkeiten und Grenzen der Mitarbeiterbeurteilung – Zielsetzung und Konzeption. In: Die Personalvertretung, S. 14–23.
Neuberger, O. [1980]: Rituelle (Selbst)Täuschung. Kritik der irrationalen Praxis der Personalbeurteilung. In: Die Betriebswirtschaft, S. 27–43.
Pitschas, R. [1981]: Die Reform der öffentlichen Verwaltung als Organisationsentwicklung durch Fortbildung. In: Verwaltungsarchiv, S. 1–16.
Pullig, K.-K. [1979]: Das Mitarbeiter-Beurteilungsgespräch. In: Personal, S. 234–236.
Preiser, S., B. Gasch, W. F. Kugemann [1973]: Training von Führungskräften in Personalbeurteilung. In: Psychologie u. Praxis, S. 1–15.
Reichard, C. [1973]: Managementkonzeption des öffentlichen Verwaltungsbetriebes. Berlin.
– [1979]: Ist ein neues Leistungsanreizsystem erforderlich? In: Hoefert/Reichard (Hrsg.), Leistungsprinzip und Leistungsverhalten im öffentlichen Dienst. Stuttgart 1979, S. 119–126.
– [1979]: Personalentwicklung. In: Hoefert/Reichard (Hrsg.), Leistungsprinzip und Leistungsverhalten im öffentlichen Dienst. Stuttgart, S. 174–197.
Sahm, S. [1979]: Das Mitarbeitergespräch als Mittel der Personalentwicklung – wie läßt sich Gesprächsführung üben? In: Humane Personal- und Organisationsentwicklung. Festschrift f. G. Fischer zum 80. Geburtstag, hrsg. v. R. Wunderer. Berlin, S. 201–218.
Schierenbeck, U. [1979]: Tätigkeitsgestaltung. In: Hoefert/Reichard (Hrsg.), Leistungsprinzip und Leistungsverhalten im öffentlichen Dienst. Stuttgart, S. 127–158.
Schmidt, J. [1976]: Die dienstliche Beurteilung in der Reform. Diss. TU Berlin.
Schuler, H. [1978]: Leistungsbeurteilung in Organisationen. In: A. Mayer (Hrsg.), Organisationspsychologie, Stuttgart, S. 137–163.
Siedentopf, H. (Hrsg.) [1978]: Bewertungssysteme für den öffentlichen Dienst. Baden-Baden.
– [1979]: Abschied von der Dienstrechtsreform? In: Die Verwaltung, S. 457–478.
Steinle, C. [1980]: Zur Implementation partizipativer Führungsmodelle. In: Grun-

wald, W., H.-G. Lilge (Hrsg.), Partizipative Führung, Bern u. Stuttgart, S. 286–314.
Stiefel, R. Th. [1980]: Lernen im Zweier-Team. München.
Studienkommission für die Reform des öffentlichen Dienstrechts [1973]: Bericht der Kommission. Baden-Baden.

Autoren

Becker, Bernd, Dr., Professor an der Hochschule der Bundeswehr München, geb. 1941. – *Tätigkeitsschwerpunkte:* Verwaltungswissenschaft, Verwaltungsorganisation und -planung.

Bosetzky, Horst, Dr., Professor an der Fachhochschule für Verwaltung und Rechtspflege Berlin, geb. 1938. – *Tätigkeitsschwerpunkte:* Organisations- und Verwaltungssoziologie, Bürokratieforschung.

Derlien, Hans-Ulrich, Dr., Professor an der Universität Bamberg, geb. 1945. – *Tätigkeitsschwerpunkte:* Verwaltungswissenschaft, Organisationstheorie.

Feindt, Erich, Oberamtsrat beim Senat der Freien und Hansestadt Hamburg, Senatsamt für den Verwaltungsdienst, geb. 1935. – *Tätigkeitsschwerpunkte:* Bearbeitung von Grundsatzfragen des allgemeinen Beamtenrechts.

Grunow, Dieter, Dr., Mitarbeiter der Projektgruppe Verwaltung und Publikum, Universität Bielefeld, geb. 1944. – *Tätigkeitsschwerpunkte:* Verwaltungs- und Organisationssoziologie, Sozial- und Grundsatzpolitik, soziale Gerontologie.

Hegner, Friedhart, Dr., Mitarbeiter des Internationalen Instituts für Management und Verwaltung am Wissenschaftszentrum Berlin GmbH, Berlin, geb. 1943. – *Tätigkeitsschwerpunkte:* Sozialpolitik, Arbeitsforschung, private Haushalte, öffentliche Verwaltung.

Klages, Helmut, Dr., Professor an der Hochschule für Verwaltungswissenschaften Speyer, geb. 1930. – *Tätigkeitsschwerpunkte:* Organisationssoziologie, Staats- und Verwaltungssoziologie, Soziologie des sozialen Wandels (mit Schwerpunkt Dynamik staatsbezogener Grundeinstellungen).

Koch, Rainer, Dr., Professor an der Fachhochschule des Bundes für ÖV, Zentralbereich Köln, geb. 1944. – *Tätigkeitsschwerpunkte:* Verwaltungssoziologie, Personalwesen/Dienstrecht, Führungspsychologie, geplanter Organisationswandel/Organisationsentscheidung, berufliche Sozialisation.

König, Herbert, Dr., Professor an der Hochschule der Bundeswehr Hamburg und Ministerialdirigent a. D. im Bundesministerium für Wirtschaft, geb. 1925. – *Tätigkeitsschwerpunkte:* Verwaltungswissenschaft, Finanzwissenschaft, Ministerialorganisation, politische Programmsteuerung, Budget, Finanzkontrolle.

König, Klaus, Dr. Dr., Professor an der Hochschule für Verwaltungswissenschaften Speyer, geb. 1934. – *Tätigkeitsschwerpunkte:* Öffentliche Planung und Entscheidung, Verwaltungsreform, öffentlicher Dienst, Aus- und Fortbildung, administrative Zusammenarbeit mit Entwicklungsländern.

Lauxmann, Frieder, Dr., Postdirektor der Oberpostdirektion Karlsruhe, geb. 1933. – *Tätigkeitsschwerpunkte:* Lehrtätigkeit und Veröffentlichungen über Führungs- und Organisationsfragen.

Lipp, Wolfgang, Dr., Professor an der Universität Würzburg, geb. 1941. – *Tätigkeitsschwerpunkte:* Soziologie, Kultursoziologie.

Luhmann, Niklas, Dr., Professor an der Universität Bielefeld, geb. 1927. – *Tätigkeitsschwerpunkte:* Gesellschaftstheorie.

Mayntz, Renate, Dr. dres. h. c., Professorin am Institut für Angewandte Sozialforschung der Universität Köln, geb. 1929. – *Tätigkeitsschwerpunkte:* Organisations- und Verwaltungsforschung, Implementationsforschung.

Pippke, Wolfgang, Dr., Professor an der Fachhochschule für öffentliche Verwaltung Nordrhein-Westfalen, Abt. Soest, geb. 1943. – *Tätigkeitsschwerpunkte:* Verwaltungswissenschaften.

Pitschas, Rainer, Dr., Mitarbeiter am Institut für Politik und öffentliches Recht, Lehrstuhl für öffentliches Recht, insbes. Verwaltungslehre und Finanzrecht, Universität München, geb. 1944. – *Tätigkeitsschwerpunkte:* Staats- und Verwaltungsrecht, Wirtschafts- und Sozialrecht, Verwaltungslehre.

Reichard, Christoph, Dr., Professor an der Fachhochschule für Verwaltung und Rechtspflege Berlin, geb. 1941. – *Tätigkeitsschwerpunkte:* Betriebswirtschaftslehre der öffentlichen Verwaltung, speziell Organisation, Management, Personalwesen.

Remer, Andreas, Dr., Professor an der Universität Bayreuth, geb. 1944. – *Tätigkeitsschwerpunkte:* Theorie der Unternehmensführung, speziell Organisation und Personalwesen.

Steinbach, Hartmut, Leitender Regierungsdirektor beim Regierungspräsidenten Detmold, geb. 1925. – *Tätigkeitsschwerpunkte:* Verwaltungsrecht, Beamtenrecht, Verwaltungspolitik.

Töpfer, Armin, Dr., Mitarbeiter der Universität Freiburg und der Europäischen Wirtschaftshochschule Düsseldorf, geb. 1944. – *Tätigkeitsschwerpunkte:* Organisation, Planung, Führung, Personal.

Wunderer, Rolf, Dr., Professor an der Universität Essen-GHS, geb. 1937. – *Tätigkeitsschwerpunkte:* Personalwesen, Unternehmensführung, empirische Organisationsforschung.

Sachregister